CRITIQUE

DE

LA RAISON PURE

FÉLIX ALCAN, ÉDITEUR

AUTRES OUVRAGES DE KANT

Traduits en français

Critique de la raison pratique, traduction nouvelle avec introduction et notes, par M. F. Picavet, secrétaire du Collège de France. 2° édit. 1 vol. in-8 . . . . 6 fr. »
Éclaircissements sur la Critique de la raison pure, traduction Tissot. 1 vol. in 8 . . . . 6 fr. »
Doctrine de la vertu, traduction Barni. 1 vol. in-8 . . . . . . 8 fr. »
Mélanges de logique, traduction Tissot. 1 vol. in-8 . . . . . 6 fr. »
Prolégomènes à toute métaphysique future qui se présentera comme science, traduction Tissot. 1 vol. in-8 . . . . 6 fr. »
Anthropologie, suivie de divers fragments relatifs aux rapports du physique et du moral de l'homme, et du commerce des esprits d'un monde à l'autre, traduction Tissot. 1 vol. in-8 . . . . . . 6 fr. »
Traité de pédagogie, traduction J. Barni ; préface et notes par R. Thamin, recteur de l'Académie de Bordeaux. 2° édit., 1 vol. in-12. 1 fr. 50

Kant, par Th. Ruyssen, chargé de cours de philosophie à l'Université d'Aix-Marseille. 1 vol. in-8, 2° édit. (*Couronné par l'Académie française*) . . . . 7 fr. 50
La Morale de Kant ; *Étude critique*, par André Cresson, docteur ès lettres, professeur agrégé de philosophie au lycée de Lyon, ancien élève de l'École normale supérieure. (*Ouvrage couronné par l'Institut*). 2° édit., 1 vol. in-16 . . . . 2 fr. 50
Le moralisme de Kant et l'amoralisme contemporain, par A. Fouillée, de l'Institut. 1 vol. in-8 . . . . 7 fr. 50
Kant et Fichte et le problème de l'éducation, par Paul Duproix, professeur à la Faculté des Lettres de l'Université de Genève. (*Ouvrage couronné par l'Académie française*). 2° édit., 1 vol. in-8 . . 5 fr. »
Essai critique sur l'Esthétique de Kant, par V. Basch, professeur à la Faculté des lettres de l'Université de Rennes. 1 vol. in-8. 10 fr. »
L'Idée ou critique du Kantisme, par C. Piat, docteur ès lettres, agrégé de l'Université. 2° édit., 1 vol. in-8 . . . . 6 fr. »

Essai critique sur l'hypothèse des atomes dans la science contemporaine, par A. Hannequin, professeur de philosophie à l'Université de Lyon. 2° édit., 1 vol. in-8 de la *Bibliothèque de philosophie contemporaine* . . . . 7 fr. 50

CRITIQUE
DE
LA RAISON PURE

PAR
EMMANUEL KANT

NOUVELLE TRADUCTION FRANÇAISE

AVEC NOTES

PAR

A. TREMESAYGUES ET **B. PACAUD**
Licencié ès lettres,   Licencié ès lettres,

PRÉFACE

DE A. HANNEQUIN

Professeur de philosophie à l'Université de Lyon.

PARIS

FÉLIX ALCAN, ÉDITEUR

108, BOULEVARD SAINT-GERMAIN, 108

—

1905

Tous droits réservés

PRÉFACE

Depuis un assez grand nombre d'années, il n'est plus possible en France de trouver en librairie un seul exemplaire d'une traduction française de la *Critique de la Raison pure*. Pendant longtemps, les lecteurs français eurent le choix entre deux traductions, celle de Tissot, qui, malgré de nombreux défauts, eut du moins le mérite de mettre pour la première fois l'ouvrage capital de Kant à la portée de ceux qui ne savaient pas l'allemand, et celle de Barni, plus soignée, plus attentive au texte, plus souple et plus littéraire, entendons par là plus facile à lire et plus française, où la plupart des lecteurs de la *Critique* dans notre pays se sont habitués à chercher la pensée exacte et fidèle de Kant. Il arriva ainsi que la traduction de Barni fut généralement préférée à celle de Tissot, et que, quoique sensiblement plus récente, elle fut épuisée à peu près dans le même temps, sinon même plus tôt que celle-ci. Toujours est-il que depuis près de vingt-cinq ans on ne trouve plus l'une et l'autre que dans les bibliothèques publiques, sauf les rares exemplaires offerts d'occasion à des prix fort élevés.

A cette situation, regrettable à tous égards, d'abord pour les étudiants, qui ont besoin d'un guide au moins lorsqu'ils abordent pour la première fois le texte de la *Critique,* ensuite pour une foule de personnes, souvent plus malveillantes pour la doctrine de Kant qu'éclairées sur son contenu, et pourtant désireuses de se renseigner, deux jeunes philosophes se sont résolus à mettre un terme. Malgré les difficultés d'une telle entreprise, ils ont formé le dessein de faire de la *Critique* une traduction nouvelle, en profitant sans doute du travail de leurs devanciers, mais en adoptant pour leur compte une méthode dont ils exposeront plus loin, dans un *Avant-propos*, les lignes principales. L'idée essentielle dont ils se sont inspirés est qu'il faut conserver à la pensée de Kant, en la faisant passer dans notre langue, son caractère compréhensif, sa plénitude, l'abondance des détails précis qui lui donnent parfois une sorte de surcharge, mais qui, à y regarder de plus près, parviennent seuls à lui donner une expression complète et cette sorte de clarté supérieure qu'engendre la réunion de tous les éléments logiques d'un jugement complexe. Le devoir du traducteur, assurément, est de ne point la surcharger encore ou l'alourdir en subissant trop docilement cette fatalité de toutes les traductions qu'à chaque membre de phrase et presque à chaque mot traduit, un peu plus d'imprécision et partant un peu plus d'obscurité passe au texte nouveau, qui n'était pas dans le texte original; mais il ne faut pas non plus, surtout lorsqu'il s'agit de Kant, que le souci d'être clair avant tout, et clair en dépit de l'effort requis par la profondeur même de la pensée, plus encore que par la forme où elle fut conçue, entraîne le traducteur à sacrifier quoi que ce soit du fond pour alléger la forme, ou même à altérer l'allure originale et caractéristique de la pensée primitive, pour la rendre plus alerte, plus vive, plus légère, bref pour la mettre davantage, comme on dit, au goût du lecteur français. Ce qu'il faut souhaiter à une traduction de la *Critique* de Kant, c'est d'être au moins aussi claire que le texte du grand philosophe, mais c'est aussi de lui conserver son ampleur, sa complexité, et ce qu'on pourrait appeler son organisation logique, deux choses en somme qui répondent aux exigences de nos méthodes actuelles de traduction, telles que les ont établies les habitudes de rigueur et de précision des modernes philologues. Les traducteurs diront un peu plus loin par quels moyens et à l'aide de quelles précautions minutieuses dans le choix des termes et dans le rendu du texte, ils se sont conformés à ces exigences. Pour nous, nous ne pouvons ici que rendre hommage à la persévérance d'un effort soutenu par eux pendant plus de six années et à la valeur de l'œuvre qu'ils ont achevée, au prix de difficultés que pressentent tous ceux qui sont familiers avec le texte de la *Critique*; et nous ne pouvons aussi que les remercier, en associant à leurs noms celui de leur éditeur, du grand service qu'ils ont ainsi rendu d'avance non seulement à la philosophie de Kant, mais à la philosophie en général et surtout à la philosophie française, qui, en dépit des apparences, est si loin sur tous les points de l'inspiration kantienne, et qui aurait tant à gagner, nous semble-t-il, à s'en pénétrer davantage, et en tout cas, à en tirer des avertissements indispensables sur des problèmes qu'elle néglige ou dont même parfois elle semble soupçonner à peine les conditions et l'existence.

On étonnerait par exemple beaucoup la plupart des savants français, gagnés en grande majorité à un positivisme sans critique, si on leur apprenait que la *Critique de la Raison pure* a posé, dès 1781, c'est-à-dire soixante ans avant la publication du *Cours de Philosophie positive*, les fondements d'un *positivisme* rigoureux. Nul n'a établi avec plus de solidité que Kant la primauté des sciences mathématiques sur toutes les autres sciences, dont l'ensemble constitue la science de la Nature, *die Naturwissenschaft* : il a exprimé sur ce point sa pensée en une formule saisissante, en soutenant qu'il n'y a de scientifique dans une science quelle qu'elle soit que ce qu'il y entre de mathématiques[1]; et s'il portait, de ce point de vue, sur la chimie et sur la psychologie de son temps, si entièrement empiriques et descriptives, un jugement sévère, le même esprit qui lui inspirait ce jugement l'eût mis en état d'apprécier à leur juste valeur les tentatives alors prochaines pour découvrir dans les phénomènes chimiques des relations exprimables en nombres. De même, nul ne s'est fait une idée plus juste de la physique moderne et de ses rapports avec les mathématiques; d'abord il a montré en principe, avec une précision que nous avons oubliée, comment une suite de phénomènes donnés dans l'expérience est une suite qui dépasse, par ce qu'il entre en elle de données empiriques, une suite simplement mathématique, en sorte que, en tant que physique, cette suite ne se laisserait point construire, et requiert pour être connue le concours de l'expérience ; mais il n'en est pas moins vrai que cette suite, en tant qu'elle se développe dans l'espace et dans le temps, est soumise aux lois, à toutes les lois possibles des séries mathématiques, puisque l'hétérogénéité spécifiquement physique des phénomènes qu'elle enchaîne n'empêche pas qu'en dernière analyse elle soit homogène dans l'espace et dans le temps, par où son hétérogénéité même retombe, moyennant certains postulats, sous la juridiction universelle des mathématiques. Et ainsi la physique ne peut pas plus cesser d'être expérimentale qu'elle ne peut, d'autre part, se dispenser de donner aux phénomènes et à leurs relations une expression mathématique. Quant aux postulats qui rendent cette expression possible, Kant les dérive de trois conditions fondamen-

---

[1]. Voy. *Metaph. Anfangsgründe der Naturwissenschaft*, Vorrede, Hartenstein, IV, p. 360.

tales de la pensée qu'il énonce sous la forme de trois principes de l'entendement pur et qu'il nomme les trois *analogies de l'expérience :* par la première, l'entendement ne saurait connaître une *Nature* sans imposer *a priori* à cette *Nature* ou à l'ensemble des phénomènes qu'elle représente la condition d'une *constance* ou d'une *invariance* qui lui donne le caractère *substantiel* de la *matérialité (substance* et *matière* d'un caractère strictement *phénoménal)*; par la seconde, l'entendement impose à cette substance *permanente* ou à cet *invariant* une variation actuelle qui en respecte l'invariance, en ce sens que le changement est l'état même de la substance et s'effectue dans les limites qui lui sont assignées par la loi fondamentale de permanence ou de *conservation;* enfin par la troisième, l'entendement requiert entre les substances matérielles ou la matière des différents corps une *action réciproque* où se retrouve rigoureusement réalisée la double loi de l'invariance quantitative de la matière et de son infinie variabilité. Ces principes, — on l'oublie trop souvent et il ne faut jamais l'oublier, sous peine d'altérer gravement la pensée de Kant, — ne sont point des principes de la science ou appartenant déjà au champ positif de la science ; ce sont des conditions de pensée, ou des principes suprêmes d'intelligibilité sans lesquels il n'y aurait pour nous ni Nature, ni science de la Nature. Cependant Kant a essayé d'en trouver dans la science de son temps ce qu'on pourrait appeler la réalisation positive ou l'équivalent scientifique : et il a cru les voir, chez Newton, dans le principe de la conservation de la masse, dans celui de la continuité du mouvement soumis lui-même à des lois de conservation, enfin dans l'attraction réciproque de toutes les masses distinctes de l'univers ou dans la gravitation universelle. Mais les principes de l'entendement n'en sont pas moins profondément distincts de ces principes de physique positive qui les *vérifient* ; et la preuve en est qu'ils peuvent être tout aussi bien *vérifiés* par d'autres, tels que les trois lois fondamentales de l'énergétique moderne : la loi de la conservation de l'énergie, la loi de Clausius qui affirme le changement continu des phénomènes, en nie la réversibilité, et en conséquence lui impose un *sens* dans la durée ; enfin la loi de l'interaction des formes diverses de l'énergie, et, selon l'expression d'Ostwald, de leurs *Verbindungen* ou de leurs liaisons.

On conviendra qu'il est impossible de trouver ailleurs que dans la *Critique de la Raison pure* une formule plus nette des conditions qui rendent seules possible une *expérience*, au sens le plus riche et en même temps le plus moderne du mot, et qui servent de base à toute science *positive*. Et tandis que le positivisme de Comte fait sortir des contingences de l'histoire les mêmes constatations, sans justifier l'emploi universel de l'analyse mathématique ou la valeur des lois physiques autrement que comme des faits et nullement comme des nécessités logiques, on avouera qu'il serait souverainement injuste de faire un crime à Kant d'avoir tenté de justifier ces faits en les rattachant à des lois primitives et constitutives de l'esprit, à notre manière humaine à la fois et rationnelle de penser, ou, pour employer le langage dont il se sert, à « l'unité de l'aperception transcendantale » qui n'est qu'une autre désignation de notre conscience, ou, comme il dit encore, de notre « conscience pure ». On est presque confus de songer, lorsqu'on expose ces choses dans la langue de Kant, que ces mots « conscience pure », « concepts purs », « unité de l'aperception transcendantale », etc., etc., constituent le principal obstacle à la diffusion de sa pensée dans les milieux scientifiques, du moins dans notre pays, et que des philosophes mêmes lui en tiennent rigueur comme d'un abus de termes scolastiques, dénonçant tout un ensemble compliqué de rouages et de mécanismes logiques, et, selon le mot de W. James, toute une machinerie kantienne. C'est oublier trop vite la complexité des problèmes épistémologiques, pour la solution desquels on ne voit pas d'ailleurs que le logicien moderne fasse une bien grande épargne de postulats, et c'est oublier surtout la résolution bien arrêtée de Kant de n'en point donner une esquisse, mais d'en spécifier ou d'en déterminer, ainsi qu'il le dit dans la préface de la 1re édition de la *Critique*[1], tous les éléments, par une analyse approfondie de tous les pouvoirs de la raison humaine. A ce point de vue nous avons le droit de soutenir que le positivisme de Comte reste une contingence de l'histoire, tandis que le positivisme, ou plutôt l'*Erfahrungslehre* de l'*Analytique transcendantale*, tout en laissant à la science, dans l'histoire, la souplesse de ses transformations et de son évolution, trouve du moins la *justification de son droit* dans la constitution de l'esprit, dans des *formes* qui à vrai dire sont bien plutôt des conditions universelles de connaissance que des connaissances déterminées, bref dans l'absolu d'une pensée qui ne nous impose aucun « objet » ni aucune « vérité », mais seulement des lois sans lesquelles nous ne pourrions *connaître* aucun « objet », ni *conquérir* aucune « vérité ». Et ainsi la science se réfère, chez Kant, à des principes qui ne sont point encore des principes scientifiques, mais sans lesquels il n'y aurait point de science, du moins de science légitime et consciente de son droit.

L'idée maîtresse de la *Critique* de Kant, celle du moins qui le conduisit à résoudre comme nous venons de le rappeler le problème de l'*expérience* et à fonder le « positivisme » de la science, est la même au fond qui

---

1. Et *Introd.* A, fin du § 4.

lui fit porter sur la métaphysique le jugement que l'on sait. Kant ne nie point, — et comment pourrait-il le nier ? — l'existence dans l'esprit de conditions de pensée que d'autres avaient appelées avant lui, d'un nom équivoque et mal choisi, *idées innées*, et qu'il appelle les éléments *a priori* de la connaissance, tout en les rapportant comme eux à la raison pure. Or le problème de la *Critique*, qui paraît double à un regard superficiel, est unique au fond et se ramène à ces termes précis : Quel est l'usage légitime de ces éléments ? Les dogmatistes, disons, si l'on veut, les métaphysiciens, se sont à ce sujet entièrement mépris : ils ont fait de ces éléments de connaissances des connaissances toutes faites, des connaissances innées, à vrai dire des révélations, ou d'un mot plus philosophique, des intuitions rationnelles ; et ils se sont appliqués, par une analyse artificielle et stérile, à en vider le contenu : or il n'y a pas pour l'esprit humain de connaissances toutes faites, il n'y a pas pour la raison naturelle de vérités révélées, ni par conséquent d'idées innées, et il n'y a rien à extraire d'éléments vides ou d'idées qui n'ont pas de contenu : l'analyse rationnelle des métaphysiciens, fondée sur une prétendue intuition intellectuelle, est donc une entreprise parfaitement vaine, laquelle aboutit de toutes parts à des contradictions ; et les sceptiques, triomphants sur ce point, ne se sont point fait faute de le leur reprocher. — Mais si l'*a priori* NU ou le concept de l'entendement, comme tel, n'est point UNE *connaissance*, il est du moins *condition* de connaissance, et *condition nécessaire*, pourvu qu'à l'esprit, incapable d'intuition rationnelle, des intuitions empiriques ou sensibles soient *données* qui s'offrent comme une diversité par elle-même incapable de liaison (même dans les formes pures de l'espace et du temps, lesquelles sont aussi de pures diversités et multiplicités = *Mannigfaltigkeiten*) aux liaisons unificatrices des *con*-

cepts ou aux *jugements* de l'entendement (*Urtheilskraft*). Et ainsi, contrairement aux vues de tous les rationalistes dans le passé, l'*a priori* ne donne une *connaissance* qu'en constituant, à l'aide de données intuitives et sensibles, une *expérience*, c'est-à-dire une *nature* et une *science* ; et au contraire, pris comme une idée pure, et traité comme tel par l'analyse du métaphysicien, jamais il ne donnera ce qu'il ne contient pas, c'est-à-dire une *science* ou une *connaissance*. L'illusion du métaphysicien a été de traiter comme *science* ce qui n'est à aucun titre ni à aucun degré de l'ordre de la *science* ; et l'illusion est venue de ce qu'il n'a point vu que l'*a priori*, en tant que source ou élément de connaissance, n'engendre une *connaissance* véritable (*Erkenntniss*), au sens rigoureux du terme, que dans l'*expérience* (*Erfahrung*). — Mais ce qu'il est interdit de *connaître*, comme objet de *science*, peut-être n'est-il pas impossible de le *penser*, comme objet de *croyance* ; et si cette fonction de la pensée, relativement à l'*a priori*, s'imposait à nous pour des raisons différentes de celles de la science, et par exemple pour des fins pratiques intéressant la moralité, rien dans la science n'y pourrait mettre obstacle, et le champ de la croyance pourrait s'ouvrir devant nous au delà et indépendamment du champ de l'expérience. Kant avait donc le droit de condamner la métaphysique comme science ; mais son agnosticisme gardait une valeur positive et était bien loin d'être une négation stérile. Au contraire Auguste Comte qui condamnait comme lui la métaphysique, n'en avait pas le droit et n'invoquait qu'un fait, l'insuccès persistant, mais inexpliqué, de la métaphysique ; et Spencer accentuait la gravité de la faute, en posant dans le vide, au-dessus de la religion et au-dessus de la science, son *Inconnaissable*, la plus vaine et la plus inutile, en même temps que la plus illégitime des abstractions.

On peut juger, par le court aperçu que nous venons de donner du contenu de la *Critique*, de l'étroit enchaînement des parties d'une doctrine qui ouvre les perspectives les plus variées et les plus riches sur les problèmes essentiels de la connaissance, de la pratique et de la croyance humaines, et qui en même temps est peut-être l'exemple le plus remarquable d'un système construit avec la plus rigoureuse unité et la plus ferme cohésion, comme un organisme, dit volontiers Kant, « où tout est organe, où tout existe pour chaque membre et chaque membre pour tous les autres[1] ». Rien n'est saisissant, par exemple, comme cette conception d'une raison pure, qui permet de porter sur la métaphysique le jugement le plus sévère, mais le plus éclairé et le plus juste qu'on ait jamais, après comme avant Kant, prononcé sur elle, et qui, du même mouvement de pensée, produit la théorie de la science et de l'expérience restée la plus vivante et, quoi qu'on en ait dit, la plus contemporaine de toutes ses concurrentes. L'école *empirio-criticiste* allemande, si forte par certains côtés et si intéressante, celle des Avenarius, des Stallo, des Mach et des Ostwald, en a si parfaitement conscience qu'elle prétend fonder un *criticisme* de l'expérience, rendant ainsi hommage à ce qu'il y a de définitif dans la philosophie de Kant, au moment même où elle décide de s'en séparer. Nous voudrions qu'en France, la méfiance si commune des savants à l'égard de toute philosophie, à l'égard même de toute critique sérieuse de la connaissance et de toute théorie de la science, méfiance mise à la mode par un positivisme sans critique, fît place enfin à une vue plus juste et en tout cas plus tolérante sur les rapports inévitables des sciences et de la philosophie, et sur l'étroite solidarité qui lie leurs destinées. Entre tous les services que la

---

1. Préf. de la 2ᵉ édition, page 33.

Critique de Kant peut encore nous rendre, nous plaçons celui-ci au premier rang, et nous voudrions que la publication de cette nouvelle traduction fût le signal d'une réflexion plus profonde des savants sur les conditions mêmes de l'*expérience*, à laquelle ils attachent à juste titre tant de prix, et d'un retour de l'esprit public à plus de justice à l'égard de la philosophie, considérée trop souvent par lui comme hostile à la science et à un libre usage de la raison humaine.

En même temps nos moralistes retrouveraient peut-être dans la Critique le vrai point de jonction de la science et de la moralité. La tendance visible de leurs efforts actuels est de subordonner la seconde à la première, et de ramener au déterminisme rigoureux d'une science positive, laquelle d'ailleurs, parce qu'elle est une science, ne sera jamais achevée, la spontanéité profonde et l'initiative morale sans lesquelles l'homme ne réagirait plus, même sur la vie sociale, que comme une chose inerte et comme un mécanisme. Or indépendamment de la protestation persistante de la conscience humaine contre un pareil système, c'est d'une manière toute différente que nous apparaissent par en haut les rapports de la science et de la moralité. Si l'action morale reste pour la conscience, en dépit de tous les efforts tentés pour dissiper cette illusion prétendue, une inspiration, nous voulons dire un acte décidément imprévisible, nouveau ou renouvelé parmi nos habitudes individuelles ou parmi nos traditions et habitudes sociales, comment oublierions-nous qu'il en est de même de la science, et que si la science toute faite est un ensemble de traditions et, elle aussi, une solidarité, la science qui se fait est une inspiration, une spontanéité, une vie, ayant dans une unique raison, humaine à la fois et universelle, la source évidemment inconnaissable de toute connaissance et de toute activité ? Si la science et l'action sont des suites de la raison, ne demandons point à la science de nous faire *connaître* ce qui, étant au-dessus des catégories scientifiques, ne saurait s'y soumettre sans une interversion des vrais rapports des choses, et ne demandons point à l'action de déchoir de son rang, qui est le premier, pour tomber sous les prises d'un déterminisme qui resterait indémontrable, s'il devait se présenter comme autre chose que comme une conséquence de l'application des lois de notre connaissance à la Nature et à l'expérience. La seule question qui se pose est de savoir si nous avons une Raison, et, en définitive, une Liberté, Liberté et Raison, ou Liberté et Pensée ne faisant manifestement qu'un pour l'auteur de la *Critique* : jusqu'à ce qu'elle soit résolue, l'existence du Devoir, on ne s'en est pas toujours rendu compte, reste problématique : et ce qui nous fait sortir d'incertitude, en rendant témoignage de l'existence d'une Raison, c'est la Science ; en sorte que la Science, d'après l'auteur des *Fondements de la Métaphysique des Mœurs*, devient la garantie de fait de l'existence du Devoir, ce qui lui fait dire encore cette parole profonde que la Liberté est la clef de voûte des deux *Critiques*[1]. — Tel est, à notre sens, le vrai rapport de la Science et de la Moralité ; et ce n'est pas le moindre mérite de Kant d'avoir fait de l'une et de l'autre, en laissant à chacune son originalité propre et sa destination, les suites différentes d'un unique « Je pense » et d'une même Raison.

De la science à la moralité, ou de la connaissance spéculative à la pratique, il s'en faut donc qu'il y ait cette opposition, ou même cette séparation radicale sur laquelle on a tant insisté, au point d'en tirer prétexte pour parler d'une contradiction entre les deux *Critiques*. Assurément

---

1. « Der Begriff der Freiheit... macht nun den *Schlussstein* von dem ganzen Gebäude eines Systems der reinen, selbst der speculativen Vernunft aus. » *Krit. der prakt. Vernunft*, Vorrede, Hartenstein, V, p. 3.

entre le *savoir* (*das Wissen*) et le *croire* (*das Glauben*), entre la science et la croyance, Kant a établi une ligne de démarcation qu'il est interdit à l'une comme à l'autre de franchir, à la croyance pour ne point troubler la connaissance dans ses possessions légitimes, à la connaissance pour ne point introduire dans le champ de la croyance les restrictions et les limites qui ne conviennent qu'à la Nature et à l'expérience, ou la dialectique abstraite et vide d'un intellectualisme sans frein et sans action réelle sur la vie intérieure. Mais il s'est réservé le droit, en dérivant l'une et l'autre d'une même pensée et d'une même raison, d'assurer à l'une et à l'autre un développement légitime et harmonieux en toute vie humaine. La philosophie de Kant n'a pas eu, comme d'autres philosophies, à fonder d'abord la connaissance sur les ruines de la croyance, pour justifier ensuite la croyance par l'insuffisance de la science. Nul au contraire n'a proclamé plus hautement que lui la *suffisance absolue* de la science, en quoi son « positivisme » échappe à toute atteinte ; mais nul non plus n'a plus légitimement réservé les droits de la croyance, pour un esprit qui par l'*a priori* touche à l'intelligible, le pressent, et y tend comme à un monde où il doit trouver la satisfaction de ses aspirations morales, et le sens, décidément indéchiffrable pour la pure connaissance, de ses aspirations religieuses. A la moralité, nous avons déjà vu tout ce que la science, s'aventurant hors du domaine où elle est compétente, pouvait faire courir de dangers ; à la religion, nous entendons à ce qu'il y a de religieux en toute religion positive et en définitive en toute conscience humaine, nous commençons à mesurer la grandeur du péril que fait courir l'intransigeance de toutes les métaphysiques et de tous les dogmatismes, dogmatisme des savants qui la condamnent au nom de la mécanique, dogmatisme des théologiens qui en arrêtent au nom des dogmes le mouvement vivifiant dans les consciences, et le libre développement dans l'histoire. Si à la science et à la moralité, comme nous l'avons soutenu dans les pages qui précèdent, il faut autre chose, pour en justifier l'existence et l'usage, que des preuves de circonstance, fondées sur nos besoins humains ou simplement sur les données de l'expérience vulgaire, et s'il faut au contraire qu'elles aient leur point d'appui inébranlable dans la raison humaine, comment les théologiens ne se rendent-ils point compte que toute philosophie qui fonde le sentiment religieux non pas seulement sur des événements historiques, si imposante qu'en soit la suite à travers les temps, ni sur les systèmes ruineux de métaphysiques abolies, mais sur une Raison qui lui confère une autonomie et par là même une valeur intangible, est une alliée et non point une ennemie? et comment est-il possible qu'on n'entende le plus souvent éclater, dès que le nom de Kant est prononcé devant eux, que leurs malédictions?

Hommes de science, et hommes de croyance ; savants, moralistes et théologiens, nous ne voyons trop souvent aujourd'hui, faute d'une philosophie suffisamment haute et suffisamment compréhensive, que ce qui nous divise, et non ce qui nous rapproche, dans l'unité de nos aspirations, et dans l'unité suprême de la raison humaine. Souhaitons que la lecture de ce livre, qui est plus qu'aucun autre, quoiqu'il date de plus d'un siècle, le livre des temps nouveaux, et qui est en tout cas le plus beau monument qui ait été élevé à la Raison par la philosophie, dissipe les préjugés des uns et la malveillance des autres, et nous réconcilie dans le culte des hautes spéculations, le plus sûr garant de la paix et en même temps de la vie des consciences.

La Caille, le 16 mars 1905.

A. Hannequin.

AVANT-PROPOS

Kant, a écrit M. Ruyssen [1], est « l'initiateur du mouvement le plus puissant qui, depuis deux siècles, ait entraîné la pensée philosophique dans des voies nouvelles ». Or, parmi les œuvres du vieux philosophe de Kœnigsberg, la *Critique de la Raison pure* tient, sans contredit, la place la plus importante, il faut dire la place capitale. C'est qu'en effet elle renferme une théorie de l'expérience et une théorie de la science sans lesquelles il est absolument impossible de constituer une philosophie sérieuse. Et cependant les traductions de cet ouvrage se font rares ; celles de Tissot et de Barni, de valeur inégale, sont presque introuvables ; et il est difficile, à moins de savoir assez d'allemand pour lire la *Critique* dans le texte, de se renseigner de façon exacte sur les idées du précurseur par une étude directe de l'œuvre.

Amenés par des besoins personnels à lire et à traduire la *Critique*, nous avons cru que le centenaire de Kant était le moment favorable pour revoir de plus près notre travail, et nous n'hésitons pas à le livrer au public, confiants dans le bon accueil qui lui sera fait. Nous estimons rendre service au monde philosophique, aux étudiants qui préparent des examens difficiles, aux

---

[1]. *Kant*. par Th. Ruyssen : Avant-propos p. VIII (Paris, F. Alcan, 1900).

curieux de philosophie et à l'immense majorité des lecteurs qui veulent être au courant du mouvement philosophique contemporain qui gravite autour du kantisme. Kant est très discuté ; pour en parler à bon escient, il faut tout d'abord le connaître.

La *Critique de la Raison pure* est une œuvre puissante, longtemps mûrie dans le cerveau de son auteur. Kant nous apprend lui-même qu'il l'a pensée pendant au moins dix ans (Lettre à Mendelssohn, 16 août 1783)[1]. Mais la rédaction de ce livre fut rapide ; elle prit à peine « quatre ou cinq mois » ; cette hâte doit expliquer « les négligences de style et l'obscurité de certains passages (Lettre à Biester, 8 juin 1781)[2]. L'impression fut aussi menée rondement. Le philosophe ne put pas corriger les épreuves ; il en relut à peine la moitié, où il nous dit avoir trouvé des fautes qui n'affectent pas le sens » (Préface de la 1re édit.). En raison de la foire prochaine, il ne dressa pas même une table d'*errata* et le livre parut avec des erreurs d'impression parfois grossières. Kant en signale quelques-unes dans ses Lettres. La seconde édition ne fut pas l'objet d'une revision plus soignée. Sans doute, par endroits et dans les phrases qui lui tombaient sous les yeux, Kant retoucha sommairement le style, mais sans chercher à faire disparaître les fautes d'impression qui, d'après ses aveux, se trouvent dans le livre. Nous en avons la preuve dans la persistance des quelques fautes qu'il signale explicitement dans sa correspondance et dans les corrections manuscrites faites par lui sur son exemplaire de travail et qui ne sont passées ni dans cette nouvelle édition, ni dans les suivantes, auxquelles, en

---

1. In *Kant's Briefwechsel* (Berlin, 1900) n° 188, p. 422.
2. *Ibid.*, n° 155, p. 256.

général, la seconde a servi de type. Assuré qu'il disait au fond ce qu'il voulait dire, le philosophe a poursuivi sa tâche de penseur, laissant aux hommes distingués, dont il parle dans la préface de cette seconde édition « le soin de corriger ce qu'elle peut encore avoir par endroits de défectueux ».

Il ne faut donc pas s'étonner que plusieurs lecteurs de la *Critique,* se croyant appelés par Kant à cette tâche, aient signalé des passages vicieux et proposé des modifications. Déjà, en 1794, G.-S.-A. Mellin publiait ses *Marginalien und Register zu Kant's Kritik der reinen Vernunft* (Züllichau, 1794). L'année suivante paraissait un Index des fautes d'impression [1] trouvées dans les œuvres de Kant, qui eut une rare fortune; nombre des corrections indiquées furent utilisées pour la cinquième édition (1799) de la *Critique de la Raison pure,* où le plus grand nombre sont mentionnées à titre de variantes préférables et où quelques-unes sont même incorporées au texte. Tout naturellement, elles sont reproduites par la sixième et par la septième édition, bien qu'on puisse douter que Kant ait approuvé ces transformations de texte opérées de son vivant, car elles vont parfois contre l'esprit et la lettre de sa doctrine : du reste, ces éditions ne font pas état des fautes relevées par Kant dans sa correspondance ou dans son exemplaire de bureau. Depuis cette époque Schopenhauer et les différents éditeurs de la *Critique :* Rosenkranz, Hartenstein (spécialement dans ses éditions de 1853 et de 1868) [2], Kehrbach (édit. de la Bibliothèque universelle Reclam) [3], Benno Erdmann [4], E. Adickes [5] et K. Vor-

---

1. *Druckfehleranzeige in den Schriften des Herrn I. Kant,* von Fr. Grillo.
2. Leipzig, Léopold Voss.
3. Leipzig, 1re édition 1877, 2e éd. 1878, 3e éd. 1884.
4. 1re édition 1878, 5e éd. 1900.
5. 1re édition 1889.

länder[1] ont apporté également des retouches au style et quelquefois au fond. Enfin, parallèlement aux travaux déjà si minutieux des éditeurs, il s'est trouvé des continuateurs fervents de l'œuvre de Mellin et de Grillo ; nous citerons Leclair, auteur des *Critische Beiträge zur Kategorienlehre Kants* (Prague, 1877), Vaihinger, qui a entrepris un *Commentar zu Kants Kritik der reinen Vernunft* dont il a publié jusqu'ici deux volumes (Stuttgart, 1881 et 1892) et qui a donné dans les *Kantstudien* (IV) une série de lectures proposées pour certains passages de la Critique, et Wille qui, dans la même revue (IV et V), soumet plusieurs séries de conjectures concernant le texte de Kant dont il avait déjà corrigé quelques phrases dans les *Philosophische Monatshefte* (XXVI).

Le zèle des philologues allemands mérite toute notre admiration : le meilleur moyen d'honorer les hommes de génie n'est-il pas d'étudier et d'éditer leurs œuvres? Il est vrai que tout en leur sachant gré de leurs efforts, on pourrait se plaindre de leur manière, trouver que certains ont trop l'air de solliciter les textes pour les faire pencher du côté de leurs opinions ou de celles de leur école, et qu'en général ils abusent de la permission donnée par Kant à ses lecteurs de bonne foi de corriger son œuvre. On marche difficilement au milieu de ce labyrinthe que constituent des versions innombrables et il est malaisé d'établir un texte critique. L'édition qui nous a paru la plus objective et la moins entachée de préventions d'école est celle de B. Erdmann[2] : c'est aussi celle-là qui, la plupart du temps, nous a servi de guide. Il n'est que juste d'indiquer aussi que l'*Anhang*[3] dont il l'a fait suivre nous a été d'un grand secours

---

1. Halle a. d. S., O. Hendel, 1900.
2. 5ᵉ édition, Berlin, Georg Reimer. 1900.
3. Berlin, Georg Reimer, 1900.

pour les recherches auxquelles nous a conduits l'établissement du texte.

Nous avons suivi dans la traduction les mêmes principes d'objectivité et d'exactitude que dans le travail critique préparatoire. Notre but n'a jamais été de faire une œuvre littéraire. Devant interpréter un philosophe qui a porté toute son attention aux choses, nous ne pouvions que suivre son exemple et préférer à la forme la pensée nue : n'aurions-nous pas d'ailleurs couru le risque de défigurer la *Critique* si nous avions voulu nous attacher au style? Notre ambition, la seule légitime, a été de traduire aussi littéralement que possible, de conserver aux phrases leur allure et leur couleur. Pour venir à bout de cette entreprise nous n'avons pas hésité, quand nous l'avons cru nécessaire, à employer des mots qui nous ont paru pouvoir prendre une place légitime dans la langue philosophique. C'est ainsi, par exemple, que nous traduisons *anschauen* par intuitionner. Qu'on veuille bien nous pardonner cette audace et d'autres semblables; l'avenir dira si nous avons été bien inspirés. Nous avions encore eu l'idée, au début de ce travail, de laisser subsister dans le texte français les mots allemands auxquels ne correspondent pas d'équivalents absolument exacts dans notre langue, quitte à donner le sens de chacun de ces termes dans une table alphabétique de la terminologie kantienne. Mais à la réflexion une pareille tâche nous a semblé dépasser le rôle de simples traducteurs dans lequel nous tenions à nous renfermer. Il aurait été difficile de définir les termes employés par Kant, sans exprimer des opinions personnelles et sans faire œuvre de commentateurs. Nous demeurons cependant convaincus de l'utilité que présenterait un pareil travail, mais nous croyons qu'il n'aura qu'à gagner à être présenté séparément. Cette décision nous a conduits à donner une traduction aussi approchée que possible de ces termes ; mais comme il reste une nuance intraduisible, nous avons fait suivre le terme français du mot allemand qui lui correspond, toutes les fois que nous l'avons jugé indispensable, surtout quand le terme français sert également à traduire deux termes allemands, comme c'est le cas pour « objet » et « principe » qui correspondent également à *Object* et à *Gegenstand*, à *Princip* et à *Grundsatz*. Nous avons employé le même procédé pour des passages importants et pour les membres de phrases dont il nous a semblé ne pas pouvoir rendre le sens dans toute sa force ou dans toutes ses nuances.

Pour ce qui regarde le style, nous avons visé à lui conserver son mouvement naturel, qui est celui de la pensée. La *Critique de la Raison pure* est l'œuvre d'un causeur. Kant parle à ses lecteurs comme ferait un maître à ses élèves, et bien des fois on a, en le lisant, l'illusion d'assister à un cours d'Université allemande, où un vieux professeur expose son système d'une voix nette et forte, généralement monotone, mais qui parfois s'élève et devient chaude, faisant passer dans l'auditoire des frissons d'enthousiasme, tandis que d'autres fois, sarcastique et moqueuse, elle excite les rires interminables de la salle. C'est qu'en effet Kant procède bien de la sorte. Aux phrases courtes et détachées des expositions succèdent des phrases longues et complexes, chargées d'incidentes et de parenthèses, qui ont fait accuser le philosophe de mal écrire et d'avoir un style lourd et obscur, mais qui ont pour objet de rendre les nuances délicates de sa pensée et d'invoquer, à côté de l'idée principale, dont il est question, les autres idées du même ordre qui sont avec elle en rapports, proches ou éloignés. Par endroits même Kant a laissé libre cours à la verve humoristique et satirique dont ses premiers écrits portent l'empreinte manifeste. Nous avons essayé de rendre ces nuances et cette ironie passagère, en suivant pas à pas la marche des phrases ; il nous a paru nécessaire, pour traduire fidèlement, de garder leur ampleur aux périodes, de conserver au style ses longueurs et parfois sa lourdeur pesante. Nous avons maintenu les incidentes, tout en nous permettant d'user, de temps à autre, de signes typographiques pour faciliter la lecture. Avons-nous réussi à faire passer dans ce livre le souffle et la couleur de l'œuvre originale ? Ce n'est pas à nous d'en juger.

Nous devons maintenant à nos lecteurs quelques explications sur la disposition par nous adoptée. Jusqu'ici tous les éditeurs et tous les traducteurs de la *Critique* avaient opté entre le texte des deux premières éditions et s'étaient évertués à justifier doctement leur préférence. Il nous a semblé que le problème ne se posait pas ou que, du moins, nous n'avions ni à le poser ni à le résoudre. Les différences essentielles qu'on a voulu voir entre les deux textes n'existent pas au dire de Kant. Voici en effet ce qu'on lit dans la préface de la seconde édition[1] : « Dans les propositions mêmes et dans leurs preuves, non plus que dans la forme et que dans l'ensemble du plan, je n'ai rien trouvé à changer, ce qui s'explique... par la nature même du sujet, à savoir par la nature d'une raison pure spéculative qui renferme une véritable organisation... où tout existe pour chaque membre et chaque membre pour tous les autres... L'invariable fixité de ce système s'affirmera de plus en plus dans l'avenir... Si on essaie de changer la plus petite partie, on est amené aussitôt à des contradictions qui portent non seulement sur le système, mais sur toute la raison humaine en général. » Les seuls changements apportés ne touchent pas le fond, ils ne

---

1. Pages 33 et 34 de la présente traduction.

changent rien au système, et ne concernent que le mode d'exposition. Voilà ce que nous dit le maître. Ne vaut-il pas mieux s'en rapporter à lui qu'à ses disciples? Nous n'avons donc pas fait de choix. Mais, comme il fallait sérier les textes, nous avons pris comme texte fondamental le plus ancien en date, et, nous conformant à l'ordre des temps, nous donnons le texte de la première édition, réservant les variantes de la deuxième édition pour les notes du bas des pages. Quand les deux éditions offrent des versions différentes, suivant leur importance, ou bien nous les avons données successivement mais entre crochets de diverse forme, ou bien nous avons consacré la première moitié des pages au texte de la première édition et l'autre moitié au texte de la seconde. Cette disposition, adoptée par B. Erdmann dans sa cinquième édition de la *Critique*, nous a paru de beaucoup préférable au système des suppléments généralement adopté. La comparaison souvent nécessaire et toujours utile entre les deux versions de Kant est rendue plus aisée quand on a les deux textes simultanément sous les yeux, et, de cette manière, le lecteur n'est pas exposé à négliger les appendices par l'ennui qu'il éprouve à quitter la page qu'il tient pour se reporter à la fin du livre. B. Erdmann, sans doute pour montrer qu'il donne une égale importance au texte des deux éditions, fait imprimer les versions différentes avec les mêmes caractères. Pour éviter toute confusion et pour rendre plus claire la disposition adoptée, nous avons laissé une différence typographique entre les deux textes, et naturellement c'est le second que nous donnons en caractères plus petits. Enfin, jugeant qu'avec cette disposition le texte, chargé des notes de Kant, était passablement compliqué, nous avons renvoyé généralement les notes personnelles à la fin du livre.

On y trouvera, en particulier, un Index des noms

propres et des notes critiques. Nous avons cru rendre service aux futurs lecteurs de ce livre en leur fournissant quelques indications biographiques sur les auteurs cités par Kant, et les notices que nous consacrons à chacun d'eux sont inversement proportionnelles à sa notoriété actuelle. C'est ainsi que nous nous sommes étendus sur M. de Mairan, sur Segner, sur Sulzer, etc., personnages fort peu connus et à qui seule, peut-on dire, la *Critique* de Kant assure l'immortalité. Quant aux notes critiques, elles contiennent principalement des variantes proposées par quelques-uns des correcteurs de Kant; nous avons fait porter notre attention sur les indications susceptibles de modifier le sens ou de clarifier le style. Si, par respect pour le vieux philosophe, nous n'avons pas, comme les éditeurs de la cinquième édition de la *Critique*, modifié le texte de son œuvre, il nous a paru utile de noter les hypothèses plus ou moins fondées qui permettent de se faire une idée ou plus nette ou plus personnelle de la *Critique*.

Après ce qui précède, nous n'étonnerons personne en disant qu'un travail de cette nature nous a coûté beaucoup de temps et de recherches. Il y a plus de six ans qu'il est commencé et souvent nous l'avons tiré de nos cartons pour le revoir et le polir; d'autres occupations plus tyranniques ont retardé longtemps une dernière mise en œuvre. Entre temps, nous prenions conseil des livres et des maîtres et nous relisions Kant en pays allemand. Voici maintenant cette traduction; nous nous flattons d'y avoir apporté de la patience, du labeur et de la conscience. Et pourtant nous sentons que ce travail n'est ni parfait, ni définitif. Malgré toutes les garanties dont nous nous sommes entourés, nous avons bien pu nous tromper sur l'interprétation de tel ou tel passage et laisser se glisser certaines fautes d'impression qui changent ou faussent le sens. Ce que nous n'aurons pas su voir, nous souhaitons que d'autres le voient et nous leur serons très reconnaissants de nous adresser leurs observations que nous pourrons un jour mettre à profit. L'œuvre de Kant est assez importante pour mériter une collaboration plus nombreuse et plus avertie, puisqu'elle est, selon M. Boutroux, « l'un des faits les plus considérables de l'histoire de l'esprit humain[1] ».

AVERTISSEMENT

I. Les longs passages entièrement retouchés dans la 2ᵉ édition sont donnés dans la deuxième moitié des pages qui portent le texte de la 1ʳᵉ. Les mots ou phrases retouchés dans la 2ᵉ édition sont indiqués et traduits en note sous le texte.

II. Les suppléments ajoutés dans la 2ᵉ édition sont mis entre crochets [...] et indiqués par des notes.

III. Les passages (mots ou phrases) laissés de côté dans la 2ᵉ édition sont enfermés dans les signes <...> et indiqués par des notes.

IV. Les notes de Kant sont données sous le texte et marquées par un astérisque *.

V. Les notes des traducteurs qui n'ont pas un rapport direct avec le texte sont renvoyées à la fin du volume. Un numéro d'ordre entre parenthèses (¹) y renverra.

VI. On a mis enfin entre doubles parenthèses ((...)), quand il a paru nécessaire de les introduire dans le texte, les modifications que Kant avait indiquées sur son édition de travail de la *Critique*.

---

1. E. Boutroux. *Études d'histoire de la philosophie*. (Paris, F. Alcan, 1897), p. 317.

BACO DE VERULAMIO[1]

INSTAURATIO MAGNA. PRÆFATIO

De nobis ipsis silemus : de re autem, quæ agitur, petimus : ut homines eam non opinionem, sed opus esse cogitent; ac pro certo habeant, non sectæ nos alicujus, aut placiti, sed utilitatis et amplitudinis humanæ fundamenta moliri. Deinde ut suis commodis æqui in commune consulant et ipsi in partem veniant. Præterea ut bene sperent, neque instaurationem nostram ut quiddam infinitum et ultra mortale fingant, et animo concipiant; quum revera sit infiniti erroris finis et terminus legitimus.

1. Cette épigraphe ne se trouve que dans la 2ᵉ édition.

A SON EXCELLENCE

Le ministre d'État du Roi (de Prusse).

BARON DE ZEDLITZ

Monseigneur,

Apporter sa contribution à l'accroissement des sciences, c'est réellement travailler dans l'intérêt de Votre Excellence, car ces deux choses sont étroitement liées non seulement par les éminentes fonctions du protecteur, mais encore par les sympathies — auxquelles on peut mieux se fier, — de l'amateur et du connaisseur éclairé. C'est pourquoi j'ai recours au seul moyen qui soit en quelque sorte en mon pouvoir de témoigner à Votre Excellence ma gratitude pour la confiance bienveillante dont Elle m'honore, en m'estimant capable de contribuer en quelque chose à ces vues.

< Celui qui se plaît à la vie spéculative trouve, au milieu de ses désirs modestes, dans l'approbation d'un juge éclairé et capable, un puissant encouragement à des efforts dont l'utilité est grande, bien qu'éloignée et, pour cette raison, entièrement méconnue du vulgaire [1]. >

C'est à un tel juge et à sa bienveillante attention que je dédie le présent ouvrage; c'est à sa protection que je confie tous les autres intérêts de ma carrière littéraire et je suis, avec le plus profond respect [2],

De Votre Excellence
le très humble et très obéissant serviteur

IMMANUEL KANT.

Königsberg, le 29 mars 1781.

1. Cet alinéa fut supprimé dans la seconde édition.

2. Dans la seconde édition cette phrase a été modifiée ainsi : C'est à l'attention bienveillante dont Votre Excellence a bien voulu honorer la première édition de cette œuvre que je dédie aussi cette seconde, ainsi que tous les autres int... Königsberg, le 23 avril 1787.

PRÉFACE

DE LA PREMIÈRE ÉDITION (1781)[1]

La raison humaine a cette destinée singulière, dans un genre de ses connaissances, d'être accablée de questions qu'elle ne saurait éviter, car elles lui sont imposées par sa nature même, mais auxquelles elle ne peut répondre, parce qu'elles dépassent totalement le pouvoir de la raison humaine.

Ce n'est pas sa faute si elle tombe dans cet embarras. Elle part de principes dont l'usage est inévitable dans le cours de l'expérience et en même temps suffisamment garanti par cette expérience. Aidée par eux, elle monte toujours plus haut (comme du reste le comporte sa nature), vers des conditions plus éloignées. Mais, s'apercevant que, de cette manière, son œuvre doit toujours rester inachevée, puisque les questions n'ont jamais de fin, elle se voit dans la nécessité d'avoir recours (*ihre Zuflucht zu nehmen*) à des principes qui dépassent tout usage expérimental possible et paraissent néanmoins si dignes de confiance qu'ils sont même d'accord avec le sens commun. De ce fait, elle se précipite dans une telle obscurité et dans de telles contradictions qu'elle peut parfaitement en conclure qu'il doit y avoir au fond des erreurs cachées quelque part; elle ne peut cependant pas les découvrir, parce que les principes dont elle se sert, dépassant les limites de toute expérience, ne reconnaissent plus aucune pierre de touche de l'expérience. Or, le terrain (*Kampfplatz*) où se livrent ces combats sans fin se nomme la *Métaphysique*.

Il fut un temps où cette dernière était appelée la *reine* de toutes les sciences, et, si on prend l'intention pour le fait, elle méritait alors parfaitement ce titre d'honneur, à cause de

---

1. Omise dans la seconde (1787).

l'importance capitale de son objet. Maintenant, dans notre siècle, c'est une mode bien portée que de lui témoigner tout son mépris, et la noble dame, repoussée et délaissée, se lamente comme Hécube :

>   ... modo maxima rerum,
> Tot generis natisque potens...
> Nunc trahor exul inops.
>
> (Ovide, *Métamorphoses*.)

Au début, sous le règne des dogmatiques, son pouvoir était despotique. Mais, comme sa législation portait encore l'empreinte de l'antique barbarie, cette métaphysique tomba peu à peu, par suite de guerres intestines, dans une complète *anarchie*, et les sceptiques, espèce de nomades qui ont horreur de s'établir définitivement sur une terre, rompaient de temps en temps le lien social. Pourtant, comme ils n'étaient — par bonheur — qu'un petit nombre, ils ne purent pas empêcher leurs adversaires de s'essayer toujours de nouveau, mais du reste sans aucun plan entre eux concerté d'avance, à rétablir ce lien brisé. Dans les temps modernes, il est vrai, il sembla un moment qu'une certaine *physiologie* de l'entendement humain (celle du célèbre Locke) dût mettre fin à ces querelles et décider entièrement de la légitimité de ces prétentions. Mais bien que la naissance de cette prétendue reine ait été dérivée (par Locke) de la vulgaire expérience commune et qu'on eût dû pour cela, à bon droit, mépriser son usurpation, il arriva cependant, parce que cette *généalogie* qu'on lui avait fabriquée était fausse en réalité, qu'elle continua à affirmer ses prétentions. C'est pourquoi, de nouveau, tout retomba dans le vieux *dogmatisme* vermoulu et, par suite, dans le mépris auquel on avait voulu soustraire la science. Aujourd'hui que l'on a (comme on le croit) tenté en vain toutes les voies, règnent le dégoût et l'entier *Indifférentisme*, qui engendrent le chaos et les ténèbres dans les sciences, mais qui sont cependant en même temps la source ou du moins le prélude d'une transformation prochaine et d'une renaissance (*Aufklärung*) de ces mêmes sciences, qu'un zèle maladroit a rendues obscures, confuses et inutilisables.

Il est vain, en effet, de vouloir affecter de l'indifférence par rapport à des recherches dont l'objet ne peut être *indifférent* à la nature humaine. Aussi ces prétendus *indifférentistes*, quelque souci qu'ils prennent de se rendre méconnaissables, en substituant aux termes de l'école un langage populaire, ne peuvent pas seulement penser quelque chose sans retomber inévitablement dans des affirmations métaphysiques pour lesquelles ils affichent pourtant un si grand mépris. Toutefois, cette indifférence qui se manifeste au milieu de l'épanouissement (*mitten in dem Flor*) de toutes les sciences et qui atteint précisément celle à laquelle on serait le moins porté à renoncer, si la connaissance en était possible, est un phénomène digne de remarque et de réflexion. Elle n'est évidemment pas l'effet de la légèreté, mais celui du *jugement** (*Urtheilskraft*) mûr d'un siècle qui ne veut pas se laisser bercer plus longtemps par une apparence de savoir ; elle est une invitation faite à la raison d'entreprendre à nouveau la plus difficile de toutes ses tâches, celle de la connaissance de soi-même, et d'instituer un tribunal qui la garantisse dans ses prétentions légitimes et puisse en retour condamner toutes ses usurpations sans fondements, non pas d'une manière arbitraire, mais au nom de ses lois éternelles et immuables. Or, ce tribunal n'est autre chose que la *Critique de la Raison pure* elle-même.

Je n'entends point par là une critique des livres et des systèmes, mais celle du pouvoir de la raison en général, par rapport à toutes les connaissances auxquelles elle peut aspirer *indépendamment de toute expérience*, par conséquent la solution de la question de la possibilité ou de l'impossibilité d'une métaphysique en général et la détermination aussi bien de ses sources que de son étendue et de ses limites, tout cela suivant des principes.

---

* On entend çà et là des plaintes sur la pauvreté de la façon de penser de notre époque et sur la décadence de la science basée sur des principes. Mais je ne vois pas que les sciences dont le fondement est bien établi, comme la mathématique, la physique, etc., méritent le moins du monde ce reproche. Elles soutiennent, au contraire, leur ancienne réputation de sciences bien établies et même la dépassent encore dans ces derniers temps. Or, le même esprit se montrerait tout ausi efficace en d'autres genres de connaissances, si on avait seulement tout d'abord pris le soin de rectifier les principes de ces sciences. Tant que cette rectification reste à faire, l'indifférence, le doute et enfin une sévère critique sont plutôt des preuves d'une manière de penser profonde. Notre siècle est particulièrement le siècle de la critique à laquelle il faut que tout se soumette. La *religion*, alléguant sa *sainteté* et la *législation* sa *majesté*, veulent d'ordinaire y échapper ; mais alors elles excitent contre elles de justes soupçons et ne peuvent prétendre à cette sincère estime que la raison accorde seulement à ce qui a pu soutenir son libre et public examen.

Je suis donc entré dans cette voie, la seule qui restait à suivre, et je me flatte d'être arrivé à la suppression de toutes les erreurs qui, jusqu'ici, avaient divisé la raison avec elle-même dans son usage en dehors de l'expérience. Je n'ai pas évité ses questions en donnant pour excuse l'impuissance de la raison humaine ; je les ai au contraire complètement spécifiées suivant des principes, et, après avoir découvert le point précis du malentendu de la raison avec elle-même, je les ai résolues à sa complète satisfaction. A la vérité, je n'ai pas donné à ces questions la réponse que pouvait attendre la délirante passion de savoir du dogmatisme, car il est impossible de le satisfaire autrement que par des tours de magie auxquels je n'entends rien. Aussi bien n'était-ce pas là l'objet de la destination naturelle de notre raison ; le devoir de la philosophie était de dissiper l'illusion provenant d'un malentendu, au risque même de réduire à néant une illusion si fort prisée et si choyée. Dans cette affaire, ma grande préoccupation a été d'entrer dans le détail, et j'ose dire qu'il ne saurait y avoir un seul problème de métaphysique qui ne soit ici résolu, ou du moins, dont la solution ne trouve ici sa clef. En fait, la raison pure offre une si parfaite unité que, si son principe était insuffisant à résoudre ne serait-ce qu'une seule de toutes les questions qui lui sont proposées par sa propre nature, on ne pourrait que le rejeter, parce qu'alors on ne saurait l'appliquer à une autre avec une parfaite confiance.

En parlant ainsi, je crois apercevoir sur les traits du lecteur un air d'indignation mêlée de mépris que provoquent des prétentions en apparence si présomptueuses et si peu modestes ; et cependant elles sont, sans comparaison, plus modérées que celles de tous ces auteurs des programmes les plus communs qui se flattent, par exemple, de démontrer la nature simple de *l'âme* ou la nécessité d'un premier *commencement du monde*. Car ceux-ci se portent forts d'étendre la connaissance humaine au delà de toutes les limites de l'expérience possible, ce qui, je l'avoue humblement, dépasse entièrement mon pouvoir ; au lieu de cela, je m'occupe uniquement de la raison et de sa pensée pure, et je n'ai pas besoin de chercher loin autour de moi pour en avoir une connaissance explicite (*ausfürlicher*), puisque je la trouve en moi-même et que la logique ordinaire me montre déjà par son exemple qu'on peut dénombrer, d'une façon complète et systématique, tous les actes simples de la raison. Toute la question que je soulève ici est simplement de savoir jusqu'à quel point je puis espérer arriver à quelque chose avec la raison, si me sont enlevés toute matière et tout concours venant de l'expérience.

Mais j'ai assez parlé (*so viel von*) de la *perfection* (*Vollständigkeit*) à atteindre dans chacune des fins et de *l'étendue* à donner à la recherche de l'ensemble de toutes les fins que nous propose non pas un dessein arbitraire, mais la nature même de notre raison, en un mot de la matière de notre entreprise critique.

Il y a encore deux choses qui se rapportent à sa forme, la *certitude* et la *clarté*, et que l'on doit considérer comme des qualités essentielles que l'on est bien fondé à exiger d'un auteur qui s'attaque à une entreprise si délicate.

Or, pour ce qui est de la *certitude,* je me suis imposé cette loi que, dans cet ordre de considérations, il n'est aucunement permis d'*émettre des opinions* (*meinen*) et que tout ce qui en cela ressemble seulement à une hypothèse est une marchandise prohibée qu'on ne doit pas vendre même à un vil prix, mais qu'il faut confisquer, dès qu'on la découvre. En effet, toute connaissance qui a un fondement *a priori* s'annonce par ce caractère qu'elle veut être tenue d'avance pour absolument nécessaire ; à plus forte raison en sera-t-il ainsi d'une détermination de toutes les connaissances pures *a priori*, détermination qui doit être l'unité de mesure et par suite même l'exemple de toute certitude (philosophique) apodictique. Ai-je tenu sur ce point ce à quoi je m'étais engagé? C'est ce qui demeure entièrement soumis au jugement du lecteur, car il ne convient à l'auteur que de présenter des raisons, et non de décider de leur effet sur ses juges. Mais pour qu'aucun prétexte innocent ne puisse venir affaiblir ces raisons, il doit bien lui être permis de signaler lui-même les endroits qui pourraient donner lieu à quelque méfiance, quoiqu'ils ne se rapportent qu'à un but secondaire, et cela afin de prévenir l'influence que le plus léger scrupule du lecteur pourrait avoir plus tard sur son jugement par rapport au but principal.

Je ne connais pas de recherches plus importantes pour l'étude approfondie du pouvoir (*Vermögen*) que nous appelons entendement et pour la détermination des règles et des limites de son usage que celles que j'ai placées dans le deuxième chapitre de l'Analytique transcendantale sous le titre de *Déduction des concepts intellectuels purs;* ce sont aussi celles qui m'ont le plus coûté, mais, comme je l'espère, ce n'est point peine perdue. Cette étude qui est poussée un peu profondément, a deux parties. L'une se rapporte aux objets de l'entendement pur, et doit présenter et faire comprendre la valeur objective de ses concepts *a priori;* elle rentre donc par là même essentiellement dans mon objet. L'autre se rapporte à l'entendement pur en lui-même, au point de vue de sa possibilité et des facultés de connaissance sur lesquelles il repose ; elle l'étudie, par conséquent, au point de vue (*Beziehung*) subjectif; or, cette discussion, quoique d'une très grande importance pour mon but principal, ne lui est cependant pas essentielle, parce que la question capitale reste toujours de savoir : Que peuvent et jusqu'où peuvent connaître l'entendement et la raison, indépendamment de l'expérience? et non : Comment est possible le *pouvoir de penser* lui-même? Cette dernière question étant également la recherche de la cause d'un effet donné et renfermant, en tant que telle, quelque chose de semblable à une hypothèse (quoique, en fait, il n'en soit pas ainsi, comme je le montrerai dans une autre occasion), il semble que ce soit ici le cas de me permettre telle ou telle *opinion* et de laisser le lecteur libre également *d'en avoir une autre.* Ceci me fait un devoir de prier le lecteur de se rappeler que dans le cas où ma déduction subjective n'aurait pas opéré en lui l'entière persuasion que j'en attends, la déduction objective, qui est surtout le but de mes recherches, garde toute sa force, que suffirait en tout cas à lui conserver ce que je dis, pages 92 et 93 [1].

Pour ce qui est enfin de la clarté, le lecteur a le droit d'exiger d'abord la *clarté discursive* (logique) QUI RÉSULTE DES CONCEPTS, et ensuite aussi la *clarté intuitive* (esthétique) QUI RÉSULTE DES INTUITIONS, c'est-à-dire des exemples ou autres éclaircissements *in concreto.* J'ai donné assez de soins à la première : cela concernait l'essence de mon projet, mais ce fut aussi la cause accidentelle qui m'empêcha de m'occuper

---

[1]. Page 123 de la présente traduction.

suffisamment de l'autre, justement requise elle aussi, sans l'être cependant d'une manière aussi stricte. Je suis resté presque constamment indécis, dans le cours de mon travail, sur la manière dont je devais m'y prendre à cet égard. Des exemples et des explications me paraissaient toujours nécessaires et par suite se glissaient, de fait, dans la première esquisse, aux places qui leur revenaient. Mais je vis bientôt la grandeur de mon entreprise et la foule des objets dont j'aurais à m'occuper, et, remarquant qu'à eux seuls et exposés sous une forme sèche et purement scolastique, ces objets donneraient une suffisante étendue à mon ouvrage, je ne trouvai pas convenable de le grossir encore davantage par des exemples et des explications qui ne sont nécessaires qu'au point de vue populaire ; d'autant plus que ce travail ne pouvait en aucune façon être mis à la portée du public ordinaire et que les vrais connaisseurs en matière de science n'ont pas tant besoin qu'on leur en facilite la lecture. Sans doute c'est toujours une chose agréable, mais ici cela pourrait nous détourner quelque peu de notre but. L'abbé TERRASSON dit bien que si l'on estime la longueur d'un livre non d'après le nombre des pages, mais d'après le temps nécessaire à le comprendre, on peut dire de beaucoup de livres *qu'ils seraient beaucoup plus courts s'ils n'étaient pas si courts*. Mais, d'un autre côté, lorsqu'on se donne pour but de saisir un vaste ensemble de la connaissance spéculative, un ensemble très étendu, mais qui se rattache à un principe unique, on pourrait dire, avec tout autant de raison, que *bien des livres auraient été beaucoup plus clairs s'ils n'avaient pas voulu être si clairs*. Car si ce qu'on ajoute pour être clair (*die Hilfsmittel der Deutlichkeit*) est utile dans les détails, cela empêche très souvent de voir l'ensemble, en ne permettant pas au lecteur d'arriver assez vite à embrasser d'un coup d'œil cet ensemble ; toutes les brillantes couleurs qu'on emploie cachent en même temps et rendent méconnaissables les articulations et la structure du système qu'il importe pourtant au premier chef de connaître, pour en pouvoir apprécier l'unité et l'habileté.

Il me semble que le lecteur peut trouver un plaisir qui n'est pas sans attraits à joindre ses efforts à ceux de l'auteur, lorsqu'il a en perspective d'exécuter entièrement et cependant d'une manière durable, selon l'esquisse qu'on lui a soumise, un grand et important ouvrage. Or, la métaphysique, suivant les idées que nous en donnerons ici, est la seule de toutes les sciences qui puisse se promettre, — et cela dans un temps très court et avec assez peu d'efforts, pourvu qu'on y tâche en commun, — une exécution si complète qu'il ne reste plus à la postérité qu'à disposer le tout d'une manière *didactique*, suivant ses propres vues, sans, pour cela, pouvoir en augmenter le moins du monde le contenu. Elle n'est, en effet, que l'*inventaire*, systématiquement ordonné, de tout ce que nous possédons par la raison pure. Rien ne peut ici nous échapper, puisque ce que la raison tire entièrement d'elle-même ne peut lui demeurer caché, mais est au contraire mis en lumière par la raison même, aussitôt qu'on en a seulement découvert le principe commun. L'unité parfaite de cette espèce de connaissances, qui dérivent de simples concepts purs, sans que rien d'expérimental, pas même une intuition *particulière* propre à conduire à une expérience déterminée, puisse avoir sur elles quelque influence pour les étendre ou les augmenter, cette parfaite unité rend cette intégralité absolue non seulement possible, mais aussi nécessaire.

Tecum habita et noris, quam sit tibi curta supellex (Perse).

J'espère présenter moi-même un tel système de la raison pure (spéculative) sous le titre de *Métaphysique de la nature*, et ce système, qui n'aura pas la moitié de l'étendue de la Critique actuelle, contiendra cependant une matière incomparablement plus riche. Mais cette Critique devait tout d'abord exposer les sources et les conditions de la possibilité de cette métaphysique et il lui était nécessaire de déblayer et d'aplanir un sol encore entièrement en friches. J'attends, ici, de mon lecteur la patience et l'impartialité *d'un juge*, mais, là, je compte sur la bonne volonté et le concours d'un *auxiliaire ;* car, si complète qu'ait été, dans la Critique, l'exposition de tous les principes qui servent de base au système, le développement de ce système exige cependant qu'on possède aussi tous les concepts *dérivés*, qu'il est impossible de dénombrer *a priori* et qu'il faut chercher un à un ; et, comme toute la *Synthèse* des concepts aura été épuisée dans la Critique, il est pareillement requis qu'il en soit de même ici, par rapport à l'*Analyse :* tout cela est facile, c'est plus un amusement qu'un travail.

Il ne me reste plus qu'à faire une remarque relative à l'impression. Par suite d'un retard apporté au commencement de cette impression, je n'ai pu revoir que la moitié des épreuves environ ; j'y trouve quelques fautes d'impression, mais qui ne changent pas le sens, excepté celle de la page 379, ligne 4[1] à partir du bas, où il faut lire *specifisch* au lieu de *skeptisch*. L'antinomie de la raison pure, de la page 425 à la page 461[2] est disposée sous forme de tableau, de sorte que tout ce qui appartient à la *thèse* est toujours à gauche et ce qui appartient à *l'antithèse* toujours à droite ; j'ai adopté cette disposition pour qu'il fût possible de comparer plus facilement l'une à l'autre la thèse et l'antithèse.

1. Pagination de la 1re éd.
2. *Id*.

TABLE[1]

INTRODUCTION.

I. THÉORIE TRANSCENDANTALE DES ÉLÉMENTS.

PREMIÈRE PARTIE. **Esthétique transcendantale.**
   1re SECTION. *De l'espace.*
   2º SECTION. *Du temps.*

DEUXIÈME PARTIE. **Logique transcendantale.**
   1re *division.* Analytique transcendantale en deux livres avec leurs chapitres et leurs subdivisions.
   2e *division.* Dialectique transcendantale en deux livres avec leurs chapitres et leurs subdivisions.

II. THÉORIE TRANSCENDANTALE DE LA MÉTHODE.

   1er CHAPITRE. **Discipline de la raison pure.**
   2e CHAPITRE. **Canon de la raison pure.**
   3º CHAPITRE. **Architectonique de la raison pure.**
   4º CHAPITRE. **Histoire de la raison pure.**

---

1. Donnée seulement pour la 1re édition. Voir à la fin de l'ouvrage la table complète de la présente traduction.

PRÉFACE

DE LA SECONDE ÉDITION (1787)

Si, dans le travail que l'on fait sur des connaissances qui sont du domaine propre de la raison, on suit ou non la voie sûre d'une science, c'est ce qu'on peut juger bientôt d'après le résultat. Quand, après avoir fait beaucoup de dispositions et de préparatifs, aussitôt qu'elle arrive au but, elle tombe dans l'embarras, ou que, pour l'atteindre, elle doit, plusieurs fois, retourner en arrière et prendre une autre route; quand, de même, il n'est pas possible de mettre d'accord les divers collaborateurs sur la manière dont il faut poursuivre le but commun, alors on peut toujours être convaincu qu'une telle étude est encore bien loin d'avoir suivi la marche sûre d'une science et qu'elle est un simple tâtonnement; et c'est déjà un mérite pour la raison de découvrir, autant qu'elle peut, ce chemin, dût-elle même renoncer, comme à des choses vaines, à plusieurs vues qui étaient contenues dans le but primitif qu'on s'était proposé sans réflexion.

Que la *Logique* ait suivi ce chemin déjà depuis les temps les plus anciens, le fait que, depuis Aristote, elle n'a été obligée de faire aucun pas en arrière, suffit à le montrer : je suppose en effet que l'on ne voudra pas lui compter pour des améliorations la mise au rancart de quelques subtilités superflues ou une détermination plus claire de son exposé, choses qui touchent plutôt à l'élégance qu'à la certitude de la science. Ce qu'il faut encore admirer en elle, c'est que, jusqu'à présent, elle n'a pu faire, non plus, aucun pas en avant et que, par conséquent, selon toute apparence, elle semble close et achevée. En effet, si quelques modernes ont cru l'étendre en y ajoutant des chapitres soit *de Psychologie*, sur les diverses facultés de la connaissance (l'imagination, l'esprit), soit *de Métaphysique*, sur l'origine de la connaissance ou sur les diverses espèces de certitude suivant la diversité des objets (*Objecte*), (sur l'Idéalisme, le Scepticisme, etc.), soit d'*Anthropologie*, sur les préjugés (leurs causes et leurs remèdes), cela prouve leur méconnaissance de la nature propre de cette science. On n'étend pas, mais on défigure les sciences, quand on en fait se pénétrer les limites ; or, les limites de la logique sont rigoureusement déterminées par cela seul qu'elle est une science qui expose dans le détail et prouve de manière stricte, uniquement les règles formelles de toute pensée (que cette pensée soit *a priori* ou empirique, qu'elle ait telle ou telle origine ou tel ou tel objet (*Object*), qu'elle trouve dans notre esprit des obstacles accidentels ou naturels).

Si la *Logique* a si bien réussi, elle ne doit cet avantage qu'à sa limitation qui l'autorise et même l'oblige à faire abstraction de tous les objets (*Objecten*) de la connaissance et de toutes leurs différences, par suite de quoi l'entendement n'a à s'y occuper absolument que de lui-même et de sa forme. Il devait être naturellement plus difficile pour la raison d'entrer dans la voie sûre de la science, quand elle n'a plus affaire simplement à elle-même, mais aussi à des objets (*Objecten*) ; c'est pourquoi la logique même, en tant que propédeutique, ne constitue, pour ainsi dire, que le vestibule des sciences, et, quand il est question des connaissances, on suppose, il est vrai, une logique pour les apprécier, mais l'acquisition de ces connaissances est à chercher dans les sciences proprement et objectivement appelées de ce nom.

En tant qu'il doit y avoir de la raison dans les sciences, il faut qu'on y connaisse quelque chose *a priori*, et la connaissance de la raison peut se rapporter à son objet de deux manières, soit simplement pour *déterminer* cet objet et son concept (qui doit être donné d'autre part), soit aussi pour le *réaliser*. L'une est la *connaissance théorique* et l'autre la *connaissance pratique* de la raison. Il faut que la partie pure de chacune, si étendu ou si restreint que puisse être son contenu, à savoir, celle dans laquelle la raison détermine son objet (*Object*) entièrement *a priori*, soit exposée tout d'abord seule et sans aucun mélange de ce qui vient d'autres sources ; car c'est de la mauvaise économie que de dépenser aveuglément toutes ses rentrées, sans pouvoir distinguer plus tard, quand les revenus viennent à manquer, quelle partie de ces revenus peut supporter la dépense et sur quelle partie il faut la restreindre.

La *Mathématique* et la *Physique* sont les deux connaissances théoriques de la raison qui doivent déterminer leurs objets (*Objecte*) *a priori*, la première d'une façon entièrement pure, la seconde au moins en partie, mais alors en tenant compte d'autres sources de connaissance que de celles de la raison.

La *Mathématique*, depuis les temps les plus reculés où s'étende l'histoire de la raison humaine, est entrée, chez l'admirable peuple grec, dans la voie sûre d'une science. Mais il ne faut pas croire qu'il lui ait été aussi facile qu'à la Logique, où la raison n'a affaire qu'à elle-même, de trouver ce chemin royal, ou plutôt de se le tracer à elle-même. Je crois plutôt que (principalement chez les Égyptiens) elle est restée longtemps à tâtonner et que ce changement définitif doit être attribué à une *révolution* qu'opéra l'heureuse idée d'un seul homme, dans une tentative à partir de laquelle la voie que l'on devait suivre ne pouvait plus rester cachée et par laquelle était ouverte et tracée pour tous les temps et à des distances infinies, la sûre voie scientifique. L'histoire de cette révolution dans la méthode, qui fut plus importante que la découverte du chemin du fameux cap, et celle de l'heureux mortel qui l'accomplit, ne nous sont point parvenues. Cependant la tradition que nous rapporte Diogène Laerte, qui nomme le prétendu inventeur des plus petits éléments des démonstrations géométriques, de ceux qui, de l'avis général, n'ont jamais besoin de démonstration, prouve que le souvenir de la révolution qui fut opérée par le premier pas fait dans cette voie récemment découverte a dû paraître extraordinairement important aux mathématiciens et est devenu par là même inoubliable. Le premier qui démontra le *triangle isocèle* (qu'il s'appelât Thalès ou comme l'on voudra) eut une révélation ; car il trouva qu'il ne devait pas suivre pas à pas ce qu'il voyait dans la figure, ni s'attacher au simple concept de cette figure comme si cela devait lui en apprendre les propriétés, mais qu'il lui fallait réaliser (ou construire) cette figure, au moyen de ce qu'il y pensait et s'y représentait lui-même *a priori* par concepts (c'est-à-dire par construction), et que, pour savoir sûrement quoi que ce soit *a priori*, il ne devait attribuer aux choses que ce qui résulterait nécessairement de ce que lui-même y avait mis, conformément à son concept.

La *Physique* arriva bien plus lentement à trouver la grande voie de la science ; il n'y a guère plus d'un siècle et demi en effet que l'essai magistral de l'ingénieux Bacon de Verulam en partie provoqua et en partie, car on était déjà sur sa trace, ne fit que stimuler cette découverte qui, tout comme la précédente, ne peut s'expliquer que par une révolution subite dans la manière de penser. Je ne veux ici considérer la Physique qu'en tant qu'elle est fondée sur des principes empiriques.

Quand Galilée fit rouler ses sphères sur un plan incliné avec un degré d'accélération dû à la pesanteur déterminé selon sa volonté, quand Torricelli fit supporter à l'air un poids qu'il savait lui-même d'avance être égal à celui d'une colonne d'eau à lui connue, ou quand, plus tard, Stahl transforma les métaux en chaux et la chaux en métal, en leur ôtant ou en lui restituant quelque chose*, ce fut une révélation lumineuse pour tous les physiciens. Ils comprirent que la raison ne voit que ce qu'elle produit elle-même d'après ses propres plans et qu'elle doit prendre les devants avec les principes qui déterminent ses jugements, suivant des lois immuables, qu'elle doit obliger la nature à répondre à ses questions et non pas se laisser conduire pour ainsi dire en laisse par elle ; car autrement, faites au hasard et sans aucun plan tracé d'avance, nos observations ne se rattacheraient point à une loi nécessaire, chose que la raison demande et dont elle a besoin. Il faut donc que la raison se présente à la nature tenant, d'une main, ses principes qui seuls peuvent donner aux phénomènes concordants entre eux l'autorité de lois, et de l'autre, l'expérimentation qu'elle a imaginée d'après ces principes, pour être instruite par elle, il est vrai, mais non pas comme un écolier qui se laisse dire tout ce qu'il plaît au maître, mais, au contraire, comme un juge en fonctions qui force les témoins à répondre aux questions qu'il leur pose. La Physique est donc ainsi redevable de la révolution si profitable opérée dans sa méthode uniquement à cette idée qu'elle doit chercher dans la nature — et non pas faussement imaginer en elle — conformément à ce que la raison y transporte elle-même, ce qu'il faut qu'elle en apprenne et ce dont elle ne pourrait rien connaître par

---

* Je ne suis pas ici, d'une manière précise, la marche de l'histoire de la méthode expérimentale, dont les premiers débuts, d'ailleurs, ne sont pas bien connus.

elle-même. C'est par là seulement que la Physique a trouvé tout d'abord la sûre voie d'une science, alors que depuis tant de siècles elle en était restée à de simples tâtonnements.

La *Métaphysique*, connaissance spéculative de la raison tout à fait isolée et qui s'élève complètement au-dessus des enseignements de l'expérience par de simples concepts (et non pas, comme la Mathématique, en appliquant ses concepts à l'intuition), et où, par conséquent, la raison doit être son propre élève, n'a pas encore eu jusqu'ici l'heureuse destinée de pouvoir s'engager dans la voie sûre d'une science ; elle est cependant plus ancienne que toutes les autres et elle subsisterait quand bien même toutes les autres ensemble seraient englouties dans le gouffre d'une barbarie entièrement dévastatrice. Car la raison s'y trouve continuellement dans l'embarras, même quand elle veut apercevoir *a priori* des lois que l'expérience la plus vulgaire confirme ou, du moins, a la prétention de confirmer. En elle, il faut sans cesse rebrousser chemin, parce qu'on trouve que la route qu'on a suivie ne mène pas où l'on veut arriver. Quant à l'accord de ses partisans dans leurs assertions, elle en est tellement éloignée qu'elle semble être plutôt une arène tout particulièrement destinée à exercer les forces des lutteurs en des combats de parade et où jamais un champion n'a pu se rendre maître de la plus petite place et fonder sur sa victoire une possession durable. On ne peut pas hésiter à dire que sa méthode n'ait été jusqu'ici qu'un simple tâtonnement et, ce qu'il y a de plus fâcheux, un tâtonnement entre de simples concepts.

Or, d'où vient qu'on n'a pas pu trouver encore ici la sûre voie de la science ? Cela serait-il par hasard impossible ? Pourquoi donc la nature a-t-elle mis dans notre raison cette tendance infatigable qui lui fait en rechercher la trace, comme si c'était un de ses intérêts les plus considérables ? Bien plus, combien peu de motifs nous avons de nous fier à notre raison, si, non seulement elle nous abandonne dans un des sujets les plus importants de notre curiosité, mais si encore elle nous amorce par des illusions d'abord, pour nous tromper ensuite ? Peut-être jusqu'ici ne s'est-on que trompé de route : quels indices pouvons-nous utiliser pour espérer qu'en renouvelant nos recherches nous serons plus heureux qu'on ne l'a été avant nous ?

Je devais penser que l'exemple de la Mathématique et de la Physique qui, par l'effet d'une révolution subite, sont devenues ce que nous les voyons, était assez remarquable pour faire réfléchir sur le caractère essentiel de ce changement de méthode qui leur a été si avantageux et pour porter à l'imiter ici — du moins à titre d'essai, — autant que le permet leur analogie, en tant que connaissances rationnelles, avec la métaphysique. Jusqu'ici on admettait que toute notre connaissance devait se régler sur les objets (*sich nach den Gegenständen richten*); mais, dans cette hypothèse, tous les efforts tentés pour établir sur eux quelque jugement *a priori* par concepts, ce qui aurait accru notre connaissance, n'aboutissaient à rien. Que l'on essaie donc enfin de voir si nous ne serons pas plus heureux dans les problèmes de la métaphysique en supposant que les objets doivent se régler sur notre connaissance, ce qui s'accorde déjà mieux avec la possibilité désirée d'une connaissance *a priori* de ces objets qui établisse quelque chose à leur égard avant qu'ils nous soient donnés. Il en est précisément ici comme de la première idée de COPERNIC; voyant qu'il ne pouvait pas réussir à expliquer les mouvements du ciel, en admettant que toute l'armée des étoiles évoluait autour du spectateur, il chercha s'il n'aurait pas plus de succès en faisant tourner l'observateur lui-même autour des astres immobiles. Or, en Métaphysique, on peut faire un pareil essai, pour ce qui est de l'intuition des objets. Si l'intuition devait se régler sur la nature des objets, je ne vois pas comment on en pourrait connaître quelque chose *a priori;* si l'objet, au contraire (en tant qu'objet (*Object*) des sens), se règle sur la nature de notre pouvoir d'intuition, je puis me représenter à merveille cette possibilité. Mais, comme je ne peux pas m'en tenir à ces intuitions, si elles doivent devenir des connaissances ; et comme il faut que je les rapporte, en tant que représentations, à quelque chose qui en soit l'objet et que je le détermine par leur moyen, je puis admettre l'une de ces deux hypothèses : ou les *concepts* par lesquels j'opère cette détermination se règlent aussi sur l'objet, et alors je me trouve dans la même difficulté sur la question de savoir comment je peux en connaître quelque chose *a priori*, ou bien les objets, ou, ce qui revient au même, l'*expérience* dans laquelle seule ils sont connus (en tant qu'objets donnés) se règle sur ces concepts, — et je vois aussitôt un moyen plus facile de sortir d'embarras. En effet, l'expérience elle-même est un mode de connaissance qui exige le concours de l'entendement dont il me faut présupposer la règle en moi-même avant que les objets me soient donnés, par conséquent *a priori*, et cette règle s'exprime en des concepts *a priori* sur lesquels tous les objets de l'expérience doivent nécessairement se régler et avec lesquels ils doivent s'accorder. Pour ce qui regarde les objets en tant qu'ils sont simplement conçus par la raison — et cela, il est vrai, nécessairement — mais sans pouvoir (du moins tels que la raison les conçoit) être donnés dans l'expérience — toutes les tentatives de les penser (car il faut pourtant qu'on puisse les penser) doivent, par conséquent, fournir une excellente pierre de touche de ce que nous regardons comme un changement de méthode dans la façon de penser, c'est que nous ne connaissons *a priori* des choses que ce que nous y mettons nous-mêmes*.

Cet essai réussit à souhait et promet à la Métaphysique, dans sa première partie, où elle ne s'occupe que des concepts *a priori* dont les objets correspondants peuvent être donnés dans l'expérience conformément à ces concepts, le sûr chemin d'une science. On peut, en effet, très bien expliquer, à l'aide de ce changement de méthode, la possibilité d'une connaissance *a priori* et, ce qui est encore plus, doter les lois, qui servent *a priori* de fondement à la nature, considérée comme l'ensemble des objets de l'expérience, de leurs preuves suffisantes — deux choses qui étaient impossibles avec la méthode

---

*. Cette méthode empruntée aux physiciens consiste donc à rechercher les éléments de la raison pure dans ce *qu'on peut confirmer ou rejeter au moyen de l'expérimentation*. Or, il n'y a pas d'expérience possible (comme il y en a en physique) qui permette d'examiner quant à leurs OBJETS (*Objecten*) les propositions de la raison pure, surtout lorsqu'elles se risquent en dehors des limites de toute expérience possible. On ne pourra donc faire cet examen que sur des *concepts* et des *principes* admis *a priori*, en les envisageant de telle sorte que ces mêmes objets puissent être considérés sous deux points de vue différents, *d'une part* comme objets des sens et de l'entendement dans l'expérience (für die Erfahrung), et *d'autre part* comme objets que l'on ne fait que concevoir, c'est-à-dire comme des objets de la raison pure isolée et s'efforçant de s'élever au-dessus des limites de l'expérience. Or, s'il se trouve qu'en envisageant les choses sous ce double point de vue, on tombe d'accord avec le principe de la raison pure, et que, les considérant sous un seul point de vue, la raison tombe inévitablement en conflit avec elle-même, alors l'expérimentation décide en faveur de l'exactitude de cette distinction.

jusqu'ici adoptée. Mais cette déduction de notre pouvoir de connaître *a priori* conduit, dans la première partie de la Métaphysique, à un résultat étrange et qui, en apparence, est très préjudiciable au but qu'elle poursuit dans sa seconde partie : c'est qu'avec ce pouvoir nous ne pouvons pas dépasser les limites de l'expérience possible, ce qui pourtant est l'affaire la plus essentielle de cette science. Mais la vérité du résultat auquel nous arrivons dans cette première application de notre connaissance rationnelle *a priori* nous est fournie par la contre-épreuve de l'expérimentation, en cela même que cette faculté n'atteint que des phénomènes et non les choses en soi qui, bien que réelles par elles-mêmes, restent inconnues de nous. Car ce qui nous porte à sortir nécessairement des limites de l'expérience et de tous les phénomènes, c'est l'*Inconditionné* que la raison exige dans les choses en soi, nécessairement et à bon droit, pour tout ce qui est conditionné, afin d'achever ainsi la série des conditions. Or, en admettant que notre connaissance expérimentale se règle sur les objets en tant que choses en soi, on trouve que l'Inconditionné *ne peut pas être pensé* sans contradiction ; au contraire, si l'on admet que notre représentation des choses telles qu'elles nous sont données ne se règle pas sur les choses mêmes considérées comme choses en soi, mais que c'est plutôt ces objets, comme phénomènes qui se règlent sur notre mode de représentation, la *contradiction disparaît*, et si, par conséquent, l'Inconditionné ne doit pas se trouver dans les choses en tant que nous les connaissons (qu'elles nous sont données), mais bien dans les choses en tant que nous ne les connaissons pas, en tant que choses en soi, c'est une preuve que ce que nous avons admis tout d'abord à titre d'essai est fondé*. Or, il nous reste encore à chercher, après avoir refusé à la raison spéculative tout progrès dans le champ du supra-sensible, s'il ne se trouve pas, dans le domaine de sa connaissance pratique, des données qui lui

---

* Cette expérimentation de la raison pure a beaucoup d'analogie avec celle que les *chimistes* appellent souvent essai de *réduction*, mais généralement *procédé synthétique*. L'*analyse* du *métaphysicien* sépare la connaissance *a priori* en deux éléments très différents, à savoir : celui des choses comme phénomènes et celui des choses en soi. La *dialectique* les réunit de nouveau pour faire *l'accord* avec l'idée rationnelle nécessaire de *l'inconditionné* et elle trouve que cet accord n'est jamais produit que par cette distinction, laquelle est par conséquent vraie.

permettent de déterminer ce concept rationnel transcendant de l'Inconditionné et de dépasser, de cette manière, conformément au désir de la Métaphysique, les limites de toute expérience possible avec notre connaissance *a priori*, mais uniquement possible au point de vue pratique. En suivant cette méthode, la raison spéculative nous a du moins procuré un champ libre pour une pareille extension, bien qu'elle ait dû le laisser vide. Il nous est donc encore permis, et elle-même nous y invite tout à fait, de le remplir, si nous le pouvons, par ses *données* pratiques*.

C'est dans cette tentative de changer la méthode suivie jusqu'ici en Métaphysique et d'opérer ainsi en elle une révolution totale, suivant l'exemple des géomètres et des physiciens, que consiste l'œuvre de cette Critique de la raison pure spéculative. Elle est un traité de la méthode et non un système de la science elle-même. Mais elle en décrit tout de même la circonscription totale, tant par rapport à ses limites que par rapport à sa structure interne; c'est que la raison pure spéculative a ceci de particulier en elle-même, qu'elle peut et doit mesurer exactement son propre pouvoir suivant les diverses manières dont elle choisit les objets (*Objecte*) de sa pensée et faire aussi un dénombrement complet de toutes les façons différentes de se poser les problèmes, en même temps que se tracer, de cette manière, tout le plan d'un système de métaphysique. En effet, pour ce qui regarde le premier point, dans la connaissance *a priori* rien ne peut être attribué aux objets (*Objecten*) que ce que le sujet pensant tire de lui-même et, pour ce qui est du second point, par rapport

---

* C'est ainsi que les lois centrales des mouvements des corps célestes convertirent en certitude absolue la théorie que Copernic n'avait admise tout d'abord que comme une hypothèse, et qu'elles prouvèrent en même temps la force invisible qui lie le système du monde (l'attraction de Newton) et qui n'aurait jamais été démontrée si Copernic n'avait pas osé rechercher, d'une manière contraire au témoignage des sens, mais pourtant vraie, l'explication des mouvements observés, non dans les objets du ciel, mais dans leur spectateur. Dans cette préface, je ne présente que comme une hypothèse le changement de méthode que j'expose dans la Critique et qui est analogue à cette hypothèse de Copernic. Ce changement sera toutefois établi dans le traité même par la nature de nos représentations de l'espace et du temps et par les concepts élémentaires de l'entendement; il sera donc prouvé non plus hypothétiquement, mais bien apodictiquement. Je le présente ici comme hypothèse uniquement pour faire ressortir le caractère toujours hypothétique des premiers essais d'une réforme de ce genre.

aux principes de la connaissance, la raison pure est une unité tout à fait à part et qui se suffit à elle-même, dans laquelle chaque membre, comme dans un corps organisé, existe pour les autres et tous pour chacun et où nul principe ne peut être pris avec certitude sous *un* point de vue sans avoir été examiné dans l'*ensemble* de ses rapports avec tout l'usage pur de la raison. Mais, pour cela, la Métaphysique a aussi le rare bonheur, qui ne saurait être le partage d'aucune autre science rationnelle ayant affaire à des objets (*Objecten*) (car la logique ne s'occupe que de la forme de la pensée en général), qu'une fois mise par cette Critique dans la voie sûre d'une science, elle peut embrasser pleinement tout le champ des connaissances qui lui appartiennent, achever ainsi son œuvre et la transmettre à la postérité comme une possession utilisable, mais qu'il est impossible de jamais augmenter, parce qu'on aura simplement à s'occuper des principes et des limites de leur usage, limites que la Critique déterminera elle-même. Elle est donc tenue à cette perfection en tant que science fondamentale et c'est d'elle qu'il faut pouvoir dire : *nil actum reputans si quid superesset agendum*.

Mais quel est donc, demandera-t-on, ce trésor que nous pouvons léguer à la postérité avec une Métaphysique ainsi épurée par la Critique et placée aussi par elle dans une position fixe. On sera amené, par un coup d'œil rapide jeté sur cette *œuvre*, à penser que l'utilité n'en est que *négative*, c'est-à-dire que nous ne pourrons jamais, avec la raison spéculative, nous risquer au delà des limites de l'expérience, et c'est là, dans le fait, sa première utilité. Mais cette utilité deviendra *positive*, dès qu'on s'apercevra que les principes sur lesquels la raison spéculative s'appuie pour se hasarder au delà de ses limites ont en réalité pour conséquence inévitable non pas une *extension*, mais bien, à y regarder de plus près, un *rétrécissement* de l'usage de notre raison. En effet, ces principes menacent d'étendre réellement à tout les limites de la sensibilité d'où ils relèvent proprement et d'annihiler entièrement l'usage pur de la raison (pratique). C'est pourquoi une critique qui limite la raison spéculative est *négative* en tant que telle ; mais supprimant du même coup un obstacle qui en menace l'usage pratique, ou qui menace même de l'anéantir, elle est en réalité d'une utilité *positive* et très importante, dès qu'on est convaincu qu'il y a un usage pratique absolument nécessaire de la raison pure (l'usage moral), dans lequel elle s'étend inévitablement au delà des limites de la sensibilité, — en quoi, en vérité, elle n'a besoin d'aucun secours de la raison spéculative, — mais dans lequel aussi il faut qu'elle soit assurée contre toute opposition de la raison spéculative, pour ne pas tomber en contradiction avec elle-même. Dénier cette utilité *positive* à ce service que nous rend la Critique équivaudrait à dire que le police n'a pas d'utilité positive, parce que sa fonction principale n'est que de fermer la porte à la violence que les citoyens peuvent craindre les uns des autres, pour que chacun puisse faire ses affaires en toute tranquillité et sécurité. Que l'espace et le temps ne soient que des formes de l'intuition sensible et, par conséquent, que des conditions de l'existence des choses comme phénomènes, qu'en outre nous n'ayons pas d'autres concepts de l'entendement ni, par suite, des éléments pour la connaissance des choses, à moins qu'une intuition correspondante à ces concepts ne puisse être donnée, que, par conséquent, nous ne puissions connaître aucun objet comme chose en soi, mais seulement en tant qu'objet (*Object*) d'intuition sensible, c'est-à-dire en tant que phénomène, cela sera prouvé dans la partie analytique de la Critique. Il en résultera évidemment que la seule connaissance spéculative possible de la raison sera limitée aux simples objets de l'*expérience*. Toutefois, il faut bien le remarquer, il y a toujours ici cette réserve à faire, que nous pouvons au moins *penser* ces mêmes objets comme choses en soi, quoique nous ne puissions pas les *connaître* (en tant que tels)*. Car autrement on arriverait à cette proposition absurde qu'un phénomène (ou *apparence*) existerait sans qu'il y ait rien qui apparaisse (*dass Erscheinung ohne etwas wäre, was da erscheint*). Or, supposons maintenant que cette distinction nécessairement faite par notre Critique

---

* Pour *connaître* un objet, il faut pouvoir en prouver la possibilité (soit par le témoignage de l'expérience de sa réalité, soit *a priori* par la raison). Mais je puis *penser* ce que je veux, pourvu que je ne tombe pas en contradiction avec moi-même, c'est-à-dire, pourvu que mon concept soit une pensée possible, quoique je ne puisse pas répondre que, dans l'ensemble de toutes les possibilités, un objet (*Objet*) corresponde ou non à ce concept. Pour attribuer à un tel concept une valeur objective (une réelle possibilité, car la première n'était que logique), il faudrait quelque chose de plus. Mais, ce quelque chose de plus, on n'a pas besoin de le chercher dans les sources théoriques de la connaissance, il peut également se trouver dans les sources pratiques.

entre les choses comme objets d'expérience et ces mêmes choses comme choses en soi ne fût pas du tout faite, alors, le principe de causalité, et, par conséquent, le mécanisme naturel dans la détermination des choses, devrait s'étendre absolument à toutes les choses en général considérées comme causes efficientes. Du même être, par conséquent, par exemple de l'âme humaine, je ne pourrais pas dire que sa volonté est libre et qu'elle est en même temps soumise à la nécessité physique, c'est-à-dire qu'elle n'est pas libre, sans tomber dans une contradiction manifeste, puisque, dans ces deux propositions, j'ai pris l'âme dans le même sens, c'est-à-dire comme une chose en général (comme une chose en soi), et que, sans une critique préalable, je ne peux pas la prendre dans un autre sens. Mais si la Critique ne s'est pas trompée en nous apprenant à prendre l'objet (*Object*) *dans deux sens*, c'est-à-dire comme phénomène et comme chose en soi; si sa déduction des concepts de l'entendement est exacte, si, par conséquent aussi le principe de causalité ne s'applique qu'aux choses prises dans le premier sens, c'est-à-dire en tant qu'elles sont des objets d'expérience, tandis que, dans le second sens, ces choses ne lui sont pas soumises; alors la même volonté dans l'ordre des phénomènes (des actions visibles) peut être pensée comme nécessairement soumise aux lois de la nature, et, sous ce rapport, comme n'*étant pas libre*, — et pourtant, d'autre part, en tant qu'appartenant à une chose en soi, comme échappant à cette loi naturelle, et par conséquent *comme libre*, sans qu'il y ait ici contradiction. Or, quoique je ne puisse *connaître* mon âme, envisagée sous ce dernier point de vue, par la raison spéculative (encore moins par une observation empirique), ni, par conséquent, la liberté comme la propriété d'un être auquel j'attribue des effets dans le monde sensible, parce qu'il me faudrait connaître, d'une manière déterminée, un tel être dans son existence et non cependant dans le temps (ce qui est impossible, parce que je ne puis étayer mon concept sur aucune intuition), je puis pourtant *penser* la liberté, c'est-à-dire que la représentation de cette liberté ne renferme du moins en moi aucune contradiction, si l'on admet notre distinction critique des deux modes de représentation (mode sensible et mode intellectuel) et la limitation qui en découle relativement aux concepts purs de l'entendement, par conséquent aussi relativement aux principes qui dérivent de ces concepts. Or, admettons maintenant que la morale suppose nécessairement la liberté (au sens le plus strict), comme une propriété de notre volonté, puisqu'elle pose *a priori* comme des *données* de la raison des principes pratiques qui ont leur origine dans cette même raison et qui seraient absolument impossibles sans la supposition de la liberté; admettons encore que la raison spéculative ait prouvé que cette liberté ne se peut aucunement concevoir, il faut alors nécessairement que cette supposition — la supposition morale — plie devant l'autre dont le contraire implique une contradiction manifeste; par conséquent, la *liberté* et, avec elle, la moralité (dont le contraire ne renferme aucune contradiction, quand on ne suppose pas au préalable la liberté) doivent céder la place au *mécanisme de la nature*. Mais, comme, au point de vue de la morale, j'ai seulement besoin que la liberté ne soit pas contradictoire en elle-même, et qu'ainsi, du moins, elle se laisse concevoir sans qu'il soit nécessaire de l'examiner plus à fond, que, par suite, elle ne mette aucun obstacle au mécanisme naturel du même acte (envisagé sous un autre rapport), ainsi la doctrine de la moralité garde sa position et la physique aussi la sienne. Or, cela n'aurait pas lieu, si la Critique ne nous avait pas instruits auparavant de notre inévitable ignorance par rapport aux choses en soi et si elle n'avait pas limité à de simples phénomènes tout ce que nous pouvons *connaître* théoriquement. La même illustration de l'utilité positive des principes critiques de la raison pure se montrerait si nous envisagions le concept de *Dieu* et celui de la *nature simple* de notre *âme*, mais je n'y insiste pas pour être court. Je ne peux donc jamais *admettre Dieu*, la *liberté*, l'*immortalité* en faveur de l'usage pratique nécessaire de ma raison, sans enlever en même temps à la raison spéculative ses prétentions injustes à des vues transcendantes. Car, pour arriver à ces vues, il faut qu'elle emploie des principes qui, ne s'étendent en fait qu'aux objets de l'expérience possible, mais qui, dès qu'on les applique à ce qui ne peut pas être un objet d'expérience, transforment réellement aussitôt cette chose en phénomène et déclarent impossible toute EXTENSION *pratique* de la raison pure. J'ai dû par conséquent supprimer le *savoir* pour y substituer la *croyance*. Du reste, le dogmatisme de la Métaphysique, c'est-à-dire le préjugé d'avancer dans cette science sans une Critique de la raison pure, est la vraie source de toute l'incrédulité qui s'attaque à la moralité — incrédulité toujours très dogmatique, elle aussi. — S'il n'est donc pas impossible de laisser à la postérité une Métaphysique systématique construite sur le plan de la Critique de la raison pure, ce legs ne sera pas un présent de peu de valeur : soit que l'on considère simplement la culture que doit acquérir la raison en suivant la voie sûre d'une science, au lieu de procéder par les tâtonnements aveugles et les divagations vaines qu'elle fait sans la critique ; soit qu'on regarde aussi le meilleur emploi du temps pour une jeunesse avide de savoir qui trouve dans le dogmatisme habituel un encouragement, si précoce et si fort, à raisonner facilement sur des choses auxquelles elle ne comprend rien et auxquelles, pas plus que personne au monde, elle n'entendra jamais rien, ou à courir à la recherche de pensées et d'opinions nouvelles et à négliger ainsi l'étude des sciences solides ; soit surtout que l'on fasse entrer en compte l'inappréciable avantage d'en finir une bonne fois avec toutes les objections contre la moralité et la religion, à la manière de Socrate, c'est-à-dire par la preuve la plus claire de l'ignorance de l'adversaire. Car il y a toujours eu et il y aura toujours dans le monde une métaphysique, mais toujours aussi on trouvera à côté une dialectique de la raison pure qui lui est naturelle. La première et la plus importante affaire de la philosophie est donc d'enlever, une fois pour toutes, à cette dialectique toute influence pernicieuse, en tarissant la source des erreurs.

Malgré ce changement important dans le champ des sciences et le *préjudice* que la raison spéculative doit en éprouver dans les possessions qu'elle s'était attribuées jusqu'ici, tout reste cependant dans le même état avantageux qu'auparavant, en ce qui concerne l'intérêt général de l'humanité et le profit que le monde tirait jusqu'ici des doctrines de la raison pure ; le préjudice n'affecte que le *monopole des écoles*, mais en aucune façon les intérêts des hommes. Je demande au dogmatique le plus rigide, si la preuve de la permanence de notre âme après la mort, tirée de la simplicité de sa substance, si celle de la liberté du vouloir en face de l'universel mécanisme, fondée sur de subtiles, mais impuissantes distinctions de la nécessité pratique subjective et objective, si celle de l'existence de Dieu par le concept d'un

Être souverainement réel (par la contingence des objets changeants et la nécessité d'un premier moteur), je lui demande si, après être sorties des écoles, ces preuves ont jamais pu arriver au public et avoir la moindre influence sur sa conviction? Or, si cela n'est pas arrivé et si l'on ne peut jamais l'attendre, à cause de l'incapacité de l'intelligence ordinaire des hommes pour d'aussi subtiles spéculations; si, bien plus, pour ce qui concerne le premier point, cette disposition remarquable naturelle à tout homme de ne pouvoir jamais être satisfait par rien de temporel, en tant qu'insuffisant au besoin de son entière destination, peut faire naître l'espérance d'une *vie future*; si, par rapport au second point, la claire représentation des devoirs, en opposition avec toutes les exigences de nos tendances, suffit seule à faire naître la conscience de la *liberté*; si, enfin, par rapport au troisième point, l'ordre magnifique, la beauté, la prévoyance qui éclatent de toutes parts dans la nature, sont suffisantes toutes seules à faire naître la croyance en un sage et grand *auteur du monde*, conviction qui se propage dans le public, en tant qu'elle repose sur des fondements rationnels; alors, non seulement ce domaine reste intact, mais encore il gagne plus de considération, par cela seul que les écoles auront appris désormais à ne plus élever des prétentions à une vue plus haute et plus étendue que celle à laquelle peut arriver aussi facilement la grande foule (qui est digne de notre estime) et à se limiter ainsi uniquement à la culture de ces preuves, qui sont à la portée de tout le monde et qui suffisent au point de vue moral. Cette réforme ne porte donc que sur les arrogantes prétentions des écoles qui, ici, (comme, à bon droit souvent, sur d'autres points) aiment à se vanter d'être seules à connaître et à garder des vérités dont elles communiquent seulement l'usage au public, mais dont elles gardent la clef pour elles (*quod mecum nescit, solus vult scire videri*). Nous n'avons pas oublié cependant les prétentions plus justes du philosophe spéculatif. Il demeure toujours le dépositaire exclusif d'une science utile au public, qui ne s'en doute pas, je veux parler de la Critique de la raison; jamais elle ne peut, en effet, devenir populaire, mais il n'est pas nécessaire qu'elle le soit; car si les arguments finement tissés à l'appui de vérités utiles entrent peu dans la tête du peuple, son esprit n'est pas moins rebelle aux objections également subtiles que l'on pourrait y faire. Au contraire, parce que l'École, ainsi que tout homme qui s'élève à la spéculation, tombe inévitablement dans ces deux défauts, la Critique est obligée de prévenir une fois pour toutes, par l'examen approfondi des droits de la raison spéculative, le scandale que doivent causer tôt ou tard, même pour le peuple, les disputes où s'engagent inévitablement les métaphysiciens (et, en tant que tels, enfin, beaucoup de théologiens) sans critique et qui finissent par fausser leurs doctrines. La critique peut seule couper dans leurs racines le *matérialisme*, le *fatalisme*, l'*athéisme*, l'*incrédulité* des libres penseurs (*freigeisterischen*), le *fanatisme*, la *superstition*, fléaux qui peuvent devenir nuisibles à tout le monde, enfin l'*idéalisme* et le *scepticisme* qui sont dangereux plutôt pour les écoles et ne peuvent que difficilement passer dans le public. Si les gouvernements trouvent bon de se mêler des affaires des savants, il serait plus conforme à leur sage souci pour les sciences aussi bien que pour les hommes de favoriser la liberté d'une telle critique qui seule est capable d'établir sur une base solide les travaux de la raison, que de soutenir le ridicule despotisme des écoles qui jettent les hauts cris sur un danger public quand on déchire leurs toiles d'araignées dont le public n'a jamais eu connaissance et dont par conséquent il ne peut pas sentir la perte.

La Critique n'est pas opposée à un *procédé dogmatique* de la raison dans sa connaissance pure en tant que science (car la science doit toujours être dogmatique, c'est-à-dire strictement démonstrative, en s'appuyant sur de sûrs principes *a priori*), mais elle est opposée au *dogmatisme*, c'est-à-dire à la prétention d'aller de l'avant avec une connaissance pure (la connaissance philosophique) tirée de concepts d'après des principes tels que ceux dont la raison fait usage depuis longtemps sans se demander comment ni de quel droit elle y est arrivée. Le dogmatisme est donc la marche dogmatique que suit la raison pure *sans avoir fait une critique préalable de son pouvoir propre*. Cette opposition de la Critique au dogmatisme ne doit pas consister, par suite, à plaider la cause de cette stérilité verbeuse qui prend mal à propos le nom de popularité, ni encore moins celle du scepticisme qui fait prompte justice de toute la métaphysique ; la Critique est plutôt la préparation nécessaire au développement d'une métaphysique bien établie en tant que science qui doit être nécessairement traitée d'une manière dogmatique et strictement systématique, donc scolastique (et non populaire); car c'est une exigence inévitable en métaphysique, puisque cette science s'engage à accomplir son œuvre tout à fait *a priori* et, par suite, à l'entière satisfaction de la raison spéculative. Dans l'exécution du plan que trace la Critique, c'est-à-dire dans le système futur de la métaphysique, nous devrons suivre un jour la rigoureuse méthode du célèbre Wolf, le plus grand de tous les philosophes dogmatiques, qui, le premier, montra (et, par cet exemple, fut en Allemagne l'initiateur de l'esprit de profondeur, qui n'est pas encore éteint) comment, par l'établissement régulier des principes, par la claire détermination des concepts, par la rigueur voulue des démonstrations et par le refus opposé (*die Verhütung*) aux sauts téméraires dans les conséquences, on peut entrer dans le sûr chemin d'une science. Il était par là même parfaitement apte à mettre une science comme la métaphysique dans cette situation, s'il avait eu l'idée de se préparer à l'avance le terrain par la critique de l'instrument, c'est-à-dire de la raison pure elle-même : c'est là une lacune qu'on doit attribuer plutôt à la façon dogmatique de penser de son temps qu'à lui-même et sur laquelle les philosophes, aussi bien ceux de son époque que ceux des temps passés, n'ont rien à se reprocher les uns aux autres. Ceux qui rejettent sa méthode, et, du même coup, le procédé de la Critique de la raison pure, ne peuvent pas avoir d'autre intention que de briser les liens de la *science* et de convertir le travail en jeu, la certitude en opinion, la philosophie en philodoxie.

Pour ce qui est de cette seconde édition, je n'ai pas voulu, comme de juste, laisser passer l'occasion qu'elle m'offrait d'enlever, autant que possible, les difficultés et les obscurités d'où peuvent être nées plusieurs fausses interprétations où sont tombés, peut-être par ma faute, des hommes perspicaces, en appréciant ce livre. Dans les propositions mêmes et dans leurs preuves, non plus que dans la forme et que dans l'ensemble du plan, je n'ai rien trouvé à changer, ce qui s'explique, en partie, par le long examen auquel j'avais soumis mon œuvre, avant de la livrer au public, en partie, par la nature même du sujet, à savoir par la nature d'une raison pure spéculative qui renferme une véritable organisation où tout est organe, où tout existe pour chaque membre et chaque membre pour tous les autres, et où tout défaut, si petit qu'il soit, que ce soit une faute (une erreur) ou une omission, doit immanquablement se manifester dans l'usage. L'invariable fixité de ce système s'affirmera, je l'espère, encore plus dans l'avenir. Ce qui me donne cette confiance, ce n'est pas une vaine présomption, mais uniquement l'évidence que produit l'expérience du résultat identique auquel on arrive soit en allant des plus petits éléments jusqu'au tout de la raison pure, soit en redescendant du tout à chaque partie (car ce tout est aussi donné en lui-même par le but final de la raison dans la pratique), tandis que si on essaie de changer seulement la plus petite partie, on est amené aussitôt à des contradictions qui portent non seulement sur le système, mais sur toute la raison humaine en général. Seulement, dans l'exposition, il y a encore beaucoup à faire, et, dans cette édition, j'ai essayé des corrections qui doivent remédier soit au malentendu de l'esthétique, surtout dans le concept du temps, soit à l'obscurité de la déduction des concepts de l'entendement, soit au prétendu défaut d'évidence suffisante dans les preuves des principes de l'entendement pur, soit enfin à la fausse interprétation des paralogismes de la psychologie rationnelle. Jusque-là (à savoir, jusqu'à la fin du premier chapitre de la dialectique transcendantale) s'étendent seulement les changements que j'ai faits dans la rédaction[*] : car le temps m'a fait défaut; et d'ailleurs, pour ce

---

[*] La seule addition véritable que je pourrais citer — mais là encore ne s'agit-il que du mode de démonstration — est celle par laquelle j'ai (p. 275[1]) fait une réfutation nouvelle de l'idéalisme psychologique et donné une preuve rigoureuse (la seule même que je croie possible) de la réalité objective de l'intuition extérieure. Quelque inoffensif que puisse paraître l'idéalisme par rapport au but essentiel de la métaphysique (et en réalité il ne l'est pas), c'est toujours un scandale pour la philosophie et pour le sens commun en général qu'il faille simplement admettre à titre de *croyance* l'existence des choses extérieures (d'où nous tirons pourtant toute la matière de nos connaissances, même pour notre sens intime) et que, s'il plaît à quelqu'un d'en douter, nous ne puissions lui opposer aucune preuve suffisante. Comme il y a quelque obscurité dans l'exposition de cette preuve — de la troisième ligne à la sixième — je demande qu'on veuille bien modifier comme suit cette période : « *Or, ce permanent ne peut pas être une intuition en moi ; car, tous les principes de détermination de mon existence, qui peuvent être trouvés en moi, sont des représentations et ont besoin précisément, en tant que telles, de quelque chose de permanent qui soit distinct de ces repré-*

1. Page 238 de la présente traduction.

qui suivait, aucun malentendu commis par un lecteur informé et impartial ne m'avait été signalé; je n'ai pas besoin de nommer, avec les louanges qu'ils méritent, les juges dont j'ai pris les avis en considération, ils trouveront bien d'eux-mêmes les endroits que j'ai retouchés d'après leur conseil. Ces corrections entraînent pour le lecteur un léger dommage qu'on ne pouvait pas éviter sans rendre ce livre trop volumineux, en effet, plus d'un lecteur pourrait regretter divers passages qui, sans être, il est vrai, essentiels à l'intégrité de l'ensemble, pourraient être utiles à un autre point de vue, et qu'il a fallu supprimer ou raccourcir pour faire place à une exposition qui, je l'espère, est maintenant plus claire. Cette nouvelle exposition ne change du reste absolument rien au fond, pour ce qui est des propositions et de leurs preuves mêmes; mais cependant, elle s'écarte tellement, par endroits, de l'ancienne, dans la manière de présenter les choses, qu'il n'était pas possible de l'y intercaler. Ce léger dommage, que chacun peut d'ailleurs, à son gré, réparer par la comparaison avec la première édition, sera bien compensé, je l'espère, par une plus grande clarté. J'ai remarqué, dans divers écrits publiés (soit à l'occasion de l'examen de certains livres, soit dans des traités spéciaux), j'ai remarqué, avec un plaisir reconnaissant, que l'esprit de profondeur n'est pas mort en Allemagne, qu'il n'y a été étouffé seulement que pour peu de temps par la mode d'une liberté de penser affectant le génie, et que les épineux sentiers de la Critique qui conduisent à une science de la raison pure

---

sentations et par rapport à quoi leur changement, — et, par conséquent, mon existence dans le temps où elles changent, — puisse être déterminé. » On objectera sans doute à cette preuve que je n'ai cependant la conscience immédiate que de ce qui est en moi, c'est-à-dire de ma *représentation* des choses extérieures, et que, par conséquent, il reste toujours à établir si quelque chose qui y correspond existe ou non hors de moi. Mais j'ai conscience de *mon existence dans le temps* (par conséquent aussi de la faculté qu'elle a d'y être déterminable) par mon expérience interne, ce qui est plus que d'avoir simplement conscience de ma représentation, mais ce qui est identique à la *conscience empirique de mon existence*, laquelle n'est déterminable que par rapport à quelque chose qui *existe hors de moi* et qui est lié à mon existence. Cette conscience de mon existence dans le temps est donc identiquement liée à la conscience d'un rapport à quelque chose hors de moi, et c'est, par conséquent, l'expérience et non la fiction, les sens et non l'imagination qui lient inséparablement l'extérieur à mon sens interne, car le sens externe est déjà par lui-même une relation de l'intuition à quelque chose de réel existant hors de moi et dont la réalité, à la différence de la fiction, ne repose que sur ce qu'il est inséparablement lié à l'expérience intérieure elle-même, comme à la

scolastique mais, en tant que telle, seule durable et par là absolument nécessaire, n'ont pas découragé les esprits vaillants et clairs qui les ont suivis. A ces hommes distingués, qui, à la sûreté de vue, allient si heureusement encore le talent d'une claire exposition (dont je ne me sens pas capable), je laisse le soin de mettre la dernière main à mon œuvre pour corriger ce qu'elle peut encore avoir par endroits de défectueux. Je ne cours pas, en effet, dans ce cas, le danger d'être contredit, mais bien celui de n'être pas compris. De mon côté, je ne puis pas, dès maintenant, m'engager dans toutes les discussions que pourra soulever mon livre, mais je ferai soigneusement attention à tous les signes que pourront me faire des amis ou des adversaires, pour les utiliser dans l'exécution future du système que je construirai sur cette propédeutique.

condition de sa possibilité, ce qui est ici le cas. Si à la *conscience intellectuelle* de mon existence dans la représentation : *je suis*, qui accompagne tous mes jugements et tous les actes de mon entendement, je pouvais joindre en même temps une détermination de mon existence *par l'intuition intellectuelle*, alors la conscience d'un rapport à quelque chose existant en dehors de moi, n'appartiendrait pas nécessairement à cette détermination. Or, cette conscience intellectuelle précède sans doute, mais l'intuition intérieure, dans laquelle seule mon existence peut être déterminée, est sensible et liée à la condition du temps ; et cette détermination, — par conséquent aussi l'expérience interne elle-même, — dépend de quelque chose de permanent qui n'est pas en moi et qui par suite ne peut être que hors de moi et avec quoi je dois me considérer comme en relations. Ainsi la réalité du sens externe est nécessairement liée à celle du sens interne pour la possibilité d'une expérience en général, c'est-à-dire que j'ai tout aussi sûrement conscience qu'il y a hors de moi des choses qui se rapportent à mon sens que j'ai conscience d'exister moi-même dans le temps. Mais quant à savoir à quelles intuitions données correspondent réellement des objets (*Objecte*) extérieurs à moi et qui, par conséquent, appartiennent au *sens* externe auxquels ils doivent être attribués et non à l'imagination, c'est ce qu'il faut décider, dans chaque cas particulier, suivant les règles qui servent à distinguer une expérience en général (même l'expérience interne) d'une imagination : le principe reste toujours qu'il y a réellement une expérience extérieure. On peut encore ajouter ici la remarque suivante : la représentation de quelque chose de *permanent* dans l'existence n'est pas identique à la *représentation permanente*, car celle-ci peut être très changeante et très variable, comme toutes nos représentations, même celles de la matière, et cependant elles se rapportent à quelque chose de permanent qui doit donc être une chose distincte de toutes mes représentations et extérieure à moi et dont l'existence est nécessairement comprise dans la *détermination* de ma propre existence et ne constitue avec elle qu'une seule expérience qui n'aurait jamais lieu intérieurement, si elle n'était pas en même temps extérieure (en partie). Quant au comment, nous ne pouvons pas plus l'expliquer ici que nous ne pouvons expliquer comment nous concevons en général ce qui subsiste dans le temps et dont la simultanéité avec ce qui change produit le concept de changement.

Mais pendant ces travaux, je suis arrivé à un âge assez avancé (j'entre, ce mois-ci, dans ma soixante-quatrième année) : aussi je dois être économe de mon temps, si je veux exécuter mon plan qui est de publier la Métaphysique de la nature aussi bien que celle des mœurs, comme confirmation de l'exactitude de la Critique de la raison aussi bien spéculative que pratique. J'attendrai donc l'éclaircissement des obscurités, qu'il était difficile d'éviter dans cette œuvre, au début, ainsi que la défense de l'ensemble, des hommes de mérite qui en ont fait leur propre affaire. Il y a toujours certains côtés par où est vulnérable un traité philosophique (car il ne peut pas s'avancer aussi bien cuirassé qu'un traité de mathématiques), bien que la structure du système considéré au point de vue de l'unité ne coure pas le moindre danger. En effet, quand il est nouveau, peu de personnes ont l'esprit assez habile pour le voir d'ensemble et un plus petit nombre encore sont capables d'y prendre plaisir, parce que toutes les nouveautés leur sont importunes. Des contradictions apparentes peuvent être trouvées dans tout écrit, surtout dans un écrit à la démarche libre, si l'on met en regard les uns des autres des passages particuliers arrachés de leur place, et ces contradictions peuvent jeter sur cet ouvrage un jour défavorable aux yeux de ceux qui se fient au jugement d'autrui; mais elles sont faciles à résoudre pour celui qui s'est élevé à l'idée de l'ensemble. Toutefois, quand une théorie renferme quelque solidité, l'action et la réaction qui semblaient tout d'abord la menacer d'un grand danger, ne servent, avec le temps, qu'à faire disparaître ces inégalités, et, si des hommes impartiaux, lumineux et amis de la vraie popularité s'en occupent, qu'à lui procurer en peu de temps toute l'élégance désirable.

Königsberg, avril 1787.

INTRODUCTION
(1ʳᵉ ÉDITION).

I. — *Idée de la philosophie transcendantale.*

L'expérience est, sans aucun doute, le premier produit que notre entendement obtient (*hervorbringt*) en élaborant la matière brute des sensations. C'est précisément ce qui fait d'elle l'enseignement premier et tellement inépuisable en instructions nouvelles dans son développement, que, dans

---

INTRODUCTION
(2ᵉ ÉDITION)

I. — *De la différence de la connaissance pure et de la connaissance empirique.*

Que toute notre connaissance commence avec l'expérience, cela ne soulève aucun doute. En effet, par quoi notre pouvoir de connaître (*Erkenntnissvermögen*) pourrait-il être éveillé et mis en action (*zur Ausübung erweckt*), si ce n'est par des objets qui frappent nos sens et qui, d'une part, produisent par eux-mêmes des représentations et, d'autre part, mettent en mouvement notre faculté intellectuelle, afin qu'elle compare, lie ou sépare ces représentations, et travaille ainsi la matière brute des impressions sensibles pour en tirer une connaissance des objets, celle qu'on nomme l'expérience? Ainsi, *chronologiquement* (*der Zeit nach*), aucune connaissance ne précède en nous l'expérience et c'est avec elle que toutes commencent.

Mais si toute notre connaissance débute AVEC l'expérience, cela ne prouve pas qu'elle dérive toute DE l'expérience, car il se pourrait bien que même notre connaissance expérimentale fût un composé de ce que nous recevons des impressions sensibles et de ce

toute la chaîne des âges les générations futures ne manqueront jamais de connaissances nouvelles à acquérir sur ce terrain. Il s'en faut bien pourtant que ce soit le seul champ où s'exerce notre entendement et qu'il s'y laisse enfermer (*einschränken*). Elle nous dit bien ce qui est, mais elle ne dit pas

---

que notre propre pouvoir de connaître (simplement excité (*veranlasst*) par des impressions sensibles) produit de lui-même, addition que nous ne distinguons pas de la matière première jusqu'à ce que notre attention y ait été portée par un long exercice qui nous ait appris à l'en séparer (*zur Absonderung desselben geschickt gemacht hat*).

C'est donc au moins une question qui exige encore un examen plus approfondi et que l'on ne saurait résoudre du premier coup d'œil, que celle de savoir s'il y a une connaissance de ce genre, indépendante de l'expérience et même de toutes les impressions des sens. De telles *connaissances* sont appelées *a priori* et on les distingue des *empiriques* qui ont leur source *a posteriori*, à savoir dans l'expérience.

Cette expression n'est pourtant pas encore suffisamment déterminée pour marquer tout le sens contenu dans la question proposée. Car on dit bien — et l'usage le veut — de maintes connaissances sorties de sources expérimentales, que nous en sommes capables ou que nous les avons *a priori*, parce que ce n'est pas immédiatement de l'expérience que nous les dérivons, mais d'une règle générale, que nous avons toutefois elle-même empruntée à l'expérience. C'est ainsi qu'on dit de quelqu'un qui a sapé les fondements de sa maison, qu'il pouvait bien savoir *a priori* qu'elle s'écroulerait, c'est-à-dire qu'il n'avait pas besoin pour le savoir d'attendre cette expérience, l'écroulement réel. Il ne pouvait pourtant pas le savoir entièrement *a priori*. En effet, que les corps sont lourds et que, par suite, ils tombent quand on leur enlève ce qui les soutient, c'est ce qu'il fallait que l'expérience lui eût auparavant fait connaître.

Aussi par connaissances *a priori* nous entendrons désormais non point celles qui ne dérivent pas de telle ou telle expérience, mais bien celles qui sont *absolument* indépendantes de toute expérience. A ces connaissances *a priori* sont opposées les connaissances empiriques ou celles qui ne sont possibles qu'*a posteriori*, c'est-à-dire par l'expérience. Mais, parmi les connaissances *a priori*, celles-là sont appelées *pures* auxquelles n'est mêlé absolument rien d'empirique. Par exemple, cette proposition : Tout changement a une cause, est bien *a priori*, mais n'est point pure cependant, puisque le changement est un concept que l'on ne peut tirer que de l'expérience.

qu'il faut que cela soit, d'une manière nécessaire, ainsi et non pas autrement. Elle ne nous donne, par cela même, aucune véritable universalité, et la raison qui est si avide de connaissances de cette espèce est plus excitée par elle que satisfaite. Or, des connaissances universelles qui présentent en

---

II. — *Nous possédons certaines connaissances a priori, et même le sens commun n'est jamais sans en avoir de telles.*

Il nous faut maintenant un critérium qui permette de distinguer sûrement une connaissance pure de la connaissance empirique. L'expérience nous apprend bien que quelque chose est de telle ou telle manière, mais non point que cela ne peut être autrement. Si donc, PREMIÈREMENT, on trouve une proposition dont la pensée implique la *nécessité*, on a un jugement *a priori;* si cette proposition n'est, en outre, dérivée que d'une autre qui vaut elle-même, à son tour, à titre de proposition nécessaire, elle est absolument *a priori*. SECONDEMENT, l'expérience ne donne jamais à ses jugements une véritable et stricte *universalité*, mais seulement une *universalité* supposée et relative (par induction), qui n'a pas d'autre sens que celui-ci : nos observations, pour nombreuses qu'elles aient été jusqu'ici, n'ont jamais trouvé d'exception à telle ou telle règle. Par conséquent, un jugement pensé avec une stricte universalité, c'est-à-dire, de telle sorte qu'aucune exception n'est admise comme possible, ne dérive point de l'expérience, mais est valable absolument *a priori*. L'universalité empirique n'est donc qu'une élévation arbitraire de la valeur; on fait d'une règle valable dans la plupart des cas une loi qui s'applique à tous, comme, par exemple, dans la proposition : Tous les corps sont pesants. Quand, au contraire, un jugement possède essentiellement une stricte universalité, on connaît à cela qu'il provient d'une source particulière de la connaissance, d'un pouvoir de connaissance *a priori*. Nécessité et stricte universalité sont donc les marques sûres d'une connaissance *a priori* et elles sont indissolublement unies l'une à l'autre. Mais comme, dans l'application de ces critères[1], il est quelquefois plus facile de montrer la limitation empirique que la contingence des jugements, ou que parfois aussi il est plus convaincant de faire voir, d'un jugement, l'universalité illimitée que nous lui attribuons que d'en indiquer la nécessité, il convient d'employer séparément ces deux critères dont chacun par lui-même est infaillible (1).

Or, que des jugements de cette espèce, nécessaires et universels

---

1. *Derselben*, ou de ces connaissances *a priori*.

même temps (*solche... die zugleich... haben*) le caractère de la nécessité intrinsèque, doivent, indépendamment de l'expérience, être claires et certaines par elles-mêmes ; c'est pour ce motif qu'on les nomme connaissances *a priori*, tandis que ce qui, au contraire, est puisé uniquement dans l'expé-

---

dans le sens strict et, par suite, purs, *a priori*, se trouvent réellement dans la connaissance humaine, il est facile de le montrer. Si l'on veut un exemple pris dans les sciences, on n'a qu'à parcourir des yeux toutes les propositions de la mathématique ; si on en veut un tiré de l'usage le plus ordinaire de l'entendement, on peut prendre la proposition : Tout changement doit avoir une cause. Qui plus est, dans cette dernière, le concept même d'une cause renferme manifestement le concept d'une liaison nécessaire avec un effet et celui de la stricte universalité de la règle, si bien que ce concept de cause serait entièrement perdu, si on devait le dériver, comme le fait HUME, d'une association fréquente de ce qui arrive avec ce qui précède et d'une habitude qui en résulte (d'une nécessité, par conséquent, simplement subjective) de lier des représentations. On pourrait aussi, sans qu'il fût besoin de pareils exemples pour prouver la réalité des principes purs *a priori* dans notre connaissance, montrer que ces principes sont indispensables (2) pour que l'expérience même soit possible, et en exposer, par suite, la nécessité *a priori*. D'où l'expérience, en effet, pourrait-elle tirer sa certitude, si toutes les règles, suivant lesquelles elle procède, n'étaient jamais qu'empiriques, et par là même contingentes ? Il serait difficile à cause de cela de donner à ces règles la valeur de premiers principes. Mais nous pouvons nous contenter ici d'avoir exposé, à titre de fait et avec ses critères, l'usage pur de notre pouvoir de connaissance. Et ce n'est pas simplement dans les jugements, mais encore dans quelques concepts mêmes que se révèle une origine *a priori*. Enlevez peu à peu du concept expérimental que vous avez d'un *corps* tout ce qu'il y a d'empirique : la couleur, la dureté ou la mollesse, la pesanteur, l'impénétrabilité, il reste cependant l'*espace* qu'occupait ce corps (maintenant totalement évanoui) et que vous ne pouvez pas faire disparaître. Pareillement, si dans le concept empirique que vous avez d'un objet (*Objects*) quel qu'il soit, corporel ou non corporel, vous laissez de côté toutes les propriétés que vous enseigne l'expérience, il en est une cependant que vous ne pouvez lui enlever, celle qui vous le fait penser comme *substance* ou comme *inhérent* à une substance (bien qu'il y ait dans ce dernier concept plus de détermination que dans le concept d'un objet (*eines Objects*) en général). Il faut donc que, poussés par

rience n'est connu, comme on dit, qu'*a posteriori* ou empiriquement.

On voit par là, — et il faut bien le remarquer, — que, même à nos expériences, il se mêle des connaissances qui doivent avoir une origine *a priori* et qui peut-être servent seulement à fournir une liaison aux représentations des sens. Car, si on élimine des premières tout ce qui appartient aux sens, il reste cependant certains concepts primitifs et certains jugements que ces concepts produisent et qui doivent être formés entièrement *a priori*, indépendamment de l'expérience, puisque c'est grâce à eux qu'on a le droit, — ou que du moins on croit l'avoir — de dire des objets qui apparaissent à nos sens plus que n'en apprendrait la simple expérience, et puisque c'est par eux que des assertions (*Behauptungen*) renferment une véritable universalité et une nécessité stricte, caractères que la connaissance simplement empirique est incapable de fournir [1].

<Mais> il est une chose beaucoup plus significative [que tout ce qui précède], c'est que certaines connaissances sortent même du champ de toutes les expériences possibles, et, par des concepts, auxquels l'expérience ne peut nulle part donner d'objet correspondant (*entsprechender*), ont l'apparence d'étendre nos jugements au delà des limites de l'expérience.

Et c'est précisément dans ces dernières connaissances élevées au-dessus du monde sensible et où l'expérience ne peut pas plus servir de direction que de contrôle, que notre raison porte ses recherches que nous jugeons bien préférables au point de vue de l'importance et supérieures de beaucoup par leur but à tout ce que l'entendement peut apprendre dans le champ des phénomènes. Pour ce motif (*wobei*), même au risque de nous tromper, nous tentons tout plutôt que d'aban-

---

1. A cet endroit la 2º éd. ajoute le titre suivant :

III. — *La philosophie a besoin d'une science qui détermine la possibilité, les principes et l'étendue de toutes les connaissances a priori.*

---

la nécessité avec laquelle un concept s'impose à vous (*euch aufdringt*), vous reconnaissiez qu'il a son siège *a priori* dans votre pouvoir de connaissance.

donner des recherches si importantes, pour quelque motif que ce soit, difficulté, ou mépris et indifférence. [Ces inévitables problèmes de la raison pure elle-même sont *Dieu*, la *liberté* et l'*immortalité*, et la science qui, avec tous ses procédés, n'a proprement pour but final que la solution de ces problèmes, se nomme la *Métaphysique*. Sa méthode au début est *dogmatique*, c'est-à-dire que, sans examiner au préalable ce qui peut ou non la servir dans une si grande entreprise, elle en aborde avec assurance l'exécution.]

Or, il paraît sans doute naturel qu'on n'aille pas, dès que l'on a quitté le terrain de l'expérience, entreprendre aussitôt avec des connaissances qu'on possède sans savoir comment, et sur le crédit de principes dont on ignore l'origine, la construction d'un édifice, sans s'être auparavant, par des recherches faites avec soin, assuré de ses fondements, et sans avoir, par suite [et qui plus est], depuis longtemps, agité la question de savoir comment l'entendement peut bien acquérir toutes ces connaissances *a priori* et quelle espèce d'étendue, de valeur, de prix elles peuvent avoir. Certes, il n'y a rien de plus naturel, en effet, si l'on entend par ce mot [*naturel*] ce qui devrait raisonnablement et rationnellement être fait ; mais si l'on entend par là ce qui se fait d'ordinaire, il n'y a rien, en revanche, de plus naturel et de plus compréhensible que l'omission si longtemps commise de cette recherche. Car une partie de ces connaissances, [je veux parler de] la Mathématique, possède de longue date la certitude, et donne par là bon espoir aussi pour les autres, quoique celles-ci puissent être de nature toute diverse. De plus, quand on est hors du cercle de l'expérience, on est certain de ne pas être contredit par elle. On est tellement ravi d'accroître ses connaissances qu'il faut qu'on se heurte à une contradiction claire pour s'arrêter dans son chemin. Mais on peut éviter cette contradiction, pourvu qu'on forge prudemment ses fictions, qui n'en restent pas moins des fictions pour cela. La Mathématique nous montre, — et elle nous en offre un éclatant exemple, — combien nous pouvons aller loin, indépendamment de l'expérience, dans la connaissance *a priori*. Il est vrai qu'elle ne s'occupe d'objets et de connaissances que dans la mesure où ceux-ci se laissent, comme tels, représenter dans l'intuition. Mais cette circonstance est facilement négligée, parce que cette intuition peut elle-même être donnée *a priori* et se distingue, par suite, à peine d'un simple concept pur. Encouragée[1] par une telle preuve de la force de la raison, la passion de pousser plus loin (*Trieb zur Erweiterung*) ne voit plus de limites. La colombe légère, lorsque, dans son libre vol, elle fend l'air dont elle sent la résistance, pourrait s'imaginer qu'elle réussirait bien mieux encore dans le vide (3). C'est justement ainsi que PLATON quitta le monde sensible parce que ce monde oppose à l'entendement trop d'obstacles divers[2], et se risqua au delà de ce monde, sur les ailes des idées, dans le vide de l'entendement pur. Il ne remarqua pas que ses efforts ne lui faisaient point gagner de chemin, car il n'eut point, pour ainsi dire, d'endroit où se poser et de support sur lequel il pût se fixer et appliquer ses forces pour changer son entendement de place. Mais c'est le destin ordinaire de la raison humaine, dans la spéculation, de terminer son édifice aussitôt que possible et de n'examiner qu'ensuite si les fondements, eux aussi, ont été bien posés. Alors, cependant, on recherche toutes sortes de prétextes pour se consoler sur sa solidité ou [mieux encore] pour rejeter [entièrement] un pareil examen tardif et dangereux. Or, pendant que nous bâtissons, quelque chose nous affranchit de toute préoccupation et de tout soupçon, en nous donnant l'illusion de fondements qui paraissent solides. C'est qu'une grande part, peut-être la plus grande de l'œuvre de notre raison, consiste en *analyses* des concepts que nous avons déjà des objets. Nous possédons par là une foule de connaissances, qui, n'étant rien de plus que des éclaircissements et des explications de ce qui a déjà été pensé dans nos concepts (quoique confusément encore), sont toutefois jugées, du moins quant à la forme, comme des aperçus nouveaux, bien que, pour ce qui est de leur matière ou de leur contenu, elles n'étendent en rien les concepts que nous avons, et qu'elles se bornent, au contraire, à les démêler. Or, comme ce procédé donne une connaissance réelle *a priori* et qui marque un progrès sûr et utile, la raison, sans même le remarquer, se laisse prendre à ce leurre et elle émet des assertions d'espèce toute différente où elle ajoute à des concepts donnés <*a priori*> d'autres concepts tout à fait étrangers [et cela, il est vrai *a priori*], sans qu'on sache

---

1. 2ᵉ édition : saisie ou conquise (*eingenommen*).
2. 2ᵉ édition : parce qu'il pose à l'entendement des bornes trop étroites...

comment elle y arrive et sans que, seulement, elle laisse cette question nous venir à l'idée. C'est pourquoi je traiterai tout d'abord de la différence de ces deux modes de connaissance [1].

IV. — De la différence des jugements analytiques et des jugements synthétiques.

Dans tous les jugements où est pensé le rapport d'un sujet à un prédicat (je ne considère que les jugements affirmatifs; car ce que j'en dirai s'appliquera [ensuite] facilement aux jugements négatifs), ce rapport est possible de deux manières. Ou le prédicat B appartient au sujet A comme quelque chose qui est contenu (implicitement = *versteckter Weise*) dans ce concept A, ou B est entièrement en dehors du concept A, quoiqu'il soit, à la vérité, en connexion avec lui. Dans le premier cas, je nomme le jugement *analytique*, dans l'autre *synthétique*. Ainsi les jugements (les affirmatifs) sont analytiques quand la liaison du prédicat au sujet y est pensée par identité ; mais on doit appeler jugements synthétiques ceux en qui cette liaison est pensée sans identité. On pourrait aussi nommer les premiers *explicatifs*, les autres *extensifs*, car les premiers n'ajoutent rien au concept du sujet par le moyen du prédicat, mais ne font que le décomposer par l'analyse en ses concepts partiels qui ont été déjà (bien que confusément) pensés en lui; tandis qu'au contraire les autres ajoutent au concept du sujet un prédicat qui n'avait pas été pensé en lui et qu'on n'aurait pu en tirer par aucun démembrement. Par exemple, lorsque je dis que tous les corps sont étendus, j'énonce un jugement analytique, car je n'ai pas besoin de sortir du concept[2] que je lie au mot corps, pour trouver l'étendue unie à lui, mais je n'ai qu'à décomposer ce concept, c'est-à-dire qu'à prendre conscience du divers que je pense en lui, pour y trouver ce prédicat ; ce jugement est donc analytique. Au contraire, lorsque je dis que tous les corps sont pesants, ici le prédicat est tout à fait différent de ce que je pense dans le simple concept d'un corps en général. L'adjonction de ce prédicat donne, par conséquent, un jugement synthétique (4).

---

1. Ici commençait dans la 2ᵉ édition, le § IV.
2. 2ᵉ édition : dépasser le concept.

D'où il résulte clairement : 1° que les jugements analytiques n'étendent pas du tout nos connaissances, mais seulement développent le concept que j'ai déjà et me le rendent intelligible à moi-même ; 2° que dans les jugements synthétiques, je dois avoir en dehors du concept du sujet quelque chose encore (X) sur quoi l'entendement s'appuie pour reconnaître qu'un prédicat qui n'est pas contenu dans ce concept lui appartient cependant.

Dans les jugements empiriques ou d'expérience, il n'y a pas du tout de difficulté à cela. Car cet X est l'expérience complète de l'objet que je pense par le concept A, lequel ne constitue qu'une partie de cette expérience. En effet, quoique je n'inclue pas déjà dans le concept d'un corps en général le

---

Les jugements d'expérience, comme tels, sont tous synthétiques. Et il serait absurde de fonder sur l'expérience un jugement analytique, car il ne me faut pas sortir de mon concept pour former un jugement de cette espèce, ni recourir, par conséquent, au témoignage de l'expérience. Qu'un corps soit étendu, c'est une proposition qui s'impose *a priori* et non un jugement d'expérience. Car avant de passer à l'expérience, j'ai déjà toutes les conditions de mon jugement dans le concept d'où je peux n'extraire le prédicat qu'en vertu du principe de contradiction, et prendre ainsi conscience en même temps de la nécessité du jugement, nécessité que l'expérience ne saurait jamais m'enseigner. Au contraire, quoique je n'inclue pas déjà dans le concept d'un corps en général le prédicat de pesanteur, ce concept n'en désigne pas moins un objet de l'expérience par une partie de cette expérience, et à cette partie je peux donc ajouter encore d'autres parties de cette même expérience que celles appartenant au concept de l'objet (5). Je puis à l'avance connaître le concept de corps *analytiquement* par les caractères d'étendue, d'impénétrabilité, de figure, etc., qui tous sont pensés dans ce concept. Mais si, maintenant, j'étends ma connaissance et que je reporte mes yeux sur l'expérience d'où j'ai tiré ce concept de corps, je trouve aussi la pesanteur toujours liée aux caractères précédents, et, par suite, je l'ajoute *synthétiquement*, en qualité de prédicat, à ce concept. C'est donc sur l'expérience que se fonde la possibilité de la synthèse du prédicat de la pesanteur avec le concept de corps, puisque ces deux concepts, bien que l'un ne soit pas contenu dans l'autre, appartiennent pourtant *l'un à l'autre*, mais, toutefois, d'une manière contingente, comme partie d'un tout, à savoir de l'expérience qui elle-même est une liaison synthétique des intuitions.

prédicat de pesanteur, ce concept n'en désigne pas moins une partie de l'expérience totale, et à cette partie je peux donc ajouter encore d'autres parties de cette même expérience, comme appartenant au concept de l'objet (5). Je puis à l'avance connaître le concept de corps *analytiquement* par les caractères d'étendue, d'impénétrabilité, de figure, etc., qui tous sont pensés dans ce concept. Mais si maintenant j'étends ma connaissance et que je reporte mes yeux sur l'expérience d'où j'ai tiré ce concept de corps, je trouve aussi la pesanteur toujours liée aux caractères précédents. L'expérience est donc cet X qui est en dehors du concept A et sur lequel se fonde la possibilité de la synthèse du prédicat B de la pesanteur avec le concept A.

Mais, dans les jugements synthétiques *a priori*, je suis entièrement privé de ce moyen. Si je dois sortir du concept A[1] pour en connaître un autre, B, comme lié avec lui, sur quoi pourrai-je m'appuyer et qu'est-ce qui rendra la synthèse possible, alors qu'ici je n'ai pas l'avantage de m'orienter dans le champ de l'expérience ? Soit la proposition : Tout ce qui arrive a sa cause. Dans le concept de quelque chose qui arrive, je conçois, il est vrai, une existence que précède un temps, etc., et de là se laissent tirer des jugements analytiques. Mais le concept d'une cause [est tout à fait en dehors de ce concept-là et] montre quelque chose de distinct de ce qui arrive ; il n'est [donc] nullement contenu dans cette dernière représentation. Comment parvenir alors à dire, de ce qui arrive en général, quelque chose qui en est entièrement distinct et à connaître le concept de cause, quoique non contenu dans celui de ce qui arrive, comme lui appartenant, cependant, [et même nécessairement] ? Quel est ici l'[inconnu] X, sur quoi s'appuie l'entendement, quand il croit trouver, hors du concept de A, un prédicat B qui lui est étranger, mais qui est toutefois lié à ce concept[2] ? Ce ne peut pas être l'expérience, puisque c'est non seulement avec plus de généralité que l'expérience n'en peut fournir, mais aussi avec l'expression de la nécessité, par suite entièrement *a priori* et par simples concepts, que le principe en question ajoute cette seconde représentation à la première. Or sur de

---

1. 2ᵉ édition : dépasser le concept A.
2. 2ᵉ édition : mais que toutefois il estime lié à ce concept...

tels principes synthétiques, c'est-à-dire extensifs, repose la fin tout entière de notre connaissance *a priori* spéculative, car les principes analytiques sont, à la vérité, grandement importants et nécessaires, mais seulement pour arriver à cette clarté des concepts requise pour une synthèse sûre et étendue, comme pour une acquisition réellement nouvelle.

< Il se cache donc ici un certain mystère* dont l'explication seule peut assurer notre marche en avant dans le champ sans limite de la connaissance intellectuelle pure. C'est dire qu'il faut découvrir, avec sa généralité propre, le principe de la possibilité de jugements synthétiques *a priori*, envisager (*einzusehen*) les conditions qui en rendent possible chaque espèce, et ranger toute cette connaissance (qui constitue leur genre propre) en un système comprenant ses sources originaires, ses divisions, son étendue et ses limites, sans se borner à l'esquisser par quelques traits rapidement tirés, mais, au contraire, en l'établissant d'une manière complète et suffisante à tous les usages. C'est assez parler, provisoirement, de ce qu'ont en eux de particulier les jugements synthétiques >.

[¹ V. — *Dans toutes les sciences théoriques de la raison sont contenus, comme principes, des jugements synthétiques a priori.*

1) *Les jugements mathématiques sont tous synthétiques.* Cette proposition semble avoir échappé jusqu'ici aux observations des analystes de la raison humaine et paraît même exactement contraire à leurs conjectures, bien qu'elle soit incontestablement certaine et de conséquences très importantes. De ce qu'on trouvait, en effet, que les raisonnements des mathématiciens procèdent tous suivant le principe de contradiction (ce qui est exigé par la nature de toute certitude apodictique), on se persuadait que les principes étaient connus aussi en vertu du principe de contradiction ; en quoi

---

<* S'il était venu à l'idée d'un ancien de soulever seulement cette question, elle se serait à elle seule puissamment opposée à tous les systèmes de la raison pure jusqu'à nos jours et aurait épargné de nombreuses tentatives vaines que l'on a entreprises aveuglément, sans savoir à quoi on avait proprement affaire. >

1. Les deux *paragraphes qui* suivent ont remplacé dans la 2ᵉ édition l'alinéa qu'on vient de lire.

KANT. — Raison pure.

ces analystes se trompaient, car une proposition synthétique peut, sans doute, être envisagée suivant le principe de contradiction, mais seulement à condition que soit supposée une autre proposition synthétique, dont elle puisse être déduite, mais jamais en elle-même.

Il faut remarquer tout d'abord que les propositions vraiment mathématiques sont toujours des jugements *a priori* et non empiriques, puisqu'elles comportent la nécessité qu'on ne peut tirer de l'expérience. Que si l'on ne veut pas admettre cela, eh bien ! je restreins ma proposition à la *mathématique pure* dont le concept exige déjà qu'elle ne contienne aucune connaissance empirique, mais une connaissance pure *a priori*.

On pourrait sans doute penser, à première vue, que la proposition $7 + 5 = 12$ est une proposition simplement analytique qui résulte, en vertu du principe de contradiction, du concept de la somme de sept et de cinq. Mais quand on y regarde de plus près, on trouve que le concept de la somme de sept et de cinq ne contient rien de plus que la réunion des deux nombres en un seul, par quoi n'est pas du tout pensé ce qu'est le nombre unique qui renferme les deux autres. Le concept de douze n'est pensé en aucune manière par le fait seul que je conçois simplement cette réunion de sept et de cinq, et j'aurai beau analyser le concept que j'ai d'une telle somme possible, aussi longuement que je le voudrai, je n'y trouverai pas le nombre douze. Il faut dépasser ces concepts, en appelant à son aide l'intuition qui correspond à l'un des deux, par exemple celle des cinq doigts de la main, ou (comme Segner dans son arithmétique) cinq points, et en ajoutant ainsi peu à peu les unités du nombre cinq donné dans l'intuition au concept de sept. Je prends tout d'abord, en effet, le nombre 7, et, en m'aidant, pour le concept de 5, des cinq doigts de ma main, en qualité d'intuition, j'ajoute alors une à une (*nach und nach*) au nombre 7, au moyen de ce procédé figuratif (*an jenem meinem Bilde*), les unités qu'auparavant j'avais prises ensemble pour constituer le nombre 5, et je vois naître ainsi le nombre 12. Que 5 *dussent* être ajoutés à 7, je l'ai, en vérité, pensé dans le concept d'une somme $= $ à $7 + 5$, mais non que cette somme soit égale au nombre 12. La proposition arithmétique est donc toujours synthétique ; on s'en convaincra d'autant plus clairement que l'on prendra des nombres quelque peu plus grands, car il est alors évident que, de quelque manière que nous tournions et retournions nos concepts, nous ne pourrions jamais, sans recourir à l'intuition, trouver la somme, au moyen de la simple décomposition de nos concepts.

Un principe quelconque de la géométrie pure est exactement aussi peu analytique. Que la ligne droite soit la plus courte entre deux points, c'est une proposition synthétique. Car mon concept de ce qui est *droit* ne contient rien de quantitatif, mais seulement une qualité. Le concept du plus court est donc entièrement ajouté et ne peut être tiré par aucune analyse du concept de la ligne droite. Il faut recourir ici à l'intuiton qui seule rend la synthèse possible.

Ce qui nous fait ici croire communément que le prédicat de ces jugements apodictiques se trouve déjà dans notre concept et que, par conséquent, le jugement est analytique, c'est simplement l'ambiguïté de l'expression. Nous *devons*, en effet, ajouter par la pensée à un concept donné un certain prédicat et cette nécessité tient déjà aux concepts. Mais la question n'est pas de savoir ce que nous *devons* ajouter au concept donné, mais ce que nous *pensons réellement* en lui, quoique d'une manière obscure seulement, et alors, il est manifeste que le prédicat est, à la vérité, adhérent à ces concepts nécessairement, non comme pensé dans le concept même, mais au moyen d'une intuition qui doit s'ajouter au concept. Un petit nombre de principes que les géomètres supposent sont à la vérité réellement analytiques et reposent sur le principe de contradiction ; mais aussi ils ne servent, comme propositions identiques, qu'à l'enchaînement de la méthode et nullement comme principes. Tels, par exemple, $a = a$, le tout est égal à lui-même ; ou $a + b > a$, c'est-à-dire le tout est plus grand que sa partie. Et cependant, ces axiomes mêmes, quoique valables par simples concepts, ne sont admis dans la Mathématique que parce qu'ils peuvent être représentés dans l'intuition (6).

2) *La Science de la nature (physica) contient, à titre de principes, des jugements synthétiques a priori.* Je me bornerai à prendre pour exemple ces deux propositions : dans tous les changements du monde corporel la quantité de matière reste la même, et dans toute communication du mouvement l'action et la réaction doivent être toujours égales

l'une à l'autre. On voit clairement, pour ces deux propositions, non seulement qu'elles sont nécessaires et qu'elles ont, par conséquent, leur origine *a priori*, mais aussi qu'elles sont des propositions synthétiques. Car, dans le concept de la matière, je ne pense pas la permanence, mais simplement la présence de cette matière dans l'espace par le fait qu'elle le remplit (*durch die Erfüllung desselben*). Ainsi, je dépasse réellement le concept de la matière pour y ajouter quelque chose *a priori* que je ne pensais pas *en lui*. La proposition n'est donc pas analytique, mais synthétique, et cependant pensée *a priori* ; il en est de même des autres propositions dans la partie pure de la physique.

3) *Dans la Métaphysique*, voudrait-on même ne la regarder que comme une science simplement ébauchée (*versuchte*) jusqu'ici, mais que la nature de la raison humaine rend cependant indispensable, *il doit y avoir des connaissances synthétiques a priori*. Son œuvre ne consiste pas du tout, pour cette raison, simplement à décomposer les concepts que nous nous faisons *a priori* des choses, ni, par suite, à les expliquer analytiquement ; nous voulons, au contraire, étendre notre connaissance *a priori*, et pour y arriver nous devons nous servir de principes capables d'ajouter au concept donné quelque chose qui n'y était pas contenu, et nous élever par des jugements synthétiques *a priori* si loin que l'expérience même ne puisse nous suivre, par exemple dans la proposition : le monde doit avoir un premier commencement, etc. Ainsi, du moins *quant à son but*, la Métaphysique se compose de manifestes propositions synthétiques *a priori*.

VI. — *Problème général de la raison pure.*

On gagne déjà beaucoup à pouvoir faire rentrer une foule de recherches sous la formule d'un problème unique ; car non seulement on se facilite par là son propre travail, en le déterminant avec précision, mais on rend encore plus aisé à tous ceux qui veulent l'examiner, de juger si nous avons ou non suffisamment rempli notre dessein. Or, le vrai (*eigentliche*) problème de la raison pure tient dans cette question : COMMENT DES JUGEMENTS SYNTHÉTIQUES A PRIORI SONT-ILS POSSIBLES ?

Si la Métaphysique est restée jusqu'ici dans un état si chancelant d'incertitude et de contradiction, il faut en attribuer uniquement la cause à ce qu'on n'a pas songé plus tôt à ce problème ni peut-être non plus à la différence des jugements *analytiques* et des jugements *synthétiques*. De la solution de ce problème, ou d'une démonstration satisfaisante que la possiblité de le résoudre, dont elle voudrait bien avoir une explication, nous est en réalité interdite, dépendent le salut ou la ruine de la Métaphysique. David Hume, celui de tous les philosophes qui s'est le plus approché de ce problème, mais qui fut loin de le déterminer suffisamment et de le concevoir dans sa généralité, et qui s'arrêta simplement à la proposition synthétique de la liaison de l'effet avec ses causes (*principium causalitatis*), crut pouvoir établir qu'un tel principe *a priori* est entièrement impossible et, d'après son raisonnement, tout ce que nous appelons Métaphysique ne reposerait que sur une simple illusion d'une prétendue connaissance rationnelle de ce qui n'est en réalité qu'emprunté à l'expérience et qui a revêtu, par l'habitude, l'apparence de la nécessité. Cette assertion, qui détruit toute philosophie pure, il ne l'aurait jamais avancée, s'il avait eu sous les yeux notre problème dans sa généralité ; car il aurait alors aperçu que, d'après son raisonnement, il ne pourrait plus y avoir de mathématique pure, parce que celle-ci renferme certainement des propositions synthétiques *a priori*, et son bon sens l'aurait alors préservé de cette affirmation.

La solution du problème énoncé implique aussi la possibilité de l'usage pur de la raison dans l'établissement et dans le développement de toutes les sciences qui contiennent une connaissance théorique *a priori* des objets, c'est-à-dire la réponse à ces questions :

Comment la mathématique pure est-elle possible ?

Comment la physique pure est-elle possible ?

Puisque ces sciences sont réellement données, il est convenable de se demander comment elles sont possibles ; qu'elles doivent être possibles, c'est démontré par leur réalité*. Mais pour ce qui concerne la *Métaphysique*, elle a fait peu de progrès jusqu'ici et l'on ne peut dire d'aucun des systèmes exposés jusqu'à nous qu'il ait atteint réellement

---

* Pour ce qui est de la physique pure, on pourrait encore douter de son existence réelle. Mais on n'a qu'à jeter un regard sur les différentes propositions qui se présentent au début de la physique proprement dite (empirique), comme celles de la permanence de la même quantité de

son but essentiel, de sorte que chacun a le droit de douter avec raison de sa possibilité.

Et pourtant, dans un certain sens, cette *espèce de connaissance* doit être considérée comme donnée et la Métaphysique, quoiqu'elle ne soit pas réelle, en tant que science, l'est cependant en tant que disposition naturelle (*metaphysica naturalis*). Car la raison humaine, sans y être portée par la simple vanité de savoir beaucoup, poussée par son propre besoin, poursuit irrésistiblement sa marche jusqu'à ces questions qui ne peuvent être résolues par aucun usage expérimental de la raison ni par des principes qui en émanent. C'est ainsi que chez tous les hommes, dès qu'en eux la raison s'est élevée jusqu'à la spéculation, il y a eu réellement dans tous les temps une métaphysique, et c'est pourquoi aussi il y en aura toujours une. Et voilà que se pose aussi à son propos cette question : COMMENT LA MÉTAPHYSIQUE EST-ELLE POSSIBLE, EN TANT QUE DISPOSITION NATURELLE ? — C'est-à-dire, comment les questions que la raison pure se pose et qu'elle est poussée, par son propre besoin, à résoudre aussi bien qu'elle le peut, naissent-elles de la nature de la raison humaine en général ?

Mais comme, jusqu'ici, toutes les fois qu'on a essayé de répondre à ces questions naturelles, à celle-ci, par exemple : Le monde a-t-il eu un commencement ou bien existe-t-il de toute éternité ? etc... on a toujours trouvé des contradictions inévitables, on ne peut pas s'en tenir à la simple disposition naturelle pour la Métaphysique, c'est-à-dire au pouvoir rationnel (*Vernunftvermögen*) pur lui-même duquel, il est vrai, naît toujours une Métaphysique (quelle qu'elle puisse être) ; il faut au contraire qu'il soit possible d'arriver en ce qui la regarde à la certitude ou de la connaissance ou de l'ignorance des objets, c'est-à-dire de se prononcer, ou sur les objets de ses questions, ou sur le pouvoir ou l'impuissance de la raison de rien juger par rapport à elle, et, par suite, ou d'étendre avec confiance notre raison pure, ou de lui poser des bornes déterminées et sûres. Cette dernière question, qui découle du problème général énoncé, pourrait fort justement se formuler ainsi : COM-

---

matière, de l'inertie, de l'égalité de l'action et de la réaction pour être bientôt convaincu qu'elles constituent une *physicam puram* (ou *rationalem*) qui mérite bien, comme science spéciale, d'être exposée séparément dans toute son étendue, que cette étendue soit d'ailleurs plus ou moins grande.

MENT LA MÉTAPHYSIQUE EST-ELLE POSSIBLE EN TANT QUE SCIENCE?

La critique de la raison finit donc nécessairement par conduire à la science; l'usage dogmatique de la raison sans critique ne mène, au contraire, qu'à des assertions sans fondement, auxquelles on en peut opposer de tout aussi vraisemblables, et par suite, au *scepticisme*.

Cette science ne peut pas, non plus, être d'une longueur décourageante, puisqu'elle n'a pas affaire aux objets de la raison dont la variété est infinie, mais simplement à la raison elle-même, aux problèmes qui sortent entièrement de son sein et qui lui sont proposés non par la nature des choses différentes d'elle-même, mais par sa propre nature; une fois donc qu'elle est parvenue à connaître intégralement son pouvoir par rapport aux objets que l'expérience peut lui présenter, il doit lui devenir facile de déterminer, d'une manière complète et sûre, l'étendue et les limites de l'usage qu'elle en peut tenter au delà des bornes de toute expérience.

On peut donc, et l'on doit considérer comme non avenues, toutes les tentatives faites jusqu'ici pour constituer *dogmatiquement* une Métaphysique; car ce qu'il y a dans telle ou telle, d'analytique, à savoir la décomposition des concepts qui résident dans notre raison *a priori*, n'est pas du tout le but, mais seulement une préparation de la Métaphysique véritable qui doit accroître synthétiquement ses connaissances *a priori;* cette analyse est impropre à ce but puisqu'elle ne fait que montrer ce qui est contenu dans ces concepts, mais non comment nous arrivons *a priori* à de tels concepts pour pouvoir ensuite déterminer aussi leur application valable aux objets de toute connaissance en général. Renoncer à toutes ces prétentions, cela ne demande guère, non plus, d'abnégation, puisque les contradictions indéniables, et même inévitables dans la méthode dogmatique, de la raison avec elle-même ont depuis longtemps dépouillé de toute considération les métaphysiques établies jusqu'à nous. On aura plutôt besoin de fermeté pour ne pas se laisser détourner de sa tâche par la difficulté intrinsèque ou par la résistance du dehors, et pour procurer enfin à une science indispensable à la raison humaine et dont on peut bien couper les pousses, mais non arracher les racines, par une méthode entièrement opposée à celle suivie jusqu'à nous, une croissance désormais prospère et fructueuse.]

[VII. — *Idée et division d'une science particulière sous le nom de Critique de la raison pure.*]

De tout ce qui précède résulte donc l'idée d'une science particulière qui peut servir à la *Critique de la raison pure*[1]. < On appelle *pure* toute connaissance à laquelle n'est mêlé rien d'étranger. Mais une connaissance est surtout dite absolument pure, quand on n'y trouve, en général, aucune expérience ou sensation, quand elle est, par suite, possible complètement *a priori*. > Or[2] la raison est le pouvoir qui nous fournit les principes de la connaissance *a priori*. Aussi la raison pure est-elle celle qui contient les principes qui servent à connaître quelque chose absolument *a priori*. Un *organon* de la raison pure serait un ensemble de ces principes suivant lesquels toutes les connaissances pures *a priori* peuvent être acquises et réellement constituées. L'application détaillée d'un tel organon fournirait un système de la raison pure. Mais comme ce système est très désiré et qu'il s'agit encore de savoir si [ici] aussi, en général, est possible une extension de notre connaissance et dans quels cas elle peut l'être, nous pouvons considérer une science qui se borne à rendre compte de la raison pure, de ses sources et de ses limites comme une *Propédeutique* du système de la raison pure. Une telle science devrait être appelée non pas une *doctrine*, mais seulement une *critique* de la raison pure, et son utilité [au point de vue de la spéculation] ne serait réellement que négative; elle servirait non pas à étendre, mais uniquement à clarifier notre raison qu'elle préserverait d'erreurs, ce qui est déjà d'un très grand prix. J'appelle *transcendantale* toute connaissance qui, en général, s'occupe moins des objets que de nos concepts *a priori* des objets[3]. Un *système* de concepts de ce genre s'appellerait *philosophie transcendantale*. Mais cette philosophie à son tour est une affaire trop importante (*ist zu viel*) pour que l'on puisse commencer par là; une telle science devrait, en effet, contenir intégralement la connaissance analytique aussi bien que la

---

1. 2º édition ; qui peut s'appeler la Critique de la raison pure.
2. 2º édition : Car.
3. 2º édition : que de notre manière de connaître les objets en tant que ce mode de connaissances doit être possible *a priori*.

connaissance synthétique *a priori ;* elle est, par conséquent, d'une étendue trop vaste pour ce qui concerne notre dessein, puisque nous ne devons pousser l'analyse qu'au point où elle nous est indispensable pour apercevoir dans toute leur étendue les principes de la synthèse *a priori*, seul objet auquel nous ayons affaire. Ces recherches que nous ne pouvons pas proprement appeler doctrine, mais seulement critique transcendantale, puisqu'elles ont pour but non l'extension des connaissances mêmes, mais seulement leur justification (*Berichtigung*) et qu'elles doivent fournir la pierre de touche qui décide de la valeur ou de la non-valeur de toutes les connaissances *a priori*, sont ce qui nous occupe maintenant. Une telle critique est, par conséquent, une préparation autant que possible à un organon, et, si cet organon ne devait pas réussir, elle prépare du moins un *canon* de la raison pure d'après lequel, en tout cas, le système complet de la philosophie de la raison pure, — qu'il consiste, du reste, dans l'extension ou dans la simple limitation de la connaissance rationnelle, — pourrait être exposé aussi bien analytiquement que synthétiquement. Que ceci soit possible, en effet, et même qu'un pareil système puisse être d'une étendue assez réduite (*von nicht gar grossem Umfange*) pour que nous espérions l'achever entièrement, on peut déjà le conjecturer à l'avance du fait que notre objet n'est pas ici la nature des choses, qui est inépuisable, mais bien l'entendement qui juge de la nature des choses et encore l'entendement considéré uniquement au point de vue de nos connaissances *a priori :* ses richesses, puisqu'elles ne doivent pas être cherchées hors de nous, ne sauraient nous rester cachées, et tout fait présumer qu'elles sont assez restreintes pour que nous puissions les saisir complètement, juger de leur valeur ou de leur non-valeur et les apprécier à leur juste mérite. [On doit encore moins s'attendre à trouver ici une critique des livres et des systèmes de la raison pure ; nous ne faisons que la critique du pouvoir même de la raison pure. C'est seulement en se fondant sur cette critique que l'on possède une sûre pierre de touche pour apprécier, dans cette partie, la valeur philosophique des ouvrages anciens et modernes, faute de quoi l'historien et le critique incompétents jugent les assertions sans fondement des autres par leurs propres assertions qui sont tout aussi peu fondées.]

< II. — *Divisions de la philosophie transcendantale.* >

La philosophie transcendantale n'est ici qu'une idée[1] dont la critique de la raison pure doit esquisser tout le plan d'une manière architectonique, c'est-à-dire par principes, en même temps qu'elle garantit complètement la perfection (*Vollständigkeit*) et la solidité de toutes les parties qui constituent cet édifice. [Elle est le système de tous les principes de la raison pure.] Que cette Critique ne s'appelle pas déjà elle-même philosophie transcendandale, cela tient simplement à ce que, pour être un système complet, elle devrait contenir encore une analyse détaillée de toute la connaissance humaine *a priori*. Or, notre Critique, il est vrai, doit aussi mettre absolument sous les yeux un dénombrement complet de tous les concepts primitifs qui constituent cette connaissance pure. Seulement elle s'abstient avec raison de l'analyse détaillée des concepts mêmes ainsi que du recensement complet de ceux qui en dérivent; la raison en est, d'un côté, que cette analyse ne serait pas conforme au but de la critique, puisqu'elle ne présente pas la difficulté qui se rencontre dans la synthèse, objet propre de toute la critique, et, d'un autre côté, qu'il serait contraire à l'unité du plan d'entreprendre la justification de la perfection de cette analyse et de cette dérivation, ce dont on peut très bien se dispenser par rapport au dessein que nous avons. Cette perfection dans l'analyse, aussi bien que la perfection dans la dérivation des concepts *a priori* qui en découleront plus tard, est cependant facile à suppléer pourvu que ces concepts existent tout d'abord à titre de principes détaillés de la synthèse et que rien ne leur manque par rapport à ce but essentiel.

A la critique de la raison pure appartient donc tout ce qui constitue la philosophie transcendantale ; elle est l'idée intégrale de la philosophie transcendantale, mais non pas encore cette science même, puisqu'elle ne s'avance dans l'analyse qu'autant qu'il est requis pour l'appréciation complète de la connaissance synthétique *a priori*.

Il faut surtout faire attention, dans la division d'une telle science, à ne laisser entrer aucun concept qui contienne rien

---

1. 2ᵉ édition : est l'idée d'une science.

l'empirique, ou veiller à ce que la connaissance *a priori* soit complètement pure. Par conséquent, quoique les principes premiers de la moralité et ses concepts fondamentaux soient des connaissances *a priori*, ils n'appartiennent cependant pas à la philosophie transcendantale[1], puisqu'ils impliquent les concepts de plaisir et de douleur, de désirs et d'inclinations, de libre arbitre, etc..., qui sont tous d'origine empirique. C'est pourquoi la philosophie transcendantale est une philosophie de la raison pure simplement spéculative. Tout ce qui touche à la pratique, en effet, en tant que renfermant des mobiles, se rapporte aux sentiments qui appartiennent aux sources empiriques de la connaissance.

Si, maintenant, on veut diviser sommairement cette science, d'après le point de vue universel d'un système, en général, la critique que nous entreprenons doit contenir : 1° Une *théorie des éléments ;* 2° une *théorie de la méthode* de la raison pure. Chacune de ces parties principales aurait sa subdivision dont nous n'avons pas encore toutefois à exposer ici les principes. Il est seulement nécessaire pour une introduction ou un avant-propos de noter qu'il y a deux souches de la connaissance humaine qui partent peut-être d'une racine commune, mais inconnue de nous, à savoir : la *sensibilité* et l'*entendement ;* par la première les objets nous sont *donnés*, mais par la seconde ils sont *pensés*. Or, en tant qu'elle devrait contenir des représentations *a priori* qui constituent les conditions sous lesquelles les objets nous sont donnés, la sensibilité appartiendrait à la philosophie transcendantale. La théorie transcendantale de la sensibilité devrait former la *première* partie de la science des éléments, puisque les conditions sous lesquelles seules sont donnés les objets de la connaissance humaine, précèdent celles sous lesquelles ces mêmes objets sont pensés.

---

1. 2° édition : Au lieu de « puisque..... empirique » : puisque les concepts de plaisir et de douleur, de désirs et d'inclinations, etc. qui sont tous d'origine empirique, sans être par eux-mêmes les fondements des préceptes moraux, doivent néanmoins, comme obstacles qu'il faut surmonter dans le concept du devoir ou comme attraits dont on ne doit pas faire ses mobiles, nécessairement être compris dans le système de moralité pure.

PREMIÈRE PARTIE
DE
LA CRITIQUE DE LA RAISON PURE

THÉORIE TRANSCENDANTALE
DES ÉLÉMENTS

THÉORIE TRANSCENDANTALE DES ÉLÉMENTS

PREMIÈRE PARTIE
ESTHÉTIQUE TRANSCENDANTALE

[§ I]

De quelque manière et par quelque moyen qu'une connaissance puisse se rapporter à des objets, le mode par lequel elle se rapporte immédiatement aux objets et que toute pensée prend comme intermédiaire pour les atteindre *(worauf alles Denken als Mittel abzweckt)* est l'*intuition*. Mais cette intuition n'a lieu qu'autant que l'objet nous est donné ; ce qui n'est possible à son tour [du moins pour nous autres hommes] qu'à la condition que l'objet affecte d'une certaine manière notre esprit *(das Gemüth)*. La capacité de recevoir (réceptivité) des représentations grâce à la manière dont nous sommes affectés par les objets se nomme sensibilité. Ainsi, c'est au moyen de la sensibilité que les objets nous sont *donnés*, seule elle nous fournit des *intuitions* ; mais c'est l'entendement qui *pense* ces objets et c'est de lui que naissent les *concepts*. Et il faut que toute pensée, soit en droite ligne *(directe)*, soit par détours *(indirecte)* [au moyen de certains caractères] se *rapporte finalement* à des intuitions, par conséquent, chez nous, à la sensibilité, parce que nul objet ne peut nous être donné d'une autre façon.

L'impression *(Wirkung)* d'un objet sur la faculté représentative, en tant que nous en sommes affectés, est la *sensation*, et l'intuition qui se rapporte à l'objet au moyen de la sensation s'appelle *empirique*. On nomme *phénomène* l'objet indéterminé d'une intuition empirique.

J'appelle *matière*, dans les phénomènes, ce qui correspond à la sensation ; mais ce qui fait que le divers *(mannigfaltige)* du phénomène est coordonné dans l'intuition selon certains rapports[1], je l'appelle la *forme* du phénomène. Et comme ce en quoi les sensations peuvent seulement se coordonner et être ramenées à une certaine forme ne peut pas être encore sensation, il s'ensuit que, si la matière de tout phénomène ne nous est donnée, il est vrai, qu'*a posteriori*, il faut que sa forme se trouve *a priori* dans l'esprit (*im Gemüthe*) toute prête à s'appliquer à tous, il faut, par conséquent, qu'elle puisse être considérée indépendamment de toute sensation.

J'appelle *pures* (au sens transcendantal) toutes les représentations dans lesquelles ne se rencontre rien de ce qui appartient à la sensation. Par suite, la forme pure des intuitions sensibles en général se trouvera *a priori* dans l'esprit dans lequel tout le divers des phénomènes est intuitionné sous certains rapports. Cette forme pure de la sensibilité peut encore s'appeler *intuition pure*. Ainsi, quand je détache de la représentation d'un corps ce qui en est pensé par l'entendement, comme la substance, la force, la divisibilité, etc., et aussi ce qui appartient à la sensation, comme l'impénétrabilité, la dureté, la couleur, etc., il me reste encore pourtant quelque chose de cette intuition empirique : l'étendue et la figure. Celles-ci appartiennent à l'intuition pure qui réside *a priori* dans l'esprit (*im Gemüthe*), même indépendamment d'un objet réel des sens ou de toute sensation, en qualité de simple forme de la sensibilité.

J'appelle Esthétique* *transcendantale* la science de tous

---

1. 2ᵉ édition. « ...des phénomènes peut être ordonné suivant certains rapports », etc.

* Les Allemands sont les seuls qui se servent du mot *Esthétique* pour désigner ce que d'autres appellent critique du goût. Cette dénomination a pour fondement une espérance déçue qu'eut l'excellent analyste BAUMGARTEN de soumettre le jugement critique du beau à des principes rationnels et d'y élever les règles à la dignité d'une science. Mais cet effort est vain. Ces règles ou critères, en effet, quant à leurs [principales] sources, sont simplement empiriques et ne peuvent jamais, par conséquent, servir de lois *a priori* [déterminées] sur lesquelles devrait se régler notre jugement esthétique, c'est plutôt ce dernier qui constitue la vraie pierre de touche de l'exactitude des règles. C'est pourquoi il est convenable [ou] de renoncer à cette dénomination et de la réserver à la doctrine que nous exposons et qui est une vraie science (et, ce faisant, on se rapprocherait du langage et de l'idée des anciens, chez lesquels la division de la connaissance en αἰσθητὰ καὶ νοητά fut très célèbre [1]) [ou de partager le sens de cette dénomination avec la philosophie spéculative et de donner à l'Esthétique tantôt un sens transcendantal et tantôt un sens psychologique].

1 Les parenthèses n'ont été mises que dans la 2ᵉ édition.

les principes de la sensibilité *a priori*. Il faut donc qu'il y ait une telle science, qui constitue la première partie de la théorie transcendantale des éléments, par opposition à celle qui renferme les principes de la pensée pure et qui sera nommée Logique transcendantale.

Dans l'Esthétique transcendantale, par conséquent, nous *isolerons* tout d'abord la sensibilité, en faisant abstraction de tout ce que l'entendement y pense par ses concepts, pour qu'il ne reste rien que l'intuition empirique. En second lieu, nous écarterons encore de cette intuition tout ce qui appartient à la sensation, pour qu'il ne reste rien que l'intuition pure et la simple forme des phénomènes, seule chose que puisse fournir *a priori* la sensibilité. De cette recherche, il résultera qu'il y a deux formes pures de l'intuition sensible, comme principes de la connaissance *a priori*, savoir : l'espace et le temps que nous allons nous occuper dès maintenant d'examiner.

PREMIÈRE SECTION

De l'espace.

[§ 2. — *Exposition métaphysique de ce concept*] [1].

Au moyen du sens externe (une des propriétés de notre esprit (*Gemüth*)), nous nous représentons des objets comme hors de nous et placés tous ensemble dans l'espace. C'est là que sont déterminés ou déterminables leur figure, leur grandeur, leurs rapports réciproques. Le sens interne, au moyen duquel l'esprit (*das Gemüth*) s'intuitionne lui-même ou intuitionne aussi son état interne, ne donne pas, sans doute, d'intuition de l'âme elle-même comme un objet (*Object*); c'est cependant une forme déterminée sous laquelle l'intuition de son état interne devient possible, de sorte que tout ce qui appartient aux déterminations internes est représenté suivant les relations du temps. Le temps ne peut pas être intuitionné extérieurement, pas plus que l'espace ne peut l'être comme quelque chose en nous. Or que sont l'espace et le temps ? Sont-ils des

1. Ajouté dans la 2ᵉ édition.

êtres réels ? Sont-ils seulement des déterminations ou même des rapports des choses, mais des rapports de telle espèce qu'ils ne cesseraient pas de subsister entre les choses, même s'ils n'étaient pas intuitionnés ? Ou bien sont-ils tels qu'ils ne tiennent qu'à la forme de l'intuition et par conséquent à la constitution subjective de notre esprit (*Gemüth*) sans laquelle ces prédicats ne pourraient être attribués à aucune chose. Pour nous instruire là-dessus, examinons d'abord l'espace [1].
[J'entends par *exposition* (*expositio*) la représentation claire, quoique non détaillée, de ce qui appartient à un concept; mais cette exposition est *métaphysique* lorsqu'elle contient ce qui représente le concept comme *donné a priori*] [2].

1) L'espace n'est pas un concept empirique qui ait été tiré d'expériences externes. En effet, pour que certaines sensations puissent être rapportées à quelque chose d'extérieur à moi (c'est-à-dire à quelque chose situé dans un autre lieu de l'espace que celui dans lequel je me trouve) et, de même, pour que je puisse me représenter les choses comme en dehors [et à côté] [3] les unes des autres, — par conséquent comme n'étant pas seulement distinctes, mais placées dans des lieux différents, — il faut que la représentation de l'espace soit posée déjà comme fondement. Par suite la représentation de l'espace ne peut pas être tirée expérimentalement des rapports des phénomènes extérieurs, mais l'expérience extérieure n'est elle-même possible qu'au moyen de cette représentation.

2) L'espace est une représentation nécessaire *a priori* qui sert de fondement à toutes les intuitions extérieures. On ne peut jamais se représenter qu'il n'y ait pas d'espace, quoique l'on puisse bien penser qu'il n'y ait pas d'objets dans l'espace. Il est considéré comme la condition de la possibilité des phénomènes, et non pas comme une détermination qui en dépende, et il est une représentation *a priori* qui sert de fondement, d'une manière nécessaire, aux phénomènes extérieurs.

< 3) Sur cette nécessité *a priori* se fondent la certitude apodictique de tous les principes géométriques et la possibilité de leur construction *a priori*. En effet, si cette représentation de l'espace était un concept acquis *a posteriori* qui serait

---

1. 2ᵉ édition : examinons d'abord le concept de l'espace.
2. Ajouté dans la 2ᵉ édition.
3. Ajouté dans la 2ᵉ édition.

puisé dans la commune expérience externe, les premiers principes de la détermination mathématique ne seraient rien que des perceptions. Ils auraient donc toute la contingence de la perception ; et il ne serait pas nécessaire qu'entre deux points il n'y ait qu'une seule ligne droite, mais l'expérience nous apprendrait qu'il en est toujours ainsi. Ce qui est dérivé de l'expérience n'a qu'une généralité relative, c'est-à-dire par induction. Il faudrait donc aussi se borner à dire, d'après les observations faites jusqu'ici, qu'on n'a pas trouvé d'espace qui eût plus de trois dimensions >[1].

4)[2] L'espace n'est pas un concept discursif, ou, comme on dit, un concept universel de rapport des choses en général, mais une pure intuition. En effet, on ne peut d'abord se représenter qu'un espace unique, et, quand on parle de plusieurs espaces, on n'entend par là que les parties d'un seul et même espace. Ces parties ne sauraient, non plus, être antérieures à cet espace unique qui comprend tout (*allbefassenden*), comme si elles en étaient les éléments (capables de le constituer par leur assemblage), mais elles ne peuvent, au contraire, être pensées qu'en lui. Il est essentiellement un ; le divers qui est *en lui* et, par conséquent, aussi le concept universel d'espace en général, repose en dernière analyse sur des limitations. Il suit de là que, par rapport à l'espace, une intuition *a priori* (qui n'est pas empirique) est à la base de tous les concepts que nous en formons. C'est ainsi que tous les principes géométriques, — par exemple, que dans un triangle, la somme de deux côtés est plus grande que le troisième, — ne sont jamais déduits des concepts généraux de la ligne et du triangle, mais de l'intuition, et cela *a priori* et avec une certitude apodictique.

5) L'espace est représenté donné comme une grandeur infinie. Un concept général (qui est commun au pied aussi bien qu'à l'aune) ne peut rien déterminer relativement à la grandeur. S'il n'y avait pas un infini sans limites dans le progrès de l'intuition, nul concept de rapports ne contiendrait en soi un principe de son infinité[3].

1. Supprimé dans la 2ᵉ édition.
2. 2ᵉ édition, 3).
3. 2ᵉ édition, 4) à la place de 5) : L'espace est représenté comme une grandeur infinie *donnée*. Or, il faut, sans doute, penser tout concept, comme une représentation contenue dans une multitude infinie de

[§ 3. — *Exposition transcendantale du concept de l'espace.*

J'entends par *exposition transcendantale* l'explication d'un concept considéré comme un principe capable d'expliquer la possibilité d'autres connaissances synthétiques *a priori*. Or, cela suppose deux choses : 1° Que des connaissances de cette nature découlent réellement du concept donné ; 2° Que ces connaissances ne sont possibles que sous la supposition d'un mode d'explication donné de ce concept.

La géométrie est une science qui détermine synthétiquement, et cependant *a priori*, les propriétés de l'espace. Que doit donc être la représentation de l'espace pour qu'une telle connaissance en soit possible ? Il faut que l'espace soit originairement une intuition ; car, d'un simple concept on ne peut tirer aucune proposition qui dépasse le concept, ce qui a lieu cependant en géométrie. (Introduction V.). Mais cette intuition doit se trouver en nous *a priori*, c'est-à-dire avant toute perception d'un objet ; par conséquent, elle doit être une intuition pure et non empirique. En effet, les propositions géométriques sont toutes apodictiques, c'est-à-dire qu'elles impliquent la conscience de leur nécessité : celle-ci, par exemple : l'espace n'a que trois dimensions ; mais des propositions de cette nature ne peuvent pas être des propositions empiriques ou des jugements d'expérience, ni dériver de ces jugements. (Introduction II.)

Comment, maintenant, peut-il y avoir dans l'esprit (*Gemüthe*) une intuition extérieure qui précède les objets eux-mêmes et dans laquelle le concept de ces derniers peut être déterminé *a priori* ? Cela ne peut évidemment arriver qu'autant qu'elle a simplement son siège dans le sujet, comme la propriété formelle qu'a le sujet d'être affecté par des objets (*Objecten*) et de recevoir par là une *représentation immédiate* des objets, c'est-à-dire une intuition, et par conséquent comme forme du *sens* externe en général.

représentations diverses possibles (en qualité de caractère qui leur est commun) et qui, par suite, les contient *sous sa dépendance* (*unter sich*) ; mais nul concept, comme tel, ne peut être pensé comme renfermant *en soi* (*in sich*) une multitude infinie de représentations. Et pourtant c'est ainsi que l'espace est pensé (car toutes les parties de l'espace existent simultanément dans l'infini). La représentation originaire de l'espace est donc une *intuition a priori* et non un *concept*.

Par conséquent, notre explication fait seule comprendre la *possibilité de la géométrie* comme connaissance synthétique *a priori*. Tout mode d'explication qui n'offre pas cet avantage, bien qu'il ait, en apparence, quelque ressemblance avec lui, peut, à ce signe, en être très sûrement distingué[1].]

CONSÉQUENCES DES CONCEPTS PRÉCÉDENTS

a) L'espace ne représente aucune propriété des choses en soi, — soit qu'on les considère en elles-mêmes, soit qu'on les considère dans leurs rapports entre elles, — c'est-à-dire aucune détermination des choses qui soit inhérente aux objets mêmes et qui subsiste si on fait abstraction de toutes les conditions subjectives de l'intuition. En effet, il n'y a pas de déterminations, soit absolues, soit relatives, qui puissent être intuitionnées avant l'existence des choses auxquelles elles appartiennent et, par conséquent, *a priori*.

b) L'espace n'est rien autre chose que la forme de tous les phénomènes des sens extérieurs, c'est-à-dire la condition subjective de la sensibilité sous laquelle seule nous est possible une intuition extérieure. Or, comme la réceptivité en vertu de laquelle le sujet peut être affecté par des objets précède, d'une manière nécessaire, toutes les intuitions de ces objets (*Objecte*), on comprend facilement comment la forme de tous les phénomènes peut être donnée dans l'esprit (*Gemüthe*), antérieurement à toute perception réelle, — par conséquent *a priori*, — et comment, avant toute expérience, elle peut, comme une intuition pure, dans laquelle tous les objets doivent être déterminés, contenir les principes de leurs relations.

Nous ne pouvons donc parler de l'espace, de l'être étendu, etc., qu'au point de vue de l'homme. Si nous sortons de la condition subjective sans laquelle nous ne saurions recevoir d'intuitions extérieures, c'est-à-dire être affectés par les objets, la représentation de l'espace ne signifie plus rien. Ce prédicat n'est joint aux choses qu'en tant qu'elles nous apparaissent, c'est-à-dire qu'elles sont des objets de la sensibilité. La forme constante de cette réceptivité, que nous nommons sensibilité, est une condition nécessaire de tous les rapports

---

1. Ajouté dans la 2ᵉ édition.

dans lesquels nous intuitionnons les objets comme extérieurs à nous, et, si l'on fait abstraction de ces objets, elle est une intuition pure qui porte le nom d'espace. Comme nous ne saurions faire des conditions particulières de la sensibilité les conditions de la possibilité des choses, mais celles seulement de leur manifestation; nous pouvons bien dire que l'espace contient toutes les choses qui peuvent nous apparaître extérieurement, mais non toutes les choses en elles-mêmes, qu'on puisse ou non les intuitionner et quel que soit le sujet qui le puisse. En effet, il nous est impossible de juger des intuitions que peuvent avoir d'autres êtres pensants et de savoir si elles sont liées aux mêmes conditions qui limitent nos intuitions et qui sont pour nous universellement valables. Quand nous ajoutons au concept du sujet la limitation d'un jugement, alors le jugement a une valeur absolue. Cette proposition : toutes les choses sont juxtaposées dans l'espace, <n'> a de valeur <qu'>[1] avec cette limitation, que les choses soient prises comme objet de notre intuition sensible. Si donc j'ajoute ici la condition au concept et que je dise : Toutes les choses, en tant que phénomènes externes, sont juxtaposées dans l'espace, cette règle a alors une valeur universelle et sans restriction. Nos explications nous apprennent donc la *réalité* (c'est-à-dire la valeur objective) de l'espace, par rapport à tout ce qui peut nous être présenté extérieurement comme objet, et en même temps l'*idéalité* de l'espace par rapport aux choses, quand elles sont considérées en elles-mêmes par la raison sans tenir compte de la constitution de notre sensibilité. Nous affirmons donc la *réalité empirique* de l'espace (par rapport à toute expérience extérieure possible), quoique nous en affirmions <en même temps>[2] l'*idéalité transcendantale*, ce qui veut dire qu'il n'est rien, dès que nous laissons de côté la condition de la possibilité de toute expérience et que nous l'admettons comme un quelque chose qui sert de fondement aux choses en soi.

Or, en dehors de l'espace, il n'y a pas d'autre représentation subjective et se rapportant à quelque chose d'*extérieur* qui puisse être appelée objective *a priori*. < C'est pourquoi

---

1. Supprimé dans la 2ᵉ édition.
2. Supprimé dans la 2ᵉ édition.

cette condition subjective de tous les phénomènes extérieurs ne peut être comparée à aucune autre. Le goût agréable d'un vin n'appartient pas aux (propriétés) objectives du vin, ni, par suite, aux propriétés d'un objet considéré comme phénomène, mais à la nature spéciale du sens dans le sujet qui en jouit. Les couleurs ne sont pas des qualités des corps à l'intuition desquels elles se rapportent, mais seulement des modifications du sens de la vue qui est affecté par la lumière d'une certaine façon. Au contraire, l'espace, comme condition des objets (*Objecte*) extérieurs, appartient, d'une manière nécessaire, au phénomène ou à l'intuition du phénomène. La saveur et les couleurs ne sont pas du tout des conditions nécessaires sous lesquelles seules les choses puissent devenir pour nous des objets des sens. Elles ne sont liées au phénomène qu'en qualité d'effets de notre organisation particulière qui s'y ajoutent accidentellement. Elles ne sont donc pas, non plus, des représentations *a priori*, mais elles se fondent sur la sensation ; une saveur agréable se fonde de même sur le sentiment (du plaisir et de la peine) considéré comme un effet de la sensation. Aussi personne ne peut-il avoir *a priori* la représentation ni d'une couleur, ni d'une saveur quelconque. Mais l'espace ne concerne que la forme pure de l'intuition, par conséquent, ne renferme en soi aucune sensation (rien d'empirique) ; tous les modes et toutes les déterminations de l'espace peuvent et doivent même pouvoir être représentés *a priori*, s'il doit en résulter des concepts des formes et de leurs rapports. L'espace seul peut donc faire que les choses soient pour nous des objets extérieurs >[1].

Le but de cette remarque est seulement d'empêcher qu'on ne s'avise de vouloir expliquer l'idéalité, que nous affirmons, de l'espace par des exemples trop insuffisants, puisqu'en effet

---

1. Le passage entre < > a été remplacé dans la 2ᵉ édition par ce qui suit : En effet, d'aucune de ces représentations l'on ne peut tirer des propositions synthétiques *a priori*, comme celles qui dérivent de l'intuition dans l'espace (§ 3). Aussi, à parler d'une façon précise, n'ont-elles aucune idéalité, bien qu'elles aient cependant ceci de commun avec la représentation de l'espace, qu'elles dépendent simplement de la constitution subjective de la sensibilité, par exemple de la vue, de l'ouïe, du toucher, par les sensations des couleurs, des sons, de la chaleur, qui, étant de simples sensations et non des intuitions, ne nous font connaître par elles-mêmes, du moins *a priori*, aucun objet (*Object*).

l'on considère avec raison, par exemple, les couleurs, les saveurs, etc., non comme des propriétés des choses, mais seulement comme des modifications de notre sujet, modifications qui peuvent être diverses selon les différents individus. Dans ce cas, en effet, ce qui n'est originairement que phénomène, par exemple, une rose, a, dans le sens empirique, la valeur d'une chose en soi, qui, cependant, au point de vue de la couleur, peut paraître différente à chaque œil. Au contraire, le concept transcendantal des phénomènes dans l'espace est un avertissement critique qu'en général rien de ce qui est intuitionné dans l'espace n'est une chose en soi, et que l'espace n'est pas une forme des choses, — forme qui leur serait propre en quelque sorte en soi, — mais que les objets ne nous sont pas du tout connus en eux-mêmes et que ce que nous nommons objets extérieurs n'est pas autre chose que de simples représentations de notre sensibilité dont la forme est l'espace, et dont le véritable corrélatif, c'est-à-dire la chose en soi, n'est pas du tout connu et ne peut pas être connu par là. Mais on ne s'en enquiert jamais dans l'expérience.

DEUXIÈME SECTION

Du temps.

[§ 4.] — *Exposition métaphysique du concept du temps*[1].

1) Le temps n'est pas un concept empirique qui dérive d'une expérience quelconque. En effet, la simultanéité ou succession ne tomberait pas elle-même sous la perception, si la représentation du temps ne lui servait *a priori* de fondement. Ce n'est que sous cette supposition que l'on peut se représenter qu'une chose existe en même temps qu'une autre (simultanément) ou dans des temps différents (successivement).

2) Le temps est une représentation nécessaire qui sert de fondement à toutes les intuitions. On ne saurait exclure le temps lui-même par rapport aux phénomènes en général, quoiqu'on puisse fort bien faire abstraction des phénomènes

---

1. Ajouté dans la 2ᵉ édition.

dans le temps. Le temps est donc donné *a priori*. En lui seul est possible toute réalité des phénomènes. Ceux-ci peuvent bien disparaître tous ensemble, mais le temps lui-même (comme condition générale de leur possibilité) ne peut être supprimé.

3) Sur cette nécessité *a priori* se fonde aussi la possibilité de principes apodictiques concernant les rapports du temps ou d'axiomes du temps en général. Le temps n'a qu'une dimension : des temps différents ne sont pas simultanés mais successifs (de même des espaces différents ne sont pas successifs mais simultanés). Ces principes ne peuvent pas être tirés de l'expérience, car cette expérience ne saurait donner ni une rigoureuse universalité, ni une certitude apodictique. Nous ne pouvons que dire : voilà ce qu'apprend la perception commune, mais non voilà ce qui doit être. Ces principes ont donc la valeur de règles qui rendent, en général, possibles les expériences ; ils nous instruisent avant l'expérience, mais non par elle.

4) Le temps n'est pas un concept discursif, ou, comme on dit, un concept général, mais une forme pure de l'intuition sensible. Des temps différents ne sont que des parties du même temps. Mais la représentation qui ne peut être donnée que par un seul objet est une intuition. Aussi cette proposition : que des temps différents ne peuvent pas être simultanés, ne saurait-elle dériver d'un concept général. Cette proposition est synthétique et elle ne peut être tirée uniquement de concepts. Elle est donc immédiatement renfermée dans l'intuition et dans la représentation du temps.

5) L'infinité du temps ne signifie rien de plus sinon que toute grandeur déterminée du temps n'est possible que par des limitations d'un temps unique qui lui sert de fondement. Aussi faut-il que la représentation originaire de temps soit donnée comme illimitée. Mais quand les parties mêmes et toute grandeur d'un objet ne peuvent être représentées d'une façon déterminée que par une limitation, alors la représentation tout entière ne peut pas être donnée par des concepts (< car les représentations partielles sont données les premières >)[1], et il faut qu'il y ait une intuition immédiate qui leur serve de fondement.

---

1. 2ᵉ édition : « Car ceux-ci ne contiennent que des représentations partielles. »

[§ 5. — *Exposition transcendantale du concept du temps.*

Je puis sur ce point me reporter au n° 3 où, pour plus de brièveté, j'ai placé sous le titre d'exposition métaphysique ce qui est proprement transcendantal. J'ajoute ici que le concept du changement — et aussi celui du mouvement (comme changement de lieu) — n'est possible que par et dans la représentation du temps, et, que si cette représentation n'était pas une intuition (interne) *a priori*, nul concept, quel qu'il soit, ne pourrait rendre intelligible la possibilité d'un changement, dans un seul et même objet (*Object*), c'est-à-dire la possibilité d'une liaison de prédicats opposés contradictoirement (par exemple, l'existence d'une chose dans un lieu et la non-existence de cette même chose dans le même lieu). Ce n'est que dans le temps, c'est-à-dire *successivement*, que deux déterminations contradictoirement opposées peuvent convenir à une même chose. Notre concept du temps explique donc la possibilité de toutes les connaissances synthétiques *a priori* que renferme la théorie générale du mouvement, théorie qui n'est pas peu féconde[1].]

[§ 6]. — *Conséquences tirées de ces concepts.*

a) Le temps n'est pas quelque chose qui existe en soi, ou qui soit inhérent aux choses comme une détermination objective, et qui, par conséquent, subsiste, si l'on fait abstraction de toutes les conditions subjectives de leur intuition ; dans le premier cas, en effet, il faudrait qu'il fût quelque chose qui existât réellement sans objet réel. Mais dans le second cas, en qualité de détermination ou d'ordre inhérent aux choses elles-mêmes, il ne pourrait être donné avant les objets comme leur condition, ni être connu et intuitionné *a priori* par des propositions synthétiques ; ce qui devient facile, au contraire, si le temps n'est que la condition subjective sous laquelle peuvent trouver place en nous toutes les intuitions. Alors, en effet, cette forme de l'intuition intérieure peut être représentée avant les objets et, par suite, *a priori*.

b) Le temps n'est autre chose que la forme du sens interne,

---

1. Passage ajouté dans la 2ᵉ édition.

c'est-à-dire de l'intuition de nous-mêmes et de notre état intérieur. En effet, le temps ne peut pas être une détermination des phénomènes extérieurs, il n'appartient ni à une figure, ni à une position, etc.; au contraire, il détermine le rapport des représentations dans notre état interne. Et, précisément parce que cette intuition intérieure ne fournit aucune figure, nous cherchons à suppléer à ce défaut par des analogies et nous représentons la suite du temps par une ligne qui se prolonge à l'infini et dont les diverses parties constituent une série qui n'a qu'une dimension, et nous concluons des propriétés de cette ligne à toutes les propriétés du temps, avec cette seule exception que les parties de la première sont simultanées, tandis que celles du second sont toujours successives. Il ressort clairement de là que la représentation du temps lui-même est une intuition, puisque tous ses rapports peuvent être exprimés par une intuition extérieure.

c) Le temps est la condition formelle *a priori* de tous les phénomènes en général. L'espace, en tant que forme pure de l'intuition extérieure, est limité, comme condition *a priori*, simplement aux phénomènes externes. Au contraire, comme toutes les représentations, qu'elles puissent avoir ou non pour objets des choses extérieures, appartiennent, pourtant, en elles-mêmes, en qualité de déterminations de l'esprit (*des Gemüths*), à l'état interne, et, comme cet état interne est toujours soumis à la condition formelle de l'intuition intérieure et que, par suite, il appartient au temps, le temps est une condition *a priori* de tous les phénomènes en général et, à la vérité, la condition immédiate des phénomènes intérieurs (de notre âme), et, par là même, la condition médiate des phénomènes extérieurs. Si je puis dire *a priori* que tous les phénomènes extérieurs sont déterminés *a priori* dans l'espace et d'après les rapports de l'espace, alors je puis dire d'une manière tout à fait générale, en partant du principe du sens interne, que tous les phénomènes en général, c'est-à-dire tous les objets des sens, sont dans le temps et qu'ils sont nécessairement soumis aux rapports du temps.

Si nous faisons abstraction de *notre mode* d'intuition interne et de la manière dont, au moyen de cette intuition, nous embrassons aussi toutes les intuitions externes dans notre pouvoir de représentation; si, par conséquent, nous prenons les objets comme ils peuvent être en eux-mêmes, alors le temps n'est rien. Il n'a de valeur objective que par rapport aux phénomènes, puisque ce sont déjà des choses que nous regardons comme *des objets de nos sens*, mais il n'est plus objectif, si on fait abstraction de la sensibilité de notre intuition, par conséquent du mode de représentation qui nous est propre, et que l'on parle *des choses en général*. Le temps n'est donc qu'une condition subjective de notre (humaine) intuition (qui est toujours sensible, c'est-à-dire qui se produit en tant que nous sommes affectés par les objets), et il n'est rien en soi en dehors du sujet. Il n'en est pas moins nécessairement objectif par rapport à tous les phénomènes, par suite, aussi, par rapport à toutes les choses qui peuvent se présenter à nous dans l'expérience. Nous ne pouvons pas dire que toutes les choses sont dans le temps, puisque, dans le concept des choses en général, on fait abstraction de tout mode d'intuition de ces choses, et que l'intuition est la condition particulière qui fait entrer le temps dans la représentation des objets. Or, si l'on ajoute la condition au concept et que l'on dise : toutes les choses (en tant que phénomènes (objets de l'intuition sensible)) sont dans le temps, alors le principe a sa véritable valeur objective et son universalité *a priori*. Ce que nous avons dit nous apprend donc la *réalité empirique* du temps, c'est-à-dire sa valeur objective par rapport à tous les objets qui ne peuvent jamais être donnés à nos sens. Et comme notre intuition est toujours sensible, jamais il ne peut nous être donné, dans l'expérience, d'objet qui ne soit soumis à la condition du temps. Au contraire, nous combattons toute prétention du temps à une réalité absolue, comme si ce temps, sans avoir égard à la forme de notre intuition, appartenait absolument aux choses, à titre de condition ou de propriété. Des propriétés qui appartiennent aux choses en soi ne peuvent jamais, d'ailleurs, nous être données par les sens. L'*idéalité transcendantale* du temps est donc telle que, si on fait abstraction des conditions subjectives de l'intuition sensible, le temps n'est rien et qu'il ne peut être attribué aux objets en soi, ni en qualité de substance, ni en qualité d'accident (abstraction faite de leur rapport avec notre intuition). Cependant cette idéalité, pas plus que celle de l'espace, n'a rien de commun avec les subreptions des sensations, puisqu'on y suppose, du phénomène même auquel adhèrent ces prédicats, qu'il a une réalité objective, tandis que cette réalité disparaît complètement ici, à moins qu'on ne veuille parler d'une réalité simplement empirique, qui n'envisage l'objet lui-même que comme phénomène. Sur ce point, il est bon de se reporter à la remarque faite dans la première section.

[§ 7]. — *Explication*.

Contre cette théorie qui attribue au temps une réalité empirique, mais qui en combat la réalité absolue et transcendantale, j'ai rencontré de la part d'hommes perspicaces une objection si unanime que j'en conclus qu'elle doit se présenter naturellement à l'esprit de tout lecteur qui n'est pas habitué à ces considérations. Elle se formule ainsi. Il y a des changements réels (c'est ce que prouve la succession de nos propres représentations, quand même on voudrait nier les phénomènes extérieurs ainsi que leurs changements). Or, des changements ne sont possibles que dans le temps, le temps est donc quelque chose de réel. La réponse n'offre aucune difficulté. J'accorde l'argument tout entier. Le temps est, sans doute, quelque chose de réel, à savoir, la forme réelle de l'intuition intérieure. Il a donc une réalité subjective par rapport à l'expérience interne, c'est-à-dire que j'ai réellement la représentation du temps et de mes déterminations en lui. Il faut donc le considérer réellement non pas comme objet, mais comme un mode de représentation de moi-même en tant qu'objet. Mais, si je pouvais m'intuitionner moi-même ou si un autre être pouvait m'intuitionner, sans cette condition de la sensibilité, ces mêmes déterminations que nous nous représentons comme des changements, nous donneraient une connaissance dans laquelle on ne trouverait plus la représentation du temps, ni, par suite, celle du changement. La réalité empirique du temps demeure donc comme condition de toutes nos expériences. Seule, la réalité absolue ne peut pas lui être attribuée, d'après ce qu'on a avancé plus haut. Il n'est que la forme de notre intuition intérieure*. Si on lui enlève

---

* Je puis bien dire que mes représentations sont successives, mais cela veut dire seulement que nous en avons conscience comme dans une suite de temps, c'est-à-dire d'après la forme du sens interne. Le temps n'est pas pour cela quelque chose en soi ni même une détermination objectivement inhérente aux choses.

la condition particulière de notre sensibilité, alors le concept de temps s'évanouit ; il n'est pas inhérent aux objets eux-mêmes, mais simplement au sujet qui les intuitionne.

Mais le motif pour lequel cette objection a été faite si unanimement et, certes, par ceux qui, cependant, ne savent rien opposer d'évidemment clair à la théorie de l'idéalité de l'espace, c'est qu'ils n'espéraient pas pouvoir montrer apodictiquement la réalité absolue de l'espace, empêchés qu'ils étaient par l'idéalisme, d'après lequel la réalité des objets extérieurs n'est susceptible d'aucune démonstration rigoureuse, tandis que celle de l'objet de notre sens intime (de moi-même et de mon état) est immédiatement claire par la conscience. Les objets externes pouvaient n'être qu'une simple apparence (*Schein*), mais ce dernier, d'après leur opinion, est incontestablement quelque chose de réel. Mais ils ne songent pas que ces deux sortes d'objets, sans qu'il soit permis de combattre leur réalité en tant que représentations, n'appartiennent jamais qu'au phénomène qui toujours a deux faces : l'une, où l'objet est considéré en soi-même (indépendamment de la manière de l'intuitionner, mais dont la nature reste par là même toujours problématique) ; l'autre, où l'on a égard à la forme de l'intuition de cet objet, laquelle doit être cherchée non pas dans l'objet lui-même, mais dans le sujet auquel l'objet apparaît et qui n'en appartient pas moins, réellement et nécessairement, au phénomène de cet objet (*die Erscheinung dieses Gegenstandes*).

Le temps et l'espace sont par conséquent deux sources de connaissance où l'on peut puiser *a priori* diverses connaissances synthétiques, comme la mathématique pure en donne un exemple éclatant, relativement à la connaissance de l'espace et de ses rapports. C'est qu'ils sont tous les deux pris comme des formes pures de toute intuition sensible et qu'ils rendent par là possibles des propositions synthétiques à *a priori*. Mais ces sources de connaissance se déterminent leurs limites par là même (qu'elles sont simplement des conditions de la sensibilité) ; c'est qu'elles ne se rapportent aux objets qu'en tant qu'ils sont considérés comme phénomènes et non qu'ils sont pris pour des choses en soi. Les phénomènes forment seuls le champ où elles aient de la valeur ; si l'on sort de ce champ, on ne trouve plus à faire de ces formes un usage objectif. Cette réalité de l'espace et du temps laisse du reste intacte la certitude de la connaissance expérimentale, car nous en sommes toujours aussi certains, que ces formes soient nécessairement inhérentes aux choses en soi ou simplement à notre intuition des choses. Au contraire, ceux qui affirment ainsi la réalité absolue de l'espace et du temps, qu'ils les entendent comme des substances ou des accidents, doivent (*müssen*) se mettre facilement en contradiction avec les principes de l'expérience elle-même. En effet, s'ils se décident pour le premier parti (comme font généralement les physiciens mathématiciens), il leur faut admettre, comme éternels et infinis, existant par eux-mêmes, deux non-êtres (*Undinge*) (espace et temps), qui (sans être pourtant quelque chose de réel) n'existent que pour contenir en eux-mêmes tout le réel. S'ils adoptent le second parti (qui est celui de quelques physiciens métaphysiciens) et si l'espace et le temps sont pour eux des rapports des phénomènes tirés de l'expérience, mais, il est vrai, confusément représentés dans cette abstraction (des rapports de juxtaposition ou de succession), il faut qu'ils contestent aux doctrines *a priori* de la Mathématique concernant les choses réelles (dans l'espace, par exemple) leur valeur ou du moins leur certitude apodictique, puisqu'une telle certitude ne saurait être *a posteriori* et que les concepts *a priori* d'espace et de temps, d'après cette opinion, ne sont que des créations de l'imagination dont la source doit réellement être cherchée dans l'expérience. L'imagination a formé des rapports abstraits de cette expérience quelque chose qui, à la vérité, renferme ce qu'il y a en elle de général, mais qui ne saurait trouver place sans les restrictions que la nature y attache. Les premiers ont, sans doute, l'avantage de laisser le champ des phénomènes ouvert pour les propositions mathématiques. En revanche, ils sont singulièrement embarrassés par ces mêmes conditions quand l'entendement veut sortir de ce champ. Les seconds, sur ce dernier point, ont l'avantage, il est vrai, de n'être pas gênés dans leur chemin par les représentations de l'espace et du temps, quand ils veulent juger des objets, non comme phénomènes, mais, simplement, dans leur rapport avec l'entendement; mais ils ne peuvent ni rendre compte de la possibilité des connaissances mathématiques *a priori* (puisqu'il leur manque une intuition *a priori*, véritable et objectivement valable), ni établir un accord nécessaire entre les lois de l'expérience et ces affirmations. Dans notre théorie sur la véritable nature de ces deux formes originaires de la sensibilité, ces deux difficultés sont évitées.

Qu'enfin l'Esthétique transcendantale ne puisse contenir que ces deux éléments, l'espace et le temps, cela résulte clairement de ce que tous les autres concepts appartenant à la sensibilité, même celui de mouvement qui réunit les deux éléments, supposent quelque chose d'empirique. En effet, ce dernier suppose la perception de quelque chose qui se meut. Dans l'espace, considéré en lui-même, il n'y a rien de mobile ; il faut donc que le mobile soit quelque chose qui n'est trouvé *dans l'espace que par l'expérience*, et, par conséquent, une donnée empirique. Par là même l'Esthétique transcendantale ne saurait compter parmi ces données *a priori* le concept du changement, car ce n'est pas le temps lui-même qui change, mais quelque chose qui est dans le temps. Il suppose donc la perception d'une certaine existence et de la succession de ses déterminations, — par suite, l'expérience.

[§ 8]. — *Remarques générales sur l'Esthétique transcendantale.*

[I]. Tout d'abord il est nécessaire de nous expliquer, aussi clairement que possible, sur notre opinion en ce qui concerne la constitution de la connaissance sensible en général, pour prévenir toute fausse interprétation à ce sujet.

Nous avons donc voulu dire que toute notre intuition n'est que la représentation du phénomène, que les choses que nous intuitionnons ne sont pas en elles-mêmes telles que nous les intuitionnons, que leurs rapports ne sont pas constitués en eux-mêmes tels qu'ils nous apparaissent, et que, si nous faisons abstraction de notre sujet, ou même seulement de la nature subjective de nos sens en général, toute la manière d'être (*Beschaffenheit*) et tous les rapports des objets dans l'espace et dans le temps et même l'espace et le temps disparaissent, puisque, en tant que phénomènes, ils ne peuvent pas exister en soi, mais seulement en nous. Quant à ce que peut être la nature des objets en eux-mêmes et abstraction faite de toute cette réceptivité de notre sensibilité, elle nous demeure tout à fait inconnue. Nous ne connaissons que notre mode de les percevoir, mode qui nous est particulier, mais qui peut fort bien n'être pas nécessaire pour tous les êtres, bien qu'il le soit pour tous les hommes. C'est à ce mode seulement que nous avons affaire. L'espace et le temps en sont les formes pures; la sensation en général en est la matière. Nous ne pouvons connaître ces formes qu'*a priori*, c'est-à-dire qu'avant toute perception réelle, et c'est pour cela qu'elles ont le nom d'intuitions pures; la sensation, au contraire, est, dans notre connaissance, ce qui fait qu'elle se nomme connaissance *a posteriori*, c'est-à-dire intuition empirique. Ces formes sont absolument et nécessairement inhérentes à notre sensibilité, de quelque espèce que puissent être nos sensations; les sensations peuvent être très différentes. Quand même nous pourrions porter notre intuition à son plus haut point de clarté, nous n'arriverions pas ainsi plus près de la nature des objets en soi. En effet, nous ne connaîtrions, en tous cas, parfaitement que notre mode d'intuition, c'est-à-dire notre sensibilité toujours soumise aux conditions du temps et de l'espace originairement inhérentes au sujet; ce que les objets peuvent être en eux-mêmes, nous ne le connaîtrions jamais, même par la connaissance la plus claire du phénomène de ces objets, seule connaissance qui nous est donnée.

Soutenir donc que notre sensibilité n'est qu'une représentation confuse des choses qui contient simplement ce qu'il y a dans les choses mêmes, mais seulement sous la forme d'un assemblage de caractères et de représentations partielles que nous ne distinguons pas les unes des autres avec conscience, c'est dénaturer les concepts de sensibilité et de phénomène et rendre ainsi inutile et vaine toute la théorie qu'on en a donnée. La différence qui existe entre une représentation obscure et une représentation distincte est simplement logique et ne porte pas sur le contenu. Sans doute, le concept du *Droit* (*vom Recht*) dont se sert le sens commun, renferme bien ce que peut en tirer la plus subtile spéculation ; seulement, dans l'usage vulgaire et pratique qu'on en fait, on n'a pas conscience des diverses représentations contenues dans cette pensée. On ne peut pas dire pour cela que le concept vulgaire soit sensible et ne désigne qu'un simple phénomène, car le droit ne saurait pas du tout être un objet de perception (*das Recht kann gar nicht erscheinen*), mais son concept réside dans l'entendement et représente une manière d'être (la qualité morale) des actions qui leur appartient en elles-mêmes. Au contraire, la représentation *d'un corps* dans l'intuition ne contient absolument rien qui puisse appartenir à un objet en lui-même, mais elle renferme simplement la manifestation de quelque chose et la manière dont nous en sommes affectés. Or, cette réceptivité de notre capacité de connaître s'appelle sensibilité et demeure immensément distincte de la connaissance de l'objet en lui-même, quand même on pourrait pénétrer le phénomène jusqu'au fond.

La philosophie de Leibniz et de Wolf a donc assigné à toutes les recherches sur la nature et sur l'origine de notre connaissance un point de vue tout à fait faux, en ne considérant la différence qu'il y a entre le sensible et l'intellectuel que comme une différence logique, alors qu'elle est manifestement transcendantale et qu'elle ne porte pas seulement sur leur clarté ou leur obscurité, mais sur l'origine et le contenu de cette clarté et de cette obscurité, de sorte que, par la première notre connaissance de la nature des choses en elles-mêmes n'est pas seulement obscure, mais nulle, et dès que nous faisons abstraction de notre constitution subjective, l'objet représenté avec les propriétés que lui attribuait l'intuition sensible, ne se trouve plus ni ne peut plus se trouver nulle part, puisque c'est précisément cette même condition subjective qui détermine la forme de cet objet comme phénomène.

Nous distinguons d'ailleurs fort bien dans les phénomènes ce qui est essentiellement inhérent à leur intuition et ce qui a une valeur générale pour tout sens humain de ce qui ne leur arrive que d'une manière accidentelle et de ce dont la valeur ne repose pas sur la constitution de la sensibilité en général, mais sur la disposition ou l'organisation particulière de tel ou tel sens. Aussi dit-on de la première espèce de connaissance qu'elle représente l'objet en soi et de la seconde qu'elle ne représente que le phénomène. Mais cette distinction n'est qu'empirique. Si l'on s'en tient là (comme il arrive généralement) et que l'on ne considère pas à son tour (comme il faudrait le faire) cette intuition empirique comme un simple phénomène où l'on ne trouve plus rien qui concerne une chose (*Sache*) en soi, notre distinction transcendantale s'évanouit et nous croyons connaître des choses en soi alors que, même dans nos plus profondes recherches des objets (du monde sensible), nous n'avons jamais affaire qu'à des phénomènes. C'est ainsi que nous disons, par exemple, de l'arc-en-ciel, qu'il est un simple phénomène accompagné de pluie mêlée de soleil, et que nous appelons cette pluie la chose en soi, ce qui restera juste tant que nous donnerons à la pluie un sens physique, c'est-à-dire que nous la considérerons comme une chose qui, dans l'expérience générale, est déterminée de telle manière et non autrement dans l'intuition, quelles que soient les diverses positions des sens. Mais, si nous prenons ce quelque chose d'empirique en général, et que, sans nous occuper de son accord avec tout sens humain, nous demandions s'il représente aussi un objet en soi (non pas des gouttes de pluie, car elles sont déjà, en tant que phénomènes, des objets (*Objecte*) empiriques), alors la question qui porte sur le rapport de la représentation à l'objet est transcendantale, et non seulement ces gouttes sont de simples phénomènes, mais même leur forme ronde, aussi bien que l'espace dans lequel elles tombent, ne sont rien en elles-mêmes, mais de simples modifications ou éléments de notre intuition sensible ; quant à l'objet transcendantal, il nous demeure inconnu.

La seconde remarque importante à faire sur notre Esthétique transcendantale c'est qu'elle ne se recommande pas seulement à titre d'hypothèse universelle, mais qu'elle est aussi certaine et aussi indubitable qu'on peut l'exiger d'une théorie qui doit servir d'organon. Pour mettre cette certitude en complète évidence, choisissons quelque cas qui puisse en manifester clairement la valeur [et donner plus de clarté à ce qui a été dit au § 3][1].

Supposez donc que l'espace et le temps existent en soi objectivement et comme conditions de la possibilité des choses en elles-mêmes, la première chose qui nous frappe est que des propositions apodictiques et synthétiques dérivent *a priori* et en grand nombre de ces deux concepts et particulièrement de l'espace que nous prendrons ici principalement comme exemple. Puisque les propositions de la géométrie sont connues synthétiquement *a priori* et avec une certitude apodictique, je demande où vous prenez ces propositions et sur quoi s'appuie votre entendement pour s'élever à ces vérités absolument nécessaires et valables universellement. Il n'y a pas moyen

---

1. Ajouté dans la 2ᵉ édition.

d'y arriver autrement que par des concepts ou des intuitions qui, les uns et les autres, nous sont donnés soit *a priori*, soit *a posteriori*. Ces derniers, à savoir les concepts empiriques et l'intuition empirique sur laquelle ils se fondent, ne peuvent nous fournir d'autre proposition synthétique que celle qui est simplement empirique ou qui vient de l'expérience, et qui, par suite, ne peut jamais renfermer la nécessité et l'universalité absolues, qui sont pourtant la caractéristique de toutes les propositions de la géométrie. Pour ce qui serait alors du premier et unique moyen permettant d'arriver à de telles connaissances par de simple concepts ou intuitions *a priori*, il est clair que de simples concepts on ne peut tirer aucune connaissance synthétique, mais seulement des connaissances analytiques. Prenez, par exemple, cette proposition : Deux lignes droites ne peuvent renfermer aucun espace ni, par conséquent, former de figure ; et cherchez à dériver cette proposition du concept de la ligne droite et de celui du nombre deux. Prenez encore cette autre proposition qu'avec trois lignes droites on peut former une figure, et essayez de même de la tirer simplement de ces concepts. Tous vos efforts seront vains et vous serez obligé d'avoir recours à l'intuition, comme on le fait toujours en géométrie. Vous vous donnez donc un objet dans l'intuition, mais de quelle espèce est cette intuition ? Est-elle pure *a priori* ou empirique ? Si elle était empirique, on ne pourrait jamais en faire sortir nulle proposition universellement valable, encore moins une proposition apodictique, car l'expérience ne saurait jamais en fournir de telle. Vous devez, par suite, vous donner votre objet *a priori* dans l'intuition et fonder sur cet objet votre proposition synthétique. S'il n'y avait pas en vous un pouvoir d'intuition *a priori*, si cette condition subjective quant à la forme n'était pas, en même temps, la condition universelle *a priori* qui seule rende possible l'objet de cette intuition (extérieure) même ; si l'objet (le triangle) était quelque chose en soi indépendamment de son rapport à votre sujet, comment pourriez-vous dire que ce qui est nécessaire, dans vos conditions subjectives, pour construire un triangle, doit aussi nécessairement se trouver dans le triangle en soi ? En effet vous ne pourriez ajouter à vos concepts (de trois lignes) rien de nouveau (la figure) qui dût se trouver nécessairement dans l'objet, puisque cet objet est donné antérieurement à votre connaissance et non par elle. Si donc l'espace (ainsi que le temps) n'était pas une simple forme de votre intuition, contenant des conditions *a priori* auxquelles seules les choses doivent être soumises pour être pour vous des objets extérieurs, qui, sans ces conditions subjectives, ne sont rien en soi, vous ne pourriez absolument rien établir *a priori* et synthétiquement sur les objets (*Objecte*) externes. Il est, par suite, indubitablement certain, et non pas simplement possible ou même vraisemblable, que l'espace et le temps, en tant que conditions nécessaires de toute expérience (extérieure et intérieure), ne sont que des conditions simplement subjectives de toute notre intuition ; que, par rapport à ces conditions, tous les objets sont de simples phénomènes et non des choses données en soi sous ce rapport, car, au sujet des phénomènes nous pouvons dire *a priori* beaucoup de choses qui en concernent la forme, tandis que jamais on ne peut dire la moindre chose de la chose en soi qui peut servir de fondement à ces phénomènes.

¹[II]. [A l'appui de cette théorie de l'idéalité du sens extérieur aussi bien qu'intérieur, et par conséquent de l'idéalité de tous les objets (*Objecte*) des sens, comme simples phénomènes, on peut se servir avantageusement de l'importante remarque suivante : c'est que tout ce qui, dans notre connaissance, appartient à l'intuition (il n'est donc question ni du sentiment du plaisir et de la peine, ni du vouloir, qui ne sont pas du tout des connaissances), ne renferme que de simples rapports, rapports de lieux dans une seule intuition (étendue), rapports du changement de lieux (mouvement) et des lois qui déterminent ce changement (forces motrices). Mais ce qui est présent dans le lieu ou ce qui agit dans les choses mêmes, en dehors du changement du lieu, n'est pas donné par là. Or, de simples rapports ne font cependant pas connaître une chose en soi ; par conséquent, on peut bien juger que, puisque le sens externe ne nous donne rien autre chose que de simples représentations de rapports, il ne peut renfermer dans sa représentation que le rapport d'un objet au sujet et non ce qui est dans l'objet (*Objecte*) en soi (*das Innere*) et lui appartient en propre. Il en est précisément de même de l'intuition interne. Non seulement les représenta-

---

1. Les divisions et tout ce qui suit sont des additions de la 2ᵉ édition.

tions des sens extérieurs y constituent la matière propre dont nous enrichissons notre esprit (*Gemüth*), mais encore le temps, dans lequel nous plaçons ces représentations, et qui lui-même précède la conscience que nous en avons dans l'expérience et sert de fondement à ces représentations, en tant que condition formelle de la manière dont nous les disposons dans notre esprit (*Gemüth*), le temps donc renferme déjà des rapports de succession et de simultanéité et celui du simultané avec le successif (du permanent). Or, l'intuition est ce qui, comme représentation, peut précéder tout acte quelconque de penser quelque chose, et, si elle ne renferme rien que des rapports, c'est la forme de l'intuition qui, puisqu'elle ne renferme rien, sinon dans la mesure où quelque chose est placé dans l'esprit (*Gemüth*), ne peut être autre chose que la manière dont cet esprit est affecté par sa propre activité, à savoir par cette position de sa représentation, par suite, par lui-même, c'est-à-dire un sens intérieur considéré dans sa forme. Tout ce qui est représenté par un sens est toujours, à ce titre, phénomène; ou bien il ne faudrait admettre aucun sens interne, ou bien le sujet qui en est l'objet ne peut être représenté par lui que comme phénomène et non comme il se jugerait lui-même, si son intuition n'était que simple spontanéité (*blosse Selbsthätigkeit*), c'est-à-dire intellectuelle. Toute la difficulté est ici de savoir comment un sujet s'intuitionnera lui-même intérieurement, mais cette difficulté est commune à toute théorie. La conscience de soi-même (l'aperception) est la simple représentation du moi, et, si, par elle seule, tout le divers qui est dans le sujet nous était donné spontanément, l'intuition interne serait alors intellectuelle. Dans l'homme, cette conscience exige une perception interne du divers qui est préalablement donné dans le sujet, et la manière dont il est donné dans l'esprit sans aucune spontanéité doit, à raison de cette différence, se nommer sensibilité. Si le pouvoir d'avoir conscience de soi doit découvrir (appréhender = *apprehendiren*) ce qui réside dans l'esprit, il faut que cet esprit en soit affecté, et c'est à cette seule condition qu'on peut avoir l'intuition de soi-même ; mais la forme de cette intuition, existant préalablement dans l'esprit, détermine dans la représentation du temps la manière dont le divers est rassemblé (*beisammen ist*) dans l'esprit. En effet, celui-ci s'intuitionne lui-même, non pas comme il se représenterait lui-même immédiatement et spontanément, mais d'après la manière dont il est affecté intérieurement, par conséquent tel qu'il s'apparaît à lui-même et non tel qu'il est.

[III]. Quand je dis que, dans l'espace et dans le temps, aussi bien l'intuition des objets (*Objecte*) extérieurs que l'intuition de l'esprit par lui-même représentent chacune leur objet comme il affecte nos sens, c'est-à-dire comme il nous apparaît, je ne veux pas dire que ces objets soient une simple *apparence*. En effet, dans le phénomène, les objets et les manières d'être que nous leur attribuons sont toujours considérés comme quelque chose de réellement donné ; seulement, en tant que cette manière d'être ne dépend que du mode d'intuition du sujet, dans son rapport à l'objet donné, cet objet est différent comme *phénomène* de ce qu'il est comme objet (*Object*) *en soi*. Aussi, je ne dis pas que les corps *paraissent* simplement exister hors de moi, ou que mon âme *semble* seulement être donnée dans la conscience que j'ai de moi-même, lorsque j'affirme que la qualité de l'espace et du temps, que je prends comme condition de leur existence et conformément à laquelle je me les représente, ne réside que dans mon mode d'intuition et non dans ces objets (*Objecten*) en eux-mêmes. Ce serait ma propre faute si je ne voyais qu'une simple apparence (*Schein*) dans ce que je devrais regarder *comme* un phénomène (*Erscheinung*)*. Mais cela n'arrive pas avec notre principe de l'idéalité de toutes nos intuitions sensibles ; bien plus, si on attribue une *réalité objective* à ces formes de représentation, on ne peut plus éviter

---

* Les prédicats du phénomène ne peuvent pas être attribués à l'objet même, dans son rapport à nos sens ; par exemple, la couleur rouge ou l'odeur à la rose : mais l'apparence ne peut jamais être attribuée comme prédicat à l'objet précisément pour ce motif qu'elle attribue à l'*objet* (*Object*) *en soi* ce qui ne lui convient que dans son rapport aux sens ou, en général, au sujet. Par exemple, les deux anses que l'on attribuait primitivement à Saturne. Ce quelque chose qu'il ne faut pas chercher dans l'objet en soi, mais toujours dans le rapport de cet objet au sujet et qui est inséparable de la représentation que nous en avons, c'est le phénomène ; aussi est-ce avec raison que les prédicats de l'espace et du temps sont attribués aux objets des sens comme tels, et, en cela, il n'y a pas d'apparence (d'illusion). Au contraire, quand j'attribue à la rose *en soi* la couleur rouge ou à Saturne les anses, ou à tous les objets extérieurs l'étendue *en soi*, sans avoir égard à un rapport déterminé de ces objets au sujet et sans restreindre à cela mon jugement, c'est alors que naît tout d'abord l'apparence (*Schein*).

que tout ne soit converti en simple *apparence* (*Schein*). En effet, que l'on considère l'espace et le temps comme des manières d'être qui, pour être possibles, devraient se trouver dans les choses en soi, et qu'on réfléchisse sur les absurdités dans lesquelles on tombe, dès qu'on admet que deux choses infinies, qui ne peuvent être ni des substances, ni quelque chose de réellement inhérent aux substances, mais qui doivent être pourtant quelque chose d'existant et même la condition nécessaire de l'existence de toutes choses, demeurent quand même toutes les choses existantes disparaîtraient : on ne peut plus alors décemment reprocher à l'excellent Berkeley d'avoir réduit les corps à une simple apparence. En effet, notre existence propre qui, de cette manière, deviendrait dépendante de la réalité subsistante en soi d'un non-être, comme le temps, serait, comme lui, changée en une simple apparence ; or, c'est là une absurdité que personne, jusqu'ici, n'a osé se charger de soutenir.

[IV]. Dans la Théologie naturelle où l'on conçoit un objet qui non seulement ne peut être pour nous un objet de l'intuition, mais qui ne saurait être pour lui-même l'objet d'aucune intuition sensible, on a bien soin d'écarter de toute l'intuition qui lui est propre (*von aller seiner Anschauung*), les conditions d'espace et de temps (je dis de son intuition : en effet, toute sa connaissance doit être intuition et non *pensée*, car la pensée suppose toujours des limites). Mais de quel droit peut-on procéder ainsi, quand on a commencé par faire du temps et de l'espace des formes des choses en elles-mêmes et des formes telles qu'elles subsisteraient comme conditions *a priori* de l'existence des choses, quand même on ferait disparaître les choses elles-mêmes? En effet, en qualité de conditions de toute existence en général, elles devraient l'être aussi de l'existence de Dieu. Si l'on ne veut pas faire de l'espace et du temps des formes subjectives de toutes choses, il ne reste plus qu'à en faire des formes subjectives de notre mode d'intuition aussi bien externe qu'interne. Ce mode est appelé sensible, parce qu'il *n'est pas originaire*, c'est-à-dire tel que par lui soit donnée l'existence même de l'objet (*Objects*) de l'intuition (mode qui, autant que nous pouvons en juger, ne peut se trouver que dans l'Être suprême), mais qu'il dépend de l'existence de l'objet (*Objects*), et que, par conséquent, il n'est possible qu'autant que la capacité de représentation du sujet en est affectée.

Il n'est pas non plus nécessaire de limiter à la sensibilité de l'homme ce mode d'intuition dans l'espace et dans le temps. Il peut se faire que tout être fini et pensant doive nécessairement en cela être assimilé à l'homme (quoique nous ne puissions pas en décider) ; malgré cette universalité, ce mode d'intuition ne cesse pas d'appartenir à la sensibilité, précisément parce qu'il est dérivé (*intuitus derivativus*) et non originaire (*intuitus originarius*) et que, par conséquent, il n'est pas une intuition intellectuelle comme celle qui, d'après le raisonnement que nous venons d'exposer, paraît n'appartenir qu'au seul Être suprême et jamais à un être dépendant quant à son existence et à son intuition (laquelle intuition détermine son existence par rapport à des objets (*Objecte*) donnés). Toutefois, cette dernière remarque n'a pour but que de servir d'éclaircissement et non de preuve à notre théorie esthétique.

CONCLUSION DE L'ESTHÉTIQUE TRANSCENDANTALE

Nous avons maintenant une des données requises pour la solution du problème général de la philosophie transcendantale : *Comment des propositions synthétiques a priori sont-elles possibles ?* Je veux parler des intuitions pures *a priori*, espace et temps. Dans ces intuitions, quand, dans un jugement *a priori*, nous voulons sortir du concept donné, nous trouvons quelque chose qui peut être découvert *a priori* non pas dans le concept, mais bien dans l'intuition qui lui correspond et qui doit être liée synthétiquement à ce concept. Mais ces jugements, par la même raison, ne peuvent jamais atteindre que les objets des sens et n'ont de valeur que pour les objets (*Objecte*) de l'expérience possible.]

DEUXIÈME PARTIE

LOGIQUE TRANSCENDANTALE

INTRODUCTION

IDÉE D'UNE LOGIQUE TRANSCENDANTALE

I

DE LA LOGIQUE EN GÉNÉRAL

Notre connaissance dérive dans l'esprit (*Gemüth*) de deux sources fondamentales ; la première est le pouvoir de recevoir les représentations (la réceptivité des impressions), la seconde, celui de connaître un objet au moyen de ces représentations (spontanéité des concepts). Par la première un objet nous est *donné*; par la seconde il est *pensé* en rapport avec cette représentation (comme simple détermination de l'esprit). Intuitions et concepts constituent donc les éléments de toute notre connaissance; de sorte que ni des concepts, sans une intuition qui leur corresponde de quelque manière, ni une intuition sans concepts, ne peuvent donner une connaissance. Ces deux éléments sont ou purs, ou empiriques; *empiriques*, quand ils contiennent une sensation (qui suppose la présence réelle de l'objet), et *purs*, quand à la représentation n'est mêlée aucune sensation. On peut appeler la sensation la matière de la connaissance sensible. Par suite, une intuition pure contient uniquement la forme sous laquelle quelque chose est intuitionné, et un concept pur, seulement la forme de la pensée d'un objet en général. Seuls, les intuitions ou les concepts purs sont possibles *a priori*; les empiriques ne le sont qu'*a posteriori*.

Si nous appelons *sensibilité* la *réceptivité* de notre esprit (*Gemüths*), le pouvoir qu'il a de recevoir des représentations en tant qu'il est affecté d'une manière quelconque, nous devrons en revanche nommer *entendement* le pouvoir de produire nous-mêmes des représentations ou la *spontanéité* de la connaissance. Notre nature est ainsi faite que l'*intuition* ne peut jamais être que sensible, c'est-à-dire ne contient que la manière dont nous sommes affectés par des objets, tandis que le pouvoir de *penser* l'objet de l'intuition sensible est l'*entendement*. Aucune de ces deux propriétés n'est préférable à l'autre. Sans la sensibilité, nul objet ne nous serait donné et sans l'entendement nul ne serait pensé. Des pensées sans contenu (*Inhalt*) sont vides, des intuitions sans concepts, aveugles. Il est donc aussi nécessaire de rendre ses concepts sensibles (c'est-à-dire d'y ajouter l'objet dans l'intuition) que de se faire intelligibles ses intuitions (c'est-à-dire de les soumettre à des concepts). Ces deux pouvoirs ou capacités ne peuvent pas échanger leurs fonctions. L'entendement ne peut rien intuitionner, ni les sens rien penser. De leur union seule peut sortir la connaissance. Cela n'autorise cependant pas à confondre leurs attributions ; c'est, au contraire, une grande raison pour les séparer et les distinguer soigneusement l'un de l'autre. Aussi distinguons-nous la science des règles de la sensibilité en général, c'est-à-dire l'Esthétique, de la science des règles de l'entendement en général, c'est-à-dire de la Logique.

La Logique, à son tour, peut être envisagée sous deux points de vue : ou comme Logique de l'usage général, ou comme Logique de l'usage particulier de l'entendement. La première contient les règles absolument nécessaires de la pensée, sans lesquelles il ne peut y avoir aucun usage de l'entendement, et concerne, par conséquent, l'entendement, abstraction faite de la diversité des objets auxquels il peut être appliqué. La logique de l'usage particulier de l'entendement contient les règles à suivre pour penser justement sur une certaine espèce d'objets. On peut appeler la première Logique élémentaire et l'autre Organon de telle ou telle science. Cette dernière, la plupart du temps, est présentée la première dans les écoles à titre de propédeutique des sciences, bien que, d'après la marche de l'humaine raison, elle soit en réalité la dernière étape où l'on arrive, quand la science est déjà terminée depuis longtemps et n'a besoin que de la dernière main pour être vérifiée et perfectionnée. Car il faut connaître les objets à un degré déjà passablement élevé quand on veut indiquer les règles d'après lesquelles on en peut établir une science.

Maintenant la Logique générale est ou Logique pure ou Logique appliquée. Dans la première, nous faisons abstraction de toutes les conditions empiriques sous lesquelle s'exerce notre entendement, par exemple, de l'influence des sens, du jeu de l'imagination, des lois de la mémoire, de la force de l'habitude, de l'inclination, etc., par suite, aussi, des sources des préjugés et même, en général, de toutes les causes d'où nous viennent ou peuvent être supposées sortir certaines connaissances, parce que ces causes ne concernent l'entendement que dans certaines circonstances de son application, pour la connaissance desquelles est requise l'expérience. Une *Logique générale* mais *pure* ne s'occupe donc que de purs principes *a priori* ; elle est un *canon de l'entendement* et de la raison, mais seulement par rapport à ce qu'il y a de formel dans leur usage, quel qu'en soit d'ailleurs le contenu (empirique ou transcendantal). Une *Logique générale* est, ensuite, dite *appliquée,* quand elle s'occupe des règles de l'usage de l'entendement sous les conditions subjectives empiriques que nous enseigne la psychologie. Elle possède ainsi des principes empiriques, bien qu'elle soit à la vérité générale en tant qu'elle concerne l'usage de l'entendement sans distinction des objets. Pour ces raisons, elle n'est pas, non plus, un canon de l'entendement en général, ni un organon de sciences particulières, mais simplement un catharticon de l'entendement commun.

Par conséquent, dans la Logique générale, il faut que la partie qui doit constituer la théorie pure de la raison soit entièrement distinguée de celle qui constitue la Logique appliquée (bien que toujours encore générale). La première seule, à vrai dire, est une science, quoique courte et aride, et telle que l'exige l'exposition scolastique d'une théorie élémentaire de l'entendement. Il faut que les logiciens y aient toujours ces deux règles sous les yeux :

1° Comme logique générale, elle fait abstraction de tout le contenu de la connaissance intellectuelle, de la diversité de ses objets, et ne s'occupe de rien autre chose que de la simple forme de la pensée.

2° Comme logique pure, elle n'a pas de principes empiriques, par suite, elle ne tire rien (on s'est persuadé le contraire parfois) de la psychologie qui n'a donc absolument aucune influence sur le canon de l'entendement. Elle est une doctrine démontrée et tout y doit être certain complètement *a priori*.

Quant à ce que j'appelle la logique appliquée (contrairement au sens ordinaire de ce mot qui désigne certains exercices dont la règle est donnée par la logique pure), c'est une représentation de l'entendement et des règles de son usage nécessaire *in concreto*, c'est-à-dire en tant qu'il est soumis aux conditions contingentes du sujet qui peuvent entraver ou favoriser cet usage et qui toutes ne sont données qu'empiriquement. Elle traite de l'attention, de ses obstacles et de ses effets, de l'origine de l'erreur, de l'état de doute, de scrupule, de conviction, etc., et la logique générale et pure est, par rapport à elle, ce que la morale pure, qui contient simplement les lois morales nécessaires d'une volonté libre en général, est par rapport à la théorie proprement dite des vertus (l'Éthique), qui considère ces lois aux prises avec les obstacles des sentiments, des inclinations et des passions auxquelles les hommes sont plus ou moins soumis, et qui ne peut jamais constituer une science véritable et démontrée parce qu'elle a besoin, aussi bien que la logique appliquée, de principes empiriques et psychologiques.

II

DE LA LOGIQUE TRANSCENDANTALE

La logique générale fait abstraction, ainsi que nous l'avons montré, de tout le contenu de la connaissance, c'est-à-dire de tout le rapport de cette connaissance à son objet (*Object*), et ne considère que la forme logique sous le rapport des connaissances entre elles, c'est-à-dire la forme de la pensée en général. Mais comme il y a aussi bien des intuitions pures que des intuitions empiriques (ainsi que l'établit l'Esthétique transcendantale), il pourrait bien exister aussi une distinction entre la pensée pure et la pensée empirique des objets. En ce cas, il y aurait une logique dans laquelle on ne ferait pas abstraction de tout le contenu de la connaissance ; car celle qui renfermerait simplement les règles de la pensée pure d'un objet exclurait toutes les connaissances dont le contenu serait empirique. Elle s'occuperait aussi de l'origine de nos connaissances des objets en tant que cette origine ne peut pas être attribuée aux objets ; la logique générale, au contraire, n'a rien à faire avec cette origine de la connaissance ; elle considère les représentations, qu'elles soient primitivement en nous *a priori* ou données seulement de manière empirique, simplement suivant les lois d'après lesquelles l'entendement les emploie en rapport les unes avec les autres quand il pense ; elle ne traite donc que de la forme intellectuelle que l'on peut procurer aux représentations, quelle que puisse être d'ailleurs leur origine.

Et, ici, je fais une observation dont l'influence doit s'étendre à toute les considérations qui vont suivre, et qu'il faut bien avoir devant les yeux : c'est qu'il ne faut pas nommer transcendantale toute connaissance *a priori*, mais celle seulement par laquelle nous connaissons que et comment certaines représentations (intuitions ou concepts) sont appliquées ou possibles simplement *a priori*. (Transcendantal veut dire possibilité ou usage *a priori* de la connaissance.) C'est pourquoi ni l'espace, ni une détermination géométrique *a priori* de l'espace, n'est une représentation transcendantale ; la connaissance de l'origine non empirique de ces représentations, ainsi que la possibilité qu'elles ont, tout de même, de pouvoir se rapporter *a priori* à des objets de l'expérience, peut seule être appelée transcendantale. Ainsi, que les objets en général occupent de l'espace, ce serait une vérité transcendantale ; mais c'est une connaissance empirique, quand on ne considère uniquement que les objets des sens. La distinction du transcendantal et de l'empirique n'appartient donc qu'à la critique des connaissances et ne concerne pas le rapport de ces connaissances à leur objet.

Par conséquent, dans la présomption qu'il peut y avoir des concepts capables de se rapporter *a priori* à des objets, non comme des intuitions pures ou sensibles, mais simplement comme des actes de la pensée pure, qui sont, par suite, des concepts vrais d'une origine qui n'est ni empirique ni esthétique, nous nous faisons, par avance, l'idée d'une science de l'entendement pur et de la connaissance rationnelle par laquelle nous pensons des objets complètement *a priori*. Une telle science, qui déterminerait l'origine, l'étendue et la valeur objective de ces connaissances, devrait être appelée

Logique transcendantale. En effet, elle n'a affaire qu'aux lois de l'entendement et de la raison, et cela, simplement dans la mesure où elle se rapporte à des objets *a priori*, et non, comme la logique générale, aux connaissances rationnelles empiriques ou pures sans distinction.

III

DE LA DIVISION DE LA LOGIQUE GÉNÉRALE EN ANALYTIQUE ET DIALECTIQUE

L'ancienne et célèbre question par laquelle on prétendait pousser à bout les logiciens, en cherchant à les obliger ou à se laisser forcément surprendre dans un pitoyable diallèle ou à reconnaître leur ignorance et, par suite, la vanité de tout leur art, est celle-ci : *Qu'est-ce que la vérité ?* La définition nominale de la vérité qui en fait l'accord de la connaissance avec son objet est ici admise et présupposée ; mais on veut savoir quel est l'universel et sûr critère de la vérité de toute connaissance.

C'est déjà une grande et nécessaire preuve de sagesse et de lumières que de savoir ce que l'on doit raisonnablement demander. Car, si la question est en soi extravagante et appelle des réponses oiseuses, outre l'humiliation de celui qui la soulève, elle a quelquefois cet inconvénient : de porter l'auditeur imprudent à des réponses absurdes et de donner ainsi le spectacle ridicule de deux hommes dont l'un (comme disaient les anciens) trait le bouc pendant que l'autre présente un tamis.

Si la vérité consiste dans l'accord d'une connaissance avec son objet, il faut, par là même que cet objet soit distingué des autres ; car une connaissance est fausse, quand elle ne concorde pas avec l'objet auquel on la rapporte, alors même qu'elle renfermerait des choses valables pour d'autres objets. Or, un critère universel de la vérité serait celui qu'on pourrait appliquer à toutes les connaissances sans distinction de leurs objets. Mais il est clair, — puisqu'on fait abstraction en lui de tout le contenu de la connaissance (du rapport à son objet) et que la vérité vise précisément ce contenu, — qu'il est tout à fait impossible et absurde de demander un caractère de la vérité de ce contenu des connaissances, et que, par conséquent, une marque suffisante et en même temps universelle de la vérité ne peut être donnée. Comme nous avons déjà appelé plus haut le contenu d'une connaissance sa matière, on devra dire qu'on ne peut désirer aucun critère universel de la vérité de la connaissance quant à sa matière, parce que c'est contradictoire en soi.

Mais pour ce qui regarde la connaissance, quant à sa forme simplement (abstraction faite de tout contenu), il est également clair qu'une logique, en tant qu'elle traite des règles générales et nécessaires de l'entendement, doit exposer, dans ces règles mêmes, les critères de la vérité. Car ce qui les contredit est faux, puisque l'entendement s'y met en contradiction avec les règles générales de sa pensée et, par suite, avec lui-même. Mais ces critères ne concernent que la forme de la vérité, c'est-à-dire de la pensée en général et, s'ils sont, à ce titre, très justes, ils sont pourtant insuffisants. Car une connaissance peut fort bien être complètement conforme à la forme logique, c'est-à-dire ne pas se contredire elle-même, et cependant être en contradiction avec l'objet. Donc le critère simplement logique de la vérité, c'est-à-dire l'accord d'une connaissance avec les lois générales et formelles de l'entendement et de la raison est, il est vrai, la *condition sine qua non* et, par suite, la condition négative de toute vérité ; mais la logique ne peut pas aller plus loin ; aucune pierre de touche ne lui permet de découvrir l'erreur qui atteint non la forme, mais le contenu.

La logique générale résout donc en ses éléments tout le travail formel de l'entendement et de la raison et présente ces éléments comme principes de toute appréciation logique de notre connaissance. Cette partie de la logique peut donc être appelée Analytique et elle est par là même la pierre de touche au moins négative de la vérité, puisqu'il faut tout d'abord examiner et apprécier toute connaissance, quant à sa forme, d'après ces règles, avant de l'éprouver quant à son contenu, pour établir si, par rapport à l'objet, elle renferme une vérité positive. Mais, comme la simple forme de la connaissance, aussi d'accord qu'elle puisse être avec les lois logiques, est bien loin par là de suffire à établir la vérité matérielle (objective) de la connaissance, personne ne peut se risquer à l'aide de la logique seule, à juger des objets et à en affirmer la moindre des choses, sans en avoir entrepris auparavant une étude approfondie, en dehors de la logique, pour rechercher ensuite simplement leur utilisation et leur liaison en un tout systématique d'après des lois logiques, ou, mieux encore, pour les éprouver simplement suivant ces lois. Il y a, toutefois, quelque chose de si séduisant dans la possession d'un art si spécieux de donner à toutes nos connaissances la forme de l'entendement, quoique par rapport à leur contenu on puisse être encore très vide et très pauvre, que cette logique générale, qui est simplement un *canon* pour l'appréciation critique, est employée également comme un *organon* qui sert à produire réellement — du moins on s'en fait l'illusion — des assertions objectives ; et, par conséquent, en réalité, l'usage qu'on en fait est abusif. Or, la logique générale, comme prétendu organon, s'appelle *Dialectique*.

Quelque diverse que soit la signification que les Anciens donnaient à ce terme dont ils se servaient pour désigner soit une science, soit un art, on peut cependant conclure avec sûreté de l'usage qu'ils en faisaient que la dialectique n'était pas autre chose pour eux que la logique de l'*apparence* : art sophistique de donner à son ignorance, et même aussi à ses illusions (*Blendwerken*) préméditées, l'apparence de la vérité, en imitant la méthode de construction basée sur des principes que prescrit la logique en général et en se servant de la topique pour colorer les plus vaines allégations. Or, on peut remarquer, comme un avertissement sûr et utile, que la logique générale, *considérée comme organon*, est toujours une logique de l'apparence, c'est-à-dire dialectique. En effet, étant donné qu'elle ne nous apprend rien sur le contenu de la connaissance, mais qu'elle ne fait qu'enseigner simplement les conditions formelles de l'accord avec l'entendement, conditions qui, du reste, par rapport aux objets, sont totalement indifférentes, si l'on veut s'en servir comme d'un instrument (organon) pour étendre et accroître ses connaissances — au moins suivant son idée préconçue (*wenigstens dem Vorgeben nach*) — on ne peut donc aboutir à rien de plus qu'à un verbiage par lequel on affirme, avec quelque apparence, ou l'on conteste, suivant son humeur (*nach Belieben*), tout ce qu'on veut.

Un tel enseignement n'est d'aucune manière conforme à la dignité de la philosophie. C'est pourquoi l'on s'est décidé à ranger ce qu'on appelle la Dialectique, considérée comme une

Critique de l'apparence dialectique, dans la Logique, et c'est aussi comme telle que nous voudrions la savoir comprise.

IV

DE LA DIVISION DE LA LOGIQUE TRANSCENDANTALE EN ANALYTIQUE ET DIALECTIQUE TRANSCENDANTALES

Dans une Logique transcendantale nous isolons l'entendement (comme, plus haut, la sensibilité dans l'Esthétique transcendantale), et nous n'y considérons dans notre connaissance que cette partie de la pensée qui a uniquement son origine dans l'entendement. Mais l'usage de cette connaissance pure repose sur cette condition, que des objets auxquels elle puisse être appliquée nous soient donnés dans l'intuition ; car sans intuition toute notre connaissance manque d'objets (*Objecten*) et demeure alors complètement vide. Donc la partie de la logique transcendantale qui traite des éléments de la connaissance pure de l'entendement et des principes sans lesquels aucun objet ne peut jamais être pensé, est l'Analytique transcendantale, qui est, en même temps, une Logique de la Vérité. En effet, aucune connaissance ne peut être en contradiction avec cette Logique sans perdre aussitôt tout contenu, c'est-à-dire tout rapport à un objet (*Object*) quelconque, par suite, toute vérité. Mais, comme c'est une chose très séduisante et très engageante que de se servir de ces seules connaissances pures de l'entendement et de ces principes purs — et même en dépassant les bornes de l'expérience, qui seule cependant peut nous fournir la matière (les objets (*Objecte*)) à laquelle ces concepts purs de l'entendement peuvent être appliqués, — l'entendement court alors le risque de faire, par de vains sophismes (*Vernunfteleien*), un usage matériel des simples principes formels de l'entendement pur et de juger, sans distinction, des objets qui, cependant, ne nous sont pas donnés et qui ne peuvent peut-être même nous être donnés d'aucune façon. Donc, puisque la logique ne saurait être proprement qu'un canon pour apprécier l'usage empirique (de l'entendement), on en abuse quand on lui donne la valeur d'un organon d'un usage général et illimité, et quand on se hasarde, avec le seul entendement pur, à juger, à affirmer et à décider synthétiquement sur des objets en général. L'usage de l'entendement pur serait donc alors dialectique. La seconde partie de la logique transcendantale doit, par conséquent, être une critique de cette apparence dialectique et s'appeler Dialectique transcendantale, non en tant qu'art de susciter dogmatiquement une telle apparence (art, malheureusement trop répandu, des différentes jongleries (*Gaukelwerk*) métaphysiques), mais en qualité de critique de l'entendement et de la raison par rapport à son usage hyperphysique, critique qui doit dévoiler la trompeuse apparence des prétentions sans fondement de cette faculté et rabaisser son ambition, qui se flatte de découvrir et d'étendre la connaissance uniquement au moyen de principes transcendantaux, pour lui laisser cette simple fonction de contrôler l'entendement et de le prémunir contre les illusions sophistiques.

LOGIQUE TRANSCENDANTALE

PREMIÈRE DIVISION
ANALYTIQUE TRANSCENDANTALE

Cette analytique est la décomposition de toute notre connaissance *a priori* en les éléments de la connaissance pure de l'entendement. Et en cela il faut faire attention aux points suivants : 1) que les concepts soient des concepts purs et non empiriques ; 2) qu'ils appartiennent non à l'intuition et à la sensibilité, mais à la pensée et à l'entendement ; 3) qu'ils soient des concepts élémentaires et bien distincts des concepts dérivés ou de ceux qui en sont composés ; 4) que leur table soit complète et qu'ils embrassent entièrement tout le champ de l'entendement pur. Or pour admettre avec certitude cette intégralité d'une science on ne peut pas s'en rapporter à la seule supputation d'un agrégat effectué par de simples tâtonnements ; aussi n'est-elle possible qu'au moyen d'une *idée du tout* de la connaissance intellectuelle *a priori* et par la division précise des concepts qui la composent, et, par suite, que par leur *cohésion en un système*. L'entendement pur se distingue complètement non seulement de tout élément empirique, mais encore de toute sensibilité. Il est donc une unité qui subsiste par elle-même, qui se suffit à elle-même et qui ne peut être augmentée par l'addition d'aucun élément étranger. L'ensemble de sa connaissance formera donc un système qui devra être compris et déterminé sous une seule idée et dont la perfection et l'articulation (*Articulation*) peuvent fournir, en même temps, une pierre de touche pour éprouver l'exactitude et la valeur de toutes les parties de la connaissance qui le constituent. Toute cette partie de la logique transcendantale comprend deux *livres* dont l'un renferme les *concepts* et l'autre les *principes* de l'entendement pur.

LIVRE I

ANALYTIQUE DES CONCEPTS

J'entends par analytique des concepts non pas l'analyse des concepts eux-mêmes ou la méthode usitée dans les recherches philosophiques et qui consiste à décomposer, suivant leur contenu, pour les rendre clairs, les concepts qui se présentent, mais la *décomposition*, encore peu tentée, du pouvoir même de l'entendement, pour reconnaître la possibilité des concepts *a priori*, par un procédé qui consiste à les chercher dans l'entendement seul, comme dans leur pays de naissance, et à analyser l'usage pur en général de l'entendement. C'est là, en effet, l'objet spécial d'une philosophie transcendantale; le reste appartient au traité logique des concepts dans la philosophie en général. Nous poursuivrons donc les concepts purs jusque dans leurs premiers germes et dans les dispositions (*Anlagen*) de l'entendement humain où ils se trouvent prêts d'avance jusqu'à ce que, à l'occasion de l'expérience, ils se développent enfin et qu'affranchis par ce même entendement des conditions empiriques à eux inhérentes, ils soient exposés dans toute leur pureté.

CHAPITRE PREMIER

DU FIL CONDUCTEUR QUI SERT A DÉCOUVRIR TOUS LES CONCEPTS PURS DE L'ENTENDEMENT

Quand un pouvoir de connaissance entre en exercice, alors se dégagent, suivant les circonstances, une foule de concepts différents qui font connaître ce pouvoir et qu'on peut réunir dans une liste plus ou moins étendue, suivant qu'on aura mis à les observer et à les relever plus de temps ou une plus grande pénétration. A quel moment cette investigation sera-t-elle achevée? c'est ce qu'on ne peut jamais décider avec certitude par cette méthode pour ainsi dire mécanique. Aussi les concepts, que l'on ne découvre, de cette manière, que par occasion, ne se présentent-ils dans aucun ordre ni dans aucune unité systématique ; c'est après coup seulement qu'on les groupe d'après des ressemblances et que, suivant la grandeur de leur contenu, en allant des plus simples aux plus composés, on les dispose par séries qui ne sont rien moins que systématiques, bien qu'elles soient, d'une certaine manière, méthodiquement composées.

La philosophie transcendantale a l'avantage, mais aussi l'obligation de chercher ses concepts suivant un principe, parce qu'ils sortent purs et sans mélange de l'entendement comme d'une unité absolue et qu'ils doivent, par conséquent, être eux-mêmes enchaînés suivant un concept ou une idée. Or, un tel enchaînement nous fournit une règle qui permet d'assigner *a priori* à chaque concept pur de l'entendement sa place et à leur somme l'intégralité : deux choses qui, autrement, dépendraient de la fantaisie ou du hasard.

PREMIÈRE SECTION
De l'usage logique de l'entendement en général.

L'entendement n'a été défini plus haut que négativement : un pouvoir de connaître non sensible. Or, nous ne pouvons, indépendamment de la sensibilité, participer à aucune intuition. L'entendement n'est donc pas un pouvoir d'intuition. Mais, en dehors de l'intuition, il n'y a pas d'autre manière de connaître que par concepts. Donc la connaissance de tout entendement, pour le moins de l'entendement humain, est une connaissance par concepts, non intuitive, mais discursive. Toutes les intuitions, en tant que sensibles, reposent sur des affections, et les concepts, par conséquent, sur des fonctions. Or, j'entends par fonction l'unité de l'acte qui range diverses représentations sous une représentation commune. Les concepts reposent donc sur la spontanéité de la pensée, comme les intuitions sensibles, sur la réceptivité des impressions. Or, de ces concepts, l'entendement ne peut faire aucun autre usage que de juger par leur moyen. Comme aucune représentation, sauf l'intuition seule, ne se rapporte immédiatement à l'objet, un concept ne se rapporte donc jamais immédiatement à un objet, mais à quelque autre représentation de cet objet (que ce soit une intuition ou même déjà un concept). Le jugement est donc la connaissance médiate d'un objet, par conséquent la représentation d'une représentation de cet objet. Dans tout jugement il y a un concept qui est valable pour plusieurs concepts et qui parmi eux correspond aussi à une représentation donnée, laquelle enfin se rapporte immédiatement à l'objet. Ainsi, par exemple, dans ce jugement : *tous les corps sont divisibles*, le concept du divisible s'applique à divers autres concepts parmi lesquels il se rapporte surtout à celui de corps, celui-ci, à son tour, à certains phénomènes qui se présentent à nous. Ainsi ces objets sont représentés indirectement par le concept de la divisibilité. Tous les jugements sont, d'après cela, des fonctions de l'unité parmi nos représentations, puisqu'à une représentation immédiate se substitue une représentation plus élevée qui contient la première ainsi que plusieurs autres et qui sert à la connaissance de l'objet, de sorte que beaucoup de connaissances possibles sont réunies en une seule. Mais nous pouvons ramener à des jugements tous les actes de l'entendement, de telle sorte que l'*entendement* en général peut être représenté comme un *pouvoir de juger*. En effet, d'après ce qui a été dit plus haut, il est un pouvoir de penser. Or, penser, c'est connaître par concepts ; et les concepts se rapportent, comme prédicats de jugements possibles, à quelque représentation d'un objet encore indéterminé. Ainsi, le concept de corps signifie quelque chose, par exemple, un métal, qui peut être connu par ce concept. Il n'est donc un concept qu'à la condition de contenir d'autres représentations au moyen desquelles il peut se rapporter à des objets. Il est donc le prédicat d'un jugement possible, par exemple de celui-ci : tout métal est un corps. On trouvera donc toutes les fonctions de l'entendement, si on parvient à déterminer complètement les fonctions de l'unité dans les jugements. Que cela soit parfaitement réalisable, la section suivante le fera voir.

DEUXIÈME SECTION

[§ 9[1]]. De la fonction logique de l'entendement dans les jugements.

Si nous faisons abstraction de tout le contenu d'un jugement en général et que nous n'y considérions que la simple

---

1. Supplément de la 2º édition.

forme de l'entendement, nous trouvons que la fonction de la pensée dans ce jugement peut se ramener à quatre titres dont chacun se compose de trois moments. Ils peuvent être commodément représentés dans la table suivante :

1

Quantité des jugements :
Universels.
Particuliers.
Singuliers.

2
Qualité :
Affirmatifs.
Négatifs.
Indéfinis.

3
Relation :
Catégoriques.
Hypothétiques.
Disjonctifs.

4
Modalité :
Problématiques.
Assertoriques.
Apodictiques.

Comme cette division paraît s'éloigner en quelques points, à la vérité non essentiels, de la technique habituelle des logiciens, les observations suivantes ne seront pas inutiles pour prévenir un malentendu à redouter.

1. Les logiciens disent, avec raison, que, si l'on regarde l'usage des jugements dans les raisonnements, on peut traiter les jugements singuliers comme les jugements universels. En effet, par là même qu'ils n'ont aucune extension, leur prédicat ne peut pas simplement être rapporté à quelque chose de ce qui est renfermé dans le concept du sujet et être exclu du reste. Il s'applique donc à tout ce concept sans exception, comme s'il s'agissait d'un concept général à toute l'extension duquel conviendrait le prédicat. Comparons, au contraire, un jugement singulier avec un jugement général, simplement à titre de connaissance et au point de vue de la quantité ; il se comporte par rapport à ce dernier comme l'unité par rapport à l'infinité, et il en est donc, en lui-même, essentiellement distinct. Par conséquent, si j'apprécie un jugement singulier (*judicium singulare*) non pas simplement au point de vue de sa valeur interne, mais aussi, comme connaissance en général, au point de vue de la quantité qu'il a par rapport à d'autres

connaissances, il est absolument différent des jugements généraux (*judicia communia*) et mérite une place spéciale dans une table complète des moments de la pensée en général (quoique, à la vérité, il n'ait pas de place dans la logique limitée simplement à l'usage des jugements considérés dans leurs rapports réciproques).

2. Il faut distinguer également, dans une logique transcendantale, les *jugements indéfinis* des *jugements affirmatifs*, quoique, dans la logique générale, ils soient mis au même rang et ne constituent pas une subdvision particulière ; car celle-ci fait abstraction de tout le contenu du prédicat (alors même qu'il est négatif) et considère seulement s'il convient au sujet ou s'il lui est opposé. La première, au contraire, considère aussi le jugement, quant à la valeur ou au contenu de cette affirmation logique, au moyen d'un prédicat simplement négatif et regarde quel avantage elle procure au point de vue de l'ensemble de la connaissance. Si j'avais dit de l'âme qu'elle n'est pas mortelle, j'aurais au moins écarté une erreur par un jugement négatif. Or, par cette autre proposition que l'âme est non-mortelle (*nicht-sterblich*), j'ai réellement affirmé, au point de vue de la forme logique, il est vrai, puisque j'ai placé l'âme dans la catégorie illimitée des êtres qui ne meurent pas. Mais, comme ce qui est mortel forme une partie, et ce qui ne l'est pas, l'autre partie de toute l'étendue possible des êtres, je n'ai dit rien autre chose par ma proposition sinon que l'âme fait partie du nombre indéfini des choses qui demeurent après que j'ai mis à part tout ce qui est mortel. La sphère indéfinie de tout le possible n'est limitée par là qu'en ce que ce qui est *mortel* en a été écarté et que l'âme est placée dans l'espace restant de cette circonscription. Mais cet espace, après cette exception, demeure toujours indéfini, et nous pourrions encore en retrancher plusieurs autres parties sans que le concept de l'âme gagnât le moins du monde et fût déterminé affirmativement. Ces jugements, indéfinis par rapport à la sphère logique, sont donc réellement limitatifs relativement au contenu de la connaissance en général, et, à ce titre, ils ne doivent pas être omis dans la table transcendantale de tous les moments de la pensée dans les jugements, parce que la fonction que l'entendement exerce ici peut bien être importante dans le champ de sa connaissance pure *a priori*.

3. Toutes les relations de la pensée dans les jugements sont les relations : a) du prédicat au sujet ; b) du principe à sa conséquence ; c) de la connaissance divisée et de tous les membres [1] de la division l'un par rapport à l'autre. Dans la première espèce de jugements il n'y a que deux concepts ; dans la deuxième, deux jugements, dans la troisième, plusieurs jugements considérés l'un par rapport à l'autre. Cette proposition synthétique : S'il y a une justice parfaite, le méchant endurci sera puni, renferme proprement le rapport de deux propositions : Il y a une justice parfaite et le méchant endurci sera puni. On ne cherche pas ici si ces deux propositions sont vraies en soi. La conséquence est la seule chose à laquelle on pense dans ce jugement. Enfin le jugement disjonctif renferme un rapport de deux ou plusieurs propositions entre elles, non un rapport de conséquence, mais un rapport d'opposition logique, en tant que la sphère de l'une exclut celle de l'autre ; mais il contient cependant à la fois un rapport de communauté, en tant que ces propositions réunies remplissent la sphère de toute la connaissance dont il est question. Ce jugement implique donc un rapport entre les parties de la sphère d'une connaissance, puisque la sphère de chaque partie sert de complément à la sphère de l'autre pour tout l'ensemble de la connaissance divisée. Si je dis, par exemple : le monde existe, soit en vertu d'un hasard aveugle, soit par l'effet d'une nécessité intérieure, soit par une cause extérieure, chacune de ces propositions renferme une partie de la sphère de la connaissance possible par rapport à l'existence d'un monde en général, et, toutes ensemble, elles forment toute la sphère. Exclure la connaissance d'une de ces sphères, c'est la porter dans l'une de celles qui restent, et au contraire la placer dans une sphère, c'est l'exclure des autres. Il y a donc dans un jugement disjonctif une certaine communauté des connaissances, qui consiste en ce qu'elles s'excluent réciproquement l'une l'autre tandis qu'elles déterminent cependant la vraie connaissance *dans le tout* par le fait même que dans leur ensemble elles constituent le contenu total d'une unique connaissance donnée. Et voilà tout ce que je trouve nécessaire de faire remarquer pour l'établissement *(wegen)* de ce qui suit.

4. La modalité des jugements en est une fonction tout à fait

---

[1]. c) dans une connaissance divisée de tous les membres, etc. (Correction de Kant dans les *Nachtr*, xxxvii).

spéciale qui a ce caractère de ne contribuer en rien au contenu du jugement (car, en dehors de la quantité, de la qualité et de la relation, il n'y a plus rien qui forme le contenu d'un jugement), mais de ne concerner que la valeur de la copule par rapport à la pensée en général. Les jugements sont *problématiques* lorsqu'on admet l'affirmation ou la négation comme simplement *possibles* (arbitraires), *assertoriques* quand on les y considère comme *réelles* (vraies), *apodictiques* quand on les y regarde comme *nécessaires**. Ainsi les deux jugements, dont le rapport constitue le jugement hypothétique (*antecedens* et *consequens*), et dont l'action réciproque constitue le jugement disjonctif (membres de la division) ne sont tous les deux (*insgesamt*) que problématiques. Dans l'exemple précédent, la proposition : Il y a une justice parfaite, n'est pas prononcée assertoriquement, mais seulement pensée comme un jugement arbitraire qui peut être admis par quelqu'un ; la conséquence seule est assertorique. Par suite, de tels jugements peuvent être, aussi, manifestement faux et cependant, pris en tant que problématiques, servir de conditions à la connaissance de la vérité. Ainsi le jugement : *le monde existe par l'effet d'un hasard aveugle*, n'a dans le jugement disjonctif qu'une signification problématique, c'est-à-dire que quelqu'un pourrait admettre cette proposition en quelque sorte pour un moment ; elle sert pourtant (comme indication de la fausse route dans le nombre de toutes celles qu'on peut prendre) à trouver le vrai chemin. La proposition problématique est donc celle qui n'exprime qu'une possibilité logique (qui n'est point objective), c'est-à-dire la liberté de prendre une telle proposition pour valable, une simple admission purement arbitraire de cette proposition dans l'entendement. La proposition assertorique exprime la réalité logique ou la vérité ; c'est ainsi que dans un raisonnement hypothétique, l'antécédent est problématique dans la majeure, assertorique dans la mineure, et montre que la proposition est déjà liée à l'entendement en vertu de ses lois. La proposition apodictique conçoit le jugement assertorique déterminé par ces lois mêmes de l'entendement et par suite affirmant *a priori ;* elle exprime ainsi une

* Comme si la pensée était, dans le premier cas, une fonction de l'*entendement*, dans le second, du *jugement*, dans le troisième, de la *raison ;* remarque qui sera plus claire quand on aura vu ce qui suit.

nécessité logique. Or, parce qu'ici tout s'incorpore directement à l'entendement, de telle sorte qu'on juge d'abord une certaine chose problématiquement, qu'on l'admet ensuite assertoriquement comme vraie et qu'on l'affirme enfin comme inséparablement liée avec l'entendement, c'est-à-dire comme nécessaire et apodictique, on peut nommer ces trois fonctions de la modalité autant de moments de la pensée en général.

TROISIÈME SECTION

[§ 10][1]. **Des concepts purs de l'entendement ou des catégories.**

La Logique générale fait abstraction, comme il a été déjà dit plusieurs fois, de tout le contenu de la connaissance et attend que des représentations lui soient données d'ailleurs, d'où que ce soit, pour les convertir d'abord en concepts, ce qu'elle fait par l'analyse. La Logique transcendantale, au contraire, trouve devant elle un divers de la sensibilité *a priori* que l'Esthétique transcendantale lui fournit pour donner une matière aux concepts purs de l'entendement ; sans cette matière elle serait dépourvue de tout contenu et, par conséquent, absolument vide. Or, l'espace et le temps renferment un divers de l'intuition pure *a priori*, mais ils n'en font pas moins partie des conditions de réceptivité de notre esprit (*Gemüths*) conditions qui lui permettent seules de recevoir des représentations des objets et qui, par conséquent, en doivent aussi toujours affecter le concept. Seulement la spontanéité de notre pensée exige que ce divers soit d'abord, d'une certaine manière, pris séparément (*durchgegangen*) assemblé et lié pour en faire une connaissance. Cette action, je l'appelle synthèse.

J'entends par *synthèse*, dans le sens le plus général de ce mot, l'acte d'ajouter l'une à l'autre diverses représentations et d'en comprendre la diversité dans une connaissance. Une pareille synthèse est *pure* si le divers n'a pas été donné empiriquement, mais *a priori* (comme celui qui est donné dans l'espace et dans le temps). Avant toute analyse de nos représentations, celles-ci doivent nous être données et aucun concept ne peut naître analytiquement *quant à son contenu*. Mais

---

1. Tous ces numéros de § ne se trouvent que dans la 2ᵉ édition ; nous ne le ferons plus remarquer.

la synthèse d'un divers (donné empiriquement ou *a priori*) offre d'abord une connaissance qui, il est vrai, peut être encore au début grossière et confuse et qui, par suite, a besoin de l'analyse; la synthèse est pourtant ce qui réunit proprement les éléments de la connaissance et les unit pour en former un certain contenu; elle est donc la première chose sur laquelle nous devons porter notre attention, lorsque nous voulons juger de l'origine de notre connaissance.

La synthèse en général est, comme nous le verrons plus tard, le simple effet de l'imagination, c'est-à-dire d'une fonction de l'âme[1], aveugle, mais indispensable, sans laquelle nous ne pourrions jamais et nulle part avoir aucune connaissance, mais dont nous n'avons que très rarement conscience. Seulement, ramener cette synthèse à *des concepts* est une fonction qui appartient à l'entendement et par laquelle il nous procure tout d'abord la connaissance dans le sens propre de ce mot.

La *synthèse pure, représentée d'une manière générale*, donne le concept pur de l'entendement. Mais j'entends par cette synthèse celle qui repose sur un principe d'unité synthétique *a priori* : ainsi notre numération (cela se remarque surtout quand il s'agit des plus grands nombres) est une *synthèse* qui se fait *d'après des concepts*, puisqu'elle a lieu suivant un principe d'unité commun (par exemple, celui de la dizaine). Sous ce concept, l'unité dans la synthèse du divers est donc nécessaire.

Diverses représentations sont ramenées analytiquement *à* un concept (et cela c'est l'affaire de la logique générale). Mais la logique transcendantale enseigne à ramener *à* des concepts non pas les représentations, mais la *synthèse pure* des représentations. La première chose qui doit nous être donnée pour que la connaissance *a priori* de tous les objets devienne possible, c'est le *divers* des intuitions pures; la deuxième, c'est la *synthèse* de ce divers par l'imagination, mais elle ne donne encore aucune connaissance. Les concepts qui fournissent de l'*unité* à cette synthèse pure et qui consistent uniquement dans la représentation de cette unité synthétique nécessaire sont la troisième chose indispensable pour la connaissance d'un objet proposé, et reposent sur l'entendement.

La même fonction qui donne l'unité aux diverses représen-

---

1. Kant. *Nachtr.* : une fonction de l'entendement (n° XLI).

tations *dans un jugement* donne aussi l'unité à la simple synthèse de diverses représentations *dans une intuition,* unité qui, généralement parlant, est appelée le concept pur de l'entendement. Ainsi, le même entendement et, à la vérité, par les mêmes actes au moyen desquels il produit dans les concepts, en se servant (*vermittelst*) de l'unité analytique, la forme logique d'un jugement, introduit aussi, au moyen de l'unité synthétique du divers qui se trouve dans l'intuition en général, un contenu transcendantal dans ses représentations ; c'est pourquoi elles s'appellent concepts purs de l'entendement, qui s'appliquent *a priori* à des objets (*Objecte*), ce que ne peut pas faire la logique générale.

De cette manière il y a exactement autant de concepts purs de l'entendement qui s'appliquent *a priori* aux objets de l'intuition en général qu'il y avait de fonctions logiques dans tous les jugements possibles dans la table précédente ; car ces fonctions épuisent complètement l'entendement et en mesurent totalement le pouvoir. Nous appellerons ces concepts, d'après Aristote, des *Catégories*, puisque notre dessein est, dans son origine, tout à fait identique au sien, quoiqu'il s'en éloigne beaucoup dans sa réalisation.

TABLE DES CATÉGORIES

1

DE LA QUANTITÉ :

Unité.
Pluralité.
Totalité.

2

DE LA QUALITÉ :

Réalité.
Négation.
Limitation.

3

DE LA RELATION :

De l'inhérence et de la subsistance (*substantia et accidens*).

De la causalité et de la dépendance (cause et effet).

De la communauté (action réciproque entre l'agent et le patient).

4

DE LA MODALITÉ :

Possibilité — Impossibilité.
Existence — Non-existence.
Nécessité — Contingence.

Telle est donc la liste de tous les concepts originairement purs de la synthèse, que l'entendement renferme *a priori*, et en vertu desquels, seuls, il est un entendement pur, puisque c'est uniquement grâce à eux qu'il peut comprendre quelque chose dans le divers de l'intuition c'est-à-dire en penser un objet. Cette division est tirée systématiquement d'un principe commun, à savoir, du pouvoir *de juger* (qui est la même chose que le pouvoir de penser); elle ne provient pas, à la façon d'une rapsodie, d'une recherche, entreprise au petit bonheur, de concepts purs, dont l'énumération ne peut jamais être certaine, puisqu'elle n'est conclue que par induction sans que jamais on pense à se demander, en agissant ainsi, pourquoi ce sont précisément ces concepts et non pas d'autres qui sont inhérents à l'entendement pur. C'était un dessein digne d'un esprit aussi pénétrant qu'Aristote que celui de chercher ces concepts fondamentaux. Mais, comme il ne suivait aucun principe, il les recueillit avec précipitation comme ils se présentèrent à lui et en rassembla d'abord dix qu'il appela *catégories* (prédicaments). Dans la suite, il crut encore en avoir trouvé cinq autres qu'il ajouta aux premiers sous le nom de post-prédicaments. Sa table n'en resta pas moins incomplète. Du reste, on y trouve aussi quelques *modes* de la sensibilité pure (*quando, ubi, situs*, pareillement *prius, simul*) et même un mode empirique (*motus*) qui n'appartient pas du tout à ce registre généalogique de l'entendement; on y trouve aussi des concepts dérivés mêlés à leurs concepts primitifs (*actio, passio*), et quelques-uns de ces derniers font complètement défaut.

Au sujet de ces derniers concepts, il faut encore remarquer : que les catégories, étant les vrais *concepts primitifs* de l'entendement pur, ont, par là même, leurs *concepts dérivés* également purs qu'on ne peut en aucune manière passer sous silence dans un système complet de philosophie transcendantale; mais je puis me contenter de les mentionner simplement dans un essai purement critique.

Qu'il me soit permis de nommer ces concepts purs, mais dérivés, de l'entendement les *prédicables* de l'entendement pur (par opposition aux prédicaments). Dès qu'on a les concepts originaires et primitifs, il est facile d'y ajouter les concepts dérivés et subalternes et de dessiner entièrement l'arbre généalogique de l'entendement pur. Comme je n'ai pas à m'occuper, ici, de la complète exécution du système, mais seulement des principes nécessaires pour un système, je réserve ce complément pour un autre travail. Mais on peut assez aisément atteindre ce but, en prenant les traités ontologiques et en ajoutant, par exemple, à la catégorie de la causalité, les prédicables de force, d'action, de passion, à la catégorie de la communauté, les prédicables de la présence (7), de la résistance, aux prédicaments de la modalité, les prédicables de naissance, de fin, de changement, etc. Les catégories combinées avec les modes de la sensibilité pure, ou même entre elles, fournissent un grand nombre de concepts *a priori* dérivés ; les signaler et les exposer aussi complètement que possible ne serait pas sans utilité ni sans intérêt ; mais c'est là une peine dont on peut s'exempter.

Je me dispense à dessein dans ce traité de donner les définitions de ces catégories, bien que je sois en mesure de le faire. J'analyserai ces concepts, dans la suite, autant qu'il le faudra pour la théorie de la méthode qui m'occupe. Dans un système de la raison pure on pourrait, à bon droit, les exiger de moi, mais, ici, elles ne pourraient que détourner l'attention du but principal de notre recherche, en soulevant des doutes et des objections que l'on peut, sans nuire en rien au point de vue essentiel, parfaitement bien renvoyer à une autre occasion. Il ressort pourtant clairement du peu que je viens de dire qu'il est non seulement possible, mais encore facile de faire un vocabulaire complet de ces concepts avec tous les éclaircissements désirables. Maintenant les cases existent : il n'y a plus qu'à les remplir, et, dans une topique systématique, comme la présente, il n'est pas difficile de reconnaître la place qui convient en propre à chaque concept et de remarquer en même temps les places qui sont encore vides.

[§ 11 [1]. Sur cette table des catégories on peut faire des considérations curieuses qui, peut-être, peuvent avoir des conséquences importantes par rapport à la forme scientifique de toutes les connaissances rationnelles. En effet, que dans la partie théorique de la philosophie cette table soit singulièrement utile et même indispensable pour esquisser intégralement le *plan de l'ensemble d'une science*, en tant qu'elle s'appuie sur des concepts *a priori*, et pour la *diviser* mathéma-

---

1. Ce § 11 est une addition de la 2ᵉ édition.

tiquement (8) *suivant des principes déterminés*, c'est ce qu'on voit tout de suite, en songeant que cette table renferme intégralement tous les concepts élémentaires de l'entendement, même la forme d'un système de ces concepts dans l'entendement humain, et, par suite, qu'elle donne leur direction et aussi leur *ordre* à tous les *moments* d'une science spéculative, comme j'en ai fourni ailleurs une preuve*. Voici donc quelques-unes de ces remarques.

La première est que cette table qui comprend quatre classes de concepts de l'entendement se divise d'abord en deux parties, dont l'une se rapporte aux objets de l'intuition (aussi bien pure qu'empirique) et l'autre à l'existence de ces objets (soit par rapport les uns aux autres, soit par rapport à l'entendement).

La première classe, je l'appellerais la classe des catégories *mathématiques* et la seconde, celle des catégories *dynamiques*. La première classe n'a point, comme on le voit, de corrélatifs ; on n'en trouve que dans la seconde. Cette distinction doit avoir un fondement dans la nature de l'entendement.

2e *Remarque*. — Il y a d'ailleurs un nombre égal de catégories dans chaque classe, à savoir trois, ce qui également mérite réflexion, puisque, d'autre part, toute division *a priori* par concepts doit être une dichotomie. Ajoutez à cela que la troisième catégorie dans chaque classe résulte toujours de l'union de la deuxième avec la première.

Ainsi la *totalité* (*Allheit*) n'est autre chose que la pluralité (*Vielheit*) considérée comme unité, la *limitation* que la réalité jointe à la négation, la *communauté* que la causalité d'une substance déterminée par une autre qu'elle détermine à son tour, enfin la *nécessité* que l'existence qui est donnée par la possibilité même. Mais qu'on n'en conclue pas que la troisième catégorie soit un simple concept dérivé et non un concept primitif de l'entendement pur. En effet, cette union de la première et de la deuxième catégorie pour former le troisième concept exige un acte spécial de l'entendement qui n'est pas identique avec celui qui a lieu dans le premier et le deuxième. Ainsi, le concept d'un *nombre* (appartenant à la catégorie de la totalité) n'est pas toujours possible là où les concepts de pluralité

---

* *Premiers principes métaphysiques de la physique* (*Naturwissenschaft*).

et d'unité existent (par exemple, dans la représentation de l'infini). De même, de ce que je lie les deux concepts de *cause* et de *substance*, je ne peux pas comprendre *l'influence*, c'est-à-dire comment une substance peut être cause de quelque chose dans une autre substance. D'où il résulte qu'il faut pour cela un acte particulier de l'entendement ; et il en est de même des autres cas.

3° *Remarque*. — Une seule catégorie, celle de la *communauté*, comprise sous le troisième titre, ne montre pas, d'une manière aussi évidente, son accord avec la forme d'un jugement disjonctif qui lui correspond dans la table des fonctions logiques.

Pour s'assurer de cet accord, il faut remarquer que dans tout jugement disjonctif, la sphère (l'ensemble de tout ce qui est contenu dans ce jugement) est représentée comme un tout divisé en parties (les concepts subordonnés) et que, puisqu'une de ces parties ne peut pas être renfermée dans l'autre, elles sont conçues comme *coordonnées* entre elles et non comme *subordonnées*, de telle sorte qu'elles se déterminent entre elles non pas *dans un seul sens*, comme *en une série*, mais *réciproquement*, comme dans un *agrégat* (c'est-à-dire que poser un membre de la division, c'est exclure tous les autres, et ainsi réciproquement).

Or, quand une semblable liaison est pensée dans *un ensemble de choses* (9), alors, une de ces choses n'est plus *subordonnée* comme effet à une autre qui serait cause de son existence, mais elles sont en même temps et réciproquement *coordonnées* comme causes l'une de l'autre par rapport à leur détermination (par exemple, dans un corps dont les parties s'attirent et se repoussent réciproquement). C'est là une toute autre espèce de liaison que celle qui se rencontre dans le simple rapport de la cause à l'effet (du principe à la conséquence), dans lequel la conséquence ne détermine pas à son tour réciproquement le principe et, par là, ne forme pas un tout avec lui (comme le créateur du monde et le monde). Ce procédé que suit l'entendement quand il se représente la sphère d'un concept divisé, il l'observe aussi quand il conçoit une chose comme divisible ; et, de même que, dans le premier cas, les membres de la division s'excluent l'un l'autre et pourtant sont liés dans une sphère, de même, dans le second cas, il se représente les parties comme ayant chacune (en tant que substance) une existence indépendante de celle des autres et cependant comme unie en un tout.]

[§ 12[1]. Mais il y a encore dans la philosophie transcendantale des anciens un chapitre qui renferme des concepts purs de l'entendement, qui, sans être comptés parmi les catégories, étaient cependant regardés par les anciens comme ayant la valeur de concepts *a priori* d'objets ; s'il en était ainsi ils augmenteraient le nombre des catégories, ce qui ne peut pas être. Ces concepts sont exprimés par cette proposition si célèbre chez les scolastiques : *quodlibet ens est unum, verum, bonum*. Or, quoique, à la vérité, l'usage de ce principe ait abouti à de si misérables conséquences (qui donnaient des propositions manifestement tautologiques) que, dans les temps modernes, on ne l'admet plus guère que par bienséance dans la Métaphysique, une pensée qui s'est soutenue si longtemps, pour vide qu'elle puisse paraître, mérite toujours, cependant, qu'on recherche son origine, et elle autorise à supposer qu'elle a son principe dans l'une des règles de l'entendement, principe qui, comme il arrive souvent, n'aura été que mal interprété. Ces prétendus prédicats transcendantaux des *choses* ne sont rien de plus que des exigences logiques et des critères de toute la *connaissance des choses* en général, à laquelle ils donnent pour fondement les catégories de la quantité, savoir : celles de *l'unité*, de la *pluralité* et de la *totalité*. Seulement, ces catégories qu'il aurait fallu prendre dans un sens proprement matériel, comme conditions de la possibilité des choses elles-mêmes, les anciens ne les employaient, en réalité, qu'au sens formel, comme conditions logiques nécessaires pour toute connaissance et, pourtant, ils faisaient très inconsidérément de ces critères de la pensée les propriétés des choses en elles-mêmes. Dans toute connaissance d'un objet (*Objects*) il y a *l'unité* du concept, que l'on peut appeler *unité qualitative* en tant que sous ce concept n'est pensée que l'unité de l'ensemble du divers des connaissances, à peu près comme l'unité du thème dans un drame, dans un discours, dans une fable. Vient ensuite *la vérité* par rapport aux conséquences. Plus il y a de conséquences vraies tirées d'un concept donné, plus il y a de signes de son objective réalité. C'est ce qu'on pourrait appeler la *pluralité qualitative* des signes qui appar-

---

1. Le § 12 est une addition de la 2ᵉ édition.

tiennent à un concept comme à un principe commun (et qui n'y sont pas conçus comme grandeurs). Troisièmement, enfin, la *perfection* qui consiste en ce que cette pluralité est, à son tour, ramenée tout entière à l'unité du concept et s'accorde parfaitement et exclusivement avec lui ; c'est ce que l'on peut appeler *l'intégralité qualitative* (totalité). On voit clairement par là que ces critères logiques de la possibilité des connaissances en général ne transforment ici les trois catégories de la quantité, dans lesquelles l'unité doit être prise d'une manière constamment homogène dans la production du quantum, qu'afin de relier dans une conscience des éléments de connaissance *hétérogènes* au moyen de la qualité d'une connaissance prise comme principe. Ainsi, le critérium de la possibilité d'un concept (je ne dis pas de son objet) (*Objects*) est la définition où l'*unité* du concept, la *vérité* de tout ce qui peut en être immédiatement dérivé et enfin la *perfection* de tout ce qui en a été tiré constituent les conditions nécessaires pour l'établissement de tout le concept. Ainsi, encore, le *critère d'une hypothèse* consiste dans l'intelligibilité du *principe d'explication* admis, ou dans son *unité* (sans hypothèse subsidiaire), dans *la vérité* des conséquences qui en dérivent (accord de ces conséquences entre elles et avec l'expérience) et enfin dans *l'intégralité* du principe d'explication par rapport à ces conséquences, lesquelles ne rendent rien de plus ni de moins que ce qui a été admis dans l'hypothèse, mais reproduisent analytiquement *a posteriori* ce qui avait été pensé synthétiquement *a priori* et s'y accordent. Par conséquent les concepts d'unité, de vérité et de perfection ne complètent nullement la table transcendantale des catégories, comme si elle était en quelque sorte défectueuse, mais le rapport de ces concepts à des objets (*Objecte*) étant complètement laissé de côté, l'usage qu'on en fait rentre dans les règles logiques générales de l'accord de la connaissance avec elle-même.]

CHAPITRE II
DE LA DÉDUCTION DES CONCEPTS PURS DE L'ENTENDEMENT

PREMIÈRE SECTION

[§ 13]. — **Des principes d'une déduction transcendantale en général.**

Les jurisconsultes, quand ils parlent de droits et d'usurpations, distinguent dans une cause la question de droit (*quid juris*) de la question de fait (*quid facti*) et, comme ils exigent une preuve de chacune d'elles, ils appellent *déduction* la première, celle qui doit démontrer le droit ou la légitimité de la prétention. Nous nous servons d'une foule de concepts empiriques sans rencontrer de contradicteurs et nous nous croyons autorisés, même sans déduction, à leur attribuer un sens et une signification imaginaires (10), parce que nous avons toujours en mains l'expérience pour démontrer leur réalité objective. Il y a cependant des concepts usurpés, comme ceux de *bonheur*, de *destinée* qui, à la vérité, circulent de tous côtés, grâce à une indulgence presque universelle, et qui pourtant soulèvent parfois la question : *quid juris?* Et alors la déduction n'en présente pas un médiocre embarras, attendu qu'on ne peut mettre en avant aucun principe clair de droit, tiré soit de l'expérience, soit de la raison, qui en justifie manifestement l'usage.

Mais, parmi les divers concepts qui forment le tissu très varié de la connaissance humaine, il y en a quelques-uns qui sont destinés à l'usage pur *a priori* (totalement indépendant de toute expérience) et dont le droit a toujours besoin d'une déduction, parce que pour légitimer un tel usage les preuves de l'expérience ne sont pas suffisantes et qu'il faut pourtant savoir comment ces concepts peuvent se rapporter à des objets (*Objecte*) qui ne sont tirés d'aucune expérience. J'appelle donc l'explication de la manière dont les concepts *a priori* se rapportent aux objets leur *déduction transcendantale*, et je la distingue de la déduction *empirique* qui montre comment un concept est fourni par l'expérience et par la réflexion sur cette expérience et qui, par conséquent, ne concerne pas la légitimité de ce concept, mais le fait d'où résulte sa possession.

Nous avons déjà deux sortes de concepts tout à fait distincts et qui pourtant ont cela de commun qu'ils se rapportent les uns et les autres entièrement *a priori* à des objets, savoir, les concepts de l'espace et du temps, comme formes de la sensibilité, et les catégories, comme concepts de l'entendement. Vouloir en chercher une déduction empirique serait un vain travail, parce que la caractéristique de leur nature consiste justement en ce qu'ils se rapportent à leurs objets sans avoir emprunté quelque chose à l'expérience pour leur représentation. Si donc une déduction de ces concepts est nécessaire, elle devra toujours être transcendantale.

Pourtant, par rapport à ces concepts, comme par rapport à toute connaissance, on peut chercher dans l'expérience sinon le principe de leur possibilité, du moins les causes occasionnelles de leur production. Les impressions des sens nous fournissent, en effet, la première occasion de déployer à leur sujet toute notre faculté de connaissance et de constituer l'expérience, qui renferme deux éléments très différents : une *matière* de connaissance fournie par les sens et une certaine *forme* servant à ordonner cette matière et venant de la source intérieure de l'intuition et de la pensée pures, qui ne sont mises en exercice et ne produisent des concepts qu'à l'occasion de la première[1]. Rechercher ainsi les premiers efforts de notre faculté de connaissance pour s'élever des simples perceptions aux concepts généraux, c'est une entreprise qui a sans doute sa très grande utilité, et on doit savoir gré au célèbre Locke d'en avoir le premier ouvert la voie. Mais une *déduction* des concepts purs *a priori* ne peut jamais être faite de cette manière, car cette voie n'y conduit absolument pas, parce que, relativement à leur usage futur, qui doit être entièrement indépendant de l'expérience, ces concepts doivent présenter un tout autre acte de naissance que celui de leur origine expérimentale. Cette tentative de dérivation physiologique, qui ne peut pas du tout s'appeler proprement déduction, parce qu'elle concerne une question de fait, je l'appellerai donc l'explication de *la possession* d'une connaissance pure. Il est clair, par suite, qu'il ne peut y avoir de ces concepts qu'une déduction transcendantale, et nullement une déduction empirique, et que la dernière, par rapport aux concepts purs *a*

---

1. Il faut entendre : « de la matière », c'est-à-dire des premières impressions des sens.

priori, n'est qu'une vaine tentative dont peut seul s'occuper celui qui n'a pas saisi la nature tout à fait particulière de ces connaissances.

Cependant, quoique le seul mode accordé de déduction possible de la connaissance pure *a priori* soit le mode transcendantal, il ne ressort point de cela qu'une déduction de ce genre soit si absolument nécessaire. Nous avons suivi plus haut jusqu'à leurs sources, au moyen d'une déduction transcendantale, les concepts de l'espace et du temps et nous en avons ainsi expliqué et déterminé la valeur objective *a priori*. Toutefois la géométrie va son droit chemin au moyen de pures connaissances *a priori*, sans avoir besoin de demander à la philosophie qu'elle leur délivre un certificat prouvant qu'elles dérivent purement et régulièrement de leur principe fondamental, l'espace. Mais, dans cette science, l'usage de ce[1] concept se borne au monde sensible extérieur, dont l'intuition a pour forme pure l'espace, dans lequel, par conséquent, toute connaissance géométrique, parce qu'elle se fonde sur une intuition *a priori*, a une évidence immédiate et où les objets sont donnés dans l'intuition *a priori* (quant à la forme) par la connaissance elle-même. *Les concepts purs de l'entendement*, au contraire, font naître le besoin indispensable de chercher non seulement leur déduction transcendantale, mais encore celle de l'espace. En effet, comme les prédicats qu'on attribue ici aux objets ne sont pas ceux de l'intuition ni de la sensibilité, mais ceux de la pensée pure *a priori*, ces concepts se rapportent en général aux objets indépendamment de toutes les conditions de la sensibilité, et, comme ils ne sont pas fondés sur l'expérience, ils ne peuvent montrer dans l'intuition *a priori* aucun objet (*Object*) sur lequel se fonde leur synthèse avant toute expérience, et par conséquent, non seulement ils éveillent des soupçons sur la valeur objective et les limites de leur usage, mais ils rendent encore douteux *ce concept de l'espace*, parce qu'ils sont portés à s'en servir en dehors des conditions de l'intuition sensible ; et c'est pourquoi il était nécessaire d'en donner plus haut une déduction transcendantale. Il faut donc que le lecteur soit convaincu de la nécessité absolue d'une telle déduction transcendantale avant qu'il

---

1. 2º édition : l'usage du concept.

ait fait un seul pas dans le champ de la raison pure, parce que, sans cela, il procède aveuglément et doit, après avoir erré diversement çà et là, retourner à l'ignorance d'où il était parti. Mais il faut aussi qu'il voie clairement d'avance l'inévitable difficulté pour qu'il ne se plaigne pas de l'obscurité qui enveloppe profondément la chose même ou qu'il ne se laisse pas trop tôt décourager par les obstacles à vaincre ; car il s'agit ou de repousser complètement toute prétention à des vues de la raison pure sur le champ le plus attrayant, à savoir celui qui dépasse les limites de toute expérience possible, ou d'achever complètement cette investigation critique.

Nous avons pu facilement rendre plus haut compréhensible, par rapport aux concepts de l'espace et du temps, comment, en tant que connaissances *a priori*, ils doivent toutefois se rapporter nécessairement à des objets et comment ils rendent possible une connaissance synthétique de ces objets, indépendamment de toute expérience. Car, comme ce n'est qu'au moyen de ces formes pures de la sensibilité qu'un objet peut nous apparaître, c'est-à-dire être un objet (*Object*) de l'intuition empirique, l'espace et le temps sont des intuitions pures, qui contiennent *a priori* la condition de la possibilité des objets comme phénomènes, et la synthèse qu'on y fait (*die Synthesis in denselben*) a une valeur objective.

Les catégories de l'entendement, au contraire, ne nous représentent pas du tout les conditions sous lesquelles des objets sont donnés dans l'intuition ; et par conséquent, des objets peuvent incontestablement nous apparaître, sans qu'ils doivent se rapporter nécessairement à des fonctions de l'entendement et sans que celui-ci renferme donc leurs conditions *a priori*. C'est pourquoi il se montre ici une difficulté que nous n'avons pas rencontrée dans le champ de la sensibilité, à savoir : Comment des *conditions subjectives de la pensée* peuvent-elles avoir une *valeur objective*, c'est-à-dire fournir les conditions de la possibilité de toute connaissance des objets ? car, sans les fonctions de l'entendement, des phénomènes peuvent incontestablement être donnés dans l'intuition. Je prends, par exemple, le concept de cause, qui signifie une espèce particulière de la synthèse, attendu qu'il repose, d'après une règle ((*a priori* c'est-à-dire nécessairement))[1], sur quelque chose A qui est tout à fait différent de B. On ne voit pas clairement *a priori* pourquoi des phénomènes devraient renfermer quelque chose de pareil (car on ne peut pas alléguer pour preuves des expériences, puisque la valeur objective de ce concept doit pouvoir être démontrée *a priori*), et c'est, par conséquent, une question douteuse *a priori* que celle de savoir si un tel concept n'est pas en quelque sorte absolument vide et s'il peut jamais rencontrer un objet parmi les phénomènes. Car, que les objets de l'intuition sensible doivent être conformes aux conditions formelles de la sensibilité qui se trouvent *a priori* dans l'esprit (*Gemüth*), c'est clair, puisque autrement ils ne seraient pas des objets pour nous ; mais qu'ils doivent aussi être de plus conformes aux conditions dont l'entendement a besoin pour l'unité synthétique de la pensée, c'est ce dont la preuve n'est pas si facile à voir. Car il pourrait parfaitement y avoir des phénomènes ainsi faits que l'entendement ne les trouvât pas du tout conformes aux conditions de son unité, et que tout fût dans une telle confusion que, par exemple, dans la série des phénomènes, rien ne se présentât qui fournît une règle de la synthèse et qui correspondît par conséquent au concept de la cause et de l'effet, si bien que ce concept serait tout à fait vide, nul et sans aucun sens. Les phénomènes n'offriraient pas moins, dans ce cas, des objets à notre intuition, car l'intuition n'a besoin en aucune manière des fonctions de la pensée.

Que si l'on pensait s'affranchir de la peine que coûtent ces recherches, en disant que l'expérience offre sans cesse des exemples d'une telle régularité des phénomènes, qui nous fournissent suffisamment l'occasion d'en extraire le concept de cause et de vérifier en même temps la valeur objective de ce concept, on ne remarquerait pas que le concept de cause ne peut pas être donné de cette manière, mais qu'il doit ou avoir son fondement tout à fait *a priori* dans l'entendement, ou être absolument abandonné comme une pure chimère. Car ce concept exige absolument qu'une chose A soit telle qu'une autre B en dérive *nécessairement* et suivant une *règle absolument universelle*. Les phénomènes fournissent bien des cas d'où l'on peut tirer une règle d'après laquelle quelque chose arrive habituellement, mais

---

1. Kant : *Nachtr*. n° XLIX.

on n'en saurait jamais conclure que la conséquence soit *nécessaire* ; par conséquent, à la synthèse de la cause et de l'effet est aussi attachée une dignité que l'on ne peut pas du tout exprimer empiriquement, savoir : que l'effet ne s'ajoute pas simplement à la cause, mais qu'il est posé *par* elle et qu'il *en* dérive. La stricte universalité de la règle n'est pas du tout non plus une propriété des règles empiriques auxquelles l'induction ne peut donner qu'une universalité comparative, c'est-à-dire qu'une application étendue. Et l'usage des concepts purs de l'entendement changerait donc totalement, s'il ne fallait voir en eux que des produits empiriques.

[§ 14]. — **Passage à la déduction transcendantale des catégories.**

Il n'y a pour une représentation synthétique (11) et pour ses objets que deux manières possibles de coïncider, de s'accorder mutuellement d'une façon nécessaire et, pour ainsi dire, de se rencontrer ; ou bien c'est l'objet seul qui rend possible la représentation, ou celle-ci, l'objet. Dans le premier cas, ce rapport n'est qu'empirique et la représentation n'est jamais possible *a priori* ; c'est le cas des phénomènes par rapport à ce qui, en eux, appartient à la sensation. Dans le second, puisque la représentation en elle-même (car il n'est pas du tout ici question de sa causalité au moyen de la volonté), ne produit pas son objet *quant à l'existence,* la représentation est cependant déterminante *a priori* par rapport à l'objet, quand il n'est possible que par elle de *connaître* quelque chose *comme un objet*. Mais il y a deux conditions qui rendent seules possibles la connaissance d'un objet : premièrement, *l'intuition* par laquelle est donné cet objet, mais seulement comme phénomène ; secondement, le *concept* par lequel est pensé un objet qui correspond à cette intuition. Mais il est clair, d'après ce qui précède, que la première condition, celle sans laquelle les objets ne peuvent pas être intuitionnés, sert en réalité *a priori* de fondement dans l'esprit (*Gemüth*) aux objets (*Objecten*), quant à leur forme. Avec cette condition formelle de la sensibilité concordent donc nécessairement tous les phénomènes, puisqu'ils ne peuvent apparaître que par elle, c'est-à-dire être intuitionnés et donnés empiriquement. Il s'agit maintenant de savoir, s'il ne faut pas admettre aussi des concepts *a priori* comme conditions qui seules permettent sinon d'intuitionner, du moins de penser quelque chose comme objet en général, car alors toute connaissance empirique des objets est nécessairement conforme à ces concepts, puisque sans leur supposition rien n'est possible comme *objet (Object) de l'expérience*. Or, toute expérience, outre l'intuition des sens, par laquelle quelque chose est donné, renferme encore un *concept* d'un objet qui est donné dans l'intuition ou qui apparaît (*erscheint*) : il y a donc des concepts d'objets en général qui servent de fondement à toute connaissance expérimentale en qualité de conditions *a priori*; par conséquent la valeur objective des catégories comme concepts *a priori* reposera sur ceci, que seules elles rendent possible l'expérience (quant à la forme de la pensée). En effet, elles se rapportent alors nécessairement et *a priori* à des objets de l'expérience, puisque ce n'est que par elles, en général, qu'un objet de l'expérience peut être pensé.

La déduction transcendantale de tous les concepts *a priori* a donc un principe sur lequel se règle toute la recherche; c'est celui-ci : il faut qu'on reconnaisse ces concepts comme conditions *a priori* de la possibilité de l'expérience (soit de l'intuition qui s'y trouve, soit de la pensée). Les concepts qui fournissent le fondement objectif de la possibilité de l'expérience sont par là même nécessaires. Mais le développement de l'expérience où ils se trouvent n'est pas leur déduction (mais leur illustration), parce qu'ils pourraient ne s'y trouver que fortuitement. Sans ce rapport originaire à l'expérience possible, dans laquelle se présentent tous les objets de la connaissance, leur rapport à n'importe quel objet (*Object*) ne peut absolument pas être compris.

< Mais il y a trois sources primitives (facultés ou pouvoirs de l'âme) qui renferment les conditions de la possibilité de toute expérience et qui ne peuvent dériver elles-mêmes d'aucun autre pouvoir de l'esprit : ce sont les *sens*, l'*imagination* et l'*aperception*. Là-dessus se fondent : 1° la *synopsis* du divers *a priori* par les sens; 2° la *synthèse* de ce divers par l'imagination; enfin 3° l'*unité* de cette synthèse par l'aperception primitive. Tous ces pouvoirs ont encore, outre leur usage empirique, un usage transcendantal qui ne concerne que la forme et n'est possible qu'*a priori*. De celui-ci nous avons parlé plus haut par *rapport aux sens* dans la

première partie, mais nous allons maintenant tâcher de considérer les deux autres d'après leur nature [1] >.

1. Tout ce dernier alinéa a été remplacé par ce qui suit dans la 2ᵉ édition :
[Le célèbre LOCKE, faute d'avoir fait cette considération et parce qu'il trouvait, dans l'expérience, des concepts purs de l'entendement, les dériva aussi de l'expérience ; il procéda cependant *avec tant d'inconséquence* qu'il entreprit d'arriver par là à des connaissances qui dépassent toutes les limites de l'expérience. DAVID HUME reconnut que, pour avoir le droit de faire cela, il est nécessaire que ces concepts aient leur origine *a priori*. Mais comme il ne put pas s'expliquer comment il est possible que l'entendement puisse penser des concepts, qui ne sont pas liés en soi dans l'entendement, comme étant cependant nécessairement liés dans l'objet, et comme il ne lui vint pas à l'esprit que l'entendement était peut-être, par ces concepts même, le créateur de l'expérience qui lui fournit ses objets, il se vit obligé de les dériver de l'expérience (à savoir d'une nécessité subjective qui résulte d'une association répétée dans l'expérience, et qu'on arrive à prendre faussement pour objective, c'est-à-dire de l'*habitude*) ; mais il se montra ensuite très *conséquent* en ce qu'il déclara impossible de dépasser, avec des concepts de cette espèce et avec les principes auxquels ils donnent naissance, les limites de l'expérience. Mais la dérivation *empirique*, à laquelle ils eurent tous les deux recours, ne peut se concilier avec la réalité des connaissances scientifiques *a priori* que nous avons, la *mathématique pure* et la *physique générale*, et par conséquent elle est contredite par le fait.

Le premier de ces deux hommes illustres ouvrit toutes les portes à l'*extravagance* parce que la raison, une fois qu'elle a des droits de son côté, ne se laisse pas tenir en lisière par de vagues conseils de modération ; le second tomba entièrement dans le *scepticisme*, quand il crut avoir découvert que ce qu'on prend si généralement pour la raison n'est qu'une illusion générale de notre pouvoir de connaître. — Nous allons maintenant essayer de voir si l'on ne peut pas conduire la raison humaine entre ces deux écueils, lui fixer des limites déterminées et enfin lui garder ouvert tout entier le champ de sa légitime activité.

Auparavant je rappellerai seulement la *définition des catégories*. Elles sont des concepts d'un objet en général, au moyen desquels l'intuition de cet objet est considérée comme *déterminée* par rapport à une des *fonctions logiques* des jugements. Ainsi la fonction du jugement *catégorique* est celle du rapport du sujet au prédicat, par exemple : Tous les corps sont divisibles. Seulement, par rapport à l'usage simplement logique de l'entendement, on ne détermine pas auquel des deux concepts on veut donner la fonction du sujet et auquel, celle du prédicat. En effet, on peut dire aussi : quelque divisible est un corps. Au contraire, si je place dans la catégorie de la substance le concept d'un corps, il est décidé par là que son intuition empirique doit toujours être considérée dans l'expérience comme sujet et jamais comme simple prédicat. Et il en est de même pour les autres catégories.]

DÉDUCTION DES CONCEPTS PURS DE L'ENTENDEMENT

DEUXIÈME SECTION

Des principes a priori de la possibilité de l'expérience.

Qu'un concept doive être produit tout à fait *a priori* et se rapporter à un objet, quoiqu'il ne rentre pas lui-même dans le concept de l'expérience possible, ou qu'il ne se compose pas d'éléments d'une expérience possible, c'est ce qui est tout à fait contradictoire et impossible. En effet, il n'aurait point alors de contenu (*Inhalt*), puisqu'aucune intuition ne lui correspondrait et que ce sont des intuitions en général, par quoi des objets peuvent nous être donnés, qui forment le champ ou l'objet total de l'expérience possible. Un concept *a priori* qui ne s'y rapporterait pas ne serait que la forme logique d'un concept, mais non le concept même par lequel quelque chose est pensé.

Si donc il y a des concepts purs *a priori*, il se peut fort bien, à la vérité, qu'ils ne renferment rien d'empirique, mais ils n'en doivent (*müssen*) pas moins être de pures conditions *a priori* d'une expérience possible, sur lesquelles seules peut reposer leur réalité objective.

DÉDUCTION DES CONCEPTS PURS DE L'ENTENDEMENT

DEUXIÈME SECTION

Déduction transcendantale des concepts purs de l'entendement.

§ 15. — *De la possibilité d'une synthèse (Verbindung) en général.*

Le divers des représentations peut être donné dans une intuition simplement sensible, c'est-à-dire qui n'est que réceptivité, et la forme de cette intuition peut résider *a priori* dans notre pouvoir de représentation, sans être autre chose que la manière dont le sujet est affecté. Seulement la *liaison* (*cunjunctio*) d'un divers en général ne peut jamais nous venir des sens (*durch Sinne in uns kommen*) ni par conséquent être contenue conjointement (*zugleich*) dans la forme pure de l'intuition sensible; car elle

PRINCIPES A PRIORI DE LA POSSIBILITÉ DE L'EXPÉRIENCE 127

Veut-on savoir, par suite, comment sont possibles des concepts purs de l'entendement, il faut rechercher ce que sont les conditions *a priori* d'où dépend la possibilité de l'expérience, et qui lui servent de fondement quand on fait également abstraction de tout l'élément empirique des phénomènes. Un concept exprimant, d'une manière générale et suffisante, cette condition formelle et objective de l'expérience, s'appellerait un concept pur de l'entendement. Une fois que j'ai des concepts purs de l'entendement, je puis bien concevoir aussi des objets, qui sont peut-être impossibles et peut-être possibles en soi, mais qui ne peuvent être donnés dans aucune expérience, parce que, dans la liaison de ces concepts, quelque chose peut être laissé de côté qui appartienne nécessairement à la condition d'une expérience possible (comme dans le concept d'un esprit), ou que des concepts purs de l'entendement peuvent être étendus plus loin que l'expérience ne peut atteindre (*fassen*) (comme dans le concept de Dieu). Mais si les *éléments* de toutes les connaissances *a priori*, même des fictions arbitraires et absurdes, ne peuvent pas être empruntés à l'expérience (car autrement ils ne seraient pas des connaissances *a priori*), ils doivent toujours renfermer les conditions pures *a priori* d'une expérience possible et d'un objet de cette expérience, car non seulement rien ne serait pensé par leur moyen, mais ils ne pourraient pas même sans *data* (données) naître jamais dans la pensée.

---

est un acte de la spontanéité de la faculté de représentation ; et, comme il faut appeler cette dernière entendement pour la distinguer de la sensibilité, toute liaison — que nous en ayons conscience ou non, qu'elle soit une liaison du divers de l'intuition ou de concepts divers, et que, dans le premier cas, l'intuition soit sensible ou non — toute liaison est alors un acte de l'entendement auquel nous devons imposer le nom (*die Benennung*) général de *synthèse*, pour faire ainsi remarquer à la fois que nous ne pouvons rien nous représenter comme lié dans l'objet (*Object*), sans l'y avoir auparavant lié nous-même, et que, parmi toutes les représentations, la *liaison* (*Verbindung*) est la seule que des objets (*Objecte*) ne peuvent pas donner, mais que peut seulement effectuer le sujet lui-même, puisqu'elle est un acte de sa spontanéité. On s'apercevra facilement ici que cet acte doit être originairement unique et identiquement valable (*gleichgeltend*) pour toute liaison, et que la sépa-

Or, ces concepts qui contiennent *a priori* la pensée pure dans chaque expérience, nous les trouvons dans les catégories, et c'est déjà donner une déduction suffisante de ces concepts et une justification de leur valeur objective que de pouvoir prouver qu'un objet ne peut être pensé que par leur moyen. Mais, comme, dans une telle pensée, il y a en jeu quelque chose de plus que l'unique pouvoir de penser, l'entendement, et que l'entendement même, considéré comme pouvoir de connaissance qui doit se rapporter aux objets, a précisément besoin d'un éclaircissement touchant la possibilité de ce rapport, nous devons (*müssen*) alors examiner tout d'abord, non dans leur nature empirique, mais dans leur nature transcendantale, les sources subjectives qui constituent les fondements *a priori* de la possibilité de l'expérience.

Si chaque représentation particulière était tout à fait étrangère aux autres, si elle en était comme isolée et séparée, il ne se produirait jamais quelque chose comme ce qu'est la connaissance laquelle est un ensemble de représentations comparées et liées. Si donc j'attribue au sens une synopsis, parce qu'il contient de la diversité dans son intuition, une

---

ration (*Auflösung*), l'*analyse*, qui paraît être son contraire, la suppose cependant toujours ; car, là où l'entendement n'a rien lié d'avance, il ne saurait non plus rien délier, puisque c'est *par lui* seul que quelque chose (*es*) a pu être donné, comme lié, à la faculté de représentation.

Mais le concept de la liaison, outre le concept du divers et de la synthèse de ce divers, comporte aussi celui de l'unité de ce divers. La liaison est la représentation de l'unité *synthétique* du divers*. La représentation de cette unité ne peut donc pas résulter de la liaison, mais, en s'ajoutant à la représentation du divers, elle rend plutôt tout d'abord possible le concept de la liaison. L'unité qui précède *a priori* tous les concepts de liaison n'est pas du tout la catégorie de l'unité (§ 10) ; car toutes les catégories se fondent sur des fonctions logiques dans les jugements, et dans ces jugements est déjà pensée une liaison, par suite une unité de concepts don-

*. La question de savoir si les représentations mêmes sont identiques et si l'une peut donc être conçue analytiquement par l'autre, n'entre pas ici en considération. La *conscience* de l'une, en tant qu'il s'agit du divers, doit, cependant, toujours être distinguée de la conscience de l'autre, et il n'est ici question que de la synthèse de cette conscience possible.

synthèse correspond toujours à cette synopsis, et la *réceptivité* ne peut rendre possibles des connaissances qu'en s'unissant à la *spontanéité*. Or celle-ci est le principe d'une triple synthèse qui se présente, d'une manière nécessaire, dans toute connaissance, et qui comprend : la synthèse de l'*appréhension* des représentations comme modifications de l'esprit (*des Gemüths*) dans l'intuition ; celle de la *reproduction* de ces représentations dans l'imagination, et celle de leur *recognition* dans le concept. Ces trois synthèses conduisent donc aux trois sources subjectives de connaissances qui elles-mêmes rendent possible l'entendement et par lui toute l'expérience considérée comme un produit empirique de l'entendement.

OBSERVATION PRÉLIMINAIRE

La déduction des catégories est liée à tant de difficultés et nous oblige à entrer si profondément dans les premiers principes de la possibilité de notre connaissance en général que, pour éviter les longueurs d'une théorie complète et cependant ne rien négliger dans une recherche si nécessaire, j'ai trouvé plus convenable de préparer plutôt le lecteur que de l'ins-

---

nés. La catégorie suppose donc déjà la liaison. Par conséquent, nous devons chercher encore plus haut cette unité (comme qualitative § 12), savoir, dans ce qui contient le principe même de l'unité de divers concepts dans les jugements, et par suite de la possibilité de l'entendement, même dans son usage logique.

§ 16. — *De l'unité originairement synthétique de l'aperception.*

Le *je pense* doit (*muss*) pouvoir accompagner toutes mes représentations ; car autrement serait représenté en moi quelque chose qui ne pourrait pas du tout être pensé, ce qui revient à dire ou que la représentation serait impossible, ou que, du moins, elle ne serait rien pour moi. La représentation qui peut être donnée avant toute pensée s'appelle *intuition*. Par conséquent, tout le divers de l'intuition a un rapport nécessaire au *je pense* dans le même sujet où se rencontre ce divers. Mais cette représentation est un acte de la *spontanéité*, c'est-à-dire qu'on ne saurait la considérer comme appartenant à la sensibilité. Je la nomme *aperception pure* pour la distinguer de l'aperception *empirique*, ou encore *aperception originaire* parce qu'elle est cette conscience de soi qui, en produisant la représentation *je pense*, doit (*muss*) pouvoir accom-

truire par les quatre numéros suivants, et de ne présenter systématiquement l'explication de ces éléments de l'entendement que dans la troisième section qui vient immédiatement après. Le lecteur ne se laissera donc pas rebuter jusque-là par l'obscurité qui est inévitable au début, dans un chemin non encore frayé, mais qui se dissipera, je l'espère, et se changera en pleine lumière dans la section suivante.

I. — *De la synthèse de l'appréhension dans l'intuition.*

De quelques sources que viennent nos représentations, qu'elles soient produites par l'influence de choses extérieures ou par des causes internes, qu'elles se forment *a priori* ou d'une manière empirique, comme phénomènes, elles n'en appartiennent pas moins au sens interne comme modifications de l'esprit (*Gemüths*), et, à ce titre, toutes nos connaissances sont, en définitive, soumises à la condition formelle du sens interne, c'est-à-dire au temps, où elles doivent être toutes ordonnées, liées et mises en rapports.

---

pagner toutes les autres, et qui, une et identique en toute conscience, ne peut être accompagnée d'aucune autre. J'appelle encore l'unité de cette représentation l'unité *transcendantale* de la conscience de soi, pour désigner la possibilité de la connaissance *a priori* qui en dérive. En effet, les diverses intuitions qui sont données dans une certaine intuition ne seraient pas toutes ensemble *mes* représentations si elles n'appartenaient pas toutes ensemble à une conscience de soi, c'est-à-dire qu'en tant qu'elles sont mes représentations (quoique je n'en aie pas conscience à ce titre), elles doivent pourtant être nécessairement conformes à la condition qui seule leur permet d'être groupées dans une conscience générale de soi, puisqu'autrement elles ne m'appartiendraient pas entièrement. De cette liaison originaire dérivent plusieurs conséquences.

Cette identité totale (*durchgängige*) de l'aperception d'un divers donné dans l'intuition renferme une synthèse des représentations et n'est possible que par la conscience de cette synthèse. Car la conscience empirique, qui accompagne différentes représentations, est, en soi, dispersée et sans relation avec l'identité du sujet. Cette relation ne s'opère donc pas encore par le fait que j'accompagne de conscience toute représentation, mais par le fait que *j'ajoute* une représentation à une autre (*zu der andern*) et que j'ai conscience de leur synthèse. Ce n'est donc qu'à la condition de pouvoir

C'est là une remarque générale qu'il faut poser absolument pour fondement dans tout ce qui suit.

Toute intuition contient en soi un divers qui ne serait cependant pas représenté comme tel si l'esprit (*Gemüth*) ne distinguait pas le temps dans la série des impressions successives, car, en tant que *renfermée dans un seul moment*, toute représentation ne peut jamais être autre chose qu'une unité absolue. Or, pour que de ce divers puisse sortir l'unité de l'intuition (comme, par exemple, dans la représentation de l'espace) deux choses sont requises : le déroulement successif de la diversité (*das Durchlaufen der Mannigfaltigkeit*) et la compréhension de ce déroulement (*die Zusammennehmung desselben*); acte que je nomme la *synthèse de l'appréhension*, parce qu'il a directement pour objet l'intuition, laquelle, sans doute, présente un divers, bien qu'elle ne puisse jamais, sans une synthèse préliminaire, produire ce divers comme tel et aussi (*zwar*) comme contenu *dans une représentation*.

Cette synthèse de l'appréhension doit (*muss*) aussi être faite *a priori*, c'est-à-dire par rapport aux représentations qui

---

lier *dans une conscience* un divers de représentations données qu'il m'est possible de me représenter l'*identité de la conscience dans ces représentations* mêmes, c'est-à-dire que l'unité *analytique* de l'aperception n'est possible que sous la supposition de quelque unité *synthétique**. Cette pensée que telles représentations données dans l'intuition *m*'appartiennent toutes, n'exprime donc pas autre chose (*heisst demnach soviel*) sinon que je les unis dans une conscience

* L'unité analytique de la conscience s'attache à tous les concepts communs en tant que tels ; par exemple, si je conçois du *rouge* en général, je me représente par là une qualité qui (comme caractère) peut être trouvée quelque part, ou liée à d'autres représentations ; ce n'est donc qu'au moyen d'une unité synthétique, préconçue possible, que je puis me représenter l'unité analytique. Une représentation qui doit être conçue comme commune à *des choses différentes* (*als verschiedenen gemein*) sera considérée comme appartenant à des choses qui renferment (*an sich haben*) encore, en dehors d'elle, quelque chose de *différent* ; il faut par conséquent la concevoir auparavant comme unie synthétiquement à d'autres (ne serait-ce qu'à des représentations possibles), avant qu'on puisse concevoir en elle l'unité analytique de la conscience qui la transforme en *conceptus communis*. L'unité synthétique de l'aperception est donc ainsi le point le plus élevé auquel il faut rattacher tout l'usage de l'entendement, même la logique entière et, après elle, la philosophie transcendantale. On peut dire que ce pouvoir est l'entendement même (*ja dieses Vermögen ist der Verstand selbst*).

ne sont pas empiriques. En effet, sans elle nous ne pourrions avoir *a priori* ni les représentations de l'espace, ni celles du temps, puisque celles-ci ne peuvent être formées que par la synthèse du divers que fournit la sensibilité dans sa réceptivité originaire. Nous avons donc une synthèse *pure* de l'appréhension.

II. — *De la synthèse de la reproduction dans l'imagination.*

C'est, à la vérité, une loi simplement empirique que celle en vertu de laquelle des représentations qui se sont souvent suivies ou accompagnées finissent par s'associer entre elles et par former ainsi une liaison telle que, en l'absence de l'objet, une de ces représentations fait passer l'esprit (*Gemüth*) à une autre, suivant une règle constante. Cette loi de la reproduction suppose que les phénomènes eux-mêmes soient soumis réellement à une telle règle et que ce qu'il y a de divers dans leurs représentations forme une suite ou une série (*Begleitung oder Folge*) suivant certaines règles; car autrement, notre

---

(*Selbstbewusstsein*) ou que je puis du moins les y unir; et, quoiqu'elle ne soit pas encore elle-même la conscience de la *synthèse* des représentations, elle en présuppose cependant la possibilité. Autrement dit, ce n'est que parce que je puis saisir en une seule conscience le divers de ces représentations que je les nomme, toutes, *mes* représentations; car, sans cela, j'aurais un moi aussi divers et d'autant de couleurs qu'il y a de représentations dont j'ai conscience. L'unité synthétique du divers des intuitions, en tant que donnée *a priori*, est donc le principe (*Grund*) de l'identité de l'aperception elle-même qui précède *a priori* toute *ma* pensée déterminée. Mais la liaison n'est pas dans les objets et n'en peut pas en quelque sorte être tirée par la perception d'où la recevrait tout d'abord l'entendement (*und in den Verstand dadurch allererst aufgenommen werden*); elle n'est, au contraire, qu'une opération de l'entendement qui lui-même n'est rien de plus que le pouvoir de lier *a priori* et de ramener le divers de représentations données à l'unité de l'aperception ; c'est là le principe suprême dans la connaissance humaine tout entière.

Ce principe de l'unité nécessaire de l'aperception est lui-même, à la vérité, identique ; il est, par conséquent, une proposition analytique, mais il manifeste comme nécessaire une synthèse du divers donné dans l'intuition, synthèse sans laquelle cette identité

imagination empirique n'aurait jamais rien à faire qui fût conforme à son pouvoir, et demeurerait donc enfouie au fond de l'esprit (*Gemüths*) comme une faculté morte et inconnue à nous-mêmes. Si le cinabre était tantôt rouge, tantôt noir, tantôt léger, tantôt lourd, si un homme se transformait tantôt en un animal, tantôt en un autre, si dans un long jour la terre était couverte tantôt de fruits, tantôt de glace et de neige, mon imagination empirique ne pourrait jamais trouver l'occasion de recevoir dans la pensée le lourd cinabre avec la représentation de la couleur rouge; ou, si un certain mot était attribué tantôt à une chose, tantôt à une autre, ou, si la même chose était appelée tantôt d'une manière, tantôt d'une autre, sans qu'il y eût aucune règle déterminée à laquelle les phénomènes fussent soumis par eux-mêmes, aucune synthèse empirique de la reproduction ne pourrait avoir lieu.

Il faut donc qu'il y ait quelque chose qui rende possible cette reproduction des phénomènes, en servant de principe *a priori* à une unité nécessaire et synthétique des phénomènes. On ne tarde pas à s'en convaincre, quand on

---

absolue de la conscience de soi ne peut être conçue. En effet, par le *moi*, en tant que simple représentation, il n'est donné aucun divers; ce n'est que dans l'intuition qui en est distincte qu'un divers peut être donné et ce n'est que par *liaison* dans une conscience qu'il peut être pensé. Un entendement dans lequel tout le divers serait en même temps donné par la conscience de soi *serait intuitif*; le nôtre ne peut que *penser* et doit (*muss*) chercher l'intuition dans les sens. J'ai donc conscience d'un moi identique (*des identischen selbst*) par rapport au divers des représentations qui me sont données dans une intuition, parce que j'appelle *miennes* toutes les représentations qui n'en forment qu'*une*. Cela revient à dire que j'ai conscience d'une synthèse nécessaire de ces représentations *a priori*; cette synthèse est (*heisst*) l'unité synthétique originaire de l'aperception, à laquelle sont soumises toutes les représentations qui me sont données, mais à laquelle il faut aussi qu'elles soient ramenées par une synthèse.

§ 17. — *Le principe de l'unité synthétique de l'aperception est le principe suprême de tout l'usage de l'entendement.*

Le principe suprême de la possibilité de toute l'intuition par rapport à la sensibilité était, suivant l'Esthétique transcendantale, que tout le divers de l'intuition fût soumis aux conditions formelles

réfléchit que les phénomènes ne sont pas des choses en soi, mais le simple jeu de nos représentations qui, en définitive, aboutissent à des déterminations du sens interne. Si donc nous pouvons montrer que même nos plus pures représentations *a priori* ne nous procurent jamais aucune connaissance qu'à la condition de renfermer une liaison du divers qui rende possible une synthèse universelle de la reproduction, cette synthèse de l'imagination même est donc fondée antérieurement à toute l'expérience sur des principes *a priori*, et il faut en admettre une synthèse transcendantale pure, servant elle-même de fondement à la possibilité de toute l'expérience (en tant que celle-ci suppose nécessairement aux phénomènes la faculté de se reproduire). Or, il est manifeste que, si je tire une ligne par la pensée ou que je veuille penser le temps d'un midi à un autre, ou même seulement me représenter un certain nombre, il faut d'abord nécessairement que je saisisse une à une dans ma pensée ces diverses représentations. Si je laissais toujours échapper de ma pensée les représentations précédentes (les premières parties de la

---

de l'espace et du temps. Le principe suprême de cette même possibilité par rapport à l'entendement est que tout le divers de l'intuition soit soumis à certaines conditions de l'unité originairement synthétique de l'aperception*. Toutes les représentations diverses des intuitions sont donc soumises au premier de ces principes, en tant qu'elles peuvent nous être *données*, et au second, en tant qu'elles doivent (*müssen*) pouvoir être *liées* dans une conscience ; car, sans cela, rien ne peut être pensé ou connu, par le fait même que les représentations données ne possédant pas en commun l'acte de l'aperception, le *je pense*, ne seraient pas saisies ensemble dans une conscience.

L'*entendement*, à généralement parler, est le pouvoir des *connais-*

* L'espace et le temps et toutes leurs parties sont des *intuitions*, par conséquent des représentations particulières avec le divers qu'elles renferment en elles-mêmes (voyez l'Esthétique transcendantale) ; ce ne sont donc pas de simples concepts. Or, c'est par de tels concepts que la même conscience est trouvée contenue dans plusieurs représentations ou mieux (*sondern*) qu'un grand nombre de représentations sont trouvées contenues en une seule et dans la conscience que nous en avons, par suite comme liées ensemble (*zusammengesetz*) et que, par conséquent, l'unité de la conscience est représentée comme *synthétique* et cependant originaire. Cette *particularité* (*Einzelheit*) en est importante dans l'application (voyez § 25).

ligne, les parties antérieures du temps, ou les unités représentées successivement) et si je ne les reproduisais pas à mesure que j'arrive aux suivantes, aucune représentation entière, aucune des pensées susdites, pas même les représentations fondamentales, les plus pures et toutes premières, de l'espace et du temps, ne pourraient jamais se produire.

La synthèse de l'appréhension est donc inséparablement liée à la synthèse de la reproduction (12). Et, comme cette synthèse constitue le principe transcendantal de la possibilité de toutes les connaissances en général (non seulement des connaissances empiriques, mais aussi des connaissances pures *a priori*), la synthèse reproductive (13) de l'imagination appartient aux actes transcendantaux de l'esprit (*des Gemüths*) et, eu égard à ceci, nous appellerons aussi cette faculté la faculté transcendantale de l'imagination.

III. — *De la synthèse de la recognition dans le concept.*

Si nous n'avions pas conscience que ce que nous pensons est exactement la même chose que ce que nous avons pensé un

---

sances (*das Vermögen der Erkenntnisse*). Celles-ci consistent dans le rapport déterminé de représentations données à un objet (*Object*). Mais l'*objet* (*Object*) est ce dans le concept de quoi est *réuni* le divers d'une intuition donnée. Or toute réunion des représentations exige l'unité de la conscience dans leur synthèse. Par conséquent, l'unité de la conscience est ce qui seul constitue le rapport des représentations à un objet et, par suite, leur valeur objective ; c'est donc cette unité qui en fait des connaissances et c'est sur elle, en conséquence, que repose la possibilité même de l'entendement.

La première connaissance pure de l'entendement sur laquelle se fonde tout son autre usage, et qui, en même temps, est aussi tout à fait indépendante de toutes les conditions de l'intuition sensible est donc le principe de l'unité originaire *synthétique* de l'aperception. Ainsi, la simple forme de l'intuition sensible externe, l'espace, n'est pas encore une connaissance; l'espace ne fait que donner le divers de l'intuition *a priori* pour une connaissance possible. Mais, pour connaître quoi que ce soit dans l'espace, par exemple : une ligne, il faut que je la *tire* et qu'ainsi j'effectue synthétiquement une liaison déterminée du divers donné ; de sorte que l'unité de cet acte est en même temps l'unité de la conscience (dans le concept d'une ligne) et que c'est par là tout d'abord qu'un objet (*Object*) (un espace déterminé) est connu. L'unité synthétique de la

instant auparavant, toute reproduction dans la série des représentations serait vaine. Il y aurait en effet dans l'état présent une nouvelle représentation qui n'appartiendrait pas du tout à l'acte par lequel elle aurait dû être produite peu à peu, et le divers de cette représentation ne fournirait jamais un tout, puisqu'il manquerait de cette unité que la conscience seule peut lui procurer. Si, en comptant, j'oublie que les unités que j'ai présentement devant les yeux ont été successivement ajoutées par moi les unes aux autres, je ne reconnaîtrais pas la production du nombre par cette addition successive de l'unité à l'unité, ni, par suite, le nombre; car ce concept consiste uniquement dans la conscience de cette unité de la synthèse.

Le mot concept pourrait déjà par lui-même nous conduire à cette remarque. C'est, en effet, cette conscience *une* qui réunit en une représentation le divers perçu successivement et ensuite reproduit. Cette conscience peut souvent n'être que faible de telle sorte que nous ne la lions pas à la production de la représentation dans l'acte même, c'est-à-dire immédiatement, mais seulement dans l'effet; mais, malgré

---

conscience est donc une condition objective de toute la connaissance; non seulement j'en ai besoin pour connaître un objet (*Object*), mais il faut aussi que je lui soumette toute intuition *pour qu'elle devienne pour moi un objet* (*Object*), puisque, d'une autre manière et sans cette synthèse, le divers ne s'unirait pas dans une conscience.

Cette dernière proposition est même, comme on l'a dit, analytique, bien qu'elle fasse de l'unité synthétique la condition de toute pensée. En effet, elle ne dit rien de plus sinon que toutes mes représentations, dans n'importe quelle intuition donnée, doivent (*müssen*) être soumises à la condition sous laquelle je peux seulement les attribuer, comme *mes* représentations, à mon moi identique (*zu dem identischen Selbst*) et, par conséquent, les saisir comme liées toutes ensemble dans une aperception sous l'expression générale : *je pense*.

Mais ce principe n'est pourtant pas fondamental (*dieser Grundsatz ist doch nicht ein Princip*) pour tout entendement possible en général; il ne l'est, au contraire, que pour celui dont l'aperception pure, dans la représentation *je suis*, ne fournit encore aucun divers. Un entendement qui, en prenant conscience de lui-même (*durch dessen Selbstbewusstsein*) fournirait en même temps le divers de l'intuition, un entendement qui, en se représentant quel-

cette différence, il faut (*muss*) pourtant qu'il s'y trouve une conscience, bien qu'il lui manque la clarté frappante, autrement les concepts et, avec eux, la connaissance des objets, seraient tout à fait impossibles.

Et ici, il est nécessaire de bien faire comprendre ce qu'on entend par cette expression d'un objet des représentations. Nous avons dit, plus haut, que les phénomènes eux-mêmes ne sont rien que des représentations sensibles, qu'il faut considérer en elles-mêmes, exactement en tant que telles (*in eben derselben Art*), et non pas comme des objets (en dehors de la faculté de représentation). Qu'est-ce donc qu'on entend, quand on parle d'un objet correspondant à la connaissance et aussi, par suite, distinct d'elle ? Il est aisé de voir que cet objet ne doit être conçu que comme quelque chose en général = X, puisqu'en dehors de notre connaissance nous n'avons rien que nous puissions opposer à cette connaissance comme y correspondant.

Mais nous trouvons que notre pensée sur le rapport de toute la connaissance à son objet comporte quelque chose de

---

que chose (*durch dessen Vorstellung*) donnerait en même temps l'existence aux objets (*Objecte*) de cette représentation, n'aurait pas besoin d'un acte particulier de la synthèse du divers pour l'unité de la conscience, comme en a besoin l'entendement humain qui pense simplement et n'est pas intuitif (*nicht anschaut*). Mais pour l'entendement humain ce principe est bien inévitablement le premier principe, de sorte qu'il lui est impossible de se faire le moindre concept d'un autre entendement possible, soit d'un entendement qui serait lui-même intuitif, soit d'un entendement qui reposerait sur une intuition qui, bien que sensible, serait pourtant d'une autre espèce que celle qui sert de fondement à l'espace et au temps.

§ 18. — *Ce qu'est l'unité objective de la conscience de soi.*

L'*unité transcendantale* de l'aperception est celle qui réunit dans un concept de l'objet (*Object*) tout le divers donné dans une intuition. Elle s'appelle pour cette raison *objective* et il faut la distinguer de l'*unité subjective* de la conscience qui est une *détermination du sens interne* par laquelle ce divers de l'intuition est donné empiriquement pour être ainsi lié (*zu einer solchen Verbindung*). Que je puisse *empiriquement* avoir conscience du divers comme simultané ou successif, cela dépend des circonstances ou de conditions empi-

nécessaire, attendu, en effet, que cet objet est considéré comme ce qui est posé devant la connaissance (*Gegenstand..., was dawider ist*) et que nos connaissances ne sont pas déterminées au hasard ou arbitrairement, mais *a priori* d'une certaine manière, puisque, en même temps qu'elles doivent se rapporter à un objet, elles doivent (*müssen*) nécessairement s'accorder entre elles relativement à cet objet, c'est-à-dire avoir cette unité qui constitue le concept d'un objet.

Mais, comme nous n'avons affaire qu'au divers de nos représentations, comme cet X qui leur correspond (l'objet) n'est rien pour nous, puisqu'il doit être quelque chose de distinct de toutes nos représentations, il est clair que l'unité que constitue nécessairement l'objet ne peut être autre chose que l'unité formelle de la conscience dans la synthèse du divers des représentations. Nous dirons donc que nous connaissons l'objet, quand nous avons opéré dans le divers de l'intuition une unité synthétique. Mais cette unité est impossible, si l'intuition n'a pas pu être produite par une telle fonction de la synthèse, d'après une règle qui rend nécessaire *a priori* la

---

riques. Par conséquent, l'unité empirique de la conscience, au moyen de l'association des représentations, se rapporte elle-même à un phénomène et est tout à fait contingente. Au contraire, la forme pure de l'intuition dans le temps, simplement comme intuition en général qui renferme un divers donné, est soumise à l'unité originaire de la conscience uniquement par le rapport nécessaire du divers de l'intuition à une seule chose (*zum Einem*) : le *je pense*, c'est-à-dire par la synthèse pure de l'entendement qui sert *a priori* de fondement à la synthèse empirique. Cette unité seule est objectivement valable ; l'unité empirique de l'aperception, que nous n'examinons pas ici et qui d'ailleurs ne dérive de la première que sous des conditions données *in concreto*, n'a qu'une valeur subjective. Tel lie la représentation d'un certain mot avec telle chose, tel autre avec telle autre chose ; l'unité de la conscience dans ce qui est empirique, n'est, par rapport à ce qui est donné, ni nécessairement, ni généralement valable.

§ 19. — *La forme logique de tous les jugements consiste dans l'unité objective de l'aperception des concepts qui y sont contenus.*

Je n'ai jamais pu être satisfait de la définition que donnent les logiciens d'un jugement en général qui est, à ce qu'ils disent, la représentation d'un rapport entre deux concepts. Or, sans disputer ici avec eux sur le défaut qu'a cette définition de ne s'appliquer en

reproduction du divers, et possible un concept dans lequel ce divers s'unifie. Ainsi, nous concevons un triangle en qualité d'objet lorsque nous avons conscience de l'assemblage de trois lignes droites suivant une règle d'après laquelle une telle intuition peut toujours être représentée (*dargestellt*). Or, cette *unité de la règle* détermine tout le divers et le limite à des conditions qui rendent possible l'unité de l'aperception, et le concept de cette unité est la représentation de l'objet = X que je conçois par ces prédicats d'un triangle.

Toute connaissance exige un concept, si imparfait ou si obscur qu'il puise être, mais le concept est toujours, quant à sa forme, quelque chose de général et qui sert de règle. Ainsi, le concept de corps, suivant l'unité du divers qu'il nous fait penser, sert de règle à notre connaissance des phénomènes externes. Mais s'il peut être une règle des intuitions c'est seulement parce qu'il représente en des phénomènes donnés la reproduction nécessaire de leur divers et, par suite, l'unité synthétique dans la conscience que nous en avons. Ainsi le concept de corps rend nécessaire, dans la percep-

---

tous cas, qu'aux jugements *catégoriques* et non aux jugements hypothétiques et disjonctifs (en tant que ces derniers renferment non seulement un rapport de concepts, mais aussi un rapport de jugements), sans les quereller là-dessus (bien que cette erreur de logique ait donné suite à plusieurs conséquences fâcheuses*), je remarquerai seulement qu'ici reste indéterminé en quoi consiste ce *rapport*.

Mais si je recherche plus exactement le rapport qui existe entre les connaissances données dans chaque jugement et si je le distingue, comme appartenant à l'entendement, du rapport qu'opèrent des lois de l'imagination reproductrice (et qui n'a qu'une valeur subjective), je trouve alors qu'un jugement n'est pas autre chose que la manière de ramener des connaissances données à l'unité *objective* de l'aperception. Le rôle que joue la copule EST

* La longue théorie des quatre figures du syllogisme ne concerne que les raisonnements catégoriques ; et, quoiqu'elle soit, sans plus, un art d'arriver par ruse, en déguisant des conséquences immédiates (*consequentiæ immediatæ*) sous les prémisses d'un raisonnement pur, à offrir l'apparence d'un plus grand nombre d'espèces de raisonnements que le seul mode de raisonner de la première figure (*mehrerer Schlussarten als des in der ersten Figur*), elle n'aurait eu cependant à ce titre seul aucun succès particulier, si elle n'avait pas réussi à faire accorder une autorité exclusive (*in ausschliessliches Ansehen zu bringen*) aux jugements catégoriques, comme ceux auxquels tous les autres doivent pouvoir se rapporter ; ce qui est faux, d'après le § 9.

tion de quelque chose d'extérieur à nous, la représentation de l'étendue, et, avec elle, celles de l'impénétrabilité, de la forme, etc.

Toute nécessité a toujours pour fondement une condition transcendantale. Il faut donc trouver un principe transcendantal de l'unité de la conscience dans la synthèse du divers de toutes nos intuitions, par suite aussi, des concepts des objets en général, par conséquent encore, de tous les objets de l'expérience sans lesquels il serait impossible de penser un objet quelconque à nos intuitions : car cet objet n'est rien de plus que le quelque chose dont le concept exprime une telle nécessité de synthèse.

Or, cette condition originelle et transcendantale n'est autre que *l'aperception transcendantale*. La conscience de « soi-même », opérée par les déterminations de notre état dans la perception intérieure, est simplement empirique, toujours changeante, et elle ne saurait donner un « moi » fixe et permanent au milieu de ce flux des phénomènes intérieurs; on l'appelle ordinairement le *sens interne* ou *l'aperception empirique*. Ce qui doit être *nécessairement* représenté comme

---

dans ces jugements, c'est de distinguer l'unité objective de représentations données de leur unité subjective. Elle désigne, en effet, le rapport de ces représentations à l'aperception originaire et leur *unité nécessaire*, bien que le jugement soit lui-même empirique et, par suite, contingent, comme celui-ci : les corps sont pesants. Je ne veux pas dire, il est vrai, par là que ces représentations se rapportent (*gehören*) *nécessairement les unes aux autres* dans l'intuition empirique, mais qu'elles se rapportent (*gehören*) les unes aux autres, dans la synthèse des intuitions, *grâce à l'unité nécessaire* de l'aperception, c'est-à-dire suivant des principes qui déterminent objectivement toutes les représentations, en tant qu'ils peuvent en faire sortir une connaissance, et qui dérivent tous du principe de l'unité transcendantale de l'aperception. C'est ainsi seulement que de ce rapport naît un *jugement*, c'est-à-dire un rapport qui est *objectivement valable* et qui se distingue suffisamment du rapport de ces mêmes représentations dans lequel la valeur serait simplement subjective, de celui, par exemple, qui résulte des lois de l'association. D'après ces dernières, je pourrais dire seulement que, quand je porte un corps, je sens une impression (*einen Druck*) de pesanteur, mais non que le corps lui-même (*er, der Körper*) est pesant; ce qui revient à dire que ces deux représentations sont liées dans l'objet

numériquement identique ne peut être conçu comme tel au moyen de données empiriques. Il doit (*muss*) y avoir une condition qui précède toute l'expérience et qui rende possible l'expérience elle-même, laquelle doit rendre valable une telle supposition transcendantale.

Or, il ne peut pas y avoir en nous de connaissances, de liaison et d'unité de ces connaissances entre elles, sans cette unité de la conscience qui précède toutes les données des intuitions et par rapport à laquelle toute représentation d'objets est seulement possible. Cette conscience pure, originaire et immuable, je l'appellerai *l'aperception transcendantale*. Qu'elle mérite ce nom, cela ressort clairement de ce que l'unité objective la plus pure elle-même, celle des concepts *a priori* (espace et temps) n'est possible que par le rapport des intuitions à cette aperception. L'unité numérique de cette aperception sert donc de principe *a priori* à tous les concepts, aussi bien que le divers de l'espace et du temps sert de fondement aux intuitions de la sensibilité.

Mais cette même unité transcendantale de l'aperception fait de tous les phénomènes possibles, qui peuvent toujours

---

(*Object*) ou ne dépendent pas de l'état du sujet (*ohne Unterschied des Zustandes des Subjects*) et que ce n'est pas simplement dans la perception (aussi souvent qu'elle soit répétée) qu'elles sont accouplées (*beisammen*).

§ 20. — *Toutes les intuitions sensibles sont soumises aux catégories considérées comme les conditions qui permettent seules d'en ramener le divers à l'unité dans la conscience.*

Le donné, qui est divers dans une intuition sensible, rentre donc nécessairement sous l'unité synthétique originaire de l'aperception puisque l'*unité* de l'intuition n'est possible que par elle (§ 17). Mais l'acte de l'entendement qui ramène à une aperception en général le divers de représentations données (qu'il s'agisse d'intuitions ou de concepts) est la fonction logique du jugement (§ 19). Tout le divers est donc, en tant qu'il est donné dans une intuition empirique, déterminé par rapport à une des fonctions logiques du jugement, laquelle le ramène à l'unité de conscience en général. Or les *catégories* ne sont pas autre chose que ces mêmes fonctions du jugement, en tant que le divers d'une intuition donnée est déterminé par rapport à elles (§ 13) (14). Le divers qui se

se trouver réunis dans une expérience, une liaison de toutes ces représentations d'après des lois. En effet, cette unité de conscience serait impossible si l'esprit (*das Gemüth*), dans la connaissance du divers, ne pouvait avoir conscience de l'identité de la fonction par laquelle elle[1] relie synthétiquement ce divers dans une connaissance. La conscience originaire et nécessaire de l'identité de soi-même est donc en même temps une conscience d'une unité également nécessaire de la synthèse de tous les phénomènes par concepts, c'est-à-dire suivant des règles qui non seulement les rendent nécessairement reproductibles, mais par là aussi déterminent un objet à leur intuition, c'est-à-dire le concept de quelque chose où ils s'enchaînent nécessairement. L'esprit (*das Gemüth*), en effet, ne pourrait pas concevoir, et cela *a priori*, sa propre identité dans la diversité de ses représentations, s'il n'avait devant les yeux l'identité de son acte qui soumet à une unité transcendantale toute la synthèse de l'appréhension (qui est empirique) et en rend tout d'abord possible l'enchaînement d'après des règles *a priori*. Maintenant nous pour-

1. C'est-à-dire, l'unité de l'appréhension.

---

trouve dans une intuition donnée est donc nécessairement soumis aux catégories.

§ 21. — *Remarque.*

Un divers contenu dans une intuition que j'appelle mienne est représenté par la synthèse de l'entendement comme appartenant à l'unité *nécessaire* de la conscience de soi, et cela grâce à la catégorie[*]. Celle-ci montre donc que la conscience empirique d'un divers donné dans une même intuition est soumise à une conscience pure *a priori*, exactement comme l'est une intuition empirique à une intuition sensible pure qui a lieu également *a priori*. La proposition précédente forme donc le commencement d'une *déduction* des concepts purs de l'entendement où (*in welcher*), comme les catégories se produisent — *indépendamment de la sensibilité* — simplement dans l'entendement, il me faut encore faire

[*] L'argument repose sur la représentation de l'*unité de l'intuition* par laquelle un objet est donné, unité qui implique toujours une synthèse du divers donné pour une intuition, et qui renferme déjà le rapport de ce divers à l'unité de l'aperception.

rons déterminer d'une manière plus exacte nos concepts d'un *objet en général*. Toutes les représentations ont, en qualité de représentations, leur objet et peuvent être elles-mêmes, à leur tour, des objets d'autres représentations. Les phénomènes sont les seuls objets qui puissent nous être donnés immédiatement et ce qui en eux se rapporte immédiatement à l'objet s'appelle intuition. Or ces phénomènes ne sont pas des choses en soi, mais seulement des représentations qui, à leur tour, ont leur objet, lequel, par conséquent, ne peut plus être intuitionné par nous et doit, par suite, être appelé l'objet non empirique, c'est-à-dire transcendantal $= X$.

Le concept pur de cet objet transcendantal (qui, en réalité, dans toutes nos connaissances est toujours identiquement $= X$) est ce qui peut procurer à tous nos concepts empiriques en général un rapport à un objet, c'est-à-dire une réalité objective. Or, ce concept ne peut pas renfermer d'intuition déterminée et il ne concernera donc pas autre chose que l'unité qui doit se rencontrer dans un divers de la connaissance, en tant que ce divers est en rapport avec un objet. Mais ce rapport n'est autre chose que l'unité nécessaire de la conscience, par suite aussi de la synthèse du divers au

---

abstraction de la manière dont est donné le divers pour une intuition empirique et ne regarder que l'unité que l'entendement y ajoute dans l'intuition au moyen de la catégorie. Il sera montré dans la suite (§ 26), par la manière dont l'intuition empirique est donnée dans la sensibilité, que l'unité de cette intuition n'est autre que celle que la catégorie, selon le précédent § 20, prescrit au divers d'une intuition donnée en général ; et, par cela seul que la valeur *a priori* de la catégorie sera expliquée relativement à tous les objets de nos sens, on aura donc fait voir que le but de la déduction est complètement atteint avant tout.

Mais il y a un élément dont je ne pouvais pas faire abstraction dans la preuve précédente, c'est que le divers nécessaire à une intuition doit encore être *donné* avant la synthèse de l'entendement et indépendamment de cette synthèse ; de quelle manière pourtant ? cela reste indéterminé. Si je voulais, en effet, me figurer un entendement qui fût lui-même intuitif (un entendement divin, par exemple, qui ne se représenterait pas des objets donnés, mais dont la représentation donnerait ou produirait à la fois les objets mêmes), les catégories, par rapport à une telle connaissance, n'auraient plus de sens. Elles ne sont des règles que pour un

moyen d'une commune fonction de l'esprit (*Gemüths*) qui consiste à le lier dans une représentation. Or, comme cette unité doit être considérée comme nécessaire *a priori* (puisqu'autrement la connaissance serait sans objet) le rapport à un objet transcendantal, c'est-à-dire à la réalité objective de notre connaissance empirique, reposera sur cette loi transcendantale que tous les phénomènes, en tant que par eux doivent (*sollen*) nous être donnés des objets, doivent (*müssen*) être soumis à des règles *a priori* de leur unité synthétique qui seules rendent possible leur rapport dans l'intuition empirique ; c'est-à-dire qu'ils doivent être soumis dans l'expérience aux conditions de l'unité nécessaire de l'aperception, tout aussi bien que, dans la simple intuition, ils le sont aux conditions formelles de l'espace et du temps, et que, même, toute connaissance n'est d'abord possible qu'à cette double condition.

4. — *Explication préliminaire de la possibilité des catégories, comme connaissances a priori.*

Il n'y a qu'*une* expérience où toutes les perceptions soient représentées comme dans un enchaînement complet et con-

---

entendement dont tout le pouvoir consiste dans la pensée, c'est-à-dire dans l'acte de ramener à l'unité de l'aperception la synthèse du divers qui lui a été donné d'autre part dans l'intuition, et qui, par conséquent, ne *connaît* absolument rien par lui-même, mais ne fait que lier et ordonner la matière de la connaissance, l'intuition, qu'il faut que l'objet (*Object*) lui fournisse. Mais de cette propriété qu'a notre entendement de n'arriver à l'unité de l'aperception, *a priori*, qu'au moyen des catégories et seulement par des catégories exactement de cette espèce et de ce nombre, nous pouvons aussi peu donner une raison que nous ne pouvons dire pourquoi nous avons précisément ces fonctions du jugement et non pas d'autres, ou pourquoi le temps et l'espace sont les seules formes de notre intuition possible.

§ 22. — *La catégorie n'a pas d'autre usage pour la connaissance des choses que de s'appliquer à des objets de l'expérience.*

Penser un objet et *connaître* un objet, ce n'est donc pas la même chose. A la connaissance, en effet, appartiennent deux éléments : premièrement le concept, par lequel, en général, un objet est pensé (la catégorie), et secondement l'intuition, par laquelle il est donné :

forme aux règles ; de même qu'il n'y a qu'un espace et qu'un temps où aient lieu toutes les formes du phénomène et tous les rapports de l'être et du non-être. Quand on parle de différentes expériences, il ne s'agit alors que d'autant de perceptions, appartenant, en tant que telles, à une seule et même expérience générale. L'unité universelle et synthétique des perceptions constitue, en effet, précisément la forme de l'expérience et n'est autre chose que l'unité synthétique des phénomènes par concepts.

Si l'unité de la synthèse par concepts empiriques était tout à fait contingente et si ces concepts ne reposaient pas sur un principe transcendantal de l'unité, il serait possible qu'une foule de phénomènes remplît notre âme sans qu'il en pût jamais résulter d'expérience. Mais alors s'évanouirait tout rapport de la connaissance à des objets, puisque l'enchaînement qui se fait en vertu de lois générales et nécessaires lui manquerait ; par suite elle serait pour nous comme si elle n'était rien, une intuition vide de pensée, mais jamais une connaissance.

Les conditions *a priori* d'une expérience possible en général sont en même temps les conditions de la possibilité

---

car, si une intuition correspondante à ce concept ne pouvait pas du tout être donnée, ce concept serait bien une pensée, quant à la forme, mais il n'aurait aucun objet et par lui ne serait possible absolument aucune connaissance de n'importe quelle chose, parce qu'il n'y *aurait*, que je sache, ni ne *pourrait* y avoir *rien* à quoi ma pensée pût être appliquée. Or, toute l'intuition possible pour nous est sensible (Esthétique) ; donc la pensée d'un objet en général ne peut devenir en nous connaissance, par le moyen d'un concept pur de l'entendement, qu'autant que ce concept se rapporte aux objets des sens. L'intuition sensible est ou intuition pure (espace et temps) ou intuition empirique de ce qui est représenté immédiatement comme réel dans l'espace et dans le temps par la sensation. Au moyen de la détermination de la première, nous pouvons acquérir des connaissances *a priori* d'objets (dans la Mathématique), mais au seul point de vue de la forme de ces objets, en tant que phénomènes ; quant à savoir s'il peut se rencontrer des choses dont il faut que l'intuition soit de cette forme, c'est ce que nous laissons encore ici à décider (*bleibt doch dabei noch unausgemacht*). Par conséquent tous les concepts mathématiques ne sont pas des connaissances par eux-mêmes ; à moins de supposer qu'il y a des choses

des objets de l'expérience. Or, j'affirme que les *catégories* précitées ne sont pas autre chose que les *conditions de la pensée dans une expérience possible*, de même que l'*espace et le temps* renferment les *conditions de l'intuition* pour cette expérience. Elles sont donc des concepts fondamentaux qui servent à penser des objets (*Objecte*) en général correspondant aux phénomènes, et elles ont, par conséquent, a priori une valeur objective ; c'est là proprement ce que nous voulions savoir.

Mais la possibilité et même la nécessité de ces catégories repose sur le rapport que toute sensibilité et, avec elle, aussi tous les phénomènes possibles ont avec l'aperception originaire dans laquelle tout doit être nécessairement conforme aux conditions de l'unité universelle de la conscience de soi, c'est-à-dire être soumis aux fonctions générales de la synthèse, je veux parler de la synthèse par concepts dans laquelle l'aperception peut seulement prouver son universelle et nécessaire identité *a priori*. Ainsi, le concept d'une cause n'est pas autre chose qu'une synthèse (de ce qui suit dans la série chronologique avec d'autres phénomènes) opérée *par*

---

qui ne peuvent être représentées en nous que suivant la forme de cette intuition sensible pure. Mais les *choses* ne sont données dans l'*espace* et dans le *temps* qu'en tant que perceptions (représentations accompagnées de sensation), par suite par représentation empirique. Par conséquent, les concepts purs de l'entendement, même quand ils sont appliqués aux intuitions *a priori* (comme dans la Mathématique), ne produisent une connaissance qu'autant que ces intuitions, et par elles aussi les concepts de l'entendement, peuvent être appliquées à des intuitions empiriques. Les catégories ne nous fournissent donc, au moyen de l'intuition, aucune connaissance des choses, si ce n'est par leur application possible à l'*intuition empirique*, en d'autres termes, elles ne servent qu'à la possibilité de la *connaissance empirique*. Or, cette connaissance s'appelle *expérience*. Les catégories ne peuvent donc servir à la connaissance des choses qu'autant seulement qu'on prend ces dernières pour des objets d'une expérience possible.

§ 23.

La proposition précédente est de la plus grande importance ; car elle détermine les limites de l'usage des concepts purs de l'entendement par rapport aux objets, comme l'Esthétique transcendante

concepts, et, sans une unité de ce genre qui a ses règles *a priori* et s'assujettit les phénomènes, on ne trouverait pas une unité universelle et générale, par suite nécessaire, de la conscience dans le divers des perceptions. Mais elles n'appartiendraient plus alors à aucune expérience, resteraient par conséquent sans objet (*Object*), et ne seraient qu'un jeu aveugle des représentations, c'est-à-dire moins qu'un rêve.

Toutes les tentatives faites pour dériver de l'expérience ces concepts purs de l'entendement et leur attribuer une origine simplement empirique sont donc absolument vaines et inutiles. Je ne veux prendre pour exemple que le concept de cause, lequel implique un caractère de nécessité qu'aucune expérience ne peut donner ; l'expérience nous enseigne bien qu'à un phénomène succède ordinairement un autre phénomène, mais non que celui-ci doive nécessairement succéder à celui-là, ni qu'on puisse conclure, *a priori* et d'une manière tout à fait générale, du premier au second, comme on conclut d'une condition à la conséquence. Mais cette règle empirique de l'*association*, qu'il faut pourtant admettre universellement, quand on dit que tout, dans la

---

tale déterminait les limites relatives à l'usage de la forme pure de notre intuition sensible. L'espace et le temps, comme conditions de la possibilité en vertu de laquelle des objets peuvent nous être donnés, n'ont de valeur que par rapport à des objets des sens et par suite de l'expérience. Au delà de ces limites, ils ne représentent plus rien ; car ils ne sont que dans les sens et n'ont en dehors d'eux aucune réalité. Les concepts purs de l'entendement sont affranchis de cette limitation et s'étendent aux objets de l'intuition en général, qu'elle soit ou non semblable à la nôtre, pourvu qu'elle soit sensible et non intellectuelle. Mais cette plus grande extension des concepts au delà de *notre* intuition sensible ne nous sert à rien. En effet, ils ne sont alors que des concepts vides d'objets (*Objecten*) et nous ne pouvons pas juger par eux, simples formes de pensée sans réalité objective, si ces objets sont jamais possibles ou impossibles, parce que nous n'avons sous la main aucune intuition à laquelle puisse être appliquée l'unité synthétique de l'aperception que renferment seule ces concepts, et que c'est ainsi qu'ils pourraient déterminer un objet. *Notre* intuition sensible et empirique peut seule leur procurer un sens et une valeur.

Si donc on admet comme donné un objet (*Object*) d'une intuition non sensible, on peut le représenter assurément par tous les pré-

série des événements, est soumis à des règles, au point que rien n'arrive jamais sans avoir été précédé de quelque autre chose qu'il suit toujours, cette règle, considérée comme une loi de la nature, sur quoi repose-t-elle ? Et comment cette association elle-même est-elle possible ? Le principe de la possibilité de l'association du divers, en tant que ce divers est dans l'objet (*Object*), se nomme l'*affinité du divers*. Je demande donc comment vous vous rendez compréhensible l'universelle affinité des phénomènes (au moyen de laquelle ils sont soumis à des lois constantes et *doivent* (*müssen*) y être soumis).

D'après mes principes, cette affinité est très compréhensible. Tous les phénomènes possibles, en tant que représentations, appartiennent à toute la conscience de soi possible. Mais de cette conscience, considérée comme une représentation transcendantale, l'identité numérique est inséparable, et elle est certaine *a priori*, puisque rien ne peut arriver dans la connaissance qu'au moyen de cette aperception originaire. Or, comme cette identité doit intervenir nécessairement dans la synthèse du divers des phénomènes, en tant qu'elle doit être une connaissance empirique, les phénomènes sont soumis à des conditions *a priori* auxquelles

---

dicats qui sont déjà dans cette supposition *que rien de ce qui appartient à l'intuition sensible ne lui convient*, que, par suite, il n'est pas étendu, qu'il n'est pas dans l'espace, que sa durée est en dehors du temps et qu'il ne peut y avoir en lui de changement (succession de déterminations dans le temps) et ainsi de suite. Mais ce n'est pourtant point posséder une véritable connaissance que de montrer simplement ce que *n'est pas* l'intuition de l'objet (*Objects*), sans pouvoir dire ce qu'elle contient ; car, dans ce cas, je n'ai pas du tout représenté la possibilité d'un objet (*Objects*) pour mon concept pur intellectuel, puisque je n'ai pu donner aucune intuition qui lui correspondît et que j'ai seulement pu dire que notre intuition n'est pas valable pour lui. Mais le principal est, ici, qu'à quelque chose de pareil une seule catégorie ne puisse jamais être appliquée, par exemple, le concept d'une substance, c'est-à-dire de quelque chose qui peut exister comme sujet, mais jamais comme simple prédicat ; car je ne sais pas du tout s'il peut y avoir une chose qui corresponde à cette détermination de pensée, à moins qu'une intuition empirique ne me fournisse le cas de l'application. Nous reviendrons sur ce point dans la suite.

leur synthèse (la synthèse de l'appréhension) doit être universellement conforme. Or, la représentation d'une condition générale d'après laquelle *peut être* posé un certain divers (par suite, d'une manière identique), s'appelle une *règle*, et elle s'appelle une *loi* quand ce divers *doit* être ainsi posé. Tous les phénomènes sont donc universellement liés suivant des lois nécessaires, et par suite ils sont dans une *affinité transcendantale* dont l'affinité *empirique* n'est qu'une simple conséquence.

Que la nature doive se régler sur notre principe subjectif d'aperception et même qu'elle doive en dépendre par rapport à sa conformité aux lois, c'est ce qui paraît aussi absurde qu'étrange. Mais si l'on réfléchit que cette nature n'est en soi qu'un ensemble de phénomènes, que par suite elle n'est pas une chose en soi, mais simplement une multitude de représentations de l'esprit (*Gemüths*), on ne s'étonnera plus de la voir simplement dans le pouvoir radical de toute notre connaissance, l'aperception transcendantale, dans cette unité qui seule lui permet d'être un objet (*Object*) de toute expérience possible, c'est-à-dire une nature, et l'on comprendra, par cette raison même, que nous puissions

§ 24. — *De l'application des catégories aux objets des sens en général.*

Les concepts purs de l'entendement se rapportent par le simple entendement aux objets de l'intuition en général — peu importe que cette intuition soit la nôtre ou une autre quelconque, pourvu qu'elle soit sensible — mais ce ne sont, par là même, que de simples *formes de pensée* qui ne nous font connaître encore aucun objet déterminé. La synthèse, ou liaison, du divers qu'ils renferment se rapportait simplement à l'unité de l'aperception et était par là le principe de la possibilité de la connaissance *a priori*, en tant qu'elle repose sur l'entendement et que, par conséquent, elle n'est pas seulement transcendantale, mais aussi simplement, purement intellectuelle (*rein intellectuel*). Mais, comme il y a en nous *a priori* une certaine forme de l'intuition sensible qui repose sur la réceptivité de notre capacité représentative (sensibilité), l'entendement peut alors, comme spontanéité, déterminer le sens interne, par le divers de représentations données, conformément à l'unité synthétique de l'aperception, et concevoir ainsi *a priori* l'unité synthétique de l'aperception du divers de l'*intuition sensible* comme la condition à laquelle

connaître cette unité *a priori* et, par suite, comme nécessaire, ce à quoi nous devrions renoncer si elle était donnée *en soi*, indépendamment des premières sources de notre pensée. En effet, je ne saurais alors où nous devrions prendre les propositions synthétiques d'une telle unité universelle de la nature, puisque dans ce cas il faudrait les emprunter aux objets de la nature même. Mais comme cela ne pourrait se faire que d'une manière empirique, on n'en pourrait tirer aucune autre unité qu'une unité simplement contingente, laquelle serait loin de suffire à l'enchaînement nécessaire que l'on a dans l'esprit quand on parle de la Nature.

TROISIÈME SECTION

Du rapport de l'entendement à des objets en général et à la possibilité de les connaître a priori.

Ce que nous avons dit d'une façon détachée et fragmentaire dans la section précédente, exposons-le maintenant d'une manière suivie et enchaînée. Il y a trois sources subjectives

---

tous les objets de notre intuition (de l'intuition humaine) doivent être nécessairement soumis. C'est ainsi que les catégories, comme simples formes de pensée, acquièrent une réalité objective, c'est-à-dire une application aux objets qui peuvent nous être donnés dans l'intuition, mais seulement à titre de phénomènes ; car ce n'est que par rapport aux phénomènes que nous sommes capables d'intuition *a priori*.

Cette *synthèse* du divers de l'intuition sensible, qui est possible et nécessaire *a priori*, on peut l'appeler *figurée* (*synthesis speciosa*) pour la distinguer de celle qui serait pensée par rapport au divers d'une intuition en général dans la simple catégorie et qu'on nomme synthèse intellectuelle (*synthesis intellectualis*) ; toutes deux sont *transcendantales*, non seulement parce qu'elles-mêmes précèdent *a priori*, mais parce qu'elles fondent *a priori* la possibilité d'autres connaissances.

Mais la synthèse figurée, quand elle se rapporte simplement à l'unité synthétique originaire de l'aperception, c'est-à-dire à cette unité transcendantale qui est pensée dans les catégories, doit, pour se distinguer de la liaison simplement intellectuelle, être appelée la *synthèse transcendantale de l'imagination*. L'IMAGINATION est le pouvoir de se représenter dans l'intuition un objet *même en son*

de connaissances, sur lesquelles reposent la possibilité d'une expérience en général et la connaissance des objets de cette expérience : les *sens*, l'*imagination* et l'*aperception* ; chacune d'elles peut être regardée comme empirique, — elle l'est dans son application à des phénomènes donnés, — mais toutes sont aussi des éléments ou des fondements *a priori* qui rendent possible cet usage empirique lui-même. Les *sens* représentent les phénomènes empiriquement dans la *perception*; l'imagination, dans l'*association* (la reproduction); l'*aperception*, dans la *conscience empirique* de l'identité des représentations reproductives avec les phénomènes qui les donnent, par suite, dans la *recognition*.

Mais toutes les perceptions (*der sämmtlichen Wahrnemung*) ont pour principe *a priori* l'intuition pure (et si on les considère en tant que représentations, la forme de l'intuition interne, le temps); l'association a pour principe *a priori* la synthèse pure de l'imagination et la conscience empirique, l'aperception pure, c'est-à-dire l'identité universelle d'elle-même dans toutes les représentations possibles.

Si donc nous voulons poursuivre le principe interne de

---

absence. Or, comme toute notre intuition est sensible, l'imagination, en raison de la condition subjective qui seule lui permet de donner aux concepts de l'entendement une intuition correspondante, appartient donc à la *sensibilité;* mais cependant, en tant que sa synthèse est une fonction (*Ausübung*) de la spontanéité, qui est déterminante et non pas simplement déterminable, comme le sens, et que, par suite, elle peut déterminer *a priori* le sens, quant à sa forme, conformément à l'unité de l'aperception, l'imagination est, dans cette mesure, un pouvoir de déterminer la sensibilité *a priori* et sa synthèse des intuitions conformément *aux catégories* doit être la synthèse transcendantale de l'*imagination*. Cette synthèse est un effet de l'entendement sur la sensibilité et une première application de cet entendement (application qui est en même temps le principe de toutes les autres) à des objets de l'intuition possible pour nous. Comme figurée, elle se distingue de la synthèse intellectuelle faite simplement par l'entendement sans le secours de l'imagination. Or, en tant que l'imagination est spontanéité, je l'appelle aussi, quelquefois, l'imagination *productrice* et je la distingue par là de l'imagination *reproductrice*, dont la synthèse est uniquement soumise à des lois empiriques, à celles de l'association, et qui, par conséquent, ne contribue en rien par là à l'explication de la possi-

cette liaison des représentations jusqu'au point où elles doivent toutes converger pour y recevoir tout d'abord l'unité de la connaissance que réclame une expérience possible, nous devons commencer par l'aperception pure. Toutes les intuitions ne sont rien pour nous et ne nous concernent pas le moins du monde, si elles ne peuvent être reçues dans la conscience, qu'elles y pénètrent d'ailleurs directement ou indirectement ; c'est seulement par ce moyen que la connaissance est possible. Nous avons conscience *a priori* de l'identité universelle de nous-mêmes par rapport à toutes les représentations qui peuvent jamais appartenir à notre connaissance, comme d'une condition nécessaire de la possibilité de toutes les représentations (puisqu'elles ne représentent en moi quelque chose qu'à la condition de faire partie, avec tout le reste, d'une seule conscience, par conséquent de pouvoir au moins y être liées). Ce principe est fermement établi *a priori* et peut s'appeler le *principe transcendantal de l'unité de tout le divers* de nos représentations (par conséquent aussi du divers de l'intuition). Or, l'unité du divers dans un sujet est synthétique ; l'aperception pure fournit donc un principe de l'unité synthétique du divers dans toute intuition possible *.

* Que l'on fasse bien attention à cette proposition qui est d'une grande importance. Toutes les représentations ont un rapport nécessaire à une conscience empirique *possible* ; car, si elles n'en avaient pas, il

---

bilité de la connaissance *a priori* et, pour cette raison, n'appartient pas à la philosophie transcendantale, mais à la psychologie.

* *
*

C'est ici le lieu de rendre intelligible le paradoxe que chacun a dû surprendre dans l'exposition de la forme du sens interne (§ 6) : à savoir, que ce sens interne ne nous représente nous-mêmes à la conscience que comme nous nous apparaissons et non comme nous sommes en nous-mêmes, parce que nous n'avons d'autre intuition de nous-mêmes que celle de la manière dont nous sommes intérieurement *affectés*, ce qui paraît être contradictoire, attendu que nous devrions nous comporter comme passifs (*leidend*) vis-à-vis de nous-mêmes ; aussi, d'habitude, préfère-t-on donner pour identiques, dans les systèmes de psychologie, le *sens interne* et le pouvoir de l'aperception (que nous distinguons soigneusement).

Mais cette unité synthétique suppose une synthèse où la renferme, et si la première doit être nécessairement *a priori*, la dernière doit être aussi une synthèse *a priori*. L'unité transcendantale de l'aperception se rapporte donc à la synthèse pure de l'imagination, comme à une condition *a priori* de la possibilité de tout l'ensemble du divers dans une connaissance. *La synthèse productive de l'imagination* peut seule avoir lieu *a priori*; car cette synthèse reproductive repose sur des conditions de l'expérience. Le principe de l'unité

serait tout à fait impossible d'en avoir conscience ; autant dire qu'elles n'existeraient pas du tout. Mais toute conscience empirique a un rapport nécessaire a une conscience transcendantale (qui précède toute expérience particulière), je veux dire à la conscience de moi-même en tant qu'aperception originaire. Il est donc absolument nécessaire que dans ma connaissance toute conscience se rapporte à une conscience (de moi-même). Or il y a ici une unité synthétique du divers (de la conscience) qui est connue *a priori* et sert aussi, justement, de fondement à des propositions synthétiques *a priori* qui concernent la pensée pure, tout comme le temps et l'espace servent de fondement à des propositions qui se rapportent à la forme de la simple intuition. Cette proposition synthétique : que toutes les diverses *consciences empiriques* doivent être liées à une seule conscience de soi, est le principe *absolument* premier et synthétique de notre pensée en général. Mais il ne faut pas, non plus, perdre de vue que la simple représentation *Moi* est par rapport à toutes les autres (dont elle rend possible l'unité collective) la conscience transcendantale. Or, que cette représentation soit claire (conscience empirique) ou obscure, cela ne fait rien ici: il n'est même pas question de la réalité de cette conscience ; mais la possibilité de la forme logique de toute conscience repose nécessairement sur le rapport à cette perception comme à un *pouvoir*.

Ce qui détermine le sens interne, c'est l'entendement et son pouvoir originaire de lier le divers de l'intuition, c'est-à-dire de le ramener à une aperception (en tant que c'est là-dessus même que repose la possibilité de ce pouvoir). Or, comme, en nous hommes, l'entendement n'est pas lui-même un pouvoir de l'intuition et, qu'alors même que cette intuition fût donnée dans la sensibilité, il ne peut pas la faire passer en *lui-même* pour lier en quelque sorte le divers de *sa* propre intuition, sa synthèse, si on la considère en elle-même, n'est autre chose que l'unité de l'acte dont il a conscience, comme tel, indépendamment de la sensibilité, mais par lequel il a le pouvoir de déterminer lui-même intérieurement la sensibilité par rapport au divers que celle-ci peut lui donner suivant la forme de son intuition. Sous le nom d'une *synthèse transcendantale de l'imagination*, il exerce donc sur le sujet *passif* dont il est le *pouvoir* une action dont nous disons avec raison que le sens interne en est

nécessaire de la synthèse pure (productive) de l'imagination, antérieurement à l'aperception, est donc le principe de la possibilité de toute connaissance, surtout de l'expérience.

Nous appelons transcendantale la synthèse du divers dans l'imagination quand, dans toutes les intuitions, sans les distinguer les unes des autres, elle ne se rapporte *a priori* simplement qu'à la liaison du divers, et l'unité de cette synthèse s'appelle transcendantale quand, relativement à l'unité originaire de l'aperception, elle est représentée comme nécessaire *a priori*. Or, comme cette dernière sert de fondement à la possibilité de toutes les connaissances, l'unité transcendantale de la synthèse de l'imagination est la forme pure de toute connaissance possible, et par elle, par conséquent, tout les objets de l'expérience possible doivent être représentés *a priori*.

L'unité de l'aperception relativement à la synthèse de l'imagination est *l'entendement* et, cette même unité, relativement à la *synthèse transcendantale* de l'imagination, est *l'entendement pur*. Il y a donc dans l'entendement des

---

affecté. L'aperception et son unité synthétique sont si peu identiques au sens interne qu'elles atteignent plutôt, comme sources de toute liaison, le divers des *intuitions en général* sous le nom des catégories (15), antérieurement à toute intuition sensible d'objets (*Objecte*) en général ; le sens interne renferme, au contraire, la simple *forme* de l'intuition, mais sans liaison du divers qu'elle contient ; il ne contient donc pas encore une intuition *déterminée*, laquelle n'est possible que par la conscience de la détermination du sens interne au moyen de l'acte transcendantal de l'imagination — (c'est-à-dire par l'influence synthétique de l'entendement sur le sens interne) — que j'ai appelée la synthèse figurée.

C'est, d'ailleurs, ce que nous remarquons toujours en nous. Nous ne pouvons pas penser une ligne sans la *tirer* par la pensée, un cercle sans le *décrire* ; nous ne saurions, non plus, nous représenter les trois dimensions de l'espace, sans *faire partir* (*ohne zu setzen*) d'un même point trois lignes perpendiculaires l'une à l'autre, ni même le temps sans *tirer* une ligne droite (qui doit être la représentation externe figurée du temps) et sans porter en même temps notre attention sur l'acte de la synthèse du divers, par lequel nous déterminons successivement le sens interne, et, par là, sur la succession de cette détermination en lui. Le mouvement, comme acte du sujet (non comme détermination

connaissances pures *a priori* qui renferment l'unité nécessaire de la synthèse pure de l'imagination par rapport à tous les phénomènes possibles. Ce sont les *catégories*, c'est-à-dire les concepts purs de l'entendement ; par suite, le pouvoir empirique de connaître que possède l'homme renferme nécessairement un entendement qui se rapporte à tous les objets des sens, bien que ce ne soit qu'au moyen de l'intuition et de la synthèse que l'imagination en fait, que tous les phénomènes, considérés comme des *data* pour une expérience possible, sont soumis à ces catégories. Mais, comme ce rapport des phénomènes à une expérience possible est également nécessaire (puisque sans lui nous n'en recevrions absolument aucune connaissance et que, par suite, ils ne seraient absolument rien pour nous), il s'ensuit que l'entendement pur, par l'intermédiaire des catégories, est un principe formel et synthétique de toutes les expériences et que les phénomènes ont un *rapport nécessaire à l'entendement*.

Nous allons maintenant mettre sous les yeux l'enchaînement nécessaire de l'entendement avec les phénomènes au

---

d'un objet) (*Objects*)* et, par conséquent, la synthèse du divers dans l'espace, si, faisant abstraction de cet espace, nous considérons simplement l'acte par lequel nous déterminons le *sens interne* conformément à sa forme, le mouvement, dis-je, produit avant tout le concept de la succession. L'entendement ne trouve donc pas dans le sens interne, pour ainsi dire déjà faite, une telle liaison du divers, mais c'est en *affectant* ce sens qu'il la *produit*. Mais la question de savoir comment le moi, le je pense, est distinct du moi qui s'intuitionne lui-même (puisque je peux encore me représenter, au moins comme possible, un autre mode d'intuition), tout en ne formant avec ce dernier qu'un seul et même sujet ; comment je puis dire par conséquent : *moi*, comme intelligence et sujet *pensant*, je me connais moi-même, en qualité d'objet (*Object*) *pensé*, en tant que je suis en outre donné à moi-même dans l'intuition, seulement comme je connais les autres phénomènes, c'est-à-dire non pas tel que je suis

* Le mouvement *d'un objet* (*Objects*) dans l'espace n'appartient pas à une science pure, ni, par suite, à la géométrie, parce que nous ne pouvons pas connaître *a priori* que quelque chose soit mobile et que seule l'expérience nous l'apprend. Mais le mouvement, comme *description* d'un espace, est un acte pur de la synthèse successive du divers dans l'intuition externe en général par l'imagination productrice, et appartient non seulement à la géométrie, mais même à la philosophie transcendantale.

moyen des catégories, de façon à aller de bas en haut, en partant de l'empirique. La première chose qui nous est donnée est le phénomène qui, lié à une conscience, se nomme perception (sans le rapport à une conscience du moins possible, le phénomène ne pourrait jamais être pour nous un objet de connaissance ; il ne serait donc rien pour nous, et, n'ayant pas en soi de réalité objective et n'existant que dans la connaissance, il ne serait absolument rien). Mais, puisque tout phénomène renferme un divers, que, par conséquent, il y a dans l'esprit (*Gemüth*) diverses perceptions disséminées et isolées en soi, il doit y avoir entre elles une liaison qu'elles ne peuvent pas avoir dans les sens mêmes. Il y a donc en nous un pouvoir actif qui fait la synthèse de ce divers ; nous le nommons l'imagination, et son action qui s'exerce immédiatement dans les perceptions, je l'appelle appréhension*. En effet l'imagination doit former un *tableau*

---

* Que l'imagination fasse nécessairement partie (*Ingredienz*) de la perception, c'est ce que nul psychologue n'avait encore bien vu. Cela vient, en partie, de ce qu'on bornait ce pouvoir à des reproductions, en partie, de ce que l'on croyait que les sens ne nous fournissaient pas seulement des impressions, mais les enchaînaient aussi et en formaient des images des objets, ce qui, sans aucun doute, outre la réceptivité des impressions, exige quelque chose de plus, je veux dire une fonction qui en opère la synthèse.

---

devant l'entendement, mais tel que je m'apparais à moi-même ; cette question ne présente ni plus ni moins de difficulté que celle de savoir comment je puis être moi-même en général un objet (*Object*) et même un objet d'intuition et de perception interne. Or, que, pourtant, il doive en être réellement ainsi, on peut clairement le montrer, dès qu'on tient l'espace pour une simple forme pure des phénomènes des sens externes : du moment que nous ne pouvons pas nous représenter le temps, qui n'est pas cependant un objet d'intuition externe, autrement que sous la figure d'une ligne que nous tirons, et que, sans ce mode d'exposition, nous ne saurions jamais reconnaître l'unité de sa dimension ; de même, du moment que nous tirons toujours la détermination de la longueur du temps (*Zeitlänge*) ou encore des époques (*Zeitstellen*), pour toutes les perceptions intérieures, de ce que les choses extérieures nous représentent de changeant, et que, par conséquent, nous devons ordonner dans le temps, en tant que phénomènes, les déterminations du sens interne, exactement de la même manière que nous ordonnons dans l'espace celles des sens externes ; par conséquent, du moment que nous admettons, de

du divers fourni par l'intuition : il lui faut donc, auparavant, recevoir les impressions dans son activité, c'est-à-dire les appréhender.

Il est clair que même cette aperception du divers ne produirait pas par elle seule une image et un ensemble d'impressions, s'il n'y avait pas un principe subjectif capable d'évoquer une perception d'où l'esprit passe à une autre, à la suivante, et ainsi de représenter toute la série de ces perceptions, je veux dire un pouvoir reproducteur de l'imagination, pouvoir qui n'est donc toujours qu'empirique.

Mais puisque, si des représentations se reproduisaient les unes les autres, sans distinction, exactement comme elles se sont produites ensemble par hasard, il ne pourrait jamais en résulter un enchaînement déterminé, puisqu'elles ne formeraient que des tas incohérents et que, par suite, il n'en sortirait aucune connaissance, il faut que leur reproduction ait une règle par laquelle une représentation entre en liaison avec une plutôt qu'avec une autre dans l'imagination. Ce principe subjectif et *empirique* de la reproduction d'après des règles est appelé l'*association* des représentations.

Or, si cette unité de l'association n'avait pas aussi un principe objectif, de telle sorte qu'il fût impossible (16) que des phénomènes fussent appréhendés par l'imagination autrement

---

ces derniers, qu'ils ne nous font connaître des objets (*Objecte*) qu'autant que nous sommes affectés du dehors, nous devons avouer, alors, du sens interne qu'il ne nous fournit de nous-mêmes qu'une intuition conforme à la manière dont nous sommes intérieurement affectés *par nous-mêmes* (*dass wir dadurch uns selbst nur so anschauen, wie wir innerlich von uns selbst afficirt werden*), c'est-à-dire qu'en ce qui concerne l'intuition interne, nous ne connaissons notre propre sujet que comme phénomène et non dans ce qu'il est en soi*.

§ 25.

Au contraire, j'ai conscience de moi-même, — dans la synthèse

* Je ne vois pas comment on peut trouver tant de difficultés à admettre que le sens interne soit affecté par nous-mêmes. Tout *acte d'attention* peut nous en donner un exemple. L'entendement y détermine toujours le sens interne, conformément à la liaison qu'il pense, à l'intuition interne qui correspond au divers dans la synthèse de l'entendement. Combien l'esprit (*Gemüth*) est communément affecté de cette manière, c'est ce que chacun peut observer en lui-même.

que sous la condition d'une unité synthétique possible de cette appréhension, ce serait quelque chose de tout à fait accidentel que des phénomènes pussent se ranger dans un enchaînement des connaissances humaines. En effet, bien que nous eussions le pouvoir d'associer des perceptions, la question de savoir si ces perceptions seraient susceptibles de s'associer serait encore cependant tout à fait indéterminée et contingente, et, dans le cas où elle ne le serait pas, il pourrait y avoir une multitude de perceptions et même toute une sensibilité dans laquelle on pourrait trouver dans mon esprit beaucoup de consciences empiriques, mais isolées et sans faire partie d'une conscience *unique* de moi-même, ce qui est impossible. C'est seulement parce que je rattache toutes les perceptions à une

---

transcendantale du divers des représentations en général, par conséquent dans l'unité synthétique originaire de l'aperception, — non pas tel que je m'apparais, ni tel que je suis en moi-même, mais j'ai seulement conscience *que* je suis. Cette *représentation* est une *pensée*, et non une *intuition*. Or, comme pour la *connaissance* de nous-mêmes, outre l'acte de la pensée qui ramène le divers de toute intuition possible à l'unité de l'aperception, est encore requis un mode déterminé de l'intuition par lequel est donné ce divers, ma propre existence n'est pas, sans doute, un phénomène (encore moins une apparence), mais la détermination de mon existence* ne peut se faire que conformément à la forme du sens interne et d'après la manière particulière dont le divers, que je lie, est donné dans l'intuition interne ; d'après cela, je n'ai donc aucune *connaissance* de moi *tel que je suis*, mais je me connais simplement tel que je *m'apparais* à moi-même. La con-

* Le « je pense » exprime l'acte qui détermine mon existence. L'existence est donc déjà donnée par là, mais la manière dont je dois la déterminer, c'est-à-dire poser en moi le divers qui appartient à cette existence, ne l'est pas encore. Il faut pour cela l'intuition de soi-même qui a pour fondement une forme donnée *a priori*, c'est-à-dire, le temps qui est sensible et appartient à la réceptivité de ce qui est à déterminer. Or, si, en outre, je n'ai pas une autre intuition de moi-même qui donne *ce qui détermine* en moi et dont ma conscience ne connaît que la spontanéité, et qui le donne avant l'acte de la *détermination*, de même que le *temps* fournit ce qui est à déterminer, je ne peux donc pas déterminer mon existence comme celle d'un être spontané, mais je me représente seulement la spontanéité de mon acte de pensée, c'est-à-dire de détermination, et mon existence n'est jamais déterminable que d'une manière sensible, c'est-à-dire comme l'existence d'un phénomène. Cependant cette spontanéité fait que je m'appelle une *intelligence*.

conscience (à l'aperception originaire) que je peux dire de toutes les perceptions que j'en ai conscience. Il faut donc qu'il y ait un principe objectif, c'est-à-dire perceptible *a priori*, antérieurement à toutes les lois empiriques de l'imagination, — principe sur lequel repose la possibilité et même la nécessité d'une loi s'étendant à tous les phénomènes et consistant à les regarder complètement comme des *données* des sens, susceptibles de s'associer entre elles et soumises aux règles universelles d'une liaison totale dans la reproduction. C'est ce principe objectif de toute association des phénomènes que je nomme l'*affinité* de ces phénomènes. Mais nous ne pouvons le trouver nulle part ailleurs que dans le principe de l'unité de l'aperception, relativement à toutes les connaissances qui doivent m'appartenir. Suivant ce principe, il faut

---

science de soi-même n'est donc pas encore, il s'en faut, une connaissance de soi-même malgré toutes les catégories qui constituent la pensée d'un *objet* (*Objects*) *en général* par liaison du divers dans une aperception. De même que pour la connaissance d'un objet (*Objects*) distinct de moi, outre la pensée d'un objet (*Objects*) *en général* (dans la catégorie), j'ai encore besoin d'une intuition par laquelle je détermine ce concept général ; de même, pour la connaissance de moi-même, outre la conscience ou indépendamment de ce que je me pense, j'ai encore besoin d'une intuition du divers en moi qui me sert à déterminer cette pensée. J'existe comme une intelligence qui a simplement conscience de son pouvoir de synthèse, mais qui, par rapport au divers qu'elle doit lier, étant soumise à une condition restrictive qu'elle nomme le sens interne, ne peut rendre perceptible cette liaison que suivant des rapports de temps, qui sont tout à fait en dehors des concepts propres de l'entendement. Elle ne peut, par conséquent, se connaître elle-même que comme elle s'apparaît à elle-même, par rapport à une intuition (qui ne peut pas être intellectuelle ni donnée par l'entendement lui-même), et non comme elle se connaîtrait si son *intuition* était intellectuelle.

§ 26. — *Déduction transcendantale de l'usage expérimental généralement possible des concepts purs de l'entendement.*

Dans la *déduction métaphysique*, l'origine *a priori* des catégories en général a été démontrée par leur accord parfait avec les fonctions logiques générales de la pensée, et, dans la *déduction transcendantale*, a été exposée la possibilité de ces catégories

que tous les phénomènes, absolument, entrent dans l'esprit ou soient appréhendés de telle sorte qu'ils s'accordent avec l'unité de l'aperception, ce qui serait impossible sans unité synthétique dans leur enchaînement, qui, par suite, est aussi objectivement nécessaire.

L'unité objective de toute conscience (empirique) dans une seule conscience (celle de l'aperception originaire) est donc la condition nécessaire de toute perception possible, et l'affinité (prochaine ou éloignée) de tous les phénomènes est une conséquence nécessaire d'une synthèse dans l'imagination qui est fondée *a priori* sur des règles.

L'imagination est donc aussi un pouvoir de synthèse *a priori*, et c'est pourquoi nous lui donnons le nom d'imagination productrice, et, en tant que, par rapport à tout le divers du phénomène, elle n'a pas d'autre but que l'unité nécessaire de la synthèse de ce phénomène, on peut l'appeler la fonction transcendantale de l'imagination. Aussi est-il sans doute étrange, mais pourtant évident d'après ce qui précède, que ce soit seulement au moyen de cette fonction transcendan-

---

comme connaissances *a priori* d'objets d'une intuition en général (§ 20-21). Il s'agit maintenant d'expliquer la possibilité de connaître *a priori au moyen* de *catégories* les objets qui ne *sauraient jamais se présenter qu'à nos sens*, et cela, non pas quant à la forme de leur intuition, mais quant aux lois de leur liaison, par suite d'expliquer comment nous pouvons prescrire en quelque sorte à la nature sa loi et même la rendre possible. Sans cette application des catégories, en effet, on ne verrait pas clairement comment tout ce qui peut seulement se présenter à nos sens doit être soumis à des lois qui dérivent *a priori* de l'entendement seul.

Je fais remarquer tout d'abord que j'entends par la *synthèse* de l'*appréhension* la réunion (Zusammensetzung) du divers dans une intuition empirique qui rend possible la perception, c'est-à-dire la conscience empirique de cette intuition (comme phénomène).

Nous avons des *formes* de l'intuition sensible, aussi bien externe qu'interne, *a priori*, dans les représentations d'espace et de temps, et à ces représentations doit toujours être conforme la synthèse de l'appréhension du divers du phénomène, puisqu'elle-même ne peut avoir lieu que suivant cette forme. Or l'espace et le temps ne sont pas simplement représentés *a priori* comme des *formes* de l'intuition sensible, mais comme des *intuitions* mêmes (qui contiennent un divers), par suite avec la détermination de l'*unité*

tale de l'imagination que deviennent possibles l'affinité des phénomènes, avec elle, l'association, et, par cette dernière, la reproduction suivant des lois, par conséquent l'expérience elle-même, puisque sans elle il n'y aurait jamais dans l'expérience aucun concept d'objets.

En effet le moi fixe et permanent (de l'aperception pure) forme le corrélatif de toutes nos représentations en tant qu'il est simplement possible d'en avoir conscience, et toute conscience appartient à une aperception pure qui embrasse tout, de même que toute intuition sensible, en tant que représentation, appartient à une intuition pure intérieure, c'est-à-dire au temps. C'est donc cette aperception qui doit s'ajouter à l'imagination pure pour rendre sa fonction intellectuelle. En effet, en elle-même, la synthèse de l'imagination, bien que pratiquée *a priori*, est cependant toujours sensible, puisqu'elle ne relie le divers que comme il *apparaît* dans l'intuition, par exemple : la figure d'un triangle. Mais c'est par le rapport du divers à l'unité de l'aperception que peuvent être effectués des concepts qui appartiennent à l'entendement, mais seu-

---

de ce divers qu'ils contiennent (voyez l'Esthétique transcendantale)*. Donc l'*unité de la synthèse* du divers, hors de nous ou en nous, et, par suite, aussi une *liaison* à laquelle tout ce qui doit (*soll*) être représenté comme déterminé dans l'espace ou dans le temps doit (*muss*) être conforme, est elle-même déjà donnée *a priori* comme condition de la synthèse de toute l'*appréhension*, avec (et non dans) ces intuitions. Mais cette unité synthétique ne peut être que celle de la liaison, dans une conscience originaire, du divers d'une *intuition* donnée *en général*, mais, conformément aux catégories, appliquée seulement à notre *intuition sensible*. Par conséquent, toute synthèse, qui rend possible la perception

* L'espace représenté comme *objet* (ainsi que c'est réellement nécessaire dans la géométrie) contient plus qu'une simple forme de l'intuition, à savoir, la *synthèse* (*Zusammenfassung*) dans une représentation intuitive du divers donné suivant la forme de la sensibilité, de sorte que la *forme de l'intuition* donne simplement le divers et *l'intuition formelle*, l'unité de la représentation. Cette unité, je ne l'ai simplement attribuée, dans l'Esthétique, à la sensibilité que pour faire remarquer qu'elle précède tout concept, bien qu'elle suppose une synthèse qui n'appartient pas aux sens, mais qui rend tout d'abord possibles tous les concepts d'espace et de temps. Car, puisque par cette synthèse (alors que l'entendement détermine la sensibilité) l'espace et le temps sont tout d'abord *donnés* en qualité d'intuitions, l'unité de cette intuition *a priori* appartient à l'espace et au temps et non au concept de l'entendement (§ 24).

lement au moyen de l'imagination relativement à l'intuition sensible.

Nous avons donc une imagination pure, comme pouvoir fondamental de l'âme humaine, qui sert *a priori* de principe à toute connaissance. Au moyen de ce pouvoir (17), nous relions, d'une part, le divers de l'intuition avec, d'autre part, la condition de l'unité nécessaire de l'aperception pure. Les deux termes extrêmes, c'est-à-dire la sensibilité et l'entendement, doivent nécessairement s'accorder grâce à cette fonction transcendantale de l'imagination, puisque autrement tous deux donneraient sans doute des phénomènes, mais ne donneraient pas d'objets d'une connaissance empirique, ni, par suite, d'expérience. L'expérience réelle qui se compose de l'appréhension, de l'association (de la reproduction), enfin de la recognition des phénomènes contient, dans cette recognition dernière et suprême (des éléments simplement empiriques de l'expérience), des concepts qui rendent possible l'unité formelle de l'expérience et, avec elle, toute la valeur

---

même, est soumise aux catégories, et, comme l'expérience est une connaissance par perceptions liées, les catégories sont les conditions de la possibilité de l'expérience et sont donc valables aussi *a priori* pour tous les objets de l'expérience.

* *

Quand donc, par exemple, je convertis en perception l'intuition empirique d'une maison par l'appréhension du divers qu'elle présente, l'*unité nécessaire* de l'espace et de l'intuition externe sensible en général me sert de fondement et je dessine en quelque sorte la forme de cette maison conformément à cette unité synthétique du divers dans l'espace. Or cette même unité synthétique, si je fais abstraction de la forme de l'espace, à son siège dans l'entendement, et c'est la catégorie de la synthèse de l'homogène dans une intuition en général ; c'est-à-dire la catégorie de la *quantité*, à laquelle cette synthèse de l'appréhension, c'est-à-dire la perception, doit être donc entièrement conforme*.

* On prouve de cette manière que la synthèse de l'appréhension, qui est empirique, doit être nécessairement conforme à la synthèse de l'aperception, qui est intellectuelle et entièrement contenue *a priori* dans la catégorie. C'est une seule et même spontanéité qui, là sous le nom d'imagination, ici sous celui d'entendement, introduit la liaison dans le divers de l'intuition.

objective (la vérité) de la connaissance empirique. Or, ces principes de la recognition du divers, en tant qu'ils concernent *simplement la forme d'une expérience en général* sont les *catégories* auxquelles j'ai fait allusion. C'est donc sur ces catégories que se fonde toute l'unité formelle dans la synthèse de l'imagination, et au moyen de cette unité, l'unité de tout leur usage empirique (dans la recognition, la reproduction, l'association et l'appréhension) descendant jusqu'aux phénomènes, puisque c'est seulement au moyen de ces éléments de la connaissance en général que ces derniers peuvent appartenir à notre conscience et, par suite, à nous-mêmes.

C'est donc nous-mêmes qui introduisons l'ordre et la régularité dans les phénomènes que nous appelons Nature, et nous ne pourrions les trouver s'ils n'y avaient pas été mis originairement par nous ou par la nature de notre esprit. En effet, cette unité de la nature doit être une unité nécessaire, c'est-à-dire certaine *a priori* de la liaison des phénomènes. Mais comment pourrions-nous mettre en avant *a priori* une unité synthétique, si les sources originaires

---

Quand je perçois (pour prendre un autre exemple) la congélation de l'eau, j'appréhende alors deux états (ceux de la fluidité et de la solidité) comme étant unis entre eux par une relation de temps. Mais dans le temps, que je donne pour fondement au phénomène, en tant qu'*intuition* interne, je me représente nécessairement l'*unité* synthétique du divers, sans laquelle cette relation ne pourrait pas être donnée dans une intuition d'*une façon déterminée* (par rapport à la succession). Or il se trouve que cette unité synthétique, en qualité de condition *a priori*, qui me permet de lier le divers d'une *intuition en général*, et abstraction faite de la forme constante de *mon* intuition interne, c'est-à-dire du temps, est la catégorie de la cause par laquelle, quand je l'applique à ma sensibilité, je détermine *toutes les choses qui arrivent dans le temps en général au point de vue de leur relation*. L'appréhension dans un événement de cette espèce, — et, avec elle cet événement même, relativement à la perception possible, — est donc soumise au concept du *rapport des effets et des causes ;* et il en est de même dans tous les autres cas.

*
* *

Les catégories sont des concepts qui prescrivent des lois *a priori* aux phénomènes, et par suite à la nature considérée comme l'ensemble de tous les phénomènes (*natura materialiter spectata*). Or,

de connaissance de notre esprit ne contenaient pas *a priori* des principes subjectifs d'une telle unité, et si ces conditions subjectives n'étaient pas en même temps objectivement valables, étant les principes de la possibilité de reconnaître en général un objet dans l'expérience.

Nous avons défini plus haut *l'entendement* de diverses manières ; nous l'avons défini une spontanéité de la connaissance (par opposition à la réceptivité de la sensibilité), un pouvoir de penser, ou un pouvoir de former des concepts, ou un pouvoir de porter des jugements, et ces définitions une fois mises en lumière reviennent toutes au même. Nous pouvons maintenant le caractériser en l'appelant le *pouvoir des règles*. Ce caractère est plus fécond et se rapproche davantage de son essence. La sensibilité nous donne des formes (de l'intuition), mais l'entendement, des règles. Celui-ci est toujours occupé à épier les phénomènes dans le dessein de leur trouver quelques règles. Les règles, en tant qu'objectives (par suite, comme appartenant nécessairement à la connaissance de l'objet), s'appellent des lois.

---

puisque ces catégories ne sont pas dérivées de la nature et qu'elles ne se règlent pas sur elle comme sur leur modèle (car autrement elles seraient simplement empiriques), on peut se demander comment on peut comprendre que la nature doive se régler d'après elles, c'est-à-dire comment elles peuvent déterminer *a priori* la liaison du divers de la nature, sans la tirer de la nature elle-même. Voici la solution de cette énigme.

Il n'est pas du tout plus étrange (*um nichts befremdlicher*) de comprendre comment les lois des phénomènes dans la nature doivent concorder avec l'entendement et sa forme *a priori*, c'est-à-dire son pouvoir *de lier* le divers en général, que la manière dont les phénomènes eux-mêmes doivent concorder avec la forme de l'intuition sensible *a priori*. Les lois, en effet, n'existent pas plus dans les phénomènes que les phénomènes n'existent en soi ; ces lois n'existent que relativement au sujet auquel les phénomènes sont inhérents, en tant qu'il est doué d'entendement, absolument comme ces phénomènes n'existent que relativement au même être, en tant qu'il est doué de sens. Des choses en soi posséderaient nécessairement d'elles-mêmes leur conformité à la loi (*Gesetzmässigkeit*), même en dehors d'un entendement qui les connût. Mais les phénomènes ne sont que des représentations de choses dont nous ne savons pas ce qu'elles peuvent être en soi. En qualité de

Bien que l'expérience nous fasse connaître beaucoup de lois, celles-ci ne sont pourtant que des déterminations particulières de lois encore plus élevées, dont les plus hautes (auxquelles sont soumises toutes les autres) procèdent *a priori* de l'entendement même ; elles ne sont pas dérivées de l'expérience, mais elles procurent au contraire aux phénomènes leur conformité aux lois et par ce moyen rendent l'expérience possible. L'entendement n'est donc pas simplement un pouvoir de se faire des règles par la comparaison des phénomènes, il est lui-même une législation pour la nature, c'est-à-dire que sans l'entendement il n'y aurait nulle part de nature, je veux dire d'unité synthétique du divers des phénomènes d'après des règles. En effet, les phénomènes comme tels ne peuvent pas avoir lieu en dehors de nous, mais ils n'existent que dans notre sensibilité. Mais la nature (18), en tant qu'objet de la connaissance dans une expérience, n'est possible, avec tout ce qu'elle peut contenir, que dans l'unité de l'aperception. Or l'unité de l'aperception est le principe transcendantal de la conformité nécessaire de

---

simples représentations, ils ne sont soumis absolument à aucune loi de liaison, si ce n'est à celle que prescrit le pouvoir qui relie. Or, ce qui relie le divers de l'intuition sensible, c'est l'imagination qui dépend de l'entendement, quant à l'unité de sa synthèse intellectuelle, et de la sensibilité, quant au divers de l'appréhension. Or, comme toute perception possible dépend de la synthèse de l'appréhension, mais que cette synthèse empirique elle-même dépend de la synthèse transcendantale et, par conséquent, des catégories, toutes les perceptions possibles, par suite aussi ce qui peut jamais arriver à la conscience empirique, c'est-à-dire tous les phénomènes de la nature, quant à leur liaison, doivent être soumis aux catégories, et la nature (considérée simplement comme nature en général) dépend de ces catégories comme du fondement originaire de sa conformité nécessaire à la loi (en qualité de *natura formaliter spectata*). Mais fournir plus de lois que celles sur lesquelles repose une *nature en général* considérée comme conformité des phénomènes aux lois (*als Gesetzmässigkeit der Erscheinungen*) dans l'espace et dans le temps, c'est à quoi ne suffit pas le pouvoir qu'a l'entendement pur de prescrire des lois *a priori* aux phénomènes par de simples catégories. Des lois particulières concernant des phénomènes déterminés empiriquement *ne* peuvent *pas* être *intégralement dérivées* des catégories bien qu'elles leur soient sou-

tous les phénomènes aux lois dans une expérience. Mais cette même unité de l'aperception relativement à un divers de représentations (qu'il s'agit de déterminer en partant d'une seule) est la règle, et le pouvoir qui fournit ces règles est l'entendement. Tous les phénomènes, comme expériences possibles, résident donc *a priori* dans l'entendement et y reçoivent leur possibilité formelle, de même que, comme simples intuitions, ils résident dans la sensibilité et ne sont possibles que par elle, quant à la forme.

Si extravagant et si absurde qu'il semble donc de dire que l'entendement est lui-même la source des lois de la nature, et par conséquent de l'unité formelle de la nature, une telle assertion est cependant tout à fait exacte et conforme à l'objet, c'est-à-dire à l'expérience. Sans doute, des lois empiriques, comme telles, ne peuvent pas plus tirer leur origine de l'entendement pur que la diversité incommensurable des phénomènes ne peut être suffisamment comprise par la forme pure de l'intuition sensible. Mais toutes les lois empiriques ne sont que des déterminations particulières des lois pures de l'entendement; c'est sous ces lois et d'après leur

---

mises dans leur ensemble. Il faut le concours de l'expérience pour apprendre à connaître ces dernières lois *en général;* mais les premières seules nous instruisent *a priori* de l'expérience en général et de ce qui peut être connu comme un objet de cette expérience.

§ 27. — *Résultat de cette déduction des concepts de l'entendement.*

Nous ne pouvons penser aucun objet qu'au moyen de catégories; nous ne pouvons *connaître* aucun objet pensé sans le moyen d'intuitions qui correspondent à ces concepts. Or, toutes nos intuitions sont sensibles et cette connaissance, en tant que l'objet en est donné, est empirique. Mais la connaissance empirique est l'expérience. *Aucune connaissance a priori ne nous est donc possible que celle, uniquement, d'objets d'une expérience possible* [*].

Mais cette connaissance qui est simplement limitée aux objets de l'expérience n'est pas pour cela empruntée tout entière de l'ex-

---

[*] Pour qu'on ne se butte pas d'une manière précipitée aux conséquences fâcheuses et capables d'inquiéter de cette proposition, je veux seulement rappeler que les catégories ne sont pas limitées *dans la pensée* par les conditions de notre intuition sensible, mais qu'elles ont un champ illimité et que, seule, *la connaissance* de ce que nous pensons, la détermination de l'objet (*Objects*), a besoin de l'intuition. Faute de

norme que les premières sont d'abord possibles et que les phénomènes reçoivent une forme légale, de même que tous les phénomènes, malgré la diversité de leurs formes empiriques doivent cependant être toujours conformes aux conditions de la forme pure de la sensibilité.

L'entendement pur est donc dans les catégories la loi de l'unité synthétique de tous les phénomènes et rend par là tout d'abord et originairement possible l'expérience quant à la forme. Or, dans la déduction transcendantale des catégories, tout ce que nous avions à faire, c'était de faire comprendre ce rapport de l'entendement à la sensibilité et, au moyen de celle-ci, à tous les objets de l'expérience, par conséquent la valeur objective de concepts intellectuels purs *a priori* et d'établir ainsi leur origine et leur vérité.

Idée sommaire de l'exactitude et de la seule possibilité de cette déduction des concepts purs de l'entendement.

Si les objets auxquels notre connaissance a affaire étaient des choses en soi, nous ne pourrions pas en avoir de concepts

---

périence; pour ce qui concerne aussi bien les intuitions pures que les concepts purs de l'entendement, ce sont aussi des éléments de la connaissance qui se trouvent en nous *a priori*. Or, il n'y a que deux manières de concevoir un accord (*Uebereinstimmung*) nécessaire de l'expérience avec les concepts de ses objets : ou l'expérience rend possibles ces concepts, ou ces concepts, l'expérience. La première explication ne peut pas s'admettre par rapport aux catégories (ni même par rapport à l'intuition sensible pure); car les catégories sont des concepts *a priori*, indépendants par suite de l'expérience (l'affirmation d'une origine empirique serait une espèce de *generatio æquivoca*). En conséquence il ne reste que la seconde (qu'on pourrait nommer un système de l'*épigenèse* de la raison pure), à savoir que les catégories, du côté de l'entendement, renferment les principes de la possibilité de toute expérience en général. Mais comment rendent-elles possible l'expérience

cette dernière, la pensée de l'objet (*vom Objecte*) peut bien avoir encore ses conséquences vraies et utiles relativement à *l'usage* que le sujet fait *de la raison*, mais, comme cet usage ne se rapporte pas toujours à la détermination de l'objet (*Objects*), ni, par conséquent, à la connaissance, mais aussi à la détermination du sujet et de sa volonté, ce n'est pas encore ici le lieu d'en parler.

a priori. D'où, en effet, pourrions-nous les tirer ? Si nous les tirions de l'objet (*Object*) (sans même rechercher ici comment cet objet pourrait nous être connu), nos concepts seraient simplement empiriques et ne seraient pas des concepts *a priori*. Si nous les tirions de nous-mêmes, ce qui est simplement en nous ne pourrait pas déterminer la nature d'un objet distinct de nos représentations, c'est-à-dire être un principe nous portant à admettre qu'il doit y avoir une chose à laquelle convient ce que nous avons dans l'esprit, plutôt qu'à regarder comme vide toute notre représentation. Au contraire, si nous n'avons partout affaire qu'à des phénomènes, il n'est pas seulement possible, mais il est encore nécessaire que certains concepts *a priori* précèdent la connaissance empirique des objets. En effet, en tant que phénomènes, ils constituent un objet qui est simplement en nous, parce qu'une simple modification de notre sensibilité ne se rencontre pas hors de nous. Or, cette représentation même exprime que tous ces phénomènes, — par conséquent, tous les objets dont nous pouvons nous occuper, — sont tous en moi, c'est-à-dire qu'ils

---

et quels principes de sa possibilité fournissent-elles dans leur application aux phénomènes ? C'est ce qu'enseignera plus amplement le chapitre suivant sur l'usage transcendantal de la faculté du jugement.

Que si quelqu'un voulait encore se frayer un chemin intermédiaire entre les deux seules voies que j'ai indiquées, en prétendant que les catégories ne sont ni des premiers principes *a priori*, *spontanément conçus* (*selbstgedachte*) de notre connaissance, ni des principes tirés de l'expérience, mais des dispositions subjectives à penser (*Anlagen zum Denken*) qui sont mises en nous en même temps que notre existence et que notre créateur a réglées de telle sorte que leur usage concorde exactement avec les lois de la nature suivant lesquelles se déroule l'expérience (ce qui est une sorte de *système de préformation* de la raison pure). — (outre que dans une telle hypothèse on ne voit pas jusqu'où l'on pourrait, sans trouver de terme, pousser la supposition de dispositions prédéterminées pour des jugements futurs), — ce qui serait décisif contre ce prétendu chemin intermédiaire, c'est qu'en pareil cas manquerait aux catégories la *nécessité* qui appartient essentiellement à leur concept. En effet, par exemple, le concept de la cause, qui exprime la nécessité d'un effet sous une condition supposée, serait faux, s'il ne reposait que sur une nécessité

sont des déterminations de mon moi identique, qu'ils expriment comme nécessaire une unité totale de ces déterminations dans une seule et même aperception. Mais dans cette unité de la conscience possible réside aussi la forme de toute la connaissance des objets (par quoi le divers est pensé comme appartenant à un objet (*Object*)). La manière dont le divers de la représentation sensible (l'intuition) appartient à une conscience, précède donc toute connaissance de l'objet, comme en étant la forme intellectuelle, et constitue même une connaissance formelle *a priori* de tous les objets en général, en tant qu'ils sont pensés (les catégories). La synthèse de ces objets par l'imagination pure, l'unité de toutes les représentations par rapport à l'aperception originaire, précèdent toute connaissance empirique. La raison pour laquelle des concepts purs de l'entendement sont donc possibles *a priori* et même, par rapport à l'expérience, nécessaires, c'est que notre connaissance n'a affaire qu'à des phénomènes dont la possibilité réside en nous-mêmes, dont la liaison et l'unité (dans la représentation d'un objet) se rencontrent simple-

---

subjective arbitraire et innée en nous (*uns eingepflanzten*) de lier certaines représentations empiriques suivant une telle règle de relation. Je ne pourrais pas dire que l'effet est lié à la cause dans l'objet (*Objecte*) (c'est-à-dire nécessairement), mais seulement que je suis constitué de telle sorte que je ne peux pas penser cette représentation autrement que liée de cette manière; or, c'est là précisément ce que le sceptique désire le plus; car alors toutes nos lumières fondées sur la prétendue valeur objective de nos jugements ne sont que pure apparence et il ne manquerait pas de gens qui ne voudraient pas avouer d'eux-mêmes cette nécessité subjective (qui doit être sentie); du moins ne pourrait-on chercher querelle à personne à propos d'une chose qui repose simplement sur la manière dont chaque sujet est organisé.

RÉSUMÉ SOMMAIRE DE CETTE DÉDUCTION

Elle consiste à exposer (*Sie ist die Darstellung*) les concepts purs de l'entendement (et avec eux toute la connaissance théorique *a priori*) comme principes de la possibilité de l'expérience, mais de l'expérience considérée comme *détermination* des phénomènes dans l'espace et dans le temps *en général;* elle établit enfin que cette détermination se tire du principe de l'unité synthétique origi-

ment en nous, par conséquent, doivent précéder toute l'expérience et la rendre tout d'abord possible, quant à la forme. Et c'est d'après ce principe, seul possible entre tous, qu'a été conduite toute notre déduction des catégories.

---

naire de l'aperception, qui est la forme de l'entendement par rapport à l'espace et au temps, ces formes originaires de la sensibilité.

* *

Jusqu'ici seulement m'a paru nécessaire la division en paragraphes, parce que nous avions affaire aux concepts élémentaires. Maintenant que nous allons en montrer l'usage, l'exposition pourra se développer en une chaîne continue et sans paragraphes.

ANALYTIQUE TRANSCENDANTALE

LIVRE II

ANALYTIQUE DES PRINCIPES

La logique générale est construite sur un plan qui s'accorde tout à fait exactement avec la division des facultés supérieures de la connaissance, qui sont : l'ENTENDEMENT, le JUGEMENT et la RAISON. Cette science traite donc, dans son analytique, des *concepts*, des *jugements* et des *raisonnements*, exactement suivant les fonctions et l'ordre de ces facultés de l'esprit (*jener Gemüthskräfte*) que l'on comprend sous la vaste dénomination d'entendement en général.

Comme la logique simplement formelle, dont nous parlons ici, fait abstraction de tout le contenu de la connaissance (sans se demander si elle est pure ou empirique), et ne s'occupe que de la forme de la pensée en général (de la connaissance discursive) ; elle peut renfermer même dans sa partie analytique le canon pour la raison, puisque la forme de cette faculté a sa règle certaine que l'on peut apercevoir *a priori*, sans qu'on ait besoin de considérer la nature particulière de la connaissance qui y est employée, par la simple décomposition des actes de la raison en leurs moments.

La logique transcendantale étant restreinte à un contenu déterminé, à celui simplement des connaissances pures *a priori*, ne saurait suivre la première en cette division. Il se trouve, en effet, que *l'usage transcendantal de la raison* n'a aucune valeur objective et, par suite, n'appartient pas à la *logique de la vérité*, c'est-à-dire à l'analytique, mais que, comme *logique de l'apparence*, elle exige, sous le nom de *dialectique transcendantale*, une partie spéciale de l'édifice scolastique.

L'entendement et le jugement trouvent donc le canon de

leur usage objectivement valable, par suite de leur usage vrai, dans la logique transcendantale, et appartiennent ainsi à la partie analytique de cette science. Mais la *raison*, quand elle tente d'établir quelque chose *a priori*, touchant à des objets, et d'étendre la connaissance au delà des limites de l'expérience possible, est entièrement et tout à fait *dialectique*, et ses assertions illusoires ne sont pas à leur place dans un canon comme celui que doit contenir l'analytique.

L'*analytique des principes* sera donc uniquement un canon pour le *jugement*, canon qui lui enseigne à appliquer à des phénomènes les concepts de l'entendement qui contiennent la condition de règles *a priori*. Pour ce motif, en prenant pour thème les *principes* propres *de l'entendement*, je me servirai de l'expression de *doctrine du jugement*, qui désigne plus exactement cette entreprise.

INTRODUCTION

Du jugement transcendantal en général.

Si l'on définit l'entendement en général le pouvoir des règles, le jugement sera le pouvoir de *subsumer* sous des règles, c'est-à-dire de décider si une chose est ou n'est pas soumise à une règle donnée (*casus datæ legis*). La logique générale ne renferme aucun précepte pour le jugement et n'en peut pas renfermer. En effet, comme elle *fait abstraction de tout contenu de la connaissance*, il ne lui reste qu'à exposer séparément d'une manière analytique la simple forme des connaissances d'après les concepts, les jugements et raisonnements, et qu'à établir ainsi les règles formelles de tout usage de l'entendement. Que si elle voulait montrer d'une manière générale comment on doit subsumer sous ces règles, c'est-à-dire décider si quelque chose y rentre ou non, elle ne le pourrait, à son tour, qu'au moyen d'une règle. Or, cette règle, précisément parce qu'elle est une règle, exigerait une nouvelle éducation du jugement; on voit donc que si l'entendement est capable d'être instruit et armé par des règles, le jugement est un don particulier qui ne peut pas du tout être appris, mais seulement exercé. Aussi le jugement est-il la marque spécifique de ce qu'on nomme le bon sens (*Mutterwitzes*) et au manque de quoi aucun enseignement ne peut suppléer ; car, bien qu'une école puisse présenter à un entendement borné une provision de règles, et greffer, pour ainsi dire, sur lui des connaissances étrangères, il faut que l'élève possède par lui-même le pouvoir de se servir de ces règles exactement, et il n'y a pas de règle que l'on puisse lui prescrire à ce sujet et qui soit capable de le garantir contre l'abus qu'il en peut faire quand un tel don naturel lui manque*. C'est pourquoi un médecin, un juge ou un homme d'État peuvent avoir dans la tête beaucoup de belles règles de pathologie, de jurisprudence ou de politique, à un degré capable de les rendre de savants professeurs en ces matières, et pourtant se tromper facilement dans l'application de ces règles, soit parce qu'ils manquent de jugement naturel, sans manquer cependant d'entendement et que, s'ils voient bien le général *in abstracto,* ils sont incapables de distinguer si un cas y est contenu *in concreto,* soit parce qu'ils n'ont pas été assez exercés à ce jugement par des exemples et des affaires réelles. Aussi l'unique et grande utilité des exemples est-elle qu'ils aiguisent le jugement. En effet, pour ce qui regarde l'exactitude et la précision des vues de l'entendement, ils leur portent plutôt généralement quelque préjudice parce qu'ils ne remplissent que rarement d'une manière adéquate la condition de la règle (comme *casus in terminis*) et qu'ils affaiblissent en outre maintes fois la tension de l'entendement nécessaire pour apercevoir dans toute leur suffisance les règles dans l'universel et indépendamment des circonstances particulières de l'expérience, de sorte qu'on finit par s'accoutumer à les employer plutôt comme des formules que comme des principes. Les exemples sont donc les béquilles[1] du jugement et celui-là ne saurait s'en passer à qui manque ce don naturel.

---

*. Le manque de jugement est proprement ce que l'on appelle stupidité, et à ce vice il n'y a pas de remède. Une tête obtuse ou bornée en laquelle il ne manque que le degré d'entendement convenable et de concepts qui lui soient propres, peut fort bien arriver par l'instruction jusqu'à l'érudition. Mais, comme alors, le plus souvent, ce défaut (*secunda Petri*) accompagne aussi l'autre, il n'est pas rare de trouver des hommes très instruits qui laissent incessamment apercevoir dans l'usage qu'ils font de leur science ce vice irrémédiable.

1. Littéralement : les roulettes (*der Gängelwagen*).

Mais si la *logique générale* ne peut donner de préceptes au jugement, il en est tout autrement de la logique *transcendantale*, à tel point que celle-ci semble avoir pour affaire propre de rectifier et d'assurer le jugement par des règles déterminées, dans l'usage qu'il fait de l'entendement pur. En effet, pour procurer de l'extension à l'entendement dans le champ des connaissances pures *a priori*, et par suite comme doctrine, la philosophie ne paraît pas du tout nécessaire, ou paraît plutôt être mal appliquée, puisqu'après toutes les tentatives faites jusqu'ici, on n'a gagné que peu de terrain, ou même pas du tout ; mais comme critique pour prévenir les faux pas du jugement (*lapsus judicii*) dans l'usage du petit nombre de concepts purs que nous fournit l'entendement, la philosophie (bien que son utilité ne soit que négative), s'offre à nous avec toute sa perspicacité et son habileté d'examen.

La philosophie transcendantale a ceci de particulier que, outre la règle (ou plutôt la condition générale des règles) qui est donnée dans le concept pur de l'entendement, elle peut indiquer aussi et en même temps *a priori* le cas où la règle doit être appliquée. La raison de la supériorité qu'elle a sous ce rapport sur toutes les autres sciences instructives, la Mathématique exceptée, c'est qu'elle traite de concepts qui doivent se rapporter *a priori* à leurs objets et, par suite, dont la valeur objective ne peut pas être démontrée *a posteriori*, car on méconnaîtrait entièrement ainsi leur dignité ; mais il faut qu'elle expose en même temps, à l'aide de signes généraux, mais suffisants, les conditions sous lesquelles peuvent être donnés des objets en accord avec ces concepts, autrement ils n'auraient point de contenu, et par conséquent ne seraient que de simples formes logiques et non des concepts purs de l'entendement.

Cette *doctrine transcendantale du jugement* contiendra donc deux chapitres, traitant, le premier de la condition sensible qui seule permet d'employer des concepts purs de l'entendement, c'est-à-dire du schématisme de l'entendement pur, et le second, des jugements synthétiques qui découlent *a priori*, sous ces conditions, des concepts purs de l'entendement et qui servent de fondement à toutes les autres connaissances *a priori*, c'est-à-dire des principes de l'entendement pur.

DOCTRINE TRANSCENDANTALE DU JUGEMENT

OU ANALYTIQUE DES PRINCIPES

CHAPITRE PREMIER

DU SCHÉMATISME DES CONCEPTS PURS DE L'ENTENDEMENT

Dans toutes les subsomptions d'un objet sous un concept, la représentation du premier doit être *homogène (gleichartig)* à celle du second, c'est-à-dire que le concept doit renfermer ce qui est représenté dans l'objet à y subsumer. C'est en effet ce qu'on exprime en disant qu'un objet est contenu *sous (unter)* un concept. Ainsi le concept empirique d'une *assiette* a quelque chose d'homogène avec le concept pur et géométrique d'un *cercle*, puisque la forme ronde qui est pensée dans le premier s'offre à l'intuition dans le second.

Or, les concepts purs de l'entendement, comparés aux intuitions empiriques (ou même, en général, sensibles) leur sont tout à fait hétérogènes et ne peuvent jamais se trouver dans une intuition quelconque. Comment donc la subsomption de ces intuitions sous ces concepts et, par suite, l'application de la catégorie aux phénomènes est-elle possible, quand personne cependant ne dira que cette catégorie, par exemple : la causalité, peut être aussi intuitionnée par les sens et qu'elle est renfermée dans le phénomène ? C'est cette question, si naturelle et si importante, qui rend précisément nécessaire cette doctrine transcendantale du jugement, pour expliquer comment des *concepts purs de l'entendement* peuvent être appliqués à des phénomènes en général. Dans toutes les autres sciences où les concepts par lesquels l'objet est pensé d'une manière générale ne sont pas si essentiellement différents de ceux qui représentent cet objet *in concreto*, tel qu'il est donné, il n'est pas nécessaire de donner une explication particulière touchant l'application des premiers au second.

Or, il est clair qu'il doit y avoir un troisième terme qui soit homogène, d'un côté, à la catégorie, de l'autre, aux phénomènes, et qui rende possible l'application de la première au second. Cette représentation intermédiaire doit être pure (sans aucun élément empirique) et cependant il faut qu'elle soit, d'un côté, *intellectuelle* et, de l'autre, *sensible*. Tel est le *schème transcendantal*.

Le concept de l'entendement renferme l'unité synthétique pure du divers en général. Le temps, comme condition formelle du divers, du sens interne, et par suite de la liaison de toutes les représentations, renferme un divers *a priori* dans l'intuition pure. Or, une détermination transcendantale de temps est homogène à la *catégorie* (qui en constitue l'unité), en tant qu'elle est *universelle* et qu'elle repose sur une règle *a priori*. Mais, d'un autre côté, elle est homogène au *phénomène*, en tant que le *temps* est renfermé dans chaque représentation empirique du divers. Une application de la catégorie aux phénomènes sera donc possible au moyen de la détermination transcendantale de temps, et cette détermination, comme schème des concepts de l'entendement, sert à opérer la subsomption des phénomènes sous la catégorie.

D'après ce qui a été démontré dans la déduction des catégories, personne, je l'espère, n'hésitera plus à se prononcer sur la question de savoir si l'usage de ces concepts purs de l'entendement est simplement empirique ou s'il est aussi transcendantal, c'est-à-dire si ces concepts se rapportent *a priori* exclusivement aux phénomènes, en qualité de conditions d'une expérience possible, ou si, en qualité de conditions de la possibilité des choses en général, ils peuvent s'étendre à des objets en soi (sans être restreints à notre sensibilité). En effet, nous avons vu que les concepts sont tout à fait impossibles[1] et qu'ils ne peuvent avoir aucun sens, si aucun objet n'est donné, soit à ces concepts mêmes, soit du moins aux éléments dont ils se composent; que, par suite, ils ne peuvent pas s'appliquer à des choses en soi (sans considérer si et comment elles peuvent nous être données); nous avons vu, de plus, que l'unique manière dont les objets nous sont donnés est une modification de notre

---

1. N'ont pas de sens pour nous (Kt. *Nachtr*. n° LVIII).

sensibilité ; nous avons vu, enfin, que les concepts purs *a priori*, outre la fonction qu'accomplit l'entendement dans la catégorie, doivent encore renfermer des conditions formelles de la sensibilité (notamment du sens interne) qui contiennent la condition générale permettant seule à la catégorie de s'appliquer à n'importe quel objet. Cette condition formelle et pure de la sensibilité, à laquelle est restreint dans son usage le concept de l'entendement, nous l'appellerons le *schème* de ce concept de l'entendement, et la méthode que suit l'entendement à l'égard de ce schème, le *schématisme* de l'entendement pur.

Le schème n'est toujours par lui-même qu'un produit de l'imagination, mais comme la synthèse de l'imagination n'a pour but aucune intuition particulière, mais seulement l'unité dans la détermination de la sensibilité, il faut bien distinguer le schème de l'image. Ainsi, quand je dispose cinq points les uns à la suite des autres : . . . . . , c'est là une image du nombre cinq. Au contraire, quand je ne fais que penser à un nombre en général, qui peut être cinq ou cent, cette pensée est la représentation d'une méthode pour représenter une multitude (par exemple, mille) dans une image, conformément à un certain concept, plutôt que cette image même, qu'il me serait difficile, dans le dernier cas, de parcourir des yeux et de comparer au concept. Or, c'est cette représentation d'un procédé général de l'imagination pour procurer à un concept son image que j'appelle le schème de ce concept.

Dans le fait, nos concepts sensibles purs n'ont pas pour fondement des images des objets, mais des schèmes. Il n'y a pas d'image d'un triangle qui puisse être jamais adéquate au concept d'un triangle en général. En effet, aucune image n'atteindrait la généralité du concept en vertu de laquelle celui-ci s'applique à tous les triangles, rectangles ou non, mais elle serait toujours restreinte à une seule partie de cette sphère. Le schème du triangle ne peut jamais exister ailleurs que dans la pensée et il signifie une règle de la synthèse de l'imagination, relativement à des figures pures dans l'espace ; un objet de l'expérience ou une image de cet objet atteint bien moins encore le concept empirique, mais celui-ci se rapporte toujours immédiatement au schème de l'imagination comme à une règle qui sert à déterminer notre intuition conformément à un certain concept général. Le concept de chien signifie une règle d'après laquelle mon imagination peut exprimer en général la figure d'un quadrupède, sans être astreinte à quelque chose de particulier que m'offre l'expérience, ou mieux à quelque image possible que je puisse représenter *in concreto*. Ce schématisme de notre entendement, relativement aux phénomènes et à leur simple forme, est un art caché dans les profondeurs de l'âme humaine et dont il sera toujours difficile d'arracher le vrai mécanisme (*Handgriffe*) à la nature, pour l'exposer à découvert devant les yeux. Tout ce que nous pouvons dire c'est que l'*image* est un produit du pouvoir empirique de l'imagination productrice (19) — et que le *schème* des concepts sensibles, comme des figures dans l'espace, est un produit et en quelque sorte un monogramme de l'imagination pure *a priori*, au moyen duquel et suivant lequel les images sont tout d'abord possibles — et que ces images ne doivent toujours être liées au concept qu'au moyen du schème qu'elles désignent et auquel elles ne sont pas en soi entièrement adéquates. Au contraire, le schème d'un concept pur de l'entendement est quelque chose qui ne peut être ramené à aucune image, il n'est que la synthèse pure, faite conformément à une règle de l'unité par concepts en général, règle qui exprime la catégorie, et il est un produit transcendantal de l'imagination qui concerne la détermination du sens interne en général d'après les conditions de sa forme (le temps) par rapport à toutes les représentations, en tant qu'elles doivent s'enchaîner *a priori* dans un concept, conformément à l'unité de l'aperception.

Sans nous arrêter maintenant à une analyse sèche et fastidieuse de ce qu'exigent les schèmes transcendantaux des concepts purs de l'entendement en général, nous les exposerons de préférence d'après l'ordre des catégories et dans leur rapport avec elles.

L'image pure de toutes les grandeurs (*quantorum*) pour le sens externe est l'espace, mais celle de tous les objets des sens en général est le temps. Le schème pur de la quantité (*quantitatis*), considérée comme un concept de l'entendement, est le *nombre* qui est une représentation embrassant l'addition successive de l'unité à l'unité (à l'homogène). Ainsi le nombre n'est autre chose que l'unité de la synthèse opérée dans le divers d'une intuition homogène en général, par le fait même que je produis le temps lui-même dans l'appréhension de l'intuition.

La réalité est, dans le concept pur de l'entendement, ce qui correspond à une sensation en général, par conséquent ce dont le concept désigne par lui-même une existence (dans le temps). La négation est ce dont le concept représente une non-existence (dans le temps) ; l'opposition de ces deux choses résulte de la différence d'un même temps conçu comme un temps plein ou vide. Comme le temps n'est que la forme de l'intuition, par conséquent des objets comme phénomènes, ce qui en eux correspond à la sensation est la matière transcendantale de tous les objets (20) comme choses en soi (la chosèité, la réalité). Or, chaque sensation a un degré ou une quantité par laquelle elle peut remplir plus ou moins le même temps, c'est-à-dire le sens intérieur relativement à la même représentation d'un objet, jusqu'à ce qu'elle se réduise à rien ($= 0 =$ négation). C'est pourquoi, il y a un rapport et un enchaînement ou plutôt un passage de la réalité à la négation qui rend représentable toute réalité, à titre de *quantum*, et le schème d'une réalité, comme quantité de quelque chose, en tant que ce quelque chose remplit le temps, est précisément cette continuelle et uniforme production de la réalité dans le temps, où l'on descend dans le temps de la sensation qui a un certain degré jusqu'à son entier évanouissement, ou bien où l'on s'élève peu à peu de la négation de la sensation à une quantité de cette même sensation.

Le schème de la substance est la permanence du réel dans le temps, c'est-à-dire la représentation de ce réel comme un substrat de la détermination empirique de temps en général, substrat qui demeure donc pendant que tout le reste change. (Le temps ne s'écoule pas, c'est l'existence de ce qui change qui s'écoule en lui. Au temps qui est lui-même immuable et fixe correspond donc dans le phénomène l'immuable dans l'existence, c'est-à-dire la substance, et c'est en elle simplement que peuvent être déterminées la succession et la simultanéité des phénomènes par rapport au temps).

Le schème de la cause et de la causalité d'une chose en général est le réel qui, une fois posé arbitrairement, est toujours suivi de quelque autre chose. Il consiste donc dans la succession du divers, en tant qu'elle est soumise à une règle.

Le schème de la communauté (réciprocité) ou de la causalité réciproque des substances par rapport à leurs accidents est la simultanéité des déterminations de l'une avec celles des autres suivant une règle générale.

Le schème de la possibilité est l'accord de la synthèse de différentes représentations avec les conditions du temps en général (comme, par exemple, que les contraires ne peuvent exister en même temps dans une chose, mais seulement l'un après l'autre); c'est donc la détermination de la représentation d'une chose par rapport à un temps quelconque.

Le schème de la réalité est l'existence dans un temps déterminé.

Le schème de la nécessité est l'existence d'un objet en tout temps.

On voit donc par tout cela ce que contient et rend représentable le schème de chaque catégorie : celui de la quantité, *la production* (la synthèse) du temps lui-même dans l'appréhension nécessaire d'un objet ; celui de la qualité, la synthèse de la sensation (perception) avec la représentation du temps (ou le fait de remplir le temps) (*die Erfüllung der Zeit*) ; celui de la relation, le rapport des perceptions les unes par rapport aux autres en tout temps (c'est-à-dire suivant une règle de la détermination de temps); enfin le schème de la modalité et de ses catégories, le temps lui-même, en qualité de corrélatum de la détermination d'un objet, sur la *question* de savoir si et comment il appartient au temps. Les schèmes ne sont donc autre chose que des *déterminations de temps a priori*, faites suivant des règles, et ces déterminations, suivant l'ordre des catégories, concernent la *série du temps*, le *contenu du temps*, l'*ordre du temps*, enfin l'*ensemble du temps*, par rapport à tous les objets possibles.

D'où il résulte clairement que le schématisme de l'entendement, opéré par la synthèse transcendantale de l'imagination, ne *tend* à rien d'autre qu'à l'unité de tout le divers de l'intuition dans le sens interne, et ainsi indirectement à l'unité de l'aperception comme fonction qui correspond au sens interne (à une réceptivité). Les schèmes des concepts purs de l'entendement sont donc les vraies et les seules conditions qui permettent de procurer à ces concepts un rapport à des objets, par suite une *signification*. Les catégories ne sauraient avoir en définitive aucun autre usage empirique possible, puisqu'elles servent simplement à soumettre, au moyen des principes d'une unité nécessaire *a priori* (en vertu de l'union nécessaire de toute conscience dans une aperception originaire), les phénomènes aux règles générales de la synthèse et de les rendre propres à former une liaison universelle dans une expérience.

C'est dans l'ensemble de toute l'expérience possible que résident toutes nos connaissances et c'est dans le rapport général à cette expérience que consiste la vérité transcendantale qui précède toute vérité empirique et la rend possible.

Mais il saute, cependant, aussi aux yeux que, si les schèmes de la sensibilité réalisent tout d'abord les catégories, ils les restreignent aussi, c'est-à-dire qu'ils les limitent à des conditions qui sont en dehors de l'entendement (c'est-à-dire dans la sensibilité). C'est pourquoi le schème n'est proprement que le phénomène, ou le concept sensible d'un objet, en tant qu'il s'accorde avec la catégorie (*numerus* est quantitas phænomenon, *sensatio* realitas phænomenon, *constans* et perdurabile rerum substantia phænomenon, *æternitas*, *neccessitas* phænomenon, etc.). Or, si nous laissons de côté une condition restrictive, nous amplifions, semble-t-il, le concept auparavant restreint, et alors les catégories considérées dans leur sens pur, sans toutes les conditions de la sensibilité, devraient s'appliquer à des choses en général, comme elles *sont*, au lieu que leur schème ne représente les choses que comme elles *apparaissent;* les catégories devraient donc avoir un sens indépendant de tous les schèmes et beaucoup plus étendu. En fait, les concepts purs de l'entendement conservent incontestablement, après qu'on a fait abstraction de toute condition sensible, un sens, mais simplement logique, celui de la simple unité des représentations, auxquelles ne peut être donné aucun objet, ni, par conséquent, aucune signification qui puisse fournir un *concept de l'objet*[1]. Ainsi, la substance, par exemple, si on laisse de côté la détermination sensible de la permanence, ne signifierait plus qu'un quelque chose qui peut être conçu comme sujet (sans être un prédicat de quelque autre chose). Or, de cette représentation je ne puis rien faire, puisqu'elle ne m'indique pas quelle détermination doit posséder la chose pour valoir comme telle à titre de premier

---

1. Kant. *Nachtr.* : Une connaissance de l'objet (n° LXI).

sujet. Les catégories, sans schème, ne sont donc que des fonctions de l'entendement relatives aux concepts, mais elles ne représentent aucun objet. Leur signification leur vient de la sensibilité qui réalise l'entendement, tout en le restreignant.

CHAPITRE II
SYSTÈME DE TOUS LES PRINCIPES DE L'ENTENDEMENT PUR

Dans le chapitre précédent nous n'avons examiné la faculté transcendantale du jugement qu'au point de vue des conditions générales qui lui permettent à elle seule d'appliquer à des jugements synthétiques les concepts purs de l'entendement. Nous allons nous occuper maintenant d'exposer dans une liaison systématique les jugements que l'entendement, soumis à cette précaution critique, produit réellement *a priori*; et notre table des catégories nous fournira à cet égard, sans aucun doute, un guide naturel et sûr. En effet, ces catégories sont précisément ce dont le rapport à l'expérience possible doit constituer *a priori* toute la connaissance pure de l'entendement et ce dont le rapport à la sensibilité en général exposera intégralement par cela même (*um deswillen*) et sous forme de système tous les principes transcendantaux de l'usage de l'entendement.

Les principes *a priori* tirent leur nom non pas simplement de ce qu'ils renferment en eux les sources d'autres jugements, mais aussi de ce qu'ils ne sont pas fondés eux-mêmes sur des connaissances plus élevées et plus générales. Cette propriété pourtant ne les dispense pas toujours d'une démonstration. Bien qu'en effet cette démonstration (21) ne puisse pas être poussée plus loin objectivement et que plutôt toute la connaissance de son objet (*Objects*) lui serve au contraire de fondement, cela n'empêche pas cependant qu'il soit possible de tirer une preuve des sources subjectives qui rendent possible une connaissance de l'objet en général ; ce serait même nécessaire, parce qu'autrement le principe encourrait le *grave* soupçon d'être une assertion obtenue par simple surprise.

En second lieu, nous nous bornerons simplement aux principes qui se rapportent aux catégories. Les principes de l'Esthétique transcendantale qui font de l'espace et du temps les conditions de la possibilité de toutes les choses en tant que phénomènes et, de même, la restriction de ces principes, je veux dire ce qui ne permet pas de les appliquer à des choses en soi, tout cela ne rentre donc pas dans le champ que nous traçons à notre recherche. Les principes mathématiques également ne font pas partie de ce système, parce qu'ils ne sont tirés que de l'intuition et non du concept pur de l'entendement; mais, comme ils sont tout de même des jugements synthétiques *a priori,* leur possibilité trouvera nécessairement place ici, non pas sans doute pour que soient démontrées leur légitimité et leur certitude apodictique — ils n'en ont pas besoin, — mais seulement pour que la possibilité de ces connaissances *a priori* soit déduite et rendue compréhensible.

Mais nous devrons parler aussi du principe des jugements analytiques et cela, à la vérité, par opposition avec celui des jugements synthétiques, qui sont proprement ceux dont nous nous occupons, parce que cette opposition affranchira de tout malentendu la théorie des jugements synthétiques et en fera voir clairement la nature particulière.

PREMIÈRE SECTION

Du principe suprême de tous les jugements analytiques.

Quel que soit le contenu de notre connaissance et de quelque manière qu'elle puisse se rapporter à l'objet, la condition universelle, bien que seulement négative, de tous nos jugements en général n'en est pas moins qu'ils ne se contredisent pas eux-mêmes; sans quoi ces jugements pris en eux-mêmes (et sans qu'on se reporte à l'objet) ne sont rien. Mais alors même qu'il n'y a pas de contradiction dans notre jugement, il peut néanmoins lier des concepts d'une manière opposée à celle que comporte l'objet ou même sans qu'aucun principe ne nous soit donné ni *a priori* ni *a posteriori* qui légitime un pareil jugement; et c'est ainsi qu'un jugement, bien qu'il soit indemne de toute contradiction intérieure, peut être ou faux ou bien sans fondement.

Or la proposition : A nulle chose ne convient un prédicat qui la contredise, est appelée le principe de contradiction et elle est un criterium universel, bien que simplement négatif, de toute vérité ; mais ce principe n'appartient qu'à la logique, précisément parce qu'il s'applique aux connaissances considérées simplement comme connaissances en général et indépendamment de leur contenu et qu'il déclare que la contradiction les anéantit et les fait disparaître totalement.

Mais on peut cependant en faire aussi un usage positif, c'est-à-dire s'en servir non pas simplement pour chasser la fausseté et l'erreur (dans la mesure où elles tiennent à la contradiction), mais encore pour reconnaître la vérité. En effet, *si le jugement est analytique,* qu'il soit négatif ou affirmatif, il faut toujours que la vérité en puisse être suffisamment reconnue par le principe de contradiction. Car on niera toujours avec raison le contraire de ce qui aura été déjà posé et pensé comme concept dans la connaissance de l'objet, tandis que le concept lui-même devra nécessairement être affirmé de cet objet, pour cette raison que son contraire serait contradictoire à cet objet.

Nous devons donc aussi laisser au *principe de contradiction* la valeur universelle et complètement suffisante de principe de *toute la connaissance analytique ;* mais son crédit et son utilité ne dépassent pas ceux d'un critérium suffisant de la vérité. En effet, qu'aucune connaissance ne puisse aller contre lui sans s'anéantir elle-même, cela fait bien de ce principe la condition *sine qua non*, mais non pas le principe déterminant de la vérité de notre connaissance. Or, comme nous n'avons affaire proprement qu'à la partie synthétique de notre connaissance, nous veillerons sans doute constamment à n'aller jamais contre ce principe inviolable, mais, relativement à la vérité de cette espèce de connaissances, nous ne pourrons jamais en attendre d'éclaircissements.

Mais il y a pourtant de ce principe célèbre, bien que dépourvu de tout contenu et simplement formel, une formule qui renferme une synthèse qu'on y a glissée par mégarde et tout à fait inutilement. La voici : il est impossible que quelque chose soit et ne soit pas *en même temps* (*zugleich*). Outre qu'on y ajoute ici, d'une manière superflue (par le mot *impossible*), la *certitude apodictique* qui doit d'elle-même résulter (*verstehen lassen*) du principe, ce principe est affecté par la condition de temps ; il dit en quelque sorte : une chose = A qui est quelque chose = B ne peut pas être en même temps non B, mais elle peut parfaitement être l'un et l'autre (B aussi bien que non B) successivement. Par exemple, un homme qui est jeune ne peut pas être vieux en même temps (*zugleich*) ; mais ce même homme peut fort bien être jeune à une époque et à une autre ne pas l'être, c'est-à-dire être vieux. Or, le principe de contradiction, à titre de principe simplement logique, ne doit (*muss*) pas limiter ses prétentions à des rapports de temps ; par conséquent une telle formule est entièrement opposée au but de ce principe. Le malentendu vient simplement de ce qu'on sépare tout d'abord un prédicat d'une chose du concept de cette chose et qu'on lie ensuite à ce prédicat son contraire ; la contradiction qui en résulte ne porte plus sur le sujet, mais seulement sur son prédicat qui lui est lié synthétiquement, et elle n'a lieu, il faut le remarquer (*zwar*), que si le premier et le second prédicats sont posés en même temps (*zugleich*). Si je dis qu'un homme ignorant n'est pas instruit, je dois ajouter cette condition : *en même temps* ; car celui qui à une époque est ignorant peut fort bien être instruit à une autre. Mais si je dis : aucun homme ignorant n'est instruit, la proposition est analytique, puisque le caractère (celui de l'ignorance) contribue dans ce cas à constituer le concept du sujet ; la proposition négative découle alors immédiatement du principe de contradiction, sans qu'on ait besoin d'ajouter la condition : *en même temps*. C'est précisément pour cette raison que j'ai modifié plus haut la formule de ce principe, de manière à lui faire exprimer clairement ainsi la nature d'une proposition analytique.

DEUXIÈME SECTION

Du principe suprême de tous les jugements synthétiques.

L'explication de la possibilité de jugements synthétiques est un problème dont n'a pas du tout à s'occuper la logique générale qui n'a pas même besoin d'en connaître le nom. Mais, dans une logique transcendantale, c'est l'affaire la plus importante de toutes et c'est même la seule tâche quand il est question de la possibilité de jugements synthétiques *a priori* ainsi que des conditions et de l'étendue de leur valeur. C'est en effet après avoir accompli ce travail qu'une telle logique peut remplir son but, je veux dire déterminer l'étendue et les bornes de l'entendement pur.

Dans un jugement analytique, je m'en tiens au concept donné pour en établir quelque chose. Le jugement doit-il être affirmatif? Je ne fais qu'ajouter à ce concept ce qui est déjà pensé en lui. Doit-il être négatif? Je ne fais qu'exclure du concept son contraire. Mais dans les jugements synthétiques, je dois partir du concept donné pour considérer en rapport avec lui quelque chose d'entièrement différent de ce qui était pensé en lui; ce rapport n'est donc jamais ni un rapport d'identité, ni un rapport de contradiction, et, par suite, il est incapable de démontrer soit la vérité, soit l'erreur du jugement en lui-même.

Admettons donc qu'il faut sortir d'un concept donné pour le comparer synthétiquement à un autre; une troisième chose (*ein Drittes*) est alors nécessaire, d'où seulement peut naître la synthèse des deux concepts. Or, qu'est-ce que cette troisième chose, ce médium (*als das Medium*) de tous les jugements synthétiques? Ce ne peut être qu'un ensemble dans lequel toutes nos représentations sont contenues, je veux dire le sens interne et, ce qui en est la forme *a priori*, le temps. La synthèse des représentations repose sur l'imagination et leur unité synthétique (qui est requise dans le jugement), sur l'unité de l'aperception. C'est donc là qu'il faudra chercher la possibilité de jugements synthétiques et aussi, — puisque les trois termes renferment toutes les sources des représentations *a priori*, — la possibilité de jugements synthétiques purs; ces jugements seront même nécessaires en vertu de ces principes, si l'on doit arriver à une connaissance des objets basée uniquement sur la synthèse des représentations.

Pour qu'une connaissance puisse avoir une réalité objective c'est-à-dire se rapporter à un objet et y trouver sa signification et sa valeur, il faut que l'objet puisse être *donné* de quelque façon. Sans cela les concepts sont vides et bien qu'on ait vraiment pensé par leur moyen, on n'a en réalité rien connu par cette pensée (*durch dieses Denken*), mais on n'a fait que jouer avec des représentations. *Donner* un objet, quand, de son côté, cet objet doit non pas être seulement pensé (*gemeint*) d'une manière médiate, mais bien être représenté immédiatement dans l'intuition, ce n'est pas autre chose qu'en rapporter la représentation à l'expérience (soit réelle, soit possible). L'espace et le temps mêmes, si purs de tout empirique que puissent être ces concepts et si certain qu'on soit qu'ils sont représentés complètement *a priori* dans l'esprit (*im Gemüthe*), seraient pourtant sans valeur objective et sans aucun sens ni signification, si l'on n'en montrait pas l'application nécessaire aux objets de l'expérience; leur représentation n'est même qu'un simple schème qui se rapporte toujours à l'imagination reproductrice laquelle y fait entrer les objets de l'expérience sans lesquels ces concepts n'auraient aucune signification; et il en est de même pour tous les concepts sans distinction.

La *possibilité de l'expérience* est donc ce qui donne une réalité objective à toutes nos connaissances *a priori*. Or, l'expérience repose sur l'unité synthétique des phénomènes, c'est-à-dire sur une synthèse par concepts de l'objet des phénomènes en général, et sans cette synthèse elle n'aurait jamais le caractère d'une connaissance, mais au contraire celui d'une rapsodie de perceptions qui ne se rencontreraient jamais toutes à la fois dans aucun contexte suivant les règles d'une conscience (possible) universellement liée et qui, par suite, ne se prêteraient pas, non plus, à l'unité transcendantale et nécessaire de l'aperception. Il y a donc à la base de l'expérience des principes de sa forme *a priori*, je veux dire des règles générales de l'unité de la synthèse des phénomènes; la réalité objective de ces règles, prises comme conditions nécessaires, peut toujours être montrée dans l'expérience et même dans la possibilité de l'expérience. Mais en dehors de ce rapport, des propositions synthétiques *a priori* sont totalement impossibles, parce qu'elles n'ont aucun moyen terme (*Drittes*), je veux dire aucun objet < pur[1] > qui puisse permettre à l'unité synthétique de leurs concepts de démontrer sa réalité objective.

C'est pourquoi, bien que dans les jugements synthétiques nous connaissions *a priori*, de l'espace en général ou des figures qu'y découpe l'imagination productrice, tant de choses que nous n'avons plus besoin ici du concours de l'expérience, cette connaissance ne serait pourtant rien du tout — même on ne s'y occuperait que de simples chimères — s'il ne fallait pas regarder l'espace comme la condition des phénomènes qui constitue la matière de l'expérience externe; aussi les jugements synthétiques purs dont il est question se rappor-

---

1. Le mot *reinen* donné par la première édition a été remplacé par *keinen* dans la seconde.

tent-ils, bien que d'une manière médiate seulement, à une expérience possible ou plutôt à la possibilité même de cette expérience et c'est uniquement là-dessus qu'est fondée la valeur objective de leur synthèse.

L'expérience, en tant que synthèse empirique étant donc, dans sa possibilité, l'unique mode de connaissance qui fournit la réalité à toute autre synthèse, elle n'a elle-même, à titre de connaissance *a priori*, de vérité (d'accord avec son objet) qu'à la condition de ne contenir rien de plus que ce qui est nécessaire à l'unité synthétique de l'expérience en général.

Le principe suprême de tous les jugements synthétiques est donc que tout objet est soumis aux conditions nécessaires de l'unité synthétique du divers de l'intuition dans une expérience possible.

Ainsi (*auf solche Weise*) des jugements synthétiques *a priori* sont possibles, quand nous rapportons à une connaissance expérimentale possible en général les conditions formelles de l'intuition *a priori*, la synthèse de l'imagination et son unité nécessaire dans une aperception transcendantale, et que nous disons : les conditions de la *possibilité de l'expérience* en général sont aussi des conditions de la *possibilité des objets de l'expérience* et ont pour ce motif une valeur objective dans un jugement synthétique *a priori*.

TROISIÈME SECTION

Représentation systématique de tous les principes synthétiques de l'entendement pur.

En général on trouve partout des principes (*dass überhaupt irgendwo Grundsätze stattfinden*) et c'est uniquement à l'entendement pur qu'on le doit (*das ist lediglich dem reinem Verstande zuzuschreiben*) ; car non seulement il est le pouvoir des règles par rapport à ce qui arrive, mais il est même la source des principes et c'est lui qui oblige tout (ce qui ne peut se présenter à nous qu'à titre d'objet) à se soumettre à des règles, parce que, sans ces règles, les phénomènes ne fourniraient jamais la connaissance d'un objet qui leur correspondît. Certaines lois physiques elles-mêmes, si on les considère comme des principes de l'usage empirique de l'entendement, impliquent un caractère de nécessité, par suite au moins la présomption d'une détermination tirée de principes qui doivent être valables *a priori* et avant toute expérience. Mais toutes les lois naturelles sans exception sont soumises à des principes plus élevés de l'entendement qu'elles ne font qu'appliquer à des cas particuliers du phénomène. Seuls ces principes donnent donc le concept qui renferme la condition et pour ainsi dire l'exposant d'une règle en général, et l'expérience fournit le cas soumis à la règle.

Que l'on prenne pour des principes de l'entendement pur des principes simplement empiriques ou réciproquement, on ne peut donc pas, à vrai dire, le redouter ; car la nécessité résultant des concepts, — nécessité qui caractérise les principes purs et dont l'absence se constate facilement dans toute proposition empirique, quelque générale que puisse en être la valeur, — peut aisément prévenir cette méprise. Mais il y a des principes purs *a priori* que je ne saurais attribuer proprement à l'entendement pur, parce qu'ils ne sont pas tirés de concepts purs, mais bien d'intuitions pures (bien que ce soit au moyen de l'entendement) ; or, l'entendement est le pouvoir des concepts. La Mathématique a de tels principes, mais leur application à l'expérience, par suite leur valeur objective — et même la possibilité d'une telle connaissance synthétique *a priori* (la déduction de ces principes) — repose toujours cependant sur l'entendement pur.

Aussi ne compterai-je pas au nombre de mes principes ceux de la Mathématique, mais bien ceux qui en fondent la possibilité et la valeur objective *a priori* et qu'il faut par conséquent regarder comme le fondement (*principium*) de ces principes, car ils vont des *concepts* à l'intuition et non de *l'intuition aux concepts*.

Dans l'application des concepts purs de l'entendement à l'expérience possible, l'emploi de leur synthèse est ou *mathématique* ou *dynamique* ; car il porte en partie simplement sur l'*intuition*, en partie sur l'*existence* d'un phénomène en général. Mais les conditions *a priori* de l'intuition sont absolument nécessaires par rapport à une expérience possible et celles de l'existence des objets contenus dans une intuition empirique possible ne sont en soi que contingentes. C'est pourquoi les principes de l'usage mathématique auront une teneur inconditionnellement nécessaire, c'est-à-dire apodictique, tandis que ceux de l'usage dynamique, impliqueront sans doute aussi le caractère d'une nécessité *a priori,* mais seulement sous la condition de la pensée (*Denkens*) empirique dans une expérience, par suite rien que médiatement et indirectement, et, par conséquent, ne contiendront pas cette évidence immédiate (sans cependant rien perdre de leur certitude qu'ils tirent de l'expérience en général) qui est propre aux premiers. Mais on pourra mieux juger de cela à la fin de ce système des principes.

La table des catégories nous indique très naturellement la manière de composer la table des principes, puisque ces principes ne sont autre chose que les règles de l'usage objectif des catégories. Tous les principes de l'entendement pur sont d'après cela :

1
Des AXIOMES
de l'intuition.

2
Des ANTICIPATIONS
de la perception.

3
Des ANALOGIES
de l'expérience.

4
Des POSTULATS
de la pensée empirique en général.

J'ai choisi ces termes avec soin pour qu'on remarque bien les différences qu'il y a entre l'évidence et la mise en pratique de ces principes. Mais (22) on verra bientôt que pour ce qui concerne aussi bien l'évidence que la détermination des phénomènes *a priori* suivant les catégories de la *quantité* et de la *qualité* (en ne regardant que la forme de cette dernière), leurs principes se distinguent notablement de ceux des deux autres, en ce que les uns sont susceptibles d'une certitude intuitive et les autres d'une certitude simplement discursive, bien qu'ils aient tous une certitude parfaite. Aussi appellerai-je ces principes les uns *mathématiques*, les autres *dynamiques**. Mais

---

* [Toute *liaison* (conjunctio) est ou *composition* (compositio) ou *connexion* (nexus). La première est la synthèse du divers *qui n'est pas nécessairement lié :* ainsi, par exemple, les deux triangles formés dans un carré par la diagonale n'appartiennent pas nécessairement l'un à l'autre. De cette espèce est la synthèse de *l'homogène* dans tout ce qui se peut examiner *mathématiquement* (et cette synthèse peut se diviser à son tour en synthèse *d'agrégation* et en synthèse de *coalition* concernant l'une des grandeurs *extensives*, l'autre des grandeurs *intensives*). La seconde liaison (*nexus*) est la synthèse du divers, en tant que ce divers *ne fait nécessairement qu'un*, — comme l'accident, par exemple, et une substance quelconque, l'effet par rapport à la cause —

on remarquera que je n'ai pas plus en vue dans un cas les principes de la mathématique que les principes de la dynamique (physique) générale dans l'autre, mais seulement ceux de l'entendement pur par rapport au sens interne (sans distinction des représentations qu'il renferme) qui leur procure à tous leur possibilité. Je leur donne ce nom bien plus en considération de l'application qu'à cause de leur contenu et je vais maintenant les examiner dans l'ordre même où ils ont été présentés dans la table.

1° *Des axiomes de l'intuition.*

Principe (Grundzatz) de l'entendement pur : Tous les phénomènes, au point de vue de leur intuition, sont des grandeurs extensives [1].

[2] [**Preuve**.

Tous les phénomènes, quant à leur forme, contiennent une intuition dans l'espace et dans le temps qui leur sert à tous de fondement *a priori*. Ils ne peuvent donc être appréhendés, c'est-à-dire être admis dans la conscience empirique que par la synthèse du divers par quoi sont produites les représentations d'un espace ou d'un temps déterminés, c'est-à-dire par la composition de l'homogène et par la conscience de l'unité synthétique de ce divers (homogène). Or, la conscience (23) du divers homogène dans l'intuition en général, en tant que par elle est rendue tout d'abord possible la représentation d'un objet, est le concept de grandeur (d'un *quantum*). Par conséquent, la perception d'un objet comme phénomène n'est possible elle-même que par cette même unité synthétique du divers de l'intuition sensible donnée, au moyen de

et que, par suite, *en tant qu'hétérogène* il est aussi représenté comme lié *a priori*. Cette dernière liaison n'étant pas arbitraire, je l'appelle *dynamique*, parce qu'elle concerne la liaison de *l'existence* du divers ; (elle peut à son tour se diviser en liaison *physique* des phénomènes entre eux et en liaison *métaphysique* des phénomènes, qui est leur liaison dans le pouvoir de connaissance *a priori*).] *a)*

a). Cette remarque est une addition de la 2ᵉ édition.

1. Ce titre a été modifié comme suit dans la 2ᵉ édition :
Axiomes de l'Intuition.
Leur principe (Princip) est que toutes les intuitions sont des grandeurs extensives.

2. Jusqu'à la fin du 1ᵉʳ paragraphe, addition de la 2ᵉ édition.

laquelle nous pensons l'unité de la juxtaposition du divers homogène dans le concept d'une *grandeur;* c'est-à-dire que les phénomènes sont tous des grandeurs et même des *grandeurs extensives*, puisque, à titre d'intuitions dans l'espace ou dans le temps, ils doivent être représentés par la même synthèse qui détermine l'espace et le temps en général.]

J'appelle grandeur extensive celle dans laquelle la représentation des parties rend possible la représentation du tout (et par conséquent la précède nécessairement). Je ne puis me représenter aucune ligne, si petite soit-elle, sans la tirer par la pensée, c'est-à-dire sans en produire successivement toutes les parties en partant d'un point, et sans tracer de la sorte cette intuition. Il en est exactement de même pour toute partie du temps, même la plus petite. Je ne pense en elle que la progression successive d'un moment à un autre et toutes les portions de temps ajoutées ensemble produisent enfin une quantité de temps déterminée. Comme la simple intuition dans tous les phénomènes est ou l'espace ou le temps, tout phénomène, en tant qu'intuition, est une grandeur extensive, puisqu'il ne peut être connu dans l'appréhension que par synthèse successive (de partie à partie). Tous les phénomènes sont donc intuitionnés déjà comme des agrégats (comme des multitudes de parties précédemment données), ce qui n'est pas précisément le cas pour toute espèce de grandeurs, mais seulement pour celles que nous nous représentons et que nous appréhendons *extensivement* comme telles.

Sur cette synthèse successive de l'imagination productrice, dans la création des figures, repose la mathématique de l'étendue (géométrie) avec ses axiomes qui expriment les conditions de l'intuition sensible *a priori*, lesquelles peuvent seules rendre possible le schème d'un concept pur du phénomène externe, par exemple, qu'entre deux points on ne puisse mener qu'une ligne droite ; que deux lignes droites ne circonscrivent pas d'espace, etc. Ce sont là des axiomes qui ne concernent proprement que les grandeurs (*quanta*) en tant que telles.

Mais pour ce qui regarde la quantité (*quantitas*), c'est-à-dire la réponse à cette question : combien une chose est grande, bien que diverses propositions de cette sorte soient synthétiques et immédiatement certaines (*indemonstrabilia*), il n'y a point cependant par rapport à elles d'axiomes à proprement parler. En effet, que des quantités égales (*gleichen*) ajoutées à des quantités égales ou retranchées de quantités égales donnent des quantités égales ; ce sont là des propositions analytiques, parce que j'ai immédiatement conscience de l'identité de l'une de ces productions de grandeur avec l'autre, et les axiomes doivent être des propositions synthétiques *a priori*. Les propositions des rapports numériques évidentes, au contraire, bien qu'elles soient incontestablement (*allerdings*) synthétiques, ne sont pas générales, comme celles de la géométrie, et c'est précisément pour ce motif qu'on ne peut pas les nommer axiomes, mais seulement formules numériques. Que $7 + 5$ soit $= 12$, ce n'est pas une proposition analytique. En effet, je ne pense le nombre 12 ni dans la représentation de 7, ni dans celle de 5, ni dans la représentation de leur réunion (que je doive penser ce nombre dans *l'addition des deux autres*, ce n'est pas ici la question ; car dans une proposition analytique il ne s'agit que de savoir, si je pense réellement le prédicat dans la représentation du sujet). Mais, bien que synthétique, cette proposition n'est pourtant que particulière. En tant qu'ici l'on considère simplement la synthèse de l'homogène (des unités), la synthèse ne peut se produire, ici, que d'une seule manière, quoique l'*usage* de ces nombres soit ensuite général. Si je dis : avec trois lignes, dont deux prises ensemble sont plus grandes que la troisième, on peut dessiner un triangle, je n'ai ici que la simple fonction de l'imagination productrice qui peut tirer des lignes plus ou moins grandes et les faire se rencontrer, également, suivant toute espèce d'angles qu'il lui plaît de choisir. Au contraire, le nombre 7 n'est possible que d'une seule manière et de même le nombre 12 qui est produit par la synthèse du premier avec 5. On ne doit donc pas nommer axiomes, mais bien formules de numération des propositions de cette nature (car autrement il y aurait une infinité d'axiomes).

Ce principe transcendantal de la Mathématique des phénomènes fournit une grande extension à notre connaissance *a priori*. C'est lui seul, en effet, qui rend la Mathématique pure applicable avec toute sa précision aux objets de l'expérience, chose qui sans ce principe pourrait ne pas être si évidente par elle-même et qui même a donné lieu à maintes contradictions. Les phénomènes ne sont pas des choses en soi. L'intuition empirique n'est possible que par l'intuition pure (celle de l'espace et du temps); ce que la géométrie dit de l'une s'applique donc sans contredit à l'autre et l'on ne peut plus prétexter que, par exemple, les objets des sens ne doivent pas être conformes aux règles de la construction dans l'espace (par exemple, aux divisibilités infinies des lignes ou des angles). Car on dénierait par là à l'espace et, en même temps qu'à l'espace, à toute la Mathématique, toute valeur objective et l'on ne saurait plus pourquoi ni jusqu'où on pourrait appliquer cette réalité aux phénomènes. La synthèse des espaces et des temps considérés comme les formes essentielles de toute l'intuition est ce qui rend en même temps possible l'appréhension du phénomène, par conséquent toute expérience extérieure, par suite aussi toute connaissance des objets de cette dernière, et ce que la Mathématique dans l'usage pur démontre de celle-là est nécessairement valable aussi de celle-ci. Toutes les objections là contre ne sont que des chicanes d'une raison mal éclairée qui se trompe en pensant délivrer les objets des sens des conditions formelles de notre sensibilité et qui, bien que ces objets soient simplement des phénomènes, les représente comme des objets en soi, donnés à l'entendement, auquel cas évidemment rien ne pourrait en être connu *a priori*, ni, par suite, synthétiquement au moyen des concepts purs de l'espace ; et la science qui détermine ces derniers concepts, la géométrie, ne serait plus elle-même possible.

2° *Les anticipations de la perception.*

Le *principe* (*der Grundsatz*) qui anticipe toutes les perceptions comme telles, s'exprime ainsi : Dans tous les phénomènes la sensation et *le réel* qui lui correspond dans l'objet (*realitas phænomenon*) ont une *grandeur intensive*, c'est-à-dire un degré[1].

[2] [Preuve.

La perception est la conscience empirique, c'est-à-dire une conscience accompagnée de sensation. Les phénomènes,

---

1. Ce titre a été modifié comme suit dans la 2° édition :

Anticipations de la perception.

Le principe (*das Princip*) en est que dans tous les phénomènes le réel, qui est un objet de la sensation, a une grandeur intensive, c'est-à-dire un degré.

2. Jusqu'à la fin du 1ᵉʳ paragraphe, addition de la 2° édition.

comme objets de la perception, ne sont pas des intuitions pures (simplement formelles) comme l'espace et le temps (car ces concepts ne peuvent pas du tout être perçus en eux-mêmes). Ils contiennent donc, outre l'intuition, les matériaux de quelque objet (*zu irgend einem Objecte*) en général (par quoi nous est représenté quelque chose d'existant dans le temps ou dans l'espace), c'est-à-dire le réel de la sensation, considérée comme représentation purement subjective dont on ne peut avoir conscience que si le sujet est affecté et que l'on rapporte à un objet (*Object*) en général, en soi. Or, un changement graduel de la conscience empirique en conscience pure est possible quand le réel de la première disparaît complètement et qu'il ne reste qu'une conscience simplement formelle (*a priori*) du divers contenu dans l'espace et dans le temps ; par conséquent aussi est possible une synthèse de la production quantitative d'une sensation depuis son début : l'intuition pure = 0, jusqu'à la quantité qu'on veut lui donner. Or, comme la sensation n'est pas du tout en soi une représentation objective, et comme on ne trouve en elle ni l'intuition de l'espace ni celle du temps, elle n'aura pas sans doute de grandeur extensive, mais elle aura pourtant une grandeur (qui même lui viendra de l'appréhension d'elle-même où la conscience empirique peut croître dans un certain temps depuis rien = 0 jusqu'à sa grandeur donnée) ; elle aura donc une *grandeur intensive* et, en tant que correspondant à cette grandeur, tous les objets (*Objecten*) de la perception, dans la mesure où cette perception renferme de la sensation, doivent (*muss*) être affectés de *grandeur intensive*, c'est-à-dire avoir un degré d'influence sur les sens.]

On peut appeler anticipation toute connaissance par laquelle je puis connaître et déterminer *a priori* ce qui appartient à la connaissance empirique, et, sans aucun doute, c'est bien le sens qu'Épicure donnait à son terme de πρόληψις. Mais, comme il y a dans les phénomènes quelque chose qui n'est jamais connu *a priori* et qui constitue ainsi la différence propre entre l'empirique et la connaissance *a priori*, savoir la sensation (comme matière de la perception), il s'ensuit que cette dernière est proprement ce qu'on ne peut pas anticiper. Nous pourrions, au contraire, appeler anticipations des phénomènes les déterminations pures dans l'espace et dans le temps sous le rapport de la forme aussi bien que de la quantité, puisqu'elles représentent *a priori* ce qui ne peut jamais être donné qu'*a posteriori* dans l'expérience. Mais supposé qu'il se trouve pourtant quelque chose qu'on puisse connaître *a priori* dans toute sensation considérée en tant que sensation en général (sans qu'une sensation particulière puisse être donnée), on devrait nommer à bon droit ce quelque chose anticipation dans un sens exceptionnel, parce qu'il paraît étrange d'anticiper sur l'expérience en cela même qui en constitue précisément la matière, que seule elle est à même de fournir. Et c'est ce qui se passe ici réellement.

L'appréhension faite simplement au moyen de la sensation ne remplit qu'un moment (si je ne considère pas, bien entendu, la succession de plusieurs sensations). Comme étant dans le phénomène quelque chose dont l'appréhension n'est pas une synthèse successive qui aille des parties jusqu'à la représentation totale, elle n'a donc pas de grandeur extensive ; l'absence de sensation dans le même moment représenterait ce moment comme vide et, par suite, = 0. Or, ce qui dans l'intuition empirique correspond à la sensation est la réalité (*realitas phænomenon*), et ce qui correspond à son absence est la négation = 0. Mais il faut remarquer que toute sensation est susceptible de diminution, si bien qu'elle peut décroître et disparaître graduellement ainsi. C'est pourquoi il y a entre la réalité et la négation dans les phénomènes un enchaînement continu de plusieurs sensations intermédiaires possibles séparées par un intervalle toujours plus petit que la différence entre le donné et le zéro ou la négation totale, c'est-à-dire que le réel dans le phénomène a toujours une quantité, qui pourtant ne se trouve pas (24) dans l'appréhension, puisque cette dernière s'effectue par la simple sensation, en un moment, et non par la synthèse successive de plusieurs sensations, et, par conséquent, ne va pas des parties au tout ; ce réel a donc une grandeur, il est vrai, mais non une grandeur extensive.

Or, j'appelle *grandeur intensive* la grandeur qui n'est appréhendée que comme unité et dans laquelle la pluralité ne peut être représentée que par son rapprochement de la négation = 0. Toute réalité dans le phénomène a donc une grandeur intensive, c'est-à-dire un degré. Si l'on considère cette réalité comme cause (soit de la sensation, soit d'autres réalités dans le phénomène, par exemple, d'un changement), on nomme le degré de réalité, à titre de cause, un moment, le moment de la pesanteur, par exemple, et cela, parce que le degré ne marque que la grandeur dont l'appréhension n'est pas successive, mais au contraire instantanée. Mais je ne touche à ceci qu'en passant, car je n'ai pas encore pour le moment à m'occuper de la causalité.

Ainsi donc, toute sensation, par suite aussi toute réalité dans le phénomène, si petite même soit-elle, a un degré, c'est-à-dire une grandeur intensive qui peut toujours être diminuée; et entre la réalité et la négation, il y a un enchaînement continu de réalités possibles et de perceptions plus petites possibles. Toute couleur, par exemple, la couleur rouge a un degré qui, si petit qu'il soit, ne peut jamais être le plus petit, et il en est partout ainsi, de la chaleur, du moment de la pesanteur, etc.

On nomme continuité des grandeurs la propriété qu'elles ont de n'avoir en soi aucune partie qui soit la plus petite possible (aucune partie simple). L'espace et le temps sont des *quanta continua*, parce qu'aucune partie n'en peut être donnée qui ne soit enfermée dans certaines limites (points et moments) et parce qu'il faut, par suite, que cette partie elle-même soit à son tour un espace ou un temps. L'espace donc ne se compose que d'espaces et le temps que de temps. Les points et les moments ne sont que des limites, c'est-à-dire de simples places de la limitation de l'espace et du temps; or, ces places supposent toujours les intuitions qui doivent les délimiter ou déterminer, et ce n'est pas avec de simples places, considérées comme des parties intégrantes, qui pourraient même (*noch*) être données antérieurement à l'espace ou au temps qu'on peut former ni de l'espace ni du temps (*kann weder Raum noch Zeit zusammengesetzt werden*). Des grandeurs de ce genre peuvent s'appeler encore *fluentes* (*fliessende*), parce que dans leur production la synthèse (de l'imagination productrice) est une progression dans le temps dont on a l'habitude de désigner la continuité par l'expression d'écoulement (*Fliessens-Verfliessens*).

Tous les phénomènes en général sont donc des grandeurs continues, aussi bien sous le rapport de leur intuition, en tant que grandeurs extensives, que sous le rapport de la simple perception (sensation et par suite réalité), en tant que grandeurs intensives. Quand la synthèse du divers des phénomènes est rompue, ce divers est un agrégat de plusieurs phénomènes (et non, à proprement parler, un phénomène à titre de quantum) qui (25) n'est pas produit par la simple suite (*Forsetzung*) de la synthèse productive d'un certain mode, mais par la répétition (*Wiederholung*) d'une synthèse toujours interrompue. Quand je dis que 13 thalers sont un quantum d'argent, le terme dont je me sers est exact dans la mesure où j'entends par là la teneur d'un *marc* d'argent fin (26) qui est incontestablement une grandeur continue dans laquelle aucune partie n'est la plus petite, mais où chaque partie pourrait constituer une pièce d'argent qui contiendrait toujours de la matière pour de plus petites. Mais si j'entends par cette expression 13 thalers ronds, pris comme autant de pièces de monnaie (quelle que soit d'ailleurs leur *teneur* en métal d'argent), j'ai tort de les nommer un quantum de thalers et je dois, au contraire, les appeler un agrégat, c'est-à-dire un nombre de pièces d'argent. Or, comme il faut que l'unité soit à la base de tout nombre, le phénomène, à titre d'unité, est un quantum et, en tant que tel, il est toujours un continu.

Puisque tous les phénomènes considérés aussi bien extensivement qu'intensivement sont des grandeurs continues, la proposition : que tout changement (*Veränderung*) (passage d'une chose d'un état à un autre) est aussi continu, pourrait être prouvée ici facilement et avec une évidence mathématique, si la causalité d'un changement (*Veränderung*) en général n'était pas en dehors des limites d'une philosophie transcendantale et ne supposait pas des principes empiriques. En effet, qu'il puisse y avoir une cause qui modifie l'état des choses, c'est-à-dire les déterminé dans un sens contraire à un certain état donné, c'est de quoi ne nous apprend rien l'entendement *a priori*, non seulement parce qu'il n'en voit pas du tout la possibilité (car cette vision (*Einsicht*) nous manque dans la plupart des connaissances *a priori*) mais surtout (*sondern*) parce que la mutabilité (*Veränderlichkeit*) n'affecte que certaines déterminations des phénomènes que l'expérience seule peut nous apprendre, tandis que la cause en doit être cherchée dans l'immuable. Mais comme ici nous n'avons rien sous la main dont nous puissions nous servir, sinon les concepts purs fondamentaux de toute expérience possible, auxquels ne doit être mêlé absolument rien d'empirique, nous ne pouvons, sans ruiner l'unité du système, empiéter sur la physique générale qui est bâtie sur certaines expériences fondamentales.

Toutefois nous ne manquons pas de moyens de prouver la grande influence qu'a le principe dont nous parlons (*dieser unser Grundsatz*) quand il s'agit d'anticiper des perceptions et même de remplir les lacunes des perceptions, en tant qu'il ferme la porte à toutes les conclusions fausses qu'on pourrait tirer de ces vices.

Si toute réalité dans la perception a un degré tel qu'entre ce degré et la négation se placent une série infinie d'échelons toujours d'un degré moindre et si, toutefois, chaque sens doit avoir un degré déterminé (27) de réceptivité des sensations, aucune perception, ni, par suite, aucune expérience n'est alors possible qui prouve soit immédiatement, soit médiatement (et par n'importe quel détour dans le raisonnement) une absence absolue de tout réel dans le phénomène, c'est-à-dire que jamais on ne peut tirer de l'expérience la preuve d'un espace vide ou d'un temps vide. En effet, premièrement, l'absence totale de réel dans l'intuition sensible ne peut pas elle-même être perçue, et, secondement, elle ne peut pas être déduite d'un seul (*einzigen*) phénomène et de la différence de degré de sa réalité et l'on ne peut, non plus, jamais l'admettre à titre d'explication de ce phénomène. En effet, bien que l'intuition totale d'un espace ou d'un temps déterminé soit pleinement réelle, c'est-à-dire qu'en elle aucune partie ne soit vide, il faut pourtant, puisque toute réalité a son degré qui, sans que change la grandeur extensive du phénomène, peut décroître jusqu'à rien (jusqu'au vide) par des échelons infinis, il faut qu'on donne une infinité de degrés divers remplissant l'espace ou le temps et qu'on permette à la grandeur intensive d'être en différents phénomènes plus petite ou plus grande, quoique la grandeur extensive de l'intuition reste la même.

Nous allons en donner un exemple. Presque tous les physiciens, percevant une grande différence dans la quantité de la matière d'espèce différente sous un volume égal (soit par le moment de la pesanteur ou de la densité, soit par le moment de la résistance opposée à d'autres matières en mouvement), en concluent unanimement que ce volume (grandeur extensive du phénomène) doit être vide, bien que diversement, dans toutes les matières. Mais lequel de ces physiciens, en majeure partie mathématiciens et mécanistes, se serait jamais imaginé qu'il fondait sa conclusion uniquement sur une supposition métaphysique — qu'il prétendait si fort éviter cependant — en admettant que le *réel* dans l'espace (je ne peux ici le nommer ni impénétrabilité ni pesanteur, parce que ce sont là des concepts empiriques) *n'est jamais que d'une seule espèce* et ne peut se distinguer que par la grandeur extensive, c'est-à-dire par le nombre (die Menge). A cette supposition qui n'a aucun fondement dans l'expérience et qui, par conséquent, est purement métaphysique, j'oppose une preuve transcendantale qui ne doit pas sans doute expliquer la différence dans la manière dont les espaces sont remplis (den Unterschied in die Erfüllung der Raüme), mais qui pourtant supprime entièrement la prétendue nécessité de supposer ainsi qu'on ne peut expliquer la différence dont il est question qu'en admettant des espaces vides, et qui a le mérite de mettre au moins l'entendement à même de concevoir cette différence d'une autre manière, dans le cas où l'explication physique rendrait ici nécessaire quelque hypothèse. Nous voyons alors, en effet, que si deux espaces égaux peuvent parfaitement être remplis de matières diverses, de telle sorte qu'il n'y ait dans aucun d'eux un point où ne se trouve la présence de la matière, tout réel d'une même qualité a pourtant le degré (de résistance ou de pesanteur) de cette qualité, degré qui, sans que diminue la grandeur extensive ou le nombre, peut décroître jusqu'à l'infini avant que cette qualité (28) disparaisse dans le vide et s'évanouisse. Ainsi, une dilatation qui remplit un espace, par exemple, la chaleur, et, de même, toute autre réalité (dans le phénomène) peut, sans laisser le moins du monde vide la plus petite portion de cet espace, décroître en degrés jusqu'à l'infini, sans néanmoins cesser d'emplir l'espace, avec ces degrés plus petits, tout aussi bien qu'un autre phénomène avec de plus grands. Mon intention n'est nullement de soutenir ici que telle est en réalité la raison de la différence des matières au point de vue de leur pesanteur spécifique, mais seulement de faire voir, en partant d'un principe de l'entendement pur, que la nature de nos perceptions rend possible un tel mode d'explication et que c'est faussement que l'on admet le réel du phénomène comme étant identique en degré (dem Grade nach) et comme ne différant qu'au point de vue de l'agrégation et de sa grandeur extensive, et que l'on veut même affirmer cela *a priori* comme sous-entendu au moyen d'un principe de l'entendement.

Toutefois cette anticipation de la perception a toujours en soi quelque chose de choquant pour un investigateur habitué à la réflexion transcendantale et devenu par là circonspect; on sent quelque hésitation à admettre que l'entendement puisse anticiper une proposition synthétique comme celle du degré de tout le réel dans les phénomènes, et, par suite, celle de la possibilité de la différence intrinsèque de la sensation elle-même, abstraction faite de sa qualité empirique; et c'est encore une question qui mérite d'être résolue (*der Auflösung nicht unwürdige*) que celle de savoir comment l'entendement peut ici prononcer *a priori* synthétiquement sur des phénomènes et les anticiper même dans ce qui est proprement et simplement empirique, c'est-à-dire en ce qui concerne la sensation.

La *qualité* de la sensation est toujours simplement empirique et ne peut pas du tout être représentée *a priori* (par exemple : les couleurs, le goût, etc.). Mais le réel qui correspond aux sensations en général, par opposition à la négation $= 0$, ne représente que quelque chose dont le concept implique une existence (*ein Sein*) et ne signifie que la synthèse dans une conscience empirique en général. Dans le sens interne, il est vrai, la conscience empirique peut s'élever de 0 jusqu'à n'importe quel degré plus élevé, de sorte que la même grandeur extensive de l'intuition (par exemple, une surface éclairée) excite une aussi grande sensation qu'un agrégat de plusieurs autres (surfaces moins éclairées) prises ensemble. On peut donc faire entièrement abstraction de la grandeur extensive du phénomène et se représenter pourtant en la simple sensation dans un moment (*in einem Moment*) une synthèse de l'ascension uniforme depuis 0 jusqu'à la conscience empirique donnée. Toutes les sensations ne sont donc, comme telles, données sans doute qu'*a posteriori*, mais la propriété qu'elles ont d'avoir un degré peut être connue *a priori*. Il est remarquable que nous ne pouvons connaître *a priori* dans les grandeurs en général qu'une seule *qualité*, la continuité, et dans toutes les qualités (dans le réel des phénomènes) rien autre chose *a priori* que leur *grandeur* intensive, savoir qu'elles ont un degré; tout le reste est laissé à l'expérience.

3º. — *Les analogies de l'expérience.*

Le *principe* (*Grundsatz*) général en est que tous les phénomènes sont, quant à leur existence, soumis *a priori* à des règles qui déterminent leur rapport entre eux dans un temps[1].

[**Preuve**.

L'expérience est une connaissance empirique, c'est-à-dire une connaissance qui détermine un objet par des perceptions. Elle est donc une synthèse des perceptions qui n'est pas contenue elle-même dans la perception, mais qui renferme l'unité synthétique de leur divers en une conscience, unité qui constitue l'essentiel d'une connaissance des *objets* des sens, c'est-à-dire de l'expérience (et non pas simplement de l'intuition ou de la sensation des sens). Or, il est vrai, dans l'expérience, les perceptions se rapportent les unes aux autres, mais ce n'est que d'une manière accidentelle, de telle sorte qu'aucune nécessité de leur liaison ne résulte ni ne peut résulter des perceptions elles-mêmes, car l'appréhension n'est que l'assemblage du divers de l'intuition empirique, et l'on ne saurait y rencontrer aucune représentation de la nécessité de l'existence, en tant que liée, des phénomènes, qu'elle assemble dans l'espace et dans le temps. Mais comme l'expérience est une connaissance des objets par perceptions, que, par conséquent, le rapport dans l'existence du divers ne doit pas y être représenté tel qu'il résulte d'une juxtaposition dans le temps, mais tel qu'il est objectivement dans le temps, et que le temps lui-même ne peut pas être perçu, la détermination de l'existence des objets (*der Objecte*) dans le temps ne peut donc avoir lieu que par leur liaison dans le temps en général, c'est-à-dire qu'au moyen des concepts qui les unissent *a priori*. Or, comme ces concepts impliquent toujours la nécessité, l'expérience n'est donc possible qu'au moyen d'une représentation d'une liaison nécessaire des perceptions.][2]

Les trois modes du temps sont la *permanence*, la *succession*, la *simultanéité*. De là trois règles de tous les rapports

---

1. Ce titre a été modifié comme suit dans la 2ᵉ édition :

Analogies de l'expérience.

Le principe (*Princip*) en est que l'expérience n'est possible que par la représentation d'une liaison nécessaire des perceptions.

2. Ajouté dans la 2ᵉ édition.

chronologiques des phénomènes, d'après lesquelles l'existence de chacun d'eux peut être déterminée par rapport à l'unité de tout le temps, et ces lois précèdent toute expérience qu'elles rendent d'abord possible.

Le principe général de ces trois analogies repose sur l'*unité* nécessaire de l'aperception, par rapport à toute conscience empirique possible (de la perception) *dans chaque temps*, et, par conséquent, puisque cette unité sert de fondement *a priori*, sur l'unité synthétique de tous les phénomènes, au point de vue de leur rapport dans le temps. En effet, l'aperception originaire se rapporte au sens interne (à l'ensemble de toutes les représentations) et, il faut le remarquer (*zwar*), *a priori* à sa forme, c'est-à-dire au rapport de la conscience empirique diverse dans le temps. Or, dans l'aperception originaire, tout ce divers doit être lié suivant ces rapports de temps, car c'est là ce qu'exprime l'unité transcendantale *a priori* de cette aperception à laquelle est soumis tout ce qui doit appartenir à ma connaissance (à ma propre connaissance), c'est-à-dire ce qui peut devenir un objet pour moi. Cette *unité synthétique* dans le rapport chronologique de toutes les perceptions, qui *est déterminée a priori*, est donc cette loi : que toutes les déterminations de temps empiriques doivent être soumises aux règles de la détermination générale du temps ; et les analogies de l'expérience dont nous avons à nous occuper maintenant doivent être des règles de ce genre.

Ces principes ont ceci de particulier qu'ils ne concernent pas les phénomènes et la synthèse de leur intuition empirique, mais simplement *l'existence* et leur *rapport* réciproques relativement à cette existence. Or, la manière dont quelque chose est appréhendé dans le phénomène est déterminée *a priori* de telle façon que la règle de sa synthèse puisse fournir en même temps cette intuition *a priori* dans chaque exemple empirique donné, c'est-à-dire la réaliser au moyen de cette synthèse. Le contenu des phénomènes ne peut pas être connu *a priori*, et alors même que nous pourrions par cette voie arriver à conclure quelque existence, nous ne pourrions cependant pas la connaître d'une manière déterminée, c'est-à-dire anticiper ce par quoi son intuition empirique se distingue des autres.

Les deux principes précédents que j'ai nommés mathématiques en considération de ce qu'ils nous autorisent à appliquer la mathématique aux phénomènes, se rapportent aux phénomènes au point de vue de leur simple possibilité et nous apprennent comment ces phénomènes peuvent être produits, aussi bien quant à leur intuition que quant au réel de leur perception, suivant les règles d'une synthèse mathématique. On peut donc employer dans l'un comme dans l'autre la quantité numérique et avec elle la détermination du phénomène comme quantité. Ainsi, par exemple, je pourrais composer d'environ 200.000 clartés de lune le degré des sensations de la lumière du soleil et le donner *a priori* comme déterminé, c'est-à-dire le construire. Aussi pourrions-nous appeler ces premiers principes des principes *constitutifs*.

Il en doit être tout autrement de ceux qui soumettent *a priori* à des règles l'existence des phénomènes. En effet, comme cette existence ne se laisse pas construire, ces principes ne concernent que le rapport d'existence et ne peuvent être que des principes simplement *régulateurs*. Il n'y a donc ni axiomes ni anticipations à penser ; il s'agit seulement, quand une perception nous est donnée dans un rapport de temps avec une autre (quoique indéterminée), de dire non *quelle* est cette autre perception ou quelle en est la *grandeur*, mais comment elle est liée nécessairement à la première, quant à l'existence, dans ce mode du temps. En philosophie, ces analogies signifient quelque chose de très différent de ce qu'elles représentent dans la mathématique. Dans celle-ci, ce sont des formules qui expriment l'égalité de deux rapports de grandeur ; elles sont toujours *constitutives*, de sorte que quand trois membres d'une proportion sont donnés, le quatrième l'est aussi par là même, c'est-à-dire peut être construit. Dans la philosophie, au contraire, l'analogie n'est pas l'égalité de deux rapports *quantitatifs*, mais bien de deux rapports *qualitatifs*, dans lesquels, trois membres étant donnés, je ne puis connaître et donner *a priori* que le *rapport* à un quatrième, mais non ce quatrième *membre* lui-même. J'ai cependant une règle pour le chercher dans l'expérience et un signe pour l'y découvrir. Une analogie de l'expérience ne sera donc qu'une règle suivant laquelle l'unité de l'expérience (non la perception elle-même, en tant qu'intuition empirique en général) doit résulter des perceptions, et elle s'appliquera aux objets (aux phénomènes) non comme un principe *constitutif*, mais simplement comme un principe *régulateur*. Il en est de même des postulats de la pensée empirique en général qui concernent tous la synthèse de la simple intuition (de la forme des phénomènes), la synthèse de la perception (de leur matière) et celle de l'expérience (du rapport de ces perceptions). Ils n'ont ainsi d'autre valeur que celle de principes régulateurs et se distinguent des principes mathématiques, qui sont constitutifs, non pas, sans doute, au point de vue de la certitude qui est fermement établie dans les uns comme dans les autres, mais au point de vue de la nature de l'évidence, c'est-à-dire par leur côté intuitif lui-même (par suite aussi, par la démonstration).

Mais ce qui a été rappelé de tous les principes synthétiques doit être ici particulièrement remarqué : c'est que ce n'est pas comme principes de l'usage transcendental de l'entendement, mais simplement comme principes de son usage empirique que ces analogies ont leur signification et leur valeur exclusives, et que, par suite, c'est seulement à ce titre qu'elles peuvent être démontrées, que, par conséquent, il faut subsumer les phénomènes non pas du tout sous les catégories, mais au contraire seulement sous leurs schèmes. En effet, si les objets auxquels ces principes doivent être appliqués étaient des choses en soi, il serait entièrement impossible d'en connaître quelque chose *a priori* et synthétiquement. Ils ne sont que des phénomènes dont la connaissance parfaite, à laquelle doivent toujours en dernier lieu aboutir tous les principes *a priori*, est uniquement l'expérience possible (29) : par conséquent, ces principes ne peuvent avoir pour but que les conditions de l'unité de la connaissance empirique dans la synthèse des phénomènes ; or, cette dernière n'est conçue que dans le schème du concept pur de l'entendement, car son unité, comme celle d'une synthèse en général, est opérée par la fonction que ne restreint aucune condition sensible et qui est contenue dans les catégories. Nous serons donc autorisés par ces principes à n'enchaîner les phénomènes que suivant une analogie avec l'unité logique et générale des concepts, et, par conséquent, à nous servir, dans le principe même, de la catégorie, mais toutefois, dans l'exécution (dans l'application aux phénomènes), nous devrons mettre à la place de ce principe le schème de la catégorie, considéré comme la clef de l'usage de la catégorie, ou plutôt nous devrons le placer, comme condition restrictive, à côté de cette dernière sous le nom de formule de ce principe.

< A. — Première analogie

Principe (Grundsatz) de la permanence.

Tous les phénomènes contiennent quelque chose de permanent (*substance*) considéré comme l'objet lui-même, et quelque chose de changeant, considéré comme une simple détermination de cet objet, c'est-à-dire d'un mode d'existence de l'objet.

Preuve de cette première analogie

Tous les phénomènes sont dans le temps. Celui-ci peut déterminer le rapport que présente *leur existence*, de deux manières, selon qu'ils sont *successifs* ou *simultanés*. Sous le premier point de vue, on considère le temps comme une *série (Zeitreihe)*, sous le second, comme une *étendue (Zeitumfang)*. >

[A. — Première analogie

Principe (Grundsatz) de la permanence de la substance.

La substance persiste dans tout le changement des phénomènes et sa quantité n'augmente ni ne diminue dans la nature.

Preuve.

Tous les phénomènes sont dans le temps et c'est en lui seulement comme substrat (ou forme permanente de l'intuition intérieure) qu'on peut se représenter la simultanéité aussi bien que la succession. Donc le temps dans lequel doit être pensé tout changement des phénomènes demeure et ne change pas parce qu'il est ce en quoi la succession ou la simultanéité ne peuvent être représentées qu'en qualité de déterminations du temps. Or, le temps ne peut pas être perçu en lui-même. Par conséquent, c'est dans les objets de la perception, c'est-à-dire dans les phénomènes qu'il faut trouver le substrat qui représente le temps en général et dans lequel tout changement ou toute simultanéité peuvent être perçus dans l'appréhension par le rapport des phénomènes avec lui. Mais le substrat de tout le réel, c'est-à-dire de tout ce qui appartient à l'existence des choses, est la *substance*, où tout ce qui appartient à l'existence ne peut être pensé que comme détermination. Par conséquent le permanent relativement auquel tous les rapports de temps des phénomènes peuvent seulement être déterminés est la substance dans le phénomène, c'est-à-dire le réel des phénomènes, réel qui demeure toujours le même comme substratum de tout changement, et, comme cette substance ne saurait changer dans l'existence, sa quantité dans la nature ne peut ni augmenter ni diminuer][1].

1. Texte de la 2ᵉ édition.

Notre *appréhension* du divers des phénomènes est toujours successive et, par conséquent, toujours changeante. Nous ne pouvons, par conséquent, jamais déterminer par elle seule si ce divers, comme objet de l'expérience, est simultané ou successif, à moins qu'elle n'ait pour fondement quelque chose qui demeure toujours, c'est-à-dire quelque chose de *durable* et de *permanent*, dont tout changement et toute simultanéité ne sont pour le permanent qu'autant de manières d'exister (modes du temps). Ce n'est donc que dans ce permanent que sont possibles les rapports de temps (car la simultanéité et la succession sont les seuls rapports dans le temps), c'est-à-dire que le permanent est le *substrat* de la représentation empirique du temps même, substrat qui rend seul possible toute détermination de temps. La permanence exprime en général le temps, comme le corrélatif constant de toute existence des phénomènes, de tout changement et de toute simultanéité. En effet, le changement concerne non pas le temps lui-même, mais seulement les phénomènes dans le temps (de même que la simultanéité n'est pas un mode du temps même, puisque dans ce temps il n'y a absolument pas de parties simultanées, mais que toutes sont successives). Si l'on voulait attribuer au temps lui-même une succession, il faudrait (*muss*) penser encore un autre temps dans lequel cette succession serait possible. C'est par le permanent seul que l'*existence* obtient dans les différentes parties successives de la série du temps (*Zeitreihe*) une *quantité* que l'on nomme *durée*. En effet, dans la simple succession, l'existence ne fait toujours que disparaître et apparaître, sans avoir jamais la moindre quantité. Sans ce permanent, il n'y a donc pas de rapport de temps. Or le temps ne peut pas être perçu en lui-même, par suite ce permanent dans les phénomènes est le substrat de toute détermination de temps, par conséquent, aussi, la condition de la possibilité de toute unité synthétique des perceptions, c'est-à-dire de l'expérience, et dans ce permanent toute existence et tout changement dans le temps ne peuvent être regardés que comme un mode de l'existence de ce qui demeure et persiste. Dans tous les phénomènes, le permanent est donc l'objet même, c'est-à-dire la substance (*phænomenon*), mais tout ce qui change ou peut changer n'appartient qu'au mode interne de cette substance ou de ces substances et, par suite, à leur détermination.

Je trouve que, de tout temps, non seulement le philosophe, mais tous les hommes en général ont supposé cette permanence comme un substrat de tout changement des phénomènes et qu'ils l'admettront toujours comme indubitable ; seulement le philosophe s'exprime là-dessus d'une manière un peu plus précise, en disant que dans tous les changements qui arrivent dans le monde, la *substance* demeure et seuls changent les *accidents*. Mais je ne trouve nulle part qu'on ait seulement essayé de donner une preuve de cette proposition synthétique, et certes elle ne paraît que rarement, comme il lui appartiendrait cependant, en tête de ces lois pures et valables entièrement *a priori* de la nature. En fait, cette proposition : la substance est permanente, est tautologique. En effet, cette permanence seule (*bloss*) est la raison pour laquelle nous appliquons aux phénomènes la catégorie de la substance, et il aurait fallu prouver que dans tous les phénomènes il y a quelque chose de permanent par rapport à quoi le changeant n'est qu'une détermination d'existence. Mais comme une telle preuve ne peut jamais être fournie dogmatiquement, c'est-à-dire par concepts, puisqu'elle concerne une proposition synthétique *a priori*, et comme on n'a jamais songé que des propositions de ce genre ne sont valables que par rapport à l'expérience possible et, par suite, ne peuvent être prouvées que par une déduction de la possibilité de cette expérience, il n'est pas étonnant que cette proposition (bien que, il est vrai, donnée comme fondement à toute expérience, puisqu'on en sent le besoin, dans la connaissance empirique) n'ait jamais été prouvée.

On posait à un philosophe cette question : Combien pèse la fumée ? Il répondit : Retranchez du poids du bois brûlé le poids de la cendre qui reste, vous avez le poids de la fumée. Il supposait donc comme une chose incontestable que même dans le feu la matière (la substance) ne disparaît pas, mais que sa forme seule subit un changement. Il en est de même de cette proposition : Rien ne procède de rien ; elle n'est qu'une autre conséquence du principe de la permanence, ou plutôt de l'existence toujours persistante du sujet propre des phénomènes. En effet, pour que ce qu'on veut appeler substance dans le phénomène puisse être le substrat propre de toute détermination de temps, il faut que toute existence, dans le temps passé comme dans le temps futur, y soit uniquement et exclusivement déterminée. Nous ne pouvons donc donner à un phénomène le nom de substance que parce que nous supposons que son existence est de tout temps, ce qu'exprime toujours seul le mot permanence qui semble plutôt se rapporter à l'avenir. Toutefois, comme la nécessité interne d'être permanent est liée inséparablement à la nécessité d'avoir toujours été, l'expression peut être conservée. *Gigni de nihilo nihil, in nihilum nil posse reverti*, c'étaient là deux propositions que les anciens liaient inséparablement et que l'on sépare quelquefois aujourd'hui par mésintelligence, parce qu'on s'imagine qu'elles s'appliquent à des choses en soi et que la première devrait être contraire à la dépendance du monde d'une cause suprême (même quant à sa substance); mais cette crainte est sans fondement, puisqu'il n'est ici question que de phénomène dans le champ de l'expérience dont l'unité ne serait jamais possible, si nous voulions admettre qu'il se produisît des choses nouvelles (quant à la substance). Alors, en effet, disparaîtrait ce qui seul peut représenter l'unité du temps, je veux dire l'identité du substrat, unique chose où tout changement trouve sa complète unité. Cette permanence n'est cependant rien de plus que la manière dont nous nous représentons l'existence des choses (dans le phénomène).

Les déterminations d'une substance qui ne sont autre chose que des modes particuliers de son existence s'appellent *accidents*. Elles sont toujours réelles, parce qu'elles concernent l'existence de la substance (les négations ne sont que des déterminations qui expriment la non-existence de quelque chose dans la substance). Or, lorsqu'on attribue une existence particulière à ce réel dans la substance (par exemple, au mouvement considéré comme un accident de la matière), on appelle cette existence l'inhérence pour la distinguer de l'existence de la substance que l'on nomme subsistance. Mais il en résulte beaucoup de malentendus et on s'exprime d'une manière plus exacte et plus juste en ne désignant sous le nom d'accident que la manière dont l'existence d'une substance est positivement déterminée. Cependant, en raison des conditions de l'usage logique de notre entendement, il faut inévitablement isoler en quelque sorte ce qui peut changer dans l'existence d'une substance, tandis que la substance demeure, et la considérer dans son rapport au permanent propre et au radical ; c'est pourquoi aussi cette catégorie rentre sous le titre des rapports plutôt en qualité de condition de ces rapports que comme contenant elle-même un rapport.

Sur cette permanence se fonde aussi la légitimité du concept de *changement* (d'existence) (*Veränderung*). Naître et périr ne sont pas des changements de ce qui naît et périt. Le changement est un mode d'existence qui succède à un mode d'existence du même objet. Par conséquent tout ce qui change (*verändert*) est *permanent* et il n'y a que son *état* qui *change* (*wechselt*). Et comme ce changement ne concerne que les déterminations qui peuvent finir ou commencer, nous pouvons dire, en nous servant d'une expression qui paraît quelque peu paradoxale, que seul le permanent (la substance) est changé (*wird verändert*) et que le changeant ne subit pas de changement d'existence (*Veränderung*), mais seulement un *changement d'aspect* (*Wechsel*) puisque certaines déterminations cessent et que d'autres commencent.

Le changement (*Veränderung*) ne peut donc être perçu que dans les substances et il n'y a de perception possible du naître et du mourir qu'uniquement en tant que ce sont simplement des déterminations du permanent, puisque c'est précisément le permanent qui rend possible la représentation du passage d'un état à un autre, du non-être à l'être, et que c'est donc seulement à titre de déterminations variables de ce qui demeure qu'on peut connaître empiriquement ces états. Admettez que quelque chose commence d'être absolument, il vous faut admettre un moment où ce quelque chose n'était pas. Mais à quoi voulez-vous rattacher ce moment, si ce n'est à ce qui était déjà ? Car un temps vide antérieur n'est pas un objet de perception. Que si vous rattachez cette naissance à des choses qui étaient auparavant et qui ont duré jusqu'à elle, celle-ci n'a été alors qu'une détermination de ce qui existait déjà en qualité de permanent. Il en est exactement de même aussi de la disparition d'une chose ; elle présuppose en effet la représentation empirique d'un temps où un phénomène n'est plus.

Les substances (dans le phénomène) sont les substrats de toutes les déterminations de temps. La naissance des unes et la disparition des autres supprimeraient même l'unique condition de l'unité empirique du temps, et les phénomènes se rapporteraient alors à deux espèces de temps dont l'existence s'écoulerait simultanément, ce qui est absurde. Car il n'y a qu'*un seul* temps et tous les divers temps n'y doivent pas être posés comme simultanés, mais comme successifs.

Par conséquent, la permanence est une condition nécessaire qui seule permet à des phénomènes d'être déterminables comme choses ou objets dans une expérience possible. Mais quel est le critérium empirique de cette permanence nécessaire et, avec elle, de la substantialité des phénomènes? La suite nous fournira l'occasion de faire là-dessus quelques remarques nécessaires.

< *B*. — Deuxième analogie

Principe de la production.

Tout ce qui *arrive* (commence d'être) suppose quelque chose à quoi il succède, d'après une règle [1] >.

[**Preuve.**

(Que tous les phénomènes de la succession dans le temps ne soient que des *changements,* c'est-à-dire une existence et une non-existence successives des déterminations de la substance qui demeure, par conséquent, qu'il n'y a pas lieu d'admettre une *existence* de la substance même qui suivrait sa non-existence, ou une non-existence de cette substance qui succéderait à son existence, ou, en d'autres termes, une naissance et un anéantissement de la substance même, c'est ce que nous avons prouvé dans le principe précédent. Ce principe aurait pu encore être énoncé ainsi : *Tout changement d'état* (*Wechsel*) (*succession*), *des phénomènes n'est qu'un changement d'existence* (*Veränderung*), car la naissance ou l'anéantissement de la substance ne sont pas des changements d'existence de cette substance, parce que le concept de changement d'existence suppose le même sujet comme existant avec deux déterminations opposées, par conséquent comme permanent. Après cet avertissement, vient la preuve).

---

1. 2ᵉ édit. [*Principe de la succession dans le temps suivant la loi de la causalité.* Tous les changements se produisent suivant la loi de la liaison de la cause et de l'effet].

Je perçois que des phénomènes se succèdent, c'est-à-dire qu'un état des choses existe à un moment et que le contraire existait dans l'état précédent. Je relie donc, à proprement parler, deux perceptions dans le temps. Or, cette liaison n'est pas l'œuvre du simple sens et de l'intuition, mais le produit d'un pouvoir synthétique de l'imagination qui détermine le sens interne relativement au rapport de temps. Mais il y a deux manières pour l'imagination de relier ces deux états, suivant que l'on fait précéder l'un ou l'autre dans le temps, car le temps ne peut pas être perçu en lui-même, et, c'est par rapport à lui, et, pour ainsi dire, empiriquement, que ce qui précède ou ce qui suit peut être déterminé dans l'objet (*Objecte*). Je n'ai donc conscience que d'une chose, c'est que mon imagination place l'un avant, l'autre après, mais non que dans l'objet (*im Objecte*) un état précède l'autre ; en d'autres termes, la simple perception laisse indéterminé le *rapport objectif* des phénomènes qui se succèdent. Or, pour que ce rapport puisse être connu d'une manière déterminée, il faut que le rapport entre les deux états soit connu de telle sorte qu'il détermine comme nécessaire lequel des deux états doit être placé le premier, et lequel, le second, et non *vice versâ*. Mais le concept qui implique une nécessité de l'unité synthétique ne peut être qu'un concept pur de l'entendement qui n'est pas dans la perception et c'est, ici, le concept du *rapport de la cause et de l'effet*, par lequel la cause détermine l'effet dans le temps, comme sa conséquence, et non pas seulement comme quelque chose qui pourrait simplement précéder dans l'imagination (ou même n'être pas du tout perçu). Ce n'est donc que parce que nous soumettons la succession des phénomènes, et, par suite, tout changement, à la loi de la causalité qu'est possible l'expérience même, c'est-à-dire la connaissance empirique de ces phénomènes ; par conséquent, ils ne sont eux-mêmes possibles, comme objets de l'expérience, que suivant cette loi][1].

L'appréhension du divers du phénomène est toujours successive. Les représentations des parties se succèdent les unes aux autres. Pour ce qui est de savoir si elles se succèdent toujours dans l'objet, c'est là un deuxième point de la réflexion qui n'est pas contenu dans le premier. Or, on peut

---

1. Ajouté dans la 2ᵉ édition.

bien nommer objet (*Object*) toute chose, et même toute représentation en tant qu'on en a conscience, mais pour savoir ce que ce mot signifie par rapport aux phénomènes, considérés non comme des objets (*Objecte*) (des représentations), mais comme désignant seulement un objet (*Object*), il faut un examen plus approfondi. En tant qu'ils sont en même temps, à titre seulement de représentations, des objets de la conscience, ils ne sont pas du tout différents de l'appréhension, qui est leur admission dans la synthèse de l'imagination, et il faut donc dire que le divers des phénomènes est produit toujours successivement dans l'esprit (*Gemüth*). Si les phénomènes étaient des choses en soi, nul ne pourrait, par la succession de représentations de ce divers, se rendre compte de la manière dont ce divers est lié dans l'objet. En effet, nous n'avons affaire qu'à nos représentations ; quant à savoir comment peuvent exister des choses en soi (sans se rapporter aux représentations par lesquelles elles nous affectent), c'est entièrement en dehors de la sphère de notre connaissance. Or, bien que les phénomènes ne soient pas des choses en soi, comme ils sont néanmoins la seule chose qui puisse nous être donnée pour la connaissance, je dois montrer quelle liaison convient dans le temps au divers qui se trouve dans les phénomènes eux-mêmes, tandis que la représentation de ce divers est toujours successive dans l'appréhension. Ainsi, par exemple, l'appréhension du divers dans le phénomène d'une maison qui est placée devant moi, est successive. Or, si on demande si le divers de cette maison elle-même est en soi successif, personne assurément ne l'admettra. Mais dès que j'élève mes concepts d'un objet jusqu'à leur signification transcendantale, la maison n'est plus un objet en soi, mais seulement un phénomène, c'est-à-dire une représentation dont l'objet transcendantal est inconnu. Qu'est-ce donc que j'entends par cette question : Comment le divers dans le phénomène (qui n'est pourtant rien en soi) peut-il être lié? Ce qui réside dans l'appréhension successive est considéré ici comme représentation ; et le phénomène qui m'est donné, quoique n'étant rien de plus qu'un ensemble de ces représentations, est considéré comme l'objet de ces mêmes représentations, objet avec lequel doit concorder le concept que je tire des représentations de l'appréhension. On voit de suite que puisque la vérité est l'accord de la connaissance avec son objet (*Object*), il ne peut ici être question que des conditions formelles de la vérité empirique, et que le phénomène, par opposition avec les représentations de l'appréhension, ne peut ainsi être représenté que comme un objet de l'appréhension distinct de ces représentations, puisque cette appréhension est soumise à une règle qui la distingue de toute autre et qui rend nécessaire un mode de la liaison du divers. Ce qui dans le phénomène renferme les conditions de cette règle nécessaire de l'appréhension, c'est l'objet (*das Object*).

Or, arrivons maintenant à notre problème. Que quelque chose arrive, c'est-à-dire qu'une chose ou un état, qui n'était pas auparavant, devienne, c'est ce qui ne peut pas être empiriquement perçu, s'il n'y a pas eu auparavant un phénomène qui ne contenait pas cet état en lui-même, car une réalité qui succède à un temps vide, par conséquent un commencement qu'aucun état des choses ne précède, ne peut pas plus être appréhendé que le temps vide lui-même. Toute appréhension d'un événement est donc une perception qui succède à une autre. Mais comme dans toute synthèse de l'appréhension, les choses se passent comme je l'ai montré plus haut pour le phénomène d'une maison, elle ne se distingue pas encore par là des autres. Mais je remarque aussi que, si dans un phénomène qui renferme un événement, je nomme A l'état antérieur de la perception et B l'état suivant, B ne peut que suivre A dans l'appréhension et la perception A ne peut pas suivre B, mais seulement le précéder. Je vois, par exemple, un bateau descendre le cours d'un fleuve. Ma perception de la position qu'il occupe en aval du courant du fleuve est postérieure à la perception de la position qu'il occupait en amont, et il est impossible que, dans l'appréhension de ce phénomène, le bateau puisse être perçu d'abord en aval et ensuite en amont du courant. L'ordre dans la série des perceptions qui se succèdent dans l'appréhension est donc ici déterminé et cette appréhension est liée à cet ordre. Dans l'exemple précédent d'une maison mes perceptions dans l'appréhension pouvaient commencer au sommet et finir au sol ; je pouvais aussi les faire partir du bas et m'arrêter en haut, et également appréhender par la droite et par la gauche le divers de l'intuition empirique. Dans la série de ces perceptions il n'y avait pas d'ordre déterminé qui m'obligeât à commencer par un côté ou par un autre l'appréhension pour lier empiriquement le divers. Cette règle se trouve toujours dans la perception de ce qui arrive et elle rend *nécessaire* l'ordre des perceptions qui se succèdent (dans l'appréhension de ce phénomène).

Il faudra donc, dans le cas qui nous occupe, que je dérive la *succession* subjective de l'appréhension de la *succession objective* des phénomènes, parce que la première serait autrement tout à fait indéterminée et ne distinguerait aucun phénomène d'un autre. Celle-là seule ne prouve rien quant à la liaison du divers dans l'objet (*am Object*) parce qu'elle est totalement arbitraire. La seconde consistera dans l'ordre du divers du phénomène, ordre qui fait que l'appréhension d'une chose (qui arrive) suit l'appréhension d'une autre (qui précède), *suivant une règle*. C'est ainsi seulement que je puis être autorisé à dire du phénomène lui-même, et non pas seulement de mon appréhension, qu'on doit y trouver une succession, ce qui signifie que je ne saurais établir l'appréhension que précisément dans cette succession.

Suivant une telle règle, il faut donc que ce qui en général précède un événement renferme la condition selon (30) laquelle cet événement suit toujours et d'une manière nécessaire ; mais inversement, je ne puis pas revenir en arrière en partant de l'événement et déterminer (par l'appréhension) ce qui précède. En effet, nul phénomène ne retourne du moment suivant à celui qui précède, mais il se rapporte cependant à *quelque moment précédent* ; d'un temps donné il y a, au contraire, nécessairement une progression à un autre temps suivant déterminé. Ainsi, puisqu'il y a quelque chose qui suit, il faut que je le rapporte à quelque chose d'autre en général qui précède et qu'il suit en vertu d'une règle, c'est-à-dire nécessairement, de telle sorte que l'événement, comme conditionné, indique sûrement une condition qui détermine cet événement.

Supposez qu'avant un événement il n'y eut rien que celui-ci dût suivre en vertu d'une règle, toute succession de la perception ne serait alors déterminée que dans l'appréhension, c'est-à-dire d'une manière simplement subjective ; mais il ne serait pas du tout déterminé d'une manière objective quelles sont proprement les parties qui précèdent et celles qui suivent dans la perception. Nous n'aurions de cette manière qu'un jeu de représentations qui n'atteindrait aucun objet (*Object*), c'est-à-dire que, par notre perception, aucun phénomène ne serait distinct d'un autre sous le rapport de temps, puisque la succession est toujours identique dans l'acte d'appréhender, et que, par conséquent, il n'y a dans le phénomène rien qui le détermine, de sorte que par là une certaine succession soit rendue nécessaire comme succession objective. Je ne dirai donc pas que deux états se suivent dans le phénomène, mais seulement qu'une appréhension en suit une autre, ce qui est simplement quelque chose de *subjectif* et ne détermine aucun objet (*Object*), ce qui, par conséquent, ne peut pas du tout passer pour une connaissance d'un objet quelconque (pas même dans le phénomène).

Quand donc nous expérimentons que quelque chose arrive, nous supposons toujours que quelque chose précède que suit, en vertu d'une règle, ce qui arrive. En effet, sans cela je ne dirais pas de l'objet (*Object*) qu'il suit, puisque la simple succession dans mon appréhension, si elle n'est pas déterminée par une règle par rapport à quelque chose qui précède, n'autorise à admettre aucune succession dans l'objet (*im Objecte*). C'est donc toujours en considération d'une règle, d'après laquelle les phénomènes sont déterminés dans leur succession, c'est-à-dire en tant qu'ils arrivent, par l'état précédent, que je me rends objective ma synthèse subjective (de l'appréhension), et c'est uniquement grâce à cette seule supposition qu'est possible l'expérience même de quelque chose qui arrive.

Il est vrai que cela paraît contredire toutes les remarques que l'on a toujours faites sur la marche de l'usage de notre entendement. D'après ces remarques, ce n'est, somme toute, que par les successions de plusieurs événements, perçues et comparées et trouvées concordantes avec des phénomènes antérieurs, que nous sommes conduits à découvrir une règle d'après laquelle certains événements suivent toujours certains phénomènes, et c'est aussi ce qui nous porte tout d'abord à nous faire un concept de cause. A ce compte, ce concept serait simplement empirique et la règle qu'il fournit, à savoir que tout ce qui arrive a une cause, serait précisément aussi contingente que l'expérience elle-même ; sa généralité et sa nécessité ne seraient alors que fictives et n'auraient pas de véritable valeur générale, puisqu'elles ne seraient pas *a priori* et reposeraient seulement sur l'induction. Mais il en est ici comme des autres représentations pures *a priori* (l'espace et le temps, par exemple) que nous ne pouvons tirer de l'expérience à titre de concepts clairs que parce que nous les avons posées dans l'expérience et que ce n'est que par elles seules que nous avons d'abord constitué l'expérience. Sans doute la clarté logique de cette représentation d'une règle qui détermine la succession des événements n'est possible, à titre de concept de cause, que lorsque nous en avons fait usage dans l'expérience, mais une considération de cette règle, à titre de condition de l'unité synthétique des phénomènes dans le temps, a cependant été le fondement de l'expérience et l'a, par conséquent, précédée *a priori*.

Il s'agit donc de montrer par un exemple que jamais, même dans l'expérience, nous n'attribuons à l'objet (*dem Object*) la succession qu'on voit dans un événement lorsque quelque chose arrive qui n'était pas auparavant et que nous ne la distinguons de la succession subjective de notre appréhension qu'à la condition d'avoir pour principe une règle qui nous oblige à observer cet ordre des perceptions plutôt qu'un autre, si bien que c'est à proprement parler ce qui rend, somme toute, possible la représentation d'une succession dans l'objet (*im Object*).

Nous avons en nous des représentations dont nous pouvons aussi avoir conscience. Mais si étendue, si exacte et précise que puisse être cette conscience, il n'en est pas moins vrai qu'elle est toujours formée de représentations, c'est-à-dire de déterminations internes de notre esprit (*Gemüths*) dans tel ou tel rapport de temps. Or, comment arrivons-nous à supposer à ces représentations un objet (*Object*), ou à leur attribuer, outre la réalité subjective qu'elles ont comme modifications, je ne sais quelle réalité objective? La valeur objective ne peut pas consister dans le rapport à une autre représentation (à celle de ce que l'on voudrait dire (31) de l'objet), car autrement on retombe sur cette question : comment cette représentation sort-elle à son tour d'elle-même, et acquiert-elle une valeur objective, outre la valeur subjective qui lui est propre, en tant que détermination d'un état de l'esprit (*Gemüthszustandes*) ? Si nous cherchons quelle nouvelle propriété le *rapport à un objet* donne à nos représentations et quelle espèce de dignité elles en retirent, nous trouvons qu'il ne fait autre chose que de rendre nécessaire la liaison des représentations d'une certaine manière et de les soumettre à une règle ; et que, réciproquement, elles n'acquièrent de valeur objective que parce qu'un certain ordre dans le rapport chronologique de nos représentations est nécessaire.

Dans la synthèse des phénomènes, le divers des représentations est toujours successif. Or aucun objet (*Object*) n'est représenté par là, puisque par cette succession qui est commune à toutes les appréhensions rien n'est distingué de rien. Mais dès que je perçois ou que je présuppose que cette succession implique un rapport à un état précédent d'où la représentation dérive d'après une règle, alors je me représente quelque chose comme un événement ou comme quelque chose qui arrive, c'est-à-dire que je reconnais un objet que je dois poser dans le temps à une certaine place déterminée et qui ne peut être autrement en raison de l'état précédent. Quand donc je perçois que quelque chose arrive, dans cette représentation est d'abord contenu que quelque chose précède, puisque c'est par rapport à ce quelque chose de précédent que le phénomène obtient son rapport de temps, c'est-à-dire arrive à l'existence après un temps précédent où il n'existait pas. Mais il ne peut acquérir dans ce rapport de temps sa place déterminée que parce que dans l'état précédent quelque chose est présupposé qu'il suit toujours, c'est-à-dire suivant une règle ; d'où il résulte, en premier lieu, que je ne puis ni renverser la série ni placer ce qui arrive avant ce qui précède ; en second lieu, que l'état qui précède étant donné, cet événement déterminé suit infailliblement et nécessairement. C'est ainsi que parmi nos représentations il est un ordre où l'état présent (en tant qu'arrivé) nous renvoie à un état précédent comme à un corrélatif encore indéterminé, il est vrai, de cet événement qui est donné ; mais ce corrélatif se rapporte à l'événement en question dont il détermine la conséquence, et le rattache nécessairement à lui-même dans la série du temps.

Si donc c'est une loi nécessaire de notre sensibilité, par suite, une *condition formelle* de toutes les perceptions, que le temps qui précède détermine nécessairement celui qui suit (puisque je ne puis arriver à celui qui suit qu'en passant par le temps qui précède), c'est aussi une *loi* essentielle de la *représentation empirique* de la succession de temps que les phénomènes du temps passé déterminent toute existence dans le temps qui suit, et que les phénomènes de ce dernier temps n'aient lieu comme événements qu'autant que ceux du temps antérieur déterminent pour eux une existence dans le temps, c'est-à-dire la fixent suivant une règle. *Ce n'est, en effet, que dans les phénomènes que nous pouvons reconnaître empiriquement cette continuité dans l'enchaînement des temps.*

Pour toute expérience et même pour la possibilité de toute expérience est indispensable l'entendement, et le premier rôle qu'il y joue, ce n'est pas de rendre claire la représentation des objets, mais de rendre possible la représentation d'un objet en général. Or, il obtient ce but par le fait même qu'il transporte l'ordre du temps aux phénomènes et à leur existence, en assignant à chacun d'eux considéré comme conséquence une place déterminée *a priori*, par rapport aux phénomènes précédents, et sans laquelle il ne s'accorderait pas avec le temps même qui détermine *a priori* la place de toutes ses parties.

Mais cette détermination de places ne peut pas dériver du rapport des phénomènes au temps absolu (car elle n'est pas un objet de perception) ; il faut (*muss*) au contraire que les phénomènes se déterminent leurs places les uns aux autres dans le temps même et les rendent nécessaires dans l'ordre du temps, c'est-à-dire que ce qui suit ou arrive doit (*muss*) suivre, d'après une règle générale, ce qui était contenu dans l'état précédent ; de là une série de phénomènes qui, au moyen de l'entendement, produit et rend nécessaires le même ordre et le même enchaînement continu dans la série des perceptions possibles que ceux qu'on trouve *a priori* dans la forme de l'intuition interne (celle du temps) où toutes les perceptions devaient (*müssten*) trouver leur place.

Aussi, que quelque chose arrive, c'est une perception qui appartient à une expérience possible et qui devient réelle par le fait même que je considère le phénomène comme déterminé quant à sa place dans le temps, par suite comme un objet (*Object*) qui peut toujours être trouvé suivant une règle dans l'enchaînement des perceptions. Mais cette règle qui sert à déterminer quelque chose quant à la succession du temps est que l'on trouve dans ce qui précède la condition qui fait que l'événement suit toujours, c'est-à-dire d'une manière nécessaire. Le principe de raison suffisante est donc le fondement de l'expérience possible, je veux parler de la connaissance objective des phénomènes au point de vue de leur rapport dans la succession du temps.

La preuve de ce principe repose uniquement sur les arguments suivants. Toute connaissance empirique suppose la synthèse du divers qu'opère l'imagination et qui toujours est successive, c'est-à-dire que les représentations s'y succèdent toujours les unes aux autres. Mais la succession n'est pas du tout déterminée dans l'imagination au point de vue de l'ordre par rapport (à ce qui doit (*müsse*) précéder et à ce qui doit suivre), et la série des représentations qui se suivent peut être prise en remontant aussi bien qu'en descendant. Si cette synthèse est une synthèse de l'appréhension (du divers d'un phénomène donné), l'ordre est déterminé dans l'objet (*Object*) ou pour parler plus exactement, il y a ici un ordre de la synthèse successive qui détermine un objet (*Object*) et d'après lequel quelque chose doit (*muss*) nécessairement précéder, et, ce quelque chose une fois posé, quelque autre chose suivre nécessairement. Si donc ma perception doit enfermer la connaissance d'un événement, c'est-à-dire d'un point du temps où quelque chose arrive réellement, il faut qu'elle soit un jugement empirique où l'on conçoit que la succession est déterminée, c'est-à-dire que cette succession suppose dans le temps un autre phénomène qu'elle suit nécessairement, c'est-à-dire d'après une règle. Au contraire, si je pose le phénomène précédent et que l'événement ne le suive pas nécessairement, je ne devrais tenir ma perception que pour un jeu subjectif de mon imagination, et si je m'y représentais quelque chose d'objectif, je devrais la nommer un simple rêve. Donc le rapport des phénomènes (considérés comme perceptions possibles), rapport d'après lequel le subséquent (ce qui arrive) est déterminé dans le temps, quant à son existence, par quelque antécédent, et cela nécessairement, suivant une règle, par suite le rapport de la cause à l'effet, est la condition de la valeur objective de nos jugements empiriques, relativement à la série des perceptions, et, par suite, à leur vérité empirique, par conséquent à l'expérience. Le principe du rapport de causalité dans la succession des phénomènes a donc aussi une valeur antérieure (32) à tous les objets de l'expérience (sous les conditions de la succession), puisqu'il est lui-même le principe de la possibilité de cette expérience.

Mais il y a ici une difficulté qu'il faut écarter. Le principe de la liaison causale entre les phénomènes est restreint dans notre formule à la succession de leur série, tandis que dans l'usage de ce principe il se trouve, pourtant, qu'il s'applique aussi à leur simultanéité et que la cause et l'effet peuvent exister à la fois. Par exemple, il fait dans un appartement une chaleur qui n'existe pas en plein air. J'en cherche la cause autour de moi et je trouve un poêle allumé. Or ce poêle existe comme cause en même temps que son effet : la chaleur de la chambre. Il n'y a donc pas de succession dans le temps entre la cause et l'effet, mais ils existent en même temps et pourtant la loi vaut. La plus grande partie des causes efficientes dans la nature existent en même temps que leurs effets, et la succession dans le temps de ceux-ci tient uniquement à ce que la cause ne peut pas produire tout son effet en un moment. Mais dans le moment où l'effet commence à se produire, il est toujours simultané avec la causalité de sa cause, puisque, si cette cause avait cessé d'être un instant auparavant, l'effet n'aurait pas pu se produire. Il faut bien remarquer ici qu'il s'agit de l'*ordre* du temps et non de son *cours* : le rapport demeure, même s'il ne s'est pas écoulé de temps. Le temps entre la causalité de la cause et son effet immédiat peut aller s'*évanouissant*, et la cause et l'effet être, par conséquent, simultanés, mais le rapport de l'une à l'autre demeure cependant toujours déterminable dans le temps. Si je regarde comme cause une boule placée sur un moelleux coussin et qui lui imprime un léger enfoncement, la cause est alors en même temps que l'effet. Mais je les distingue pourtant l'un de l'autre par le rapport de temps qui est dans leur liaison dynamique. En effet, quand je place la boule sur le coussin, il se produit immédiatement un creux sur la surface auparavant unie. Mais si le coussin a déjà un creux sans que j'en connaisse la cause, je ne puis pas l'attribuer du coup à une boule de plomb.

La succession est donc, sans contredit, l'unique critérium empirique de l'effet par rapport à la causalité de la cause qui précède. Le verre est la cause de l'élévation de l'eau au-dessus de sa surface horizontale, bien que les deux phénomènes soient en même temps. En effet, dès que je puise de l'eau avec un verre dans un vase plus grand, quelque chose suit, je veux dire le changement de la figure horizontale que l'eau avait dans ce vase en une figure concave qu'elle prend dans le verre.

Cette causalité conduit au concept de l'action, celle-ci au concept de la force et par là au concept de la substance. Comme je ne veux pas mêler à mon entreprise critique, qui porte uniquement sur les sources de la connaissance synthétique *a priori*, des analyses qui tendent simplement à l'éclaircissement (et non à l'extension) des concepts, je réserve l'examen détaillé de ce concept pour un système futur de la raison pure ; aussi bien trouve-t-on déjà cette analyse, dans une large mesure, dans les ouvrages de cette nature précédemment parus. Mais je ne puis passer sous silence le critérium empirique d'une substance en tant qu'elle semble se manifester non par la permanence du phénomène, mais mieux et plus facilement par l'action.

Là où est l'action, par suite l'activité et la force, là est aussi la substance et c'est dans celle-ci qu'il faut (*muss*) chercher le siège des dernières sources fertiles des phénomènes : c'est fort bien dit ; mais quand il s'agit d'expliquer ce que l'on entend par substance, sans tomber dans un cercle vicieux, il n'est pas si facile de répondre. Comment conclure immédiatement de l'action à la permanence de l'agent, ce qui est pourtant un critérium si essentiel et si propre de la substance des phénomènes (*phænomenon*) ? Mais, d'après ce qui précède, la solution de la question ne présente pas une si grande difficulté, bien que, par la manière commune où l'on ne fait de ses concepts qu'un usage analytique, elle soit tout à fait insoluble. L'action signifie déjà le rapport du sujet de la causalité à l'effet. Or, puisque tout effet consiste dans ce qui arrive, par suite dans le changement qui a pour caractère la succession dans le temps, le dernier sujet de ce qui change est le *permanent*, considéré comme le substrat de tout changement, c'est-à-dire la substance. En effet, d'après le principe de causalité, les actions sont toujours le premier fondement de tout changement d'aspect (*Wechsel*) des phénomènes et elles ne peuvent donc pas résider dans un sujet qui change lui-même, car autrement il faudrait d'autres actions et un autre sujet qui déterminât ce changement. En vertu de ce principe, l'action est donc un critérium empirique suffisant pour prouver la substantialité du sujet (33), sans que je sois obligé d'en chercher la permanence au moyen de perceptions comparées, ce qui ne pourrait se faire de cette façon avec tout le développement requis pour la grandeur et la valeur stricte et universelle du concept. En effet, que le premier sujet de la causalité de tout ce qui naît et périt (*alles Entstehens und Vergehens*) ne puisse pas lui-même (dans le champ des phénomènes) naître et périr, c'est là une conclusion certaine qui conduit à la nécessité empirique et à la permanence dans l'existence, et, par suite, au concept d'une substance comme phénomène.

Quand quelque chose arrive, le simple fait de naître (*das blosse Entstehen*), abstraction faite de ce qui naît, est déjà par lui-même un objet de recherche. Le passage du non-être d'un état à ce même état, en supposant que celui-ci ne renferme aucune qualité dans le phénomène, est déjà à lui seul une chose qu'il est nécessaire de rechercher. Ce fait de naître, comme nous l'avons montré dans le numéro A, ne concerne pas la substance (car elle ne naît point), mais son état. Il n'y a donc que changement et non pas naissance *ex nihilo*. Quand cette origine est considérée comme l'effet d'une cause étrangère, elle s'appelle création, et cette création ne peut être admise comme événement parmi les phénomènes, puisque sa possibilité seule détruirait l'unité de l'expérience ; pourtant, si j'envisage toutes les choses non comme des phénomènes, mais comme des choses en soi et comme des objets au sens vulgaire (*als Gegenstände des blossen Verstandes*), bien qu'elles soient des substances, je puis cependant les considérer comme dépendantes, quant à leur existence, d'une cause étrangère ; mais cela changerait alors tout à fait le sens des mots et ne pourrait pas s'appliquer aux phénomènes comme à des objets possibles de l'expérience.

Comment donc quelque chose en général peut-il changer d'état (*verändert*) ; comment à un état, en un moment du temps, peut succéder dans un autre moment un autre état, c'est ce dont nous n'avons pas *a priori* le moindre concept. Nous avons besoin pour cela de la connaissance de forces réelles qui ne peut être donnée qu'empiriquement, par exemple, des forces motrices, ou, ce qui revient au même, de certains phénomènes successifs (comme mouvements qui révèlent de telles forces). Mais la forme de tout changement (*einer jeden Veränderung*), la condition sous laquelle seule ce changement, en tant que résultant d'un autre état, peut s'opérer (quel qu'en soit le contenu, c'est-à-dire l'état, qui est changé), par conséquent la succession des états mêmes (ce qui arrive) peuvent cependant être considérées *a priori*, suivant la loi de causalité et les conditions du temps.*

Quand une substance passe d'un état a à un autre b, le moment du second état est différent du moment du premier état et le suit. De même, le second état, comme réalité (dans le phénomène) est distinct du premier où cette réalité n'était pas, comme b de zéro; c'est-à-dire que si l'état b ne se distingue de l'état a que par la grandeur, le changement est ce qui provient (*ein Entstehen*) de $b - a$, chose qui n'était pas dans l'état précédent, et par rapport à celui-ci, $b - a$ est $= 0$.

On demande donc comment une chose passe d'un état $= a$ à un autre $= b$. Entre deux moments, il y a toujours un temps, et entre deux états dans ces moments il y a toujours une différence qui a une grandeur (car toutes les parties des phénomènes sont toujours à leur tour des grandeurs). Tout passage d'un état à un autre a donc lieu dans un temps contenu entre deux moments dont le premier détermine l'état d'où sort la chose et le second celui où elle arrive. Tous deux forment donc des limites du temps d'un changement, par conséquent de l'état intermédiaire entre deux états, et ils font partie comme tels du changement tout entier. Or, tout changement a une cause qui prouve sa causalité dans tout le temps où s'opère ce changement. Cette cause ne produit donc pas son changement tout d'un coup (en une fois ou en un moment), mais dans un temps, de sorte que, tout comme le temps croît d'un moment a jusqu'à son accomplissement en b, de même la grandeur de la réalité ($b - a$) est produite par tous les degrés inférieurs, contenus entre le premier et le dernier. Tout changement n'est donc possible que par une action continue de la causalité qui, en tant qu'elle est uniforme, s'appelle un moment. Ces moments ne constituent pas le changement, mais ils le produisent à titre d'effet.

Telle est donc la loi de la continuité de tout changement; le principe en est que ni le temps ni même le phénomène

---

*. On remarquera bien que je ne parle pas du changement de certaines relations en général, mais du changement d'état. C'est pourquoi, quand un corps se meut uniformément, il ne change pas du tout son état (de mouvement); ce qu'il fait, quand il cesse de se mouvoir ou quand il se remet en mouvement.

dans le temps ne se composent de parties qui soient les plus petites possibles et que pourtant la chose, en changeant d'état, n'arrive à son deuxième état qu'en passant par toutes ces parties, comme par autant d'éléments. Il n'y a aucune différence du réel dans le phénomène, tout comme il n'y a aucune différence dans la grandeur des temps, qui soit la plus petite. Le nouvel état de réalité part du premier où la réalité n'était pas, pour s'accroître en passant par tous les degrés infinis de cette même réalité entre lesquels les différences sont toutes plus petites qu'entre 0 et a.

Quelle utilité peut avoir ce principe dans l'investigation de la nature? nous n'avons pas à nous en occuper ici. Mais comment un pareil principe qui paraît étendre si loin notre connaissance de la nature, est-il possible *a priori*? c'est ce qui appelle notre examen, bien qu'il suffise d'un coup d'œil pour voir qu'il est réel et légitime et que, par conséquent, on puisse se croire dispensé de répondre à la question de savoir comment il est possible. En effet, il y a tant de prétentions sans fondement d'étendre notre connaissance par la raison pure qu'il faut prendre pour règle générale d'être extrêmement méfiant et de ne rien croire et de ne rien accepter de ce genre, même sur la foi de la preuve dogmatique la plus claire, sans des documents qui peuvent fournir une déduction solide.

Tout accroissement de la connaissance empirique, tout progrès de la perception n'est qu'une extension de la détermination du sens interne, c'est-à-dire une progression dans le temps, quels que soient d'ailleurs les objets, phénomènes ou intuitions pures. Cette progression dans le temps détermine tout et n'est déterminée en soi par rien autre chose, c'est-à-dire que les parties de cette progression n'existent que dans le temps et qu'elles sont données par la synthèse du temps, mais non avant elle (34). C'est pourquoi, dans la perception, tout passage à quelque chose qui suit dans le temps est une détermination du temps opérée par la production de cette perception, et, comme cette détermination est toujours et dans toutes ses parties une grandeur, il est la production d'une perception qui est une grandeur et qui, à ce titre, passe par tous les degrés dont aucun n'est le plus petit depuis zéro jusqu'à son degré déterminé. Or, de là ressort la possibilité de reconnaître *a priori* une loi des changements quant à leur forme. Nous n'anticipons que notre propre appréhension dont la condition formelle puisqu'elle réside en nous avant tout phénomène donné, doit pouvoir être connue *a priori*.

Ainsi donc, de même que le temps contient la condition sensible *a priori* de la possibilité d'une progression continuelle de ce qui existe (35) à ce qui suit, de même l'entendement, grâce à l'unité de la perception, est la condition *a priori* de la possibilité d'une détermination continue de toutes les places des phénomènes dans le temps, au moyen de la série des causes et des effets, dont les premières entraînent nécessairement l'existence des seconds et, par là, rendent la connaissance empirique des rapports de temps valable pour tout temps, c'est-à-dire objectivement valable.

< C. — Troisième analogie

Principe de la communauté.

Toutes les substances en tant que simultanées sont dans une communauté universelle (c'est-à-dire dans un état d'action réciproque)[1]. >

Preuve.

[2] [Les choses sont *simultanées* quand dans l'intuition empirique la perception de l'une peut succéder à la perception de l'autre et *réciproquement* (ce qui ne peut jamais avoir lieu dans la succession des phénomènes dans le temps, comme on l'a montré dans le deuxième principe). Ainsi, je puis commencer ma perception tout d'abord par la lune et ensuite passer à la terre, ou réciproquement la commencer tout d'abord par la terre avant d'arriver à la lune et, du fait même que les perceptions de ces objets peuvent se suivre réciproquement, je dis que ces objets existent en même temps. La simultanéité est donc l'existence du divers dans le même temps. Mais on ne saurait percevoir le temps lui-même pour

---

1. Ce titre a été modifié comme suit dans la 2ᵉ édition :

Principe de la simultanéité suivant les lois de l'action réciproque ou de la communauté.

Toutes les substances, en tant qu'elles peuvent être perçues comme simultanées dans l'espace, sont dans une action réciproque universelle.

2. Tout le premier alinéa est une addition de la 2ᵉ édition.

conclure, de ce que les choses peuvent être placées dans le même temps, que les perceptions de ces choses peuvent se suivre réciproquement. La synthèse de l'imagination dans l'appréhension ne présenterait alors chacune de ces perceptions que comme une perception qui est dans le sujet quand l'autre n'y est pas, et réciproquement, mais non que les objets (*Objecte*) soient simultanés, c'est-à-dire que, l'un existant, l'autre existe dans le même temps et qu'il doive en être ainsi nécessairement pour que les perceptions puissent se suivre réciproquement. Par conséquent, un concept de l'entendement se rapportant à la succession réciproque des déterminations des choses qui existent simultanément les unes en dehors des autres est nécessaire pour qu'on puisse dire que la succession réciproque des perceptions est fondée dans l'objet (*Objecte*) et se représenter ainsi comme objective la simultanéité. Or, le rapport des substances dans lequel l'une contient des déterminations dont le principe est contenu dans l'autre est le rapport de l'influence; et quand, réciproquement, ce dernier rapport contient le principe des déterminations dans l'autre, c'est le rapport de la communauté ou de l'action réciproque. La simultanéité des substances dans l'espace ne peut donc pas être connue dans l'expérience autrement que par la supposition d'une action réciproque des unes sur les autres; cette supposition constitue donc aussi la condition de la possibilité des choses mêmes comme objets de l'expérience].

Les choses sont simultanées, en tant qu'elles existent dans un seul et même temps. Mais à quoi reconnaît-on qu'elles sont dans un seul et même temps? Quand l'ordre dans la synthèse de l'appréhension de ce divers est indifférent, c'est-à-dire qu'on peut aller de A à E par B, C, D, ou réciproquement de E à A. En effet, si cette synthèse (36) était successive dans le temps (dans l'ordre qui commence par A et finit par E), il serait impossible de commencer par E l'appréhension dans la perception et d'aller en remontant jusqu'à A, parce que A appartiendrait au temps passé et ne pourrait donc plus être un objet de l'appréhension.

Or, admettez que dans une diversité de substances, considérées comme phénomènes, chacune d'elles soit absolument isolée, c'est-à-dire qu'aucune n'exerce sur les autres et n'en subisse réciproquement d'influence, je dis que la *simulta-*

néité de ces substances ne saurait être objet d'une perception possible et que l'existence de l'une ne pourrait, par aucune voie de synthèse empirique, conduire à l'existence des autres. Car, si vous les concevez comme séparées par un espace entièrement vide, la perception qui va de l'une à l'autre dans le temps déterminerait sans doute leur existence au moyen d'une perception ultérieure, mais nous ne pourrions distinguer si le phénomène suit objectivement la première ou s'il lui est plutôt simultané.

Il faut donc qu'en dehors de la simple existence, il y ait quelque chose par quoi A détermine à B sa place dans le temps et réciproquement aussi B, à son tour, à A, puisque ce n'est que les substances pensées sous cette condition qui peuvent être représentées empiriquement comme *existant en même temps*. Or, cela seul détermine à une chose sa place dans le temps qui en est la cause ou celle de ses déterminations. Il faut donc que toute substance (puisqu'elle ne peut être conséquence que par rapport à ses déterminations) contienne la causalité de certaines déterminations dans les autres substances et en même temps les effets de la causalité des autres substances, c'est-à-dire que les substances doivent (*müssen*) être en commerce (*Gemeinschaft*) dynamique (immédiatement ou médiatement) pour que la simultanéité puisse être connue dans n'importe quelle expérience possible. Or, par rapport aux objets de l'expérience, est nécessaire tout ce sans quoi l'expérience de ces objets serait elle-même impossible. Il est donc nécessaire pour toutes les substances dans le phénomène, en tant qu'elles sont simultanées, d'être les unes par rapport aux autres en universelle communauté d'action réciproque.

Le mot *Gemeinschaft* (communauté) a deux sens en allemand et peut traduire aussi bien *communio* que *commercium*. Nous l'employons ici dans le sens du second, dans celui de communauté dynamique sans laquelle la communauté locale (*communio spatii*) ne pourrait jamais être connue empiriquement. Il est aisé de remarquer dans nos expériences que les influences continuelles en tous lieux de l'espace peuvent seules conduire notre sens d'un objet à un autre ; — que la lumière qui se joue entre notre œil et le monde des corps peut seule produire la communauté directe entre nous et ces corps et en prouver ainsi la simultanéité ;

— que nous ne pouvons empiriquement changer de lieu (percevoir ce changement) sans que partout la matière seule nous rende possible la perception de notre place et que c'est seulement au moyen de son influence réciproque que la matière peut prouver sa simultanéité et par là la coexistence des objets (bien qu'indirectement) jusqu'aux plus éloignés. Sans la communauté, toute perception (des phénomènes dans l'espace) est séparée des autres, et la chaîne des représentations empiriques, c'est-à-dire de l'expérience, recommencerait à chaque nouvel objet (*Object*), sans que la précédente pût le moins du monde s'y rattacher ou se trouver en rapport de temps avec elle. Je n'ai pas du tout l'intention de réfuter par là la théorie d'un espace vide, car il peut toujours y en avoir de tels là où n'atteignent pas du tout les perceptions et où, par conséquent, ne trouve place nulle connaissance empirique de la simultanéité; mais alors un pareil espace ne constitue plus un objet (*Object*) pour toute notre expérience possible.

Ce qui suit peut servir d'éclaircissement. Dans notre esprit (*Gemüthe*) il faut que tous les phénomènes, en tant que contenus dans une expérience possible, soient en communauté (*communio*) d'aperception, et, pour que les objets puissent être représentés comme liés par la simultanéité d'existence, il faut qu'ils déterminent réciproquement leur place dans le temps et forment ainsi un tout. Pour que cette communauté subjective puisse reposer sur un principe objectif ou être rapportée aux phénomènes comme substances, il faut que la perception des uns rende possible, à titre de principe, la perception des autres, et ainsi réciproquement, afin que la succession qui est toujours dans les perceptions, en tant qu'appréhensions, ne soit pas attribuée aux objets (*Objecten*), mais que ceux-ci puissent être représentés comme existant simultanément. Or, c'est là une influence réciproque, c'est-à-dire un commerce réel des substances, sans lequel le rapport empirique de la simultanéité ne pourrait pas trouver place dans l'expérience. Par ce commerce les phénomènes, en tant qu'existant les uns en dehors des autres et cependant en liaison, forment un composé (*compositum reale*) et des composés de cette nature sont possibles de plusieurs manières. Les trois rapports dynamiques d'où découlent tous les autres sont donc les rapports d'inhérence, de conséquence et de composition.

※
※ ※

Telles sont donc les trois analogies de l'expérience. Elles ne sont autre chose que des principes de la détermination de l'existence des phénomènes dans le temps, d'après ses trois modes : le rapport au temps lui-même comme à une grandeur (la grandeur de l'existence, c'est-à-dire la durée), le rapport dans le temps comme dans une série (la succession), et enfin le rapport dans le temps comme dans un ensemble de toute l'existence (la simultanéité). Cette unité de la détermination du temps est entièrement dynamique, c'est-à-dire que le temps n'est pas regardé comme ce en quoi l'expérience déterminerait immédiatement à chaque existence sa place, — ce qui est impossible, parce que le temps absolu n'est pas un objet de perception où des phénomènes pourraient être réunis, — mais la règle de l'entendement qui seule peut fournir à l'existence des phénomènes l'unité synthétique résultant de rapports du temps et fixer à chacun d'eux sa place dans le temps, par suite la fixer *a priori* et d'une manière valable pour tous les temps et pour chaque temps.

Par nature (au sens empirique), nous entendons l'enchaînement des phénomènes, quant à leur existence, suivant des règles nécessaires, c'est-à-dire suivant des lois. Il y a donc certaines lois, et, par suite, des lois *a priori*, qui rendent tout d'abord possible une nature ; les lois empiriques ne peuvent avoir lieu et être trouvées qu'au moyen de l'expérience et même, il faut le remarquer (*zwar*), que conformément aux autres lois originaires qui rendent tout d'abord l'expérience elle-même possible. Nos analogies présentent donc proprement l'unité de la nature dans l'enchaînement des phénomènes sous certains exposants qui n'expriment pas autre chose que le rapport du temps (en tant qu'il embrasse toute existence) à l'unité de l'aperception, unité qui ne peut avoir lieu que dans la synthèse suivant des règles. Elles s'accordent donc pour dire que tous les phénomènes résident dans une nature et qu'ils doivent y résider, parce que sans cette unité *a priori* nulle unité de l'expérience, et, par suite, non plus aucune détermination des objets de l'expérience, ne serait possible.

Mais il y a une remarque à faire sur le genre de preuve

dont nous nous sommes servi à propos de ces lois transcendantales de la nature et sur le caractère particulier de cette preuve ; cette remarque doit avoir une grande importance en qualité de règle à suivre pour toute autre tentative de prouver *a priori* des propositions intellectuelles et en même temps synthétiques. Si nous avions voulu démontrer dogmatiquement, c'est-à-dire par concepts, ces analogies, à savoir : que tout ce qui existe ne peut se trouver que dans le permanent, que tout événement présuppose dans l'état précédent quelque chose à quoi il succède en vertu d'une règle, enfin que dans le divers simultané les états sont aussi simultanés les uns par rapport aux autres suivant une règle (c'est-à-dire sont en commerce réciproque), toute notre peine eût alors été entièrement perdue. Il est absolument impossible, en effet, d'aller d'un objet et de son existence à l'existence d'un autre ou à sa manière d'exister par de simples concepts de ces choses, de quelque manière que l'on s'y prenne pour analyser ces concepts. Que nous reste-t-il donc ? La possibilité de l'expérience en qualité de connaissance dans laquelle tous les objets doivent finalement pouvoir nous être donnés pour que leur représentation puisse avoir pour nous une réalité objective. Or c'est dans la troisième analogie (*in diesem Dritten*), dont la forme essentielle consiste dans l'unité synthétique de l'aperception de tous les phénomènes, que nous avons trouvé des conditions *a priori* de l'universelle et nécessaire détermination de temps de toute existence dans le phénomène, détermination sans laquelle la détermination empirique de temps serait elle-même impossible ; ainsi, nous avons découvert des règles d'unité synthétique *a priori* au moyen desquelles il serait possible d'anticiper l'expérience. A défaut de cette méthode et dans la fausse opinion qu'on pouvait prouver dogmatiquement des propositions synthétiques que l'usage expérimental de l'entendement recommande comme ses principes, il est arrivé que l'on a si souvent cherché, mais toujours inutilement, une preuve du principe de raison suffisante. Nul n'a parlé des deux autres analogies, bien qu'on s'en soit toujours servi tacitement*; c'est que pour y penser on n'avait pas le fil

---

* L'unité de l'univers, où tous les phénomènes doivent être liés, est manifestement une simple conséquence du principe tacitement admis du commerce de toutes les substances qui sont en même temps ; car si

conducteur des catégories qui seul peut découvrir et faire remarquer toutes les lacunes de l'entendement aussi bien dans les concepts que dans les principes.

4. — *Les postulats de la pensée empirique en général.*

1. Ce qui s'accorde (*übereinkommt*) avec les conditions formelles de l'expérience (quant à l'intuition et aux concepts) est *possible*.
2. Ce qui s'accorde (*zusammenhängt*) avec les conditions matérielles de l'expérience (de la sensation) est *réel*.
3. Ce dont l'accord (*Zusammenhang*) avec le réel est déterminé suivant les conditions générales de l'expérience est *nécessaire* (existe nécessairement).

Éclaircissement.

Les catégories de la modalité contiennent ceci de particulier qu'elles n'augmentent pas le moins du monde, comme détermination de l'objet (*des Objects*), le concept auquel elles sont jointes comme prédicats, mais qu'elles n'expriment que le rapport au pouvoir de connaître. Quand le concept d'une chose est déjà tout à fait complet, je puis encore demander de cet objet s'il est simplement possible ou si de plus il est réel, ou aussi dans le cas où il est réel, s'il est en outre nécessaire. Pas une détermination de plus n'est conçue par là dans l'objet (*Object*) lui-même, mais il s'agit seulement de savoir quel est le rapport de cet objet (et de toutes ses déterminations) avec l'entendement et son usage empirique, avec le jugement empirique et avec la raison (dans son application à l'expérience).

C'est précisément pour cela que les principes de la modalité ne sont rien de plus que des éclaircissements des concepts de la possibilité, de la réalité et de la nécessité, dans leur usage empirique et en même temps aussi des restrictions de toutes les catégories à l'usage simplement empi-

---

elles étaient isolées, elles ne constitueraient pas un tout en qualité de parties; et si leur liaison (l'action réciproque du divers) n'était pas déjà nécessaire pour la simultanéité, on ne pourrait pas conclure de celle-ci, rapport simplement idéal, à celle-là, rapport réel. Toutefois, nous avons montré en son lieu que la communauté est proprement le principe de la possibilité d'une connaissance empirique de la coexistence et que l'on ne conclut donc proprement de celle-ci à celle-là que comme à sa condition.

rique, sans qu'on en admette ou qu'on en permette l'usage transcendantal. En effet, pour que ces catégories n'aient pas une valeur simplement logique et ne se bornent pas à exprimer analytiquement la forme de la *pensée*, mais qu'elles se rapportent aux *choses* et à leur possibilité, à leur réalité ou à leur nécessité, il faut qu'elles s'appliquent à l'expérience possible et à son unité synthétique dans laquelle seule sont donnés les objets de la connaissance.

Le postulat de la *possibilité* des choses exige donc que leur concept s'accorde avec les conditions formelles d'une expérience en général. Mais cette expérience, ou plutôt (*nemlich*) la forme objective de cette expérience en général, renferme toute la synthèse nécessaire pour la connaissance des objets (*Objecte*). Un concept qui embrasse une synthèse doit être tenu pour vide et ne se rapporte à aucun objet, quand cette synthèse n'appartient pas à l'expérience, soit comme tirée de l'expérience — et alors le *concept* prend le nom d'*empirique*, — soit comme condition *a priori* sur laquelle repose l'expérience en général (la forme de l'expérience) — et alors c'est un *concept pur*, mais qui appartient à l'expérience, puisque l'objet (*Object*) n'en peut être trouvé que dans l'expérience. En effet, d'où veut-on tirer le caractère de la possibilité d'un objet pensé *a priori* au moyen d'un concept synthétique, si ce n'est de la synthèse qui constitue la forme de la connaissance empirique des objets (*Objecte*). Que dans un concept de ce genre on ne trouve pas de contradiction, c'est sans doute une condition logique nécessaire, mais c'est loin de suffire pour constituer la réalité objective du concept, c'est-à-dire la possibilité d'un objet tel qu'il est pensé au moyen du concept. Ainsi, dans le concept d'une figure comprise entre deux lignes droites, il n'y a aucune contradiction, car les concepts de deux lignes droites et de leur rencontre ne contiennent la négation d'aucune figure : l'impossibilité ne tient pas au concept lui-même, mais à la construction de ce concept dans l'espace, c'est-à-dire aux conditions de l'espace et de sa détermination ; or, ces conditions, à leur tour, ont leur réalité objective, — c'est-à-dire, se rapportent à des choses possibles, — puisqu'en elles est renfermée *a priori* la forme de l'expérience en général.

Montrons maintenant l'utilité et l'influence considérables de ce postulat de la possibilité. Quand je me représente une chose qui est permanente de telle sorte que tout ce qui y change n'appartient qu'à son état, je ne puis jamais, au moyen seulement d'un concept de ce genre, connaître qu'une telle chose est possible. Ou bien, je me représente quelque chose qui doit être constitué de telle sorte que, dès qu'il est posé, quelque chose le suive toujours et inévitablement, et alors je puis, il est vrai, concevoir cela sans aucune contradiction ; mais je ne saurais juger par là si une propriété de ce genre (à titre de causalité) se rencontre dans n'importe quelle chose possible. Enfin, je puis me représenter différentes choses (diverses substances) qui sont de telle nature que l'état de l'une entraîne une conséquence dans l'état de l'autre, et réciproquement; mais qu'un rapport de cette espèce puisse convenir à des choses quelconques, c'est ce qu'il m'est tout à fait impossible de déduire de ces concepts qui ne renferment qu'une synthèse simplement arbitraire. Ce n'est donc qu'autant que ces concepts expriment *a priori* les rapports des perceptions dans chaque expérience que l'on reconnaît leur réalité objective, c'est-à-dire leur vérité transcendantale, et cela, il est vrai, indépendamment de l'expérience, mais non pas pourtant indépendamment de toute relation à la forme d'une expérience en général et à l'unité synthétique dans laquelle seule les objets peuvent être connus empiriquement.

Que si l'on voulait se faire des concepts nouveaux de substances, de forces, d'actions réciproques avec la matière que la perception nous fournit sans emprunter à l'expérience elle-même l'exemple de leur liaison, on tomberait alors dans de pures chimères qui ne présentent absolument aucun signe de leur possibilité, puisqu'on n'y prend pas pour maîtresse (*Lehrerin*) l'expérience et qu'on ne lui emprunte pas non plus ces concepts. Des concepts imaginaires de cette espèce ne peuvent pas avoir (*bekommen*) *a priori* le caractère de leur possibilité, comme l'ont les catégories en qualité de conditions d'où dépend toute expérience, mais seulement *a posteriori*, comme étant donnés par l'expérience elle-même; donc ou leur possibilité doit être connue *a posteriori* et empiriquement, ou elle ne peut pas l'être du tout. Une substance qui serait constamment présente dans l'espace, mais sans le remplir (comme cet intermédiaire entre la matière et l'être pensant que quelques-uns ont voulu introduire) ou une faculté particulière que notre esprit (*Gemüth*) aurait d'intuitionner à l'avance l'avenir (et non pas seulement de le conclure), ou enfin un pouvoir qu'aurait ce même esprit d'être en commerce de pensées avec d'autres hommes (quelque éloignés d'ailleurs qu'ils fussent), ce sont là des concepts dont la possibilité est tout à fait sans fondement, puisqu'elle ne peut pas être fondée sur l'expérience et sur les lois qui nous en sont connues et que sans elle on n'a plus qu'une liaison de pensées arbitraire, qui, bien que ne renfermant pas de contradiction, ne peut cependant pas revendiquer de réalité objective, ni, par suite, la possibilité d'un objet tel qu'on veut le concevoir ici. Pour ce qui est de la réalité, il va sans dire qu'on ne saurait la concevoir *in concreto* sans s'aider de l'expérience, puisqu'elle ne peut se rapporter qu'à la sensation, comme matière de l'expérience et qu'elle ne concerne pas la forme du rapport avec laquelle on pourrait toujours se livrer à des fictions.

Mais je laisse de côté tout ce dont la possibilité ne peut être déduite que de la réalité dans l'expérience et je n'examine ici que la possibilité des choses qui résulterait de concepts *a priori* et je persiste à soutenir que les choses dont il s'agit ne sont jamais possibles en vertu de concepts de cette espèce en eux-mêmes (*für sich allein*) et qu'elles ne le sont toujours qu'en vertu de pareils concepts pris comme conditions formelles et objectives d'une expérience en général.

Il semble, à la vérité, que la possibilité d'un triangle puisse être connue par son concept même (il est certainement indépendant de l'expérience) ; car dans le fait nous pouvons tout à fait *a priori* lui donner un objet, c'est-à-dire le construire. Mais comme cette construction n'est que la forme d'un objet, le triangle ne serait toujours qu'un produit de l'imagination et la possibilité de l'objet de ce produit resterait douteuse parce qu'elle exigerait autre chose, à savoir que cette figure fut conçue sous les seules conditions sur lesquelles reposent tous les objets de l'expérience. Or, c'est seulement parce que l'espace est une condition formelle *a priori* des expériences extérieures et que la synthèse figurative, par laquelle nous construisons un triangle dans l'imagination, est entièrement identique à celle que nous appliquons dans l'appréhension d'un phénomène, afin de nous en faire un concept expérimental, qu'il nous est possible de lier à ce concept la représentation de la possibilité d'une chose de cette espèce. Et ainsi la possibilité de grandeurs continues et même des grandeurs en général, puisque les concepts en sont tous synthétiques, n'est jamais connue clairement en vertu des concepts eux-mêmes, mais en vertu de ces concepts pris comme conditions formelles de la détermination des objets dans l'expérience en général. Où voudrait-on chercher, du reste, des objets qui correspondissent aux concepts, si ce n'est dans l'expérience par laquelle seule des objets nous sont donnés ? Toutefois nous pouvons, sans recourir au préalable à l'expérience elle-même, connaître et caractériser la possibilité des choses simplement par rapport aux conditions formelles sous lesquelles quelque chose en général est déterminé comme objet dans l'expérience, par suite entièrement *a priori*, quoique cependant toujours par rapport à l'expérience et dans ses limites.

Le postulat qui sert à connaître la *réalité* des choses exige une *perception* et, par suite, une sensation accompagnée de conscience ; il n'exige pas, il est vrai, que l'on ait aussi conscience immédiatement de l'objet même dont l'existence doit être connue, mais il veut cependant que cet objet s'accorde avec quelque perception réelle, suivant les analogies de l'expérience qui représentent toute liaison réelle dans une expérience en général.

Dans le *simple concept* d'une chose on ne saurait trouver absolument aucun caractère de son existence. En effet, quoique ce concept soit tellement complet que rien n'y manque pour concevoir une chose avec toutes ses déterminations intérieures, l'existence n'a cependant rien à faire avec toutes ces déterminations et toute la question est de savoir : si une chose de ce genre nous est donnée de telle sorte que sa perception puisse toujours précéder le concept. En effet, que le concept précède la perception, cela signifie simplement que la chose est possible, tandis que la perception qui fournit au concept la matière est le seul caractère de la réalité. Mais on peut aussi, antérieurement à la perception de la chose, et, par conséquent, relativement *a priori*, en connaître l'existence, pourvu qu'elle s'accorde avec quelques perceptions suivant les principes de leur liaison empirique (les analogies). Car alors l'existence de la chose est liée à nos perceptions dans une expérience possible et il nous est possible, en suivant le fil conducteur de ces analogies, d'arriver, en partant de notre perception réelle, à la chose, dans la série des perceptions possibles. C'est ainsi que nous connaissons, par la perception de la limaille de fer attirée, l'existence d'une matière magnétique qui pénètre tous les corps, quoique une perception immédiate de cette matière nous soit impossible d'après la constitution de nos organes. En effet, d'après les lois de la sensibilité et d'après le contexte de nos perceptions, nous arriverions à avoir dans une expérience l'intuition empirique immédiate de cette matière, si nos sens étaient plus subtils, mais la grossièreté de nos organes ne touche en rien à la forme de l'expérience possible en général. Partout donc où s'étendent la perception et ce qui en dépend, en vertu des lois empiriques, là s'étend aussi notre connaissance de l'existence des choses. Si nous ne partions pas de l'expérience ou si nous ne procédions pas suivant les lois de l'enchaînement empirique des phénomènes, nous nous flatterions vainement de vouloir deviner et rechercher l'existence de quelque chose.

[1] [Mais l'*idéalisme* élève une forte objection contre ces règles qui prouvent l'existence médiatement, et c'est donc naturellement ici qu'il faut placer sa réfutation.

* * *

Réfutation de l'idéalisme.

L'idéalisme (j'entends l'idéalisme *matériel*) est la théorie qui déclare l'existence des objets dans l'espace et hors de nous ou simplement douteuse et *indémontrable* ou fausse et *impossible*; la *première* doctrine est l'idéalisme *problématique* de Descartes qui ne tient pour indubitable que cette unique assertion (*Behauptung* = *assertio*) empirique : *Je suis*; la seconde est l'idéalisme *dogmatique* de Berkeley qui regarde l'espace avec toutes les choses dont il est la condition inséparable comme quelque chose d'impossible en soi, et, par suite, aussi les choses dans l'espace comme de simples fictions. L'idéalisme dogmatique est inévitable si l'on regarde l'espace comme une propriété qui doit appartenir aux choses

---

1. Toute cette réfutation de l'idéalisme, jusqu'aux réflexions sur le troisième postulat, est une addition de la 2ᵉ édition.

en elles-mêmes ; car alors, ainsi que ce à quoi il sert de condition, il est un non-être (*ein Unding*). Mais nous avons démoli le principe de cet idéalisme dans l'Esthétique transcendantale. L'idéalisme problématique, qui n'affirme rien de pareil (*hierüber*) et n'allègue que l'impuissance à prouver par une expérience immédiate une existence en dehors de la nôtre est rationnel et conforme à une manière de penser solide et philosophique qui ne permet aucun jugement décisif avant qu'une preuve suffisante ait été trouvée. La preuve exigée (*verlangte*) doit (*muss*) donc montrer que nous avons des choses extérieures non pas simplement l'*imagination*, mais encore l'*expérience* ; et c'est là ce qu'on ne peut faire qu'en démontrant que notre expérience *interne*, indubitable pour Descartes, n'est possible elle-même que sous la supposition de l'expérience extérieure.

THÉORÈME

La conscience simple, mais empiriquement déterminée, de ma propre existence, prouve l'existence des objets dans l'espace et hors de moi.

Preuve.

J'ai conscience de mon existence comme déterminée dans le temps. Toute détermination de temps suppose quelque chose de permanent dans la perception. Or, ce permanent ne peut être quelque chose en moi, puisque ce n'est que par ce permanent que peut précisément (*eben*) être déterminée mon existence dans le temps[1]. La perception de ce permanent n'est donc possible qu'au moyen d'une *chose* hors de moi et non au moyen de la simple *représentation* d'une chose extérieure à moi. Par conséquent, la détermination de mon existence dans le temps n'est possible que par l'existence des choses réelles que je perçois hors de moi. Or, la conscience (37) dans le temps est liée nécessairement à la conscience de la possibilité de cette détermination de temps. Elle est donc liée nécessairement aussi à l'existence des choses hors de moi, comme à la condition de la détermination de temps ; c'est-à-

---

1. Voir ce que dit Kant de cette phrase dans sa remarque ajoutée à la seconde préface et par quoi il propose de la remplacer.

dire que la conscience de ma propre existence est en même temps une conscience immédiate de l'existence d'autres choses hors de moi.

Remarque 1. — On remarquera dans la preuve précédente que le jeu de l'idéalisme est retourné avec plus de raison contre ce système. L'idéalisme admettait que la seule expérience immédiate est l'expérience intérieure et qu'on ne fait que conclure de là à l'existence des choses extérieures, mais seulement de manière incertaine, comme dans tous les cas où l'on conclut d'effets donnés à des causes déterminées, puisque la cause des représentations peut aussi bien résider en nous-mêmes alors que nous l'attribuons peut-être faussement à des choses extérieures. Or, il est démontré ici que l'expérience extérieure est proprement immédiate* et que c'est seulement au moyen de cette dernière qu'est possible sinon la conscience de notre propre existence, du moins la détermination dans le temps de cette existence, c'est-à-dire l'expérience interne. Assurément la représentation : *Je suis*, exprimant la conscience qui peut accompagner toute pensée est ce qui contient immédiatement en soi l'existence d'un sujet, mais elle n'en renferme encore aucune *connaissance* et, par suite, n'en contient pas non plus la connaissance empirique, c'est-à-dire l'expérience ; car, outre la pensée de quelque chose d'existant, il faut encore pour cela une intuition, et ici l'intuition interne, par rapport à laquelle, c'est-à-dire au temps, le sujet doit être déterminé ; or, pour cela des objets extérieurs sont tout à fait indispensables (*erforderlich*) de telle sorte que, par conséquent, l'expérience intérieure elle-même n'est possible que médiatement et que par le moyen de l'expérience extérieure.

* La conscience *immédiate* de l'existence des choses extérieures n'est pas supposée, mais prouvée dans le présent théorème, que nous puissions ou non d'ailleurs considérer la possibilité de cette conscience. La question touchant cette dernière serait de savoir si nous n'avons que le sens interne, sans en avoir d'externe, avec en plus l'imagination extérieure simplement. Mais il est évident que même *seulement pour nous imaginer* quelque chose comme extérieur, c'est-à-dire pour le représenter à notre sens dans l'intuition, il faut que nous ayons déjà un sens externe et que nous distinguions ainsi immédiatement la simple réceptivité d'une intuition extérieure de la spontanéité qu'a pour caractère toute imagination. Car le seul fait de s'imaginer simplement un sens externe anéantirait même le pouvoir d'intuition qui doit être déterminé par l'imagination.

Remarque 2. — Or, avec ce que nous venons de dire s'accorde parfaitement tout l'usage expérimental de notre pouvoir de connaître dans la détermination du temps. Outre que toute détermination de temps ne peut être perçue par nous qu'au moyen du changement dans les rapports extérieurs (du mouvement) relativement à ce qu'il y a dans l'espace de permanent (par exemple le mouvement du soleil par rapport aux objets de la terre), nous n'avons même rien de permanent que nous puissions placer, comme intuition, sous le concept d'une substance, si ce n'est la *matière* simplement ; et même, cette permanence, nous ne la tirons pas de l'expérience extérieure, mais elle est supposée *a priori* par l'existence des choses extérieures comme condition nécessaire de toute détermination de temps, par suite aussi, en qualité de détermination de notre sens interne relativement à notre propre existence. La conscience de moi-même dans la représentation : *Je* n'est pas du tout une intuition, mais une représentation simplement *intellectuelle* de la spontanéité d'un sujet pensant. C'est pourquoi ce : *Je* n'a pas non plus le moindre prédicat d'intuition qui puisse, en qualité de permanent, servir de corrélatif à la détermination du temps dans le sens interne, comme l'*impénétrabilité* en sert pour la matière, par exemple, considérée à titre d'intuition.

Remarque 3. — De ce que l'existence d'objets extérieurs est requise pour la possibilité d'une conscience déterminée de nous-mêmes, il n'en résulte pas que toute représentation intuitive des choses extérieures en contienne en même temps l'existence, car elle peut fort bien être le simple effet de l'imagination (dans le rêve aussi bien que dans la folie) ; mais, même alors, elle n'a lieu que par la reproduction d'anciennes perceptions externes qui, comme nous l'avons montré, ne sont possibles que par la réalité d'objets extérieurs. Il a donc suffi de prouver ici que l'expérience interne en général n'est possible que par l'expérience externe en général. Quant à savoir si telle ou telle prétendue expérience n'est pas une simple imagination, c'est ce qu'il faudra découvrir au moyen de ses déterminations particulières et de son accord avec les critères de toute expérience réelle.]

**

Enfin pour ce qui concerne le troisième postulat, il se rapporte à la nécessité matérielle dans l'existence et non à la nécessité simplement formelle et logique dans la liaison des concepts. Or, comme aucune existence des objets des sens ne peut être connue absolument *a priori*, mais qu'elle peut cependant l'être relativement *a priori*, c'est-à-dire par rapport à une autre existence déjà donnée, et comme toutefois alors on ne peut arriver qu'à l'existence, qui doit aussi être contenue quelque part dans l'ensemble de l'expérience dont la perception donnée est une partie, la nécessité de l'existence ne peut donc jamais être connue par concepts, mais uniquement par sa liaison avec ce qui est perçu faite en vertu des lois générales de l'expérience. Or, il n'y a pas d'existence qui puisse être connue comme nécessaire sous la condition d'autres phénomènes donnés, si ce n'est l'existence d'effets résultant de causes données d'après les lois de la causalité. Ce n'est donc pas de l'existence des choses (des substances) mais seulement de leur état que nous pouvons connaître la nécessité, et cela, à la vérité, par le moyen d'autres états donnés dans la perception et suivant des lois empiriques de la causalité. Il en résulte que le criterium de la nécessité se trouve uniquement dans cette loi de l'expérience possible : que tout ce qui arrive est déterminé *a priori* dans le phénomène par sa cause. Aussi ne connaissons-nous dans la nature que la nécessité des *effets* dont les causes nous sont données, et le signe de la nécessité dans l'existence ne s'étend-il pas au delà du champ de l'expérience possible et même dans ce champ ne s'applique-t-il pas à l'existence des choses, en tant que substances, puisque celles-ci ne peuvent jamais être considérées comme des effets empiriques, ni comme quelque chose qui arrive et qui naît. La nécessité ne concerne donc que les rapports des phénomènes, suivant la loi dynamique de la causalité, et que la possibilité, qui s'y fonde, de conclure *a priori* d'une existence quelconque donnée (d'une cause) à une autre existence (à l'effet). Tout ce qui arrive est hypothétiquement nécessaire : c'est là un principe qui soumet le changement dans le monde à une loi, c'est-à-dire à une règle de l'existence nécessaire, sans laquelle il n'y aurait pas même de nature. C'est pourquoi le principe : Rien n'est produit par un hasard aveugle (*in mundo non datur casus*) est une loi *a priori* de la nature ; de même celui-ci : Il n'y a pas dans la nature de nécessité aveugle, mais seulement une nécessité conditionnelle et par suite intelligente (*non datur fatum*). Ces deux principes sont des lois qui soumettent le jeu des changements à une *nature des choses* (comme phénomènes), ou, ce qui revient au même, à l'unité de l'entendement où elles ne peuvent appartenir qu'à une expérience considérée comme l'unité synthétique des phénomènes. Ces deux pricipes font partie des dynamiques. Le premier est proprement une conséquence du principe de la causalité (dans les analogies de l'expérience). Le second appartient aux principes de la modalité qui ajoute à la détermination causale le concept d'une nécessité soumise à une règle de l'entendement. Le principe de la continuité interdit dans la série des phénomènes (des changements) tout saut (*in mundo non datur saltus*) et en même temps dans l'ensemble de toutes les intuitions empiriques dans l'espace toute lacune et tout hiatus entre deux phénomènes (*non datur hiatus*), car on peut énoncer ainsi le principe : rien ne peut tomber dans l'expérience qui prouve un *vacuum* ou qui seulement le permette comme faisant partie de la synthèse empirique. En effet, pour ce qui concerne le vide que l'on peut concevoir en dehors du champ de l'expérience possible (du monde), il n'est pas du ressort du simple entendement, lequel ne décide que des questions concernant le parti que tire de phénomènes donnés la connaissance empirique, et c'est là un problème pour la raison idéaliste qui sort de la sphère d'une expérience possible et prétend juger de ce qui entoure et limite cette sphère ; il faudra donc l'examiner dans la dialectique transcendantale. Ces quatre propositions (*in mundo non datur hiatus, non datur saltus, non datur casus, non datur fatum*), il nous serait facile de les représenter, comme tous les principes d'origine transcendantale, d'après leur ordre, conformément à l'ordre des catégories et d'assigner à chacune sa place ; mais le lecteur déjà exercé le fera lui-même ou trouvera aisément le fil conducteur. Ces principes s'accordent tous uniquement en cela qu'ils ne souffrent rien, dans la synthèse empirique, qui puisse faire obstacle ou porter atteinte à l'entendement et à l'enchaînement continu des phénomènes, c'est-à-dire à l'unité de ses concepts ; car c'est en lui seulement qu'est possible l'unité de l'expérience dans laquelle toutes les perceptions doivent avoir leur place.

Quant à savoir si le champ de la possibilité est plus grand que le champ qui renferme tout le réel et si celui-ci, à son tour, est plus grand que la multitude de ce qui est nécessaire, ce sont là des questions délicates dont, à la vérité, la solution est synthétique, mais qui aussi ne sont que du ressort de la raison ; car elles reviennent à peu près à demander si toutes les choses, à titre de phénomènes, appartiennent à l'ensemble et au contexte d'une expérience unique dont chaque perception donnée est une partie qui ne peut pas être liée à d'autres phénomènes, ou si mes perceptions peuvent appartenir (dans leur enchaînement général) à quelque chose de plus qu'à une expérience possible. L'entendement ne donne *a priori* à l'expérience en général que la règle se rapportant (*nach*) aux conditions subjectives et formelles aussi bien de la sensibilité que de l'aperception qui seules rendent cette expérience possible. D'autres formes de l'intuition (que l'espace et le temps) et aussi d'autres formes de l'entendement (que les formes discursives de la pensée ou de la connaissance par concepts) seraient-elles possibles, que nous ne pourrions d'aucune manière ni les concevoir ni les rendre conceptibles ; mais quand même nous le pourrions, elles n'appartiendraient pas cependant à l'expérience, comme à la seule connaissance où les objets nous sont donnés. Peut-il y avoir d'autres perceptions que celles qui en général appartiennent à l'ensemble de notre expérience possible, et par conséquent y a-t-il place encore pour un tout autre champ de la matière ? c'est ce que ne peut décider l'entendement n'ayant affaire qu'à la synthèse de ce qui est donné. D'ailleurs, la nature pitoyable des raisonnements habituels par lesquels nous produisons un grand empire du possible, dont tout le réel (tout objet de l'expérience) n'est qu'une petite partie, cette nature pitoyable saute aux yeux. Tout réel est possible ; de là découle naturellement, selon les règles logiques de la conversion, cette proposition simplement particulière : Quelque possible est réel, qui paraît revenir à celle-ci : Il y a beaucoup de possible qui n'est pas réel. Il semble, à la vérité, que l'on pourrait ainsi mettre d'emblée le nombre du possible au-dessus de celui du réel, puisqu'il faut que quelque chose s'ajoute encore à celui-là pour constituer celui-ci. Mais je ne connais pas cette addition au possible ; car ce qui devrait encore y être ajouté serait impossible. Il n'y a qu'une chose qui, pour mon entendement, puisse s'ajouter à l'accord avec les conditions de l'expérience, je veux dire la liaison avec quelque perception ; mais ce qui est lié avec une perception selon des lois empiriques est réel, quoiqu'il ne soit pas immédiatement perçu. Mais que, dans l'enchaînement général avec ce qui m'est donné dans la perception, soit possible une autre série de phénomènes, par suite plus qu'une expérience unique et comprenant tout, c'est ce que l'on ne peut conclure de ce qui est donné, et encore moins sans que quelque chose soit donné, puisque rien ne se laisse penser nulle part sans matière (*ohne Stoff*). Ce qui n'est possible que sous des conditions simplement possibles elles-mêmes ne l'est pas à *tous les points de vue*. C'est ainsi cependant qu'on envisage la question quand on veut savoir si la possibilité des choses s'étend au delà de l'expérience.

Je n'ai fait que mentionner ces questions pour ne laisser aucune lacune dans ce qui, suivant l'opinion générale, appartient aux concepts de l'entendement. Mais, en réalité, la possibilité absolue (qui est valable à tous les points de vue) n'est pas un simple concept de l'entendement et ne peut d'aucune façon être d'un usage empirique possible de l'entendement. Aussi avons-nous dû nous contenter ici d'une remarque simplement critique, laissant d'ailleurs dans l'obscurité la chose elle-même, pour l'expliquer plus tard d'une manière plus étendue.

Au moment où je vais conclure ce quatrième numéro et clore en même temps avec lui le système de tous les principes de l'entendement pur, il faut encore que j'indique la raison pour laquelle j'ai donné sans hésitation (*geradezu*) le nom de postulats aux principes de la modalité. Je ne veux pas ici prendre ce terme dans le sens que quelques auteurs philosophiques modernes lui ont donné, contrairement au sens que lui attribuent les mathématiciens, auxquels il appartient en propre, savoir : que postuler reviendrait à donner une proposition pour immédiatement certaine, sans justification ni preuve ; si nous devions concéder, en effet, que des propositions synthétiques, si évidentes mêmes qu'elles soient, peuvent sans déduction et sur la vue de leur simple énoncé emporter une adhésion absolue, toute critique de l'entendement serait alors ruinée ; et, comme il ne manque pas de prétentions hardies auxquelles ne se refuse même pas la foi commune (qui toutefois n'est pas une lettre de créance), notre entendement serait ouvert à toutes les opinions, sans pouvoir refuser son assentiment à des sentences qui, bien qu'illégitimes, demanderaient à être admises exactement avec le même ton de confiance que des axiomes véritables. Quand donc au concept d'une chose s'ajoute synthétiquement une détermination *a priori,* il faut irrémissiblement joindre à une proposition de ce genre sinon une preuve, du moins une déduction de la légitimité de son assertion.

Mais les principes de la modalité ne sont pas objectivement synthétiques, puisque les prédicats de la possibilité, de la réalité et de la nécessité n'étendent pas le moins du monde le concept auquel ils s'appliquent, par cela seul qu'ils ajoutent encore quelque chose à la représentation de l'objet. Ils n'en sont pas moins synthétiques, mais ils ne le sont donc que subjectivement, c'est-à-dire qu'ils ajoutent au concept d'une chose (du réel), dont par ailleurs ils ne disent rien, la faculté de connaissance où ce concept naît et a son siège ; de telle sorte que, si ce concept concorde simplement dans l'entendement avec les conditions formelles de l'expérience, son objet est possible ; s'il est lié à la perception (à la sensation, comme matière des sens) et déterminé par elle au moyen de l'entendement, l'objet (*das Object*) est réel ; s'il est déterminé par l'enchaînement des perceptions suivant des concepts, alors l'objet est nécessaire. Les principes de la modalité n'expriment donc, touchant un concept, rien autre chose que l'acte du pouvoir de connaître, par lequel il est produit. Or, on appelle postulat, dans la Mathématique, le principe pratique qui ne contient que la synthèse par laquelle nous nous donnons tout d'abord un objet et nous en produisons le concept, par exemple : décrire avec une ligne donnée et d'un point donné un cercle sur une surface. Une proposition de ce genre ne peut pas être démontrée, puisque le procédé qu'elle exige est précisément celui par lequel nous produisons tout d'abord le concept d'une telle figure. Ainsi, nous pouvons donc, avec le même droit, postuler les principes de la modalité, puisqu'ils n'étendent pas leur concept de choses en général*, mais qu'ils

---

* *Par la réalité* d'une chose, je pose évidemment plus que la possibilité, mais non *dans la chose;* car la chose ne saurait jamais con-

se bornent à montrer comment en général ce concept est lié à la faculté de connaissance.

∗
∗ ∗

[¹ *Remarque générale sur le système des principes.*

C'est une chose très remarquable que nous ne puissions apercevoir la possibilité d'aucune chose par la simple catégorie, mais que nous devions toujours avoir en mains une intuition pour y mettre en évidence la réalité objective du concept pur de l'entendement. Que l'on prenne, par exemple, les catégories de la relation. Comment 1) quelque chose peut-il n'exister que comme *sujet* et non pas comme simple détermination d'autres choses, c'est-à-dire être *substance;* ou comment 2), du fait que quelque chose est, quelque autre chose doit (*müsse*) être, et, par suite, comment quelque chose en général peut être cause ; ou 3) comment, quand plusieurs choses sont, du fait que l'une d'elles existe, quelque chose en résulte pour les autres et réciproquement, et comment il peut y avoir de cette manière un commerce de substances; c'est ce que de simples concepts ne sauraient nous montrer. Il en est de même des autres catégories, par exemple de la question de savoir comment une chose peut être identique à plusieurs ensemble, c'est-à-dire être une grandeur, etc. Tant que l'on manque donc d'intuition, on ne sait pas si l'on pense un objet (*Object*) par les catégories ou si même en général un objet (*Object*) peut leur convenir : par où l'on voit qu'en elles-mêmes elles ne sont pas du tout des *connaissances*, mais de simples *formes de pensée* qui servent à transformer en connaissances des intuitions données. Il en résulte aussi que de simples catégories ne peut être tirée aucune proposition synthétique. Quant à dire, par exemple, que dans toute existence il y a une substance, c'est-à-dire quelque chose qui ne peut exister que comme sujet et non comme simple prédicat ; ou bien que toute chose est un quantum, etc., il n'y a absolument rien en cela qui puisse nous servir à dépasser un concept donné et à

tenir dans la réalité plus que ce qu'enfermait sa possibilité totale. Seulement, comme la possibilité était simplement une position de la chose par rapport à l'entendement (à son usage empirique), la réalité est en même temps une liaison de cette chose avec la perception.

1. Cette remarque générale est une addition de la 2ᵉ édition.

lier à ce concept un autre concept. Aussi n'a-t-on jamais réussi, non plus, à prouver par de simples concepts purs de l'entendement une proposition synthétique, par exemple cette proposition : Tout contingent (*zufällig Existirende*) a une cause. On n'aurait jamais pu faire autre chose que prouver que nous ne pourrions pas du tout, sans cette relation, *comprendre* l'existence du contingent, c'est-à-dire connaître *a priori* par l'entendement l'existence d'une chose de ce genre ; mais de là ne résulte pas que cette relation soit aussi la condition de la possibilité des choses elles-mêmes. Aussi, si l'on veut bien se reporter à notre preuve du principe de la causalité, remarquera-t-on que nous n'avons pu le prouver que par rapport à des objets (*Objecten*) d'expérience possible : Tout ce qui arrive (tout événement) suppose une cause, et que, même ainsi, nous n'avons pu le prouver qu'à titre de fondement (*Princip*) de la possibilité de l'expérience et, par suite, de la *connaissance* d'un objet (*Objects*) donné dans l'*intuition empirique* et non par simples concepts. On ne peut nier toutefois que la proposition : Tout contingent doit avoir une cause, ne soit pour chacun évidente par simples concepts ; mais alors le concept du contingent est déjà compris de telle sorte qu'il renferme non la catégorie de la modalité (comme quelque chose dont la non-existence peut se concevoir), mais celle de la relation (comme quelque chose qui ne peut exister qu'à titre de conséquence d'une autre), auquel cas c'est assurément une proposition identique : ce qui ne peut exister que comme conséquence a une cause. Dans le fait, quand nous voulons donner des exemples de l'existence contingente, nous nous appuyons toujours sur les *changements* et non pas simplement sur la possibilité de la *pensée du contraire**. Or, le changement est un événement qui, en tant que tel, n'est

---

* On peut facilement concevoir la non-existence de la matière, mais les anciens n'en concluaient cependant pas sa contingence. A lui seul, le passage successif d'un état donné d'une chose de l'existence à la non-existence (*Allein selbst der Wechsel des Seins und Nichtseins eines gegebenen Zustandes eines Dinges*), passage en quoi tout changement consiste, ne prouve pas du tout la contingence de cet état en quelque sorte par la réalité de son contraire ; par exemple, le repos d'un corps, venant après son mouvement, ne prouve pas la contingence du mouvement de ce corps par cela seul que le repos est le contraire du mouvement. En effet, ce contraire n'est *opposé* ici à l'autre que logiquement et non réellement. Il faudrait prouver qu'*au lieu* d'être en mouvement dans le point précédent du temps, il eût été possible que le corps

possible que par une cause, et sa non-existence est donc possible en soi ; ainsi l'on reconnaît la contingence par le fait que quelque chose ne peut exister qu'à titre d'effet d'une cause ; quand donc une chose est admise comme contingente, c'est une proposition analytique de dire qu'elle a une cause.

Mais il est encore plus remarquable que, pour comprendre la possibilité des choses en vertu des catégories, et pour démontrer, par conséquent, la *réalité objective* de ces dernières, nous avons besoin non pas simplement d'intuitions, mais même toujours d'*intuitions externes*. Si nous prenons, par exemple, les concepts purs de la *relation*, nous trouvons que 1) pour donner dans l'intuition quelque chose de *permanent* qui corresponde au concept de *substance* (et pour montrer ainsi la réalité objective de ce concept), nous avons besoin d'une intuition *dans l'espace* (de la matière), puisque seul l'espace est déterminé d'une manière permanente, tandis que le temps, et, par suite, tout ce qui est dans le sens interne s'écoule sans cesse ; 2) pour démontrer un *changement* à titre d'intuition correspondante au concept de la *causalité*, il nous faut prendre pour exemple un mouvement, donc un changement dans l'espace, et c'est du reste seulement ainsi que nous pouvons nous faire une idée claire (*anschaulich machen*) des changements dont aucun entendement pur ne peut comprendre la possibilité. Le changement est la liaison de déterminations contradictoires opposées l'une à l'autre dans l'existence d'une seule et même chose. Or, comment est-il possible que d'un état donné résulte dans la même chose un autre état opposé au premier? C'est ce que non seulement aucune raison ne peut se rendre concevable sans exemple, mais ce que même elle ne saurait se rendre intelligible sans intuition ; et cette intuition est celle du mouvement dans l'espace d'un point dont l'existence en différents lieux (prise comme une succession de déterminations opposées) nous permet seule tout d'abord l'intuition du changement. En effet, pour que nous puissions concevoir des changements internes, il nous faut nous représenter, d'une manière figurée, le temps, considéré comme la forme du sens interne, par une ligne et le changement interne

---

fût *alors* en repos ; c'est là ce qui prouverait la contingence de son mouvement, mais non pas qu'il soit en repos *après* ; car alors les deux contraires pourraient fort bien coexister.

par le tracé (*durch das Ziehen*) de cette ligne (par le mouvement), par suite aussi l'existence successive de nous-mêmes en différents états par une intuition externe. La raison particulière en est que tout changement présuppose quelque chose de permanent dans l'intuition, même pour être perçu seulement comme changement, et qu'il ne se trouve absolument pas d'intuition permanente dans le sens interne. — Enfin la catégorie de la *communauté*, quant à sa possibilité, ne peut pas du tout être comprise par la simple raison, et, par conséquent, il n'est pas possible d'apercevoir la réalité objective de ce concept sans une intuition, et qui plus est (*zwar*) sans une intuition externe dans l'espace. Comment veut-on concevoir, en effet, comme possible que, plusieurs substances existant, de l'existence de l'une puisse résulter (à titre d'effet) quelque chose dans l'existence des autres, et réciproquement, et qu'ainsi donc, parce qu'il y a dans la première quelque chose qui ne peut pas être compris par l'existence seule des dernières, il faille qu'il en soit de même pour les autres ? C'est ce qu'exigerait en effet la communauté, mais cela n'est pas du tout concevable de choses qui sont complètement isolées les unes des autres par leur façon de subsister (*Subsistenz*). Aussi Leibniz, en attribuant une communauté aux substances du monde, mais telles que les conçoit à lui seul l'entendement, fît-il intervenir pour l'expliquer une divinité (*eine Gottheit zur Vermittelung brauchte*) ; car cette communauté lui parut à bon droit inconcevable comme découlant de leur existence. Mais nous pouvons fort bien nous rendre compréhensible la possibilité de la communauté (des substances comme phénomènes), si nous nous la représentons dans l'espace et, par conséquent, dans l'intuition extérieure. En effet, l'espace contient déjà *a priori* des relations extérieures formelles comme conditions de la possibilité des relations réelles (dans l'action et la réaction, et, par suite, de la communauté).
— On peut montrer aussi facilement que la possibilité des choses comme *grandeurs* et, par conséquent, la réalité objective de la catégorie de la quantité, ne peuvent aussi être représentées que dans l'intuition externe, pour être ensuite appliquées au sens interne au moyen seulement de cette intuition. Mais pour éviter les longueurs, je dois en laisser les exemples à la réflexion du lecteur.

Toute cette remarque est de grande importance, non seulement pour confirmer notre réfutation précédente de l'idéalisme, mais surtout — quand il sera question de la *connaissance de nous-même* par la simple conscience interne et de la détermination de notre nature sans le secours d'intuitions empiriques externes — pour nous montrer les limites de la possibilité d'une telle connaissance.

La conséquence dernière de toute cette section est donc que tous les principes de l'entendement pur ne sont que des principes *a priori* de la possibilité de l'expérience et qu'à cette dernière seule se rapportent aussi toutes les propositions synthétiques *a priori* et que leur possibilité repose même entièrement sur cette relation.]

CHAPITRE III

DU PRINCIPE DE LA DISTINCTION DE TOUS LES OBJETS EN GÉNÉRAL EN PHÉNOMÈNES ET NOUMÈNES

Nous avons maintenant parcouru le pays de l'entendement pur, en en examinant soigneusement chaque partie ; nous l'avons aussi mesuré et nous y avons fixé à chaque chose sa place. Mais ce pays est une île que la nature enferme dans des bornes immuables. C'est le pays de la vérité (mot séduisant) entouré d'un océan vaste et orageux, véritable empire de l'illusion, où maints brouillards épais, des bancs de glace sans résistance et sur le point de fondre offrent l'aspect trompeur de terres nouvelles, attirent sans cesse par de vaines espérances le navigateur qui rêve de découvertes et l'engagent dans des aventures auxquelles il ne sait jamais se refuser et que, cependant, il ne peut jamais mener à fin. Avant de nous risquer sur cette mer pour l'explorer dans toutes ses étendues et nous assurer s'il y a quelque chose à y espérer, il nous sera utile de jeter encore un coup d'œil sur la carte du pays que nous allons quitter et de nous demander d'abord si, par hasard, nous ne pourrions pas nous contenter de ce qu'il renferme ou s'il ne nous faut point, par force, nous en contenter, dans le cas, par exemple, où il n'y aurait pas ailleurs un autre sol sur lequel nous pourrions nous fixer ; et ensuite, à quel titre nous possédons ce pays et comment nous pouvons nous y maintenir contre toutes les prétentions ennemies. Bien que nous ayons déjà suffisamment répondu à ces questions dans le cours de l'Analytique, une revision sommaire des solutions qu'elle en a données peut cependant fortifier la conviction en réunissant en un point leurs moments.

Nous avons vu, en effet, que tout ce que l'entendement tire de lui-même sans l'emprunter à l'expérience ne peut uniquement lui être utile que dans l'usage de l'expérience. Les principes de l'entendement pur, qu'ils soient constitutifs *a priori* (comme les principes mathématiques) ou simplement régulateurs (comme les principes dynamiques), ne renferment pas autre chose que ce que l'on pourrait appeler le schème pur pour l'expérience possible ; car celle-ci ne tire son unité que de l'unité synthétique que l'entendement attribue, originairement et de lui-même, à la synthèse de l'imagination relativement à l'aperception, unité avec laquelle il faut que tous les phénomènes, comme *data* pour une connaissance possible, soient déjà *a priori* en rapport et en harmonie. Or, bien que ces règles de l'entendement soient non seulement vraies *a priori* mais constituent même la source de toute vérité, c'est-à-dire de l'accord de notre connaissance avec des objets (*Objecten*), par le fait même qu'elles contiennent le principe de la possibilité de l'expérience, considérée comme l'ensemble de toute connaissance où des objets (*Objecte*) peuvent nous être donnés, il nous semble pourtant qu'il ne suffit pas d'exposer simplement ce qui est vrai, mais qu'il faut encore exposer ce qu'on désire savoir. Si donc par cette recherche critique nous n'apprenons rien de plus que ce que nous avons pratiqué de nous-mêmes dans l'usage simplement empirique de l'entendement et sans aucune investigation aussi subtile, l'avantage qu'on retire de cette investigation ne paraît pas répondre aux dépenses engagées et aux préparatifs. Or, il est vrai qu'on peut répondre qu'aucune témérité n'est plus préjudiciable à l'extension de notre connaissance que celle de vouloir toujours savoir l'utilité des recherches avant de les entreprendre, et avant qu'on puisse même se faire la moindre idée de cette utilité, l'eût-on d'ailleurs devant les yeux. Mais il y a pourtant un avantage que l'on peut faire concevoir, et en même temps faire prendre à cœur par le disciple le plus malhabile et le moins enthousiaste d'une investigation transcendantale de ce genre, c'est que l'entendement, simplement occupé à son usage empirique où il n'a pas à réfléchir sur les sources de sa propre connaissance, peut, il est vrai, bien fonctionner, mais sans être capable d'une chose, je veux dire de se déterminer à lui-même les limites de son usage et de savoir ce qui peut se trouver au dedans ou en dehors de toute sa sphère, car pour cela sont nécessaires les recherches profondes que nous avons instituées. Mais s'il ne peut pas distinguer si certaines questions sont ou non dans son horizon, il n'est jamais sûr de ses droits et de sa propriété, et il ne peut s'attendre qu'à être repris bien des fois et honteusement, s'il franchit incessamment (comme c'est inévitable) les limites de son domaine et s'égare dans les erreurs et les illusions.

Que, par suite, l'entendement ne puisse faire de tous ses principes *a priori* et même de tous ses concepts qu'un usage empirique et jamais un usage transcendantal, c'est là un principe qui a de grandes conséquences si l'on peut arriver à le connaître avec certitude. L'usage transcendantal d'un concept dans un principe quelconque consiste à le rapporter aux choses *en général et en soi*[1], tandis que l'usage empirique l'applique simplement aux *phénomènes*, c'est-à-dire à des objets d'une expérience possible. Or, que seul ce dernier usage puisse avoir lieu, on le voit aisément par là. Tout concept exige d'abord la forme logique d'un concept (de la pensée) en général, et ensuite la possibilité de lui donner un objet auquel il se rapporte. Sans ce dernier il n'a pas de sens et il est complètement vide de tout contenu, quoiqu'il puisse cependant toujours contenir la forme logique qui a pour but de tirer un concept de certaines données. Or, un objet ne peut être donné à un concept autrement que dans l'intuition et quand même une intuition pure ((sensible)) serait possible ((pour nous)) *a priori* antérieurement à l'objet, cette intuition même ne peut recevoir son objet ni par suite une valeur objective que par l'intuition empirique dont elle est la simple forme. Tous les concepts, et avec eux tous les principes, en tant qu'ils peuvent être *a priori*, se rapportent donc à des intuitions empiriques, c'est-à-dire à des données pour l'expérience possible. Sans cela ils n'ont pas du tout de valeur

---

1. KANT explique qu'il faut entendre par là : « des objets qui ne nous sont donnés dans aucune intuition, par conséquent des objets non sensibles. » (*Nacht.* CXVIII).

objective, mais ils ne sont qu'un simple jeu de l'imagination ou de l'entendement avec leurs représentations respectives. Que l'on prenne, par exemple, seulement les concepts de la Mathématique, en les envisageant tous dans leurs intuitions pures : l'espace a trois dimensions, entre deux points on ne peut tirer qu'une ligne droite, etc. Quoique tous ces principes et la représentation de l'objet dont s'occupe cette science, soient produits tout à fait *a priori* dans l'esprit (*Gemüth*), ils ne signifieraient pourtant absolument rien, si nous ne pouvions pas toujours en montrer la signification dans des phénomènes (dans des objets empiriques). Aussi est-il indispensable de *rendre sensible* un concept abstrait, c'est-à-dire de montrer dans l'intuition un objet (*Object*) qui lui corresponde, parce que sans cela le concept n'aurait, comme on dit, aucun *sens*, c'est-à-dire aucune valeur. La Mathématique remplit cette condition par la construction de la figure qui est un phénomène présent aux sens (bien que produit *a priori*). Le concept de la quantité dans cette même science cherche son soutien et son sens dans le nombre, et celui-ci dans les doigts ou dans les grains des tables à calculer, ou dans les traits et les points mis sous les yeux. Le concept reste toujours produit *a priori* avec les principes ou les formules synthétiques qui résultent de ces concepts, mais leur usage ou leur application à de prétendus objets ne peuvent en définitive être cherchés que dans l'expérience dont ils constituent la possibilité *a priori* (quant à la forme).

Qu'il en soit ainsi, de même, pour toutes les catégories et pour tous les principes qui en sont formés, c'est ce qui ressort clairement du fait que nous ne pouvons donner d'aucune de ces catégories une définition [*réelle*], [c'est-à-dire faire comprendre (*verständlich machen*) la possibilité de son objet (*Objects*)], sans nous reporter aussitôt aux conditions de la sensibilité et, par suite, à la forme des phénomènes, auxquels elles doivent être restreintes, comme à leurs seuls objets particuliers ; si l'on ôte, en effet, cette condition, toute valeur, c'est-à-dire tout rapport à l'objet (*Object*), disparaît, et il n'y a plus d'exemple qui puisse rendre conceptible quelle chose est proprement pensée sous de tels concepts. < En traçant plus haut la table des catégories, nous nous sommes dispensés de les définir les unes après les autres, parce que notre but, uniquement borné à leur usage synthétique, ne rendait pas ces définitions nécessaires et qu'on ne doit pas, en entreprenant des choses inutiles, s'exposer à des responsabilités dont on peut se dispenser. Ce n'était pas un faux-fuyant, mais une règle de prudence très importante ordonnant de ne pas se risquer tout de suite à définir et de ne pas chercher à simuler la perfection ou la précision dans la détermination du concept, quand nous pouvons nous contenter de tel ou tel caractère de ce concept, sans avoir besoin pour cela d'une énumération complète de tous les caractères qui font le concept total. Mais on voit à présent que le motif de cette prudence est encore plus profond, parce que nous n'aurions pas pu définir les catégories quand même nous l'aurions voulu* ; car si l'on écarte toutes les conditions de la sensibilité qui les signalent comme concepts d'un usage empirique possible et qu'on les prenne pour des concepts des choses en général (par suite de l'usage transcendantal), il n'y a rien à faire à leur égard que de considérer la fonction logique dans les jugements comme la condition de la possibilité des choses elles-mêmes, sans pour cela pouvoir montrer le moins du monde où elles peuvent avoir leur application et leur objet (*Object*), ni, par conséquent, comment elles peuvent avoir une signification quelconque et une valeur objective dans l'entendement pur sans le secours de la sensibilité [1]. >

Nul ne peut définir le concept de la grandeur en général sinon en disant, par exemple, qu'elle est la détermination d'une chose qui permet de penser combien de fois l'unité est contenue dans cette chose. Mais ce combien se fonde sur la répétition nécessaire, par conséquent, sur le temps et sur la synthèse (de l'homogène) dans le temps. On ne peut alors définir la réalité que par opposition à la négation, en concevant un temps (comme l'ensemble de toute existence) qui ou bien est plein de réalité, ou bien est vide.

* <J'entends ici la définition réelle, ((non pas celle)) qui se borne simplement à ajouter au nom d'une chose d'autres mots plus clairs, mais celle qui contient une *marque* si évidente qu'on peut toujours y reconnaître sûrement *l'objet* (*definitum*) et qui rend possible l'application de ce concept défini. L'explication réelle serait donc celle qui non seulement rend clair un concept, mais qui en fait en même temps saisir la *réalité objective*. Les définitions mathématiques, qui montrent dans l'intuition l'objet conforme au concept, sont de cette dernière espèce.>

1. Passage supprimé dans la 2ᵉ édition.

Si je fais abstraction de la permanence (qui est une existence en tout temps) il ne me reste pour former le concept de la substance que la représentation logique du sujet, représentation que je crois réaliser en me représentant quelque chose qui peut seulement avoir lieu comme sujet (sans être un prédicat de quelque chose). Mais non seulement je ne connais pas de conditions qui permettent à cette prérogative logique de convenir en propre à quelque chose, mais il n'y a non plus rien autre chose à en faire et l'on n'en saurait tirer la moindre conséquence, puisque par là n'est déterminé aucun objet *(Object)* de l'usage de ce concept et qu'on ne sait donc pas du tout si ce concept signifie jamais quelque chose. Quant au concept de cause (si je fais abstraction du temps dans lequel quelque chose succède à une autre chose suivant une règle), je ne trouverais dans la catégorie pure rien de plus sinon qu'il y a quelque chose d'où on peut conclure à l'existence d'une autre chose, et non seulement la cause et l'effet ne pourraient être ainsi distingués l'un de l'autre, mais encore, comme ce pouvoir de conclure exige bientôt des conditions dont je ne sais rien, le concept n'aurait pas de détermination qui lui permît de s'appliquer à quelque objet *(Object)*. Le prétendu principe : Tout contingent a une cause, se présente, il est vrai, avec assez de gravité, comme s'il avait en lui-même sa propre dignité. Mais si je vous demande ce que vous entendez par contingent et que vous répondiez : c'est ce dont la non-existence est possible, je voudrais bien savoir à quoi vous prétendez reconnaître cette possibilité de la non-existence, si vous ne vous représentez pas une succession dans la série des phénomènes et dans cette succession une existence qui succède à la non-existence (ou réciproquement) et, par conséquent, un changement ; car dire que la non-existence d'une chose n'est pas contradictoire, c'est faire un appel impuissant à une condition logique qui, si elle est à la vérité nécessaire pour le concept, est bien loin de suffire relativement à la possibilité réelle ; ainsi je puis, en effet, supprimer par la pensée toutes les substances existantes sans me contredire, mais je ne saurais en conclure l'objective contingence de leur existence, c'est-à-dire la possibilité de leur non-existence en soi. Pour ce qui regarde le concept de la communauté, il est facile de comprendre que, les catégories pures de la substance, aussi bien que celles de la causalité, n'étant susceptibles d'aucune définition qui détermine l'objet (*Object*), la causalité réciproque n'en est pas plus susceptible dans la relation des substances entre elles (*commercium*). Personne n'a encore pu définir la possibilité, l'existence et la nécessité autrement que par une tautologie manifeste, toutes les fois qu'on a voulu en puiser la définition uniquement dans l'entendement pur. Car substituer la possibilité logique du *concept* (possibilité qui a lieu quand le concept ne se contredit pas lui-même) à la possibilité transcendantale ((réelle))[1] des *choses* (qui a lieu quand au concept correspond un objet), c'est là une illusion qui ne peut tromper et satisfaire que des esprits inexpérimentés *.

< Il y a quelque chose d'étrange et même de paradoxal à dire d'un concept que, s'il doit tout de même avoir un sens, il n'est pourtant susceptible d'aucune explication. Mais c'est là le caractère particulier de toutes les catégories qu'elles ne peuvent avoir un sens déterminé et un rapport à un objet qu'au moyen de la *condition sensible* universelle. Et cette condition n'est pas fournie par la catégorie pure, puisque celle-ci ne peut contenir que la fonction logique qui consiste à ramener le divers à un concept. Or cette fonction seule, c'est-à-dire la forme du concept, ne peut rien nous faire connaître ni nous permettre de distinguer quel objet s'y rapporte, puisqu'il y est fait précisément abstraction de la condition sensible sous laquelle en général les objets peuvent s'y rapporter. Aussi les catégories ont-elles encore besoin, en dehors du concept pur de l'entendement, d'une détermination de leur application à la sensibilité en général (d'un schème), sans quoi elles ne sont pas des concepts par lesquels un objet pourrait être connu et distingué des autres, mais seulement autant de manières de penser un objet pour des intuitions possibles et de lui donner (sous des conditions encore requises) sa signification, suivant une fonction quelconque de l'entendement, c'est-à-dire *de le définir ;* elles-mêmes ne

---

1. KANT, *Nacht.* CXXI.

*. [En un mot tous ces concepts ne peuvent être *justifiés* par rien et leur possibilité *réelle* ne peut pas non plus être démontrée, si l'on fait abstraction de toute l'intuition sensible (la seule que nous ayons), et il ne reste plus alors que la possibilité *logique :* — c'est-à-dire que le concept (la pensée) est possible — dont il n'est pas question, puisqu'il s'agit de savoir si le concept se rapporte à un objet (*Object*) et si, par conséquent, il signifie quelque chose.] Cette remarque a été ajoutée dans la 2ᵉ édition.

peuvent donc pas être définies. Quant aux fonctions logiques des jugements en général, unité et pluralité, affirmation et négation, sujet et prédicat, on ne saurait les définir sans tourner dans un cercle, puisque la définition devrait être elle-même un jugement et, par conséquent, renfermer déjà ces fonctions. Mais les catégories pures ne sont pas autre chose que les représentations des choses en général, en tant que le divers de l'intuition de ces choses doit (*muss*) être conçu au moyen de l'une ou de l'autre de ces fonctions logiques : la quantité est la détermination qui ne peut être conçue que par un jugement de quantité (*judicium commune*); la réalité, celle qui ne peut être conçue que par un jugement affirmatif; la substance, ce qui par rapport à l'intuition doit être le dernier sujet de toutes les autres déterminations. Or ce que sont des choses par rapport auxquelles on doit se servir de telle fonction plutôt que de telle autre, c'est ce qui demeure ici tout à fait indéterminé; par suite, sans la condition de l'intuition sensible dont elles contiennent la synthèse, les catégories n'ont absolument pas de rapport à un objet déterminé quelconque; elles ne peuvent en définir aucun et n'ont pas, par conséquent, en elles-mêmes la valeur de concepts objectifs [1]. >

Il s'ensuit donc incontestablement que l'usage des concepts purs de l'entendement ne peut *jamais* être *transcendantal*, mais qu'il n'est *toujours* qu'*empirique*, et que c'est seulement par rapport aux conditions générales d'une expérience possible que les principes de l'entendement pur peuvent se rapporter à des objets des sens, sans jamais pouvoir être rapportés ((synthétiquement)) à des choses en général (sans prendre en considération la manière dont nous pouvons les intuitionner [2]).

L'analytique transcendantale a donc cet important résultat de montrer que l'entendement ne peut jamais plus faire *a priori* qu'anticiper la forme d'une expérience possible, en général, et que, ce qui n'est pas un phénomène ne pouvant pas être un objet de l'expérience, il ne peut jamais dépasser les bornes de la sensibilité dans lesquelles seules les objets nous sont donnés. Ces principes sont simplement des prin-

---

1. Supprimé dans la 2ᵉ édition.
2. Kant ajoute après « peuvent se rapporter » : « s'ils doivent fournir une connaissance. » (*Nachl.*)

cipes de l'exposition des phénomènes et le titre pompeux d'une ontologie qui prétend donner, des choses en général, une connaissance synthétique *a priori* dans une doctrine systématique (v. g. le principe de causalité) doit faire place au titre modeste d'une simple analytique de l'entendement pur.

La pensée est l'acte qui consiste à rapporter à un objet une intuition donnée. Si la nature de cette intuition n'est donnée d'aucune manière, l'objet est simplement transcendantal et le concept de l'entendement n'a pas d'autre usage que l'usage transcendantal, c'est-à-dire qu'il n'exprime que l'unité de la pensée d'un divers ((d'une intuition possible))[1] en général. Par le moyen d'une catégorie pure où l'on fait abstraction de toutes les conditions de l'intuition sensible, la seule qui nous soit possible, aucun objet n'est donc déterminé, ((et par suite rien n'est connu))[2], mais on n'exprime, suivant divers modes, que la pensée d'un objet en général. Il faut encore pour faire usage d'un concept une fonction du jugement, indispensable pour y faire subsumer un objet, par conséquent la condition au moins formelle sous laquelle quelque chose peut être donné dans l'intuition. Si cette condition du jugement (le schème) manque, toute subsomption disparaît, puisque rien n'est plus donné qui puisse être subsumé sous le concept. Le simple usage transcendantal des catégories ne sert donc à rien dans le fait ((pour connaître quelque chose))[2], et n'a pas d'objet déterminé, ni même déterminable quant à la forme. D'où il suit que la catégorie pure ne suffit pas non plus à former un principe synthétique *a priori* ; que les principes de l'entendement pur n'ont qu'un usage empirique, mais jamais d'usage transcendantal, et qu'en dehors du champ d'une expérience possible, il ne peut y avoir nulle part de principe synthétique *a priori*.

Il peut donc être sage de s'exprimer ainsi : Les catégories

1. Kant. *Nacht*.
2. Kant. *Nacht*.

Il y a cependant ici au fond une illusion difficile à éviter ; les catégories ne reposent pas, quant à leur origine, sur la sensibilité — comme le font les *formes de l'intuition*, espace et temps, et semblent donc autoriser une application qui s'étende au delà de tous les objets des sens. Seulement, elles ne sont, à leur tour, que des *formes de la pensée* renfermant simplement le pouvoir

pures, sans les conditions formelles de la sensibilité, ont simplement un sens transcendantal, mais n'ont pas d'usage transcendantal, puisqu'un pareil usage est impossible en soi, attendu que leur font défaut toutes les conditions d'un usage quelconque (dans les jugements), je veux parler de la subsomption sous ces concepts de n'importe quel objet prétendu. Comme (à titre simplement de catégories pures) elles ne doivent pas avoir d'usage empirique, et qu'elles ne peuvent pas non plus avoir d'usage transcendantal, elles n'ont donc aucun usage quand on les isole de toute sensibilité, c'est-à-dire qu'elles ne peuvent plus être appliquées à aucun objet prétendu; elles sont plutôt simplement la forme pure de l'usage de l'entendement relativement aux objets en général et à la pensée, sans qu'on puisse par elles seules penser ou déterminer quelque objet (*Object*).

Les images sensibles (*Erscheinungen*), en tant qu'on les pense à titre d'objets suivant l'unité des catégories, s'appellent phénomènes (*Phænomena*). Mais si j'admets des choses qui soient simplement des objets de l'entendement et qui pourtant peuvent être données, comme telles, à une intuition, sans pouvoir l'être toutefois à l'intuition sensible (par conséquent, *coram intuitu intellectuali*), il faudrait appeler ces choses des noumènes (*intelligibilia*).

On devrait penser que le concept des phénomènes limité par l'Esthétique transcendantale fournit déjà par lui-même la réalité objective des noumènes et justifie la division des objets en phénomènes et noumènes, par suite celle du monde en monde des sens et monde de l'entendement (*mundus sensibilis et intelligibilis*), en ce sens que la différence ne porte pas ici simplement sur la forme logique de la connaissance obscure ou distincte d'une seule et même chose, mais sur la manière diverse dont les objets peuvent être donnés originairement à notre connaissance et d'après laquelle ils se distinguent eux-mêmes les uns des autres quant au genre. En

---

logique d'unir *a priori* dans une conscience le divers qui est donné dans l'intuition, et ainsi, quand on leur enlève la seule intuition qui nous soit possible, elles peuvent avoir encore moins de sens que ces formes sensibles pures par lesquelles du moins un objet (*Object*) nous est donné, tandis qu'une manière propre à notre entendement de lier le divers ne signifie plus rien du tout, si l'on

effet, quand les sens nous représentent quelque chose simplement tel qu'il apparaît, il faut cependant que ce quelque chose soit aussi une chose en soi et un objet d'une intuition non sensible, c'est-à-dire de l'entendement, c'est-à-dire qu'il doit y avoir une connaissance possible où ne se rencontre aucune sensibilité et qui a seule une réalité absolument objective, en ce sens que par elle les objets nous sont représentés *tels qu'ils sont*, alors qu'au contraire, dans l'usage empirique de notre entendement, les choses ne nous sont connues que *comme elles apparaissent*. Il y aurait ainsi, outre l'usage empirique des catégories (usage limité à des conditions sensibles) encore un autre usage pur et pourtant objectivement valable, et nous ne pourrions plus affirmer, ce que nous avons avancé jusqu'ici, que nos connaissances pures de l'entendement ne seraient jamais rien de plus que des principes de l'exposition des phénomènes ((de la synthèse du divers))[1], et qui même ne vont pas *a priori* au delà de la possibilité formelle de l'expérience ; car ici s'ouvrirait devant nous un tout autre champ, pour ainsi dire un monde conçu dans l'esprit (peut-être aussi tout à fait intuitionné), qui pourrait occuper notre entendement pur non moins que son champ et même aussi beaucoup plus noblement.

Toutes nos représentations sont, dans le fait, rapportées à quelque objet (*Object*) par l'entendement, et, comme les phénomènes ne sont que des représentations, l'entendement les rapporte à quelque chose pris comme objet de l'intuition

---

1. Kant. *Nachtr.* cxxxiii.

---

n'ajoute pas l'intuition dans laquelle seule ce divers peut être donné. — Cependant quand nous appelons êtres des sens (*Sinnenwesen*) (*phænomena*) certains objets en qualité de phénomènes, en distinguant notre manière de les intuitionner de leur essence elle-même, il est déjà dans notre idée de leur opposer, pour ainsi dire, à titre d'objets simplement pensés par l'entendement, ou ces mêmes objets envisagés au point de vue de cette essence même, quand même nous ne les intuitionnions pas à ce point de vue, ou même aussi d'autres choses possibles qui ne sont pas du tout des objets (*Objecte*) de nos sens, et de les appeler des êtres de l'entendement (*noumena*). Or, la question est de savoir si nos concepts purs de l'entendement n'ont pas de sens par rapport à ces derniers objets et s'ils ne peuvent pas en être une sorte de connaissance.

sensible; mais ce quelque chose n'est, sous ce rapport, ((en qualité d'objet d'une intuition en général))[1], que l'objet(*Object*) transcendantal. Par cet objet il faut entendre quelque chose $= x$ dont nous ne savons rien du tout et dont même, en général, (d'après la constitution actuelle de notre entendement), nous ne pouvons rien savoir, mais qui peut, à titre de corrélatif de l'unité de l'aperception, servir à unifier le divers dans l'intuition sensible, opération par laquelle l'entendement lie ce divers dans le concept d'un objet. Cet objet transcendantal ne peut nullement être séparé des données sensibles, puisqu'il ne resterait plus rien qui servît à le concevoir. Il n'est donc pas un objet de la connaissance en soi, mais seulement la représentation des phénomènes sous le concept d'un objet en général, déterminable par le divers des phénomènes.

C'est précisément pour cette raison qu'au lieu de représenter un objet (*Object*) particulier donné à l'entendement seul, les catégories ne servent qu'à déterminer l'objet (*Object*) transcendantal (le concept de quelque chose en général) par ce qui est donné dans la sensibilité, et à reconnaître ainsi empiriquement des phénomènes sous des concepts d'objets.

Quant à la raison pour laquelle, n'étant pas encore satisfait du substrat de la sensibilité, on a attribué aux phénomènes des noumènes que l'entendement pur peut seul con-

1. KANT. *Nachtr.*

Mais aussitôt il se présente ici une équivoque qui peut occasionner une grande erreur; c'est qu'en effet l'entendement, tout en nommant phénomène un objet pris sous un certain rapport, se fait en même temps, en dehors de ce rapport, une autre représentation d'un *objet en lui-même* et se persuade par conséquent qu'il peut aussi se faire des *concepts* d'objets de cette espèce, et que, puisque l'entendement ne fournit pas d'autres concepts que les catégories, l'objet, du moins dans ce dernier sens, doit (*muss*) pouvoir être pensé au moyen de ces concepts purs de l'entendement; il est ainsi conduit à prendre le concept entièrement *indéterminé* d'un être de l'entendement, considéré comme quelque chose en général en dehors de notre sensibilité, pour un concept *déterminé* d'un être que nous pourrions connaître de quelque manière par l'entendement.

cevoir, elle repose uniquement sur ce qui suit. La sensibilité, ainsi que son domaine, je veux parler du champ des phénomènes, sont limités eux-mêmes par l'entendement, de telle sorte qu'ils ne s'étendent pas aux choses en elles-mêmes, mais seulement à la manière dont les choses nous apparaissent, en vertu de notre constitution (*Beschaffenheit*) subjective. Tel a été le résultat de toute l'Esthétique transcendantale ; et il suit aussi naturellement du concept d'un phénomène en général que quelque chose qui n'est pas en soi un phénomène doit lui correspondre, puisque le phénomène ne peut rien être par lui-même et en dehors de notre mode de représentation. Par conséquent, si l'on veut éviter un cercle perpétuel, le mot phénomène indique déjà une relation à quelque chose dont la représentation immédiate est sans doute sensible, mais qui, en soi, même sans cette constitution de notre sensibilité (sur laquelle repose la forme de notre intuition), doit être quelque chose, c'est-à-dire un objet indépendant de la sensibilité.

Or, de là résulte, à la vérité, le concept d'un noumène, concept qui n'est pas du tout positif et ne signifie pas une connaissance déterminée d'une chose quelconque, mais seulement la pensée de quelque chose en général où je fais abstraction de toute forme de l'intuition sensible. Pour qu'un noumène signifie un véritable objet, distinct de tous les autres phénomènes, ce n'est pas assez que j'*affranchisse* ma pensée de toutes les conditions de l'intuition sensible, il me

---

Si nous entendons par noumène une chose *en tant qu'elle n'est pas un objet (Object) de notre intuition sensible*, en faisant abstraction de la manière dont nous l'intuitionnons, cette chose est alors un noumène dans le sens *négatif*. Mais si nous entendons par là l'*objet (Object) d'une intuition non sensible*, nous admettons un mode particulier d'intuition, à savoir l'intuition intellectuelle qui cependant n'est pas la nôtre et dont nous ne pouvons pas même envisager la possibilité ; et ce serait là le noumène dans le sens *positif*.

La théorie de la sensibilité est donc en même temps la théorie des noumènes dans le sens négatif, c'est-à-dire des choses que l'entendement doit penser indépendamment de ce rapport à notre mode d'intuition, par suite non pas simplement comme phénomènes, mais comme choses en soi, tout en comprenant bien en même temps que, dans cette abstraction, il ne saurait, relativement à ces choses

faut encore avoir une raison d'*admettre* un autre mode d'intuition que le mode sensible dans lequel puisse être donné un objet de ce genre, car autrement ma pensée serait vide, quoique dégagée de contradiction. Sans doute, nous n'avons pas pu prouver plus haut que l'intuition sensible soit la *seule* intuition possible en général, mais nous avons prouvé qu'elle est la seule *pour nous*, et nous ne pouvions pas prouver non plus qu'il y ait encore un autre mode d'intuition possible; et bien que notre pensée puisse faire abstraction de toute sensibilité, la question qui demeure est toujours celle de savoir si notre pensée n'est pas dans ce cas la simple forme d'un concept et si, après cette séparation, il reste encore quelque part un objet (*Object*), ((une intuition possible))[1].

L'objet (*Object*) auquel je rapporte le phénomène en général est l'objet transcendantal, c'est-à-dire la pensée tout à fait indéterminée de quelque chose en général. Cet objet ne peut pas s'appeler le *noumène*, car je ne sais pas de lui ce qu'il est en soi et je n'en ai absolument aucun concept, sinon simplement celui d'un objet d'une intuition sensible en général qui est, par conséquent, identique pour tous les phénomènes. Je ne puis le penser au moyen d'aucune des catégories, car ces catégories ne sont valables que pour l'intuition empirique qu'elles servent à ramener à un concept de l'objet en

---

1. KANT. *Nachtr.* CXXXVII.

---

faire aucun usage de ses catégories en les considérant de cette manière, puisque les catégories n'ont de sens que par rapport à l'unité des intuitions dans l'espace et dans le temps, et qu'elles ne peuvent déterminer *a priori* cette même unité, à cause de la simple idéalité de l'espace et du temps, qu'au moyen de concepts généraux de liaison. Là où cette unité de temps ne peut se rencontrer, par conséquent dans le noumène, là les catégories perdent tout leur usage et même toute signification ; car la possibilité elle-même des choses qui doivent correspondre aux catégories ne se laisse pas entrevoir ; à cet égard je ne puis que me reporter à ce que j'ai avancé au commencement de la remarque générale du précédent chapitre. La possibilité d'une chose ne peut jamais être prouvée simplement par le fait que le concept de cette chose ne se contredit pas ; on ne peut, au contraire, la prouver qu'en appuyant le concept sur une intuition qui lui corresponde. Si donc nous voulions

général. Un usage pur des catégories est à la vérité ((logiquement))[1] possible, sans contradiction, mais il n'a pas de valeur objective puisque la catégorie ne s'y rapporte à aucune intuition pour lui donner l'unité d'un objet (*Objects*) ; la catégorie, en effet, est une simple fonction de la pensée par laquelle aucun objet ne m'est donné, mais par laquelle seulement est pensé ce qui ne peut être donné dans l'intuition.

Si je retranche toute la pensée (opérée par les catégories) d'une connaissance empirique, il ne reste plus de connaissance d'un objet quelconque, car par la simple intuition absolument rien n'est pensé, et de ce que cette affection de ma sensibilité se produit en moi, il ne s'ensuit aucun rapport de ces mêmes représentations à un objet (*Object*) quelconque. Si je supprime, au contraire, toute intuition, il reste encore la forme de la pensée, c'est-à-dire la manière d'assigner un objet au divers d'une intuition possible. Aussi les catégories s'étendent-elles plus loin que l'intuition sensible en ce qu'elles pensent des objets (*Objecte*) en général, sans considérer la manière particulière (de la sensibilité) dont ils peuvent être donnés. Mais elles ne déterminent pas par là une plus grande sphère d'objets, puisqu'on ne peut supposer que des objets de cette sorte puissent être donnés, sans présumer comme possible un autre mode d'intuition que le mode sensible, ce à quoi nous ne sommes nullement autorisés.

1. Kant, *Nachtr.*

---

appliquer les catégories à des objets qui ne sont pas considérés comme phénomènes, il nous faudrait prendre pour fondement une autre intuition que l'intuition sensible, et alors l'objet serait un noumène dans le *sens positif*. Or, comme une telle intuition, je veux parler de l'intuition intellectuelle, est absolument en dehors de tout pouvoir de connaître, l'usage des catégories ne peut en aucune manière s'étendre au delà des limites des objets de l'expérience ; et il se peut qu'à nos êtres des sens correspondent sans doute des êtres de l'entendement auxquels notre pouvoir sensible d'intuition ne se rapporte pas du tout, mais nos concepts intellectuels n'étant que de simples formes de pensée pour notre intuition sensible, ne peuvent pas le moins du monde s'appliquer à de pareils êtres ; donc tout ce que nous appelons noumènes, nous ne devons, à ce titre, l'entendre que dans le sens *négatif*.

J'appelle problématique un concept qui ne renferme aucune contradiction et qui, comme limitation de concepts donnés, s'enchaîne avec d'autres connaissances, mais dont la réalité objective ne peut être connue d'aucune manière. Le concept d'un *noumène*, c'est-à-dire d'une chose qui doit être conçue non comme objet des sens, mais comme une chose en soi (uniquement par un entendement pur), n'est pas du tout contradictoire, car on ne peut affirmer de la sensibilité qu'elle soit le seul mode possible d'intuition. En outre, ce concept est nécessaire pour qu'on n'étende pas l'intuition sensible jusqu'aux choses en soi, et par conséquent, pour qu'on limite la valeur objective à la connaissance sensible (car les autres connaissances où n'atteint pas cette valeur objective, on les nomme précisément noumènes, afin de montrer par là que cette espèce de connaissances ne peut pas étendre son domaine au delà de ce que pense l'entendement). En définitive, il n'est pas possible d'apercevoir la possibilité de tels noumènes, et, en dehors de la sphère des phénomènes, il n'y a qu'une étendue vide (pour nous), c'est-à-dire que nous avons un entendement qui s'étend *problématiquement* plus loin que cette sphère, mais que nous n'avons pas d'intuition, ni même de concept d'une intuition possible, qui puisse nous donner des objets en dehors du champ de la sensibilité et permettre à l'entendement d'être employé *assertoriquement* au delà de la sensibilité. Le concept d'un noumène est donc simplement un *concept limitatif* qui a pour but de restreindre les prétentions de la sensibilité, et qui n'est donc que d'un usage négatif. Il n'est pourtant pas une fiction arbitraire, et il se rattache au contraire à la limitation de la sensibilité, sans toutefois pouvoir établir quelque chose de positif en dehors du champ de la sensibilité.

La distinction des objets en phénomènes et noumènes et du monde en monde des sens et monde de l'entendement ne peut donc pas être admise [dans un sens positif], bien qu'on puisse incontestablement admettre la division des concepts en sensibles et intellectuels, car on ne peut assigner aucun objet à ces derniers, ni, par conséquent, leur donner de valeur objective. Quand on s'éloigne des sens, comment veut-on rendre compréhensible que nos catégories (qui seraient les seuls concepts restants pour les noumènes) signifient encore quelque chose de plus que l'unité de la pensée, je veux dire que doive en outre être donnée une intuition possible où les catégories pourraient être appliquées ? Le concept d'un *noumène* pris simplement comme problématique n'en demeure pas moins admissible, mais même inévitable à titre de concept qui pose des limites à la sensibilité. Mais alors ce noumène n'est plus pour notre entendement un sujet intelligible d'espèce particulière; on peut dire, au contraire, qu'un entendement auquel il appartiendrait est lui-même un problème qui revient à savoir comment cet entendement connaîtrait son objet non discursivement par les catégories, mais intuitivement dans une intuition sensible, alors que de la possibilité d'un tel objet il nous est impossible de nous faire la moindre représentation. Or notre entendement reçoit de cette manière une extension négative, c'est-à-dire qu'il n'est pas limité par la sensibilité, mais qu'il la limite plutôt en appelant noumènes les choses en soi (prises autrement que phénomènes). Mais il se pose aussitôt à lui-même des limites qui l'empêchent de connaître ces choses au moyen des catégories et, par suite, l'obligent à ne les concevoir que sous le nom de quelque chose d'inconnu.

Je trouve cependant dans les écrits des modernes un tout autre emploi des expressions de monde sensible et de monde intelligible*, dans un sens totalement différent du sens des anciens, qui n'offre réellement aucune difficulté, mais où l'on ne trouve rien de plus qu'un simple verbiage. D'après ce sens il a plu à quelques-uns d'appeler l'ensemble des phénomènes, en tant qu'il est intuitionné, le monde des sens, et, en tant que l'enchaînement de ces phénomènes est connu d'après les lois générales de l'entendement, le monde de l'entendement. L'astronomie théorique (38) qui se borne à exposer la description du ciel étoilé représenterait le premier, et l'astronomie contemplative au contraire (expliquée, par exemple, suivant le système de Copernic ou suivant les lois de la gravitation de Newton) représenterait le second, c'est-à-dire un monde intelligible. Mais un tel renversement des

---

* [On ne doit pas remplacer cette expression par celle d'un monde *intellectuel*, comme on a coutume de le faire communément dans les ouvrages allemands, car il n'y a que les *connaissances* qui soient intellectuelles ou sensitives. Ce qui ne peut être qu'un *objet* de tel ou tel mode d'intuition, — les objets (*Objecte*) par conséquent, — doit être appelé (malgré la dureté du nom) intelligible ou sensible]. Ajouté dans la 2ᵉ édition.

termes est un subterfuge sophistique auquel on a recours pour éviter une question difficile en déterminant le sens de cette question suivant son bon plaisir. Par rapport aux phénomènes, il y a incontestablement un usage de l'entendement et de la raison, mais il s'agit de savoir s'ils ont encore quelque usage quand l'objet n'est pas phénomène (mais noumène); et c'est dans ce sens qu'on prend cet objet, quand on le conçoit en soi comme simplement intelligible, c'est-à-dire comme donné à l'entendement seul et nullement aux sens. La question qui se pose est donc celle de savoir si en dehors de l'usage empirique de l'entendement (même dans la représentation newtonienne du monde) un usage transcendantal est encore possible qui s'applique à un noumène comme à un objet? A cette question nous avons fait une réponse négative.

Quand donc nous disons que les sens nous représentent les objets tels *qu'ils apparaissent* et l'entendement *tels qu'ils sont*, il faut prendre cette dernière expression non pas dans un sens transcendantal, mais simplement dans un sens empirique; c'est-à-dire qu'elle désigne les objets tels qu'ils doivent être représentés, comme objets de l'expérience, dans l'enchaînement universel des phénomènes, et non d'après ce qu'ils peuvent être indépendamment de leur relation à une expérience possible, et par conséquent aux sens en général, c'est-à-dire comme objets de l'entendement pur. En effet, cela nous demeurera toujours inconnu même à tel point que nous ne savons pas non plus si une telle connaissance transcendantale (extraordinaire) (39) est jamais possible, du moins en tant que connaissance qui est soumise à nos catégories ordinaires. Ce n'est *qu'en s'unissant* que *l'entendement* et la *sensibilité* peuvent déterminer en nous des objets. Si nous les séparons, nous avons des intuitions sans concepts, ou des concepts sans intuitions, et, dans les deux cas, des représentations que nous ne pouvons rapporter à aucun objet déterminé.

Si, après tous ces éclaircissements, quelqu'un hésite encore à renoncer à l'usage simplement transcendantal des catégories, qu'il essaie de s'en servir pour quelque assertion synthétique. En effet, une assertion analytique ne mène pas l'entendement bien loin, et comme l'entendement ne s'y occupe que de ce qui est déjà pensé dans le concept, il laisse indécise la question de savoir si le concept en soi se rapporte à des objets ou s'il signifie seulement l'unité de la pensée en général (laquelle fait totalement abstraction de la manière dont un objet peut être donné); il lui suffit de savoir ce qui est contenu dans son concept et il lui est indifférent de savoir à quoi peut se rapporter le concept lui-même. Qu'on fasse donc cet essai sur quelque principe synthétique et prétendu transcendantal, tel que celui-ci : Tout ce qui est existe comme substance, ou comme détermination inhérente à la substance ; ou cet autre : Tout contingent existe comme effet d'une autre chose, c'est-à-dire de sa cause, etc... Or, je le demande, comment voudrait-on faire usage de ces propositions synthétiques, alors que les concepts ne doivent pas valoir en vertu d'une relation à une expérience possible, mais valoir de choses en soi (noumènes) ? Où est ici le troisième terme ((l'intuition intermédiaire))[1], qui est toujours exigé dans une proposition synthétique pour unir les unes aux autres, dans le même concept, des choses qui n'ont aucune parenté logique (analytique) ? On ne démontrera jamais une telle proposition et, qui plus est, on ne pourra jamais justifier la possibilité d'une affirmation pure de ce genre, sans avoir recours à l'usage empirique de l'entendement et sans renoncer ainsi complètement au jugement pur et indépendant des sens. Ainsi le concept ((positif, la connaissance possible))[2] d'objets purs simplement intelligibles est entièrement vide de tous les principes qui servent à les appliquer, puisqu'on ne peut imaginer comment ces objets peuvent être donnés ; et la pensée problématique qui leur laisse cependant la place ouverte ne sert que comme un espace vide à restreindre les principes empiriques, sans cependant renfermer ni indiquer aucun autre objet de la connaissance en dehors de la sphère de ces derniers.

1. KANT. *Nachtr.*
2. KANT. *Nachtr.*

APPENDICE

De l'amphibologie des concepts de la réflexion résultant de la confusion de l'usage empirique de l'entendement avec son usage transcendantal.

La *réflexion* (*reflexio*) ne s'occupe pas des objets mêmes pour en acquérir directement des concepts, mais elle est l'état d'esprit où nous nous préparons d'abord à découvrir les conditions subjectives qui nous permettent d'arriver à des concepts. Elle est la conscience du rapport de représentations données à nos différentes sources de connaissance, rapport qui seul peut déterminer leur relation les unes aux autres. La première question qui se présente avant toute autre étude de notre représentation est celle-ci : A quel pouvoir de connaissance appartiennent toutes nos représentations ? Est-ce par l'entendement ou par les sens qu'elles sont liées ou comparées ? Il y a plusieurs jugements qu'on admet par habitude ou qu'on lie par inclination, et comme aucune réflexion ne les précède ou du moins ne les suit pour les critiquer, on les tient pour des jugements qui ont leur origine dans l'entendement. Tous les jugements n'ont pas besoin d'un *examen*, c'est-à-dire que l'on porte son attention sur les principes de leur vérité; car, lorsqu'ils sont certains immédiatement, par exemple : qu'entre deux points il ne peut y avoir qu'une ligne droite, on ne peut indiquer de critérium de leur vérité plus immédiat que celui qui les exprime. Mais tous les jugements, et même toutes les comparaisons, ont besoin d'une *réflexion*, c'est-à-dire que l'on distingue la faculté de connaissance à laquelle appartiennent les concepts donnés. L'acte par lequel je rapproche la comparaison des représentations en général de la faculté de connaître où elles se placent, et par lequel je distingue si c'est comme appartenant à l'entendement pur ou à l'intuition sensible, qu'elles sont comparées entre elles, cet acte je le nomme la *réflexion transcendantale*. Or, les rapports où les concepts peuvent se rattacher les uns aux autres dans un état d'esprit sont ceux d'*identité* et de *diversité*, de *convenance* et de *disconvenance*, d'*interne* et d'*externe*, enfin de *déterminable* et de *détermi-*

nation (de matière et de forme). L'exacte détermination de ce rapport consiste à savoir dans quelle faculté de connaissance ils se rattachent *subjectivement* les uns aux autres, si c'est dans la sensibilité ou dans l'entendement. En effet, la différence de ces facultés constitue une grande différence dans la manière dont on doit penser les concepts.

Pour prononcer des jugements objectifs, nous comparons les concepts afin d'arriver à l'IDENTITÉ (de plusieurs représentations sous un seul concept) en vue de jugements *universels*, ou à la DIVERSITÉ de ces représentations pour produire des jugements *particuliers*, à la CONVENANCE d'où peuvent résulter des jugements *affirmatifs*, ou à la DISCONVENANCE qui donne lieu à des jugements *négatifs*, etc. D'après cela, nous devrions, semble-t-il, appeler les concepts dont il s'agit concepts de comparaison (*conceptus comparationis*). Mais comme, quand il s'agit non pas de la forme logique, mais du contenu des concepts, c'est-à-dire de la question de savoir si les choses elles-mêmes sont identiques ou différentes, si elles se conviennent ou non, etc., les choses peuvent avoir un double rapport à notre pouvoir de connaissance, c'est-à-dire à la sensibilité et à l'entendement, et comme la manière dont elles se rattachent les unes les autres dépend de la place qu'elles occupent dans l'un ou l'autre de ces modes, la réflexion transcendantale, c'est-à-dire le rapport de représentations données à l'un ou l'autre mode de connaissance, pourra seule déterminer leur rapport entre elles; et la question de savoir si les choses sont identiques ou différentes, si elles se conviennent ou non, ne pourra pas être décidée tout de suite par les concepts mêmes, au moyen d'une simple comparaison (*comparatio*), mais seulement par la distinction du mode de connaissance auquel elles appartiennent, au moyen de la réflexion transcendantale. On pourrait donc dire, sans doute, que la *réflexion logique* est une simple comparaison, car on y fait totalement abstraction de la faculté de connaître à laquelle appartiennent les représentations données, et on doit aussi dans cette mesure les considérer comme homogènes quant à leur place dans l'esprit; mais la *réflexion transcendantale* (qui se rapporte aux objets mêmes) contient le principe de la possibilité de la comparaison objective des représentations entre elles, et elle est donc différente de l'autre, puisque la faculté de connaissance à laquelle elles appartiennent n'est pas la même. Cette réflexion transcendantale est un devoir dont nul ne peut se dispenser s'il veut porter *a priori* quelque jugement sur des choses. Nous allons maintenant nous en occuper et nous n'en tirerons pas peu de lumière pour la détermination de la fonction (*Geschäfts*) propre de l'entendement.

1) *Identité et diversité*. — Quand un objet se présente à nous plusieurs fois, mais chaque fois avec les mêmes déternations intérieures (qualité et quantité) il est alors, si on le prend pour un objet de l'entendement pur, toujours le même, et non *plusieurs*, mais *une* seule chose (*numerica identitas*); mais s'il est phénomène, il ne s'agit plus alors de comparer des concepts, car quelque identique que tout puisse être sous ce rapport, la diversité des lieux qu'occupe ce phénomène dans un même temps est cependant un principe suffisant de la *diversité numérique* de l'objet même (des sens). Ainsi, dans deux gouttes d'eau, on peut faire tout à fait abstraction de toute la diversité interne (de la qualité et de la quantité) et il suffit de les intuitionner en même temps dans des lieux différents pour les regarder comme numériquement distinctes. Leibniz prenait les phénomènes pour des choses en soi, par conséquent pour des *intelligibilia*, c'est-à-dire pour des objets de l'entendement pur (bien qu'il les désignât sous le nom de phénomènes, à cause de la confusion de leur représentation) et son principe des indiscernables (*principium identitatis indiscernibilium*) était incontestablement inattaquable ; mais comme ils sont des objets de la sensibilité et que l'entendement par rapport à eux ne peut avoir aucun usage pur, mais simplement un usage empirique, la pluralité et la diversité numériques sont déjà données par l'espace même comme conditions des phénomènes extérieurs. En effet, une partie de l'espace, bien que tout à fait semblable et égale à une autre, est cependant en dehors d'elle, et elle est précisément par là une partie distincte de la première et qui s'ajoute à elle pour constituer un espace plus grand ; et il faut, par suite, qu'il en soit de même pour tout ce qui existe en même temps en des lieux divers de l'espace, quelque semblable et quelqu'égal que cela puisse être par ailleurs.

2) *Convenance et disconvenance*. — Quand la réalité ne nous est représentée que par l'entendement pur (*realitas noumenon*) il est impossible de concevoir entre les réalités une disconvenance, c'est-à-dire un rapport de telle nature que

si on les lie dans un même sujet elles suppriment réciproquement leurs conséquences et que $3 - 3 = 0$. Au contraire, le réel dans les phénomènes (*realitas phænomenon*) peut incontestablement être en opposition avec lui-même et si on réunit plusieurs réels dans un même sujet, les effets de l'un peuvent anéantir totalement ou en partie les *effets de l'autre*; ainsi, par exemple, deux forces motrices agissant sur une même ligne droite, en tant qu'elles attirent ou poussent un point dans des directions opposées, ou encore un plaisir qui sert de contrepoids à la douleur.

3) *L'interne et l'externe*. — Dans un objet de l'entendement pur il n'y a d'intérieur que ce qui n'a aucun rapport (d'existence) à quelque chose d'autre que lui. Au contraire, les déterminations internes d'une *substantia phænomenon* dans l'espace ne sont que des rapports, et cette substance elle-même n'est, à vrai dire, qu'un simple ensemble de pures relations. Nous ne connaissons la substance dans l'espace que par des forces qui agissent dans cet espace, soit pour y attirer d'autres forces (attraction), soit pour les empêcher d'y pénétrer (répulsion et impénétrabilité) ; nous ne connaissons pas d'autres propriétés qui constituent le concept de la substance qui apparaît dans l'espace et que nous nommons la matière. Comme objet de l'entendement pur, au contraire, toute substance doit avoir des déterminations internes et des forces qui se rapportent à la réalité interne. Mais que puis-je concevoir comme accidents intérieurs, sinon ceux que me présente mon sens interne, à savoir ce qui est en lui-même *pensée* ou analogue à la pensée ? Aussi Leibniz faisait-il de toutes les substances, même de tous les éléments de la matière, — parce qu'il se les représentait comme des noumènes, après leur avoir enlevé par la pensée tout ce qui peut signifier une relation extérieure, par suite aussi la *composition* — de simples sujets doués de la faculté représentative, en un mot des monades.

4) *Matière et forme*. — Ce sont là deux concepts qui servent de principes à toute autre réflexion, tant ils sont inséparablement liés à tout usage de l'entendement. Le premier signifie le déterminable en général, le second, sa détermination (l'un et l'autre dans le sens transcendantal, puisqu'on fait abstraction de toute diversité de ce qui est donné et de la manière dont il est déterminé). Les logiciens appelaient

autrefois matière le général, et forme la différence spécifique. Dans tout jugement, on peut appeler matière logique (du jugement) les concepts donnés, et forme du jugement le rapport de ces concepts (au moyen de la copule). Dans tout être, les éléments constitutifs (*essentialia*) en sont la matière, la manière dont ces éléments sont liés dans une chose en est la forme essentielle. De plus, par rapport aux choses en général, la réalité illimitée était considérée comme la matière de toute possibilité, et la limitation de la réalité (sa négation), comme la forme par laquelle une chose se distingue des autres d'après les concepts transcendantaux. L'entendement, en effet, exige d'abord que quelque chose soit donné (au moins dans le concept) pour pouvoir le déterminer d'une certaine manière. Aussi, dans le concept de l'entendement pur, la matière précède la forme et c'est pourquoi LEIBNIZ admet d'abord des choses (des monades) et ensuite intérieurement une faculté représentative de ces choses, pour être à même de fonder sur elle le rapport extérieur des choses et le commerce de leurs états (c'est-à-dire des représentations). L'espace et le temps n'étaient donc possibles, l'un que par le rapport des substances, l'autre que par la liaison de leurs déterminations entre elles, comme principes et conséquences. Il devrait, en effet, en être ainsi, si l'entendement pur pouvait se rapporter immédiatement à des objets, et si l'espace et le temps étaient des déterminations des choses en soi. Mais s'ils ne sont que des intuitions sensibles dans lesquelles nous déterminons tous les objets uniquement à titre de phénomènes, la forme de l'intuition (comme constitution subjective de la sensibilité) précède donc toute matière (les sensations) — par conséquent l'espace et le temps précèdent tous les phénomènes et toutes les données de l'expérience — et rend plutôt cette matière tout d'abord possible. Le philosophe intellectualiste ne pouvait pas souffrir que la forme précédât les choses elles-mêmes et qu'elle en dût déterminer la possibilité ; c'était là une remarque entièrement juste, puisqu'il admettait que nous intuitionnons les choses comme elles sont (quoique par représentation confuse). Mais comme l'intuition sensible est une condition subjective tout à fait particulière qui sert *a priori* de fondement à toutes les perceptions et dont la forme est originaire (40), la forme seule est donnée par elle-même ; et il s'en faut bien que la matière (ou les choses mêmes qui apparaissent) doive servir de fondement (comme on devrait (*müsste*) le juger d'après des simples concepts), la possibilité en suppose plutôt comme donnée une intuition formelle (temps et espace).

REMARQUE SUR L'AMPHIBOLOGIE DES CONCEPTS DE LA RÉFLEXION

Qu'on me permette d'appeler *lieu transcendantal* la place que nous assignons à un concept soit dans la sensibilité, soit dans l'entendement pur. De cette manière on appellerait *topique transcendantale* la détermination de la place qui convient à chaque concept suivant la diversité de son usage et la manière de déterminer, suivant des règles, ce lieu pour tous les concepts ; ce serait la doctrine qui nous préserverait foncièrement des surprises de l'entendement pur et des illusions qui en découlent, puisqu'elle distinguerait toujours à quelle faculté de connaissance appartiennent en propre les concepts. On peut appeler *lieu logique* tout concept, tout titre dans lequel rentrent plusieurs connaissances. C'est là-dessus que se fonde la *topique logique* d'ARISTOTE dont pouvaient se servir les rhéteurs et les orateurs pour chercher, sous certains titres de la pensée, ce qui convenait le mieux à la matière proposée et pour en raisonner subtilement ou en bavarder longuement avec une apparence de profondeur.

La topique transcendantale ne contient, au contraire, rien de plus que les quatre titres précédents de toute comparaison et de toute distinction, et ces titres se distinguent des catégories en ce qu'ils représentent dans toute sa diversité non pas l'objet d'après ce qui constitue son concept (quantité, réalité), mais seulement la comparaison des représentations qui précèdent le concept des choses. Mais cette comparaison exige avant tout une réflexion, c'est-à-dire une détermination du lieu auquel appartiennent les représentations des choses qui sont comparées, dans le but de savoir si l'entendement pur les pense ou si la sensibilité les donne dans le phénomène.

On peut comparer logiquement les concepts sans se préoccuper pour cela de savoir à quoi appartiennent les objets (*Objecte*), s'ils appartiennent à l'entendement comme noumènes, ou à la sensibilité comme phénomènes. Mais si, avec ces concepts, nous voulons arriver aux objets, une réflexion transcendantale est tout d'abord nécessaire pour démontrer pour quelle faculté de connaissance ils doivent être des objets, si c'est pour l'entendement pur ou pour la sensibilité. Sans cette réflexion, je fais de ces concepts un usage très incertain et de là naissent de prétendus principes synthétiques que la raison critique ne saurait reconnaître et qui reposent uniquement sur une amphibologie transcendantale, c'est-à-dire sur une confusion de l'objet (*Objects*) de l'entendement pur avec le phénomène.

A défaut d'une telle topique transcendantale, et, par conséquent, par l'amphibologie des concepts de réflexion, le célèbre Leibniz édifia un *système intellectuel du monde*, ou plutôt crut reconnaître la nature intérieure des choses, en ne comparant tous les objets qu'avec l'entendement et les concepts formels abstraits de sa pensée. Notre table des concepts de la réflexion nous procure l'avantage inattendu de nous mettre sous les yeux le caractère distinctif de sa doctrine dans toutes ses parties, et en même temps le principe qui mène à cette manière particulière de penser qui ne reposait que sur une équivoque. Il comparait toutes choses entre elles simplement par concepts et il ne trouvait pas, naturellement, d'autres différences que celles par lesquelles l'entendement distingue ses concepts purs les uns des autres. Il ne tenait pas pour originaires les conditions de l'intuition sensible qui portent avec elles leurs propres différences, car la sensibilité n'était pour lui qu'un mode confus de représentation et non une source particulière des représentations ; le phénomène était pour lui la représentation de la *chose en soi*, mais une représentation distincte, au point de vue de la forme logique, de la connaissance par l'entendement, puisqu'en effet, à cause de son manque habituel d'analyse, elle introduit dans le concept de la chose un certain mélange de représentations accessoires que l'entendement sait en séparer. En un mot, Leibniz *intellectualisait* les phénomènes, de même que Locke avait *sensualisé* tous les concepts de l'entendement avec son système de *noogonie* (s'il m'est permis de me servir de ce mot), c'est-à-dire ne les avait donnés qu'en qualité de concepts de la réflexion empiriques ou abstraits. Au lieu de chercher dans l'entendement et dans la sensibilité deux sources tout à fait différentes de représentations, mais qui ne peuvent juger des choses d'une manière objectivement valable qu'en s'unissant, chacun de ces grands hommes s'attacha uniquement à une de ces deux sources, à celle qui, d'après son opinion, se rapportait immédiatement aux choses elles-mêmes, tandis que l'autre ne faisait que confondre ou ordonner les représentations de la première.

Leibniz comparait donc entre eux, simplement dans l'entendement, les objets des sens comme choses en général : 1° en tant qu'ils doivent être jugés identiques ou différents par lui. Par conséquent, n'ayant uniquement devant les yeux que les concepts de ces objets et non pas leur place dans l'intuition dans laquelle seule les objets peuvent être donnés, et laissant tout à fait en dehors de son examen le lieu transcendantal de ces concepts (la question de savoir si l'objet (*Object*) doit être compté parmi les phénomènes ou parmi les choses en soi), il ne pouvait pas moins faire que d'étendre aux objets des sens (*mundus phænomenon*) son principe de l'indiscernable qui est valable simplement pour les concepts des choses en général, et de croire qu'il avait ainsi procuré à la connaissance de la nature une extension considérable (*keine geringe Erweiterung*). Assurément, si je connais d'après toutes ses déterminations internes une goutte d'eau comme une chose en soi, je ne puis pas laisser admettre qu'une goutte d'eau est différente d'une autre, lorsque tout son concept est identique à celui de l'autre. Mais si la goutte est un phénomène dans l'espace, elle a son lieu non pas simplement dans l'entendement (sous des concepts), mais dans l'intuition extérieure sensible (dans l'espace); et, dans ce cas, les lieux physiques sont tout à fait indifférents par rapport aux déterminations internes des choses, et un lieu $= b$ peut tout aussi bien recevoir une chose qui est absolument semblable et égale à une autre située dans un lieu $= a$, que si elle était intrinsèquement très différente de la seconde. La diversité des lieux, sans autres conditions, rend la multiplicité et la distinction des objets comme phénomènes non seulement possibles par elles-mêmes, mais aussi nécessaires. Cette loi apparente n'est donc pas une loi de la nature; c'est uniquement une règle analytique de la comparaison de choses par simples concepts.

2° Le principe que des réalités (comme simples affirmations) ne sont jamais en désaccord logique les unes par rapport aux autres, est une proposition tout à fait vraie quant au rapport des concepts, mais qui n'a pas la moindre signification soit par rapport à la nature, soit par rapport à quelque chose en soi (dont nous n'avons aucun concept). En effet la contradiction réelle trouve place partout où $A - B = 0$, c'est-à-dire partout où une réalité est liée à une autre dans un même sujet et où l'effet de l'une supprime l'effet de l'autre, ce que mettent continuellement sous nos yeux tous les obstacles et toutes les réactions dans la nature, choses qui, cependant, reposant sur des forces, doivent être appelées *realitates phænomena*. La mécanique générale peut même montrer dans une règle *a priori* la condition empirique de cette contradiction, en considérant l'opposition des directions, et c'est là une condition dont le concept transcendantal de la réalité ne sait absolument rien. Quoique M. de Leibniz n'ait pas proclamé cette proposition avec toute la pompe d'un principe nouveau, il s'en est cependant servi pour de nouvelles affirmations et ses successeurs l'ont introduite expressément dans leur système Leibnizo-Wolfien. D'après ce principe, tous les maux, par exemple, ne sont rien que des conséquences des limites des créatures, c'est-à-dire des négations, parce que les négations sont l'unique chose qui soit contradictoire à la réalité (ce qui est réellement vrai dans le simple concept d'une chose en général, mais non dans les choses considérées comme phénomènes). De même les disciples de Leibniz trouvent non seulement possible, mais encore naturel de réunir dans un être toute la réalité, sans se heurter à aucune opposition, parce qu'ils ne connaissent pas d'autre opposition que celle de la contradiction (par laquelle le concept même d'une chose disparaît), et qu'ils ne connaissent pas celle du dommage réciproque qui a lieu quand un principe réel détruit l'effet d'un autre, puisque ce n'est que dans la sensibilité qu'on rencontre les conditions pour se représenter une telle opposition.

3° La Monadologie de Leibniz n'a pas d'autre principe sinon que ce philosophe représentait la distinction de l'interne et de l'externe simplement par rapport à l'entendement. Les substances en général doivent avoir quelque chose d'*intérieur*, qui soit donc indépendant de tous les rapports extérieurs et, par conséquent aussi, de la composition. Le simple est donc le fondement de l'intérieur des choses en soi, mais l'intérieur de leur état ne peut pas consister dans le lieu, la figure, le contact ou le mouvement (déterminations qui sont toutes des rapports extérieurs), et nous ne pouvons attribuer aux substances aucun autre état interne que celui par lequel nous déterminons nous-mêmes intérieurement notre sens, c'est-à-dire l'*état des représentations*. C'est ainsi qu'il constitua les monades qui doivent former la matière première de tout l'univers et dont la force active ne consiste pourtant que dans les représentations par quoi elles ne sont actives, à proprement parler, qu'en elles-mêmes.

Mais, par la même raison, son principe du *commerce* possible des *substances* entre elles doit être une *harmonie préétablie* et ne pourrait pas être une influence physique. En effet, puisque toute chose n'a affaire qu'à l'intérieur, c'est-à-dire à ses représentations, l'état des représentations d'une substance ne pouvait absolument pas être dans une union active avec celui d'un autre substrat, mais il fallait une troisième cause influant sur les autres ensemble pour rendre leurs états correspondants entre eux, et cela, non pas par une assistance occasionnelle et apportée dans chaque cas particulier (*systema assistentiæ*), mais par l'unité de l'idée d'une cause valable pour tous les cas et dont elles devaient recevoir toutes ensembles, suivant des lois générales, leur existence et leur permanence, et par conséquent aussi leur correspondance mutuelle.

4° Le fameux *système* de Leibniz sur le *temps et l'espace*, qui consistait à intellectualiser ces formes de la sensibilité, provenait uniquement de cette même illusion de la réflexion transcendantale. Si je veux me représenter par le simple entendement les rapports externes des choses, cela ne peut avoir lieu qu'au moyen d'un concept de leur action réciproque, et si je dois unir l'état d'une chose avec un autre état, cela ne peut être que dans l'ordre des principes et des conséquences. C'est ainsi que Leibniz conçut l'espace comme un certain ordre dans le commerce des substances et le temps comme la série dynamique de leurs états. Mais ce qu'ils paraissent tous les deux contenir de particulier et d'indépendant des choses, il l'attribuait à la *confusion* de ces concepts qui faisait considérer ce qui est une simple forme de rapports dynamiques comme une intuition propre, existant par elle-même et précédant les choses mêmes. L'espace et le temps étaient donc la forme intelligible de la liaison des choses en soi (des substances et de leurs états). Mais les choses étaient des substances intelligibles (*substantiæ noumena*). Néanmoins il voulait faire passer ces concepts pour des phénomènes parce qu'il ne reconnaissait à la sensibilité aucun mode propre d'intuition, et qu'il cherchait dans l'entendement toutes les représentations, mêmes les représentations empiriques des objets, et ne laissait aux sens que la misérable fonction de confondre et de déformer les représentations de l'entendement.

Mais quand même nous pourrions dire synthétiquement quelque chose *des choses en soi* par l'entendement pur (ce qui est toutefois impossible), cela ne pourrait s'appliquer en aucune manière aux phénomènes qui ne représentent pas des choses en soi. Je ne devrai donc dans ce dernier cas, dans la réflexion transcendantale, comparer jamais mes concepts que sous les conditions de la sensibilité, et ainsi l'espace et le temps ne seront pas des représentations des choses en soi, mais des phénomènes. Ce que peuvent être les choses en soi, je ne le sais pas et je n'ai pas besoin de le savoir, parce qu'une chose ne peut jamais se présenter à moi que dans le phénomène.

Je procède de même à l'égard des autres concepts de la réflexion. La matière est *substantia phænomenon*; ce qui lui convient intérieurement, je le cherche dans toutes les parties de l'espace qu'elle occupe et dans tous les effets qu'elle produit et qui assurément ne peuvent être jamais que des phénomènes des sens externes. Je n'ai donc rien qui soit absolument intérieur, mais seulement quelque chose qui l'est relativement, et qui lui-même, à son tour, se compose de rapports extérieurs. Mais ce qui, dans la matière, serait absolument intérieur, d'après l'entendement pur, est même une simple chimère, car la matière n'est nulle part un objet pour l'entendement pur; quant à l'objet transcendantal qui peut être le fondement de ce phénomène que nous nommons la matière, c'est simplement quelque chose dont nous ne pourrions jamais comprendre ce qu'il est alors même que quelqu'un nous le dirait. En effet, nous ne pouvons comprendre que ce qui implique dans l'intuition quelque chose qui corresponde aux mots dont nous nous servons. Si, quand on se plaint de ne pas apercevoir l'intérieur des choses, on veut seulement faire entendre que nous ne saisissons point par l'entendement pur ce que les choses qui nous apparaissent peuvent être en soi, ces plaintes sont entièrement injustes et déraisonnables ; car on voudrait pouvoir sans le secours des sens reconnaître les choses et, par suite, les intuitionner, et par conséquent on voudrait avoir un pouvoir de connaissance tout à fait différent de celui de l'homme, non seulement quant au degré, mais même quant à l'intuition et quant à la nature ; on ne voudrait plus être des hommes, mais des êtres dont nous ne pouvons pas même dire s'ils sont jamais possibles, et encore moins ce qu'ils sont en eux-mêmes. Dans l'intérieur de la nature pénètrent l'observation et l'analyse des phénomènes et l'on ne peut jamais savoir jusqu'où elles pourront aller avec le temps. Quant à ces questions transcendantales qui dépassent la nature, nous ne pourrons jamais les résoudre même après tout cela, alors même que la nature tout entière nous serait découverte, puisqu'il ne nous est pas donné d'observer notre propre esprit avec une autre intuition que celle de notre sens interne. En effet, c'est en lui que réside le secret de l'origine de notre sensibilité. Le rapport de cette sensibilité à un objet (*Object*) et ce qui est le principe transcendantal de cette unité sont sans doute cachés trop profondément pour que nous, qui ne nous connaissons nous-mêmes que par le sens interne et, par suite, comme phénomènes, nous puissions employer un instrument d'investigation si peu propre, à trouver jamais autre chose que des phénomènes dont nous voudrions bien approfondir la cause non sensible.

L'utilité que nous présente encore la critique des conclusions tirées des simples actes de la réflexion, c'est de montrer clairement le néant de tous les raisonnements qu'on fait sur les objets, en les comparant entre eux uniquement dans l'entendement, et, en même temps, de confirmer un point sur lequel nous avons principalement insisté, savoir que, bien que les phénomènes ne soient pas compris comme choses en soi parmi les objets de l'entendement pur, ils n'en sont pas moins les seules choses où notre connaissance peut avoir une réalité objective, c'est-à-dire où une intuition corresponde aux concepts.

Quand notre réflexion est simplement logique, nous comparons uniquement nos concepts entre eux dans l'entendement pour savoir si deux concepts contiennent la même chose, s'ils sont ou non contradictoires, si quelque chose est intrinsèquement renfermé dans le concept ou s'y ajoute ; lequel des deux est donné et lequel aussi n'a de valeur que comme une manière de penser le concept donné. Mais quand j'applique ces concepts à un objet en général (dans le sens transcendantal) sans le déterminer plus spécialement, sans dire s'il est un objet de l'intuition sensible ou de l'intuition intellectuelle, aussitôt se manifestent des restrictions (pour nous empêcher de sortir de ce concept) qui en interdisent tout usage empirique (41) et prouvent par là même que la représentation d'un objet comme chose en général n'est pas en quelque sorte simplement *insuffisante*, mais que sans une détermination sensible de cet objet, et en dehors d'une condition empirique, elle est aussi *contradictoire* en soi, — qu'il faut (*muss*) donc ou faire abstraction de tout objet (dans la logique) ou, si l'on en admet un, le penser sous les conditions de l'intuition sensible, — que, par suite, l'intelligible exigerait une intuition tout à fait particulière que nous n'avons pas et que rien ne peut remplacer pour nous ; en revanche, elles prouvent que les phénomènes ne peuvent pas non plus être des objets en soi. En effet, si je conçois simplement des choses en général, la diversité des rapports extérieurs ne peut assurément pas constituer une diversité des choses elles-mêmes, mais elle la présuppose plutôt ; et si le concept de l'une ne diffère pas du tout intrinsèquement du concept de l'autre, je ne fais que placer une seule et même chose dans des rapports divers. De plus, par l'addition d'une simple affirmation (réalité) à une autre, le positif est augmenté et rien ne lui est enlevé ou retranché ; par conséquent, le réel dans les choses en général ne peut pas être contradictoire, etc.

*
* *

Les concepts de la réflexion, comme nous l'avons montré, ont, par l'effet d'une certaine confusion, une telle influence sur l'usage de l'entendement qu'ils ont été à même de conduire un des plus pénétrants de tous les philosophes à un prétendu système de connaissance intellectuelle qui entreprend de déterminer ses objets sans l'intervention des sens. C'est précisément pour cela que la révélation des causes trompeuses de l'amphibologie où de faux principes engagent ces concepts, est d'une grande utilité pour déterminer exactement et assurer les *bornes* de l'entendement.

Il faut sans doute dire que ce qui convient ou répugne en général à un concept, convient aussi ou répugne à tout le particulier qui est compris sous ce concept (*dictum de omni et nullo*), mais il serait absurde de modifier ce principe logique de manière à lui faire dire que tout ce qui n'est pas contenu dans un concept universel, n'est pas non plus contenu dans les concepts particuliers qu'il renferme ; car ceux-ci ne sont des concepts particuliers que parce qu'ils contiennent plus que ce qui est pensé dans le concept universel. Or, tout le système intellectuel de Leibniz est pourtant construit réellement sur ce dernier principe ; il tombe donc avec ce principe, et, en même temps que lui, toute l'équivoque qui en résulte dans l'usage de l'entendement.

Le principe des indiscernables se fondait proprement sur cette supposition que si, dans le concept d'une chose en général, on ne rencontre pas une certaine distinction, elle ne peut pas se trouver non plus dans les choses elles-mêmes et que, par conséquent, toutes les choses qui ne se distinguent pas déjà les unes des autres dans leurs concepts (quant à la qualité et à la quantité) sont parfaitement identiques (*numero eadem*). Mais comme, dans le simple concept d'une chose quelconque, il est fait abstraction de plusieurs des conditions nécessaires de l'intuition, il arrive que, par une singulière précipitation, on regarde ce dont on fait abstraction comme quelque chose qui ne se rencontre nulle part, et qu'on n'accorde à la chose que ce qui est renfermé dans son concept.

Le concept d'un pied cube d'espace, où et si souvent que je le conçoive d'ailleurs, est en soi complètement identique. Mais deux pieds cubes ne sont pourtant distingués dans l'espace que par leurs lieux (*numero diversa*); ces lieux, ce sont les conditions de l'intuition dans laquelle est donné l'objet de ce concept, et ces conditions n'appartiennent pas au concept, mais à toute la sensibilité. Pareillement, il n'y a aucune contradiction dans le concept d'une chose, quand rien de négatif n'est uni à quelque chose d'affirmatif, et des concepts affirmatifs ne peuvent, en s'unissant, produire aucune négation. Mais dans l'intuition sensible où la réalité (par exemple : le mouvement) est donnée, se trouvent des conditions (des directions opposées) dont on faisait abstraction dans le concept du mouvement en général et qui rendent possible une contradiction, qui sans doute n'est pas logique, puisqu'en effet elles consistent à faire d'une donnée simplement positive un zéro $= 0$; on ne pourrait donc pas dire que toutes les réalités s'accordent entre elles par cela seul qu'il ne se trouve aucune contradiction dans leurs concepts*). Au point de vue des simples concepts, l'intérieur est le substrat de tous les rapports ou déterminations extérieures. Si donc je fais abstraction de toutes les conditions de l'intuition et que je m'en tienne uniquement au concept d'une chose en soi, je puis aussi faire abstraction de tout rapport extérieur, et il faut pourtant qu'il me reste un concept d'une chose en général qui ne signifie pas de rapport, mais simplement des déterminations internes. Or, il semble alors résulter de là que dans toute chose (substance) il y a quelque chose qui est absolument intérieur et qui précède toutes les déterminations extérieures, puisqu'il les rend possibles tout d'abord, et, par suite, que ce substrat est quelque chose qui ne contient plus de rapport extérieur et, qui, par conséquent, est *simple* (car les choses corporelles ne sont toujours que des rapports, au moins de leurs parties entre elles) ; et puisque nous ne connaissons de déterminations absolument internes que celles du sens intime, il s'ensuit que ce substrat n'est pas seulement simple, mais qu'il est aussi (d'après l'analogie de notre sens interne) déterminé par des *représentations*, c'est-à-dire que toutes les choses seraient proprement des *monades* ou des êtres simples doués de représentations. Tout cela aussi serait juste, si quelque chose de plus que le concept d'une chose en général n'appartenait pas aux conditions sous lesquelles seules peuvent nous être donnés des objets de l'intuition externe et dont fait abstraction le concept pur. En effet, on voit alors qu'un phénomène permanent dans l'espace (l'étendue impénétrable) peut contenir de simples rapports et absolument rien d'extérieur, et cependant être le premier substrat de toute perception externe. Au moyen des simples concepts je ne

---

* Si l'on voulait recourir ici au subterfuge habituel, en disant que du moins les *realitates noumena* ne peuvent pas être opposées les unes aux autres, il faudrait cependant citer un exemple de ce genre de réalités pures et indépendantes des sens, afin que l'on comprît si elles représentent en général quelque chose ou rien du tout. Mais aucun exemple ne peut être tiré d'ailleurs que de l'expérience qui n'offre jamais que des phénomènes, et ainsi cette proposition ne signifie rien de plus, sinon que le concept qui ne renferme que des affirmations, ne contient rien de négatif, proposition dont nous n'avons jamais douté.

puis assurément, sans quelque chose d'intérieur, concevoir rien d'extérieur, par le fait même que des concepts de rapport supposent des choses absolument données et sont impossibles sans elles. Mais, comme il y a dans l'intuition quelque chose qui ne se trouve pas du tout dans le simple concept d'une chose en général, et que ce quelque chose nous fournit le substrat qu'on ne saurait connaître par simples concepts, c'est-à-dire un espace qui, avec tout ce qu'il renferme, consiste en des rapports purement formels ou même réels, je ne puis pas dire : puisque sans quelque chose d'absolument interne, aucune chose ne peut être représentée par de *simples concepts*, il n'y a dans les choses elles-mêmes renfermées sous ces concepts ou dans leur *intuition* rien d'extérieur qui n'ait pour fondement quelque chose d'absolument intérieur. En effet, si nous faisons abstraction de toutes les conditions de l'intuition, il ne nous reste évidemment dans le simple concept que l'intérieur en général et le rapport de ses parties entre elles (*das Innere überhaupt und das Verhältniss desselben unter einander*), par quoi seulement l'extérieur est possible. Mais cette nécessité qui ne se fonde que sur l'abstraction, ne trouve pas place dans les choses, en tant qu'elles sont données dans l'intuition avec des déterminations qui expriment de simples rapports, sans avoir pour fondement quelque chose d'intérieur, précisément parce qu'elles ne sont pas des choses en soi, mais uniquement des phénomènes. La seule chose même que nous connaissions dans la matière, ce sont de purs rapports (ce que nous en nommons les déterminations internes n'est intérieur que comparativement) ; mais parmi ces rapports il en est d'indépendants et de permanents par lesquels un objet déterminé nous est donné. Quand, faisant abstraction de ces rapports, je n'ai plus rien à penser, cela ne supprime pas le concept d'une chose comme phénomène, ni même le concept d'un objet *in abstracto*, mais bien toute possibilité d'un objet déterminable par simples concepts, c'est-à-dire d'un noumène. Assurément, il est surprenant d'entendre dire qu'une chose doit consister entièrement et tout à fait en des rapports ; mais aussi une telle chose n'est qu'un simple phénomène et ne peut pas du tout être pensée au moyen des catégories pures ; elle consiste elle-même en de simples rapports de quelque chose en général aux sens. De même, en commençant avec de simples concepts on ne peut concevoir les rapports des choses *in abstracto* autrement qu'en supposant que l'un est la cause de déterminations dans l'autre ; car c'est là le concept de rapports propre à notre entendement. Mais comme nous faisons abstraction de toute intuition, alors aussi disparaît tout un mode suivant lequel le divers peut déterminer réciproquement le lieu de ses éléments, c'est-à-dire la forme de la sensibilité (l'espace) qui précède pourtant toute causalité empirique.

Si par objets simplement intelligibles nous entendons les choses que nous concevons par catégories pures ((que nous connaissons))[1] sans aucun schème de la sensibilité, des objets de ce genre sont alors impossibles. En effet, la condition de l'usage objectif de tous les concepts de notre entendement est simplement le mode de notre intuition sensible par lequel des objets nous sont donnés, et si nous faisons abstraction de ce mode, ces concepts n'ont plus aucun rapport à un objet quelconque. Et qui plus est, si l'on voulait supposer un autre mode d'intuition que l'intuition sensible, les fonctions de notre pensée n'auraient plus aucune signification par rapport à cette intuition. Mais si nous n'entendons par là que des objets d'une intuition non sensible, mais auxquels nos catégories ne peuvent pas s'appliquer, et dont par conséquent nous ne pouvons jamais avoir aucune connaissance (ni intuition, ni concept), il nous faut (*muss*) admettre incontestablement des noumènes dans ce sens simplement négatif, car alors ils ne signifient rien autre chose, sinon que l'intuition ne s'applique pas à toutes les choses, mais seulement aux objets de nos sens, — conséquemment que sa valeur objective est limitée, — et que, par suite, il reste de la place pour quelque autre mode d'intuition, et par conséquent aussi pour des choses en tant qu'objets (*Objecte*) de cette intuition. Mais alors le concept d'un noumène est problématique, c'est-à-dire qu'il est la représentation d'une chose dont nous ne pouvons dire ni qu'elle est possible, ni quelle est impossible, puisque nous ne connaissons aucune autre espèce d'intuition que la nôtre, l'intuition sensible, et aucune autre espèce de concepts que les catégories, et puisque ni l'intuition ni les catégories ne sont appropriées à un objet sensible. Nous ne pouvons donc pas étendre par là le

KANT. *Nacht.*

champ des objets de notre pensée d'une manière positive au delà des conditions de notre sensibilité, ni admettre en dehors des phénomènes des objets de la pensée pure, c'est-à-dire des noumènes, puisque ces objets n'ont aucun sens positif qu'on puisse montrer. En effet, il faut reconnaître que les catégories seules ne suffisent pas pour la connaissance des choses en soi et que sans les données de la sensibilité elles seraient de simples formes subjectives de l'unité de l'entendement, mais sans aucun objet. La pensée, en effet, n'est pas en soi un produit des sens et, à ce titre, elle n'est pas non plus limitée par eux, mais elle n'a pas d'emblée pour cela son usage propre et pur, sans le secours de la sensibilité, parce qu'alors elle serait sans objet (*Object*). On ne peut pas même appeler un tel objet (*Object*) noumène ; car ce terme désigne précisément le concept problématique d'un objet pour une tout autre intuition et pour un tout autre entendement que les nôtres, et il est, par suite, lui-même un problème. Le concept d'un noumène n'est donc pas le concept d'un objet (*Objects*), mais le problème inévitablement lié à la limitation de notre sensibilité et qui est de savoir si des objets entièrement indépendants de cette intuition ne peuvent pas être donnés : question qui ne peut être résolue que d'une manière indéterminée, car, puisque l'intuition ne s'applique pas à toutes les choses sans distinction, il reste de la place pour beaucoup d'autres objets ; ces objets ne peuvent donc pas être niés absolument, mais faute d'un concept déterminé (puisqu'aucune catégorie n'est bonne pour cela), ils ne peuvent non plus être affirmés comme objets de notre entendement.

L'entendement limite donc la sensibilité, sans pour cela étendre son champ propre, et, en l'avertissant de ne pas prétendre s'appliquer à des choses en soi, mais uniquement à des phénomènes, il conçoit un objet en soi, mais seulement comme un objet (*Object*) transcendantal qui est la cause du phénomène et, par suite, n'est pas lui-même phénomène, mais qui ne peut être conçu ni comme quantité, ni comme réalité, ni comme substance, etc. (parce que ces concepts exigent toujours des formes sensibles où ils déterminent un objet). C'est pourquoi nous ne savons pas du tout s'il peut être trouvé en nous ou en dehors de nous, s'il disparaîtrait en même temps que la sensibilité, ou si, en admettant que nous la supprimions, il demeurerait encore. Libre à nous, si nous le voulons, d'appeler cet objet noumène, parce que la représentation n'en est pas sensible. Mais comme nous ne pouvons y appliquer aucun des concepts de notre entendement, cette représentation demeure pour nous vide et ne sert qu'à indiquer les limites de notre connaissance sensible et à laisser un espace vide que nous ne pouvons combler ni par l'expérience possible ni par l'entendement pur.

La critique de cet entendement pur ne nous permet donc pas de nous créer un nouveau champ d'objets en dehors de ceux qui peuvent se présenter à lui comme phénomènes ni de nous aventurer dans des mondes intelligibles, ni même dans leur concept. L'erreur qui y conduit de la manière la plus spécieuse, et qui peut, sans doute, être une excuse, bien qu'elle ne puisse pas être justifiée, consiste en ce que l'usage que fait l'entendement contrairement à sa destination est rendu transcendantal, et que les objets, c'est-à-dire les intuitions possibles doivent se régler sur les concepts et non pas les concepts sur les intuitions possibles (comme conditions sur lesquelles seules repose leur valeur objective). La cause de cette erreur est, à son tour, que l'aperception, — et avec elle la pensée, — précède tout arrangement déterminé des représentations. Nous pensons donc quelque chose en général et nous le déterminons en partie d'une manière sensible, mais nous distinguons cependant l'objet général et représenté *in abstracto* de cette manière de l'intuitionner. Il nous reste alors une manière de le déterminer simplement par la pensée, laquelle n'est sans doute qu'une simple forme logique sans contenu, mais semble cependant être un mode d'existence de l'objet (*Object*) en soi (*noumenon*), indépendamment de l'intuition qui est limitée à nos sens.

*
* *

Avant de quitter l'Analytique transcendantale, il nous faut encore ajouter quelque chose qui, sans avoir par soi-même une importance extraordinaire, pourrait cependant paraître indispensable à la perfection du système. Le concept le plus élevé par où l'on a coutume de commencer la philosophie transcendantale est ordinairement la division en possible et impossible. Mais, comme toute division suppose un concept divisé, il faut encore qu'un concept plus élevé soit donné, et ce concept est celui d'un objet en général (pris d'une manière problématique sans déterminer s'il est quelque chose ou rien). Puisque les catégories sont les seuls concepts qui se rapportent aux objets en général, pour distinguer si un objet est quelque chose ou rien, il faudra suivre l'ordre et la division des catégories.

1) Au concept de tout, de plusieurs et d'un est opposé celui qui supprime tout, c'est-à-dire celui d'*aucun*, et l'objet d'un (42) concept auquel ne correspond absolument aucune intuition qu'on puisse indiquer est = rien, c'est-à-dire que c'est un concept sans objet, comme les noumènes, qui ne peuvent pas être comptés parmi les possibilités, bien qu'ils ne doivent pas pour cela être donnés comme impossibles (*ens rationis*), ou comme, par exemple, certaines forces nouvelles que l'on conçoit, il est vrai, sans contradiction, mais aussi sans exemple tiré de l'expérience, et qui, par conséquent, ne doivent pas être comptées parmi les possibilités.

2) La réalité est *quelque chose*, la négation n'est *rien*, c'est-à-dire qu'elle est un concept du manque de l'objet, comme l'ombre, le froid (*nihil privativum*).

3) La simple forme de l'intuition, sans substance, n'est pas un objet en soi, mais la simple condition formelle de cet objet (comme phénomène), comme l'espace pur, le temps pur, qui, tout en étant quelque chose en qualité de formes de l'intuition, ne sont pas eux-mêmes des objets d'intuition (*ens imaginarium*).

4) L'objet d'un concept qui se contredit lui-même n'est rien, parce que le concept rien est l'impossible : telle est en quelque sorte la figure rectiligne de deux côtés (*nihil negativum*).

La table de cette division du concept de *rien* (car la division parallèle du quelque chose suit d'elle-même) devra donc être ainsi disposée :

RIEN

comme :

1. Concept vide sans objet, *ens rationis*.	3. Intuition vide sans objet, *ens imaginarium*.
2. Objet vide d'un concept, *nihil privativum*.	4. Objet vide sans concept, *nihil negativum*.

On voit que l'être de raison (n° 1) se distingue du non-être (n° 4), en ce que le premier ne peut pas être compté parmi les possibilités, parce qu'il est une simple fiction (bien que non contradictoire), tandis que le second est opposé à la possibilité puisque le concept se détruit lui-même. Mais tous deux sont des concepts vides. Au contraire, le *nihil privativum* (n° 2) et l'*ens imaginarium* (n° 3) sont des données vides pour des concepts. Si la lumière n'était pas donnée aux sens, on ne pourrait se représenter aucune obscurité, et si les êtres perçus n'étaient pas étendus, aucun espace. La négation, aussi bien que la simple forme de l'intuition sans rien de réel, ne sont pas des objets (*Objecte*).

LOGIQUE TRANSCENDANTALE

DEUXIÈME DIVISION
DIALECTIQUE TRANSCENDANTALE

INTRODUCTION

I

De l'apparence transcendantale.

Nous avons appelé plus haut la dialectique en général une *logique de l'apparence*. Cela ne veut pas dire qu'elle soit une théorie de la *vraisemblance,* car la vraisemblance est une vérité, mais une vérité connue par des principes insuffisants ; la connaissance de cette vérité, tout en étant défectueuse, n'est pourtant pas trompeuse pour cela et, par suite, elle ne doit (*muss*) pas être séparée de la partie analytique de la logique. Encore plus faut-il se garder de tenir pour identiques le *phénomène* (*Erscheinung*) et l'*apparence* (*Schein*). En effet, la vérité ou l'apparence ne sont pas dans l'objet, en tant qu'il est intuitionné, mais dans le jugement que nous portons sur cet objet, en tant qu'il est pensé. Si donc on peut dire justement que les sens ne se trompent pas, ce n'est point parce qu'ils jugent toujours juste, mais parce qu'ils ne jugent pas du tout. Conséquemment la vérité aussi bien que l'erreur, et par suite aussi l'apparence, en tant qu'elle induit en erreur, ne se trouvent que dans le jugement, c'est-à-dire que dans le rapport de l'objet à notre entendement. Dans une connaissance qui s'accorde totalement avec les lois de l'entendement, il n'y a point d'erreur. Dans une représentation des sens (puisqu'elle ne renferme pas de jugement), il n'y a pas non plus d'erreur. Nulle force de la nature ne peut par elle-même s'écarter de ses propres lois. Aussi ni l'entendement par lui seul (sans l'influence d'une autre cause), ni les sens par eux-mêmes, ne sauraient se tromper ; l'entendement ne le peut pas, parce que, s'il agit simplement d'après ses lois, l'effet (le jugement) doit nécessairement s'accorder avec ces lois. C'est dans l'accord avec les lois de l'entendement que consiste le formel de toute vérité. Dans les sens, il n'y a absolument pas de jugement, ni vrai, ni faux. Or, comme nous n'avons pas d'autres sources de connaissances que ces deux-là, il s'ensuit que l'erreur n'est produite que par l'influence inaperçue de la sensibilité sur l'entendement ; cette influence fait que les principes subjectifs du jugement se rencontrent (*zusammenfliessen*) avec les principes objectifs et les font dévier de leur destination*. Il en est ici comme d'un corps en mouvement : par lui-même il suivrait toujours la ligne droite dans la même direction, mais quand une autre force agit sur lui suivant une autre direction, il quitte la première et décrit une ligne courbe. Pour distinguer l'acte propre de l'entendement de la force qui s'y mêle, il sera donc nécessaire de considérer le jugement erroné comme la diagonale entre deux forces qui déterminent le jugement suivant deux directions différentes formant ensemble comme un angle, et de résoudre cet effet composé en deux effets simples, l'un de l'entendement et l'autre de la sensibilité. C'est ce qui doit se faire dans les jugements purs *a priori* au moyen de la réflexion transcendantale qui (comme on l'a déjà montré) assigne à chaque représentation sa place dans la faculté de connaissance qui lui correspond et, par suite, distingue aussi l'influence qu'a sur l'entendement la sensibilité.

Notre objet n'est pas ici de traiter de l'apparence empirique (par exemple, des illusions d'optique) que présentent, dans leur usage empirique, des règles d'ailleurs justes de l'entendement et où le jugement est entraîné par l'influence de l'imagination ; nous n'avons affaire, au contraire, qu'à *l'apparence transcendantale* qui influe sur des principes

---

* La sensibilité soumise à l'entendement et regardée comme l'objet auquel celui-ci applique sa fonction est la source des connaissances réelles ; mais cette même sensibilité, en tant qu'elle influe sur l'acte même de l'entendement et le détermine à juger, est le principe de l'erreur.

dont l'usage n'est jamais appliqué à l'expérience, — auquel cas nous aurions du moins une pierre de touche pour vérifier leur valeur, — mais qui nous entraîne nous-mêmes, malgré tous les avertissements de la Critique, tout à fait en dehors de l'usage empirique des catégories et nous abuse avec l'illusion d'une extension de l'entendement pur. Nous appellerons *immanents* les principes dont l'application se tient absolument dans les bornes de l'expérience possible, et *transcendants* ceux qui sortent de ces limites. Je n'entends pas nommer par là l'usage ou l'abus transcendantal des catégories, simple erreur où tombe le jugement (*Urtheilskraft*) dont la Critique ne tient pas suffisamment les rênes et qui ne fait pas assez attention aux limites du seul terrain où l'entendement pur ait la permission de s'exercer ; j'entends parler de principes réels qui nous excitent à renverser toutes ces barrières et à nous arroger un domaine entièrement nouveau qui ne se connaît plus de démarcation nulle part. Le *transcendantal* et le *transcendant* ne sont donc pas la même chose. Les principes de l'entendement pur, que nous avons exposés plus haut, doivent avoir simplement un usage empirique et non un usage transcendantal, c'est-à-dire tel qu'il dépasse les limites de l'expérience. Mais un principe qui repousse ces bornes et commande même de les franchir s'appelle *transcendant*. Si notre critique peut arriver à découvrir l'apparence de ces prétendus principes, alors ceux dont l'usage est simplement empirique pourront être appelés, par opposition à ces derniers, principes *immanents* de l'entendement pur.

L'apparence logique, qui consiste dans la simple imitation de la forme rationnelle (l'apparence des paralogismes), résulte uniquement d'un défaut d'attention à la règle logique. Aussi disparaît-elle entièrement dès que cette règle est justement appliquée au cas précédent. L'apparence transcendantale, au contraire, ne cesse pas, même après qu'on l'a découverte et que la Critique transcendantale en a clairement montré le néant (par exemple, l'apparence que renferme cette proposition : le monde doit avoir un commencement dans le temps). La cause en est qu'il y a dans notre raison (considérée subjectivement, c'est-à-dire comme une faculté de la connaissance humaine) des règles fondamentales et des maximes relatives à son usage qui ont tout à fait l'apparence de principes objectifs et qui font prendre la nécessité subjective d'une liaison de nos concepts, exigée par l'entendement, pour une nécessité objective de la détermination des choses en soi. C'est là une *illusion* qu'il nous est impossible d'éviter, de même qu'il n'est pas en notre pouvoir d'empêcher que la mer ne nous paraisse plus élevée au large que près du rivage, parce que, dans le premier cas, nous la voyons au moyen de rayons plus élevés, ou encore, de même que l'astronome, lui non plus, ne saurait empêcher que la lune ne lui paraisse plus grande à son lever, bien qu'il ne se laisse pas abuser par cette apparence.

La dialectique transcendantale se contentera donc de découvrir l'apparence des jugements transcendants et en même temps d'empêcher qu'elle ne nous trompe ; mais que cette apparence (comme l'apparence logique) se dissipe aussi et cesse d'être une apparence, c'est ce que la dialectique ne pourra jamais obtenir. Nous avons affaire, en effet, à une *illusion naturelle* et inévitable qui repose elle-même sur des principes subjectifs qu'elle donne comme objectifs, tandis que la dialectique logique, dans la solution des paralogismes, n'a qu'à montrer une erreur dans l'application des principes ou une apparence artificielle dans leur imitation. Il y a donc une dialectique naturelle et inévitable de la raison pure ; je ne veux point parler de celle où s'embarrasse un ignorant (*ein Stümper*), faute de connaissances, ni de celle que des sophistes ont fabriquée ingénieusement pour tromper les gens raisonnables, mais de celle qui est inséparablement liée à la raison humaine et qui, même après que nous en avons découvert l'illusion, ne cesse pourtant pas de se jouer d'elle et de la jeter inlassablement en des erreurs momentanées qu'il faut constamment dissiper.

II

De la raison pure comme siège de l'apparence transcendantale.

A. — *De la raison en général.*

Toute notre connaissance commence par les sens, passe de là à l'entendement et s'achève dans la raison, au-dessus de laquelle il n'y a rien en nous de plus élevé pour élaborer la matière de l'intuition et pour la ramener à l'unité la plus haute de la pensée. Comme il me faut ici donner une définition de cette faculté suprême de connaître, je me trouve dans un certain embarras. Ainsi que de l'entendement, il y a de cette faculté un usage simplement formel, c'est-à-dire logique, où la raison fait abstraction de tout le contenu de la connaissance ; mais il y en a aussi un usage réel, attendu que elle contient elle-même la source de certains concepts et de certains principes qu'elle n'emprunte ni des sens ni de l'entendement. Le premier de ces pouvoirs a été, certes, défini depuis longtemps par les logiciens la faculté d'inférer médiatement (pour être distingué des inférences immédiates, *consequentiis immediatis*) ; mais le second, qui crée lui-même des concepts, n'est pas encore expliqué par là. Or, puisque la raison se présente ici partagée en deux pouvoirs, un pouvoir logique et un autre transcendantal, il faut chercher de cette source de connaissance un concept plus élevé qui se superpose aux deux autres et les embrasse ; nous pouvons pourtant, par analogie avec les concepts de l'entendement, espérer que le concept logique nous donnera aussi la clef du concept transcendantal et que le tableau des fonctions des concepts de l'entendement nous fournira en même temps la table généalogique des concepts de la raison.

Dans la première partie de notre logique transcendantale nous avons défini l'entendement le pouvoir des règles ; nous distinguerons ici la raison de l'entendement, en la nommant *le pouvoir des principes (Principien)*.

Le mot principe est équivoque et ne signifie d'ordinaire qu'une connaissance qui peut être employée comme principe (*als Princip*) sans être un principe (*principium*) par elle-même et d'après sa propre origine. Toute proposition universelle, même tirée de l'expérience (par induction) peut servir de majeure dans un raisonnement ; mais elle n'est pas pour cela un principe. Les axiomes mathématiques (par exemple : qu'entre deux points il ne peut y avoir qu'une ligne droite) sont bien des connaissances universelles *a priori* et sont donc appelés principes avec raison relativement aux cas qui peuvent y être subsumés. Mais pourtant je ne peux pas dire que je connais en général et en soi, par principes, cette propriété des lignes droites ; je ne la connais, au contraire que dans l'intuition pure.

Je nommerais donc connaissance par principes (*aus Prin-*

cipien) celle où je connais le particulier dans le général, et cela par concepts. En conséquence, tout raisonnement est une forme de la dérivation qui extrait une connaissance d'un principe. En effet, la majeure donne toujours un concept qui fait que tout ce qui est subsumé sous la condition de ce concept est connu grâce à lui suivant un principe. Or, comme toute connaissance universelle peut servir de majeure dans un syllogisme et que l'entendement fournit *a priori* de semblables propositions universelles, ces propositions peuvent donc recevoir aussi le nom de principes, en considération de l'usage qui en est possible.

Mais si nous considérons ces principes de l'entendement pur en eux-mêmes et dans leur origine, ils ne sont rien moins que des connaissances par concepts. En effet, ils ne seraient pas même possibles *a priori*, si nous n'y introduisions l'intuition pure (comme dans la mathématique) ou les conditions d'une expérience possible en général. Que tout ce qui arrive a une cause, il est tout à fait impossible de le conclure du concept de ce qui arrive en général ; c'est plutôt ce principe qui nous montre comment on peut avoir de ce qui arrive un concept expérimental déterminé.

L'entendement ne saurait donc nous procurer de connaissances synthétiques par concepts, et ce sont précisément ces connaissances que je nomme absolument des principes, bien que toutes les propositions universelles en général puissent être appelées relativement des principes.

On souhaite depuis longtemps — et ce vœu, qui sait quand ? s'accomplira peut-être un jour — de pouvoir enfin découvrir, à la place de l'infinie variété des lois civiles, les principes de ces lois ; car c'est en cela seulement que peut consister le secret de simplifier, comme on dit, la législation. Mais ici les lois ne font qu'imposer à notre liberté des conditions restrictives qui la font s'accorder entièrement avec elle-même; elles se rapportent, par conséquent, à quelque chose qui est tout à fait notre propre ouvrage et dont nous pouvons nous-mêmes être les auteurs (*die Ursache*) par les concepts que nous en avons. Mais exiger que les objets en soi, la nature des choses, soient soumis à des principes et doivent être déterminés d'après de simples concepts, c'est demander sinon quelque chose d'impossible, du moins quelque chose de fort étrange. Quoi qu'il en soit sur ce point (car c'est encore une recherche à faire), il est clair du moins par là que la connaissance par principes (en soi) est absolument autre chose que la simple connaissance de l'entendement : car celle-ci, bien que pouvant elle aussi précéder d'autres connaissances dans la forme d'un principe, ne repose pas cependant en elle-même (en tant qu'elle est synthétique) sur la simple pensée et ne renferme pas quelque chose d'universel par concepts.

Si nous disons de l'entendement qu'il est le pouvoir de ramener les phénomènes à l'unité au moyen des règles, il faut dire de la raison qu'elle est la faculté de ramener à l'unité les règles de l'entendement au moyen de principes. Elle ne se rapporte donc jamais immédiatement ni à l'expérience ni à un objet quelconque, mais à l'entendement, afin de procurer *a priori* et par concepts aux connaissances variées de cette faculté une unité qu'on peut appeler rationnelle et qui est entièrement différente de celle que l'entendement peut fournir.

Tel est le concept général du pouvoir qu'est la raison, autant qu'il est possible de le faire comprendre en l'absence totale des exemples (qui ne doivent être donnés que plus tard.)

B. — *De l'usage logique de la raison.*

On fait une distinction entre ce qui est immédiatement connu et ce que nous ne faisons qu'inférer. Que dans une figure limitée par trois lignes droites il y ait trois angles, on le connaît immédiatement ; mais que la somme de ces angles soit égale à deux droits, on ne fait que le conclure. Comme nous avons toujours besoin de conclure et que pour ce motif nous en avons entièrement pris l'habitude, nous finissons par ne plus remarquer bientôt cette distinction et nous prenons souvent, ainsi qu'il arrive dans ce qu'on appelle les illusions des sens, pour quelque chose d'immédiatement perçu, ce qui n'est pourtant que conclu. Il y a dans toute inférence *une* proposition qui sert de principe, *une* autre qui en est déduite, la conclusion, et enfin la mineure (*die Schlussfolge-Consequenz*) d'après laquelle la vérité de la dernière est nécessairement liée à la vérité de la première. Si le jugement inféré est déjà contenu dans le premier, de telle sorte qu'il en puisse être tiré sans l'intermédiaire d'une troisième représentation, l'inférence s'appelle alors immédiate (*consequentia imme-*

diata); j'aimerais mieux, pour ma part, l'appeler inférence intellectuelle. Mais si, outre la connaissance qui sert de fondement, il est encore besoin d'un autre jugement pour opérer la conclusion, l'inférence est alors une inférence rationnelle. Cette proposition que *tous les hommes sont mortels* contient déjà les propositions : quelques hommes sont mortels, quelques mortels sont hommes, rien de ce qui est immortel n'est homme, et ces propositions sont donc des conséquences immédiates de la première. Au contraire, cette proposition : tous les savants sont mortels n'est pas renfermée dans le jugement en question (car l'idée de savants n'y est pas du tout comprise) et elle n'en peut être tirée qu'au moyen d'un jugement intermédiaire.

Dans toute inférence rationnelle, je conçois d'abord une *règle* (*major*) par l'*entendement;* ensuite je *subsume* une connaissance à la condition de la règle (*minor*), au moyen de la *faculté de jugement*. Enfin, je *détermine* ma connaissance par le prédicat de la règle (*conclusio*) et, par conséquent, *a priori* par la *raison*. Aussi le rapport que représente la majeure, comme règle, entre une connaissance et sa condition, constitue-t-il les diverses espèces d'inférences rationnelles. Il y a donc — exactement autant qu'il y a d'espèces de jugements *a priori*, suivant la manière dont ils expriment le rapport de la connaissance dans l'entendement — trois sortes de raisonnements[1], à savoir les *catégoriques*, les *hypothétiques* et les *disjonctifs*.

Si, comme il arrive le plus souvent, la conclusion se présente sous la forme d'un jugement, pour voir si ce jugement ne découle pas de jugements déjà donnés et par lesquels un tout autre objet est conçu, je cherche dans l'entendement l'assertion de cette conclusion, afin de voir si elle ne se trouve pas d'avance dans l'entendement, sous certaines conditions, d'après une règle générale. Or, si je découvre une condition de ce genre et si l'objet de la conclusion se laisse subsumer sous la condition donnée, cette conclusion est alors tirée de la règle *qui s'applique aussi à d'autres objets*

---

1. Le mot *Vernunftschluss*, dont le sens général est celui de *raisonnement*, a été traduit dans tout ce passage par *inférence rationnelle* qui nous a paru préférable en l'espèce. On le trouvera quelquefois aussi rendu par *syllogisme*, qui est son sens le plus précis. Mais généralement, dans tout ce travail, c'est *raisonnement* qui lui correspond. (*Note des trad.*).

de la connaissance. Par où l'on voit que la raison cherche dans le raisonnement à ramener à un très petit nombre de principes (de conditions générales) la grande variété des connaissances de l'entendement et à y opérer ainsi l'unité la plus haute.

C. — *De l'usage pur de la raison.*

Peut-on isoler la raison ? et, cette opération une fois faite, est-elle encore une source propre de concepts et de jugements qui ne viennent que d'elle et par lesquels elle se rapporte aux objets ? ou bien n'est-elle qu'une faculté subalterne destinée à fournir à des connaissances données une certaine forme, la forme logique, et qui a pour fonction de coordonner entre elles les connaissances de l'entendement et de subordonner les règles inférieures à des règles plus élevées (dont la condition renferme dans sa sphère la condition des précédentes), autant qu'on peut y arriver en les comparant entre elles ? Telle est la question dont nous avons à nous occuper ici préalablement. Dans le fait, la diversité des règles et l'unité des principes, voilà ce qu'exige la raison pour mettre l'entendement parfaitement d'accord avec lui-même, de même que l'entendement soumet à des concepts le divers de l'intuition pour en effectuer ainsi la liaison. Mais un tel principe ne prescrit point de loi aux objets (*Objecten*) et ne contient pas le fondement de la possibilité de les connaître et de les déterminer comme tels en général. Il est simplement, au contraire, une loi subjective de l'économie des richesses de notre entendement, laquelle tend à ramener, par la comparaison, l'usage général des concepts de l'entendement au plus petit nombre possible, sans que l'on soit par là autorisé à exiger des objets mêmes une unité si favorable à la commodité et à l'extension de notre entendement et en même temps à accorder à cette maxime une valeur objective. Il s'agit, en un mot, de savoir si la raison en soi, c'est-à-dire la raison pure, contient *a priori* des principes (*Grundsätze*) et des règles synthétiques, et en quoi ces principes (*Principien*) peuvent consister.

Le procédé formel et logique de la raison dans l'inférence rationnelle nous fournit déjà une indication suffisante pour trouver le fondement sur lequel devra reposer le principe (*Principium*) transcendantal de cette faculté, dans la connaissance synthétique par raison pure.

D'abord, la raison, dans ses inférences (*der Vernunftschluss*), ne s'applique pas à des intuitions pour les soumettre à des règles (comme le fait l'entendement avec ses catégories), mais, au contraire, à des concepts et à des jugements. Si donc la raison pure se rapporte aussi aux objets, elle n'a toutefois de rapport immédiat ni avec eux, ni avec leur intuition, mais seulement avec l'entendement et ses jugements, qui s'appliquent immédiatement aux sens et à leur intuition pour en déterminer l'objet. L'unité rationnelle n'est donc pas l'unité d'une expérience possible ; elle en est, au contraire, essentiellement distincte, car cette dernière unité est l'unité intellectuelle. Que tout ce qui arrive a une cause, ce n'est pas du tout un principe connu et prescrit par la raison. Il rend possible l'unité de l'expérience et il n'emprunte rien à la raison, qui, sans ce rapport à l'expérience possible, n'aurait pu, se fondant sur de simples concepts, prescrire une pareille unité synthétique.

En second lieu, la raison cherche, dans son usage logique, la condition générale de son jugement (de la conclusion) et le raisonnement n'est lui-même autre chose qu'un jugement que nous formons en subsumant sa condition à une règle générale (la majeure). Or, comme cette règle, à son tour, est soumise à la même recherche de la raison et qu'il faut ainsi chercher (au moyen d'un prosyllogisme) la condition de la condition, et cela aussi loin que possible, on voit donc bien que le principe propre de la raison en général (dans son usage logique) est de trouver pour la connaissance conditionnée de l'entendement, l'inconditionné qui en achèvera l'unité.

Mais cette maxime logique ne peut être un principe de la *raison pure* qu'à la condition qu'on admette que si le conditionné est donné, soit aussi donnée (c'est-à-dire contenue dans l'objet et dans sa liaison) toute la série des conditions subordonnées, série qui, par suite, elle-même, est inconditionnée.

Or, un tel principe de la raison pure est manifestement *synthétique;* car le conditionné se rapporte sans doute analytiquement à quelque condition, mais non pas à l'inconditionné. Il doit aussi en dériver diverses propositions synthétiques, dont l'entendement pur ne sait rien, puisqu'il n'a affaire qu'à des objets d'une expérience possible dont la connaissance et la synthèse sont toujours conditionnées.

Mais l'inconditionné, quand il a lieu réellement, peut être examiné (*erwogen*) en particulier dans toutes les déterminations qui le distinguent de tout conditionné et doit, par conséquent, donner matière à maintes propositions synthétiques *a priori*. Les propositions fondamentales qui dérivent de ce principe suprême de la raison pure seront *transcendantes* par rapport à tous les phénomènes, c'est-à-dire que l'on ne pourra jamais faire de ce principe un usage empirique qui lui soit adéquat. Il se distinguera donc entièrement de tous les principes de l'entendement (dont l'usage est complètement *immanent*, puisqu'ils n'ont d'autre thème que la possibilité de l'expérience). Or, rechercher si ce principe : que la série des conditions (dans la synthèse des phénomènes, ou même de la pensée des choses en général) s'élève jusqu'à l'inconditionné, a ou n'a pas de valeur objective, et quelles conséquences en dérivent pour l'usage empirique de l'entendement ; ou plutôt, s'il n'y a absolument aucun principe rationnel de ce genre doué de valeur objective, mais, au contraire, une prescription simplement logique qui nous pousse, dans l'ascension vers des conditions toujours plus élevées, à nous rapprocher de l'intégralité de ces conditions et à porter ainsi dans notre connaissance la plus haute unité rationnelle possible pour nous ; rechercher donc si ce besoin de la raison, par suite d'un malentendu, a été pris pour un principe transcendantal de la raison pure postulant témérairement cette intégralité absolue de la série des conditions dans les objets eux-mêmes, et, dans ce cas, se demander quelles sont les erreurs et les illusions qui peuvent se glisser dans les raisonnements dont la majeure est tirée de la raison pure (et, peut-être, est plutôt une pétition qu'un postulat) et qui s'élèvent de l'expérience à ses conditions : voilà quel sera notre objet dans la dialectique transcendantale que nous allons, dès maintenant, développer, en partant de ses sources profondément cachées dans la raison humaine. Nous la diviserons en deux parties principales dont la première traitera des *concepts transcendants* de la raison pure et la seconde de ses *raisonnements* transcendants et *dialectiques*.

LIVRE I

DES CONCEPTS DE LA RAISON PURE

Quoi qu'il en soit de la possibilité des concepts tirés de la raison pure, ces concepts ne sont pas simplement réfléchis, mais conclus. Les concepts de l'entendement sont aussi conçus *a priori* antérieurement à l'expérience et en vue de l'expérience, mais ils ne contiennent rien de plus que l'unité de la réflexion sur les phénomènes, en tant que ces derniers doivent appartenir nécessairement à une conscience empirique possible. Eux seuls rendent possibles la connaissance et la détermination d'un objet. Ils fournissent donc la matière première des conclusions (*zum Schliessen*) et il n'y a point avant eux de concepts *a priori* d'objets d'où ils pourraient être conclus. Au contraire, leur réalité objective se fonde uniquement sur ce que, constituant la forme intellectuelle de toute expérience, il faut toujours qu'on puisse montrer leur application dans l'expérience.

Mais la seule expression de concept rationnel nous montre d'avance que ce concept ne se laisse pas renfermer dans les limites de l'expérience, puisqu'il se rapporte à une connaissance dont toute connaissance empirique n'est qu'une partie (et, peut-être, à l'ensemble de l'expérience possible ou de sa synthèse empirique), et puisque aussi, pour cette connaissance, une expérience réelle n'est jamais pleinement suffisante, bien qu'elle en fasse constamment partie. Les concepts rationnels servent à *comprendre* (*Begreifen*) comme les concepts intellectuels servent à *entendre*[1] (les perceptions). Puisqu'ils renferment l'inconditionné, ils se rapportent à quelque chose où rentre toute expérience, mais qui n'est jamais en lui-même un objet de l'expérience : quelque chose, à quoi nous conduit la raison dans les conclusions qu'elle tire de l'expérience, et d'après quoi elle estime et mesure le degré de son usage empirique, mais qui ne constitue jamais un membre de la synthèse

---

1. *Verstehen* = *intelligere* ; plus haut : *begreifen* = *comprehendere*.

empirique. Si ces concepts ont cependant une valeur objective, ils peuvent être appelés *conceptus ratiocinati* (concepts exactement conclus); dans le cas contraire, ils sont du moins obtenus subrepticement par une apparence de déduction et on peut les appeler *conceptus ratiocinantes* (concepts sophistiqués). Mais comme ceci ne peut être expliqué que dans la partie consacrée aux raisonnements dialectiques de la raison pure, nous ne pouvons pas encore le prendre ici en considération. Par anticipation, pourtant, de même que nous avons nommé catégories les concepts de l'entendement pur, nous désignerons sous un nom nouveau les concepts de la raison pure : nous les appellerons idées transcendantales et nous allons maintenant expliquer et justifier cette dénomination.

PREMIÈRE SECTION

Des idées en général.

Malgré la grande richesse de notre langue, le penseur se trouve souvent embarrassé pour trouver une expression qui rende exactement sa pensée, et, faute de cette expression, il ne peut s'exprimer d'une manière bien intelligible ni pour les autres ni, qui plus est, pour lui-même. Forger des mots nouveaux est une prétention à légiférer dans les langues, et cette prétention réussit rarement. Avant de recourir à ce moyen extrême, il est prudent de fouiller quelque langue morte et savante pour voir s'y l'on n'y trouve pas cette idée avec l'expression qui lui convient; et, alors même que l'antique usage de cette expression serait devenu incertain par la faute de son auteur, il vaut mieux cependant raffermir le sens qui lui était propre (dût-on laisser douteuse la question de savoir si on lui donnait autrefois exactement le même sens) que de tout perdre uniquement parce qu'on se rend inintelligible.

C'est pourquoi, si, pour exprimer un certain concept, il ne se trouve, en quelque sorte, qu'un seul mot qui, dans son acception déjà reçue, soit exactement adéquat à ce concept qu'il est très important de distinguer d'autres concepts analogues, il est prudent de ne pas en être prodigue et de ne pas l'employer simplement pour varier ses expressions, comme synonyme à la place d'autres termes, mais de lui conserver soigneusement sa signification particulière ; car autrement, il arrive facilement, du fait que l'expression, au lieu d'occuper spécialement l'attention, se perd dans une foule d'autres de sens très différent, que se perde aussi la pensée que seule l'expression aurait pu conserver.

PLATON se servit du mot *idée* de telle sorte qu'on voit bien qu'il entendait par là quelque chose, qui non seulement ne dérive jamais des sens, mais qui même dépasse de beaucoup les concepts de l'entendement, dont s'est occupé ARISTOTE, puisque jamais il n'est rien trouvé, dans l'expérience, qui corresponde à ce concept. Les idées sont pour lui des archétypes des choses elles-mêmes et non pas simplement des clefs pour des expériences possibles, comme les catégories. Dans son opinion, elles dérivent de la raison suprême, d'où elles sont passées dans la raison humaine, qui maintenant ne se trouve plus, cependant, dans son état originaire, mais se voit au contraire dans la nécessité de prendre de la peine pour rappeler, au moyen de la réminiscence (qui s'appelle la philosophie), ses anciennes idées aujourd'hui fort obscurcies. Je ne veux pas m'engager ici dans une recherche littéraire pour déterminer le sens que le grand philosophe attachait à son expression. Je remarque seulement qu'aussi bien dans les écrits que dans la conversation courante, il n'y a rien d'extraordinaire à ce que, grâce à la comparaison des pensées qu'un auteur a exprimées sur son objet, on le comprenne même mieux que lui-même ne s'est compris faute d'avoir suffisamment déterminé son idée et pour avoir été amené de la sorte à parler ou même à penser contrairement à son propre dessein.

PLATON remarquait fort bien que notre faculté de connaissance éprouve un besoin beaucoup plus élevé que celui d'épeler simplement des phénomènes, suivant les lois de l'unité synthétique, pour pouvoir les lire comme expérience, et que notre raison s'élève naturellement à des connaissances trop hautes pour qu'un objet que l'expérience est capable de donner puisse jamais y correspondre, mais qui n'en ont pas moins leur réalité et ne sont nullement de simples chimères.

PLATON trouvait surtout des idées dans tout ce qui est pratique*, c'est-à-dire dans ce qui repose sur la liberté, qui, de

---

* Il étendait aussi, il est vrai, son concept aux connaissances spéculatives, pourvu seulement qu'elles fussent pures et données tout à fait

son côté, est du nombre des connaissances qui sont un produit propre de la raison. Celui qui voudrait puiser dans l'expérience les concepts de la vertu, ou qui (comme beaucoup l'ont fait réellement) voudrait donner pour type à la source des connaissances ce qui ne peut jamais servir que d'exemple, celui-là ferait de la vertu un fantôme (*ein Unding*) équivoque, variable suivant les temps et les circonstances, et incapable de servir jamais de règle. Chacun s'aperçoit, au contraire, si on lui présente un certain homme comme le modèle de la vertu, que c'est simplement dans sa propre tête qu'on en trouve toujours le véritable original, auquel on compare le prétendu modèle pour ne le juger que d'après l'original. Or, ce qu'on trouve en soi de la sorte, c'est l'idée de la vertu, et, si par rapport à cette idée, tous les objets possibles de l'expérience jouent le rôle d'exemples (ou de preuves que ce qu'exige le concept de la raison est réalisable dans une certaine mesure), ils ne sauraient lui servir d'archétypes. Qu'un homme n'agisse jamais d'une manière adéquate à ce que contient l'idée pure de la vertu, cela ne prouve pas qu'il y ait dans cette notion quelque chose de chimérique. Cela n'empêche pas, en effet, que tout jugement sur la valeur ou le manque de valeur morale ne soit possible qu'au moyen de cette idée ; par suite, cette idée sert nécessairement de fondement à tout progrès vers la perfection morale, si loin, d'ailleurs, que nous en soyons tenus éloignés par les obstacles que nous rencontrons dans la nature humaine et dont il nous est impossible de déterminer le degré.

La République de PLATON est devenue proverbiale, comme exemple prétendu frappant d'une perfection imaginaire qui ne peut avoir son siège que dans le cerveau d'un penseur oisif et BRUCKER trouve ridicule cette assertion du philosophe qu'un prince ne gouverne jamais bien, s'il ne participe aux idées. Mais il vaudrait bien mieux s'attacher davantage à cette idée et (là où cet homme éminent nous laisse sans secours) la mettre en lumière grâce à de nouveaux efforts,

---

a priori, et même à la mathématique, quoiqu'elle n'ait pas son objet ailleurs que dans l'expérience possible. Je ne puis le suivre en cela, pas plus que dans la déduction mystique de ces idées, ou dans les exagérations par lesquelles il en faisait, en quelque sorte, des hypostases ; cependant le langage sublime, dont il se servait dans ce champ, est parfaitement susceptible d'une interprétation plus modérée et conforme à la nature des choses.

que de la rejeter comme inutile, sous le très misérable et très honteux prétexte qu'elle est irréalisable. Une constitution ayant pour but *la plus grande liberté humaine* fondée sur des lois qui permettraient *à la liberté de chacun de subsister en même temps que la liberté de tous les autres* (je ne parle pas du plus grand bonheur possible, car il en découlerait de lui-même), c'est là au moins une idée nécessaire qui doit servir de base non seulement aux grandes lignes (*im ersten Entwurfe*) d'une constitution civile, mais encore à toutes les lois, et où il faut faire abstraction, dès le début, des obstacles actuels, lesquels résultent peut-être moins inévitablement de la nature humaine que du mépris que l'on a fait des vraies idées en matière de législation. En effet, il ne peut rien y avoir de plus préjudiciable et de plus indigne d'un philosophe que d'en appeler, comme le vulgaire, à une expérience prétendue contraire, alors que cette expérience n'aurait pas du tout existé, si l'on avait fait, en temps opportun, ces institutions basées sur les idées et si, à la place de ces idées, des concepts grossiers, justement parce qu'ils étaient tirés de l'expérience, n'étaient venus anéantir tout bon dessein. Plus la législation et le gouvernement seraient conformes à ces idées, et plus les peines seraient rares ; et il est tout à fait raisonnable d'affirmer (comme le fait PLATON) que si la législation était pleinement d'accord avec ces idées, on n'aurait plus besoin d'aucune peine. Or, bien que ceci ne puisse jamais se produire, l'idée, cependant, est tout à fait juste qui prend ce *maximum* comme archétype et se règle sur lui pour rapprocher toujours davantage la constitution légale des hommes de la plus grande perfection possible. En effet, quel peut être le plus haut degré où l'humanité doive s'arrêter et combien l'abîme peut être grand qui nécessairement subsiste entre l'idée et sa réalisation, nul ne peut ni ne doit le déterminer par cela que, précisément, il s'agit de la liberté qui peut dépasser toute borne assignée.

Mais ce n'est pas simplement dans les choses où la raison humaine montre une vraie causalité et où les idées deviennent des causes efficientes (des actions et de leurs objets), je veux dire dans le domaine moral, c'est aussi dans la nature même que PLATON voit avec raison des preuves qui démontrent clairement que les choses tirent leur origine des idées. Une plante, un animal, l'ordonnance régulière du monde (sans doute, aussi, tout l'ordre de la nature) montrent clairement que tout cela n'est possible que suivant des idées ; que, sans doute, aucune créature individuelle, sous les conditions individuelles de son existence, ne cadre entièrement avec l'idée de la plus grande perfection de son espèce (pas plus que l'homme n'est adéquat à l'idée de l'humanité qu'il porte, il est vrai, dans son âme comme l'archétype de ses actions) ; mais que, cependant, ces idées sont déterminées individuellement, immuablement et universellement dans l'entendement suprême, qu'elles sont les causes originaires des choses et que seul l'ensemble que forme leur liaison dans l'univers est absolument adéquat à l'idée que nous en avons. A part ce qu'il y a d'exagéré dans l'expression, l'acte par lequel l'esprit de ce philosophe s'est élevé de la contemplation textuelle (*copeylichen*) de l'ordre physique du monde à la liaison architectonique de cet ordre du monde selon des fins, c'est-à-dire selon des idées, cet acte est un effort qui mérite le respect et qui est digne d'être imité. Mais par rapport à ce qui concerne les principes de la morale, de la législation et de la religion, où les idées rendent tout d'abord possible l'expérience elle-même (du bien), quoiqu'elles n'y puissent jamais être entièrement exprimées, cet acte a un mérite tout à fait particulier que l'on ne méconnaît que parce qu'on le juge d'après les mêmes règles empiriques, qui doivent perdre leur valeur, comme principes, précisément en raison de ces idées mêmes. En effet, à l'égard de la nature, c'est l'expérience qui nous fournit la règle et qui est la source de la vérité ; mais à l'égard des lois morales, c'est l'expérience (hélas !) qui est la mère de l'apparence, et c'est se tromper grandement que de tirer de *ce qui se fait* les lois de ce que *je dois faire* et de vouloir les y restreindre.

Au lieu de toutes ces considérations, dont le développement convenable est, dans le fait, la gloire propre de la philosophie, occupons-nous maintenant d'un travail moins brillant, mais qui, pourtant, n'est pas dépourvu de mérite, je veux dire de déblayer et d'affermir, pour y élever le majestueux édifice moral, le sol où courent toute espèce de trous de taupe que la raison, en quête de trésors, y a creusés sans profit, malgré ses bonnes intentions, et qui menacent la solidité de cet édifice à construire. L'usage transcendantal de la raison pure, ses principes et ses idées, voilà donc ce qu'il nous importe maintenant de connaître avec précision pour pouvoir déterminer et apprécier justement l'influence et la valeur de la raison pure. Cependant, avant de finir cette introduction liminaire, je prie ceux qui ont à cœur la philosophie (et plus nombreux sont ceux qui le prétendent qu'on n'en rencontre d'ordinaire), dans le cas où ils se trouveront convaincus par ce que je viens de dire et par ce qui suivra, de prendre sous leur protection le mot idée dans son sens primitif, pour qu'on ne le confonde pas, dorénavant, avec les autres mots dont on se sert habituellement pour désigner toute espèce de représentations, sans aucun ordre précis et au grand préjudice de la science. Il ne nous manque pourtant pas de termes parfaitement appropriés à chaque espèce de représentations pour que nous n'ayons pas besoin d'empiéter sur la propriété d'un autre. En voici l'échelle graduée. Le terme générique est celui de *représentation* en général (*repræsentatio*), dont la représentation accompagnée de conscience (*perceptio*) est une espèce. Une *perception* qui se rapporte uniquement au sujet, comme modification de son état, est *sensation* (*sensatio*), une perception objective est *connaissance* (*cognitio*). Cette dernière est ou *intuition* ou *concept* (*intuitus vel conceptus*). L'intuition se rapporte immédiatement à l'objet et est singulière ; le concept s'y rapporte médiatement, au moyen d'un signe qui peut être commun à plusieurs choses. Le concept est ou empirique ou pur, et le concept pur, en tant qu'il a uniquement son origine dans l'entendement (et non dans une image pure de la sensibilité) s'appelle *notion*. Un concept tiré de notions et qui dépasse la possibilité de l'expérience est l'*idée* ou concept rationnel. Une fois habitué à ces distinctions, on ne pourra plus supporter d'entendre appeler idée la représentation de la couleur rouge qu'il ne faut même pas appeler notion (concept de l'entendement).

DEUXIÈME SECTION

Des idées transcendantales.

L'Analytique transcendantale nous a donné un exemple de la manière dont la simple forme logique de notre connaissance peut contenir la source de concepts purs *a priori*, qui, avant toute expérience, représentent des objets, ou qui, plutôt, manifestent l'unité synthétique, laquelle seule rend possible une connaissance empirique des objets. La forme des jugements (transformée en concept de la synthèse des intuitions) a produit des catégories qui dirigent, dans l'expérience, tout l'usage de l'entendement. Nous pouvons de même espérer que la forme des raisonnements, si on l'applique à l'unité synthétique des intuitions, suivant la règle des catégories, contiendra la source de concepts particuliers *a priori*, que nous pouvons appeler concepts purs de la raison ou *idées transcendantales*, et qui déterminent, suivant des principes, l'usage de l'entendement dans l'ensemble de l'expérience tout entière.

La fonction de la raison dans ses inférences consiste dans l'universalité de la connaissance par concepts, et le raisonnement lui-même est un jugement qui est déterminé *a priori* dans toute l'étendue de sa condition. Cette proposition : Caïus est mortel, je pourrais aussi la tirer de l'expérience simplement par l'entendement. Mais je cherche un concept qui renferme la condition sous laquelle est donné le prédicat (assertion en général) de ce jugement (c'est-à-dire ici le concept de l'homme) et, après avoir subsumé sous cette condition prise dans toute son extension (tous les hommes sont mortels), je détermine en conséquence la connaissance de mon objet (Caïus est mortel).

C'est pourquoi, dans la conclusion d'un syllogisme, nous restreignons le prédicat à un objet, après l'avoir pensé auparavant, dans la majeure, dans toute son extension sous une certaine condition. Cette quantité absolue de l'extension, par rapport à une telle condition, s'appelle *universalité* (*universalitas*). A celle-ci correspond, dans la synthèse des intuitions, *la totalité* (*universitas*) *des conditions*. Ainsi, le concept rationnel transcendantal n'est autre chose que le concept de la *totalité* des conditions pour un conditionné donné. Or, comme l'*inconditionné* seul rend possible la totalité des conditions, et qu'inversement la totalité des conditions est toujours elle-même inconditionnée, un concept rationnel pur en général peut être défini par le concept de l'inconditionné, en tant qu'il contient le principe de la synthèse du conditionné.

Or, autant il y a de rapports que se représente l'entendement au moyen des catégories, autant il y aura aussi de concepts purs de la raison, et il nous faudra donc chercher d'abord un *inconditionné* de la synthèse *catégorique* dans un *sujet*, ensuite un *inconditionné* de la synthèse *hypothétique* des membres d'une *série*, enfin un *inconditionné* de la synthèse *disjonctive* des parties dans un *système*.

Ce sont là, en effet, exactement les diverses espèces de raisonnements qui tendent chacune à l'inconditionné au moyen de prosyllogismes : la première à un sujet qui lui-même n'est plus prédicat, la deuxième à une supposition qui ne suppose rien de plus, la troisième à un agrégat des membres de la division qui n'exige rien autre chose pour parfaire la division d'un concept. Les concepts rationnels purs de la totalité dans la synthèse des conditions sont donc nécessaires, du moins comme problèmes qui servent à pousser, autant que possible, jusqu'à l'inconditionné l'unité de l'entendement, et ont leur fondement dans la nature de la raison humaine, bien que, du reste, ces concepts transcendantaux n'aient peut-être pas *in concreto* d'usage conforme à leur nature et que, par suite, ils ne possèdent d'autre utilité que de pousser l'entendement dans une direction où son usage, en s'étendant aussi loin que possible, reste toujours parfaitement d'accord avec lui-même.

Mais en parlant ici de la totalité des conditions et de l'inconditionné comme d'un titre commun à tous les concepts rationnels, voilà que, de nouveau, nous tombons sur une expression dont nous ne saurions nous passer et dont cependant l'équivoque, qu'un long abus y a attaché, nous empêche de nous servir avec sécurité. Le mot *absolu* est du petit nombre de ceux qui, dans leur acception primitive, rendaient pleinement un concept que n'exprimait, à cette époque, exactement aucun autre mot de la même langue, et dont la perte, ou ce qui revient au même, l'usage imprécis, entraîne nécessairement la perte du concept lui-même, qui, occupant tout à fait la raison, ne saurait lui faire défaut, sans qu'un grand dommage en résulte pour tous les jugements transcendantaux. On emploie souvent de nos jours le mot *absolu* pour exprimer simplement que quelque chose est *considéré en soi* et a par conséquent une *valeur intrinsèque*. Dans ce sens l'expression *absolument possible* signifierait ce qui est possible en soi (*interne*), et c'est là, dans le fait, *le moins* qu'on puisse dire d'un objet. En revanche, il est aussi employé quelquefois pour désigner que quelque chose est valable sous tous les rapports (d'une manière illimitée) (par exemple, le pouvoir absolu), et l'expression *absolument possible* signifierait, dans ce sens, ce qui est possible à tous les points de vue, *sous tous les rapports,* et c'est là, à son tour, *le plus* que je puisse dire de la possibilité d'une chose. Or, il est vrai que ces deux sens se rencontrent souvent ensemble. Ainsi, par exemple, ce qui est intrinsèquement impossible est impossible sous tous les rapports et, par conséquent, absolument impossible. Mais, dans la plupart des cas, ils sont infiniment éloignés l'un de l'autre et, de ce qu'une chose est possible en soi, je ne peux nullement conclure qu'elle soit par là même possible sous tous les rapports et, par conséquent, absolument possible. De plus, je montrerai dans la suite que la nécessité absolue ne dépend nullement, dans tous les cas, de la nécessité intrinsèque et qu'elle ne doit donc pas être regardée comme équivalente à celle-ci. Une chose dont le contraire est intrinsèquement impossible a évidemment pour contraire une chose impossible sous tous les rapports, et par suite elle est elle-même absolument nécessaire ; mais la réciproque n'est pas vraie : de ce qu'une chose est absolument nécessaire je n'ai pas le droit de conclure à l'impossibilité *intrinsèque* de son contraire, c'est-à-dire qu'il m'est interdit de conclure que *l'absolue* nécessité des choses soit une nécessité *interne ;* car cette nécessité interne est, dans certains cas, un mot tout à fait vide auquel nous ne saurions attacher le moindre concept; tandis que la nécessité d'une chose à tous les points de vue (relativement à tout le possible) implique des déterminations toutes particulières. Or, puisque la perte d'un concept de grande application dans la philosophie spéculative ne peut jamais être indifférente au philosophe, j'espère qu'il ne verra pas non plus avec indifférence le soin que nous mettons à préciser et à conserver l'expression à laquelle est attaché ce concept.

Je me servirai donc du mot *absolu* dans ce sens plus étendu et je l'opposerai à ce qui n'a de valeur que relativement et sous un rapport particulier ; car le relatif est restreint à des conditions, tandis que l'absolu est valable sans restrictions.

Or, le concept rationnel transcendantal ne s'applique jamais qu'à la totalité absolue dans la synthèse des conditions et ne s'arrête qu'à ce qui est inconditionné absolument, c'est-à-dire sous tous les rapports. En effet, la raison pure abandonne tout à l'entendement qui se rapporte immédiatement aux objets de l'intuition ou plutôt à leur synthèse dans l'imagination. Elle se réserve seulement la totalité absolue dans l'usage des concepts de l'entendement et cherche à transporter l'unité synthétique, qui est pensée dans la catégorie, jusque dans l'absolument inconditionné. On peut donc appeler cette totalité *l'unité rationnelle* des phénomènes, de même qu'on peut appeler *unité intellectuelle* celle qu'exprime la catégorie. Ainsi, la raison ne se rapporte qu'à l'usage de l'entendement, non pas, il est vrai, en tant qu'il contient le principe d'une expérience possible (car la totalité absolue des conditions n'est pas un concept utilisable dans une expérience, parce qu'aucune expérience n'est inconditionnée), mais pour lui prescrire une direction vers une certaine unité dont l'entendement n'a aucun concept, mais qui tend à rassembler dans un *tout absolu* tous les actes de l'entendement par rapport à chaque objet. Aussi l'usage objectif des concepts purs de la raison est-il toujours *transcendant*, tandis que l'usage des concepts purs de l'entendement, d'après sa nature, doit toujours être *immanent*, puisqu'il se borne simplement à l'expérience possible.

J'entends par idée un concept rationnel nécessaire auquel nul objet qui lui corresponde ne peut être donné dans les sens. Les concepts purs de la raison, que nous considérons en ce moment, sont ainsi des *idées transcendantales*. Ce sont des concepts de la raison pure, car ils considèrent toute connaissance expérimentale comme déterminée par une totalité absolue des conditions. Ils ne sont pas formés arbitrairement, mais ils sont donnés, au contraire, par la nature même de la raison et se rapportent nécessairement aussi à tout l'usage de l'entendement. Ils sont enfin transcendants et dépassent les limites de toute expérience où ne saurait jamais, par conséquent, se présenter aucun objet adéquat à l'idée transcendantale. Lorsqu'on nomme une idée on dit *beaucoup* par rapport à l'objet (*Object*) (comme objet de l'entendement pur), mais on dit *très peu* par rapport au sujet (c'est-à-dire relativement à sa réalité sous des conditions empiriques), précisément parce que l'idée, comme concept d'un *maximum*, ne peut jamais être donnée *in concreto* de manière adéquate. Or, comme c'est là tout le but que poursuit proprement la raison dans son usage simplement spéculatif, et que, si l'on ne fait qu'approcher d'un concept, sans pouvoir l'atteindre jamais dans l'exécution, cela revient à manquer ce concept entièrement, on dit d'un concept de ce genre qu'il *n*'est *qu*'une idée. Ainsi, on peut dire que la totalité absolue de tous les phénomènes *n'est qu'une idée;* car, comme nous ne pourrons jamais la réaliser dans une image (*im.Bilde entwerfen*), elle reste un *problème* sans aucune solution. Au contraire, comme il ne s'agit, dans l'usage pratique de l'entendement, que d'une exécution d'après des règles, l'idée de la raison pratique peut toujours être donnée réellement, bien que seulement en partie, *in concreto*, et même elle est la condition indispensable de tout usage pratique de la raison. L'exécution de cette idée est toujours bornée et défectueuse, mais en des limites déterminables, et, par conséquent, elle est toujours sous l'influence du concept d'une perfection absolue. L'idée pratique est donc toujours grandement féconde et indispensablement nécessaire par rapport aux actions réelles. La raison pure y puise même la causalité nécessaire pour produire réellement ce que renferme son concept ; c'est pourquoi on ne peut pas dire de la sagesse, en quelque sorte avec dédain, *qu'elle n'est qu'une idée;* mais, au contraire, par là même qu'elle est l'idée de l'unité nécessaire de toutes les fins possibles, elle doit servir de règle à toute pratique, en qualité de condition originaire et tout au moins restrictive.

Or, bien que nous devions dire des concepts rationnels transcendantaux *qu'ils ne sont que des idées*, nous n'irons pourtant nullement jusqu'à les considérer comme superflus et vains. En effet, si aucun objet (*Object*) ne peut être déterminé par eux, il peuvent, au fond, cependant, et sans qu'on le remarque, servir à l'entendement de canon (de règle) qui lui permet d'étendre son usage et de le rendre uniforme ; par ce canon, sans doute, il ne connaît aucun autre objet que ceux qu'il connaîtrait d'après ses concepts, mais il est pourtant mieux dirigé et conduit plus avant dans cette connaissance. Je n'ajoute pas que, peut-être, ces idées peuvent rendre possible un passage des concepts physiques aux concepts pratiques et fournir ainsi aux idées morales elles-mêmes un support et un lien avec les connaissances spéculatives de la raison : l'explication de tout ceci viendra plus tard.

Nous conformant à notre plan, nous laissons de côté les idées pratiques et nous ne considérons la raison que dans son usage spéculatif et, plus étroitement encore, nous ne prenons de cet usage que le côté transcendantal. Il nous faut donc ici suivre la même marche que nous avons suivie plus haut dans la déduction des catégories, c'est-à-dire examiner la forme logique de la connaissance rationnelle et voir si, par hasard, la raison n'est pas aussi par là une source de concepts qui nous font regarder des objets (*Objecte*) en eux-mêmes, comme synthétiquement déterminés *a priori* par rapport à telle ou telle fonction de la raison.

La raison, considérée comme le pouvoir d'une certaine forme logique de la connaissance, est le pouvoir de conclure, c'est-à-dire de juger médiatement (en subsumant la condition d'un jugement possible sous la condition d'un jugement donné). Le jugement donné est la règle générale (majeure, *major*). La subsomption de la condition d'un autre jugement possible sous la condition de la règle est la mineure (*minor*). Le jugement réel qui proclame l'assertion de la règle *dans le cas subsumé* est la conclusion (*conclusio*). La règle exprime, en effet, quelque chose de général sous une certaine condition. Or, la condition de la règle se trouve dans un cas donné. Donc, ce qui est valable universellement sous cette condition doit aussi être regardé comme valable dans le cas donné (qui renferme cette condition). On voit facilement que la raison arrive à une connaissance au moyen d'actes de l'entendement qui constituent une série de conditions. Si je n'arrive à cette proposition : Tous les corps sont changeants, qu'en partant de cette connaissance plus éloignée (où ne se trouve pas encore le concept de corps, mais qui pourtant en renferme la condition) : Tout composé est *changeant,* pour aller de celle-ci à une autre plus rapprochée qui est sous la condition de la première : Les corps sont composés, et pour passer de cette deuxième à une troisième qui unit désormais la connaissance éloignée (le mot : changeant) à la connaissance présente : donc les corps sont changeants ; j'arrive alors par une série de conditions (de prémisses) à une connaissance (à une conclusion). Or, toute série dont l'exposant est donné (celui des jugements catégoriques ou hypothétiques) peut être poursuivie ; et, par suite, le même procédé de la raison conduit à la *ratiocinatio prosyllogistica,* qui est une série de raisonnements qui peut être poursuivie indéfiniment, soit du côté des conditions (*per prosyllogismos*), soit du côté du conditionné (*per episyllogismos*).

Mais on remarque bientôt que la chaîne ou la série des prosyllogismes, c'est-à-dire des connaissances poursuivies du côté des principes ou des conditions d'une connaissance donnée, ou, en d'autres termes, que la *série ascendante* des raisonnements doit cependant se comporter vis-à-vis de la raison autrement que la *série descendante*, c'est-à-dire autrement que la progression que fait la raison par épisyllogismes du côté du conditionné. En effet, puisque, dans le premier cas, la connaissance (*conclusio*) n'est donnée que comme conditionnée, on ne saurait l'atteindre, au moyen de la raison, que si l'on suppose du moins donnés tous les membres de la série du côté des conditions (la totalité dans la série des prémisses) : ce n'est que dans cette supposition que le jugement en question est possible *a priori*; au contraire, du côté du conditionné ou des conséquences, on ne conçoit qu'une série *en devenir* et non une série *entièrement* déjà supposée ou *donnée*, et, par conséquent, qu'une progression virtuelle. Si donc une connaissance est regardée comme conditionnée, la raison est alors obligée de considérer la série des conditions suivant une ligne ascendante comme achevée et comme donnée dans sa totalité. Mais si la même connaissance est en même temps regardée comme condition d'autres connaissances, qui constituent entre elles une série de conséquences suivant une ligne descendante, la raison peut demeurer tout à fait indifférente sur ce qui est de savoir jusqu'où s'étend la progression *a parte posteriori* et si la totalité de cette série est jamais tout à fait possible (*gar überall... möglich*) ; elle n'a pas, en effet, besoin d'une série de cette espèce pour la conclusion qui se présente à elle, puisque cette conclusion est déjà suffisamment déterminée et assurée par ses principes *a parte priori*. Soit donc que, du côté des conditions, la série des prémisses ait un *point de départ* comme condition suprême, soit qu'elle n'en ait pas et que, par conséquent, elle soit sans limites *a parte priori*, elle doit cependant renfermer toujours la totalité de la condition, supposé même que nous ne puissions jamais arriver à l'embrasser ; il faut que la série entière soit absolument vraie, pour que le conditionné, qui en est regardé comme une conséquence, puisse être tenu pour vrai. C'est là ce qu'exige la raison qui présente sa connaissance comme déterminée *a priori* et comme nécessaire, soit en elle-même — et alors, il n'est besoin d'aucun principe, — soit, dans le cas où elle est dérivée, comme un membre d'une série de principes, qui elle-même est absolument vraie.

TROISIÈME SECTION

Système des idées transcendantales.

Nous n'avons pas affaire ici avec une dialectique logique, qui fait abstraction de tout contenu de la connaissance et qui se borne à découvrir la fausse apparence dans la forme des raisonnements, mais avec une dialectique transcendantale qui doit contenir absolument *a priori* l'origine de certaines connaissances tirées de la raison pure, et de certains concepts déduits, dont l'objet ne peut pas du tout être donné empiriquement et qui sont donc tout à fait en dehors du pouvoir de l'entendement pur. Du rapport naturel que l'usage transcendantal de nos connaissances, aussi bien dans les raisonnements que dans les jugements, doit avoir avec l'usage logique, nous avons conclu qu'il n'y a que trois espèces de raisonnements dialectiques qui se rapportent aux trois espèces de raisonnements par lesquels la raison peut aller de certains principes à certaines connaissances, et qu'en tout, son objet est de s'élever de la synthèse conditionnée, à laquelle l'entendement demeure toujours attaché, à la synthèse inconditionnée, qu'il ne peut jamais atteindre.

Or, tous les rapports que peuvent avoir en général nos représentations sont : 1) le rapport au sujet ; 2) le rapport à des objets (*Objecte*), soit tout d'abord comme phénomènes, il est vrai, soit comme objets de la pensée en général. Si on joint cette subdivision à la précédente, tout rapport des représentations, dont nous pouvons nous faire ou un concept ou une idée, est triple : 1, le rapport au sujet ; 2, le rapport au divers de l'objet dans le phénomène ; 3, le rapport à toutes les choses en général.

Or, tous les concepts purs en général ont à s'occuper de l'unité synthétique des représentations ; mais les concepts de la raison pure (les idées transcendantales) s'occupent de l'unité synthétique inconditionnelle de toutes les conditions en général. Par conséquent, on peut diviser toutes les idées transcendantales en *trois classes*, dont LA PREMIÈRE contient *l'unité* absolue (inconditionnée) *du sujet pensant*, la DEUXIÈME, *l'unité* absolue de la *série des conditions du phénomène*, la TROISIÈME *l'unité* absolue de la *condition de tous les objets de la pensée en général*.

Le sujet pensant est l'objet de la *psychologie ;* l'ensemble de tous les phénomènes (le monde), l'objet de la *cosmologie* et ce qui contient la condition suprême de la possibilité de tout ce qui peut être pensé (de l'être des êtres), l'objet de la *théologie.* La raison pure nous fournit donc l'idée d'une psychologie trancendantale (*psychologia rationalis*), d'une cosmologie transcendantale (*cosmologia rationalis*), enfin aussi, d'une théologie transcendantale (*theologia transscendentalis*). La simple esquisse de l'une ou de l'autre de ces sciences n'est pas du ressort de l'entendement, qui ne saurait pas même la tracer en s'aidant du concours de l'usage logique le plus élevé de la raison, c'est-à-dire de tous les raisonnements imaginables, pour s'élever de l'un de ses objets (du phénomène) à tous les autres jusqu'aux membres les plus éloignés de la synthèse empirique ; cette esquisse est uniquement un produit pur et véritable ou un problème de la raison pure.

Quels sont les *modes* de concepts purs de la raison qui rentrent sous ces trois titres de toutes les idées transcendantales? le chapitre suivant l'exposera d'une manière complète. Ils suivent le fil des catégories. En effet, la raison pure ne se rapporte jamais directement aux objets, mais aux concepts qu'en a l'entendement. Ce n'est du reste qu'après avoir parcouru tout ce travail qu'on verra clairement comment, uniquement par l'usage synthétique de cette même fonction dont elle se sert dans les raisonnements catégoriques, la raison peut arriver nécessairement au concept de l'unité absolue du *sujet pensant*, comment le procédé logique, dans les raisonnements hypothétiques, doit nécessairement amener l'idée de l'inconditionnel absolu dans une *série* de conditions données, et enfin comment la simple forme du raisonnement disjonctif appelle le concept rationnel suprême d'un *être de tous les êtres* ; ce qui nous paraît au premier abord être une pensée paradoxale au suprême degré.

Pour ces idées transcendantales il n'y a pas à proprement

parler de *déduction objective* possible, comme celle que nous avons pu donner pour les catégories ; car, dans le fait, elles n'ont de rapport avec aucun objet (*Object*) qui puisse être donné comme y correspondant, précisément pour ce motif qu'elles ne sont que des idées. Ce que nous pouvions entreprendre était d'essayer de les dériver subjectivement de la nature de notre raison, et c'est ce que nous avons fait dans le présent chapitre.

On voit aisément que la raison pure n'a pas d'autre but que la totalité absolue de la synthèse, *du côté des conditions* (d'inhérence, ou de dépendance, ou de concurrence), et que, *du côté du conditionné*, elle n'a pas à s'inquiéter de l'intégrité absolue. En effet, elle n'a besoin que de la première, pour supposer la série totale des conditions et pour la donner ainsi *a priori* à l'entendement. Mais une fois qu'une condition est intégralement (et inconditionnellement) donnée, alors elle n'a plus besoin d'un concept rationnel pour continuer la série en avant ; car l'entendement descend par degrés de lui-même de la condition au *conditionné*. De cette manière, les idées transcendantales ne servent qu'à *s'élever* dans la série des conditions jusqu'à l'inconditionné, c'est-à-dire jusqu'au principe. Mais pour ce qui est de *descendre* vers le conditionné, il y a sans doute un usage logique très étendu que fait notre raison des lois de l'entendement, sans qu'il y ait là nullement un usage transcendantal, et, si nous nous faisons une idée de l'absolue totalité d'une telle synthèse (du *progressus*), par exemple de la série entière de tous les changements *futurs* du monde, ce n'est là qu'un être de raison (*ens rationis*) que nous ne concevons que d'une manière arbitraire et que la raison ne suppose pas nécessairement. En effet la possibilité du conditionné suppose, il est vrai, la totalité de ses conditions, mais non de ses conséquences. Par conséquent, un concept de ce genre n'est pas une idée transcendantale, seule chose dont nous ayons ici à nous occuper.

On s'aperçoit aussi finalement que parmi les idées transcendantales mêmes se manifestent une certaine harmonie et une certaine unité et que, par le moyen de ces idées, la raison pure réduit toutes ses connaissances en système. S'élever de la connaissance de soi-même (de l'âme) à la connaissance du monde et, au moyen de celle-ci, à celle de l'Être suprême (*Urwesen*), c'est là une marche si naturelle qu'elle semble analogue au procédé logique de la raison qui va des prémisses à la conclusion *. Or y a-t-il réellement ici au fond une analogie cachée semblable à celle qui existe entre le procédé logique et le procédé transcendantal ? C'est encore une des questions dont on ne doit attendre la réponse que dans la suite de ces recherches. Nous avons déjà provisoirement atteint notre but, puisque nous avons pu tirer de leur équivoque les concepts transcendantaux de la raison que, dans leurs théories, les philosophes, habituellement, mêlent à d'autres sans jamais proprement les distinguer des concepts de l'entendement, — que nous avons donné, avec leur origine, leur nombre déterminé, au-dessus duquel il ne peut y en avoir d'autres, — et que nous les avons représentés dans un enchaînement systématique, jalonnant ainsi et délimitant le champ particulier de la raison pure.

* [La métaphysique n'a pour objet propre de ses recherches que trois idées : *Dieu, liberté* et *immortalité*, de telle manière que le deuxième de ces concepts combiné avec le premier doit aboutir au troisième comme à une conséquence nécessaire. Tout ce dont s'occupe d'ailleurs cette science lui sert simplement de moyen pour arriver à ces idées et à leur réalité. Elle n'en a pas besoin pour constituer la science de la nature, mais pour dépasser la nature. La parfaite connaissance de ces trois idées rendrait la *théologie*, la *morale* et, par leur réunion, la *religion*, c'est-à-dire les fins les plus élevées de notre existence, uniquement dépendantes du pouvoir spéculatif de la raison, et de rien autre chose. Dans une représentation systématique de ces idées, l'ordre exposé serait, comme *ordre synthétique*, le plus convenable ; mais dans le travail qui doit nécessairement venir avant elle, *l'ordre analytique*, l'inverse du précédent, sera plus conforme à notre but qui est de nous élever de ce que l'expérience nous fournit immédiatement, c'est-à-dire de la *psychologie*, à la *cosmologie*, et de cette dernière à la connaissance de *Dieu*, pour exécuter de la sorte notre vaste plan] [1].

1. Cette remarque est une addition de la 2ᵉ édition.

LIVRE II.

DES RAISONNEMENTS DIALECTIQUES DE LA RAISON PURE

On peut dire que l'objet d'une idée purement transcendantale est quelque chose dont on n'a aucun concept, quoique la raison ait produit nécessairement cette idée, d'après ses lois originaires. C'est que, dans le fait, il n'est point, d'un objet qui soit adéquat aux exigences de la raison, de concept intellectuel possible, c'est-à-dire de concept tel qu'il puisse être montré et rendu susceptible d'être intuitionné dans une expérience possible. Mieux vaudrait dire toutefois — et l'on courrait un moindre risque d'être mal compris — que, de l'objet (*Object*) qui correspond à une idée, nous ne pouvons avoir aucune connaissance, bien que nous puissions en avoir un concept problématique.

Or, la réalité transcendantale (subjective) des concepts purs de la raison se fonde du moins sur ce fait que nous sommes conduits à de telles idées par un raisonnement nécessaire. Il y a donc des raisonnements qui ne contiennent pas de prémisses empiriques, et au moyen desquels nous concluons de quelque chose que nous connaissons à quelque autre chose dont nous n'avons aucun concept et à quoi nous attribuons tout de même de la réalité objective, par une inévitable apparence. De tels raisonnements méritent plutôt, par rapport à leur résultat, le nom de *sophismes* que celui de raisonnements, bien que, cependant, à cause de leur origine, ils puissent bien prendre ce dernier nom, puisqu'au lieu de naître d'une manière fictive ou fortuite, ils sont tirés de la nature de la raison. Ce sont des sophistications, non pas de l'homme, mais de la raison pure elle-même, et même le plus sage de tous les hommes ne saurait s'en affranchir; peut-être, après beaucoup d'efforts, parviendra-t-il à éviter l'erreur, sans pouvoir jamais toutefois se délivrer entièrement de l'apparence qui le poursuit et le berne sans cesse.

Il n'y a donc que trois espèces de raisonnements dialectiques, autant qu'il y a d'idées auxquelles aboutissent leurs conclusions. Dans le raisonnement de la PREMIÈRE classe, je conclus du concept transcendantal du sujet, qui ne renferme aucun divers, à l'unité absolue de ce sujet lui-même, dont je n'ai, de cette manière, absolument aucun concept. A cette conclusion dialectique, je donnerai le nom de *paralogisme* transcendantal. La DEUXIÈME classe de conclusions sophistiques repose sur le concept transcendantal de la totalité absolue de la série des conditions pour un phénomène donné en général ; et de ce que j'ai toujours un concept en soi contradictoire de l'unité synthétique inconditionnée d'un côté de la série, je conclus à la légitimité de l'unité du côté opposé, dont je n'ai cependant même pas un concept. J'appellerai l'état de la raison dans ces conclusions dialectiques : l'*antinomie* de la raison pure. Enfin, dans la TROISIÈME espèce de raisonnements sophistiques, je conclus de la totalité des conditions nécessaires pour concevoir des objets en général, en tant qu'ils peuvent nous être donnés, à l'unité synthétique absolue de toutes les conditions de la possibilité des choses en général, c'est-à-dire de choses, que je ne connais pas d'après leur simple concept transcendantal, à un être de tous les êtres que je connais encore moins par un concept transcendant et de la nécessité inconditionnée duquel je ne puis me former aucun concept. A ce raisonnement dialectique je donnerai le nom d'*idéal* de la raison pure.

CHAPITRE PREMIER

DES PARALOGISMES DE LA RAISON PURE

Le paralogisme logique consiste dans la fausseté de la forme d'un raisonnement, quelle qu'en soit du reste le contenu. Mais un paralogisme transcendantal a un principe transcendantal qui nous fait conclure faussement quant à la forme. De cette manière, un tel raisonnement vicieux a son fondement dans la nature de la raison humaine et entraîne une illusion inévitable, mais non insoluble.

Nous arrivons maintenant à un concept que nous n'avons pas mis plus haut dans la liste générale des concepts transcendantaux, mais qu'il faut cependant y rattacher, sans que pourtant notre table, pour ce motif, soit à modifier ni à déclarer incomplète. Je veux parler du concept, ou, si l'on préfère, du jugement : *je pense*. Or, on voit aisément que ce concept-là est le véhicule de tous les concepts en général, et par suite aussi des concepts transcendantaux, qu'il y est donc toujours compris et que, par conséquent, il est transcendantal comme eux, sans que pourtant il puisse avoir de titre particulier, puisqu'il ne sert qu'à présenter toute pensée comme appartenant à la conscience. Néanmoins, si pur qu'il soit de tout empirisme (de toute impression des sens), il sert pourtant à distinguer deux espèces d'objets d'après la nature de notre faculté de représentation. *Moi*, en tant que pensant, je suis un objet du sens interne et je m'appelle une âme. Ce qui est un objet des sens externes prend le nom de corps. Donc le mot moi, en tant qu'être pensant, indique déjà l'objet de la psychologie, qui peut être appelée science rationnelle de l'âme lorsque je ne veux savoir rien de plus de l'âme que ce qui peut être conclu de ce concept *moi*, en tant qu'il se présente dans toute pensée, et indépendamment de toute expérience (qui me détermine plus particulièrement et *in concreto*).

Or, la psychologie rationnelle est réellement une entreprise de ce genre, car, si le moindre élément empirique de ma pensée, si quelque perception particulière de mon état interne, se mêlaient aux principes de connaissance de cette science, elle ne serait plus une psychologie rationnelle, mais une psychologie empirique. Nous avons donc déjà devant nous une prétendue science construite sur l'unique proposition : *je pense*, et dont nous pouvons ici, tout à fait convenablement et d'une manière conforme à la nature d'une philosophie transcendantale, chercher le fondement ou le manque de fondement. Il ne faut pas s'arrêter à ce que, dans cette proposition, qui exprime la perception de soi-même, j'ai une expérience interne, et vouloir que, par suite, la psychologie rationnelle qui est construite sur cette proposition ne soit jamais pure, mais qu'elle repose en partie sur un principe empirique ; car, cette perception interne n'est autre chose que la simple aperception : *je pense*, qui rend possibles tous les concepts transcendantaux où l'on dit : je pense la substance, la cause, etc. En effet, l'expérience interne en général et sa possibilité, ou la perception en général et son rapport à une autre perception, ne peuvent être regardées comme des connaissances empiriques, si quelque distinction particulière ou quelque détermination n'est pas donnée empiriquement, mais elles doivent être regardées comme des connaissances de l'empirique en général, et cela rentre dans la recherche de la possibilité de toute expérience, recherche absolument transcendantale. Le moindre objet (*Object*) de la perception (par exemple, le plaisir ou la peine) qui s'ajouterait à la représentation générale de la conscience de soi-même changerait aussitôt la psychologie rationnelle en psychologie empirique.

Je pense est donc le texte unique de la psychologie rationnelle, celui d'où elle doit tirer toute sa science. On voit donc aisément que si cette pensée doit se rapporter à un objet (à moi-même), elle ne peut renfermer autre chose que des prédicats transcendantaux de cet objet, puisque le moindre prédicat empirique ferait disparaître la pureté rationnelle et l'indépendance de cette science par rapport à toute expérience.

Mais nous avons ici à suivre simplement le fil conducteur des catégories ; seulement, comme, dans ce cas, une chose : le moi, en tant qu'être pensant, nous est d'abord donnée, sans changer l'ordre des catégories entre elles et en le gardant tel qu'il a été plus haut exposé dans leur table, nous partirons ici de la catégorie de la substance, par laquelle est représentée une chose en elle-même, et nous suivrons ainsi à reculons la série des catégories. La topique de la psychologie rationnelle, d'où doit dériver tout ce qu'elle peut contenir, est par conséquent la suivante :

1.

L'âme est ((c'est-à-dire existe comme))
une *substance*

2.

simple
quant à sa qualité

3.

numériquement identique, c'est-à-dire *unité* (non. pluralité), quant aux différents temps, où elle existe.

4.

En rapport
avec des objets *possibles* dans l'espace *.

---

* Le lecteur qui ne découvrirait pas assez facilement le sens psychologique de ces expressions dans leur abstraction transcendantale et qui

C'est de ces éléments que résultent tous les concepts de la psychologie pure uniquement par leur composition et sans qu'on ait le moins du monde à reconnaître un autre fondement. La substance dont nous parlons (*diese Substanz*), considérée simplement comme objet du sens interne, donne le concept de l'*immatérialité;* comme substance simple, celui de l'*incorruptibilité;* son identité, comme substance intellectuelle, donne la *personnalité*, et la réunion de ces trois concepts fournit la *spiritualité;* son rapport aux objets dans l'espace donne le *commerce* avec le corps; elle représente donc la substance pensante comme le principe de la vie dans la matière, c'est-à-dire comme une âme (*anima*) et comme le principe de l'*animalité;* celle-ci renfermée dans les limites de la spiritualité représente l'*immortalité*.

De là quatre paralogismes d'une psychologie transcendantale que l'on prend faussement pour une science de la raison pure touchant la nature de notre être pensant. Nous ne pouvons lui donner d'autre fondement que la représentation simple, par elle-même tout à fait vide de contenu : moi, dont on ne peut pas même dire qu'elle soit un *concept* et qui n'est qu'une simple conscience accompagnant tous les concepts. Par ce « moi », par cet « il » ou par cette chose (*das Ding*), qui pense, on ne se représente rien de plus qu'un sujet transcendantal des pensées = X, et ce n'est que par les pensées qui sont ses prédicats que nous connaissons ce sujet, dont nous ne pouvons jamais avoir, séparément, le moindre concept; nous tournons donc ici dans un cercle perpétuel, puisque nous sommes toujours obligés de nous servir d'abord de la représentation du moi pour porter sur lui quelque jugement; et c'est là un inconvénient qui en est inséparable, puisque la conscience, en soi, est moins une représentation qui distingue un objet (*Object*) particulier, qu'une forme de la représentation en général, en tant qu'elle doit

---

demanderait pourquoi le dernier attribut de l'âme appartient à la catégorie de l'existence, trouvera tout cela suffisamment expliqué et justifié dans ce qui suit. Du reste, si, en me servant d'expressions latines, qui, dans cette section aussi bien que dans tout ce livre, se sont glissées à la place des termes allemands qui ont le même sens, je suis allé contre le goût et le bon style, je puis alléguer pour excuse que j'ai mieux aimé sacrifier un peu de l'élégance du langage que de m'exposer à rendre plus pénible le travail des écoles par suite de la plus petite obscurité.

recevoir le nom de connaissance ; car c'est de la représentation seule que je puis dire que je pense par elle quelque chose.

Mais il doit dès l'abord sembler étrange que la condition sous laquelle je pense en général et qui, par conséquent, est une simple propriété de mon sujet, doive être en même temps valable pour tout ce qui pense, et que nous puissions prétendre fonder sur une proposition qui semble empirique un jugement apodictique et universel, comme celui : que tout ce qui pense est constitué comme ma conscience déclare que je le suis moi-même. La raison en est qu'il nous faut *a priori* attribuer nécessairement aux choses toutes les propriétés qui constituent les conditions sous lesquelles seules nous les pensons. Or, je ne peux avoir la moindre représentation d'un être pensant par aucune expérience extérieure, mais simplement par la conscience de moi-même. De tels objets ne sont donc rien de plus que le transfert de ma conscience à d'autres choses, et ce n'est que par là que je me représente d'autres choses à titre d'êtres pensants. Mais la proposition : *Je pense,* n'est prise ici que dans un sens problématique ; nous ne regardons pas s'il lui est possible de contenir la perception d'une existence (comme le fait le *cogito, ergo sum* de Descartes) ; nous la considérons uniquement au point de vue de sa possibilité, afin de voir quelles propriétés peuvent découler d'une si simple proposition relativement à son sujet (que ce sujet puisse exister ou non).

Si la connaissance rationnelle pure que nous avons des êtres pensants en général avait pour fondement quelque chose de plus que le *cogito,* si nous nous y aidions des observations que nous pouvons faire sur le jeu de nos pensées et sur les lois naturelles du principe pensant lui-même, qu'on peut en tirer : il en résulterait une psychologie empirique qui serait une espèce de *physiologie* du sens interne, et qui pourrait peut-être servir à en expliquer les phénomènes, mais jamais à découvrir des propriétés qui n'appartiennent pas du tout à l'expérience possible (comme celles de la simplicité), ni à nous apprendre *apodictiquement* d'un être pensant en général quelque chose qui en concerne la nature : elle ne serait donc pas une psychologie rationnelle.

Or, comme la proposition : *je pense* (prise problématiquement) contient la forme de tout jugement de l'entendement en général et qu'elle accompagne toutes les catégories à titre de véhicule, il est clair que les conclusions qu'on en tire ne peuvent renfermer qu'un usage simplement transcendantal de l'entendement qui exclut tout mélange de l'expérience et du succès duquel, d'après ce que nous avons montré plus haut, nous ne saurions nous faire d'avance aucun concept avantageux. Nous allons le suivre d'un œil critique à travers tous les prédicaments de la psychologie pure[1].

1° PARALOGISME DE LA SUBSTANTIALITÉ

Ce dont la représentation est le *sujet absolu* de nos jugements et qui ne peut donc pas être employé comme détermination d'une autre chose, est SUBSTANCE.

En tant qu'être pensant, je suis le *sujet absolu* de tous mes jugements possibles et cette représentation de moi-même ne peut servir de prédicat à aucune autre chose.

Donc, à titre d'être pensant (comme âme), je suis une SUBSTANCE.

CRITIQUE DU PREMIER PARALOGISME DE LA PSYCHOLOGIE PURE

Dans la partie analytique de la Logique transcendantale, nous avons montré que les catégories pures (et parmi celles-ci la catégorie même de la substance) n'ont en elles-mêmes aucune signification objective, si on ne place pas sous elles une intuition au divers de laquelle elles peuvent être appliquées comme fonctions de l'unité synthétique. Elles ne sont sans cela que des fonctions d'un jugement sans contenu. Je

---

1) A partir d'ici le présent chapitre a été continué comme suit dans la 2° édition :

Cependant, pour plus de brièveté, nous procéderons à cet examen sans nulle part rompre la trame de notre développement.

Et tout d'abord voici une remarque générale capable d'attirer davantage notre attention sur cette espèce de raisonnement. Ce n'est pas simplement parce que je pense que je connais un objet (*Object*) quelconque; ce n'est, au contraire, qu'en déterminant une intuition donnée relativement à l'unité de la conscience, — et c'est en cela que consiste toute pensée, — que je peux connaître un objet quelconque. Je ne me connais donc pas moi-même par cela seul que j'ai conscience de moi, comme être pensant, mais si j'ai conscience de l'intuition

puis dire de toute chose en général qu'elle est une substance, en tant que je la distingue de simples prédicats et de simples déterminations des choses. Or, dans tout acte de pensée, notre *moi* est le sujet auquel les pensées ne sont inhérentes qu'en qualité de déterminations et ce moi ne peut pas être employé comme la détermination d'une autre chose. Chacun doit donc se considérer lui-même comme une substance et ses pensées (*das Denken*) comme de simples accidents de son existence et des déterminations de son état.

Or, quel usage dois-je faire de ce concept d'une substance? Que, comme être pensant, je *dure* par moi-même, sans *naître* ni *mourir* naturellement, je ne peux d'aucune façon le conclure, et pourtant c'est à cela seul que peut servir le concept de la substantialité de mon sujet pensant, dont je pourrais fort bien me passer sans cela.

Il s'en faut tellement que je puisse conclure ces propriétés de la simple catégorie pure d'une substance qu'au contraire nous sommes obligés de prendre pour principe la permanence d'un objet donné tiré de l'expérience, si nous voulons lui appliquer le concept d'une *substance* tel qu'on peut l'employer empiriquement. Or, nous n'avons pris aucune expérience pour base de notre proposition, mais nous avons uniquement conclu, en partant du concept de la relation que toute pensée a au moi comme au sujet commun auquel elle est inhérente. Même en prenant une expérience pour base, nous ne pourrions pas démontrer une pareille permanence par une observation certaine. En effet, le moi, il est vrai, est dans toutes les pensées ; mais, à cette représentation n'est pas liée la moindre

---

de moi-même, comme d'une intuition déterminée par rapport à la fonction de la pensée. Tous les *modes* de la conscience de soi dans la pensée ne sont donc pas encore en soi des concepts intellectuels d'objets (*von Objecten*) (des catégories), mais de simples fonctions logiques qui ne font connaître à la pensée absolument aucun objet et, par suite, ne me font pas connaître non plus comme objet. Ce qui constitue l'*objet* (*das Object*), ce n'est pas la conscience du moi *déterminant*, mais seulement celle du moi *déterminable*, c'est-à-dire de mon intuition intérieure (en tant que le divers en peut être lié conformément à la condition générale de l'unité de l'aperception dans la pensée).

1) Or, dans tous les jugements, je suis toujours le sujet *détermi-*

intuition qui la distingue de tous les autres objets de l'intuition. On peut donc remarquer, sans doute, que cette représentation reparaît toujours dans toute pensée, mais non qu'elle est une intuition fixe et permanente où les pensées (en tant que variables) se succèdent.

D'où il suit que le premier raisonnement de la psychologie transcendantale ne nous apporte qu'une prétendue lumière nouvelle, en nous donnant le sujet logique permanent de la pensée pour la connaissance du sujet réel de l'inhérence, sujet dont nous n'avons ni ne pouvons avoir la moindre connaissance, puisque la conscience est la seule chose qui fasse, de toutes nos représentations, des pensées, et dans laquelle, par conséquent, toutes nos perceptions doivent se rencontrer comme dans le sujet transcendantal ; et en dehors de cette signification logique du moi, nous n'avons aucune connaissance du sujet en soi qui est à la base du moi comme de toutes les pensées, en qualité de substrat. On peut très bien, cependant, conserver cette proposition : *l'âme est une substance* à la condition d'accorder que ce concept ne nous mène pas plus loin ou qu'il ne peut rien nous apprendre des conclusions habituelles de la psychologie prétendue rationnelle, comme, par exemple, la durée constante de l'âme dans tous ses changements et même après la mort de l'homme, et qu'il désigne ainsi une substance seulement en idée, mais non dans la réalité.

---

nant du rapport qui constitue le jugement. Mais que le moi qui pense doive toujours dans la pensée avoir la valeur d'un *sujet* et puisse être considéré comme quelque chose qui n'est pas attaché à la pensée simplement comme prédicat, c'est une *proposition* apodictique et même *identique* ; mais elle ne signifie pas que je sois, comme *objet* (Object), un être *subsistant* par moi-même, ou une *substance*. Cette dernière proposition va bien loin et c'est pour cela qu'elle exige aussi des données qui ne se trouvent pas du tout dans la pensée, et peut-être (en tant que j'envisage l'être pensant comme tel) va-t-elle trop loin pour que je puisse jamais les (y) rencontrer.

2) Que le moi dans la perception et, par conséquent, le moi dans toute pensée soit quelque chose de *singulier* qui ne puisse pas se résoudre en une pluralité de sujets, et que, par suite, il désigne un sujet logiquement simple, c'est ce qui est déjà dans le concept de la pensée et ce qui est, par conséquent, une proposition analytique; mais cela ne signifie pas que le moi pensant soit une *substance*

2° PARALOGISME DE LA SIMPLICITÉ

Une chose, dont l'action ne peut jamais être regardée comme le concours de plusieurs choses agissantes, est SIMPLE.

Or, l'âme ou le moi pensant est une chose de ce genre.

Donc, etc.

CRITIQUE DU DEUXIÈME PARALOGISME DE LA PSYCHOLOGIE TRANSCENDANTALE

C'est ici l'Achille de tous les raisonnements dialectiques de la psychologie pure, non pas simplement un jeu sophistique imaginé par quelque dogmatique pour donner à ses assertions une apparence fugitive, mais un raisonnement qui semble supporter l'examen le plus pénétrant et la réflexion la plus profonde. Le voici.

Toute substance *composée* est un agrégat de plusieurs, et l'action d'un composé ou ce qui est inhérent à ce composé comme tel, est un agrégat de plusieurs actes ou accidents répartis entre la multitude des substances. Or, un effet qui résulte du concours de plusieurs substances agissantes est, sans doute, possible, quand cet effet est simplement extérieur (ainsi, par exemple, le mouvement d'un corps est le mouvement combiné de toutes ses parties); mais il en est autrement

---

simple, ce qui serait une proposition synthétique. Le concept de la substance se rapporte toujours à des intuitions, et les intuitions en moi ne peuvent être que sensibles; par suite elles se trouvent entièrement en dehors du champ de l'entendement et hors de sa pensée, dont pourtant il s'agit ici exclusivement, quand on dit que le moi dans la pensée est simple. Ce serait étrange, du reste, que ce qui exige ailleurs tant de précautions, pour distinguer dans ce que présente l'intuition ce qui est en elle substance, et à plus forte raison pour distinguer si cette substance aussi est simple (ce qui a lieu dans les parties de la matière), il serait, dis-je, étrange, que cela me fût donné ici comme par une sorte de révélation, d'une manière aussi directe, et cela, dans la plus pauvre de toutes les représentations.

3) La proposition de l'identité de mon moi dans tout divers dont j'ai conscience, est également contenue dans les concepts mêmes, et c'est par suite une proposition analytique, mais cette identité du

des pensées, comme accidents internes d'un être pensant. En effet, supposez que le composé pense; chacune de ses parties renfermerait alors une partie de la pensée et toutes ensemble seules contiendraient la pensée tout entière. Or, cela est contradictoire. En effet, puisque les représentations qui sont partagées entre différents êtres (par exemple, les mots particuliers d'un vers) ne constituent jamais une pensée entière (un vers), la pensée ne peut être inhérente à un composé comme tel. Elle n'est donc possible que dans *une* substance qui n'est pas un agrégat de plusieurs et qui, par conséquent, est absolument simple*.

Ce qu'on appelle le *nervus probandi* de cet argument se trouve dans la proposition : que plusieurs représentations doivent être contenues dans l'unité absolue du sujet pensant pour constituer une pensée. Mais nul ne peut prouver *par concepts* cette proposition. En effet, par où pourrait-on bien commencer pour y arriver ? Cette proposition : une pensée ne peut être que l'effet de l'unité absolue de l'être pensant, ne saurait être traitée comme analytique. Car l'unité de la pensée qui se compose de plusieurs représentations est collective et peut se rapporter, au point de vue des simples concepts, à l'unité collective des substances qui la produisent (ainsi le mouvement d'un corps est le mouvement composé de toutes ses parties) tout aussi bien qu'à l'unité absolue

---

* Il est très facile de donner à cette preuve la précision de la forme scolaire habituelle. Seulement, pour le but que je me propose, il me suffit de mettre sous les yeux cet argument sous une forme toute populaire.

---

sujet, dont je puis avoir conscience dans toutes ses représentations, ne concerne pas l'intuition du sujet dans laquelle il est donné comme objet (*Object*) et ne peut donc pas signifier l'identité de la personne, par laquelle on entend la conscience de l'identité de sa propre substance, comme d'un être pensant, dans tous les changements d'état. On n'arriverait pas à le prouver par la simple analyse de la proposition : je pense, mais il faudrait pour cela divers jugements synthétiques fondés sur l'intuition donnée.

4) Dire que je distingue ma propre existence, comme celle d'un être pensant, des autres choses qui sont hors de moi (et dont mon corps aussi fait partie), c'est encore là une proposition analytique; car les *autres choses* sont celles que je conçois comme *distinctes* de

du sujet. D'après la règle de l'identité, il est donc impossible de voir clairement la nécessité de la supposition d'une substance simple pour une pensée composée. Mais que cette même proposition doive être connue synthétiquement et absolument *a priori* par purs concepts, nul n'osera le soutenir, s'il connaît le principe de la possibilité des propositions synthétiques *a priori* tel que nous l'avons exposé plus haut.

Or, il est aussi impossible de dériver de l'expérience cette unité nécessaire du sujet comme la condition de la possibilité de toute pensée. En effet, celle-ci ne fait connaître aucune nécessité, sans compter que le concept de l'unité absolue dépasse de beaucoup sa sphère. Où donc prendrons-nous cette proposition sur laquelle repose tout le raisonnement psychologique?

Il est évident que, quand on veut se représenter un être pensant, il faut se mettre soi-même à sa place et substituer donc à l'objet qu'on voudrait examiner, son propre sujet (ce qui n'est pas le cas dans un autre genre de recherches), et que, si nous exigeons l'unité absolue du sujet pour une pensée c'est seulement parce que nous ne pourrions pas dire sans cela : je pense (le divers dans une représentation). En effet, bien que le tout de la pensée puisse être partagé et distribué entre plusieurs sujets, le *moi* subjectif ne peut pourtant pas être partagé ni distribué et, ce moi, nous le supposons dans toute pensée.

Ici donc, comme dans le paralogisme précédent, la proposition formelle de l'aperception : *je pense*, reste aussi le fondement sur lequel la psychologie rationnelle ose étayer l'ac-

---

moi. Mais cette conscience de moi-même est-elle absolument possible sans les choses hors de moi par lesquelles me sont données des représentations, et, par conséquent, puis-je exister simplement comme un être pensant (sans être homme)? c'est ce que je ne sais pas du tout par là.

L'analyse de la conscience de moi-même ne me procure donc aucune utilité dans la pensée générale, par rapport à la connaissance de moi-même comme objet (*Object*). Le développement logique de la pensée en général est pris à tort pour une détermination métaphysique de l'objet (*Objects*).

Ce serait une grosse pierre d'achoppement, et ce serait même la seule, contre toute notre Critique, s'il était possible de prouver *a*

croissement de ses connaissances, et cette proposition n'est sans doute pas une expérience, mais la forme de l'aperception qui est inhérente à toute expérience et qui la précède, bien que cependant elle ne doive jamais être regardée, par rapport à une connaissance possible en général, que comme sa *condition simplement subjective*, condition que nous prenons à tort pour la condition de la possibilité d'une connaissance des objets en général, c'est-à-dire pour un *concept* de l'être pensant en général, puisque nous ne pouvons nous le représenter sans nous mettre nous-mêmes, avec la formule de notre conscience, à la place de tout autre être intelligent.

Mais la simplicité de moi-même (en tant qu'âme) n'est pas non plus *conclue* réellement de la proposition : je pense, c'est elle au contraire qui se trouve la première déjà dans toute pensée même. La proposition : *je suis simple*, doit être regardée comme une expression immédiate de l'aperception ; de même le prétendu raisonnement de Descartes : *cogito, ergo sum*, est en réalité tautologique, puisque le *cogito* (*sum cogitans*) exprime immédiatement la réalité. *Je suis simple* ne signifie donc rien de plus sinon que cette représentation : *moi*, ne contient en elle-même aucune diversité et qu'elle est une unité absolue (bien que simplement logique).

Cette preuve psychologique si célèbre est donc uniquement fondée sur l'*unité* indivisible d'une représentation qui ne fait que diriger le verbe du côté d'une seule personne. Mais il est évident que le sujet de l'inhérence n'est désigné, par le moi attaché à la pensée, que d'une manière transcendantale, sans qu'on en remarque la moindre propriété ou, en général, sans qu'on en connaisse ou que l'on en sache quelque chose. Il signifie un quelque chose en général (un sujet transcendantal) dont la représentation doit être absolument simple (*einfach*), par le fait même qu'on ne détermine rien

---

priori que tous les êtres pensants sont en soi des substances simples et qu'à ce titre, par conséquent (ce qui est une suite du même argument), ils comportent inséparablement avec eux la personnalité, et qu'ils ont conscience de leur existence séparée de toute matière. Car, de cette manière, nous aurions fait un pas en dehors du monde sensible, nous serions entrés dans le champ des *noumènes*. Et que personne ne nous conteste le droit de nous y étendre davantage, d'y bâtir et d'en prendre possession chacun dans la mesure où sa bonne étoile

de lui, rien ne pouvant assurément être représenté plus simplement (*einfacherer*) que par le concept d'un simple (*blosses*) quelque chose. Mais la simplicité (*die Einfachheit*) de la représentation d'un sujet n'est pas pour cela une connaissance de la simplicité (*Einfachheit*) du sujet lui-même, car on fait totalement abstraction de ses qualités, quand on le désigne uniquement par l'expression complètement vide de contenu : moi (expression que je puis appliquer à tout sujet pensant).

Ainsi, il est certain que, par le moi, je conçois toujours une unité absolue, mais logique du sujet (une simplicité) ; mais je ne connais point par là la simplicité réelle de mon sujet. De même que la proposition : je suis une substance, ne signifiait rien que la catégorie pure, dont je ne puis faire aucun usage *in concreto* (empirique), de même, il m'est permis de dire que je suis une substance simple, c'est-à-dire une substance dont la représentation ne renferme jamais une synthèse de la diversité ; mais ce concept, ou, si l'on veut, cette proposition, ne nous enseigne pas la moindre chose par rapport à moi-même, comme objet de l'expérience, puisque le concept de la substance n'est lui-même employé que comme fonction de la synthèse, sans qu'aucune intuition lui soit soumise, et, par conséquent, sans objet, — et puisqu'il n'a de valeur que relativement à la condition de notre connaissance, mais non par rapport à un objet que l'on puisse indiquer. Essayons maintenant de voir la prétendue utilité de cette proposition.

Chacun doit avouer que l'affirmation de la nature simple de l'âme ne peut avoir quelque valeur qu'en tant que je puis par là distinguer ce sujet pensant de toute matière et, par conséquent, mettre l'âme en dehors de la caducité à laquelle est toujours soumise la matière. C'est d'ailleurs à cet usage

---

le favorise. En effet, la proposition : tout être pensant, comme tel, est une substance simple, est une proposition synthétique *a priori*. puisque, d'abord, elle dépasse le concept qui lui sert de principe et qu'elle ajoute à la pensée en général le *mode d'existence*, et qu'ensuite elle joint à ce concept un prédicat (celui de la simplicité) qui ne peut être donné dans aucune expérience. Les propositions synthétiques *a priori* ne sont donc pas, comme nous l'avons affirmé, praticables et admissibles, simplement par rapport aux objets de

qu'est proprement destinée la proposition précédente ; aussi l'exprime-t-on la plupart du temps sous cette autre forme : l'âme n'est pas corporelle. Or, si je puis montrer que, bien que l'on accorde toute valeur objective à cette proposition cardinale de la psychologie rationnelle, en la prenant dans le sens pur d'un simple jugement de la raison (par catégories pures), (tout ce qui pense est une substance simple), on ne peut cependant faire le moindre usage de cette proposition par rapport à l'hétérogénéité ou à l'homogénéité de l'âme avec la matière : ce sera comme si j'avais montré que cette prétendue connaissance psychologique rentre dans le champ des simples idées auxquelles manque la réalité de l'usage objectif.

Nous avons établi d'une manière incontestable, dans l'Esthétique transcendantale, que les corps sont de simples phénomènes de notre sens externe et non des choses en soi. D'après cela, nous pouvons dire avec raison que notre sujet pensant n'est pas corporel, c'est-à-dire qu'étant représenté comme l'objet de notre sens interne, il ne peut pas, en tant qu'il pense, être un objet des sens externes, un phénomène dans l'espace. Cela revient à dire que des êtres pensants ne peuvent jamais, *comme tels*, se présenter à nous parmi les phénomènes extérieurs, ou que nous ne pouvons pas intuitionner extérieurement leurs pensées, leur conscience, leurs désirs, etc., car tout ceci est du ressort du sens intime. Dans le fait, cet argument semble bien être l'argument naturel et populaire sur lequel le sens commun s'est de tout temps appuyé, et en vertu duquel il s'est mis de très bonne heure à considérer les âmes comme des êtres entièrement distincts des corps.

Mais, bien que l'étendue, l'impénétrabilité, la composition et le mouvement, bref, tout ce que les sens extérieurs peu-

---

l'expérience possible, et, à la vérité, comme principes de la possibilité de cette expérience elle-même ; elles peuvent encore se rapporter aussi à des choses en général et en elles-mêmes ; et cette conséquence mettrait fin à toute notre Critique et nous obligerait à retourner à l'ancienne méthode. Mais le péril n'est pas si grand, quand on regarde la chose de plus près.

Le procédé de la psychologie rationnelle est dominé par un paralogisme qui est représenté par le syllogisme suivant :

vent nous fournir, ne soient ni pensée, ni sentiment, ni inclination ni volition, ou que, si cela y est contenu, ce n'est qu'en qualité de choses qui, en aucun cas, ne sont des objets d'intuition extérieure, ce quelque chose, cependant, qui sert de fondement aux phénomènes extérieurs et qui affecte notre sens de telle sorte qu'il reçoit les représentations d'espace, de matière, de figure, etc., ce quelque chose, à titre de noumène (ou, plutôt, comme objet transcendantal), pourrait en même temps être aussi le sujet de ses propres pensées, quoique, par la manière dont notre sens extérieur en est affecté, nous n'ayons pas d'intuition de représentations, de volitions, etc., mais simplement des intuitions de l'espace et de ses déterminations. Or, ce quelque chose n'est ni étendu, ni impénétrable, ni composé, puisque tous ces prédicats ne concernent que la sensibilité et son intuition, en tant que nous sommes affectés par des objets (*Objecten*) de cette nature (qui nous sont inconnus d'ailleurs). Ces expressions ne nous font pas du tout connaître ce qu'est l'objet lui-même (*was für ein Gegenstand es sei*) ; elles nous montrent seulement que ces prédicats des phénomènes extérieurs ne peuvent pas être attribués à cet objet considéré comme tel, c'est-à-dire en lui-même et sans aucun rapport avec les sens extérieurs. Mais les prédicats du sens intérieur, représentations et pensées, ne lui sont pas contradictoires. Aussi, même en accordant à l'âme humaine la simplicité de nature, ne peut-on pas suffisamment la distinguer de la matière, relativement à son *substrat,* si (comme on doit le faire) on la considère simplement comme phénomène.

Si la matière était une chose en soi, elle serait, à titre d'être composé, absolument et entièrement distincte de l'âme prise en qualité d'être simple. Or, elle est simplement un phénomène extérieur dont le substratum n'est connu par aucun

---

Ce qui ne peut être conçu autrement que comme sujet n'existe aussi que comme sujet et est, par conséquent, substance.

Or un être pensant, considéré simplement comme tel, ne peut être conçu que comme sujet.

Donc il n'existe aussi que comme tel, c'est-à-dire comme substance.

Dans la majeure, il est question d'un être qui, en général, peut être conçu sous tous les rapports, et, par conséquent, tel qu'il peut être donné dans l'intuition. Mais dans la mineure, il n'est question

prédicat que l'on puisse indiquer ; par suite, je puis bien admettre de ce substratum qu'il est simple en soi, — bien que suivant la manière (*in der Art wie*) dont il affecte nos sens, il produise en nous l'intuition de l'étendu et, par suite, du composé, — et que la substance, à laquelle, au point de vue de notre sens externe, s'applique l'étendue, renferme donc en elle-même des pensées qui peuvent être représentées avec conscience par leur propre sens intérieur. De cette manière, la même chose qui, sous un rapport, serait appelée corporelle, serait en même temps, sous un autre rapport, un être pensant dont les pensées ne peuvent pas, sans doute, être intuitionnées, mais bien leurs signes dans le phénomène. Ainsi tomberait l'expression que les âmes seules (comme espèces particulières de substances) pensent ; il serait mieux de dire, comme on le fait habituellement, que les hommes pensent, c'est-à-dire que la même chose qui est étendue, en tant que phénomène extérieur, est intérieurement (en elle-même) un sujet non composé, mais simple, au contraire, et qui pense.

Mais, sans se permettre des hypothèses de ce genre, on peut remarquer en général que, si j'entends par âme un être pensant en soi, la question de savoir si l'âme est ou n'est pas de la même nature que la matière (qui n'est pas une chose en soi, mais seulement un mode de représentation en nous) est déjà mal posée en elle-même, car il va sans dire qu'une chose en soi est d'une autre nature que les déterminations qui constituent simplement son état.

Mais si nous comparons le moi pensant, non pas avec la

---

du même être qu'autant qu'il se considère lui-même comme sujet seulement par rapport à la pensée et à l'unité de la conscience, mais non pas, en même temps, par rapport à l'intuition, par laquelle il est donné comme objet (*Object*) à la pensée. La conclusion est donc obtenue *per sophisma figuræ dictionis*, par suite par un raisonnement captieux*.

* La pensée est prise dans les deux prémisses en des sens totalement différents : dans la majeure, elle s'applique à un objet (*Object*) en général (et tel par suite qu'il peut être donné dans l'intuition), tandis que dans la mineure elle n'envisage cet objet que dans son rapport à la conscience de soi, et il n'y a donc plus ici d'objet (*Object*) conçu, mais on se borne à se représenter le rapport à soi comme à un sujet (à titre de forme de la pensée). Dans la première, il est question des choses qui ne peuvent être conçues que comme sujets ; dans la seconde il s'agit non plus

matière mais avec ce qu'il y a d'intelligible au fondement du phénomène externe auquel nous donnons le nom de matière, nous ne pouvons pas non plus dire, ne sachant absolument rien de cet intelligible, que l'âme s'en distingue de quelque manière intrinsèquement.

La conscience simple n'est donc pas une connaissance de la nature simple de notre sujet, en tant qu'il doit se distinguer de la matière comme d'un être composé.

Mais si, dans le seul cas où ce concept peut être utilisable, je veux parler de la comparaison de moi-même avec les objets de l'expérience *extérieure*, il n'est pas apte à déterminer le caractère propre et distinctif de la nature de ce moi, on a beau prétendre savoir que le *moi* pensant, l'âme (nom de l'objet transcendantal du sens intime) est simple, cette expression n'a pourtant pas d'usage que l'on puisse étendre aux objets réels et elle ne peut pas, par conséquent, le moins du monde, accroître notre connaissance.

Ainsi tombe, avec son principal soutien, toute la psychologie rationnelle, et nous ne pouvons pas plus ici qu'ailleurs espérer étendre notre connaissance par de simples concepts (et encore moins par la simple forme subjective de tous nos concepts, la conscience) sans rapport à une expérience possible, d'autant plus que le concept fondamental lui-même d'une *nature simple* est de telle nature qu'il ne peut nulle part être trouvé dans l'expérience et qu'il n'y a, par conséquent, aucun moyen d'y arriver comme à un concept objectivement valable.

Qu'il soit tout à fait exact de résoudre ainsi en un paralogisme ce fameux argument, c'est ce que l'on verra clairement si l'on veut bien se reporter ici à la remarque générale sur la représentation systématique des principes et à la section des noumènes, où l'on a prouvé que le concept d'une chose qui peut exister en soi comme sujet, mais non pas comme simple prédicat, ne comporte aucune réalité objective, c'est-à-dire qu'on ne peut pas savoir s'il peut y

des *choses*, mais de la *pensée* (parce qu'on fait abstraction de tout objet), (*Object*) dans laquelle le moi sert toujours de sujet à la conscience ; aussi ne peut-on pas en déduire cette conclusion : Je ne puis exister autrement que comme sujet ; mais seulement celle-ci : Je ne puis, dans la pensée de mon existence, me servir de moi que comme d'un sujet du jugement, ce qui est une proposition identique qui n'explique absolument rien sur le mode de mon existence.

3° Paralogisme de la personnalité

Ce qui a conscience de l'identité numérique de soi-même en différents temps est, à ce titre, une *personne :*
Or, l'âme, etc.
Donc, elle est une personne.

Critique du troisième paralogisme de la psychologie transcendantale

Si je veux connaître par l'expérience l'identité numérique d'un objet extérieur, j'observerai ce qu'il y a de permanent dans le phénomène auquel, à titre de sujet, tout le reste se rapporte, comme détermination, et je remarquerai l'identité de ce sujet dans le temps où tout le reste change. Or, il se trouve que je suis un objet du sens interne, et tout le temps est simplement la forme du sens interne. Par conséquent, je rapporte l'une après l'autre (*alle und jede*) toutes mes déterminations successives au moi numériquement identique dans tous les temps, c'est-à-dire dans la forme de l'intuition intérieure de moi-même. A ce compte, la personnalité de l'âme ne devrait jamais être regardée comme conclue; il faudrait, au contraire, la considérer comme une proposition de tous points identique de la conscience de soi dans le temps; et c'est aussi là ce qui fait qu'elle est valable *a priori*. Tout ce qu'elle dit, en effet, c'est, en réalité, que, dans tout le temps où j'ai conscience de moi-même, j'ai conscience de ce temps comme appartenant à l'unité de mon moi, ce qui revient à dire que

---

avoir d'objet qui lui corresponde quelque part, puisqu'on n'aperçoit pas la possibilité d'un tel mode d'existence et que, par conséquent, il n'en résulte absolument aucune connaissance. Pour que ce concept désigne, sous le nom de substance, un objet (*Object*) qui puisse être donné, pour qu'il devienne une connaissance, il faut donc qu'il ait pour fondement une intuition constante, comme condition indispensable de la réalité objective du concept : or, nous n'avons, dans l'intuition intérieure, absolument rien de permanent, car le moi n'est que la conscience de ma pensée ; si nous nous en tenons simplement à la pensée, il nous manque donc la condition nécessaire pour appliquer au moi, comme être pensant, le concept de la substance, c'est-à-dire d'un sujet existant par lui-même, et la

tout ce temps est en moi comme dans une unité individuelle ou que je me trouve dans tout ce temps avec une identité numérique.

L'identité de la personne se rencontre donc immanquablement dans ma propre conscience. Mais si, pour me considérer, je me place au point de vue d'un autre (qui me regarderait comme un objet de son intuition extérieure), je vois que cet observateur extérieur est le premier qui *m'examine dans le temps*, car, dans l'aperception, le *temps* n'est proprement représenté *qu'en moi*. Quand même donc il admettrait le moi qui accompagne en tout temps dans *ma conscience* toutes les représentations, et cela, il est vrai, avec une parfaite identité, il n'en conclurait pas encore cependant la permanence objective de moi-même. En effet, comme, alors, le temps où me place l'observateur n'est pas celui qui se rencontre dans ma propre sensibilité, mais celui qui est dans la sienne, l'identité, qui est nécessairement liée à ma conscience, n'est point par là même liée à la sienne, c'est-à-dire à l'intuition extérieure de mon sujet.

L'identité de la conscience de moi-même en différents temps n'est donc qu'une condition formelle de mes pensées et de leur enchaînement et elle ne prouve pas du tout l'identité numérique de mon sujet, en qui, malgré l'identité logique du moi, peut fort bien se produire un changement tel qu'il ne permette plus d'en conserver l'identité, tout en permettant de continuer toujours à lui donner le titre homonyme de moi, en entendant par là ce qui, dans tout autre état, même dans le changement complet du sujet, pourrait conserver toujours

---

simplicité de la substance qui y est attachée disparaît entièrement avec la réalité objective de ce concept, pour se transformer en une unité simplement logique et qualitative de la conscience de soi, dans la pensée en général, que le sujet soit ou non composé.

Réfutation de l'argument de MENDELSOHN *en faveur de la permanence de l'âme.*

Ce philosophe pénétrant eut vite remarqué l'insuffisance de l'argument habituel dont on se sert pour prouver que l'âme (si on admet qu'elle est un être simple) ne peut pas cesser d'être par *décomposition;* il vit très bien que cet argument ne suffisait pas à assurer la continuité nécessaire de l'âme, puisqu'on pourrait encore

cependant la pensée du sujet précédent et, de cette manière, la transmettre aussi au suivant*.

Bien que cette proposition de quelques anciennes écoles : tout *s'écoule* et rien de *permanent* ne demeure dans l'univers, ne soit plus recevable dès que l'on admet des substances, elle n'est pas cependant réfutée par l'unité de la conscience de soi. En effet, nous ne pouvons pas nous-mêmes juger, par notre conscience, si nous sommes ou non permanents en tant qu'âmes, puisque nous n'attribuons à notre moi identique que ce dont nous avons conscience, et qu'il nous faut ainsi tout à fait nécessairement juger que nous sommes les mêmes dans tout le temps dont nous avons conscience. Mais, du point de vue d'un étranger, nous ne sommes pas encore fondés par là à regarder ce jugement comme valable, puisque, ne rencontrant dans l'âme d'autre phénomène permanent que la seule représentation : moi, qui accompagne et relie tous les autres, nous ne pouvons jamais décider si ce moi (simple pensée) ne s'écoule pas aussi bien que les autres pensées qu'il sert à lier les unes aux autres.

Mais il est remarquable que la personnalité et la supposi-

* Une boule élastique, qui en choque une autre en droite ligne, lui communique tout son mouvement, et, par suite, tout son état (si l'on ne considère que les positions dans l'espace). Or, admettez, par analogie avec de tels corps, des substances dont l'une ferait passer dans l'autre des représentations en même temps que leur conscience : on pourra concevoir alors toute une série de substances dont la première communiquerait son état et, à la fois, la conscience qu'elle en a, à une deuxième, celle-ci le sien propre et celui de la substance précédente à une troisième et celle-ci, à son tour, les états de toutes les précédentes avec le sien propre et la conscience de tous ces états. La dernière substance aurait ainsi conscience de tous les états des substances qui auraient changé avant elle comme étant les siens propres puisque tous ces états auraient passé en elle avec leur conscience ; et pourtant elle n'aurait pas été la même personne dans tous ces états.

---

admettre qu'elle cessât d'être par *extinction*. Il chercha donc dans son *Phédon* à la mettre à l'abri de cette fragilité qui serait un véritable anéantissement, en croyant démontrer qu'un être simple ne peut pas être diminué ni, par conséquent, perdre peu à peu quelque chose de son existence, de manière à se trouver réduit insensiblement à rien (puisqu'il n'a pas de parties ni, par conséquent, de pluralité), il ne devrait y avoir aucun temps entre le moment où il est et celui où il ne serait plus, ce qui est impossible. Mais il ne songea point que, même en accordant à l'âme cette nature simple,

tion de cette personnalité : la permanence — et, par suite, la substantialité — de l'âme doit, *en premier lieu, maintenant* être prouvée. Si, en effet, nous pouvions la supposer, il n'en résulterait pas la continuité de la conscience, mais bien pourtant la possibilité d'une conscience continue dans un sujet permanent; et c'est déjà suffisant pour la personnalité, qui ne cesse pas elle-même par cela seul que son action est interrompue pendant quelque temps. Mais cette permanence ne nous est donnée par rien antérieurement à l'identité numérique de notre moi, identité que nous déduisons de l'aperception identique; c'est d'elle, au contraire, que nous la concluons d'abord (et c'est après elle, si tout allait bien, que devrait tout d'abord venir le concept de la substance, qui n'a qu'un usage empirique). Or, comme cette identité de la personne ne dérive nullement de l'identité du moi dans la conscience de tout le temps où je me connais, il nous a été plus haut impossible d'y fonder la substantialité de l'âme.

Cependant, tout comme le concept de la substance et du simple, de même aussi peut subsister le concept de la personnalité (en tant qu'il est simplement transcendantal, c'est-à-dire en tant qu'il est l'unité du sujet, qui d'ailleurs nous est inconnu, dont les déterminations sont complètement reliées au moyen de l'aperception); et, à ce titre, ce concept est même nécessaire et suffisant pour l'usage pratique; mais nous ne pouvons jamais compter sur lui pour un accroissement de notre connaissance de nous-mêmes par la raison pure qui nous offre l'illusion d'une continuité ininterrompue du sujet déduite du simple concept du moi identique, puisque ce concept de substance tourne toujours sur lui-même et ne nous fait jamais pénétrer plus avant dans aucune des questions qui intéressent la connaissance synthétique. Quelle

---

puisque, en effet, elle ne renferme pas de parties placées les unes en dehors des autres, ni, par suite, de grandeur extensive, on ne saurait pourtant lui refuser, pas plus qu'à n'importe quel être, une grandeur intensive, c'est-à-dire un degré de réalité relativement à toutes ses facultés, et même, en général, à tout ce qui constitue l'existence; que ce degré peut décroître de plus en plus indéfiniment et qu'ainsi la prétendue substance (la chose, dont la permanence n'est pas d'ailleurs assurée) peut se réduire à rien, sinon par décomposition, du moins par une déperdition graduelle de ses forces (*remissio*) ou

espèce de chose en soi (d'objet transcendantal) peut être la matière ? Nous l'ignorons sans doute entièrement ; pourtant la permanence comme phénomène en peut être observée du fait qu'elle est représentée comme quelque chose d'extérieur. Mais comme, dès que je veux observer le simple moi dans le changement de toutes les représentations, je n'ai jamais d'autre correlatum de mes comparaisons que moi-même avec les conditions générales de ma conscience, je ne puis faire que des réponses tautologiques à toutes les questions, en ce sens que je substitue mon concept et son unité aux qualités qui me conviennent à moi-même comme objet, et que je suppose ce qu'on désirait savoir.

4° Paralogisme de l'idéalité du rapport extérieur

Ce dont l'existence ne peut être conclue que comme celle d'une cause de perceptions données n'a qu'une existence *douteuse*.

Or, tous les phénomènes extérieurs sont de telle nature que leur existence ne peut être immédiatement perçue, mais seulement conclue comme la cause de perceptions données.

Donc l'existence de tous les objets des sens extérieurs est douteuse. Je donne à cette incertitude le nom d'idéalité des phénomènes extérieurs ; la philosophie de cette idéalité porte celui *d'idéalisme* et, en opposition avec ce système, l'affir-

---

par consomption, s'il m'est permis de me servir de cette expression. En effet, la conscience même a toujours un degré qui peut toujours diminuer* ; il en est de même par conséquent du pouvoir d'avoir

* La clarté n'est pas, comme disent les Logiciens, la conscience d'une représentation, car un certain degré de conscience, mais un degré trop faible pour donner lieu au souvenir, doit se rencontrer même dans beaucoup de représentations obscures, puisque, s'il n'y avait pas du tout de conscience, nous ne ferions aucune différence dans la liaison des représentations obscures, ce que pourtant nous pouvons faire pour les caractères de maints concepts (comme ceux du droit et de l'équité, et comme ceux que le musicien associe lorsqu'il groupe ensemble plusieurs notes dans une fantaisie). Mais une représentation est claire quand la conscience que nous en avons suffit pour que nous ayons aussi CONSCIENCE DE LA DIFFÉRENCE qui la distingue des autres. Mais si elle suffit pour la distinction et non pour la conscience de cette distinction, la représentation doit encore être appelée représentation obscure. Il y a donc un nombre infini de degrés dans la conscience jusqu'à l'extinction de la conscience.

mation d'une certitude possible touchant les objets des sens extérieurs est appelée le *dualisme*.

CRITIQUE DU QUATRIÈME PARALOGISME DE LA PSYCHOLOGIE TRANSCENDANTALE

Commençons par soumettre à notre examen les prémisses. Nous avons le droit d'affirmer que seul peut être immédiatement perçu ce qui est en nous-mêmes, et que seule ma propre existence peut être l'objet d'une simple perception. Donc l'existence d'un objet réel hors de moi (si l'on prend ce mot dans son sens intellectuel) n'est jamais donnée directement dans la perception; c'est, au contraire, seulement par rapport à cette perception, qui est une modification du sens interne, qu'elle peut être conçue additionnellement, et, par suite, conclue, en qualité de cause extérieure de cette modification. Aussi Descartes avait-il raison de limiter toute la perception dans le sens le plus strict à cette proposition : je suis (à titre de sujet pensant). Il est clair, en effet, que, comme l'extérieur n'est pas en moi, je ne peux pas le rencontrer dans mon aperception, ni, par conséquent, dans aucune perception, celle-ci n'étant proprement que la détermination de l'aperception.

Il m'est donc impossible de percevoir à proprement parler les choses extérieures; je ne puis, au contraire, que conclure de ma perception intérieure à leur existence, en regardant

---

conscience de soi et de tous les autres pouvoirs. La permanence de l'âme considérée simplement comme objet du sens intime. n'est donc pas démontrée et même elle n'est pas démontrable, bien que cette permanence dans la vie, où l'être pensant (comme homme) est en même temps un objet des sens externes, soit claire en elle-même; mais cela ne suffit pas au psychologue rationnel qui entreprend de prouver par simples concepts l'absolue permanence de l'âme au delà de cette vie [*].

[*] Ceux qui pour mettre en avant une nouvelle possibilité, s'imaginent avoir déjà assez fait en nous défiant de montrer une contradiction dans leurs hypothèses (comme font tous ceux qui croient apercevoir la possibilité de la pensée après la cessation de cette vie, bien qu'ils n'en trouvent d'exemple que dans les intuitions empiriques de la vie actuelle), ceux-là peuvent être mis dans un grand embarras par d'autres possibilités qui ne sont pas plus hardies. Telle est la possibilité de la division d'une *substance simple* en plusieurs substances et, réciproquement, la réunion (coalition) de plusieurs substances en une simple. En effet,

cette perception comme l'effet dont quelque chose d'extérieur est la cause la plus prochaine. Or, l'inférence qui remonte d'un effet donné à une cause déterminée est toujours incertaine, parce que l'effet peut résulter de plus que d'une cause. Dans le rapport de la perception à sa cause reste, par conséquent, toujours douteuse la question de savoir si cette cause est interne ou externe, si donc toutes les perceptions appelées extérieures ne sont pas un simple jeu de notre sens interne, ou si elles se rapportent à des objets extérieurs réels comme à leurs causes. Tout au moins l'existence de ces objets n'est que conclue et elle court le risque de toutes les conclusions, tandis qu'au contraire l'objet du sens interne (moi-même avec toutes mes représentations) est perçu immédiatement et que son existence ne souffre absolument pas de doute.

Il ne faut donc pas entendre par *idéaliste* celui qui nie l'existence des objets extérieurs des sens, mais celui seulement qui n'admet pas qu'elle puisse être connue par perception immédiate, et en conclut que jamais nous ne pouvons être pleinement certains de leur réalité par aucune expérience possible.

Mais avant d'exposer notre paralogisme dans sa trompeuse apparence, je dois tout d'abord remarquer qu'il faut nécessairement distinguer un double idéalisme : l'idéalisme trans-

---

Si donc nous prenons nos propositions précédentes comme formant un enchaînement *synthétique*, — et c'est ainsi d'ailleurs qu'il

bien que la divisibilité suppose un composé, elle n'exige cependant pas nécessairement un composé de substances, mais simplement de degrés (de divers pouvoirs) d'une seule et même substance. Or, de même que l'on peut concevoir toutes les forces et tous les pouvoirs de l'âme, même celui de la conscience, diminués de moitié, de telle sorte qu'il en reste toujours une substance, on peut aussi se représenter sans contradiction cette moitié éteinte, comme conservée non pas dans l'âme, mais en dehors d'elle seulement : et, comme ici tout ce qui est réel en elle, tout ce qui, par suite, a un degré, par conséquent l'existence tout entière de l'âme, a été diminué de moitié sans que rien ne manque, il en résulterait alors une substance particulière en dehors d'elle. En effet, la pluralité qui a été divisée existait déjà auparavant non comme pluralité des substances mais comme pluralité de réalités propres à chacune (des substances) et formant le quantum de l'existence en elles, et l'unité de la substance n'était qu'une manière d'exister qui n'a pu être changée en une pluralité de substances que par cette division. De même plusieurs substances ne pourraient, à leur tour, se réunir en une seule où rien ne périrait, si ce n'est la pluralité de subsistance, puisque cette unique substance renfermerait le degré de réalité de toutes les précédentes ensemble. Peut-être les substances simples qui nous donnent le

cendantal et l'idéalisme empirique. J'entends par *idéalisme transcendantal* de tous les phénomènes la doctrine d'après laquelle nous les envisageons dans leur ensemble comme de simples représentations et non comme des choses en soi, théorie qui ne fait du temps et de l'espace que des formes sensibles de notre intuition et non des déterminations données par elles-mêmes ou des conditions des objets considérés comme choses en soi. A cet idéalisme est opposé un *réalisme* transcendantal qui regarde le temps et l'espace comme quelque chose de donné en soi (indépendamment de notre sensibilité). Le réaliste transcendantal se représente donc les phénomènes extérieurs (si on en admet la réalité) comme des choses en soi qui existent indépendamment de nous et de notre sensibilité et qui seraient donc hors de nous, suivant les concepts purs de l'entendement. A dire vrai (*eigentlich*), c'est ce réaliste transcendantal qui, dans la suite, joue le rôle de l'idéaliste empirique et qui, après avoir faussement supposé que, pour être extérieurs, les objets des sens devraient (*müssten*) avoir en eux-mêmes leur existence, indépendamment des sens, trouve, à ce point de vue, toutes nos représentations des sens insuffisantes à en rendre certaine la réalité.

L'idéaliste transcendantal peut être, au contraire, un

---

faut les prendre, en tant que valables pour tous les êtres pensants, dans la psychologie rationnelle considérée comme système, — et si

phénomène d'une matière (non pas sans doute grâce à une influence mécanique ou chimique réciproque, mais par une influence inconnue de nous, dont le degré seul constituerait le phénomène), peut-être les substances simples produiraient-elles les âmes des enfants par une semblable division *dynamique* des âmes des parents, considérées comme des *grandeurs intensives*, qui répareraient leur perte en s'unissant avec une nouvelle matière de la même espèce. Je suis très éloigné d'accorder la moindre importance à ces rêveries, et, aussi bien, les principes établis plus haut dans l'Analytique nous ont-ils suffisamment convaincus de ne faire des catégories (comme celle de la substance) aucun autre usage que l'usage empirique. Mais si le rationaliste est assez hardi pour faire du simple pouvoir qu'il a de penser un être subsistant par soi, sans aucune intuition permanente par laquelle un objet lui soit donné, et simplement parce que l'unité de l'aperception dans la pensée ne lui permet aucune explication par le composé, alors qu'il ferait mieux d'avouer qu'il ne saurait expliquer la possibilité d'une nature pensante ; pourquoi le *matérialiste*, bien qu'il ne puisse pas davantage invoquer l'expérience à l'appui de ces possibilités, n'aurait-il pas aussi le droit de montrer la même hardiesse et de faire de son principe un usage contraire, tout en conservant l'unité formelle du premier?

réaliste empirique, et, par suite, comme on l'appelle, un *dualiste*, c'est-à-dire accorder l'existence de la matière sans sortir de la simple conscience de soi-même et admettre quelque chose de plus que la certitude des représentations en moi, c'est-à-dire que le *cogito, ergo sum*. En effet, comme il ne donne cette matière et même sa possibilité interne que pour un simple phénomène qui, séparé de notre sensibilité, n'est rien, elle n'est chez lui qu'une espèce de représentations (une intuition) qu'on appelle extérieures, non parce qu'elles se réfèrent à des objets *extérieurs en soi*, mais parce qu'elles rapportent les perceptions à l'espace où toutes les choses existent les unes en dehors des autres, tandis que l'espace lui-même est en nous.

Nous nous sommes déjà déclarés dès le début pour cet idéalisme transcendantal. Avec notre théorie il n'y a plus de difficulté à admettre l'existence de la matière sur le simple témoignage de la conscience de nous-mêmes et à la tenir pour tout aussi bien démontrée que l'existence de moi-même comme être pensant. Il est, en effet, vrai que j'ai conscience de mes représentations ; ces représentations existent donc et moi aussi qui ai ces représentations. Or, les objets extérieurs (les corps) sont simplement des phénomènes, par suite aussi ils ne sont rien qu'un mode de mes représentations dont les objets ne sont quelque chose que par ces représentations, mais ne sont rien en dehors d'elles. Les choses extérieures existent donc tout aussi bien que j'existe moi-même et ces deux existences reposent, il est vrai, sur le témoignage immédiat de notre conscience, avec cette seule différence que la représentation de moi-même, comme sujet pensant, est simplement rapportée au sens interne, tandis que les représentations qui désignent des êtres étendus sont rapportées

---

partant de la catégorie de la relation avec cette proposition : tous les êtres pensants sont, en tant que tels, des substances, nous parcourons la série des catégories jusqu'à ce que le cercle en soit fermé, nous arrivons enfin à l'existence de ces êtres. Dans ce système, non seulement ils ont conscience de cette existence, indépendamment des choses extérieures, mais encore ils peuvent la déterminer par eux-mêmes (par rapport à la permanence qui appartient nécessairement au caractère de la substance). Mais il s'ensuit que l'*idéalisme* est la conséquence inévitable dans ce système rationa-

aussi au sens extérieur. Je n'ai pas plus besoin de raisonner par rapport à la réalité des objets extérieurs que par rapport à la réalité de l'objet de mon sens interne (de mes pensées), car ces objets ne sont, de part et d'autre, que des représentations dont la perception immédiate (la conscience) est en même temps une preuve suffisante de leur réalité.

L'idéaliste transcendantal est donc un réaliste empirique; il accorde à la matière, considérée comme phénomène, une réalité qui n'a pas besoin d'être conclue, mais qui est immédiatement perçue. Le réalisme transcendantal au contraire tombe nécessairement dans un grand embarras, et se voit forcé d'accorder une place à l'idéalisme empirique, parce qu'il prend les objets des sens extérieurs pour quelque chose de distinct des sens mêmes, et de simples phénomènes pour des êtres indépendants qui se trouvent hors de nous, quand il est évident que, pour excellente que soit la conscience que nous avons de notre représentation de ces choses, il s'en faut encore de beaucoup que, si la représentation existe, l'objet qui lui correspond existe aussi; tandis que dans notre système, ces choses extérieures, à savoir la matière avec toutes ses formes et ses changements, ne sont que de simples phénomènes, c'est-à-dire que des représentations en nous, de la réalité desquelles nous avons conscience immédiatement.

Or, comme, à ma connaissance, tous les psychologues attachés à l'idéalisme empirique sont des réalistes transcendantaux, ils ont assurément procédé d'une façon tout à fait conséquente en accordant une grande importance à l'idéalisme *empirique*, comme à un des problèmes dont la raison humaine peut difficilement venir à bout; car, dans le fait, si l'on regarde les phénomènes extérieurs comme des repré-

---

liste, du moins l'idéalisme problématique, et que, si l'existence des choses extérieures n'est pas requise pour la détermination de notre propre existence dans le temps, c'est tout à fait gratuitement qu'on l'admettra, sans pouvoir jamais en donner une preuve.

Si, au contraire, nous suivons le procédé *analytique*, où nous prenons pour fondement le « je pense », comme une proposition contenant déjà en soi une existence que nous considérons comme donnée, et, par conséquent, en partant de la modalité, si nous décomposons cette proposition pour en connaître le contenu et

sentations qui sont produites en nous par leurs objets, à titre de choses qui se trouvent en soi hors de nous, on ne voit pas comment on pourrait connaître l'existence de ces choses autrement que par un raisonnement concluant de l'effet à la cause, en quoi reste toujours douteuse la question de savoir si la cause est en nous ou hors de nous. Or, on peut bien accorder que nos intuitions extérieures ont pour cause quelque chose qui, dans le sens transcendantal, peut bien être hors de nous, mais ce quelque chose n'est pas l'objet que nous entendons en parlant des représentations de la matière et des choses corporelles; car celles-ci ne sont que des phénomènes, c'est-à-dire que de simples modes de représentation qui ne se trouvent jamais qu'en nous et dont la réalité repose sur la conscience immédiate tout aussi bien que la conscience de mes propres pensées. L'objet transcendantal est également inconnu qu'il s'agisse aussi bien de l'intuition interne que de l'intuition extérieure. Aussi n'est-il pas non plus question de cet objet, mais, au contraire, de l'objet empirique qui s'appelle un objet *extérieur*, quand il est représenté *dans l'espace*, et un objet *intérieur*, quand il est simplement représenté *dans le rapport du temps;* mais l'espace et le temps ne peuvent être trouvés qu'en *nous*.

Cependant, comme l'expression *hors de nous* entraîne une équivoque inévitable, en signifiant tantôt quelque chose qui existe *comme chose en soi* distincte de nous, tantôt quelque chose qui appartient simplement au phénomène extérieur, pour mettre hors d'incertitude ce concept dans le dernier sens, qui est celui dans lequel on prend proprement la question psychologique concernant la réalité de notre intuition

---

savoir si et comment ce moi détermine son existence dans l'espace et dans le temps, alors les propositions de la psychologie rationnelle ne partiront pas du concept d'un être pensant en général, mais d'une réalité, et c'est de la manière dont on la conçoit après en avoir abstrait tout ce qui y est empirique que l'on conclura ce qui convient à un être pensant en général, ainsi que le montre la table suivante :

              1. *Je pense,*
  2. *Comme sujet,*   **3.** *Comme sujet simple,*
          4. *Comme sujet identique,*
    dans chaque état de ma pensée.

extérieure, nous distinguerons les objets *empiriquement extérieurs* de ceux qui peuvent être ainsi appelés dans le sens transcendantal, par cela même que nous les nommerons des choses *qui se trouvent dans l'espace.*

Sans doute, l'espace et le temps sont des représentations *a priori* qui résident en nous comme des formes de notre intuition sensible, avant même qu'un objet réel ait déterminé, par la sensation, notre sens à le représenter sous ces rapports sensibles. Mais ce quelque chose de matériel ou de réel, ce quelque chose qui doit être intuitionné dans l'espace, suppose nécessairement la perception et, indépendamment de cette perception qui montre la réalité de quelque chose dans l'espace, ne peut être ni feint ni produit par aucune imagination. La sensation est donc ce qui désigne une réalité dans l'espace et dans le temps, suivant qu'elle est rapportée à l'une ou à l'autre espèce d'intuition sensible. Une fois qu'est donnée la sensation (elle reçoit le nom de perception, quand elle est appliquée à un objet en général sans le déterminer), on peut, au moyen de sa diversité, se figurer dans l'imagination maint objet qui, en dehors de l'imagination n'a aucune place empirique dans l'espace ou dans le temps. Cela est indubitablement certain : qu'on prenne les sensations de plaisir ou de peine, ou même des choses extérieures telles que des couleurs, la chaleur, etc., la perception est ce par quoi la matière, qu'il faut pour concevoir des objets d'intuition sensible, doit tout d'abord être donnée. Cette perception représente donc (pour nous en tenir cette fois aux intuitions extérieures) quelque chose de réel dans l'espace. En effet, d'abord, la perception est la représentation d'une réalité, de même que l'espace est la

---

Or, comme ici on ne décide pas, dans la deuxième proposition, si je ne puis exister et être pensé que comme sujet et non comme prédicat d'un autre sujet, le concept d'un sujet est pris ici d'une manière simplement logique, et il reste indéterminé s'il faut par là entendre ou non une substance. Mais dans la troisième proposition, l'unité absolue de l'aperception, le moi simple, devient par elle-même importante dans la représentation à laquelle se rapporte toute liaison ou séparation qui constitue la pensée, bien que je n'aie encore rien décidé sur l'essence ou la subsistance du sujet. L'aperception est quelque chose de réel, et sa simplicité est déjà impliquée dans sa possibilité. Or, il n'y a pas dans l'espace de

réprésentation d'une simple possibilité de la coexistence. Ensuite, cette réalité est représentée au sens extérieur, c'est-à-dire dans l'espace. Enfin, l'espace n'est rien autre chose lui-même qu'une simple représentation et, par conséquent, il ne peut y avoir en lui de réel que ce qui y est représenté*, et réciproquement ce qui y est donné, c'est-à-dire représenté par la perception, y est aussi réel; car, s'il n'y était pas réel, c'est-à-dire donné immédiatement par l'intuition empirique, il ne pourrait pas être non plus imaginé, puisqu'on ne saurait pas du tout se figurer *a priori* le réel de l'intuition.

Toute perception extérieure prouve donc immédiatement quelque chose de réel dans l'espace, ou plutôt elle est le réel même, et, en ce sens, le réalisme empirique est hors de doute, c'est-à-dire que quelque chose de réel dans l'espace correspond à nos intuitions extérieures. Sans doute, l'espace lui-même, avec tous ses phénomènes, comme représentations, n'existe qu'en moi, mais dans cet espace, pourtant, le réel, ou la matière de tous les objets de l'intuition extérieure, est donné réellement et indépendamment de toute fiction ; et, du reste, il est impossible que dans *cet espace* doive être donné quelque chose d'*extérieur à nous* (dans le sens transcendantal), puisque l'espace n'est lui-même rien en dehors de notre sensibilité. L'idéaliste le plus rigoureux ne peut donc exiger qu'on prouve

---

* Il faut bien remarquer cette proposition paradoxale, mais exacte : que dans l'espace il n'y a rien que ce qui y est représenté. En effet, l'espace n'est lui-même autre chose qu'une représentation et, par conséquent, ce qui est en lui doit être contenu dans la représentation et rien absolument, n'est dans l'espace qu'autant qu'il y est réellement représenté. C'est là une proposition qui doit incontestablement paraître étrange : qu'une chose ne puisse exister que dans sa représentation ; mais elle perd ici ce qu'elle a de choquant, puisque les choses auxquelles nous avons affaire ne sont pas des choses en soi, mais seulement des phénomènes, c'est-à-dire des représentations.

---

réel qui soit simple, car les points (qui constituent la seule chose simple dans l'espace) ne sont que des limites mais non quelque chose qui serve, comme partie, à constituer l'espace. De là suit donc l'impossibilité d'une explication de la nature du moi, considéré comme un sujet simplement pensant, par les principes du *matérialisme*. Mais comme, dans la première proposition, mon existence est considérée comme donnée, puisqu'elle ne signifie pas : tout être pensant existe (ce qui exprimerait en même temps une nécessité absolue de ces êtres, et, par suite, dirait beaucoup

qu'à notre perception correspond l'objet hors de nous (dans le sens strict du mot) ; car, dans le cas où il y aurait des objets de cette nature, ils ne pourraient cependant pas être représentés et intuitionnés comme extérieurs à nous, parce que cela suppose l'espace et que la réalité dans l'espace, qui est une simple représentation, n'est autre chose que la perception elle-même. Le réel (*das Reale*) des phénomènes extérieurs n'est donc réellement que dans la perception et il ne peut être réel (*wirklich*) d'aucune autre manière.

La connaissance des objets peut être tirée des perceptions ou par un simple jeu de l'imagination, ou encore au moyen de l'expérience. Cela étant, il peut, sans contredit, en résulter des représentations trompeuses auxquelles les objets ne correspondent pas et où l'illusion peut être attribuée tantôt à un prestige de l'imagination (dans le rêve), tantôt à un vice du jugement (dans ce qu'on nomme les erreurs des sens). Pour échapper ici à la fausse apparence, on suit cette règle : *ce qui s'accorde avec une perception, suivant des lois empiriques, est réel*. Mais cette illusion, aussi bien que le moyen de s'en préserver, concerne tout autant l'idéalisme que le dualisme, puisqu'il ne s'agit que de la forme de l'expérience. Pour réfuter l'idéalisme empirique comme une fausse incertitude portant sur la réalité objective de nos perceptions extérieures, il suffit déjà que la perception extérieure prouve immédiatement une réalité dans l'espace, — et cet espace, bien qu'il ne soit en lui-même qu'une simple forme des représentations, a cependant de la réalité objective par rapport à tous les phénomènes extérieurs (qui ne sont d'ailleurs autre chose que de simples représentations), — et, pareillement, il suffit que, sans la perception, la fiction et le rêve mêmes ne soient pas possibles et que, par conséquent, nos

---

trop), mais réellement : *j'existe* pensant, cette proposition est empirique, et ne peut déterminer mon existence que par rapport à mes représentations dans le temps. D'un autre côté, comme tout d'abord j'ai besoin ici de quelque chose de permanent, et que rien de semblable, en tant que je pense, ne m'est donné dans l'intuition interne, il ne m'est pas possible de déterminer, par cette conscience du simple moi, la manière dont j'existe, si c'est comme substance ou comme accident. Si donc le *matérialisme* est insuffisant à expliquer mon existence, le *spiritualisme* ne l'est pas moins, et la con-

sens externes, suivant les données d'où peut résulter l'expérience, aient dans l'espace leurs objets réels correspondants.

On pourait appeler *idéaliste dogmatique* celui qui *nie* l'existence de la matière et *idéaliste sceptique* celui qui la *révoque en doute* parce qu'il la tient pour indémontrable. Le premier peut n'être idéaliste que parce qu'il croit trouver des contradictions dans la possibilité d'une matière en général, et nous n'avons pas encore affaire à lui pour le moment. La section qui va suivre sur les raisonnements dialectiques, section qui représente la raison dans sa lutte intérieure par rapport aux concepts qu'elle se fait de la possibilité de ce qui appartient à l'enchaînement de l'expérience, lèvera aussi cette difficulté. Mais l'idéaliste sceptique, qui attaque simplement le principe de notre assertion et qui tient pour insuffisante notre persuasion de l'existence de la matière que nous croyons fonder sur la perception immédiate, cet idéaliste est un bienfaiteur de la raison humaine, en ce sens qu'il nous oblige à bien ouvrir les yeux jusque sur le plus petit pas de l'expérience commune et à ne pas accepter tout de suite, comme possession bien acquise, ce que nous n'avons obtenu peut-être que par surprise. L'utilité que nous procurent ici ces objections idéalistes saute maintenant aux yeux. Elles nous poussent avec force, si nous ne voulons pas nous égarer dans nos assertions les plus communes, à regarder toutes nos perceptions, qu'elles s'appellent intérieures ou extérieures, simplement comme une conscience de ce qui appartient à notre sensibilité, et les objets extérieurs de ces perceptions non comme des choses en soi, mais comme des représentations dont nous pouvons avoir immédiatement conscience, mais qui s'appellent extérieures parce qu'elles appartiennent au sens que nous nommons le sens externe, dont l'intuition est l'espace,

---

séquence en est que nous ne pouvons rien connaître, de quelque manière que ce soit, de l'essence de notre âme en ce qui concerne la possibilité de son existence séparée en général.

Et comment, d'ailleurs, serait-il possible, au moyen de l'unité de la conscience, que nous ne connaissons que parce que nous en avons indispensablement besoin pour la possibilité de l'expérience, comment nous serait-il possible de sortir de l'expérience (de notre existence actuelle) et, par suite, d'étendre aussi notre connaissance à la nature de tous les êtres pensants en général par cette proposi-

lequel n'est lui-même autre chose qu'un mode intérieur de représentations où s'enchaînent les unes aux autres certaines perceptions.

Si nous prenons les objets extérieurs pour des choses en soi, il est alors tout à fait impossible de comprendre comment nous pourrions arriver à la connaissance de leur réalité hors de nous en nous appuyant simplement sur la représentation qui est en nous. En effet, il est évident qu'on ne peut pas sentir hors de soi, mais simplement en soi-même et que toute conscience de nous-mêmes ne nous fournit, par suite, uniquement que nos propres déterminations. L'idéalisme sceptique nous oblige donc à recourir au seul refuge qui nous reste, c'est-à-dire à l'idéalité de tous les phénomènes, que nous avons démontrée, dans l'Esthétique transcendantale, indépendamment de ces conséquences que nous ne pouvions pas prévoir alors. Me demande-t-on maintenant si, d'après cela, le dualisme n'a lieu que dans la psychologie, je répondrai : incontestablement ; mais seulement dans le sens empirique, c'est-à-dire que, dans l'enchaînement de l'expérience, la matière est réellement donnée au sens extérieur comme substance dans le phénomène, de même que le moi pensant est donné également comme substance dans le phénomène devant le sens intérieur et que, de part et d'autre, les phénomènes doivent aussi être liés entre eux suivant les règles que cette catégorie introduit dans l'enchaînement de nos perceptions aussi bien externes qu'internes. Mais si l'on voulait étendre, comme il arrive ordinairement, le concept du dualisme et le prendre dans le sens transcendantal, alors ni ce concept, ni le *pneumatisme* qui lui est opposé d'une part, ni le *matérialisme* qui lui est opposé de l'autre, n'auraient plus le moindre fondement ; puisque l'on fausserait alors la détermination de ses concepts

---

tion empirique, mais indéterminée relativement à toute espèce d'intuition : je pense ?

Il n'existe donc aucune psychologie rationnelle, en tant que *doctrine*, qui ajoute quelque chose à la connaissance de nous-mêmes. Mais en tant que *discipline*, elle fixe dans ce champ des bornes infranchissables à la raison spéculative ; elle l'empêche, d'une part, de se jeter dans le sein du matérialisme qui nie l'âme, d'autre part, de se perdre avec extravagance dans un spiritualisme qui n'a pour nous aucun fondement dans la vie ; bien plus, elle nous avertit

et que l'on prendrait pour une différence de ces choses mêmes la différence du mode de représentation des objets, qui nous demeurent inconnus dans ce qu'ils sont en soi. Le moi, représenté dans le temps par le sens intérieur, et les objets représentés dans l'espace hors de moi, sont, à la vérité, des phénomènes spécifiquement tout à fait distincts, mais ils ne sont pas conçus pour cela comme des choses différentes. L'*objet transcendantal*, qui sert de fondement aux phénomènes extérieurs, tout comme celui qui sert de fondement à l'intuition interne, n'est en soi ni matière ni être pensant, mais un principe à nous inconnu des phénomènes qui nous fournissent le concept empirique de la première aussi bien que de la seconde espèce.

Si donc, comme la présente Critique nous y oblige évidemment, nous restons fidèles à la règle précédemment établie de ne pas pousser nos questions au delà des limites où l'expérience possible nous en peut fournir l'objet (*das Object*), nous ne nous laisserons jamais entraîner à nous demander ce que les objets de nos sens peuvent être en soi, c'est-à-dire indépendamment de tout rapport aux sens. Mais si le psychologue prend des phénomènes pour des choses en soi, qu'il admette dans sa théorie, comme choses existantes en elles-mêmes, soit, ainsi que le fait la matérialiste, la matière seule et unique, soit, s'il est spiritualiste, simplement l'être pensant soit, comme dualiste, tous les deux, il est arrêté constamment par un malentendu concernant la manière de prouver subtilement comment peut exister en soi ce qui pourtant n'est pas une chose en soi, mais seulement la manifestation (le phénomène) d'une chose en général.

RÉFLEXION SUR L'ENSEMBLE DE LA PSYCHOLOGIE PURE
EN CONSÉQUENCE DE CES PARALOGISMES

Si nous comparons la *psychologie*, comme physiologie du sens interne, avec la *somatologie*, en tant que physiologie

---

de considérer ce refus que fait notre raison de donner une réponse satisfaisante à ces questions curieuses qui dépassent les limites de cette vie, comme un signe qu'elle nous fait de ne pas chercher à nous connaître nous-mêmes par une spéculation transcendantale infructueuse, mais d'appliquer à cette connaissance de nous-

des objets des sens extérieurs nous trouvons, indépendamment de ce que beaucoup de choses peuvent être connues empiriquement dans les deux sciences, cette différence remarquable que, dans la dernière, il est pourtant possible de tirer *a priori* bien des connaissances du simple concept d'un être étendu et impénétrable, tandis que, dans la première, on ne peut rien connaître synthétiquement *a priori*, en partant du concept d'un être pensant. En voici la raison. Bien que l'une et l'autre soient des phénomènes, le phénomène qui se présente au sens extérieur a, cependant, quelque chose de fixe et de permanent, qui fournit un substrat servant de fondement aux déterminations changeantes et, par conséquent, un concept synthétique, savoir, celui de l'espace et d'un phénomène dans l'espace; au lieu que le temps, qui est la seule forme de notre intuition intérieure, n'a rien de durable, et par suite, ne nous fait connaître que le changement des déterminations et non l'objet déterminable. En effet, dans ce que nous appelons l'âme, tout est dans un continuel écoulement et il n'y a rien de permanent, excepté peut-être (si l'on y tient absolument) le moi qui n'est si simple que parce que cette représentation n'a point de contenu et, par suite, point de divers, ce qui fait qu'elle semble représenter ou, pour mieux dire, désigner un objet simple. Il faudrait donc que ce *moi* fût une intuition, qui, étant présupposée dans la pensée en général (avant toute expérience), fournît, comme intuition *a priori*, des propositions synthétiques, pour qu'il fût possible de constituer une connaissance rationnelle pure de la nature d'un être pensant en général. Mais ce moi est aussi peu une intuition qu'un concept d'un objet quelconque; il n'est que la simple forme de la conscience ((l'objet (*Object*) qui nous est inconnu de la conscience))[1] qui peut accompagner les deux espèces de représentations et les élever par là au rang de connaissances, à condition que quelque autre chose encore soit

---

1. KANT. *Nachtr.* CLXIV.

---

mêmes un usage pratique, le seul fécond. Cet usage, bien qu'il ne s'applique qu'aux objets de l'expérience, prend pourtant plus haut ses principes (*Principien*), et règle aussi notre conduite, comme si notre destinée s'étendait infiniment au delà de l'expérience et, par conséquent au delà de cette vie.

donné dans l'intuition qui fournisse la *matière* à la représentation d'un objet. Toute la psychologie rationnelle tombe donc comme science qui dépasse toutes les forces de la raison humaine et il ne nous reste qu'à étudier notre âme suivant le fil de l'expérience et à nous renfermer dans les limites des questions qui ne sont pas au delà des terrains où l'expérience intérieure possible peut leur donner son contenu.

Mais, bien que la psychologie rationnelle n'offre aucune utilité quant à l'accroissement de la connaissance et qu'elle ne soit, à ce titre, composée que de purs paralogismes, on ne peut, cependant, lui refuser une grande utilité négative, quand on ne la regarde que comme un examen critique de nos raisonnements dialectiques, même de ceux de la raison commune et naturelle.

Quel besoin pouvons-nous avoir d'une psychologie simplement fondée sur des principes purs de la raison? Nous la voulons surtout, sans doute, en vue de mettre notre moi pensant à l'abri du danger du matérialisme. Mais à cela suffit le concept rationnel que nous avons donné de notre moi pen-

---

On voit par tout cela que la psychologie rationnelle ne tire son origine que d'un simple malentendu. L'unité de la conscience qui sert de fondement aux catégories est prise ici pour une intuition du sujet en tant qu'objet, et la catégorie de la substance y est appliquée. Mais elle n'est que l'unité dans la *pensée* et par elle seule aucun objet n'est donné, et, par conséquent, la catégorie de la substance, qui suppose toujours une *intuition* donnée, ne s'applique pas à cette unité, et ce sujet ne peut pas être connu. Le sujet des catégories ne peut donc pas recevoir, par cela seul qu'il les pense, un concept de lui-même comme d'un objet (*Objects*) des catégories: car, pour les penser, il doit (*muss*) prendre pour fondement la conscience pure de lui-même, qui a dû pourtant être expliquée. De même, le sujet dans lequel la représentation du temps a originairement son fondement, ne peut déterminer par là sa propre existence dans le temps, et, si cette dernière chose n'est pas possible, la première, c'est-à-dire la détermination de soi-même (comme être pensant en général), ne peut donc pas non plus avoir lieu au moyen de catégories.*

* Le « je pense » est, on l'a déjà dit, une proposition empirique et renferme la proposition « j'existe ». Mais je ne peux pas dire : Tout ce qui pense existe, car alors la propriété de la pensée ferait de tous les êtres qui la possèdent des êtres nécessaires. Aussi mon existence ne peut-elle pas non plus être considérée, ainsi que l'a cru Descartes, comme

sant. Tant s'en faut, en effet, qu'avec ce concept il reste la moindre crainte de voir s'évanouir, si l'on supprime la matière, toute pensée et l'existence même des êtres pensants, qu'au contraire il est clairement démontré que, si je supprime le sujet pensant, il faut que tout le monde corporel s'évanouisse, comme n'étant rien que le phénomène dans la sensibilité de notre sujet et un mode de représentation du sujet.

Et, certes, il est vrai, je n'en connais pas mieux ce moi pensant, quant à ses qualités, et je ne puis apercevoir sa permanence, ni même l'indépendance de son existence par rapport à quelque substratum transcendantal des phénomènes extérieurs, car celui-ci ne m'est pas moins inconnu que celui-là. Mais comme, toutefois, il est possible que je tire d'ailleurs que de principes simplement spéculatifs des raisons d'espérer pour ma nature pensante une existence indépendante et qui demeure permanente à travers tous nos changements d'état possibles, c'est déjà un grand point de gagné que de pouvoir, en avouant librement ma propre ignorance, repousser enfin les attaques dogmatiques d'un adversaire spéculatif

---

..

Ainsi donc une connaissance que l'on cherche au delà des limites de l'expérience possible et qui pourtant est du plus haut intérêt

déduite de cette proposition : « je pense » (puisque, autrement, cette majeure : Tout ce qui pense existe, devrait précéder), mais elle lui est identique. Elle exprime une intuition empirique indéterminée, c'est-à-dire une perception (par suite, elle démontre que la sensation qui appartient à la sensibilité sert de fondement à cette proposition d'existence), mais elle précède l'expérience qui doit déterminer l'objet (*Object*) de la perception au moyen de la catégorie, par rapport au temps. L'existence n'est pas encore ici une catégorie, puisque la catégorie ne se rapporte pas à un objet donné d'une manière indéterminée, mais à un objet dont on a un concept et dont on veut savoir s'il existe ou non en dehors de ce concept. Une perception indéterminée ne signifie ici que quelque chose de réel qui est donné, mais seulement par la pensée en général et non, par conséquent, comme phénomène ni comme chose en soi (noumène). mais comme quelque chose qui existe en fait et qui est désigné comme tel dans la proposition « je pense. » En effet il est à remarquer que, bien que j'aie appelé la proposition « je pense » une proposition empirique, je ne veux pas dire par là que le moi, dans cette proposition, soit une représentation empirique, c'est bien plutôt une représentation purement intellectuelle (*rein intellectuel*), puisqu'elle appartient à la pensée en général. Mais sans une représentation empirique qui donne la matière à la pensée, l'acte, « je pense », n'aurait cependant pas lieu. et l'élément empirique n'est que la condition de l'application ou de l'usage du pouvoir intellectuel pur.

et que de lui montrer qu'il ne saurait jamais avoir de la nature de mon sujet, pour contester la possibilité de mes espérances, une connaissance meilleure que celle que j'en ai moi-même pour m'y attacher fermement.

Sur cette apparence transcendantale de nos concepts psychologiques se fondent encore trois questions dialectiques, qui constituent le but propre de la psychologie rationnelle et qui ne peuvent être résolues autrement que par les recherches précédentes. Ce sont celles : 1) de la possibilité de l'union de l'âme avec un corps organique, c'est-à-dire de l'animalité et de l'état de l'âme dans la vie de l'homme ; 2) du commencement de cette union, c'est-à-dire de l'âme dans et avant la naissance de l'homme ; 3) de la fin de cette union, c'est-à-dire de l'âme dans et après la mort de l'homme (question de l'immortalité).

Or, je soutiens que toutes les difficultés que l'on croit rencontrer dans ces questions et dont on se sert comme d'objections dogmatiques pour se donner l'air de pénétrer plus profondément dans la nature des choses que ne peut le faire l'intelligence commune, je soutiens que toutes ces difficultés reposent sur une simple illusion qui consiste à hypostasier ce qui existe simplement dans la pensée et à l'admettre au même titre qu'un objet réel en dehors du sujet pensant, c'est-à-dire à regarder l'étendue, qui n'est qu'un phénomène, comme une propriété des choses extérieures qui subsisterait même indépendamment de notre sensibilité, et le mouvement comme leur effet qui précéderait aussi en soi réellement en dehors de nos sens. En effet, la matière, dont l'union avec l'âme soulève de si grandes difficultés, n'est autre chose qu'une simple forme ou un certain mode de représentation d'un objet inconnu formé par l'intuition

---

pour l'humanité, tant que nous la demandons à la philosophie spéculative, se résout en une espérance illusoire. Cependant la sévérité dont fait preuve ici la critique, par le fait même qu'elle démontre l'impossibilité de décider dogmatiquement quelque chose touchant un objet de l'expérience en dehors des limites de l'expérience, rend en même temps à la raison un service qui n'est pas sans importance pour l'intérêt qui la préoccupe, en l'assurant également contre toutes les assertions possibles du contraire. Elle ne peut le faire que de deux manières : soit en démontrant apodicti-

qu'on nomme le sens extérieur. Il peut donc bien y avoir hors de nous quelque chose à quoi corresponde ce phénomène que nous appelons matière ; mais en sa qualité de phénomène, ce quelque chose n'est pas hors de nous, mais il existe uniquement à titre de pensée en nous, bien que cette pensée le représente, par ce que l'on nomme les sens externes, comme se trouvant hors de nous. La matière ne signifie donc pas une espèce de substance si complètement différente et si totalement hétérogène de l'objet du sens interne (de l'âme), mais seulement le manque de conformité (*Ungleichartigkeit*) des phénomènes par rapport à des objets (qui nous sont inconnus en eux-mêmes), dont nous appelons extérieures les représentations, par opposition à celles que nous attribuons au sens interne, bien qu'elles n'appartiennent pas moins au sujet pensant que toutes les autres pensées, n'ayant de particulier que cette illusion que, représentant des objets dans l'espace, elles semblent se détacher de l'âme et flotter hors d'elle, alors que cependant l'espace même dans lequel on les intuitionne, n'est qu'une représentation dont le pendant de même qualité ne peut pas du tout être trouvé hors de l'âme. La question ne porte donc plus sur le commerce de l'âme avec d'autres substances connues et étrangères hors de nous, mais simplement sur la liaison des représentations du sens interne avec les modifications de notre sensibilité extérieure et sur la manière dont elles peuvent être unies les unes aux autres suivant des lois constantes, de façon à former un enchaînement dans une expérience.

Tant que nous rattachons les uns aux autres les phénomènes intérieurs et extérieurs, comme simples représentations dans l'expérience, nous ne trouvons rien d'absurde ni rien qui rende étrange l'union de nos deux sens. Mais dès que nous

---

quement sa proposition ; soit, si cela ne réussit pas, en cherchant les raisons de cette impuissance ; et si ces causes résident dans les bornes nécessaires de notre raison, elles doivent alors soumettre tout adversaire à la même loi de renoncement par rapport à toutes les prétentions à une assertion dogmatique.

Cependant le droit et même la nécessité d'admettre une vie future suivant les principes de l'usage pratique de la raison lié à un usage spéculatif, n'est pas pour cela le moins du monde perdu ; car la preuve simplement spéculative n'a jamais pu avoir la

hypostasions les phénomènes extérieurs et que ce n'est plus à titre de représentations, mais bien de *choses qui existent par elles-mêmes hors de nous, de la même manière* (*in derselben Qualität*) *qu'elles sont en nous*, que nous les rapportons à notre sujet pensant, y rapportant aussi leurs effets qui les montrent comme des phénomènes en rapport les uns avec les autres, nous avons alors, des causes efficientes hors de nous, un caractère qui ne peut plus s'accorder avec les effets qu'elles produisent en nous, puisqu'il se rapporte simplement aux sens extérieurs, tandis que les effets se rapportent au sens interne et que ces deux sens, pour être réunis dans un même sujet, n'en sont pas moins au plus haut point hétérogènes. Nous n'avons plus alors d'autres effets extérieurs que des changements de lieu et d'autres forces que de simples tendances aboutissant à des rapports dans l'espace comme à leurs effets. Mais en nous, les effets sont des pensées dans lesquelles ne trouve place aucun rapport de lieu, de mouvement, de figure ou de détermination spatiale en général et nous perdons entièrement le fil conducteur qui relie les causes aux effets qui en devraient résulter dans le sens intérieur. Nous devrions pourtant nous rappeler que les corps ne sont pas des objets en soi qui nous soient présents, mais une simple manifestation de je ne sais quel objet inconnu ; que le mouvement n'est pas l'effet de cette cause inconnue, mais simplement la manifestation de son influence sur nos sens ; que, par conséquent, ces deux choses ne sont rien hors de nous, mais de simples représentations en nous et que, par suite, ce n'est pas le mouvement de la matière qui produit en nous des représentations, mais qu'il n'est lui-même, au contraire, (et par conséquent aussi la matière, qui devient par là connaissable), qu'une simple représentation, et qu'enfin toute la difficulté

---

moindre influence sur la raison commune des hommes. Elle repose sur une pointe de cheveu, de telle sorte que l'école elle-même n'a pu l'y maintenir si longtemps qu'en la faisant tourner sans cesse sur elle-même comme une toupie, et, aux yeux mêmes de l'école, elle ne fournit pas de base solide sur laquelle on puisse élever quelque chose. Les preuves qui sont à l'usage du monde conservent ici, au contraire, toute leur valeur et gagnent plutôt en clarté et en précision naturelle en repoussant ces prétentions dogmatiques et en plaçant la raison dans son propre domaine, je veux dire dans

naturelle consiste à savoir comment et par quelle cause les représentations de notre sensibilité sont tellement liées entre elles qu'il est possible de représenter, suivant les lois empiriques, les représentations que nous appelons intuitions externes comme des objets hors de nous; et cette question n'implique pas du tout a prétendue difficulté d'expliquer l'origine de nos représentations par des causes efficientes tout à fait étrangères et qui se trouvent hors de nous, en prenant les manifestations d'une cause inconnue pour la cause hors de nous, ce qui ne peut produire que de la confusion. Quant aux jugements où se rencontre un malentendu enraciné par une longue habitude, il est impossible de les rectifier avec le degré de clarté qui peut être requis dans les autres cas où nulle semblable illusion inévitable ne trouble le concept. Aussi, en affranchissant la raison des théories sophistiques, nous sera-t-il difficile d'avoir, dès l'abord, la clarté exigée pour une complète satisfaction.

Je crois pouvoir atteindre ce but de la manière suivante.

Toutes les *objections* peuvent se diviser en *dogmatiques*, *critiques* et *sceptiques*. L'objection dogmatique est dirigée contre une *proposition*, l'objection critique contre la *preuve* d'une proposition. La première a besoin d'une connaissance parfaite de la nature propre de l'objet (*einer Einsicht in die Beschaffenheit der Natur des Gegenstandes*) pour pouvoir affirmer le contraire de ce que la proposition énonce de cet objet; elle est donc elle-même dogmatique et elle prétend mieux connaître que la partie adverse l'essence dont il est question. L'objection critique laissant de côté la proposition, au point de vue de sa valeur ou de sa fausseté, et s'attaquant seulement à la preuve, n'a pas du tout besoin de connaître mieux l'objet ni de s'en arroger une meilleure connaissance;

---

l'ordre des fins, qui est en même temps un ordre de la nature. Mais alors, comme pouvoir pratique, en elle-même, sans être limitée aux conditions de ce second ordre, elle est en droit d'étendre le premier, et avec lui notre propre existence, au delà des limites de l'expérience et de la vie. A juger par *analogie avec la nature* des êtres vivants dans le monde, pour lesquels la raison doit nécessairement admettre en principe qu'on ne rencontre aucun organe, aucun pouvoir, aucune propension et, par conséquent, rien d'inutile ou de disproportionné avec son usage, et par suite rien

elle se borne à montrer que l'assertion est sans fondement, mais non qu'elle ne soit pas juste. L'objection sceptique oppose réciproquement l'une à l'autre la thèse et l'antithèse comme objections d'une égale importance qui peuvent servir tour à tour l'une pour l'autre de thèse et d'antithèse ; elle est ainsi, en apparence, dogmatique des deux côtés opposés, afin de réduire à néant tout jugement sur l'objet. Les objections dogmatiques et sceptiques doivent donc prétendre à une connaissance de leur objet au moins suffisante pour en prononcer quelque chose affirmativement ou négativement. Seule l'objection critique est de telle nature que, se bornant à montrer qu'on invoque, à l'appui de son assertion, quelque chose qui n'est rien ou qui est simplement imaginaire, elle renverse la théorie par là même qu'elle lui ôte son prétendu fondement, sans d'ailleurs vouloir décider quelque chose sur la nature de l'objet.

Or, nous sommes dogmatiques à l'égard des concepts ordinaires de notre raison par rapport au commerce de notre sujet pensant avec les choses extérieures et nous regardons ces choses comme des objets véritables subsistant indépendamment de nous, suivant un certain dualisme transcendantal qui, au lieu d'attribuer au sujet ces phénomènes extérieurs, en qualité de représentations, les transporte hors de nous, en qualité d'objets, tels que nous les offre l'intuition sensible, et les sépare entièrement du sujet pensant. Or, cette subreption est le fondement de toutes les théories sur les rapports de l'âme et du corps et on ne s'est jamais demandé s'il est bien vrai que cette réalité objective des phénomènes soit si entièrement exacte, mais la supposant, au contraire, comme accordée, on ne raisonne que sur la manière dont il faut l'expliquer et la comprendre. Les trois systèmes ordinaires

---

de contraire au but, mais que tout au contraire est exactement approprié à sa destination dans la vie, l'homme pourtant qui seul peut contenir le dernier but de toutes ces choses, devrait être la seule créature qui fît exception. Car les dispositions de sa nature, je ne parle pas simplement de ses talents et des inclinations qui le portent à en faire usage, mais surtout de la loi morale qu'il porte en lui, sont tellement au-dessus de l'utilité et des avantages qu'il en pourrait retirer dans cette vie, qu'il apprend de cette dernière à estimer par-dessus tout la simple connaissance de

imaginés sur ce point, et les seuls qui soient réellement possibles, sont ceux de l'*influence physique*, de l'*harmonie* préétablie et de l'*assistance surnaturelle*.

Les deux dernières manières d'expliquer l'union de l'âme avec la matière sont fondées sur des objections contre la première qui est la représentation du sens commun, à savoir que ce qui apparaît comme matière ne saurait être par son influence immédiate la cause de représentations qui sont des effets d'une espèce tout à fait hétérogène. Mais alors il leur est impossible d'attacher à ce que nous entendons par l'objet des sens externes le concept d'une matière qui n'est qu'un phénomène et qui, par suite, n'est déjà en soi qu'une simple représentation produite par des objets extérieurs quelconques; car autrement elles diraient que les représentations des objets extérieurs (les phénomènes) ne peuvent pas être les causes extérieures des représentations qui sont dans notre esprit, ce qui serait une objection complètement vide de sens, car il ne viendra jamais à l'esprit de personne de regarder comme une cause extérieure ce qu'il a une fois reconnu pour une simple représentation. Il faut donc, suivant nos principes, qu'elles agencent leurs théories de façon à établir que ce qui est le véritable objet (l'objet transcendantal) de nos sens externes ne saurait être la cause des représentations (des phénomènes) que nous comprenons sous le nom de matière. Or, comme nul n'est en droit de prétendre avoir une connaissance quelconque de la cause transcendantale des représentations de nos sens extérieurs, leur assertion est ainsi dépourvue de tout fondement. Mais si les soi-disant correcteurs (*Verbesserer*) de la doctrine de l'influence physique voulaient, conformément à la manière dont se la représente un dualisme transcendantal, regarder la matière,

---

l'honnêteté des sentiments au préjudice de tous les biens et même de cette ombre qui est la renommée, et que l'homme se sent intérieurement appelé à se rendre digne, par sa conduite dans ce monde, en méprisant beaucoup d'autres avantages, de devenir citoyen d'un monde meilleur dont il a l'idée (*die er in die Idee hat*). Cette preuve puissante, toujours irréfutable, qui est accompagnée d'une connaissance toujours croissante de la finalité qui se manifeste dans ce que nous voyons devant nous d'une vue qui nous est ouverte sur l'immensité de la création, par conséquent accompagnée aussi de la

en tant que telle, comme une chose en soi (et non comme la simple manifestation d'une chose inconnue) et viser dans leur objection à montrer qu'un objet extérieur de ce genre, qui ne révèle en lui aucune autre causalité que celle des mouvements, ne peut jamais être la cause efficiente de représentations, et qu'il faut donc l'intervention d'un troisième être pour fonder entre les deux autres sinon une action réciproque, du moins une correspondance et une harmonie, ils commenceraient leur réfutation, en admettant dans leur dualisme le πρῶτον ψεῦδος de l'influence physique et, de cette manière, par leur objection, ce ne serait pas tant l'influence naturelle qu'ils réfuteraient que leur propre hypothèse dualiste. En effet, toutes les difficultés qui concernent l'union de la nature pensante avec la matière résultent, sans exception, uniquement de cette représentation dualiste subreptice : que la matière, en tant que telle, n'est pas un phénomène, c'est-à-dire une simple représentation de l'esprit à laquelle corresponde un objet inconnu, mais bien l'objet en soi tel qu'il existe hors de nous et indépendamment de toute la sensibilité.

On ne peut donc faire à l'influence physique ordinairement admise aucune objection dogmatique. En effet, si l'adversaire admet que la matière et son mouvement ne sont que de simples phénomènes et, par conséquent, que des représentations, il ne peut faire consister la difficulté qu'en ce que l'objet inconnu de notre sensibilité ne peut pas être la cause des représentations en nous, ce qu'il n'a pas le moindre droit de prétendre, puisque nul ne saurait dire d'un objet inconnu ce qu'il peut ou ne peut pas faire. Mais il faut, d'après les preuves que nous avons données plus haut, qu'il admette nécessairement cet idéalisme transcendantal, s'il ne veut pas

---

conscience qu'on ne saurait placer des limites certaines à l'extension possible de nos connaissances, ainsi qu'au penchant qui lui est correspondant, cette preuve subsiste toujours, quand même nous devrions désespérer d'apercevoir, par la connaissance simplement théorique de nous-mêmes, la durée nécessaire de notre existence.

Conclusions de la solution du paralogisme psychologique.

L'apparence dialectique dans la psychologie rationnelle repose sur la confusion d'une idée de la raison (l'idée d'une intelligence

manifestement hypostasier des représentations et les transporter hors de lui comme des choses véritables.

Toutefois on peut faire à la conception ordinaire (*Lehrmeinung*) de la théorie de l'influence physique une objection critique fondée. Cette hypothèse de l'union entre deux sortes de substances, la substance pensante et la substance étendue, a pour fondement un dualisme grossier et transforme ces substances, qui ne sont pourtant que de simples représentations du sujet pensant, en choses subsistant par soi. La fausse conception de l'influence physique peut être complètement démolie, aussitôt que l'on a montré que sa preuve fondamentale est nulle et subreptice.

La fameuse question de l'union de ce qui pense et de ce qui est étendu reviendrait donc, si l'on faisait abstraction de tout effort de l'imagination, simplement à savoir *comment dans un sujet pensant en général l'intuition extérieure*, autrement dit l'intuition de l'espace (de ce qui le remplit, figure et mouvement), *est possible*. Mais à cette question il n'est possible à aucun homme de trouver une réponse ; et, sans jamais combler cette lacune de notre savoir, on ne peut qu'indiquer par là qu'on attribue les phénomènes extérieurs à un objet transcendantal qui est la cause de cette espèce de représentations, mais que nous ne connaissons pas du tout et dont nous ne saurions jamais avoir le moindre concept. Dans tous les problèmes qui peuvent se présenter dans le champ de l'expérience, nous traitons ces phénomènes comme des objets en soi, sans nous préoccuper du premier principe de leur possibilité (comme phénomènes). Mais si nous sortons des limites de l'expérience, le concept d'un objet transcendantal devient nécessaire.

De ces remarques sur l'union de l'être pensant et de l'être

---

pure) avec le concept de tous points indéterminé d'un être pensant en général. Je me pense moi-même en vue d'une expérience possible, en faisant abstraction de toute l'expérience réelle, et j'en conclus que je puis avoir conscience de mon existence en dehors de l'expérience et de ses conditions empiriques. Je confonds donc l'*abstraction* possible de mon existence empiriquement déterminée avec la prétendue conscience d'une existence possible de mon moi pensant *isolé du reste*, et je crois connaître ce qu'il y a en moi de substantiel comme sujet transcendantal, tout en n'ayant dans la pensée que l'unité de la conscience qui sert de fondement à tout acte de déter-

étendu résulte, comme une conséquence immédiate, la solution de toutes les difficultés et de toutes les objections qui concernent l'état de la nature pensante avant cette union (avant la vie) ou après la rupture de cette union (dans la mort). L'opinion que le sujet pensant a pu penser avant tout commerce avec des corps reviendrait à dire qu'antérieurement à ce mode de sensibilité, par lequel quelque chose nous apparaît dans l'espace, nous avons pu, d'une tout autre manière, intuitionner ces objets transcendantaux qui, dans l'état présent, nous apparaissent comme des corps. Mais l'opinion que l'âme, après la cessation de tout commerce avec le monde des corps, peut encore continuer à penser, se formulerait de cette manière : si le mode de sensibilité, par lequel des objets trancendantaux et, quant à présent, tout à fait inconnus en soi, nous apparaissent en qualité de monde matériel, venait à disparaître, toute intuition de ces objets ne serait pourtant pas pour cela supprimée et il est parfaitement possible que ces mêmes objets continuassent d'être connus du sujet pensant, mais non plus, certes, en qualité de corps.

Or, il n'est personne, à la vérité, qui puisse tirer des principes spéculatifs la moindre raison en faveur d'une telle assertion, ni même en faire voir la possibilité ; on ne peut que la supposer ; mais personne aussi ne saurait lui opposer d'objection dogmatique valable. En effet, nul ne sait rien de plus que moi ou que tout autre sur la cause absolue et intrinsèque des phénomènes extérieurs et corporels. Nul n'est donc fondé

---

mination considérée comme une simple forme de la connaissance.

Le problème qui a pour but d'expliquer l'union de l'âme avec le corps n'appartient pas proprement à cette psychologie dont il est ici question, puisque celle-ci a pour but de démontrer la personnalité de l'âme en dehors de cette union (après la mort), et qu'elle est ainsi *transcendante* dans le sens propre du mot, bien qu'elle s'occupe d'un objet (*Object*) de l'expérience, mais seulement en tant qu'il cesse d'être un objet de l'expérience. Cependant il est possible, suivant notre doctrine, de faire à cette question une réponse satisfaisante. La difficulté que ce problème a soulevée consiste, comme on sait, dans le prétendu manque de conformité de l'objet du sens interne (de l'âme) avec les objets des sens extérieurs, puisque le premier implique seulement le temps et les autres, de plus, l'espace, comme condition formelle de leur intuition. Mais si l'on songe que ces deux espèces d'objets ne diffèrent pas ici intrinsèque-

à prétendre savoir sur quoi repose la réalité des phénomènes extérieurs dans l'état présent (dans la vie), ni, par conséquent, non plus à affirmer que la condition de toute l'intuition extérieure, ou aussi le sujet pensant lui-même, doit cesser après cet état (dans la mort).

Toute discussion sur la nature de notre être pensant et sur celle de son union avec le monde des corps résulte donc uniquement de ce que l'on remplit les lacunes de notre ignorance avec des paralogismes de la raison, en transformant en choses ses pensées et en les hypostasiant, ce qui donne naissance à une science imaginaire aussi bien du côté de celui qui affirme que de celui qui nie, chacun d'eux prétendant savoir quelque chose d'objets dont nul homme n'a de concept, ou convertissant en objets ses propres représentations, tournant ainsi dans un cercle éternel d'équivoques et de contradictions. Seul le sang-froid d'une critique sévère, mais juste, peut nous affranchir de cette illusion dogmatique qui, par l'attrait d'un bonheur imaginaire, retient tant d'hommes dans les théories et dans les systèmes, et restreindre toutes nos prétentions spéculatives à l'unique champ de l'expérience possible; et cela, non pas par de fades plaisanteries sur des tentatives si souvent malheureuses, ni par de pieux soupirs sur les bornes de notre raison, mais au moyen d'une détermination exacte des limites de la raison d'après des principes certains, détermination qui lui assigne avec la plus parfaite certitude son *nihil ulterius* aux colonnes d'Hercule posées par la nature même, pour

---

ment, qu'ils ne se distinguent qu'en tant que l'un *apparaît* (*erscheint*) extérieurement à l'autre et que, par conséquent, ce qui sert de fondement au phénomène (*Erscheinung*) de la matière comme chose en soi, pourrait peut-être n'être pas d'une nature hétérogène, alors cette difficulté disparaît et il n'en reste d'autre que celle de savoir comment une union des substances est possible; or, la solution de cette question est tout à fait en dehors du champ de la psychologie, et, comme le lecteur jugera facilement, d'après ce qui a été dit, dans l'Analytique, des formes constitutives et des pouvoirs, elle est, sans aucun doute, en dehors du champ de toute connaissance humaine.

Remarque générale concernant le passage de la psychologie rationnelle à la cosmologie.

La proposition : je pense, ou j'existe pensant, est une proposition

l'empêcher de s'aventurer, dans sa marche, au delà des côtes toujours continues de l'expérience qu'il nous est impossible d'abandonner sans nous risquer sur un océan sans rivages qui, nous offrant un horizon toujours trompeur, finirait par nous décourager et par nous faire renoncer à tout effort pénible et difficile.

*
* *

Jusqu'ici nous n'avons pas encore donné une explication claire et générale de l'apparence transcendantale, et pourtant naturelle, qui réside dans les paralogismes de la raison pure ; nous n'avons pas non plus dressé la distribution systématique de ces raisonnements vicieux, distribution qui suit, en marche parallèle, la table des catégories. Nous n'aurions pas pu l'entreprendre au début de cette section, sans risquer de tomber dans l'obscurité ou d'anticiper mal à propos. Nous allons chercher maintenant à remplir cette obligation.

On peut dire que toute l'apparence consiste à prendre la condition *subjective* de la pensée pour la connaissance de l'objet. En outre, nous avons montré, dans l'introduction à la Dialectique transcendantale, que la raison pure s'occupe uniquement de la totalité de la synthèse des conditions pour un conditionné donné. Or, puisque l'apparence dialectique de la raison pure ne peut pas être une apparence empirique qui se présente dans une connaissance empirique déterminée, elle devra donc concerner la généralité des conditions de la pensée et il ne peut y avoir que trois cas de l'usage dialectique de la raison pure :

---

empirique. Mais une pareille proposition a pour fondement une intuition empirique, par conséquent aussi l'objet (*Object*) pensé comme phénomène. Il semble donc que, d'après notre théorie, l'âme tout entière, et absolument, même dans la pensée, serait changée en phénomène et que, de cette manière, notre conscience même, comme simple apparence, ne devrait en réalité être réduite à rien.

La pensée, prise en soi, est simplement la fonction logique, par conséquent une simple spontanéité de la liaison du divers d'une intuition simplement possible, et ne présente d'aucune manière le sujet de la conscience comme phénomène, simplement par cette seule raison qu'elle n'a point égard au mode de l'intuition, à la question de savoir si elle est sensible ou intellectuelle. Aussi je ne

1° La synthèse des conditions d'une pensée en général ;
2° La synthèse des conditions de la pensée empirique ;
3° La synthèse des conditions de la pensée pure.

Dans tous ces trois cas, la raison pure s'occupe simplement de la totalité absolue de cette synthèse, c'est-à-dire de la condition qui est elle-même inconditionnée. Sur cette division se fonde aussi la triple apparence transcendantale qui donne lieu aux trois sections de la dialectique et qui fournit l'idée d'autant de sciences apparentes tirées de la raison pure, psychologie, cosmologie et théologie transcendantales. Nous n'avons à nous occuper ici que de la première.

Comme dans l'acte de pensée en général nous faisons abstraction de tout rapport de la pensée à un objet quelconque (*auf irgend ein Object*) (soit des sens, soit de l'entendement pur), la synthèse des conditions d'une pensée en général (n° 1) n'est pas du tout objective, mais elle est simplement une synthèse de la pensée avec le sujet, synthèse que nous prenons à tort pour une représentation synthétique d'un objet (*eines Objects*).

Or, il résulte de là que la conclusion dialectique qui porte sur la condition de toute pensée en général elle-même inconditionnée ne commet pas de faute quant au contenu (car elle fait abstraction de tout contenu ou de tout objet = *Object*), mais qu'elle a seulement un vice de forme et doit être appelée paralogisme.

Comme, de plus, l'unique condition qui accompagne toute la pensée, le moi, est dans la proposition générale : je pense,

---

me représente à moi-même ni comme je suis, ni comme je m'apparais, mais je ne me conçois que comme tout objet (*Object*) en général, abstraction faite du mode d'intuition de cet objet. Quand je me représente ici comme *sujet* de la pensée ou même comme *principe* de la pensée, ces modes de représentation ne désignent pas les catégories de la substance ou de la cause, car celles-ci sont les fonctions de la pensée (du jugement) que nous avons déjà appliquées à notre intuition sensible, dont j'ai sans doute absolument besoin pour pouvoir me *connaître*. Or, je ne veux avoir conscience de moi que comme pensant, et je laisse de côté la question de savoir comment mon propre moi est donné dans l'intuition, et alors il pourrait être simplement un phénomène pour moi qui pense, mais non en tant que je pense. Dans la conscience que j'ai de moi-même dans la simple pensée, je suis

la raison doit s'occuper de cette condition en tant qu'elle est elle-même inconditionnée. Mais elle n'est qu'une condition formelle, à savoir l'unité logique de toute pensée où je fais abstraction de tout objet, et, néanmoins, elle est représentée comme un objet que je pense, je veux dire moi-même, et l'unité inconditionnée de ce moi.

Si quelqu'un me faisait en général cette question : De quelle nature est une chose qui pense ? je ne sais rien *a priori* que je pusse y répondre, puisque la réponse doit être synthétique. (En effet, une réponse analytique explique peut-être bien la pensée, mais ne donne aucune connaissance développée de ce sur quoi cette pensée repose, quant à sa possibilité.) D'autre part, toute solution synthétique exige l'intuition qui a été tout à fait écartée du problème si universel. De même, nul ne peut répondre à la question suivante dans sa généralité : De quelle nature doit être une chose qui est mobile ? car l'étendue impénétrable (la matière) n'est point donnée alors. Mais, bien que je ne sache pas, en général, de réponse à cette question, il me semble pourtant que je puis en donner une, dans un cas particulier, dans la proposition qui exprime la conscience de soi : je pense. En effet, ce moi est le premier sujet, c'est-à-dire une substance ; il est simple, etc. Mais ce ne seraient plus alors que de pures propositions expérimentales qui, sans une règle universelle exprimant les conditions de la possibilité de penser en général et *a priori*, ne pourraient contenir des prédicats de cette nature (qui ne seraient pas empiriques). Ma prétention, d'abord si plausible, de juger de la nature d'un être pensant, et cela, à la vérité, par purs concepts, me devient, de cette manière, suspecte, bien que je n'en aie pas encore découvert le vice.

---

l'*être même*, mais de cet être rien ne m'est donné par là pour la pensée. Mais la proposition, je pense, en tant qu'elle signifie : *j'existe pensant*, n'est pas une fonction simplement logique, mais détermine le sujet (qui est en même temps objet) (*Object*) par rapport à l'existence, et ne peut pas avoir lieu sans le sens interne dont l'intuition fournit toujours l'objet (*Object*) non comme chose en soi, mais simplement comme phénomène. Dans cette proposition ce n'est donc plus la simple spontanéité de la pensée, mais bien la réceptivité de l'intuition, c'est-à-dire la pensée de moi-même, qui est appliquée à l'intuition empirique du même sujet. C'est dans cette dernière que le moi pensant devrait donc chercher les

Mais les recherches ultérieures sur l'origine de ces attributs que je me donne à moi-même, à titre d'être pensant en général, peuvent découvrir ce vice. Ces attributs ne sont pas autre chose que des catégories pures par lesquelles je ne pense jamais un objet déterminé, mais seulement l'unité des représentations pour en déterminer l'objet. Sans une intuition qui lui serve de fondement, la catégorie ne peut pas me fournir le concept d'un objet; car c'est surtout par l'intuition que m'est donné l'objet qui ensuite est pensé suivant la catégorie. Pour que je définisse une chose en la disant une substance dans le phénomène, il faut que m'aient été donnés auparavant des prédicats de son intuition et que j'en distingue le permanent du changeant et le substrat (la chose même) de ce qui est simplement inhérent. Quand je nomme une chose *simple* dans le phénomène, j'entends par là que son intuition est, à la vérité, une partie du phénomène, mais qu'elle-même ne peut pas être divisée, etc. Quand, au contraire, quelque chose n'est connu comme simple que dans le concept et non dans le phénomène, je n'ai pas alors réellement par là de connaissance de l'objet, mais seulement de mon concept de quelque chose en général qui n'est pas susceptible d'une intuition proprement dite. Je dis seulement que je pense quelque chose, tout simplement (*ganz einfach*), puisque je ne ne peux réellement rien dire de plus, si ce n'est simplement que c'est quelque chose.

Or, la simple aperception (le moi) est substance dans le concept, etc.; et ainsi tous ces théorèmes psychologiques ont une exactitude incontestable. Toutefois, on ne connaît nullement par là ce que l'on veut proprement savoir de l'âme, car tous ces prédicats ne valent pas pour l'intuition et ne peu-

---

conditions de l'application de ses fonctions logiques aux catégories de la substance, de la cause, etc., et non pas seulement pour pouvoir se désigner soi-même par le moi comme un objet (*Object*) en soi, mais aussi pour déterminer le mode de son existence, c'est-à-dire se reconnaître comme noumène, ce qui est impossible, puisque l'intuition empirique interne est sensible et qu'elle ne fournit que des *data* du phénomène lequel ne peut rien apporter à l'objet (*Object*) de la *conscience pure* touchant la connaissance de son existence séparée, et peut seulement servir d'appui à l'expérience.

Mais supposez que nous trouvions par la suite, non pas dans l'expérience, mais dans certaines lois de l'usage de la raison pure

vent donc pas avoir de conséquence qui soit applicable aux objets de l'expérience ; par suite, ils sont pleinement vides. En effet, ce concept de la substance ne m'apprend pas que l'âme dure par elle-même, ni qu'elle soit une partie des intuitions extérieures qui ne soit plus divisible elle-même, et qui, par conséquent, ne puisse naître ni périr par aucun changement de la nature ; ces propriétés sont pourtant les seules qui me feraient connaître l'âme dans l'enchaînement de l'expérience et qui pourraient m'ouvrir des perspectives sur son origine et sur son état futur. Si donc je dis, par simples catégories, que l'âme est une substance simple, il est clair alors que, comme le concept intellectuel tout nu de la substance ne contient rien de plus sinon qu'une chose doit être représentée comme sujet en soi, sans être, à son tour, prédicat d'un autre sujet, il est clair alors, dis-je, qu'on ne peut rien conclure de là touchant la permanence, que l'attribut de simple ne peut pas ajouter cette permanence et que, par suite, on ne peut par là rien apprendre de ce qui peut concerner l'âme dans les changements du monde. Si l'on pouvait nous dire qu'elle est une *partie simple de la matière*, nous pourrions alors, en nous servant de ce que l'expérience nous en apprend, en dériver sa permanence et, en combinant celle-ci avec la simplicité de nature, son indestructibilité. Mais le concept du moi, dans le principe psychologique (je pense), ne nous dit pas un seul mot de cela.

Or, l'être qui pense en nous prétend se connaître lui-même par des catégories pures et même par celles qui expriment l'unité absolue sous chacun de leurs titres. Cela tient à ceci. L'aperception est elle-même le principe de la possibilité des

---

établies *a priori* et concernant notre existence, (et qui ne sont pas des règles simplement logiques), une occasion de nous supposer nous-mêmes pleinement *a priori* comme *fixant des lois* à notre propre *existence*, et même comme déterminant cette existence, alors nous découvririons par là une spontanéité qui nous servirait à déterminer notre réalité déterminable, sans que nous eussions besoin pour cela des conditions de l'intuition empirique, et nous verrions ici que dans la conscience de notre existence est contenu quelque chose *a priori* qui peut servir à déterminer, au point de vue d'un certain pouvoir interne et de sa relation avec un monde intelligible (mais évidemment seulement conçu), notre existence que nous ne pouvons déterminer que d'une manière sensible.

catégories, qui, de leur côté, ne représentent pas autre chose que la synthèse du divers de l'intuition en tant que ce divers trouve son unité dans l'aperception. La conscience de soi en général est donc la représentation de ce qui est la condition de toute unité tout en étant soi-même inconditionné. Par conséquent, on peut dire du moi pensant (de l'âme) qui se représente comme substance, comme simple, comme numériquement identique dans tous les temps et comme le corrélatif de toute existence, d'où toute existence doit être conclue, qu'*au lieu de se connaître lui-même par les catégories*, il connaît les catégories, et, par elles, tous les objets, dans l'unité absolue de l'aperception, et par conséquent, *par lui-même*. Or, il est bien évident que je ne saurais connaître comme objet (*als Object*) cela même qu'il me faut supposer pour connaître en général un objet (*ein Object*) et que le moi déterminant (la pensée) doit être distinct du moi déterminé (le sujet pensant), comme la connaissance, de l'objet. Toutefois rien n'est plus naturel et plus séduisant que l'apparence qui nous fait prendre l'unité dans la synthèse des pensées pour une unité vraiment perçue dans le sujet de ces pensées. On pourrait appeler cette apparence la subreption de la conscience hypostasiée (*aperceptionis substantiatæ*).

Si l'on veut donner un titre logique au paralogisme qui se produit dans les raisonnements dialectiques de la psychologie rationnelle en tant qu'ils ont toutefois des prémisses justes, on peut le regarder comme un *sophisma figuræ dictionis*, où la majeure fait de la catégorie, relativement à sa condition, un usage simplement transcendantal, tandis que la

---

Mais, néanmoins, cela n'avancerait guère toutes les tentatives de la psychologie rationnelle. En effet, grâce à ce pouvoir merveilleux qui est le premier à me révéler la conscience de la loi morale, j'aurais bien de la détermination de mon existence un principe qui serait purement intellectuel, mais par quels prédicats? Uniquement par ceux qui doivent m'être donnés dans l'intuition sensible. J'en reviendrais donc au point de vue où j'en étais dans la psychologie rationnelle, je veux dire que j'aurais encore besoin d'intuitions sensibles, pour donner une signification à mes concepts intellectuels de substance, de cause, etc., par lesquels seuls je puis avoir une connaissance de moi ; mais ces intuitions ne peuvent jamais m'être utiles, en dehors du champ de l'expérience. Cependant,

mineure et la conclusion font, par rapport à l'âme subsumée sous cette condition, un usage empirique de la même catégorie. Ainsi, par exemple, le concept de substance, dans le paralogisme de la simplicité, est un concept intellectuel pur qui, sans la condition de l'intuition sensible, n'est que d'un usage trancendantal, c'est-à-dire d'aucun usage. Mais, dans la mineure, le même concept est appliqué à l'objet de toute expérience interne, sans qu'auparavant on ait établi, ni pris pour principe la condition de son application *in concreto*, je veux dire la permanence de l'objet; et, par conséquent, on en fait un usage empirique qui n'est pas admissible ici.

Pour montrer enfin l'enchaînement systématique de toutes ces assertions dialectiques d'une psychologie soi-disant rationnelle dans l'ordre de la raison pure et pour en faire aussi ressortir l'intégralité, on remarquera que l'aperception passe par toutes les classes des catégories, mais qu'elle ne s'arrête qu'aux concepts intellectuels qui, dans chaque classe, servent aux autres de fondement pour l'unité dans une perception possible, je veux dire aux catégories de subsistance, de réalité, d'unité (de non-pluralité) et d'existence; seulement, la raison les représente toutes ici comme des conditions de la possibilité d'un être pensant, conditions qui sont elles-mêmes inconditionnées. L'âme reconnaît donc en elle-même :

1.

L'unité inconditionnée
de la *relation*,
c'est-à-dire
elle-même, non comme inhérente,
mais
comme *subsistante*.

---

j'aurais le droit d'appliquer ces concepts à la liberté et à son sujet, au point de vue de l'usage pratique qui s'applique toujours à des objets de l'expérience, conformément à la signification analogique qu'ils ont dans l'usage théorique. Je n'entends, en effet, par là, que les fonctions logiques du sujet et du prédicat, du principe et de la conséquence, conformément auxquelles sont déterminés les actes ou les effets d'après ces lois, de telle sorte que ces actes et ces effets peuvent toujours être expliqués, ainsi que les lois de la nature, par les catégories de la substance et de la cause, quoiqu'ils dérivent d'un tout autre principe. Cela n'est dit que pour prévenir le mal-

2.
L'unité inconditionnée
de la *qualité*,
c'est-à-dire
non comme un tout réel,
mais
comme *simple* *.

3.
L'unité inconditionnée
dans la *pluralité* dans le temps,
c'est-à-dire
non différente numériquement
en des temps différents,
mais
comme *un seul* et *même sujet*.

4.
L'unité inconditionnée
de l'*existence* dans l'espace,
c'est-à-dire
non comme conscience de plusieurs choses hors d'elle,
mais
seulement de l'existence d'elle-même
et des autres choses simplement
comme de ses représentations.

La raison est la faculté des principes. Les assertions de la psychologie pure ne contiennent pas de prédicats empiriques de l'âme, mais des prédicats qui, s'ils sont réels, doivent déterminer l'objet en lui-même, indépendamment de l'expérience et, par conséquent, par la simple raison. Elles devraient donc se fonder tout au moins sur des principes et des concepts universels de natures pensantes en général. Au lieu de cela, il se trouve que la représentation singulière : je suis, les régit toutes ; et cette représentation, par le fait même qu'elle exprime la formule pure de toute mon expérience (d'une manière indéterminée), se donne pour une proposition universelle qui vaudrait pour tous les êtres pensants, et, comme toutefois elle est individuelle à tous égards, elle porte en elle l'apparence d'une unité absolue des conditions de la pensée en général et par là s'étend au delà du terrain où peut aller l'expérience possible.

---

* Je ne peux pas montrer maintenant comment le simple correspond, à son tour, à la catégorie de la réalité, mais cela sera démontré dans le chapitre suivant, à l'occasion d'un autre usage rationnel de ce même concept.

---

entendu auquel est si facilement sujette la doctrine de notre intuition de nous-mêmes comme phénomènes. On aura dans la suite l'occasion d'en faire usage.

CHAPITRE II

L'ANTINOMIE DE LA RAISON PURE

Nous avons montré, dans l'introduction à cette partie de notre ouvrage, que toute l'apparence transcendantale de la raison pure repose sur des inférences dialectiques dont la Logique donne le schème dans les trois espèces formelles de raisonnements en général, à peu près comme les catégories trouvent leur schème logique dans les quatre fonctions de tous les jugements. La *première espèce* de ces raisonnements sophistiques tendait à l'unité inconditionnée des conditions *subjectives* de toutes les représentations en général (du sujet ou de l'âme), en correspondance avec les raisonnements *catégoriques* dont la majeure énonce, à titre de principe, le rapport d'un prédicat à un *sujet*. La *deuxième espèce* d'arguments dialectiques aura donc pour contenu, par analogie avec les *raisonnements hypothétiques*, l'unité inconditionnée des conditions objectives dans le phénomène. Quant à la *troisième espèce*, dont il sera question dans le chapitre suivant, elle a pour thème l'unité inconditionnée des conditions objectives de la possibilité des objets en général.

Mais il est à remarquer que le paralogisme transcendantal n'a produit qu'une apparence partielle par rapport à l'idée du sujet de notre pensée et que l'assertion du contraire ne reçoit pas la moindre apparence tirée de concepts rationnels. L'avantage est entièrement du côté du pneumatisme, bien que cette doctrine ne puisse désavouer le vice originel qui fait qu'en dépit de toute l'apparence qui lui est favorable, elle s'en va toute en fumée dans le creuset de la Critique.

Il en est tout autrement quand nous appliquons la raison à la *synthèse objective* des phénomènes ; elle croit, avec beaucoup d'apparence, y rendre valable son principe de l'unité inconditionnée, mais elle s'embrouille bientôt dans de telles contradictions qu'elle est forcée de renoncer à ses prétentions en matière cosmologique.

Ici se présente, en effet, un nouveau phénomène de la raison humaine, je veux dire une antithétique toute naturelle où nul n'a besoin de subtiliser et de tendre ingénieusement des pièges pour y entraîner la raison qui, au contraire, y tombe d'elle-même et inévitablement ; et, sans doute, elle se trouve préservée par là de l'assoupissement d'une persuasion imaginaire que produit une apparence unique, mais en même temps elle court le danger de s'abandonner au désespoir sceptique ou de prendre une suffisance dogmatique et de s'entêter opiniâtrement dans certaines assertions, sans vouloir prêter l'oreille aux raisons du contraire et leur rendre justice. C'est la mort de la saine philosophie, mais toutefois on peut dire, dans le premier cas, que la raison trouve une belle mort (*Euthanasie*).

Avant d'exposer les scènes de désordre et de déchirement qu'engendre ce conflit des lois (antinomie) de la raison pure, nous allons donner quelques explications qui pourront éclaircir et justifier la méthode dont nous nous servons dans l'exposition de notre objet. J'appelle toutes les idées transcendantales, en tant qu'elles concernent la totalité absolue dans la synthèse des phénomènes, des *concepts cosmologiques*, d'une part, à cause de cette totalité inconditionnée sur laquelle se fonde le concept de l'univers, qui n'est lui-même qu'une idée; d'autre part, parce qu'elles tendent uniquement à la synthèse des phénomènes, et, par suite, à la synthèse empirique, tandis qu'au contraire la totalité absolue dans la synthèse des conditions de toutes les choses possibles en général donne lieu à un idéal de la raison pure, qui est tout à fait différent du concept cosmologique, bien qu'il soit en relation avec lui. C'est pourquoi, de même que les paralogismes de la raison pure étaient le fondement d'une psychologie dialectique, de même l'antinomie de la raison pure exposera les principes transcendantaux d'une prétendue cosmologie pure (rationnelle), non, sans doute, pour la trouver valable et se l'approprier, mais, comme l'indique déjà le terme de conflit de la raison, afin de la représenter dans son apparence (*Scheine*) éblouissante, bien que fausse, comme une idée qui ne peut se concilier avec les phénomènes (*Erscheinung*).

PREMIÈRE SECTION

Système des idées cosmologiques.

Afin de pouvoir énumérer ces idées suivant un principe et avec une précision systématique, nous devons remarquer *d'abord* que c'est seulement de l'entendement que peuvent émaner des concepts purs et transcendantaux ; que la raison ne produit proprement aucun concept, mais qu'elle ne fait qu'*affranchir* le *concept de l'entendement* des restrictions inévitables d'une expérience possible, et qu'ainsi elle cherche à l'étendre au delà des limites de l'empirique, tout en restant en rapport avec lui. C'est ce qui a lieu par cela même qu'elle exige pour un conditionné donné une totalité absolue du côté des conditions (auxquelles l'entendement soumet tous les phénomènes de l'unité synthétique), et qu'elle fait ainsi de la catégorie une idée transcendantale pour donner une perfection absolue à la synthèse empirique, en la poursuivant jusqu'à l'inconditionné (qui ne se trouve jamais dans l'expérience, mais seulement dans l'idée). La raison l'exige en vertu de ce principe : *Si le conditionné est donné, est aussi donnée la somme entière des conditions et, par conséquent, l'inconditionné absolu*, qui seul rend le conditionné possible. Ainsi, *premièrement*, les idées transcendantales ne seront, à proprement parler, rien autre chose que les catégories étendues jusqu'à l'inconditionné, et on pourra les ramener à une table ordonnée suivant les titres de ces dernières. Mais, *secondement*, il faut remarquer que toutes les catégories ne sont pas bonnes pour cela, mais seulement celles où la synthèse constitue une *série*, et même une série de conditions subordonnées (et non coordonnées) entre elles ; par rapport à un conditionné, la totalité absolue n'est exigée par la raison qu'en tant qu'elle porte sur la série ascendante des conditions nécessaires pour un conditionné donné, et non, par conséquent, lorsqu'il s'agit de la ligne descendante des conséquences, ni même de l'assemblage des conditions coordonnées relativement à ces conséquences. En effet, par rapport à un conditionné donné, sont déjà supposées des conditions qu'il faut considérer comme données avec lui, au lieu que, comme les conséquences ne rendent pas leurs conditions possibles, mais bien plutôt les présupposent, on n'a pas à s'inquiéter, dans la progression des conséquences (ou dans la régression d'une condition donnée au conditionné), si la série cesse ou non, et, en général, la question relative à leur totalité n'est nullement une supposition de la raison.

On conçoit nécessairement comme donné (bien que pour nous il ne soit pas déterminable) un temps complètement écoulé jusqu'au moment présent. Mais comme le temps à venir n'est pas la condition nécessaire pour arriver au temps présent, il est tout à fait indifférent, pour comprendre celui-ci, de traiter le temps futur de telle ou telle manière, c'est-à-dire de le faire cesser à un certain moment ou de le prolonger à l'infini. Soit la série, m, n, o, où n est donné comme conditionné par rapport à m, mais en même temps comme condition de o ; supposons que cette série aille en remontant du conditionné n à m (l, k, i, etc.), et qu'elle aille ainsi en descendant de la condition n jusqu'au conditionné o (p, q, r, etc.) : il me faut alors supposer la première série pour considérer n comme donné, et n n'est possible qu'au moyen de cette série suivant la raison (la totalité des conditions). Mais sa possibilité ne repose pas sur la série suivante o, p, q, r, que l'on ne peut pas, par conséquent, considérer comme donnée, mais seulement comme *donnable* (*dabilis*).

J'appellerai *régressive* dans une série la synthèse qui porte sur les conditions, par conséquent celle qui part de la condition la plus voisine du phénomène donné pour remonter aux conditions les plus éloignées, et *progressive*, celle qui, du côté du conditionné, s'élève de la conséquence la plus proche aux conséquences plus éloignées. La première porte sur les antécédents, la seconde, sur les conséquents. Les idées cosmologiques s'occcupent donc de la totalité de la synthèse régressive, remontent aux antécédents et ne descendent pas aux conséquents. Descendre aux conséquents, ce serait traiter un problème arbitraire et non nécessaire de la raison pure, puisque, pour arriver à la compréhension complète de ce qui nous est donné dans le phénomène, nous avons besoin de principes, mais non de conséquences.

Or, pour dresser la table des idées d'après la table des catégories, nous prendrons d'abord les deux *quanta* originaires de toute notre intuition, le temps et l'espace. Le temps est en soi une série (et la condition formelle de toutes les séries) et c'est pourquoi il est possible d'y distinguer *a priori*, par rapport à un présent donné, les antécédents, comme conditions (le passé) des conséquents (de l'avenir). L'idée transcendantale de la totalité absolue de la série des conditions pour un conditionné donné ne porte donc que sur tout le temps passé. D'après l'idée de la raison, tout le temps écoulé sera nécessairement pensé comme donné en qualité de condition du moment donné. Mais pour ce qui est de l'espace, il n'y a pas à distinguer en lui de progression et de régression, puisqu'il constitue un *agrégat* et non une *série*, toutes ses parties existant simultanément. Je ne puis considérer le moment présent que comme conditionné par rapport au temps passé, mais jamais comme condition de ce temps, puisque ce moment n'est produit tout d'abord que par le temps écoulé (ou plutôt par l'écoulement du temps précédent). Mais comme les parties de l'espace ne sont pas subordonnées, mais coordonnées entre elles, une partie n'est donc pas la condition de la possibilité d'une autre, et ainsi l'espace ne constitue pas en soi une série comme le temps. Cependant, la synthèse des diverses parties de l'espace, au moyen de laquelle nous l'appréhendons, est successive, s'effectue ainsi dans le temps et renferme une série. Et comme dans cette série d'espaces agrégés (par exemple, de pieds dans une perche), à partir d'un espace donné, ceux qu'on y ajoute par la pensée, sont toujours *la condition des limites des précédents*, la *mesure* d'un espace doit être aussi considérée comme une synthèse d'une série de conditions relatives à un conditionné donné ; seulement, le côté des conditions n'est pas différent en soi du côté où se trouve le conditionné, et, par conséquent, dans l'espace, la *régression* et la *progression* semblent être identiques. Cependant, puisqu'une partie de l'espace n'est pas donnée, mais seulement limitée par les autres, il nous faut (*muss*) regarder tout espace limité, à ce titre, comme conditionné, puisqu'il suppose un autre espace comme la condition de ses limites, et ainsi de suite. Au point de vue de la limitation, la progression dans l'espace est donc aussi une régression, et l'idée transcendantale de la totalité absolue de la synthèse dans la série des conditions concerne aussi l'espace, et je puis tout aussi bien poser une question sur la totalité absolue du phénomène dans l'espace que sur celle du phénomène dans le temps écoulé. Y a-t-il jamais pour ces questions de réponse possible ? c'est ce que nous verrons plus tard.

En second lieu, la réalité dans l'espace, c'est-à-dire la *matière*, est un conditionné qui a pour conditions internes les parties de l'espace, et pour conditions éloignées les parties des parties, de telle sorte qu'il y a ici une synthèse régressive dont la raison exige l'absolue totalité, et qui ne peut avoir lieu que par une division complète où la réalité de la matière se réduit soit à rien, soit à ce qui n'est plus matière, je veux dire au simple. Il y a donc encore ici une série de conditions et une progression vers l'inconditionné.

En troisième lieu, pour ce qui regarde les catégories du rapport réel entre les phénomènes, la catégorie de la substance et de ses accidents ne convient point à une idée transcendantale, c'est-à-dire que, par rapport à cette catégorie, la raison n'a aucun motif d'aller régressivement jusqu'aux conditions. En effet, des accidents (en tant qu'ils sont inhérents à une substance unique) sont coordonnés entre eux et ne forment point une série. Mais pour ce qui est de la substance, ils ne lui sont pas proprement subordonnés, ils sont la manière d'exister de la substance elle-même. Ce qui pourrait paraître ici une idée de la raison transcendantale, ce serait le concept du *substantiel*. Seulement, comme on n'entend par là rien de plus que le concept de l'objet en général, lequel subsiste, mais dans lequel on ne conçoit que le sujet transcendantal, indépendamment de tous les prédicats, et comme il n'est ici question que de l'inconditionné dans la série des phénomènes, il est clair que le substantiel ne peut former aucun membre de cette série. La même chose s'applique aux substances en réciprocité d'action, qui sont de simples agrégats et n'ont pas d'exposants d'une série, puisqu'elles ne sont pas subordonnées entre elles comme conditions de leur possibilité, comme on pouvait bien le dire des espaces dont la limite n'est jamais déterminée en soi, mais toujours par un autre espace. Il ne reste donc que la catégorie de la *causalité*, qui présente une série de causes pour un effet donné, où l'on puisse remonter de cet effet, comme conditionné, à ses causes, comme conditions, et répondre à la question soulevée par la raison.

En quatrième lieu, les concepts du possible, du réel et du nécessaire ne conduisent à aucune série, sinon en ce sens que le *contingent* dans l'existence doit toujours être considéré comme conditionné et que, suivant la règle de l'entendement, il indique une condition qui nous renvoie nécessairement à une autre condition plus élevée, jusqu'à ce qu'enfin la raison ne trouve que dans la totalité de cette série la *nécessité* inconditionnée.

Il n'y a donc que quatre idées cosmologiques, suivant les quatre titres des catégories, si l'on s'en tient à celles qui impliquent nécessairement une série dans la synthèse du divers.

1. *L'intégrité absolue*
DE L'ASSEMBLAGE
du tout donné de tous les phénomènes.

2. *L'intégrité absolue*   **3.** *L'intégrité absolue*
DE LA DIVISION   DE L'ORIGINE
d'un tout donné dans le phénomène. d'un phénomène en général.

4. *L'intégrité absolue*
DE LA DÉPENDANCE DE L'EXISTENCE
de ce qu'il y a de changeant dans le phénomène.

Il faut d'abord remarquer ici que l'idée de la totalité absolue ne concerne que l'exposition des *phénomènes* et que, par conséquent, elle ne porte pas sur le concept intellectuel pur d'un tout des choses en général. Les phénomènes sont donc considérés ici comme donnés et la raison exige l'intégrité absolue des conditions de leur possibilité, en tant qu'elles constituent une série, et, par suite, elle exige une synthèse absolument complète (c'est-à-dire complète sous tous les rapports), qui permette d'exposer les phénomènes d'après les lois de l'entendement.

Ensuite, c'est proprement l'inconditionné seul que la raison recherche dans cette synthèse des conditions dont la série est régressive, comme elle cherche l'intégrité dans la série des prémisses qui réunies n'en supposent plus d'autres. Or cet *inconditionné* est toujours contenu dans la *totalité absolue de la série,* quand on se la représente dans l'imagination. Mais cette synthèse absolument achevée n'est, à son tour, qu'une idée, car on ne peut pas savoir, du moins d'avance, si une telle synthèse est possible dans les phénomènes. Quand on se représente toute chose par de simples concepts purs de l'entendement, indépendamment des conditions de l'intuition sensible, on peut dire, du premier coup, que, pour un conditionné donné, toute la série des conditions subordonnées entre elles est aussi donnée, car le premier n'est donné que par celle-ci. Mais dans les phénomènes se rencontre une restriction particulière concernant la manière dont les conditions nous sont données, je veux dire qu'elles nous arrivent par le moyen de la synthèse successive du divers de l'intuition, synthèse qui doit être complètement régressive. Or, c'est encore un problème de savoir si cette intégrité est possible dans le sensible (*sinnlich möglich*). Mais l'idée de cette intégrité réside cependant dans la raison, abstraction faite de la possibilité ou de l'impossibilité d'y lier adéquatement des concepts empiriques. C'est pourquoi, comme c'est dans la totalité absolue de la synthèse régressive du divers qui se trouve dans le phénomène (suivant la direction des catégories qui le représentent comme une série de conditions pour un conditionné donné) qu'est nécessairement contenu l'inconditionné, et comme on peut laisser indécise la question de savoir si et comment cette totalité peut être réalisée, la raison prend ici la résolution de partir de l'idée de la totalité, bien qu'elle ait proprement l'*inconditionné*, soit d'un tout, soit d'une partie de cette série, pour but final. Or on peut concevoir cet inconditionné, ou bien comme résidant simplement dans la série entière, dont, par conséquent, tous les membres sans exception sont conditionnés, et dont l'ensemble est absolument inconditionné, et alors la régression est dite infinie ; ou bien l'inconditionné absolu n'est qu'une partie de la série à laquelle les autres membres de cette série sont tous subordonnés, mais qui n'est soumise elle-même à nulle autre condition*. Dans le premier cas, la série est *a parte priori* sans limites (sans commencement), c'est-à-dire infinie et néanmoins entièrement donnée, mais la régression n'y est jamais achevée et ce n'est que virtuellement qu'on peut l'appeler infinie. Dans le second cas, la série a un premier terme qui s'appelle le *commencement du monde*, par rapport au temps ; la *limite du monde*, par rapport à l'espace ; *le simple*, par rapport aux parties d'un tout donné dans ces limites ; la *spontanéité* absolue (la liberté), par rapport aux causes ; la *nécessité naturelle* absolue, par rapport à l'existence des choses changeantes.

Nous avons deux termes, MONDE et NATURE, qu'on prend quelquefois l'un pour l'autre. Le premier signifie l'ensemble mathématique de tous les phénomènes et la totalité de leur synthèse, en grand aussi bien qu'en petit, c'est-à-dire dans le développement progressif de cette synthèse aussi bien par

---

* L'ensemble absolu de la série des conditions pour un conditionné donné est toujours inconditionné, car en dehors d'elle il n'y a plus de conditions relativement auxquelles il puisse être conditionné. Mais cet ensemble absolu d'une série de ce genre n'est qu'une idée ou plutôt qu'un concept problématique dont il faut rechercher la possibilité, même en ce qui concerne la manière dont l'inconditionné, en tant qu'il est la véritable idée transcendantale dont il s'agit (*worauf es ankommt*), peut y être contenu.

assemblage que par division. Mais ce même monde s'appelle nature*, en tant qu'il est considéré comme un tout dynamique, et qu'on ne recourt pas ici à l'agrégation, dans l'espace ou dans le temps, pour le réaliser à titre de quantité, mais à l'unité de l'*existence* des phénomènes. Or, la condition de ce qui arrive s'appelle alors la cause, et la causalité inconditionnée de la cause dans le phénomène reçoit le nom de liberté, tandis que la causalité conditionnée s'appelle cause naturelle en un sens plus restreint. Le conditionné dans l'existence en général s'appelle contingent, et l'inconditionné, nécessaire. La nécessité inconditionnée des *phénomènes* peut s'appeler nécessité naturelle.

Aux idées dont nous nous occupons maintenant, j'ai donné plus haut le nom d'idées cosmologiques, en partie, parce que l'on comprend par monde l'ensemble de tous les phénomènes et que nos idées ne concernent l'inconditionné que dans les phénomènes ; en partie aussi, parce que le mot monde, au sens transcendantal, signifie la totalité *absolue* de l'ensemble des choses existantes et que nous avons seulement en vue l'intégrité de la synthèse (bien que ce ne soit proprement que dans la régression vers les conditions). Si l'on considère qu'en outre les idées sont toutes transcendantes et que, bien qu'elles ne dépassent pas l'objet (*Object*), c'est-à-dire le phénomènes, quant à l'*espèce*, mais qu'elles s'occupent uniquement du monde sensible (non des noumènes), elles poussent cependant la synthèse jusqu'à un *degré* qui dépasse toute expérience possible, on peut alors très justement, à mon avis, les appeler toutes des *concepts cosmologiques*. Au point de vue de la distinction de l'absolu mathématique et de l'absolu dynamique auquel tend la régression, j'appellerai les deux premières idées, dans un sens plus strict, des concepts cosmologiques (du monde en grand et en petit) et les deux autres des concepts transcendants de la nature. Cette distinction n'est pas pour le moment encore d'une grande importance, mais elle pourra devenir plus importante dans la suite.

* La nature prise *adjectivement* (*formaliter*) signifie l'enchaînement des déterminations d'une chose opéré suivant un principe interne de la causalité. Au contraire, on entend par nature prise *substantivement* (*materialiter*) l'ensemble des phénomènes, en tant que ceux-ci, en vertu d'un principe interne de la causalité, s'enchaînent universellement. Dans le premier sens, on parle de la nature de la matière fluide, du feu, etc., et l'on ne se sert de ce mot qu'*adjectivement* au contraire quand on parle des choses de la nature on a dans la pensée un tout subsistant.

DEUXIÈME SECTION
Antithétique de la raison pure.

Si on donne le nom de thétique à un ensemble de doctrines dogmatiques, j'entends par antithétique non des affirmations dogmatiques du contraire, mais le conflit entre des connaissances dogmatiques en apparence (*thesin cum antithesi*), sans que l'on attribue plus à l'une qu'à l'autre un titre plus parfait à notre approbation. L'antithétique ne s'occupe donc pas du tout des assertions unilatérales, mais elle ne considère les connaissances générales de la raison qu'au point de vue de leur conflit entre elles et des causes de ce conflit. L'antithétique transcendantale est une recherche sur l'antinomie de la raison pure, sur ses causes et ses résultats. Lorsque nous appliquons notre raison non plus simplement pour l'usage des principes de l'entendement à des objets de l'expérience, mais que nous essayons d'étendre ces principes au delà des limites de cette dernière, il se produit alors des propositions *sophistiques* qui n'ont ni confirmation à espérer, ni contradiction à craindre dans l'expérience et dont chacune non seulement est sans contradiction avec elle-même, mais trouve même dans la nature de la raison des conditions de sa nécessité, et malheureusement l'assertion du contraire est de son côté fondée sur des raisons tout aussi valables et aussi nécessaires.

Les questions qui se présentent naturellement dans une telle dialectique de la raison pure sont celles-ci : 1° Quelles sont proprement les propositions où la raison pure est inévitablement soumise à une antimonie ? 2° Quelles sont les causes de cette antinomie ? 3° La raison peut-elle cependant, dans ce conflit, trouver un chemin vers la certitude ? Et comment le peut-elle ?

Une proposition dialectique de la raison pure doit donc contenir de quoi se distinguer de toutes les propositions sophistiques, en ce qu'au lieu de porter sur une question arbitraire que l'on ne soulève toujours qu'à plaisir, elle concerne une question que toute raison humaine doit nécessairement rencontrer dans sa marche, et qu'ensuite, avec son contraire, elle ne présente pas simplement une apparence artificielle qui disparaît aussitôt qu'on la regarde, mais une apparence naturelle et inévitable qui, alors même qu'elle ne trompe plus, fait encore illusion, et que, par conséquent, on peut bien rendre inoffensive, sans jamais pouvoir la détruire.

Cette doctrine dialectique n'aura point de rapport à l'unité de l'entendement dans les concepts de l'expérience, mais bien à l'unité de la raison dans les simples idées, et les conditions de cette doctrine, — puisqu'elle doit s'accorder avec l'entendement, comme synthèse suivant les règles, et ensuite aussi avec la raison, comme unité absolue de cette synthèse, — si elle est adéquate à l'unité de la raison, seront trop grandes pour l'entendement, et si elle est conforme à l'entendement, seront trop petites pour la raison ; d'où il résulte nécessairement un conflit qu'il est impossible d'éviter de quelque manière que l'on s'y prenne.

Ces assertions sophistiques ouvrent donc une arène dialectique où le parti auquel il est permis de prendre l'offensive garde l'avantage et où celui qui est tenu de se borner à se défendre succombe nécessairement. Aussi des champions solides, qu'ils combattent pour la bonne ou la mauvaise cause, sont-ils sûrs de remporter la couronne du triomphe, s'ils ont soin de se ménager le privilège de faire la dernière attaque et s'ils ne sont pas obligés de soutenir un nouvel assaut de l'adversaire. Il est aisé de se représenter que ce terrain de combat a été jusqu'ici assez souvent foulé, que beaucoup de victoires ont été remportées des deux côtés, mais que pour la dernière, celle qui doit décider de l'affaire, on a toujours veillé à ce que le défenseur de la bonne cause restât seul maître du terrain, en interdisant à son adversaire de prendre de nouveau les armes à la main. Comme juge impartial du combat, il nous faut entièrement laisser de côté la préoccupation de savoir si c'est pour la bonne ou la mauvaise cause que luttent les combattants et il nous faut les laisser d'abord terminer leur affaire entre eux. Peut-être qu'après s'être plus lassés que blessés, ils reconnaîtront d'eux-mêmes la vanité de leur querelle et se quitteront bons amis.

Cette manière d'assister à un combat d'assertions ou plutôt de le provoquer, non pour se prononcer à la fin en faveur de l'un ou de l'autre parti, mais pour rechercher si l'objet n'en est peut-être pas une simple illusion que chacun poursuit vainement et où il n'a rien à gagner, alors même qu'il n'y rencontrerait aucune résistance, cette manière, dis-je, on peut l'appeler *méthode sceptique*. Elle est tout à fait différente du *scepticisme*, ce principe d'une ignorance artificielle et scientifique qui ruine les fondements de toute la connaissance pour ne lui laisser nulle part, si possible, ni sûreté, ni certitude. En effet, la méthode sceptique tend à la certitude (*Gewissheit*), en ce qu'elle cherche à découvrir, dans un combat loyalement engagé des deux côtés et conduit avec intelligence, le point du dissentiment, pour faire comme ces sages législateurs qui s'instruisent d'eux-mêmes, par l'embarras des juges dans les procès, de ce qu'il y a de défectueux et d'insuffisamment déterminé dans leurs lois. L'antinomie qui se manifeste dans l'application des lois est pour notre sagesse bornée la meilleure pierre de touche de la nomothétique, grâce à laquelle la raison qui, dans la spéculation abstraite, ne s'aperçoit pas aisément de ses faux pas, est rendue plus attentive aux moments de la détermination de ses principes.

Mais cette méthode sceptique n'est essentiellement propre qu'à la philosophie transcendantale et, en tout cas, on peut s'en passer dans tout autre champ d'investigation, sauf dans celui-là. Dans la mathématique, son emploi serait absurde, car en elle il n'y a pas d'assertion fausse qui puisse se cacher et rester invisible, puisqu'il faut que les preuves y suivent toujours le fil de l'intuition pure et même procèdent au moyen d'une synthèse toujours évidente. Dans la philosophie (43) expérimentale un doute provisoire peut bien être utile, mais du moins aucun malentendu n'est possible qui ne puisse aisément être levé, et c'est dans l'expérience que doivent enfin résider les derniers moyens de décider le différend, qu'on les y trouve tôt ou tard. La morale peut aussi donner, du moins dans des expériences possibles, tous ses principes *in concreto* ainsi que les conséquences pratiques, et éviter ainsi le malentendu de l'abstraction. Au contraire, les assertions transcendantales qui prétendent à des connaissances s'étendant au delà du champ de toutes les expériences possibles, même au cas où leur synthèse abstraite pourrait être donnée dans quelque intuition *a priori*, ne sont pas de telle nature que le malentendu puisse être découvert au moyen de quelque expérience. La raison transcendantale ne nous fournit donc aucune autre pierre de touche que celle qui consiste à essayer d'unir ces assertions entre elles et, par suite, à mettre en présence les combattants dans une lutte libre et sans obstacle, et c'est ce que nous allons représenter dès maintenant*.

---

* Les antinomies se succéderont d'après l'ordre des idées transcendantales énumérées plus haut.

ANTINOMIE 1

PREMIER CONFLIT 1.

Thèse.

Le monde a un commencement dans le temps et il est aussi limité dans l'espace.

Preuve.

En effet, si l'on admet que le monde n'ait pas de commencement dans le temps, il y a une éternité écoulée à chaque moment donné, et, par suite, une série infinie d'états successifs des choses dans le monde. Or, l'infinité d'une série consiste précisément en ce que cette série ne peut jamais être achevée par une synthèse successive. Donc, une série infinie écoulée dans le monde est impossible, partant un commencement du monde est une condition nécessaire de son existence, ce qu'il fallait d'abord démontrer.

Quant au second point, si l'on admet le point de vue contraire, le monde sera un tout infini donné de choses existant simultanément. Or, nous ne pouvons concevoir la grandeur d'un quantum qui n'est pas donné avec des limites déterminées à une intuition* qu'au moyen de la synthèse des parties, et la totalité d'un tel quantum que par la synthèse complète ou par l'addition répétée de l'unité à elle-même**. Enfin, pour concevoir comme un tout le monde qui remplit tous les espaces, il faudrait regarder comme complète la synthèse

---

* Nous pouvons intuitionner comme un tout un quantum indéterminé, quand il est renfermé dans des limites, sans avoir besoin d'en construire la totalité en le mesurant, c'est-à-dire par la synthèse successive de ses parties. En effet, les limites déterminent déjà cette totalité puisqu'elles écartent toute autre quantité.

** Le concept de la totalité n'est autre chose dans ce cas que la représentation de la synthèse complète de ses parties, car, comme ce n'est que de l'intuition du tout (qui dans ce cas est impossible) que nous pouvons tirer le concept, nous ne pouvons le saisir, du moins en idée, que par la synthèse des parties, poussée jusqu'à l'infini.

LA RAISON PURE

IDÉES TRANSCENDANTALES

Antithèse.

Le monde n'a ni commencement dans le temps, ni limite dans l'espace, mais il est infini aussi bien dans le temps que dans l'espace.

Preuve.

En effet, admettons que le monde ait un commencement. Comme le commencement est une existence précédée d'un temps où la chose n'est pas, il doit y avoir un temps antérieur où le monde n'était pas, c'est-à-dire un temps vide. Or, dans un temps vide il n'y a pas de naissance possible de quelque chose, parce qu'aucune partie de ce temps n'a en soi plutôt qu'une autre une condition distinctive de l'existence, plutôt que de la non-existence (qu'on suppose, d'ailleurs, que le monde naisse de lui-même ou par une autre cause). Donc, il peut bien se faire que plusieurs séries de choses commencent dans le monde, mais le monde lui-même ne peut pas avoir de commencement, et, par conséquent, il est infini par rapport au temps passé.

Pour ce qui est du deuxième point, si l'on admet d'abord le point de vue contraire, c'est-à-dire que le monde est fini et limité, quant à l'espace, il se trouve dans un espace vide qui n'est pas limité. Il n'y aurait pas seulement, par conséquent, un rapport des choses *dans l'espace*, mais encore d'un rapport des choses *à l'espace*. Or, comme le monde est un tout absolu, en dehors duquel ne se trouve aucun objet

nécessaire des parties d'un monde infini, c'est-à-dire qu'il faudrait considérer comme écoulé un temps infini, dans l'énumération de toutes les choses coexistantes, ce qui est impossible. Donc un agrégat infini de choses réelles ne peut pas être considéré comme un tout donné, ni, par conséquent, comme donné *en même temps*. Donc un monde, quant à son étendue dans l'espace *n'est pas infini*, mais il est renfermé dans des limites. Ce qui était le second point à démontrer.

REMARQUE SUR I

I. — Sur la thèse.

Dans ces arguments qui s'opposent les uns aux autres, je n'ai pas couru après l'illusion pour établir (comme on dit) une preuve d'avocat, preuve qui se sert à son avantage de l'imprudence de l'adversaire et qui profite volontiers de l'appel qu'il fait à une loi équivoque, pour établir ses propres prétentions injustes sur la réfutation de cette loi. Chacun de ces arguments est tiré de la nature des choses et on laisse de côté l'avantage que pourraient nous fournir les paralogismes où tombent les dogmatiques des deux côtés.

J'aurais pu aussi prouver en apparence la thèse, en mettant en avant, suivant l'habitude des dogmatiques, un concept vicieux de l'infinité d'une grandeur donnée. Une grandeur est *infinie*, quand il ne peut y en avoir de plus grande (c'est-à-dire qui dépasse le nombre de fois qu'y est contenue une unité donnée). Or, aucun nombre n'est le plus grand, parce qu'on peut toujours y ajouter une ou plusieurs unités. Donc, une grandeur infinie donnée est impossible, et, par suite aussi, un monde infini (aussi bien sous le rapport de la série écoulée que sous celui de l'étendue); il est donc limité des deux côtés. J'aurais pu disposer ainsi ma preuve, mais

d'intuition et, par suite, aucun corrélatif du monde avec lequel il soit en rapport, le rapport du monde à un espace vide *ne* serait *pas* un rapport du monde à un *objet*. Mais un rapport de cette nature, et par conséquent la limitation du monde par un espace vide, n'est rien ; donc le monde n'est pas limité, quant à l'espace, c'est-à-dire, qu'il est infini, en étendue*.

EMIÈRE ANTINOMIE

II. — Sur l'antithèse.

La preuve de l'infinité de la série donnée du monde et du concept du monde repose sur ce que, dans le cas contraire, un temps vide, de même qu'un espace vide, devraient former les limites du monde. Or, il ne m'est pas inconnu que l'on cherche à échapper à cette conséquence, en prétendant qu'il peut bien y avoir une limite du monde, quant au temps et quant à l'espace, sans qu'on ait besoin d'admettre par là un temps absolu avant le commencement du monde ou un espace absolu qui s'étende en dehors du monde réel, ce qui est impossible ; je suis parfaitement d'accord, pour cette dernière partie, avec l'opinion soutenue par les philosophes de l'école de Leibniz. L'espace est simplement la forme de l'intuition

---

* L'espace est simplement la forme de l'intuition extérieure (l'intuition formelle), mais non un objet réel qui puisse être intuitionné extérieurement. L'espace, avant toutes les choses qui le déterminent (le remplissent ou le limitent), ou plutôt qui donnent une *intuition empirique* qui se règle sous sa forme, n'est, sous le nom d'espace absolu, rien autre chose que la simple possibilité des phénomènes extérieurs, en tant qu'ils peuvent, ou exister par eux-mêmes, ou s'ajouter à des phénomènes donnés. L'intuition empirique n'est donc pas composée de phénomènes et de l'espace (de la perception et de l'intuition vide). L'un n'est pas le corrélatif de la synthèse de l'autre, mais ils sont unis dans une seule et même intuition empirique comme matière et forme de cette intuition. Veut-on mettre l'un de ces deux éléments en dehors de l'autre (l'espace en dehors de tous les phénomènes), il en résulte toutes sortes de déterminations vides de l'intuition externe, qui ne sont cependant pas des perceptions possibles : par exemple, le mouvement ou le repos du monde dans un espace infini et vide ; ce qui est une détermination de rapport de deux choses entre elles qui ne peut jamais être perçue et qui, par conséquent, est aussi le prédicat d'un simple être de raison.

ce concept ne s'accorde pas avec ce que l'on entend par un tout infini. On ne représente pas par là *combien ce tout est grand*, et, par suite, son concept n'est pas celui d'un *maximum*, mais on ne conçoit que son rapport à une unité, que l'on choisit arbitrairement, et relativement à laquelle il est plus grand que tout nombre. Or, suivant qu'on prendra l'unité plus grande ou plus petite, l'infini sera aussi plus grand ou plus petit, mais l'infinité, consistant simplement dans le rapport à cette unité donnée, demeurerait toujours la même, bien que, certes, la grandeur absolue du tout ne fût pas connue par là, ce dont il n'est du reste pas question ici.

Le vrai concept transcendantal de l'infinité, c'est que la synthèse successive de l'unité dans la mesure d'un quantum ne puisse jamais être achevée[*]. Il suit de là très certainement qu'il ne peut pas s'être écoulé une éternité d'états réels qui se succèdent les uns aux autres jusqu'à un moment donné (le moment présent) et que, par suite, le monde doit avoir un commencement.

Quant à la deuxième partie de la thèse, la difficulté d'une série infinie et pourtant écoulée disparaît, il est vrai, car les éléments divers d'un monde infini en étendue sont donnés *simultanément*. Mais pour concevoir la totalité d'une telle multitude, comme nous ne pouvons invoquer des limites qui constituent par elles-même cette totalité dans l'intuition, nous devrons rendre compte de notre concept qui, dans ce cas, ne peut pas partir du tout pour aller à la multitude

---

[*] Il contient ainsi une multitude (relativement à l'unité donnée) qui est plus grande que tout nombre, ce qui est le concept mathématique de l'infini.

extérieure, mais non un objet réel qui puisse être intuitionné extérieurement, et il n'est pas un corrélatif des phénomènes mais la forme des phénomènes eux-mêmes. L'espace ne peut pas précéder absolument (par lui seul) comme quelque chose de déterminant dans l'existence des choses, puisqu'il n'est pas un objet, mais seulement la forme d'objets possibles. Par conséquent, les choses, comme phénomènes, déterminent bien l'espace, je veux dire que, parmi tous ses prédicats possibles (grandeur et rapport), elles font que ceux-ci ou ceux-là appartiennent à la réalité, mais l'espace ne peut pas, réciproquement, comme quelque chose qui existe par soi, déterminer la réalité des choses par rapport à la grandeur ou à la figure, puisqu'il n'est rien de réel en lui-même. Il se peut donc bien qu'un espace (plein ou vide)* soit limité par des phénomènes, mais des phénomènes ne peuvent pas être *limités par un espace vide* en dehors d'eux. Il en est de même du temps. Or, tout cela étant admis, il est pourtant incontestable qu'il faut nécessairement admettre ces deux non-êtres : l'espace vide hors du monde et le temps vide avant le monde, aussitôt qu'on admet une limite du monde, que ce soit dans l'espace ou dans le temps.

En effet, pour ce qui concerne le subterfuge par lequel on veut échapper à la conséquence qui nous fait dire que si le monde a des limites (quant au temps et quant à l'espace), le vide infini doit déterminer l'existence des choses réelles, quant à leur grandeur, ce subterfuge ne consiste, sans qu'on s'en doute, qu'en ceci : qu'au lieu d'un *monde sensible,* on conçoit je ne sais quel monde intelligible, qu'au lieu du premier commencement (existence que précède un temps de non-existence), on conçoit en général une existence qui *ne suppose pas d'autre condition* dans le monde, et enfin qu'au lieu de la limite de l'étendue, on conçoit des *bornes* de l'univers et qu'on évite ainsi de rencontrer sur son chemin le temps et l'espace. Mais il n'est ici question que du monde des phénomènes et de sa grandeur; or, dans ce monde, on ne peut d'aucune manière, faire abstraction des conditions déjà exposées de la sensibilité,

---

* On remarque aisément qu'on veut dire par là que *l'espace vide, en tant qu'il est limité par des phénomènes,* partant celui qui est dans l'intérieur du monde, ne contredit pas du moins les principes transcendantaux et que, par conséquent, il pourrait être admis, par rapport à ces principes, bien que sa possibilité ne soit pas affirmée par là.

déterminée des parties, mais doit au contraire montrer la possibilité d'un tout par la synthèse successive des parties. Or, comme cette synthèse ne saurait jamais constituer une série complète, on ne peut concevoir une totalité avant elle ni, par suite, non plus par elle. En effet, le concept de la totalité elle-même est dans ce cas la représentation d'une synthèse achevée des parties; et cet achèvement, — et par suite aussi, son concept, — est impossible.

DEUXIÈME CONFLIT

Thèse.

Toute substance composée, dans le monde, se compose de parties simples, et il n'existe absolument rien que le simple ou ce qui en est composé.

Preuve.

En effet, si l'on admet que les substances composées ne le soient pas de parties simples, il ne subsisterait, en supprimant par la pensée toute composition, aucune partie composée, et (comme il n'y a pas de parties simples) il ne demeurerait non plus aucune partie simple ni, par suite, absolument rien, par conséquent, aucune substance ne serait donnée. Ou bien donc il est impossible de supprimer par la pensée toute composition, ou il faut qu'après cette suppression, il reste quelque chose qui subsiste sans aucune composition, c'est-à-dire le simple. Mais, dans le premier cas, le composé ne se composerait pas de substances (puisqu'en elles la composition n'est qu'une relation accidentelle des substances, sans laquelle relation elles devraient subsister comme des êtres existants par soi). Or, comme ce cas contredit l'hypothèse, il ne reste plus que le second, à savoir que le composé substantiel dans le monde est formé de parties simples. Il suit de là immédia-

sans lui enlever son essence. Si le monde sensible est limité, il réside nécessairement dans le vide infini. Veut-on laisser ce vide de côté et, par suite, l'espace en général, en qualité de condition *a priori* de la possibilité des phénomènes, alors disparaît tout le monde sensible. Mais dans notre problème ce dernier seul est donné. Le monde intelligible n'est rien que le concept universel d'un monde en général, et dans ce concept on fait abstraction de toutes les conditions de l'intuition du monde et, par suite, par rapport à lui, aucune proposition synthétique, ni affirmative ni négative, n'est possible.

TRANSCENDANTALES

Antithèse.

Aucune chose composée, dans le monde, n'est formée de parties simples, et il n'existe absolument rien de simple dans le monde.

Preuve.

Supposez qu'une chose composée (une substance) le soit de parties simples. Puisque tout rapport extérieur, par suite aussi toute composition de substances, n'est possible que dans l'espace, le composé doit nécessairement être formé d'autant de parties qu'il y a de parties dans l'espace qu'il occupe. Or, l'espace ne se compose pas de parties simples, mais d'espaces. Donc, toute partie du composé doit occuper un espace. Mais les parties absolument premières de tout le composé sont simples. Le simple occupe donc un espace. Or, comme tout le réel qui occupe un espace renferme en soi des éléments divers qu'on trouve les uns en dehors des autres, et comme, par suite, il est composé, et cela, il est vrai, en qualité de composé réel, non d'accidents (car les accidents ne peuvent pas être extérieurs les uns aux autres sans substance), mais de substances, il s'ensuit que le simple serait un composé substantiel ; ce qui est contradictoire.

La seconde proposition de l'antithèse, à savoir que dans le monde il n'existe rien de simple, doit seulement ici signifier que l'existence de l'absolument simple ne peut être prouvée par aucune expérience ni par aucune perception, soit extérieure, soit intérieure, et qu'ainsi l'absolument simple n'est qu'une simple idée dont la réalité objective ne peut jamais être démontrée dans n'importe quelle expérience possible et que, par suite, dans l'exposition des phénomènes, elle

tement que les choses du monde sont toutes des êtres simples, que la composition n'est qu'un état extérieur de ces choses et que, bien que nous ne puissions jamais faire sortir complètement ces substances élémentaires de cet état de liaison et les isoler, la raison doit cependant les concevoir comme les premiers sujets de toute composition, et, par conséquent, comme des êtres simples, antérieurement à cette composition.

REMARQUE S

I. — **Sur la thèse.**

Quand je parle d'un tout qui se compose nécessairement de parties simples, je n'entends par là qu'un tout substantiel, comme le composé propre, c'est-à-dire l'unité accidentelle du divers qui, *donné séparément* (du moins dans la pensée), est posé en liaison réciproque et forme par là un tout. On devrait proprement appeler l'espace non un composé, mais un tout, puisque ses parties ne sont possibles que dans le tout, tandis que le tout ne l'est point par les parties. Il devrait, en tout cas, pouvoir s'appeler un composé idéal, et non un composé réel. Mais ce n'est là qu'une subtilité. Comme l'espace n'est pas un composé de substances (pas même d'accidents réels), si je supprime en lui toute composition, il ne doit rien rester, pas même le point, car celui-ci est sans application et sans objet. En effet, admettons que l'on puisse trouver pour cette idée transcendantale un objet de l'expérience, il faudrait que l'intuition empirique de quelque objet fût reconnue pour une intuition qui ne contînt absolument pas d'éléments divers extérieurs les uns aux autres et ramenés à l'unité. Or, comme, de ce que nous n'avons pas conscience d'un tel divers, on ne peut pas conclure à l'entière impossibilité de ces éléments divers dans quelque intuition d'un objet (*Object*) et que cela, pourtant, est entièrement nécessaire pour l'absolue simplicité, il suit que cette simplicité ne peut être conclue d'aucune perception quelle qu'elle soit. Comme rien ne peut jamais, à titre d'objet (*Object*) absolument simple, être donné dans n'importe quelle expérience possible, et que le monde sensible doit être considéré comme l'ensemble de toutes les expériences possibles, il n'y a rien de simple qui soit donné en lui.

La seconde proposition de l'antithèse va donc beaucoup plus loin que la première qui ne bannit le simple que de l'intuition du composé, tandis que celle-ci l'exclut de toute la nature ; aussi n'a-t-elle pas pu être démontrée par le concept d'un objet donné de l'intuition extérieure (du composé), mais par son rapport à une expérience possible en général.

IIÈME ANTINOMIE

II. — Sur l'antithèse.

Contre cette proposition d'une division infinie de la matière, dont la démonstration est simplement mathématique, des objections ont été soulevées par les *monadistes* ; ils se sont fait déjà soupçonner de ne pas vouloir accorder aux preuves mathématiques les plus claires le pouvoir de nous donner quelque connaissance de la nature de l'espace, en tant qu'il est, de fait, la condition formelle de la possibilité de toute matière, et de ne les considérer, au contraire, que comme des conséquences tirées de concepts abstraits, mais arbitraires qui ne sauraient s'appliquer à des choses réelles ; tout comme s'il était possible d'imaginer une autre espèce d'intuition que celle qui est donnée dans l'intuition originaire de l'espace et comme si les déterminations *a priori* de cet espace n'atteignaient pas en même temps tout ce qui n'est possible qu'à la condition de remplir cet espace. Si on les écoutait, il faudrait, outre le point mathématique qui est simple et qui n'est pas une partie, mais simplement la limite d'un espace, concevoir encore des points physiques qui, à la vérité, sont simples aussi, mais qui ont le privilège, comme parties de l'espace, de le remplir par leur simple agrégation. Sans reprendre ici les réfutations communes et claires

n'est possible que comme limite d'un espace (et, par suite, d'un *composé*). L'espace et le temps ne se composent donc pas de parties simples. Ce qui n'appartient qu'à l'état d'une substance, bien qu'ayant une quantité (v. g. le changement) ne se compose pas non plus du simple, c'est-à-dire qu'un certain degré de changement ne résulte pas d'une addition de plusieurs changements simples. Notre conclusion du composé au simple ne vaut que des choses subsistant par elles-mêmes. Or, des accidents d'état ne subsistent pas par eux-mêmes. Il est donc facile de ruiner la preuve de la nécessité du simple, donné comme formant les parties constitutives de tout composé substantiel, et de perdre ainsi en général sa cause, en étendant cette preuve trop loin et en voulant la rendre valable pour tout composé, sans distinction, comme on l'a déjà fait en réalité bien des fois.

Je ne parle, du reste, ici du simple qu'autant qu'il est donné nécessairement dans le composé, puisque celui-ci peut y être résolu comme en ses parties constitutives. La signification propre du mot *monade* (au sens où l'emploie Leibniz) ne devrait porter que sur le simple qui est *immédiatement* donné comme substance simple (par exemple, dans la conscience de soi) et non comme élément du composé, élément qu'il serait mieux de nommer atome. Et comme je ne veux démontrer les substances simples que par rapport au composé dont elles sont les éléments, je pourrais nommer la thèse de la deuxième antinomie l'*atomistique* transcendantale. Mais comme ce terme est employé depuis longtemps déjà pour désigner un mode particulier d'explication des phénomènes

de cette absurdité, réfutations qui se présentent en foule, comme il est, d'ailleurs, tout à fait inutile de vouloir attaquer subtilement l'évidence mathématique par des concepts simplement discursifs, je me borne à remarquer que, si la philosophie est en chicane ici avec la mathématique, c'est uniquement parce qu'elle oublie que, dans cette question, il s'agit seulement des phénomènes et de leurs conditions. Mais il ne suffit pas ici de trouver pour le *concept intellectuel* pur du composé le concept du simple, mais il faut trouver l'*intuition* du simple pour l'intuition du composé (de la matière) et cela est tout à fait impossible suivant les lois de la sensibilité, par suite aussi dans les objets des sens. On peut donc toujours admettre, d'un tout de substances conçu simplement par l'entendement pur, que nous devons avoir le simple antérieurement à toute composition de ce tout, mais cela ne s'applique pas au *totum substantiale phænomenon* qui, comme intuition empirique dans l'espace, implique cette propriété nécessaire qu'aucune partie n'en est simple, puisqu'aucune partie de l'espace n'est simple. Cependant, les monadistes ont été assez habiles pour vouloir échapper à cette difficulté, en n'admettant pas l'espace comme une condition de la possibilité des objets de l'intuition extérieure (des corps) et en supposant, au contraire, cette intuition et le rapport dynamique des substances en général, comme la condition de la possibilité de l'espace. Or, nous n'avons un concept des corps qu'en tant qu'ils sont des phénomènes, et, comme tels, ils supposent nécessairement l'espace, comme la condition de la possibilité de tout phénomène extérieur. Le subterfuge est donc en pure perte et nous l'avons déjà suffisamment démasqué plus haut dans l'Esthétique transcendantale. Si les corps étaient des choses en soi, la preuve des monadistes serait incontestablement valable.

La deuxième assertion dialectique a cela de particulier qu'elle a contre elle une assertion dogmatique qui, de toutes les assertions sophistiques, est la seule qui entreprenne de démontrer péremptoirement, dans un objet de l'expérience, la réalité de ce que nous mettons, plus haut, au nombre des idées transcendantales, c'est-à-dire la simplicité absolue de la substance, ce qui revient à démontrer que l'objet du sens interne, le moi qui pense, est une substance absolument simple. Sans m'étendre à présent sur ce point (qui a été examiné en détail plus haut), je me borne à remarquer que si quelque chose est conçu simplement comme objet, sans qu'on y ajoute quelque détermination synthétique de son intuition (comme cela arrive précisément pour la représentation tout à fait nue, moi) je ne puis assurément percevoir rien de divers ni aucune composition dans une telle représentation. De plus, comme les prédicats par lesquels je conçois cet objet sont simplement des intuitions du sens interne, je n'y puis rien trouver qui prouve des éléments divers en

corporels (*molecularum*) et qu'il suppose aussi des concepts empiriques, on peut l'appeler le principe dialectique de la *Monadologie*.

TROISIÈME CONFLIT

Thèse.

La causalité selon les lois de la nature n'est pas la seule dont puissent être dérivés tous les phénomènes du monde. Il est encore nécessaire d'admettre une causalité libre pour l'explication de ces phénomènes.

Preuve.

Si l'on admet qu'il n'y a pas d'autre causalité que celle qui repose sur les lois de la nature, tout *ce qui arrive* suppose un état antérieur auquel il succède infailliblement d'après une règle. Or, l'état antérieur doit être lui-même quelque chose qui soit arrivé (qui soit devenu dans le temps, puisqu'il n'était pas auparavant), puisque s'il avait toujours été, sa conséquence n'aurait pas non plus commencé d'être, mais aurait toujours été. La causalité de la cause par laquelle quelque chose arrive est donc elle-même quelque chose d'arrivé, qui suppose, à son tour, suivant la loi de la nature, un état antérieur et sa causalité, et celui-ci, un autre état plus ancien, etc... Si donc tout arrive suivant les simples lois de la nature, il n'y a toujours qu'un commencement bsualterne, mais jamais un premier commencement, et par

dehors les uns des autres, ni, par suite, une composition réelle. La conscience de soi présente donc ceci de particulier que, puisque le sujet qui pense est en même temps son propre objet (*Object*), il ne peut pas se diviser lui-même (bien qu'il puisse diviser les déterminations qui lui sont inhérentes) : car, par rapport à lui-même, tout objet est une unité absolue. Il n'en est pas moins vrai que, si on considère ce sujet *extérieurement*, comme un objet de l'intuition, il manifestera pourtant une composition dans le phénomène. Or, c'est toujours ainsi qu'il faut le considérer quand on veut savoir s'il y a ou non en lui des éléments divers *extérieurs* les uns aux autres.

S TRANSCENDANTALES

Antithèse.

Il n'y a pas de liberté, mais tout arrive dans le monde uniquement suivant des lois de la nature.

Preuve.

Supposez qu'il y ait une *liberté* dans le sens transcendantal, c'est-à-dire une espèce particulière de causalité suivant laquelle les événements du monde pourraient avoir lieu, une puissance de commencer absolument un état, et par suite aussi une série de conséquences de cet état; et alors, non seulement une série commencera absolument, en vertu de cette spontanéité, mais encore devra commencer aussi absolument la détermination de cette spontanéité elle-même, en vue de la production de la série, c'est-à-dire la causalité, de telle sorte que rien ne précède qui détermine, suivant des lois constantes, cette action qui arrive. Mais tout commencement d'action suppose un état de la cause non encore agissante, et un premier commencement dynamique d'action suppose un état qui n'a avec l'état antérieur de cette même cause aucun lien de causalité, c'est-à-dire qui n'en dérive d'aucune manière. Donc, la liberté transcendantale est opposée à la loi de causalité, et une telle liaison d'états successifs de causes efficientes, d'après laquelle aucune unité de l'expérience n'est possible et qui, par conséquent, ne se rencontre dans aucune expérience, n'est qu'un vain être de raison.

conséquent, en général, aucune intégralité de la série du côté des causes dérivant les unes des autres. Or, la loi de la nature consiste en ce que rien n'arrive sans une cause suffisamment déterminée *a priori*. Donc, cette proposition : que toute causalité n'est possible que suivant les lois de la nature, se contredit elle-même dans sa généralité illimitée, et cette causalité ne peut conséquemment pas être admise comme la seule.

D'après cela, il faut admettre une causalité par laquelle quelque chose arrive sans que la cause y soit déterminée en remontant plus haut par une autre cause antérieure suivant les lois nécessaires, c'est-à-dire une *spontanéité absolue* des causes, capable de commencer par *elle-même* une série de phénomènes qui se déroulera suivant les lois de la nature, par conséquent, une liberté transcendantale sans laquelle, même dans le cours de la nature la série successive des phénomènes n'est jamais complète du côté des causes.

REMARQUE S

I. — Sur la thèse.

L'idée transcendantale de la liberté est loin de former, il est vrai, tout le contenu du concept psychologique de ce nom, concept qui est en grande partie empirique; elle ne constitue que le concept de la spontanéité absolue de l'action, comme le fondement propre de l'imputabilité de cette action. Mais elle est cependant la vraie pierre d'achoppement de la philosophie qui trouve des difficultés insurmontables à admettre cette espèce de causalité inconditionnée. Dans la question de la liberté du vouloir, ce qui a mis de tout temps la raison spéculative dans un si grand embarras n'est donc proprement qu'une difficulté *transcendantale* qui a uniquement pour objet la question de savoir s'il faut admettre un pouvoir capable de commencer par *lui-même* une série de choses ou d'états successifs. Comment un tel pouvoir est-il possible ? il n'est pas autrement nécessaire d'être à même de répondre à

Ce n'est donc que dans la nature que nous devons chercher l'enchaînement et l'ordre des événements du monde. La liberté (l'indépendance) à l'égard des lois de la nature est à la vérité un *affranchissement* de la *contrainte*, mais aussi du *fil conducteur* de toutes les règles. En effet, on ne peut pas dire qu'au lieu des lois de la nature, des lois de la liberté s'introduisent dans la causalité du cours du monde, puisque, si la liberté était déterminée suivant des lois, elle ne serait pas liberté, mais ne serait que nature. Nature et liberté transcendantale diffèrent donc entre elles comme conformité aux lois et affranchissement des lois. La première accable l'entendement de la difficulté de rechercher toujours plus haut l'origine des événements dans la série des causes, puisque la causalité y est toujours conditionnée, mais elle promet en retour une unité d'expérience universelle et conforme à la loi. L'illusion de la liberté, au contraire, offre sans doute du repos à l'entendement qui pousse ses explorations dans la chaîne des causes, en le conduisant à une causalité inconditionnée qui commence à agir d'elle-même, mais, comme cette causalité est aveugle, elle brise le fil conducteur des règles qui seul rend possible une expérience universellement liée.

TROISIÈME ANTINOMIE

II. — **Sur l'antithèse**.

Celui qui défendrait la toute-puissance de la nature (*physiocratie* transcendantale) contre la doctrine de la liberté pourrait opposer aux conclusions sophistiques de cette doctrine une proposition comme la suivante : *Si vous n'admettez rien dans le monde de mathématiquement premier sous le rapport du temps, vous n'avez pas besoin non plus de chercher quelque chose de dynamiquement premier sous le rapport de la causalité.* Qui vous a chargés d'imaginer un état absolument premier du monde, et, par conséquent, un commencement absolu de la série des phénomènes successifs? et d'imposer des bornes à la nature illimitée afin de procurer

une pareille question, puisqu'il nous faut tout aussi bien nous contenter, dans la causalité qui a lieu suivant les lois naturelles, de reconnaître *a priori* qu'une causalité de ce genre doit être supposée, bien que nous ne comprenions pas du tout comment il est possible que, par une certaine existence, l'existence d'une autre chose soit posée et que nous soyons ainsi obligés de nous en tenir uniquement à l'expérience. Or nous n'avons proprement montré la nécessité de faire partir de la liberté un premier commencement d'une série de phénomènes qu'autant qu'il est indispensable pour que nous puissions concevoir une origine au monde, tandis que l'on peut prendre tous les états successifs pour une dérivation qui se fait suivant de simples lois naturelles. Mais, puisque le pouvoir de commencer tout à fait spontanément une série dans le temps a été aussi une fois prouvé (quoique non compris), il nous est aussi permis maintenant de faire commencer spontanément, sous le rapport de la causalité, diverses séries au milieu du cours du monde et d'attribuer à leurs substances un pouvoir d'agir en vertu de la liberté. Qu'on ne se laisse pas arrêter toutefois par ce malentendu que, comme une série successive ne peut avoir, dans le monde, qu'un commencement relativement premier, puisqu'il y a toujours dans le monde un état de choses antérieur, il ne peut y avoir aucun commencement absolument premier des séries pendant le cours du monde. En effet, nous ne parlons pas ici d'un commencement absolument premier quant au temps, mais quant à la causalité. Si (par exemple) je me lève maintenant de mon siège, tout à fait librement et sans subir l'influence nécessairement déterminante de causes naturelles, avec cet événement et avec toutes ses conséquences naturelles à l'infini commence absolument une nouvelle série, bien que, par rapport au temps, cet événement ne soit que la continuation d'une série précédente. En effet, cette résolution et ce fait ne sont pas une conséquence de simples actions naturelles et n'en sont pas une simple continuation ; mais les causes naturelles déterminantes cessent totalement dans la série par rapport à cet événement avant qu'on y arrive, et cet événement sans doute leur succède, mais n'en *dérive* pas ; ce n'est donc pas au point de vue du temps qu'il doit être appelé un commencement absolument premier d'une série de phénomènes, mais par rapport à la causalité.

un point de repos à votre imagination? Puisque les substances ont toujours été dans le monde, que, du moins, l'unité de l'expérience rend nécessaire une telle supposition, il n'y a aucune difficulté à admettre aussi que le changement de leurs états, c'est-à-dire une série de leurs changements, a toujours été et que, par suite, il n'est besoin de rechercher aucun premier commencement, ni mathématique, ni dynamique. Il n'est pas possible de comprendre comment peut avoir lieu une telle dérivation infinie sans un premier membre par rapport auquel tous les autres ne sont que successifs; mais si vous voulez écarter pour cela ces énigmes de la nature, vous vous verrez contraints de rejeter plusieurs propriétés fondamentales synthétiques (forces fondamentales) qu'il vous est aussi peu que possible permis de comprendre, et même la possibilité d'un changement en général doit vous paraître choquante. En effet, si vous ne trouviez pas par l'expérience qu'elle est réelle, vous ne pourriez jamais imaginer *a priori* comment est possible une telle succession perpétuelle d'être et de non-être.

En tout cas, cependant, quand même on admettrait une faculté transcendantale de liberté pour commencer les changements du monde, ce pouvoir ne devrait, du moins, être qu'en dehors du monde (bien que ce soit toujours une prétention téméraire d'admettre, en dehors de l'ensemble de toutes les intuitions possibles, un objet qui ne peut être donné dans aucune perception possible). Mais, dans le monde même, il ne peut jamais être permis à personne d'attribuer un tel pouvoir aux substances, puisqu'alors disparaîtrait, en grande partie, l'enchaînement des phénomènes qui se déterminent nécessairement les uns les autres suivant des

Ce qui confirme avec éclat *le besoin* où se trouve la raison de faire appel, dans la série des causes naturelles, à un premier commencement résultant de la liberté, ce qui le met clairement sous les yeux, c'est que tous les philosophes de l'antiquité (à l'exception de l'école épicurienne) se sont vu obligés d'admettre, pour expliquer les mouvements du monde, un *premier moteur*, c'est-à-dire une cause librement agissante qui ait commencé d'abord et d'elle-même cette série d'états. En effet, ils n'ont pas eu l'audace de rendre concevable un premier commencement opéré par simple nature.

QUATRIÈME CONFLIT

I. — Thèse.

Le monde implique quelque chose qui, soit comme sa partie, soit comme sa cause, est un être absolument nécessaire.

Preuve.

Le monde sensible, comme ensemble de tous les phénomènes, contient en même temps une série de changements. En effet, sans cette série, la représentation même de la série du temps, comme condition de la possibilité du monde sensible, ne nous serait pas donnée *.

Mais tout changement est soumis à une condition qui le précède dans le temps et dont il est la suite nécessaire. Or un tout conditionné qui est donné suppose, relativement à son existence, une série complète de conditions jusqu'à l'inconditionné absolu qui est seul absolument nécessaire. Il faut qu'il existe quelque chose d'absolument nécessaire pour qu'un changement existe comme sa conséquence. Mais le nécessaire appartient lui-même au monde sensible. En effet, supposez qu'il soit en dehors du monde, la série des changements du monde tirerait de lui son commencement sans que cependant cette cause nécessaire elle-même appartînt au monde sensible. Or cela est impossible. En effet, comme le commencement d'une succession ne peut être déterminé que par ce qui précède dans le temps, la condition suprême

---

* Le temps, comme condition formelle de la possibilité des changements, leur est à la vérité objectivement antérieur, mais, subjectivement (44) et dans la réalité de la conscience, cette représentation, comme toute autre, n'est cependant donnée qu'à l'occasion des perceptions.

lois universelles, enchaînement qu'on appelle nature, et avec cet enchaînement, le caractère de vérité empirique qui distingue l'expérience du rêve. En effet, avec un pouvoir pareil de liberté, affranchi des lois, c'est à peine si on peut encore penser la nature, puisque les lois de cette nature seraient incessamment modifiées par l'influence de la liberté, et le jeu des phénomènes, qui serait uniforme et régulier d'après la simple nature, serait aussi troublé et rendu incohérent.

II. — **Antithèse**.

Il n'existe nulle part aucun être absolument nécessaire, ni dans le monde, ni hors du monde, comme en étant la cause.

Preuve.

Supposez que le monde soit lui-même un être nécessaire, ou qu'il y ait en lui un être nécessaire : ou bien il y aurait, dans la série de ses changements, un commencement qui serait absolument nécessaire, c'est-à-dire sans cause, ce qui est contraire à la loi dynamique de la détermination de tous les phénomènes dans le temps ; ou bien la série elle-même serait sans aucun commencement, et, bien que contingente et conditionnée dans toutes ses parties, elle serait cependant, dans le tout, absolument nécessaire et inconditionnée, ce qui est contradictoire en soi, puisque l'existence d'une multitude ne peut pas être nécessaire, quand aucune de ses parties ne possède en soi une existence nécessaire.

Supposez, au contraire, qu'il y ait hors du monde une cause du monde absolument nécessaire, cette cause étant le premier membre dans la *série des causes* du changement du monde, commencerait d'abord l'existence de ces causes et

du commencement d'une série de changements devrait exister dans le temps où cette série n'était pas encore (car le commencement est une existence que précède un temps où la chose qui commence n'était pas encore). La causalité de la cause nécessaire des changements, — par suite aussi la cause même —, appartient donc au temps, et par conséquent au phénomène (dans lequel seulement le temps est possible comme sa forme); on ne peut donc la concevoir séparée du monde sensible, de l'ensemble de tous les phénomènes. Il y a donc, dans le monde même, quelque chose d'absolument nécessaire (que ce soit la série tout entière du monde ou une partie de cette série).

REMARQUE SU

I. — Sur la thèse.

Pour prouver l'existence d'un être nécessaire, je ne dois me servir ici que d'un argument *cosmologique,* je veux dire d'un argument qui s'élève du conditionné dans les phénomènes à l'inconditionné dans le concept, en regardant cet inconditionné comme la condition nécessaire de la totalité absolue de la série. Il appartient à un autre principe de la raison d'en chercher une preuve dans la simple idée d'un être suprême entre tous les êtres en général, et cette preuve devra être présentée en particulier.

Or, l'argument cosmologique pur ne peut démontrer l'existence d'un être nécessaire qu'en laissant indécise, ce faisant, la question de savoir si cet être est le monde lui-même ou s'il est une chose distincte du monde. En effet, pour résoudre cette question, il faut des principes qui ne sont plus cosmologiques et qui ne se trouvent pas dans la série des phénomènes, il faut des concepts d'êtres contingents en général (envisagés simplement comme objets de l'entendement) et un principe qui rattache ces êtres à un être nécessaire par de simples concepts, et tout cela est du ressort de la philosophie *transcendante* dont ce n'est pas encore ici la place.

Mais une fois que l'on a commencé à se servir de la preuve cosmologique, en prenant pour fondement la série des phénomènes et leur régression suivant les lois empiriques de la causalité, on ne peut plus ensuite la quitter brusquement pour passer à quelque chose qui n'appartient pas du tout à la série comme membre. En effet, il faut qu'une cause, en qualité de condition, soit prise dans le même sens où a été prise la relation du conditionné à sa condition dans la série qui conduirait à cette condition suprême par une progression continue. Or, si ce rapport est sensible et appartient à l'usage empirique possible de l'entendement, la condition ou la cause suprême ne peut clore les régressions que d'après les

leur série*. Mais il faudrait alors qu'elle commençât aussi à agir et sa causalité ferait partie du temps et par là même rentrerait dans l'ensemble des phénomènes, c'est-à-dire dans le monde et, par conséquent, la cause même ne serait pas hors du monde, ce qui contredit l'hypothèse. Il n'y a donc, ni dans le monde ni hors du monde (mais en liaison causale avec lui), aucun être absolument nécessaire.

ATRIÈME ANTINOMIE

II. — Sur l'antithèse.

Si, en remontant la série des phénomènes, on pense rencontrer des difficultés contre l'existence d'une cause suprême absolument nécessaire, elles ne doivent pas, non plus, se fonder sur de simples concepts de l'existence nécessaire d'une chose en général, et par conséquent elles ne doivent pas être ontologiques; il faut, au contraire, qu'elles résultent de la liaison causale que nous sommes forcés d'admettre pour une série de phénomènes, afin de trouver à cette série une condition qui soit elle-même inconditionnée, et, par conséquent, elles doivent être cosmologiques et déduites suivant des lois empiriques. Il s'agit, en effet, de montrer qu'en remontant dans la série des causes (dans le monde sensible), on ne peut jamais s'arrêter à une condition empiriquement inconditionnée, et que l'argument cosmologique tiré de la contingence des états du monde, à cause de ses changements, est contraire à la supposition d'une cause première qui commence absolument la série.

Mais il y a dans cette antinomie un contraste étonnant :

---

* Le mot « commencer » peut avoir deux sens ; le premier est *actif*, et signifie que la cause commence (*infit*) une série d'états qui en sont les effets. Le second est *passif*, et signifie que la causalité commence (*fit*) dans la cause elle-même. Je conclus ici du premier au dernier.

lois de la sensibilité, et, par suite, que comme appartenant à la série du temps ; et l'être nécessaire doit être considéré comme le membre le plus élevé de la série du monde.

On a cependant pris la liberté de faire un pareil saut (μετάβασις εἰς ἄλλο γένος). On conclut, en effet, des changements qui se produisent dans le monde à sa contingence empirique, c'est-à-dire à sa dépendance de causes empiriquement déterminantes et l'on obtient ainsi une série ascendante de conditions empiriques, ce qui était, d'ailleurs, tout à fait juste. Mais comme on n'y pouvait trouver aucun commencement premier ni un membre suprême, on s'éloigna subitement du concept empirique de la contingence, et l'on prit la catégorie pure qui fournit alors une série simplement intelligible dont l'intégrité reposait sur l'existence d'une cause absolument nécessaire, laquelle, de plus, n'étant désormais liée à aucune condition sensible, se trouvait aussi affranchie de la condition chronologique de commencer elle-même sa causalité ; le procédé est tout à fait illégitime, comme on peut le conclure de ce qui suit.

Le contingent, dans le sens pur de la catégorie, est ce dont l'opposé contradictoire est possible. Or, on ne peut nullement conclure de la contingence empirique à cette contingence intelligible. Ce qui change est ce dont le contraire (le contraire d'un état) est réel en un autre temps, par conséquent aussi, possible ; par suite, cet état n'est pas l'opposé contradictoire d'un état précédent. Il faudrait pour cela que, dans le même temps où était l'état précédent, le contraire de cet état eût pu être à sa place, ce qu'on ne peut nullement conclure du changement. Un corps qui était en mouvement, = A, passe au repos, = non A. Or, de ce qu'un état opposé à l'état A le suit, on ne peut nullement conclure que l'opposé contradictoire de A fût possible, et, par suite, que A soit contingent ; car il faudrait pour cela que, dans le même temps où le mouvement avait lieu, le repos eût pu exister à sa place. Or, tout ce que nous savons, c'est que le repos a été réel dans le temps suivant, et par suite qu'il était possible. Mais le commencement dans un temps et le repos dans un autre temps ne sont pas opposés contradictoirement l'un à l'autre. La succession de déterminations opposées, c'est-à-dire le changement, ne prouve donc nullement la contingence suivant les concepts de l'entendement pur, et ne peut donc pas conduire, suivant ces concepts purs de l'entendement, à l'existence d'un être nécessaire. Le changement ne prouve que les contingences empiriques ; c'est-à-dire que le nouvel état, en vertu de la loi de causalité, ne peut pas du tout avoir lieu par lui-même, sans aucune cause qui appartienne au temps précédent. Cette cause, quand même on la regarderait comme absolument nécessaire, doit, de cette manière, se trouver dans le temps et faire partie de la série des phénomènes.

le même argument qui servait à conclure dans la thèse l'existence d'un être premier sert à conclure sa non-existence dans l'antithèse avec une même rigueur. On disait tout d'abord : *Il y a un être nécessaire*, parce que tout le temps passé renferme la série de toutes les conditions et, par suite aussi, l'inconditionné (le nécessaire); on dit maintenant : *Il n'y a pas d'être nécessaire*, précisément parce que tout le temps écoulé renferme la série de toutes les conditions (qui, par conséquent, sont à leur tour conditionnées). En voici la raison. Le premier argument ne regarde que la *totalité absolue* de la série des conditions dont l'une détermine l'autre dans le temps, et il acquiert par là quelque chose d'inconditionné et de nécessaire. Le second, au contraire, considère *la contingence* de tout ce qui est déterminé dans *la série du temps* (puisque antérieurement à toute détermination il y a un temps où la condition elle-même à son tour doit être déterminée comme conditionnée), ce qui fait que disparaissent entièrement tout inconditionné et toute nécessité absolue. Cependant, la manière de conclure est, dans les deux cas, tout à fait conforme à la raison commune à qui il arrive souvent de se contredire elle-même, en considérant son objet sous deux points de vue différents. M. DE MAIRAN estimait que la dispute qui s'était élevée entre deux astronomes célèbres, dispute qui portait sur une semblable difficulté sur le choix du point de vue, était un phénomène assez remarquable pour consacrer à en parler une dissertation particulière. L'un raisonnait ainsi : *La lune tourne autour* de son axe, parce qu'elle montre constamment à la terre le même côté; l'autre, *la lune ne tourne pas autour de son axe*, précisément parce qu'elle montre constamment le même côté à la terre. Les deux conclusions étaient justes, suivant le point de vue auquel on se place pour observer le mouvement de la lune.

TROISIÈME SECTION

De l'intérêt de la raison dans ce conflit avec elle-même.

Nous connaissons maintenant tout le jeu dialectique des idées cosmologiques, qui ne permettent pas qu'un objet correspondant leur soit donné dans une expérience possible, ni même que la raison les conçoive en harmonie avec les lois générales de l'expérience, et qui, cependant, ne sont pas imaginées arbitrairement, mais auxquelles la raison est nécessairement conduite dans le progrès continuel de la synthèse empirique, lorsqu'elle veut affranchir de toute condition et embrasser dans sa totalité inconditionnée ce qui ne peut jamais être déterminé que conditionnellement par les règles de l'expérience. Ces assertions dialectiques sont autant de tentatives faites pour résoudre quatre problèmes naturels et inévitables de la raison ; il ne peut y en avoir ni plus ni moins, parce qu'il n'y a pas un plus grand nombre de séries de suppositions synthétiques qui limitent *a priori* la synthèse empirique.

Nous n'avons exposé les prétentions brillantes de la raison étendant son empire au delà de toutes les limites de l'expérience que dans des formules sèches qui renferment simplement le principe de ses exigences légitimes, et, comme il convient à une philosophie transcendantale, nous les avons dépouillées de tout élément empirique, bien que les affirmations de la raison ne puissent briller dans tout leur éclat qu'en vertu de leur liaison avec cet empirique. Mais, dans cette application et dans cette extension progressive de l'usage de la raison, la philosophie, en partant du champ de l'expérience et en s'élevant insensiblement jusqu'à ces idées sublimes, montre une telle dignité que, si elle pouvait seulement soutenir ses prétentions, elle laisserait bien loin derrière elle toutes les autres sciences humaines, puisqu'elle promet de nous donner les fondements pour de plus grandes espérances et de nous ouvrir des vues sur les fins dernières vers lesquelles doivent, en définitive, converger tous les efforts de la raison. Le monde a-t-il un commencement et a-t-il une limite à son étendue dans l'espace? y a-t-il quelque part, et peut-être dans le moi pensant, une unité indissoluble et indivisible, ou n'y a-t-il que le dissoluble et le périssable ? suis-je libre dans mes actions, ou, comme les autres êtres, suis-je conduit par le fil de la nature et du destin? y a-t-il enfin une cause suprême du monde, ou les choses de la nature et leur ordre forment-ils le dernier objet où nous devons nous arrêter dans toutes nos considérations? ce sont là des questions pour la solution desquelles le mathématicien donnerait volontiers toute sa science, car celle-ci ne peut nous procurer aucune solution satisfaisante, par rapport aux fins les plus élevées et les plus importantes de l'humanité. Et la dignité même qui est propre à la mathématique (cet orgueil de la raison humaine) tient à ce que, fournissant à la raison une direction qui fait percevoir, en gros comme en petit, l'ordre et la régularité de la nature, en même temps que l'admirable unité des forces qui la meuvent, bien au delà de ce que peut attendre la philosophie qui bâtit sur l'expérience vulgaire, elle rend ainsi possible et encourage un usage de la raison qui dépasse toute expérience, en même temps qu'elle procure à la philosophie qui s'occupe de ces recherches les matériaux les meilleurs pour appuyer ses recherches, autant que le permet sa nature, sur des intuitions convenables.

Malheureusement pour la spéculation (mais peut-être heureusement pour la destination pratique de l'homme), la raison se voit si embarrassée au milieu de ses plus grandes espérances par tant de principes pour et contre que, ne pouvant, tant par honneur que dans l'intérêt de sa sûreté, ni reculer, ni regarder avec indifférence ce procès comme un simple jeu, et pouvant encore moins se contenter de demander la paix, parce que l'objet de la dispute est d'un très grand intérêt, il ne lui reste plus qu'à réfléchir sur l'origine de cette lutte de la raison avec elle-même pour voir si, par hasard, un simple malentendu n'en serait pas la cause et si, ce malentendu une fois dissipé, d'orgueilleuses prétentions, de part et d'autre, ne disparaîtraient pas, pour faire place au règne durable et tranquille de la raison sur l'entendement et les sens.

Avant d'entreprendre cette explication fondamentale, nous examinerons d'abord de quel côté nous aimerions mieux nous ranger, si nous étions forcés, en quelque sorte, de prendre parti dans ce combat. Comme nous ne consultons pas, dans ce cas, la pierre de touche logique de la vérité, mais simplement notre intérêt, si cette recherche ne décide rien par rapport au droit litigieux des deux partis, elle aura cependant l'avantage de faire comprendre pourquoi ceux qui prennent part à ce combat se tournent plus volontiers d'un côté que de l'autre, sans y être poussés par une connaissance plus approfondie de l'objet ; d'autre part, elle aura encore l'avantage d'expliquer d'autres choses, v. g. : le zèle ardent d'une des parties et la froide affirmation de l'autre ; pourquoi l'on applaudit joyeusement à l'une des parties, tandis que l'on prend parti, d'une manière anticipée et irrévocable, contre l'autre.

Mais il y a quelque chose qui, dans ce jugement provisoire, détermine le seul point de vue d'où l'on puisse l'établir avec la solidité convenable, et c'est la comparaison des principes d'où partent les deux parties. On remarque entre les affirmations de l'antithèse une conformité parfaite dans la manière de penser et une complète unité de maximes, c'est-à-dire un principe de l'*empirisme* pur, non seulement dans l'explication des phénomènes, qui sont dans le monde, mais aussi dans la solution des idées transcendantales de l'univers même. Au contraire, les affirmations de la thèse, outre le mode d'explication empirique employé dans le cours de la série des phénomènes, prennent pour fondement d'autres principes intellectuels et ainsi la maxime n'est plus simple. J'appellerai cette maxime, d'après son caractère essentiel, le *dogmatisme* de la raison pure.

Du côté du *dogmatisme* dans la détermination des idées cosmologiques de la raison, ou du côté de la *thèse*, se trouvent donc :

En premier lieu, un certain *intérêt pratique*, auquel prend parti de grand cœur tout homme sensé qui comprend son véritable intérêt. Que le monde ait un commencement, que mon moi pensant soit de nature simple et par là incorruptible, qu'il soit en même temps libre dans ses actions volontaires et élevé au-dessus de la contrainte de la nature, qu'enfin l'ordre entier des choses qui constituent le monde dépende d'un premier être duquel tout emprunte son unité et son harmonie, ce sont là autant de pierres fondamentales de la morale et de la religion. L'anthithèse nous enlève ou du moins semble nous enlever tous ces appuis.

En second lieu, il y a aussi de ce côté un *intérêt spécu-*

latif de la raison. En effet, en admettant et en employant de cette manière les idées transcendantales, on peut embrasser pleinement *a priori* la chaîne entière des conditions et saisir la dérivation du conditionné, puisqu'on part de l'inconditionné ; c'est ce que ne nous permet pas l'antithèse, et c'est pour elle une mauvaise recommandation que de ne pouvoir faire à la question qui concerne les conditions de sa synthèse aucune réponse qui nous dispense de questionner encore toujours et sans fin. Suivant elle, il faut s'élever d'un commencement donné à un autre plus élevé, chaque partie conduit à une partie encore plus petite, chaque événement a toujours pour cause un autre événement au-dessus de lui, et les conditions de l'existence en général s'appuient toujours de nouveau sur d'autres, sans jamais trouver dans une chose existant par elle-même, comme être premier, de soutien ni d'appui inconditionné.

En troisième lieu, ce côté a l'avantage de la *popularité* qui n'est certainement pas son moindre titre de recommandation. Le sens commun ne trouve pas la moindre difficulté dans les idées d'un commencement inconditionné de toute synthèse, car il est d'ailleurs plus habitué à descendre aux conséquences qu'à remonter aux principes, et les concepts de l'être absolument premier (de la possibilité duquel il ne s'inquiète guère) lui paraissent commodes et lui fournissent en même temps un point ferme où il peut attacher le fil qui conduira ses pas, tandis qu'au contraire, en remontant sans cesse du conditionné à la condition, il a toujours un pied en l'air et il ne peut jamais trouver de bien-être.

Du côté de l'*empirisme* dans la détermination des idées cosmologiques, ou du côté de l'*antithèse*, il ne se trouve :

Tout d'abord, aucun intérêt pratique résultant de principes purs de la raison, comme celui que renferment la morale et la religion. Le simple empirisme semble, au contraire, enlever à toutes les deux toute force et toute influence. S'il n'y a pas un être premier distinct du monde, si le monde est sans commencement, par suite aussi sans créateur, si notre volonté n'est pas libre et si l'âme est aussi divisible et corruptible que la matière, alors les idées *morales* et leurs principes perdent toute valeur et s'écroulent avec les idées transcendantales qui constituent leurs appuis théoriques.

En revanche, l'empirisme offre à l'intérêt spéculatif de la raison des avantages très attrayants et qui surpassent de beaucoup ceux que peut promettre le docteur dogmatique des idées rationnelles. A l'en croire, l'entendement est toujours sur son propre terrain, c'est-à-dire sur le terrain des expériences simplement possibles, il peut en chercher les lois et par elles étendre sans fin ses connaissances sûres et évidentes. Ici, l'entendement peut et doit représenter l'objet, aussi bien en lui-même que dans ses rapports, dans l'intuition ou, au moins, en des concepts dont l'image peut être clairement et distinctement présentée dans des intuitions analogues données. Non seulement il n'a pas besoin d'abandonner cette chaîne de l'ordre naturel pour s'attacher à des idées dont il ne connaît pas les objets, parce qu'ils ne peuvent jamais être donnés à titre d'êtres de pensée; mais il ne lui est même pas permis d'abondonner son œuvre ni, sous le prétexte quelle est désormais achevée, de passer dans le domaine de la raison idéalisante, ni de s'élever aux concepts transcendants, où il ne serait plus obligé ni d'observer ni de suivre, dans ses recherches, les lois de la nature, et où il n'aurait qu'à *penser* et à *inventer*, sûr de n'être jamais contredit par les faits de la nature, parce qu'il ne dépendrait plus de leur témoignage et qu'il aurait, au contraire, le droit de les mépriser et de les soumettre à une autorité supérieure, je veux dire à celle de la raison pure.

L'empiriste ne permettra donc jamais de regarder aucune époque de la nature comme l'absolument première, ni de considérer comme la dernière une limite imposée à sa vue dans l'étendue de la nature, ni de passer des objets de la nature, qu'il peut en détacher (*auflösen*) par l'observation et par la mathématique et déterminer synthétiquement dans l'intuition (de l'étendue), à ceux que ni les sens ni l'imagination ne peuvent jamais représenter *in concreto* (au simple); il ne permettra pas, non plus, qu'on prenne pour fondement même *dans la nature* un pouvoir capable d'agir indépendamment des lois de la nature (la liberté) et qu'on ravale ainsi la tâche de l'entendement qui est de remonter, en suivant le fil des lois nécessaires, à l'origine des phénomènes; il ne permettra pas, enfin, qu'on cherche en dehors de la nature la cause de quoi que ce soit (un être premier), puisque nous ne connaissons rien de plus qu'elle et qu'elle est la seule chose qui puisse nous fournir des objets et nous instruire de leurs lois.

Si le philosophe empirique, il est vrai, ne vise par son antithèse qu'à rabattre la témérité et la présomption de la raison qui méconnaît sa vraie destination et fait grand cas de sa *pénétration* et de son *savoir*, là où précisément il n'y a plus ni pénétration, ni savoir, et prétend faire regarder comme un avancement de l'intérêt spéculatif ce qui n'a de valeur que par rapport à l'intérêt pratique, et cela, dans le but de pouvoir, quand cela lui sera plus commode, rompre le fil des investigations physiques, et, sous le prétexte d'étendre la connaissance, rattacher ce fil aux idées transcendantales qui nous font seulement connaître, à vrai dire, *que nous ne savons rien*; si, dis-je, l'empiriste s'en tenait là, son principe serait alors une maxime qui nous prescrirait d'être modérés dans nos prétentions, réservés dans nos assertions, et en même temps d'étendre le plus possible notre entendement, sous la direction du seul maître que nous ayons proprement : l'expérience. En effet, dans ce cas, les *suppositions* intellectuelles et la *croyance* nécessaires en vue de notre intérêt pratique ne nous seraient pas enlevées; seulement on ne pourrait pas les produire sous le titre pompeux de sciences et de vues rationnelles, puisque *le savoir* proprement spéculatif ne peut avoir d'autre objet que celui de l'expérience, et que, si l'on dépasse ses limites, la synthèse qui recherche des connaissances nouvelles et indépendantes de l'expérience n'a aucun substratum d'intuition où elle puisse être appliquée.

Mais si l'empirisme devient lui-même dogmatique par rapport aux idées (comme il arrive la plupart du temps), et s'il nie hardiment ce qui est au-dessus de la sphère de ses connaissances intuitives, il tombe alors dans le défaut de l'exagération qui est ici d'autant plus blâmable que l'intérêt pratique de la raison en reçoit un préjudice irréparable.

Telle est l'opposition entre l'*Epicuréisme** et le *Platonisme*.

---

* C'est, cependant, encore une question que celle de savoir si Épicure a jamais avancé ces principes en qualité d'affirmations objectives. Si, par hasard, ils n'étaient autre chose que des maximes de l'usage spéculatif de la raison, il aurait montré en cela un esprit plus véritablement philosophique qu'aucun des sages de l'antiquité. Que, dans l'explication des phénomènes, il faille procéder comme si le champ de la recherche n'était borné par aucune limite ni par aucun commencement du monde, qu'il faille admettre la matière du monde comme elle doit l'être, si nous voulons en être instruits par l'expérience, que l'on ne doive rechercher d'autre origine des événements que celle qui est déterminée par les lois immuables de la nature, et qu'enfin l'on ne

Chacun d'eux dit plus qu'il ne sait. Le *premier* encourage et fait avancer le savoir, mais au préjudice de l'intérêt pratique ; le *second* fournit à l'intérêt pratique des principes excellents, mais par là même, au point de vue de tout ce dont nous ne pouvons avoir qu'un savoir spéculatif, il permet à la raison de s'attacher à des explications idéalistes des phénomènes naturels et de négliger par rapport à eux l'investigation physique.

Pour ce qui est, enfin, du *troisième* moment, que l'on peut faire consister dans le choix provisoire entre les deux parties opposées, il est tout à fait étrange de voir que l'Empirisme ne jouit absolument d'aucune popularité, bien que l'on fût tenté de croire que le sens commun dût saisir avec empressement un dessein qui promet de le satisfaire uniquement avec des connaissances expérimentales et avec leur enchaînement conforme à la raison, tandis que la dogmatique transcendantale l'oblige à s'élever à des concepts qui dépassent de beaucoup la pénétration et la puissance rationnelle des esprits les plus exercés à la pensée. Mais c'est là précisément ce qui pousse le sens commun à prendre parti. En effet, il se trouve alors dans un état où même les plus savants ne peuvent rien de plus que lui. S'il ne comprend que peu ou rien à tout cela, nul ne peut non plus se vanter d'y comprendre davantage, et, bien qu'il ne puisse pas en parler aussi savamment que d'autres, il peut néanmoins en raisonner infiniment plus, parce qu'il erre dans la région des idées pures, où l'on est si disert, précisément parce qu'on *n'en sait rien*, tandis qu'il faudrait rester tout à fait bouche close, en fait de recherches sur la nature, et avouer son ignorance. Leur commodité et la vanité qu'ils nous donnent, voilà déjà, par conséquent, une forte recommandation en faveur de ces principes. En outre, bien qu'il soit très difficile pour un philosophe d'admettre, à titre de principe, quelque chose dont il ne peut pas se rendre compte à lui-même et encore moins d'introduire des concepts dont la réalité objective ne peut pas être perçue, rien n'est

---

doive recourir à aucune cause distincte du monde, ce sont là, encore à présent, des principes très justes, mais très peu observés, qui permettent d'étendre la philosophie spéculative et de découvrir aussi les principes de la morale, indépendamment de tout secours étranger, sans que, pour ce motif, celui qui désire *ignorer* les principes dogmatiques, aussi longtemps que nous avons affaire à la simple spéculation, puisse être accusé de vouloir les *nier*.

cependant plus habituel pour le sens commun. Il veut avoir quelque chose d'où il puisse partir en toute sécurité. La difficulté de comprendre une pareille supposition ne le trouble même pas, parce que (comme il ne sait pas ce que c'est que comprendre) elle ne lui vient jamais à l'esprit et qu'ainsi il tient pour connu ce qu'un usage fréquent lui a rendu familier. Enfin, tout l'intérêt spéculatif disparaît pour lui devant l'intérêt pratique, et il se figure percevoir et savoir ce que ses craintes ou ses espérances le poussent à admettre et à croire. Aussi l'empirisme de la raison idéalisante (45) de façon transcendantale est dépourvu de toute popularité, et, quelque préjudiciable qu'il puisse être aux premiers principes pratiques, il n'est, cependant, pas à craindre qu'il franchisse jamais les enceintes des écoles et qu'il obtienne dans le monde quelque autorité et se concilie la faveur de la multitude.

La raison humaine est, de sa nature, architectonique, c'est-à-dire qu'elle considère toutes les connaissances comme appartenant à un système possible et que, par conséquent, elle ne permet que des principes qui n'empêchent pas, du moins, une connaissance qu'on a d'avance de s'accorder avec d'autres dans un système. Mais les propositions de l'antithèse sont de telle nature qu'elles rendent absolument impossible l'achèvement d'un édifice de connaissances. Suivant elles, il y a toujours, au-dessus d'un état du monde, un autre plus ancien encore ; dans chaque partie, il y en a toujours d'autres qui sont, à leur tour, divisibles ; avant chaque événement, il y en a un autre qui, à son tour, avait été produit de même par quelque autre, et, dans l'existence en général, tout est toujours conditionné, sans que l'on puisse reconnaître quelque part une existence inconditionnée et première. Donc, puisque l'antithèse n'admet nulle part un premier terme et un commencement qui puisse servir absolument de fondement à l'édifice, un système complet de la connaissance est entièrement impossible sous de telles suppositions. C'est pourquoi l'intérêt architectonique de la raison (qui exige non une unité rationnelle empirique, mais une unité rationnelle pure *a priori*) contient une recommandation naturelle en faveur des affirmations de la thèse.

Mais un homme qui pourrait s'affranchir de tout intérêt, et, indifférent à toutes les conséquences, ne considérer les assertions de la raison qu'au point de vue de l'importance de leur principe, cet homme-là, en supposant qu'il ne connaisse aucun autre moyen de sortir d'embarras que de se prononcer pour l'une ou l'autre des doctrines opposées, serait dans un état d'indécision perpétuelle. Aujourd'hui il serait persuadé que la volonté humaine est *libre*, demain, s'il considérait la chaîne indissoluble de la nature, il serait convaincu que la liberté n'est qu'une illusion du moi, et que tout est simplement *nature*. Mais, aussitôt qu'il en viendrait à l'action, ce jeu de la raison simplement spéculative s'évanouirait comme les fantômes d'un songe, et il ne choisirait ses principes que d'après l'intérêt pratique. Cependant, comme il convient à un être réfléchi et investigateur de consacrer un certain temps uniquement à l'examen de sa propre raison, en se dépouillant entièrement de toute partialité et en communiquant ouvertement ses remarques aux autres pour les faire critiquer, on ne peut blâmer ni, encore moins, empêcher personne de produire les thèses et les antithèses, puisque, sans être effrayé par aucune menace, on peut les soutenir en présence de jurés de même rang que nous (c'est-à-dire en présence de faibles hommes).

QUATRIÈME SECTION

Des problèmes transcendantaux de la raison pure, en tant qu'ils doivent absolument pouvoir être résolus.

Vouloir résoudre tous les problèmes et répondre à toutes les questions serait une impertinente fanfaronnade et une présomption si extravagante qu'elle suffirait tout de suite à faire perdre toute confiance. Néanmoins, il y a des sciences dont la nature est telle que toute question qui s'y présente doit absolument recevoir une réponse tirée de ce que l'on sait, puisqu'il faut que la réponse sorte des mêmes sources que la question, et, dans ces sciences, il n'est nullement permis de prétexter une ignorance inévitable, mais la solution, au contraire, peut être exigée. Ce qui est *juste* ou *injuste* dans tous les cas possibles, il faut qu'on puisse le savoir en vertu de la règle, puisqu'il s'agit ici de notre obligation et que nous n'avons pas d'obligation vis-à-vis de ce que *nous ne pouvons pas savoir*. Mais dans l'explication des phénomènes de la nature, il doit y avoir pour nous beaucoup de choses incertaines et maintes questions insolubles, parce que ce que nous savons de la nature est loin de suffire à ce que nous devons expliquer dans tous les cas. Il s'agit donc de savoir si, dans la philosophie transcendantale, il y a quelque question, concernant un objet (*Object*) proposé à la raison, qui soit insoluble précisément par cette même raison pure, et si l'on a le droit de lui refuser une réponse décisive, en rangeant son objet, en tant qu'absolument incertain (d'après tout ce que nous pouvons connaître), parmi les choses dont nous avons, certes, assez d'idées pour soulever une question, mais auxquelles nous n'avons nullement ni le moyen ni le pouvoir de répondre jamais.

Or, j'affirme que la philosophie transcendantale a cela de particulier entre toutes les connaissances spéculatives, qu'aucune des questions qui concernent un objet donné à la raison pure n'est insoluble pour cette même raison humaine, et qu'on ne saurait jamais prétexter une ignorance inévitable et l'insondable profondeur du problème pour s'affranchir de l'obligation d'y répondre d'une manière pleine et entière, car le même concept qui nous met en état de poser la question doit aussi nous rendre absolument capables de répondre à cette question, puisque l'objet n'est pas hors du concept (comme à propos du juste et de l'injuste).

Il n'y a donc dans la philosophie transcendantale que les questions cosmologiques pour lesquelles on puisse exiger avec raison une réponse suffisante concernant la nature de l'objet, sans qu'il soit permis au philosophe de s'y soustraire, en prétextant une obscurité impénétrable, et ces questions ne peuvent avoir rapport qu'à des idées cosmologiques. En effet, l'objet doit être empiriquement donné et la question ne porte que sur sa conformité avec une idée. L'objet est-il transcendantal et par conséquent inconnu lui-même, par exemple, s'agit-il de savoir si ce quelque chose, dont le phénomène (en nous-mêmes) est la pensée (l'âme), est un être simple en lui-même, s'il y a une cause de toutes les choses ensemble qui soit absolument nécessaire, etc., nous devons alors chercher à notre idée un objet dont nous puissions avouer qu'il nous est inconnu, mais sans que pour cela il soit impossible*. Les idées cosmologiques ont seules cette pro-

---

* On ne peut, il est vrai, faire aucune réponse à la question qu'on fait sur la nature que peut avoir un objet transcendantal, c'est-à-dire sur *ce*

priété qu'elles peuvent supposer comme donnés leur objet et la synthèse empirique qu'exige le concept de cet objet, et la question qui en résulte ne concerne que le progrès de cette synthèse, en tant qu'il doit renfermer la totalité absolue, qui n'est plus rien d'empirique, puisqu'elle ne peut être donnée dans aucune expérience. Or, comme il n'est ici uniquement question d'une chose que comme objet d'une expérience possible et non comme chose en soi, la réponse à la question cosmologique transcendantale ne peut résider nulle part en dehors de l'idée, car elle ne concerne pas d'objet en soi ; et, à propos de l'expérience possible, on ne demande pas ce qui peut être donné *in concreto* dans quelque expérience, mais ce qui est dans l'idée dont la synthèse empirique doit simplement se rapprocher ; il faut donc que cette question puisse être résolue par l'idée seule, car cette idée n'est qu'une simple création de la raison, qui, par conséquent, ne peut pas se refuser à répondre, en donnant pour prétexte un objet inconnu.

Il n'est donc pas aussi extraordinaire qu'il le paraît d'abord qu'une science, sur toutes les questions qui sont de son ressort (*quæstiones domesticæ*), puisse n'exiger et n'attendre que des solutions certaines, bien que, pour le moment, on ne les ait peut-être pas encore trouvées. En dehors de la philosophie transcendantale, il y a encore deux sciences rationnelles pures dont l'une n'a qu'un contenu spéculatif, l'autre qu'un contenu pratique : la *mathématique pure* et la *morale pure*. A-t-on jamais entendu quelqu'un s'appuyer, pour ainsi dire, sur l'ignorance nécessaire des conditions, pour donner comme incertain le rapport parfaitement exact du diamètre à la circonférence, en nombre rationnels ou irrationnels ? Comme ce rapport ne pouvait pas être convenablement donné

qu'il est, mais on peut bien dire que la *question* elle-même *n'est rien*, parce qu'elle n'a point d'objet donné. On peut répondre à toutes ces questions de la psychologie transcendantale et on y répond réellement; car elles se rapportent au sujet transcendantal de tous les phénomènes internes, qui lui-même n'est pas phénomène et, par conséquent, n'est pas *donné* comme objet, et par rapport auquel, aucune des catégories (sur lesquelles cependant porte proprement la question) ne peut trouver des conditions qui l'y rendent applicable. C'est donc ici le cas de dire, suivant une expression courante, que l'absence de réponse est aussi une réponse, c'est-à-dire qu'une question sur la nature de ce quelque chose que nous ne pouvons concevoir par aucun prédicat déterminé, puisqu'il est posé tout à fait hors de la sphère des objets qui peuvent nous être donnés, est une question entièrement nulle et vide.

par la première espèce de nombres et qu'on ne l'avait pas encore trouvé par la seconde, on jugeait donc que, du moins, l'impossibilité d'une telle solution pouvait être reconnue avec certitude et Lambert en donna la preuve. Dans les principes généraux de la morale, il ne peut rien y avoir d'incertain, parce que les propositions ou sont tout à fait nulles et vides de sens, ou doivent découler de nos concepts rationnels. Au contraire, il y a en physique une infinité de conjectures, au sujet desquelles on ne peut jamais attendre de certitude, parce que les phénomènes naturels sont des objets qui nous sont donnés indépendamment de nos concepts, et dont, par conséquent, la clef n'est pas en nous et dans notre pensée pure, mais hors de nous, de sorte que, pour ce motif, on ne saurait dans beaucoup de cas le trouver, et que, par suite, on n'en peut espérer aucune solution certaine. Je laisse de côté les questions de l'Analytique transcendantale qui concernent la déduction de notre connaissance pure, parce que maintenant nous ne traitons que de la certitude des jugements par rapport aux objets et non par rapport à l'origine de nos concepts mêmes.

Nous ne pouvons donc pas décliner l'obligation de donner une solution, au moins critique, aux questions rationnelles proposées, en nous plaignant des bornes étroites de notre raison et en confessant, avec l'apparence d'une humble connaissance de nous-mêmes, qu'il est au-dessus de notre raison de décider si le monde existe de toute éternité ou s'il a eu un commencement, si l'espace du monde est rempli d'êtres à l'infini ou s'il est renfermé dans certaines limites, si dans le monde il y a quelque chose de simple ou si tout peut être divisé à l'infini, s'il y a quelque création ou quelque production par liberté, ou si tout dépend de la chaîne de l'ordre naturel, enfin s'il y a un être tout à fait inconditionné et nécessaire en soi, ou si tout est conditionné dans son existence et, par conséquent, extérieurement dépendant et contingent en soi. En effet, toutes ces questions concernent un objet qui ne peut être donné nulle part ailleurs que dans notre pensée, je veux dire : la totalité absolument inconditionnée de la synthèse des phénomènes. Si, avec nos propres concepts, nous ne pouvons rien dire et rien décider de certain à cet égard, nous ne devons pas nous en prendre à la chose qui se cache en nous, car une chose de cette nature (puisqu'elle n'existe nulle part en dehors de notre idée) ne peut absolument pas nous être donnée, mais il nous en faut chercher la cause dans notre idée même, laquelle est un problème qui ne comporte aucune solution et que nous nous obstinons à traiter comme si un objet réel lui correspondait. Une exposition claire de la dialectique qui réside dans notre concept même, nous conduirait bientôt à une pleine certitude concernant ce que nous devons penser sur une telle question.

Si vous prétextez de votre ignorance au sujet de ce problème, on peut vous opposer d'abord cette question, à laquelle du moins il vous faudra répondre clairement : d'où vous viennent les idées dont la solution vous jette ici dans une si grande difficulté? S'agit-il, par hasard, de phénomènes que vous auriez besoin d'expliquer et dont vous n'auriez à chercher, d'après ces idées, que les principes ou la règle d'exposition? Admettez que la nature vous soit tout à fait dévoilée, que rien ne soit caché à vos sens et à la conscience de tout ce qui est présenté à votre intuition, vous ne pourrez cependant connaître *in concreto* l'objet de vos idées par aucune expérience (car il faudrait encore, outre cette intuition complète, une synthèse parfaite et la conscience de son absolue totalité, laquelle n'est possible par aucune connaissance empirique); par conséquent, votre question ne peut nullement être nécessaire pour l'explication d'un phénomène qui se présente à vous ni, par suite, proposée par l'objet lui-même. En effet, l'objet ne peut jamais se présenter à vous, puisqu'il ne peut être donné par aucune expérience possible. Vous demeurez toujours soumis, dans toutes les perceptions possibles, aux *conditions* de l'espace ou du temps, et vous n'arrivez jamais à rien d'inconditionné qui vous permette de décider si cet inconditionné doit être placé dans un absolu commencement de la synthèse ou dans une absolue totalité de la série, sans aucun commencement. Mais le tout (*All*) dans le sens empirique n'est jamais que comparatif. Le tout absolu de la quantité (l'univers), de la dérivation, de la division, de la condition de l'existence en général, et toutes les questions de savoir s'il résulte d'une synthèse finie ou d'une synthèse qui s'étend dans l'infini, ne se rapportent en rien à aucune expérience possible. Il nous sera, par conséquent, impossible d'expliquer, mieux ou même autrement, les phénomènes d'un corps, en admettant qu'il se compose de parties simples, ou en supposant qu'il l'est de parties composées ; car aucun phénomène simple, pas plus du reste qu'une composition infinie, ne peut jamais se présenter à nous. Les phénomènes ne veulent être expliqués qu'en tant que sont données dans la perception les conditions de leur explication, mais tout ce qui peut jamais y être donné, compris en un *tout absolu*, n'est lui-même aucune perception. Or, le tout est proprement ce dont on demande l'explication dans les problèmes rationnels transcendantaux.

Donc, puisque la solution même de ces questions ne peut jamais se présenter dans l'expérience, vous ne pouvez pas dire qu'on ne sait pas ce qui doit être ici attribué à l'objet. Car votre objet n'existe que dans votre tête et ne peut pas être donné en dehors d'elle ; aussi n'avez-vous qu'à veiller à vous mettre d'accord avec vous-mêmes et à éviter l'amphibologie qui change votre idée en une prétendue représentation d'un objet (*Objects*) donné empiriquement et que, par conséquent, il faut aussi connaître au moyen des lois de l'expérience. La solution dogmatique n'est donc pas incertaine, mais impossible. La solution critique, qui peut être parfaitement certaine, ne considère pas la question objectivement, mais au point de vue du fondement de la connaissance sur lequel elle repose.

CINQUIÈME SECTION

Représentation sceptique des questions cosmologiques par les quatre idées transcendantales.

Nous nous passerions volontiers qu'on fît à nos questions une réponse dogmatique, si nous comprenions bien d'avance que, quelle que fût la réponse, elle ne ferait qu'augmenter notre ignorance, nous précipiter d'une incompréhensibilité dans une autre, d'une obscurité dans une plus grande encore, et peut-être même en des contradictions. Si notre question comporte simplement une affirmation ou une négation, c'est agir avec prudence que de laisser là provisoirement les raisons apparentes de la réponse et de considérer ce que l'on gagnerait, si la réponse était dans un sens ou dans l'autre. Or, s'il se trouve que, dans les deux cas, on aboutit à un pur non-sens (*Sinnleeres*), nous avons alors un juste motif d'examiner notre question elle-même critiquement et de voir si elle ne repose pas elle-même sur une supposition sans fondement et si elle ne joue pas avec une idée, qui trahit mieux sa fausseté dans son application et dans ses conséquences que dans sa représentation abstraite. Telle est la grande utilité qui résulte de la manière sceptique de traiter les questions que la raison pure adresse à la raison pure, et par ce moyen on peut, à peu de frais, se débarrasser d'un grand fatras dogmatique pour y substituer une critique modeste qui, comme un vrai catharticon, fera disparaître facilement la présomption, en même temps que sa compagne, la polymathie.

Si donc je pouvais percevoir d'avance, d'une idée cosmologique, que, de quelque côté qu'elle s'incline dans l'inconditionné de la synthèse régressive des phénomènes, elle *serait* cependant ou *trop grande*, ou *trop petite* pour *tout concept de l'entendement*, je comprendrais alors que cette idée, n'ayant à faire qu'à un objet de l'expérience, objet qui doit être conforme à un concept possible de l'entendement, doive être entièrement vide et dénuée de sens, puisque l'objet ne concorde pas avec elle, de quelque manière que j'essaye de l'y approprier. Et tel est réellement le cas de tous les concepts cosmologiques qui, précisément pour cela, retiennent la raison, tant qu'elle s'y attache, dans une antinomie inévitable. En effet, admettez :

Premièrement, que *le monde n'ait pas de commencement;* il est alors *trop grand* pour notre concept, car celui-ci, consistant dans une régression nécessaire, ne peut jamais atteindre toute l'éternité écoulée. Supposez *qu'il ait un commencement;* il est alors *trop petit* pour notre concept intellectuel, dans la régression empirique nécessaire. En effet, puisque le commencement suppose toujours un temps qui le précède, il n'est pas encore inconditionné, et la loi de l'usage empirique de l'entendement vous force encore à chercher une condition de temps plus élevée, et, par conséquent, le monde est maintenant trop petit pour cette loi.

Il en est même de la double réponse faite à la question qui concerne la grandeur du monde quant à l'espace. Car *s'il est infini* et illimité, il est alors *trop grand* pour tous les concepts empiriques possibles. *S'il est fini* et limité, on demande encore, à bon droit : qu'est-ce qui détermine cette limite? L'espace vide n'est pas un corrélatif des choses existant par lui-même, et il ne saurait être une condition à laquelle vous puissiez vous arrêter et encore moins une condition empirique constituant une partie d'une expérience possible. (Car qui peut avoir une expérience de l'absolument vide ?) Mais la totalité absolue de la synthèse empirique exige toujours que l'inconditionné soit un concept expérimental. *Un monde limité* est donc *trop petit* pour votre concept.

Deuxièmement, tout phénomène dans l'espace (toute matière) se compose d'*une infinité de parties* et la régression de la division sera toujours *trop grande* pour votre concept, et, si la division de l'espace doit s'arrêter à quelqu'un de ces membres (au simple), cette régression est *trop petite* pour l'idée de l'inconditionné. Car ce membre laisse place toujours à une régression vers un grand nombre de parties contenues en lui.

Troisièmement, si vous admettez que, dans tout ce qui arrive dans le monde, il n'y a rien qui ne soit une conséquence des lois *de la nature*, la causalité de la cause est alors toujours à son tour quelque chose qui arrive et qui vous oblige à continuer votre régression vers des causes encore plus élevées et, par suite, elle rend toujours nécessaire le prolongement de la série des conditions *a parte priori*. La simple *nature* efficiente est donc trop *grande* pour tout votre concept dans la synthèse des événements du monde.

Si vous choisissez çà et là des événements *spontanés*, par suite, une production par *liberté*, alors vous êtes tourmentés par le besoin de trouver une explication conforme à une loi de la nature inévitable, et ce besoin vous force à dépasser ce point, en vertu de la loi causale de l'expérience ; et vous trouvez ainsi qu'une telle totalité de liaison est *trop petite* pour votre concept empirique nécessaire.

Quatrièmement, si vous admettez un être *absolument nécessaire* (que ce soit le monde lui-même, ou quelque chose dans le monde, ou la cause du monde), vous le placez dans un temps infiniment éloigné de tout point donné du temps, car autrement il dépendrait d'une autre existence plus ancienne. Mais alors cette existence est inaccessible à votre concept empirique et elle est *trop grande* pour que vous puissiez jamais y parvenir par quelque régression continuée.

Si au contraire, à votre avis, tout ce qui appartient au monde (soit en qualité de conditionné, soit à titre de condition) est *contingent*, toute existence qui vous est donnée est *trop petite* pour votre concept. Car elle vous oblige à rechercher encore toujours une autre existence d'où elle dépende.

Nous avons dit, dans tous ces cas, que l'*idée du monde* est ou trop grande ou trop petite pour la régression empirique, et, par suite, pour tout concept possible de l'entendement. Pourquoi n'avons-nous pas renversé les termes et n'avons-nous pas dit que, dans le premier cas, le concept empirique est toujours trop petit pour l'idée, tandis qu'il est trop grand dans le second, et, par suite, pourquoi rejetons-nous ainsi la faute, pour ainsi dire, sur la régression empirique, au lieu d'accuser l'idée cosmologique de s'écarter par excès ou par défaut de son but, de l'expérience possible? En voici la raison : L'expérience possible est la seule chose qui puisse donner de la réalité à nos concepts, et sans elle tout concept n'est qu'une idée, sans vérité et sans rapport à un objet. C'est pourquoi le concept empirique possible était la mesure d'après laquelle il fallait juger l'idée pour savoir si elle est une simple idée et un être de raison ou si elle trouve son objet dans le monde. Car on ne dit d'une chose qu'elle est ou trop grande ou trop petite par rapport à autre chose que quand on ne la prend qu'à cause de cette dernière et que l'on doit la disposer à sa mesure. C'était encore un jeu dans les anciennes écoles dialectiques que cette question : si une boule ne peut pas passer par un trou, faut-il dire que la boule est trop grosse ou le trou trop petit? Il est indifférent de s'exprimer d'une manière ou d'une autre dans ce cas, car on ne sait pas laquelle des deux choses est pour l'autre. Au contraire, on ne dira pas qu'un homme est trop grand pour son habit, mais bien que l'habit est trop court pour l'homme.

Nous sommes donc, du moins, amenés à soupçonner avec raison que les idées cosmologiques, et avec elles toutes les assertions sophistiques opposées les unes aux autres, ont peut-être pour fondement un concept vide et purement imaginaire sur la manière dont l'objet de ces idées nous est donné, et ce soupçon peut déjà nous mettre sur le droit chemin qui nous fera découvrir l'illusion qui nous a si longtemps égarés.

SIXIÈME SECTION

De l'idéalisme transcendantal comme clef de la solution de la dialectique cosmologique.

Nous avons suffisamment prouvé dans l'Esthétique transcendantale que tout ce qui est intuitionné dans l'espace ou dans le temps, par suite tous les objets d'une expérience possible pour nous, ne sont pas autre chose que des phénomènes, c'est-à-dire que de simples représentations, qui, en tant que nous nous les représentons comme des êtres étendus ou des séries de changements, n'ont pas, en dehors de nos pensées, d'existence fondée, en soi. Tel est le système que j'appelle *idéalisme transcendantal**. Le réaliste dans le sens transcendantal fait de ces modifications de notre sensibilité des choses subsistantes par elles-mêmes et convertit, par conséquent, de *simples représentations* en choses en soi.

On serait injuste envers nous si on voulait nous attribuer cet idéalisme empirique si décrié depuis longtemps qui, tout en admettant la réalité propre de l'espace, nie l'existence des êtres étendus dans l'espace ou du moins la trouve douteuse, et qui n'admet pas, en ce point, entre le rêve et la vérité de différence que l'on puisse suffisamment démontrer. Pour ce qui est des phénomènes du sens interne dans le temps, il ne trouve aucune difficulté à les admettre comme choses réelles, mais il soutient même que cette expérience interne prouve seule suffisamment l'existence réelle de son objet (*Object*) (en soi, ainsi que toute détermination de temps).

Notre idéalisme transcendantal, au contraire, accorde que les objets de l'intuition extérieure existent réellement, exactement comme ils sont intuitionnés dans l'espace, et tous les changements dans le temps comme le sens interne les représente. En effet, comme l'espace est déjà une forme de l'intuition que nous appelons extérieure, et que, sans objets dans l'espace, il n'y aurait point du tout de représentation empi-

---

* [Je l'ai appelé aussi quelquefois l'idéalisme *formel* pour le distinguer de l'idéalisme *matériel*, c'est-à-dire de l'idéalisme ordinaire qui révoque en doute ou qui nie l'existence des choses extérieures mêmes. En plusieurs cas, il paraît sage de se servir de cette dernière expression de préférence à la première, pour éviter toute équivoque.] Addition de la 2ᵉ édition.

rique, nous pouvons et nous devons y admettre, comme réels, des êtres étendus ; et il en est de même du temps. Mais cet espace lui-même ainsi que le temps, et, en même temps, tous les phénomènes avec eux, ne sont pourtant pas en eux-mêmes *des choses*, ce ne sont, au contraire, que des représentations et ils ne peuvent pas exister en dehors de notre esprit (*Gemüth*), et même l'intuition interne et sensible de notre esprit (*Gemüths*) (comme d'un objet de la conscience), dont la détermination est représentée par la succession de différents états dans le temps, n'est pas non plus le véritable moi, tel qu'il existe en soi, ou le sujet transcendantal, mais seulement un phénomène qui est donné à la sensibilité de cet être à nous inconnu. L'existence de ce phénomène interne à titre de chose existant en soi, ne peut pas être admise, puisque la condition en est le temps qui ne peut pas être une détermination de quelque chose en soi. Mais, dans l'espace et dans le temps, la vérité empirique des phénomènes est suffisamment assurée et est assez bien dégagée de toute parenté avec le rêve, dès que ces deux choses s'enchaînent exactement et universellement, suivant des lois empiriques, dans une expérience.

Les objets de l'expérience ne sont donc *jamais* donnés en *eux-mêmes*, mais seulement dans l'expérience, et ils n'ont aucune existence en dehors d'elle. Qu'il puisse y avoir des habitants dans la lune, bien que personne ne les ait jamais vus, il faut sans doute l'accorder, mais cela signifie seulement qu'avec le progrès de l'expérience nous pourrions arriver à les voir. En effet, tout ce qui forme un contexte avec une perception suivant les lois du progrès empirique est réel. Ils sont donc réels lorsqu'ils s'accordent dans un enchaînement empirique avec ma conscience réelle, bien qu'ils ne le soient pas pour cela en eux-mêmes, c'est-à-dire en dehors de ce progrès de l'expérience.

Rien ne nous est réellement donné que la perception et la progression empirique de cette perception vers d'autres perceptions possibles. Car, en eux-mêmes, les phénomènes, comme simples représentations, ne sont réels que dans la perception qui n'est, en fait, autre chose que la réalité d'une représentation empirique, c'est-à-dire un phénomène. Avant la perception, nommer un phénomène une chose réelle, ou cela signifie que, dans le progrès de l'expérience, nous pourrons arriver à une telle perception, ou cela n'a pas de signification. En effet, qu'il existe en soi, sans relation à nos sens et à une expérience possible, on pourrait absolument le dire s'il était question d'une chose en soi. Mais il est question simplement d'un phénomène dans l'espace et dans le temps qui ne sont pas des déterminations des choses en soi, mais seulement de notre sensibilité; ce qui est en eux (les phénomènes) n'est donc pas quelque chose en soi, mais de simples représentations qui, dans le cas où elles ne sont pas données en nous (dans la perception), ne se rencontrent nulle part.

Le pouvoir sensible d'intuition n'est proprement qu'une réceptivité qui nous rend capables d'être affectés d'une certaine manière par des représentations dont la relation réciproque est une intuition pure de l'espace et du temps (simples formes de notre sensibilité) et qui s'appellent *objets,* en tant qu'elles sont liées et déterminables dans ce rapport (dans l'espace et le temps), suivant des lois de l'unité de l'expérience. La cause non-sensible de ces représentations nous est tout à fait inconnue; nous ne pouvons donc pas l'intuitionner comme objet (*Object*), car un pareil objet ne devrait être représenté ni dans l'espace ni dans le temps (qui sont les simples conditions de la représentation sensible), conditions sans lesquelles nous ne saurions concevoir aucune intuition. Nous pouvons cependant appeler objet (*Object*) transcendantal la cause simplement intelligible des phénomènes en général, mais simplement afin d'avoir quelque chose qui corresponde à la sensibilité considérée comme une réceptivité. A cet objet (*Object*) transcendantal nous pouvons attribuer toute l'étendue et tout l'enchaînement de nos perceptions possibles et dire qu'il est donné en soi avant toute expérience. Mais les phénomènes, par rapport à lui, ne sont pas donnés en soi, mais seulement dans cette expérience, puisqu'ils sont de simples représentations qui ne signifient un objet réel qu'en tant que perceptions, c'est-à-dire lorsque cette perception s'enchaîne avec toutes les autres suivant les règles de l'unité de l'expérience. Ainsi on peut dire que les choses réelles du temps passé sont données dans l'objet transcendantal de l'expérience; mais elles ne sont des objets pour moi et elles ne sont réelles dans le temps passé qu'en tant que je me représente qu'une série régressive de perceptions possibles (soit suivant le fil de l'histoire, soit suivant la trame des causes et des effets), en vertu de lois empiriques, ou qu'en un mot le cours du monde, conduit à une série de temps écoulé, comme à la condition du temps présent. Cette série n'est, cependant, représentée comme réelle que dans l'enchaînement d'une expérience possible et non en soi, de telle sorte que tous les événements écoulés depuis un temps inconcevable, antérieurement à mon existence, ne signifient pas autre chose que la possibilité de prolonger la chaîne de l'expérience, en remontant de la perception présente jusqu'aux conditions qui la déterminent dans le temps.

Donc, quand je me représente tous les objets des sens, qui existent, dans tous les temps et tous les espaces, je ne les y place pas avant l'expérience, mais cette représentation n'est autre chose que la pensée d'une expérience possible dans son intégralité absolue. C'est en elle seule que nous sont donnés ces objets (qui ne sont rien que de simples représentations). Mais quand on dit qu'ils existent avant toute mon expérience, cela signifie seulement qu'ils doivent se rencontrer dans la partie de l'expérience *vers laquelle* il me faut tout d'abord *remonter* en partant de la perception. La cause des conditions empiriques de ce progrès, et, par suite, la question de savoir quels membres je puis rencontrer et même jusqu'où je puis en trouver dans la régression, tout cela est transcendantal et m'est, par conséquent, nécessairement inconnu. Nous n'avons pas non plus, d'ailleurs, à nous occuper de cela, mais seulement de la règle du progrès, de l'expérience, dans laquelle me sont donnés les objets, c'est-à-dire les phénomènes. Au point de vue du résultat, il revient tout à fait au même que je dise : je puis, dans la progression empirique, arriver, dans l'espace, à des étoiles qui sont cent fois plus éloignées que celles que je vois ; ou que je dise : il est possible qu'il se trouve de ces étoiles dans l'espace du monde, bien que personne ne les ait jamais vues ou ne doive jamais les voir ; car, alors même qu'elles seraient données comme choses en soi et sans aucune relation à une expérience possible en général, elles ne sont cependant quelque chose pour moi, par suite, elles ne sont des objets, qu'autant qu'elles sont contenues dans la série de la régression empirique. Ce n'est donc que dans une tout autre relation, c'est-à-dire quand les phénomènes doivent servir à constituer l'idée cosmologique d'un tout absolu, et que, par conséquent, il s'agit d'une question qui dépasse les limites d'une expérience possible, que la distinction de la manière dont on admet la réalité de ces objets des sens est importante pour prévenir l'opinion trompeuse qui doit inévitablement résulter de la fausse interprétation de nos concepts d'expérience.

SEPTIÈME SECTION

Décision critique du conflit cosmologique de la raison avec elle-même.

Toute l'antinomie de la raison pure repose sur cet argument dialectique. Quand le conditionné est donné, la série entière de toutes ses conditions est aussi donnée ; or, les objets des sens nous sont donnés comme conditionnés : donc, etc. Ce syllogisme, dont la majeure paraît si naturelle et si claire, introduit, suivant la diversité des conditions (dans la synthèse des phénomènes), en tant qu'elles constituent une série, autant d'idées cosmologiques qui postulent la totalité absolue de ces séries et, par là même, mettent inévitablement la raison en conflit avec elle-même. Mais avant de découvrir ce qu'il y a de captieux dans cet argument sophistique, nous devons nous y préparer en rectifiant et en déterminant certains concepts qui se présentent ici.

D'abord, la proposition qu'on va lire est claire et indubitablement certaine : quand le conditionné est donné, une régression dans la série de toutes les conditions qui y mènent nous est PROPOSÉE par cela même ; car le concept de conditionné implique déjà que quelque chose est rapporté à une condition, et, si cette condition à son tour est conditionnée, qu'elle se rapporte à une autre plus éloignée, et ainsi pour tous les membres de la série. Cette proposition est donc analytique et elle est au-dessus de toute crainte de la part d'une critique transcendantale. Elle est un postulat logique de la raison qui consiste à suivre et à continuer aussi loin que possible par l'entendement cette liaison d'un concept avec ses conditions, liaison qui est déjà inhérente au concept même.

Ensuite, si le conditionné ainsi que sa condition sont des choses en soi, alors, quand le premier est donné, non seulement la régression vers la seconde est *proposée*, mais en même temps cette condition elle-même est déjà réellement DONNÉE par là ; et, puisque cela est valable de tous les membres de la série, la série complète des conditions est donnée par là — et par suite aussi l'inconditionné — ou plutôt elle est supposée par cela qu'est donné le conditionné qui n'était possible que par cette série. Ici la synthèse du conditionné avec sa condition est une synthèse du simple entendement qui représente les choses *telles qu'elles sont*, sans se demander si et comment nous pouvons arriver à les connaître. S'il s'agit au contraire de phénomènes qui, comme simples représentations, ne sont pas du tout donnés quand je ne parviens pas à leur connaissance (c'est-à-dire à eux-mêmes, car ils ne sont rien que des connaissances empiriques), je ne puis pas dire dans le même sens que, quand le conditionné est donné, toutes les conditions (comme phénomènes) qui y mènent, sont aussi données, et, par conséquent, je ne saurais nullement conclure à l'absolue totalité de leur série. En effet, les *phénomènes* ne sont rien autre chose dans l'appréhension elle-même qu'une synthèse empirique (dans l'espace et dans le temps), et ce n'est donc qu'en *elle* qu'ils sont donnés. Or, il ne s'ensuit pas du tout que si le conditionné (dans le phénomène) est donné, la synthèse qui constitue sa condition empirique soit aussi donnée ou supposée par là même; au contraire, elle n'a lieu que dans la régression et jamais sans elle. Mais on peut bien dire, en pareil cas, qu'une *régression* vers les conditions, c'est-à-dire une synthèse empirique continue est imposée ou proposée de ce côté, et qu'il ne nous manquera pas de conditions données par cette régression.

Il résulte clairement de là que la majeure du syllogisme cosmologique prend le conditionné dans le sens transcendantal d'une catégorie pure et la mineure, dans le sens empirique d'un concept de l'entendement appliqué à de simples phénomènes et que, par conséquent, on y rencontre l'erreur dialectique qu'on nomme *sophisma figuræ dictionis*. Mais cette erreur n'est pas intentionnelle (*erkünstelt*), elle est plutôt une illusion tout à fait naturelle de la raison commune. Car, par elle, nous supposons (dans la majeure) les conditions et leur série, pour ainsi dire, à *notre insu* (*gleichsam unbesehen*), quand quelque chose nous est donné comme conditionné, ne faisant ainsi que nous conformer à la règle logique qui nous oblige à admettre des prémisses complètes pour une conclusion donnée ; et comme, dans la liaison du conditionné à sa condition, on ne rencontre aucun ordre de temps, nous les supposons *comme* données en *même temps*. De plus, il est tout aussi naturel (dans la mineure) de regarder des phénomènes comme des choses en soi et aussi comme des objets donnés au simple entendement, comme nous l'avons fait dans la majeure, puisque nous avons fait abstraction de toutes les conditions de l'intuition sous lesquelles seules des objets peuvent être donnés. Mais ici nous avions omis de faire une distinction importante entre les concepts. La synthèse du conditionné avec sa condition et toute la série des conditions (dans la majeure) n'impliquent nullement de limitation par le temps ni de concept de succession. Au contraire, la synthèse empirique et la série des conditions dans le phénomène (subsumée dans la mineure) sont nécessairement successives, et ne sont données dans le temps que l'une après l'autre. Je ne puis donc pas supposer, ici comme là, la *totalité absolue* de la synthèse et de la série ainsi représentée, puisque là tous les membres de la série sont donnés en soi (sans condition de temps) tandis qu'ici ils ne sont possibles que par la régression successive qui n'est donnée qu'autant qu'on l'accomplit réellement.

Après la preuve convaincante d'un tel vice de l'argument sur lequel reposent communément les assertions cosmologiques, les deux parties en litige peuvent, à bon droit, être renvoyées dos à dos, comme ne produisant, en faveur de leur prétention, aucun titre solide. Mais, de cette façon, leur procès n'est pas encore fini par le fait même qu'on leur aurait prouvé ou que l'une d'elles ou que toutes deux ont tort en cela même qu'elles revendiquent (dans la conclusion), parce qu'elles n'ont pas su l'édifier sur des arguments convenables. Pourtant, il n'y a rien qui paraisse plus évident que cette affirmation : qu'entre deux assertions, dont l'une soutient que le monde a eu un commencement, et l'autre, que le monde n'a pas eu de commencement, mais qu'il existe de toute éternité, il faut au moins que l'une ait le droit pour elle. Mais s'il en est ainsi, puisque la clarté est égale des deux côtés, il est cependant impossible de jamais décider de quel côté est le droit, et le litige durera après comme avant, bien que les deux parties aient été renvoyées dos à dos par le tribunal de la raison. Il ne nous reste donc pas d'autre moyen de terminer définitivement la lutte, à la satisfaction des deux parties que de les convaincre qu'étant capables de se réfuter si bien réciproquement, elles se disputent pour rien et qu'un certain mirage transcendantal leur a fait voir une réalité là où il ne s'en trouve pas. Tel est le moyen par lequel nous allons essayer de mettre fin à un différend qui n'est pas du ressort des tribunaux.

*
* *

Zénon d'Élée, ce subtil dialecticien, a déjà été blâmé par Platon, comme un méchant sophiste, pour avoir cherché, afin de montrer son habileté, à prouver une même proposition par des arguments spécieux et à la renverser bientôt après par d'autres arguments tout aussi forts. Il affirmait que Dieu (qui, vraisemblablement, n'était pour lui rien autre chose que le monde) n'est ni fini ni infini, qu'il n'est ni en mouvement ni en repos, qu'il n'est ni semblable ni dissemblable à aucune autre chose. Il semblait à ceux qui le jugeaient d'après cela qu'il voulût tout à fait nier deux propositions contradictoires, ce qui est absurde. Mais je ne trouve pas qu'on ait le droit de lui adresser ces reproches. J'examinerai bientôt de plus près la première de ces propositions. Pour ce qui est de l'autre, s'il entendait par le mot *Dieu*, l'univers, il devait dire incontestablement que celui-ci n'est ni constamment présent dans son lieu (en repos), ni en train de changer de lieu (de se mouvoir), puisque tous les lieux ne sont que dans l'univers, tandis que l'univers n'est lui-même *dans aucun lieu.* Si l'univers comprend tout ce qui existe, il n'est pas non plus, à ce titre, semblable, ni dissemblable à aucune *autre chose,* puisqu'il n'y a en dehors de lui *aucune autre chose* à laquelle il puisse être comparé. Quand deux jugements opposés l'un à l'autre supposent une condition inadmissible, ils tombent tous les deux, malgré leur opposition (qui cependant n'est pas une véritable contradiction), parce que la condition, qui seule donnerait de la valeur à chacun d'eux, tomberait elle aussi.

Si quelqu'un disait : Tout corps sent bon ou sent mauvais, il y aurait alors un troisième cas, à savoir que ce corps ne sent rien (qu'il n'a aucune odeur), et alors les deux propositions contraires peuvent être fausses. Si je dis que tout corps est odoriférant ou n'est pas odoriférant (*vel suaveolens vel non suaveolens*), les deux jugements sont opposés contradictoirement et le premier seul est faux, tandis que son opposé contradictoire, à savoir que quelques corps ne sont pas odoriférants, comprend les corps *qui ne sentent rien du tout*. Dans la précédente opposition (*per disparata*) la condition accidentelle du concept de corps (l'odeur) restait encore, malgré le jugement contraire, et, par conséquent, elle n'était pas supprimée par ce jugement ; aussi ce dernier jugement n'était-il pas l'opposé contradictoire du premier.

Quand donc je dis : Le monde est infini quant à l'espace, ou bien, il n'est pas infini (*non est infinitus*), si la première proposition est fausse, il faut que son opposé contradictoire, le monde n'est pas infini, soit vrai. Je ne ferai par là qu'écarter un monde infini, sans en poser un autre, à savoir le monde fini. Mais si je dis : Le monde est ou infini ou fini (non infini), ces deux propositions pourraient être fausses. Car j'envisage alors le monde comme déterminé en soi quant à sa grandeur, puisque dans la proposition opposée je n'enlève pas simplement l'infinité, et, peut-être avec elle, toute son existence propre, mais que j'ajoute une détermination au monde, comme à une chose réelle en soi, ce qui peut être également faux, dans le cas, en effet, où le monde ne devrait *pas du tout* être donné *comme une chose en soi*, par conséquent ni comme infini ni comme fini quant à sa grandeur. Qu'on me permette d'appeler cette espèce d'opposition l'*opposition dialectique*, et celle de contradiction, l'*opposition analytique*. Deux jugements opposés contradictoirement l'un à l'autre peuvent donc être faux tous les deux, puisque l'un ne contredit pas simplement l'autre, mais dit quelque chose de plus qu'il n'est nécessaire pour la contradiction.

Si on regarde les deux propositions : Le monde est infini en grandeur, le monde est fini en grandeur, comme opposées contradictoirement, on admet alors que le monde (la série entière des phénomènes) est une chose en soi. Car il demeure, alors même que je supprime la régression infinie ou finie dans la série de ses phénomènes. Mais si j'écarte cette supposition ou cette apparence transcendantale et que je nie que le monde soit une chose en soi, l'opposition contradictoire des deux affirmations se change alors en une opposition simplement dialectique, et, puisque le monde n'existe pas du tout en soi (indépendamment de la série régressive de mes représentations), il n'existe ni comme un *tout infini en soi*, ni comme un *tout fini en soi*. Il ne peut se trouver que dans la régression empirique de la série des phénomènes et non en soi. Si donc cette série est toujours conditionnée, elle n'est jamais entièrement donnée, et le monde n'est donc pas un tout inconditionné et il n'existe donc pas, non plus, comme tel, ni avec une grandeur infinie, ni avec une grandeur finie.

Ce qui a été dit ici de la première idée cosmologique, c'est-à-dire de la totalité absolue de la grandeur dans le phénomène, s'applique aussi à toutes les autres. La série des conditions ne peut se trouver que dans la synthèse régressive même, elle ne réside pas en soi dans le phénomène, comme dans une chose propre, donnée avant toute régression. Aussi devrais-je dire que la multitude des parties dans un phénomène donné n'est en soi ni finie ni infinie ; car le phénomène n'est rien d'existant en soi, et les parties sont données tout d'abord par la régression de la synthèse de décomposition et dans cette régression, qui n'est jamais donnée absolument *tout entière*, ni comme finie, ni comme infinie. Il en est de même de la série des causes subordonnées les unes aux autres, ou de la série des existences conditionnées jusqu'à l'existence nécessairement inconditionnée qui ne peut jamais être regardée ni comme finie, ni comme infinie en soi, sous le rapport de sa totalité, puisque, à titre de série de représentations subordonnées, elle ne consiste que dans la régression dynamique et qu'elle ne peut pas du tout exister en soi avant cette régression et comme une série de choses qui subsisterait par elle-même.

Ainsi disparaît l'antinomie de la raison pure dans ses idées cosmologiques, dès qu'on a montré qu'elle est simplement dialectique et qu'elle est un conflit qui résulte d'une illusion qui vient de ce que l'on applique l'idée de la totalité absolue, valable seulement comme une condition de la chose en soi, aux phénomènes qui n'existent que dans la représentation. et, lorsqu'ils constituent une série, dans la régression successive, mais non pas autrement. On peut en revanche tirer de cette antinomie un vrai profit, non pas dogmatique, sans doute, mais critique et doctrinal, je veux dire qu'on peut prouver indirectement par là l'idéalité transcendantale des phénomènes, dans le cas où quelqu'un n'aurait pas été satisfait, par hasard, de la preuve directe donnée dans l'Esthétique transcendantale. La preuve consisterait dans ce dilemme : Si le monde est un tout existant en soi, il est fini ou infini; or, la première hypothèse, — aussi bien que la seconde —, est fausse (il suffit de se reporter aux preuves établies plus haut pour l'antithèse, d'une part, et pour la thèse, d'autre part). Il est donc aussi faux que le monde (l'ensemble de tous les phénomènes) soit un tout existant en soi. Car il suit de là que les phénomènes en général ne sont rien en dehors de nos représentations, et c'est précisément ce que nous voulions dire en parlant de leur idéalité transcendantale.

Cette remarque est importante. On voit par là que les preuves données plus haut des quatre antinomies n'étaient pas illusoires, mais bien fondées dans l'hypothèse où les phénomènes, ou le monde sensible qui les contient tous, seraient des choses en soi. Mais le conflit des propositions qui en résultent, révèle que cette hypothèse contient une fausseté et nous amène ainsi à découvrir la vraie constitution des choses en tant qu'objets des sens. La Dialectique transcendantale n'apporte donc aucun secours au scepticisme, mais bien à la méthode sceptique, qui peut montrer en elle un exemple de sa grande utilité, lorsqu'on met en présence les uns des autres, dans leur plus grande liberté, les arguments de la raison qui, s'ils ne nous donnent pas à la fin ce que nous cherchons, fournissent cependant toujours quelque chose d'utile et d'apte à nous aider à rectifier nos jugements.

HUITIÈME SECTION

Principe régulateur de la raison pure par rapport aux idées cosmologiques.

Puisque le principe cosmologique de la totalité ne *donne* aucun maximum de la série des conditions dans un monde sensible considéré comme une chose en soi, mais que ce maximum ne peut être *proposé* que dans la régression de cette série, le principe de la raison pure dont il est question, ramené à sa signification légitime, conserve toute sa valeur, non sans doute comme un *axiome* qui nous servirait à concevoir comme réelle la totalité dans l'objet, mais comme un problème pour l'entendement, par suite pour le sujet, permettant d'établir et de continuer, conformément à l'intégrité dans l'idée, la régression dans la série des conditions d'un conditionné donné. En effet, dans la sensibilité, c'est-à-dire dans l'espace et dans le temps, toute condition à laquelle nous pouvons parvenir dans l'exposition de phénomènes donnés est à son tour conditionnée, parce que ces phénomènes ne sont pas des objets en soi où l'absolument inconditionné puisse trouver place, mais simplement des représentations empiriques qui doivent toujours trouver leur condition dans l'intuition, qui les détermine quant à l'espace ou quant au temps. Le principe de la raison n'est donc proprement qu'une *règle* qui, dans la série des conditions des phénomènes donnés, commande une régression à laquelle il n'est jamais permis de s'arrêter dans l'absolument inconditionné. Ce n'est donc pas un principe de la possibilité de l'expérience et de la connaissance empirique des objets des sens, ni, par suite, un principe de l'entendement; car toute expérience est renfermée dans ses limites (conformément à l'intuition donnée), et ce n'est pas non plus un *principe constitutif* de la raison servant à élargir le concept du monde sensible au delà de toute expérience possible, mais un principe qui permet de poursuivre et d'élargir l'expérience le plus possible, et d'après lequel aucune limite empirique ne peut avoir la valeur d'une limite absolue; c'est donc un principe de la raison qui postule *comme règle* ce que nous devons faire dans la régression et *n'anticipe pas* ce qui est donné en soi dans l'*objet (Object)* avant toute régression. C'est pourquoi je le nomme un principe *régulateur* de la raison, tandis qu'au contraire le principe de la totalité absolue de la série des conditions, considérée comme donnée en soi dans l'objet (*Object*) (dans les phénomènes), serait un principe cosmologique constitutif, dont j'ai montré la nullité par cette même distinction, dans le but d'éviter par là qu'on attribue, comme cela arrive d'ailleurs inévitablement (par une subreption transcendantale), une réalité objective à une idée qui sert simplement de règle.

Pour déterminer convenablement le sens de cette règle de la raison pure, il faut tout d'abord remarquer qu'elle ne peut pas dire ce qu'est cet *objet (Object)*, mais *comment il faut disposer la régression empirique* pour arriver au concept complet de l'objet (*Object*). Car, si le premier cas se présentait, ce serait alors un principe constitutif, et un tel principe n'est jamais possible par la raison pure. On ne saurait donc jamais avoir l'intention de dire par là que la série des conditions d'un conditionné donné est en soi finie ou infinie ; car, de cette manière, la simple idée de la totalité absolue, qui n'existe que dans cette idée, penserait un objet qui ne peut être donné dans aucune expérience, puisqu'on attribuerait à une série de phénomènes une réalité objective indépendante de la synthèse empirique. L'idée rationnelle se bornera donc à prescrire à la synthèse régressive, dans la série des conditions, une règle qui lui permettra de passer du conditionné à l'inconditionné par le moyen de toutes les conditions subordonnées entre elles, bien que l'inconditionné ne soit jamais atteint ; car l'absolument inconditionné ne se rencontre pas du tout dans l'expérience.

Or, à cette fin, il faut d'abord déterminer exactement la synthèse d'une série, en tant qu'elle n'est jamais complète. On se sert habituellement dans ce but de deux expressions qui ont pour objet d'établir une distinction, sans qu'on sache au juste indiquer le motif de cette distinction. Les mathématiciens parlent uniquement d'un *progressus in infinitum*. Ceux qui scrutent les concepts (les philosophes) veulent remplacer cette expression par celle de *progressus in indefinitum*, qui seule leur paraît valable. Sans m'arrêter à l'examen du scrupule qui leur a suggéré une pareille distinction, et sans examiner si l'emploi qu'on en fait est bon ou inutile, je veux chercher à déterminer exactement ces concepts par rapport à mon but.

On peut dire avec raison d'une ligne droite qu'elle peut être prolongée à l'infini, et ici la distinction de l'infini et de l'indéfini (*progressus in indefinitum*) serait une vaine subtilité. En effet, bien que, lorsqu'on dit : prolongez une ligne, on s'exprime sans doute mieux si on ajoute, *in indefinitum*, que de dire *in infinitum*, parce que la première expression signifie seulement : prolongez la ligne aussi loin que *vous le voudrez*, tandis que la seconde voudrait dire : vous ne devez jamais cesser de la prolonger (ce qu'on n'a pas précisément en vue ici) ; pourtant, quand il n'est question que du *pouvoir*, la première expression est alors tout à fait exacte, car vous pouvez toujours prolonger votre ligne à l'infini. Et il en est de même dans tous les cas où l'on ne parle que de la progression, c'est-à-dire du passage progressif de la condition au conditionné : ce progrès possible s'étend à l'infini dans la série des phénomènes. En partant d'un couple d'aïeux, suivant une ligne descendante de la génération, vous pouvez avancer sans fin et concevoir très bien qu'elle se continue ainsi réellement dans le monde, car, ici, la raison n'a jamais besoin de la totalité absolue de la série, parce qu'elle ne la suppose pas comme condition et comme *donnée* (*datum*), mais seulement comme quelque chose de conditionné qui n'est que donnable (*dabile*) et s'accroît sans fin.

Il en va tout autrement de la question de savoir jusqu'où s'étend la régression qui remonte, dans une série, du conditionné donné aux conditions, si je puis dire qu'elle est une RÉGRESSION INFINIE, ou une *régression indéfinie* (*in indefinitum*) et si, par conséquent, des hommes actuellement vivants, je puis remonter dans la série de leurs aïeux à l'infini ; ou si on doit se borner à dire que, pour loin que je remonte, je ne trouverai jamais un principe empirique qui me permette de considérer quelque part la série comme limitée, de telle sorte que je sois autorisé et en même temps obligé à rechercher à chacun des ancêtres encore d'autres ancêtres, bien que je ne puisse pas précisément leur en supposer.

Je dis donc que si tout est donné dans l'intuition empirique, la régression va à l'infini dans la série de ses conditions internes. Mais s'il n'est donné qu'un membre de la série et que la régression doive tout d'abord aller de ce membre à la totalité absolue, il n'y a qu'une régression indéfinie (*in indefinitum*). Aussi faut-il dire de la division d'une matière donnée avec ses limites (d'un corps) qu'elle va à l'infini. Car cette matière est donnée tout entière, et, par conséquent, avec toutes ses parties possibles, dans l'intuition empirique. Or, comme la condition de ce tout est sa partie, et la condition de cette partie, la partie de la partie, etc., et que, dans cette régression de la décomposition, on ne trouve jamais un membre inconditionné (indivisible) de cette série des conditions, non seulement il n'y a point de principe empirique pour s'arrêter dans la division, mais les membres les plus éloignés de la division à poursuivre sont eux-mêmes empiriquement donnés antérieurement à cette division continue, c'est-à-dire que la division va à l'infini. Au contraire, la série des ancêtres pour un homme donné n'est donnée par aucune expérience possible dans son absolue totalité, mais la régression va, cependant, de chaque membre de cette génération à un membre plus élevé, de telle sorte qu'il ne se trouve pas de limite empirique qui représente un membre comme absolument inconditionné. Mais comme, toutefois, les membres, qui pourraient ici fournir la condition ne résident pas dans l'intuition empirique du tout, antérieurement à la régression, celle-ci ne va pas à l'infini (dans la division du donné), mais elle s'étend indéfiniment dans la recherche de plusieurs membres, comme condition des membres donnés, qui ne sont à leur tour jamais donnés que comme conditionnés.

Dans aucun des deux cas, aussi bien dans la régression *in infinitum* que dans la régression *in indefinitum*, la série des conditions n'est considérée comme donnée infiniment dans l'objet (*Object*). Ce ne sont pas des choses qui soient données en soi, mais seulement des phénomènes qui en tant que conditions les uns des autres, ne sont donnés que dans la régression même. La question n'est donc plus de savoir combien grande est en soi cette série des conditions, si elle est finie ou infinie, car elle n'est rien en elle-même, mais comment nous devons disposer la régression empirique et jusqu'où nous devons la poursuivre. Et il y a à faire une distinction importante par rapport à la règle de ce progrès. Si tout est donné *empiriquement*, il est *possible* de remonter *à l'infini* dans la série de ses conditions internes. Mais s'il n'est pas donné ou s'il ne doit l'être que par la régression empirique, je puis seulement dire qu'il est *possible à l'infini* de remonter encore à des conditions plus élevées de la série. Dans le premier cas, je pouvais dire : il y a toujours plus de membres, et de membres empiriquement donnés, que je n'en atteins par la régression (de la décomposition) ; mais dans le second cas, je dois me borner à dire : je puis toujours aller plus loin dans la régression, parce qu'aucun membre n'est empiriquement donné comme absolument inconditionné et que, par conséquent, il y a toujours un membre plus élevé qui demeure comme possible et dont je dois nécessairement encore m'informer. Dans le premier cas, il était nécessaire *de trouver* un plus grand nombre de membres de la série, mais dans le second il est toujours nécessaire d'en *chercher* encore d'autres, parce qu'aucune expérience ne limite absolument rien. En effet, ou bien vous n'avez pas de perception qui limite absolument votre régression empirique et alors vous ne devez pas tenir votre régression pour achevée ; ou bien vous avez une perception de cette sorte qui limite votre série, et alors cette perception ne peut pas être une partie de votre série accomplie (parce que *ce qui borne* doit être différent de *ce qui sert à limiter*); et, par conséquent, vous devez poursuivre encore votre régression pour cette condition, et ainsi de suite.

La section suivante mettra ces remarques dans leur lumière véritable en les appliquant.

NEUVIÈME SECTION

De l'usage empirique du principe régulateur de la raison par rapport à toutes les idées cosmologiques.

Comme il n'y a pas, ainsi que nous l'avons montré bien des fois, d'usage transcendantal des concepts purs de l'entendement non plus que de ceux de la raison, et comme la totalité absolue des séries des conditions dans le monde sensible se fonde uniquement sur un usage transcendantal de la raison qui exige cette totalité inconditionnée de ce qu'elle suppose comme chose en soi, et comme, d'un autre côté, le monde sensible ne renferme rien de semblable, il ne peut alors jamais plus être question de la grandeur absolue des séries dans ce monde, ni de savoir si elles peuvent être *en soi* limitées ou illimitées, mais seulement jusqu'où nous devons remonter dans la régression empirique qui ramène l'expérience à ses conditions, afin de ne nous arrêter, suivant la règle de la raison, à aucune autre solution de ces questions qu'à celle qui est conforme à l'objet.

Il ne nous reste ainsi d'autre *valeur* du *principe de la raison* que celle d'une règle relative à la progression et à la grandeur d'une expérience possible, puisque nous avons suffisamment prouvé qu'il n'a pas de valeur, à titre de principe constitutif des phénomènes en eux-mêmes. Aussi, si nous pouvions mettre cette valeur clairement hors de doute, le conflit de la raison avec elle-même serait pleinement terminé, puisque, par cette solution critique, non seulement l'apparence qui la divisait avec elle-même, serait dissipée, mais qu'à sa place le sens où elle s'accorde avec elle-même et dont l'équivoque seule occasionnait le conflit, aura été établi et que le principe jusque-là *dialectique* sera converti en un principe *doctrinal*. En fait, si l'on peut justifier le sens subjectif de ce principe qui consisterait à déterminer l'usage de l'entendement le plus grand possible dans l'expérience, conformément aux objets de cette expérience, c'est précisément comme si, en tant qu'axiome (ce qui est impossible par la raison), il déterminait *a priori* les objets en eux-mêmes ; car un axiome même ne pourrait pas, relativement aux objets (*Objecte*) de l'expérience, exercer une plus grande influence sur l'extension et la rectification de notre connaissance que celle d'appliquer son activité dans l'usage empirique le plus étendu de notre entendement.

I. — *Solution de l'idée cosmologique qui donne la totalité des phénomènes comme réunis dans un univers.*

Ici, comme dans les autres questions cosmologiques, le fondement du principe régulateur de la raison est cette proposition que, dans la régression empirique, on ne peut trouver *aucune expérience d'une limite absolue*, par conséquent, d'aucune condition qui, comme telle, soit, au point de vue empirique, *absolument inconditionnée*. La raison en est que, dans une pareille expérience, les phénomènes devraient être limités par rien ou par le vide auquel aboutirait la régression toujours continuée au moyen d'une perception : ce qui est impossible.

Or, cette proposition qui revient à dire que, dans la régression empirique, je n'arrive jamais qu'à une condition qui doit elle-même, à son tour, être considérée comme empiriquement conditionnée, contient, *in terminis*, cette règle que, si loin que je puisse arriver ainsi dans la série ascendante, je dois toujours rechercher un membre plus élevé de la série, que ce membre puisse ou non être connu par l'expérience.

Pour résoudre le premier problème cosmologique, il n'est donc besoin que de décider si, dans la régression vers la grandeur inconditionnée de l'univers (dans le temps et dans l'espace), cette ascension qui ne trouve jamais de limite peut s'appeler une *régression à l'infini* ou seulement une *régression indéfinie* (*in indefinitum*).

La simple représentation générale de la série de tous les états passés du monde, de même que celle des choses qui sont simultanément dans l'espace du monde, n'est pas elle-même autre chose qu'une régression empirique possible que je conçois, bien que d'une manière encore indéterminée, et de laquelle seule peut sortir le concept d'une telle série de conditions pour la perception donnée*. Or, je n'ai jamais l'univers qu'en concept, mais aucunement dans l'intuition (comme un tout). Je ne puis donc pas conclure de sa grandeur à la grandeur de la régression, ni déterminer celle-ci d'après celle-là ; il me faut, au contraire, me faire d'abord un concept de la grandeur du monde par la grandeur de la régression empirique. Mais de celle-ci, je ne sais jamais rien de plus sinon que de chaque membre donné de la série des conditions, je dois toujours m'avancer à un membre plus élevé (plus éloigné). La grandeur de l'ensemble des phénomènes n'est donc pas absolument déterminée ; par suite, on ne peut pas dire que cette régression aille à l'infini ; car ce serait anticiper sur les membres auxquels la régression n'est pas encore parvenue et en représenter un si grand nombre qu'aucune synthèse empirique ne peut y atteindre, et, par conséquent, ce serait *déterminer* la grandeur du monde avant la régression (bien que seulement négativement), ce qui est impossible. Car le monde ne m'est donné par aucune intuition (dans sa totalité) et sa grandeur non plus n'est pas donnée antérieurement à la régression. Nous ne pouvons donc absolument rien dire de la grandeur du monde en soi, et pas même qu'il y a une régression *in infinitum*, mais c'est seulement d'après la règle qui détermine en lui la régression empirique qu'il nous faut chercher le concept de sa grandeur. Mais cette règle ne dit rien de plus sinon que, pour loin que nous soyons arrivés dans la série des conditions empiriques, nous ne devons nulle part admettre une limite absolue, mais bien subordonner tout phénomène, comme conditionné, à un autre, comme à sa condition, et par conséquent, continuer de marcher encore vers cette condition, ce qui est la régression *in indefinitum* qui, ne déterminant aucune grandeur dans

---

* Cette série du monde ne peut donc être ni plus grande ni plus petite que la régression empirique possible sur laquelle seule repose son concept. Et comme celui-ci ne peut pas donner d'infini déterminé non plus qu'un fini déterminé (absolument limité), il en résulte clairement que nous ne pouvons admettre la grandeur du monde ni comme finie ni comme infinie, parce que la régression (au moyen de laquelle elle est représentée) ne permet ni l'un ni l'autre.

l'objet (*Object*), se distingue assez clairement de la régression *in infinitum*.

Je ne puis donc pas dire que le monde est *infini* quant au temps ou quant à l'espace, car un tel concept de grandeur, comme concept d'une infinité donnée, est impossible dans l'expérience (*empirisch unmöglich*); par suite aussi par rapport au monde, comme un objet des sens, il est absolument impossible. Je ne dirai pas non plus que la régression d'une perception donnée à tout ce qui la limite dans une série, aussi bien dans l'espace que dans le temps, s'étend à *l'infini*, car cela suppose la grandeur infinie du monde, ni qu'elle est *finie*, car la limite absolue est également impossible dans l'expérience. Je ne pourrais donc rien dire de tout l'objet de l'expérience (du monde sensible), mais seulement de la règle d'après laquelle l'expérience doit être instituée et poursuivie en conformité avec cet objet.

La première réponse à la question cosmologique concernant la grandeur du monde est donc cette réponse négative : le monde n'a pas de premier commencement dans le temps ni de limite extrême dans l'espace.

En effet, dans le cas contraire, le monde serait limité, d'un côté, par le temps vide et, de l'autre, par l'espace vide. Or, comme, en tant que phénomène, il ne peut l'être en soi par aucun des deux, puisque le phénomène n'est pas une chose en soi, il faudrait alors admettre comme possible une perception de la limitation formée par un temps absolument vide ou par un espace vide, une perception par laquelle ces limites du monde seraient données dans une expérience possible. Mais une expérience de ce genre étant vide de contenu, est impossible. Donc une limite absolue du monde est empiriquement, et par suite aussi absolument impossible [*].

De là résulte en même temps cette réponse *affirmative* : la régression dans la série des phénomènes du monde, en qualité de détermination de la grandeur du monde, va *in*

---

[*] On remarquera que la preuve est ici conduite d'une toute autre manière que la preuve dogmatique, plus haut, dans l'antithèse de la première antinomie. Là, nous avions présenté le monde sensible, suivant la représentation ordinaire et dogmatique, comme une chose qui était donnée en soi, avant toute régression, dans sa totalité, et nous lui avions refusé, s'il n'occupait pas tous les temps et tous les espaces, toute place déterminée dans le temps et dans l'espace. La conclusion était donc toute autre qu'ici, c'est-à-dire qu'elle conduisait à l'infinité réelle du monde.

indefinitum ; ce qui revient à dire que le monde sensible n'a pas de grandeur absolue, mais que la régression empirique (par laquelle seule il peut être donné, du côté de ses conditions) a sa règle, à savoir celle qui veut qu'on aille toujours de chaque membre de la série, comme d'un conditionné, à un autre membre encore plus éloigné (soit au moyen d'une expérience propre, soit au moyen du fil de l'histoire, soit par la chaîne des effets et de leurs causes) et qu'on ne se dispense jamais d'étendre l'usage empirique possible de son entendement, ce qui est aussi l'affaire propre et unique de la raison dans ses principes.

Une régression empirique déterminée qui avancerait sans cesse dans une certaine espèce de phénomènes, n'est pas prescrite par là ; par exemple, il ne nous est pas prescrit, en partant d'un homme vivant, de remonter toujours plus haut dans une série d'ancêtres, sans espérer trouver un premier couple, ou d'avancer dans la série des corps du monde, sans admettre un soleil extrême ; ce qui seul nous est imposé, au contraire, c'est de marcher de phénomènes en phénomènes, dussent ceux-ci ne fournir aucune perception réelle (si la perception est trop faible en degré pour notre conscience et pour devenir une expérience), parce que, malgré cela, ils appartiennent, cependant, à l'expérience possible.

Tout commencement est dans le temps et toute limite de ce qui est étendu, dans l'espace. Mais l'espace et le temps ne sont que dans le monde sensible. Par conséquent, les phénomènes ne sont limités *dans le monde* que d'une manière conditionnée, tandis que le monde lui-même n'est limité ni conditionnellement ni d'une manière inconditionnée.

C'est précisément pour cette raison que ni le monde ni la série même des conditions pour un conditionné donné comme série cosmologique, ne peuvent jamais *être entièrement donnés,* que le concept de la grandeur du monde n'est donné que par la régression et non dans une intuition collective, avant cette régression. Mais elle ne consiste jamais que dans la *détermination* de la grandeur et ne donne, par conséquent, pas un concept *déterminé* ni, par suite, un concept d'une grandeur qui serait infinie relativement à une certaine mesure, elle ne va donc pas à l'infini (en quelque sorte donné) mais à l'indéfini, pour donner (à l'expérience) une grandeur qui n'est réelle que par cette régression.

II. — *Solution de l'idée cosmologique de la totalité de la division d'un tout donné dans l'intuition.*

Quand je divise un tout qui est donné dans l'intuition, je vais d'un conditionné aux conditions de sa possibilité. La division des parties (*subdivisio* ou *decompositio*) est une régression dans la série de ces conditions. La totalité absolue de cette *série* ne serait donnée que si la régression pouvait arriver à des parties *simples*. Mais, si toutes les parties sont toujours divisibles, à leur tour, la décomposition se poursuivant à l'infini, la division, c'est-à-dire la régresion va *in infinitum* du conditionné à ses conditions ; car les conditions, (les parties), sont contenues dans le conditionné lui-même, et comme ce conditionné est entièrement donné dans une intuition renfermée entre ses limites, elles sont aussi données toutes ensembles avec lui. La régression ne doit donc pas être appelée simplement une régression *in indefinitum*, seule régression que permit l'idée cosmologique précédente, puisque je devais aller du conditionné à ses conditions qui, étant en dehors de lui, n'étaient, par conséquent, pas données en même temps que lui, mais ne se présentaient que dans la régression empirique. Malgré cela, il n'est nullement permis de dire d'un pareil tout, qui est divisible à l'infini, qu'*il se compose d'un nombre infini de parties*. Car, bien que toutes les parties soient renfermées dans l'intuition du tout, *toute la division* n'y est cependant pas contenue, puisqu'elle ne consiste que dans la décomposition toujours continuée, ou dans la régression même qui rend d'abord réelle la série. Or, comme cette régression est infinie, tous les membres (les parties) auxquels elle arrive sont, il est vrai, contenus comme *agrégats* dans le tout donné, mais non pas la *série entière de la division*, qui est successivement infinie, mais jamais entière, et, par conséquent, ne peut présenter une multitude infinie ni une synthèse de cette multitude dans un tout.

Cette remarque générale s'applique tout d'abord très aisément à l'espace. Tout espace intuitionné dans ses limites est un tout dont les parties, fournies par toute décompositon, sont toujours, à leur tour, des espaces, et, par conséquent, il est divisible à l'infini.

De là aussi résulte tout naturellement la seconde application à un phénomène extérieur renfermé dans ses limites (au corps). La divisibilité de ce corps se fonde sur la divisibilité de l'espace, qui constitue la possibilité du corps, à titre de tout étendu. Celui-ci est donc divisible à l'infini sans cependant pour cela se composer d'un nombre infini de parties.

Il semble, à la vérité, que, puisqu'un corps doit être représenté comme substance dans l'espace, il soit distinct de celui-ci pour ce qui concerne la loi de divisibilité de l'espace; car on peut bien accorder, en tout cas, que la décomposition ne peut jamais exclure dans l'espace toute composition, puisqu'alors tout espace qui n'a d'ailleurs rien de subsistant en soi, disparaîtrait (ce qui est impossible); mais qu'il ne doive rien rester du tout, en supprimant par la pensée toute composition de la matière, cela ne semble pas pouvoir s'accorder avec le concept d'une substance qui devrait être proprement le sujet de toute composition et subsister dans ses éléments, bien que l'union de ces éléments dans l'espace, par laquelle ils forment un corps, eût entièrement disparu. Mais il n'en est pas de ce qu'on appelle substance dans le phénomène comme de ce que l'on penserait d'une chose en soi par un concept pur de l'entendement. Cette substance n'est pas un sujet absolu, mais une image permanente de la sensibilité et elle n'est qu'une intuition dans laquelle ne se trouve rien d'inconditionné.

Or, bien que cette règle de la progression à l'infini soit appliquée sans nul doute à la subdivision d'un phénomène en tant que remplissant l'espace, elle n'a plus de valeur, cependant, quand nous voulons l'étendre à la multitude des parties séparées, d'une certaine manière, dans le tout donné et qui constituent un *quantum discretum*. Admettre que dans un tout organisé (*organisirten*) chaque partie soit, à son tour, organisée et que, de cette manière, dans la division des parties à l'infini, on découvre toujours de nouvelles parties organisées, en un mot, que le tout soit organisé à l'infini, cela nous est tout à fait impossible, bien que nous puissions parfaitement admettre que les parties de la matière, dans leur décomposition à l'infini, puissent être organisées. Car l'infinité de la division d'un phénomène donné dans l'espace se fonde seulement sur ce que, par ce phénomène, est donnée simplement la divisibilité, c'est-à-dire une multitude de parties absolument indéterminée en soi, tandis que les parties elles-mêmes ne sont données et déterminées que par la subdivision, — en un mot, sur ce que le tout considéré en lui-même n'est pas déjà divisé. Aussi la division peut-elle déterminer dans ce tout une multitude qui va aussi loin qu'on peut avancer dans la régression de la division. Au contraire, dans un corps organisé à l'infini, le tout est déjà représenté, précisément par ce concept, comme étant déjà divisé, et il s'y trouve une multitude de parties déterminée en soi mais infinie, avant toute régression de la division ; et par suite, on se contredit soi-même, puisque ce développement infini est considéré comme une série qu'on ne peut jamais achever (infinie) et qu'on le regarde pourtant comme achevé en le prenant dans son ensemble. La division infinie ne désigne le phénomène que comme un *quantum continuum* et elle est inséparable du fait de remplir l'espace, puisque c'est précisément dans ce fait de remplir l'espace que réside le principe de la divisibilité infinie. Mais dès qu'on admet quelque chose, en qualité de *quantum discretum*, la multitude des unités y est déterminée, elle est donc toujours égale à un nombre. Jusqu'où s'étend l'organisation d'un corps organisé ? seule l'expérience peut le décider ; et n'arriverait-elle avec certitude à aucune partie inorganisée, de pareilles parties devraient cependant résider du moins dans l'expérience possible. Mais si loin que s'étende la division transcendantale d'un phénomène en général, ce n'est nullement l'affaire de l'expérience, mais c'est un principe de la raison, de ne tenir jamais pour entièrement achevée la régression empirique, dans la décomposition de ce qui est étendu, accomplie conformément à la nature de ce phénomène.

*
* *

REMARQUE FINALE SUR LA SOLUTION DES IDÉES MATHÉMATIQUES-TRANSCENDANTALES, ET REMARQUE PRÉLIMINAIRE SUR LA SOLUTION DES IDÉES DYNAMIQUES-TRANSCENDANTALES.

En représentant dans un tableau l'antinomie produite dans la raison pure par toutes les idées transcendantales, en montrant le principe de ce conflit et l'unique moyen de le faire disparaître, moyen qui consistait à montrer que les deux assertions opposées étaient fausses, nous avons représenté partout les conditions comme appartenant à leur conditionné suivant les rapports de l'espace et du temps, ce qui est l'hypothèse habituelle de l'entendement vulgaire, sur quoi reposait aussi tout ce conflit. A ce point de vue, toutes les représentations dialectiques de la totalité dans la série des conditions d'un conditionné donné étaient absolument *de même espèce*. C'était toujours une série dans laquelle la condition était liée au conditionné, comme à un membre de la série, et où, par suite, ils étaient *de même espèce*, puisque la régression n'était jamais conçue comme achevée ou que, si cela devait arriver, il fallait qu'un membre conditionné en soi eût été faussement admis, à titre de membre premier, et par suite, comme inconditionné. Ce n'était donc pas sans doute l'objet (*Object*), c'est-à-dire le conditionné, mais la série des conditions de ce conditionné que nous examinions partout, simplement dans sa grandeur ; et alors la difficulté qu'on ne pouvait résoudre par aucune comparaison, mais uniquement en coupant le nœud, consistait en ce que la raison donnait à l'entendement un objet ou *trop long ou trop court*, de sorte que celui-ci ne pouvait jamais arriver à égaler l'idée de la raison.

Nous avons négligé, ici, une distinction essentielle qui domine parmi les objets, c'est-à-dire parmi les concepts de l'entendement que la raison s'efforce d'élever au rang d'idée, à savoir que, d'après notre précédent tableau des catégories, deux d'entre elles signifient une synthèse *mathématique* et les deux autres une synthèse *dynamique* des phénomènes. Jusqu'ici, d'ailleurs, nous pouvions très bien nous dispenser de cette distinction, puisque, de même que dans la représentation générale de toutes les idées transcendantales, nous ne restions toujours qu'à des conditions *dans le phénomène*, nous n'avions de même, dans les deux antinomies mathématiques transcendantales, aucun autre *objet* que celui qui est dans le phénomène. Mais à présent que nous passons aux concepts *dynamiques* de l'entendement en tant qu'ils doivent s'accorder avec l'idée de la raison, cette distinction devient importante et nous ouvre une perspective toute nouvelle, par rapport au procès où la raison est engagée, procès qui avait été *écarté* précédemment, parce qu'il reposait, des deux côtés, sur de fausses suppositions, mais qui maintenant que, dans l'antinomie dynamique, a lieu une supposition qui peut être d'accord avec la prétention de la raison, peut, de ce point de vue, — le juge suppléant au défaut des moyens de droit qu'on avait méconnus de part et d'autre, — être terminé par une *transaction* qui satisfait les deux parties, ce qui était impossible dans le conflit que présente l'antinomie mathématique.

Les séries des conditions sont assurément toutes homogènes, en tant que l'on regarde uniquement à leur ascension, pour voir si elles sont à la mesure de l'idée, ou si elles sont trop grandes ou trop petites pour elle. Mais le concept de l'entendement qui sert de fondement à ces idées, contient ou bien simplement une *synthèse de l'homogène* (ce qui est supposé dans toute grandeur, dans sa composition aussi bien que dans sa division) ou bien en plus une synthèse de l'*hétérogène*, synthèse qui peut fort bien se présenter tout au moins dans la synthèse dynamique de la liaison causale, et dans celle du nécessaire et du contingent.

De là vient que, dans la liaison mathématique des séries de phénomènes, il est impossible d'introduire d'autre condition qu'une condition sensible, c'est-à-dire une condition qui soit elle-même une partie de la série, tandis que la série dynamique des conditions sensibles permet encore une condition hétérogène qui n'est pas une partie de la série, mais qui, en tant que purement *intelligible*, réside en dehors de la série, ce qui donne satisfaction à la raison et place l'inconditionné à la tête des phénomènes, sans troubler la série de ces phénomènes toujours conditionnés et sans pour cela la briser contrairement aux principes de l'entendement.

Or, du fait que les idées cosmologiques permettent une condition des phénomènes en dehors de leur série, c'est-à-dire une condition qui n'est pas elle-même un phénomène, il arrive quelque chose qui est tout à fait distinct de la conséquence de l'antinomie mathématique. Celle-ci faisait que deux affirmations dialectiques opposées devaient être déclarées fausses. Au contraire l'universellement conditionné des séries dynamiques conditionnées, qui est inséparable de ces séries considérées comme des phénomènes, joint à la condition, il est vrai, empiriquement non conditionnée, mais aussi *non sensible*, peut donner satisfaction, d'un côté, à l'*entendement* et, de l'autre, à la *raison**, et, tandis que les

---

* En effet, l'entendement ne permet point parmi les phénomènes de condition qui serait elle-même inconditionnée empiriquement. Mais si l'on pouvait concevoir d'un conditionné (dans le phénomène) une con-

arguments dialectiques qui cherchaient, d'une manière ou de l'autre, la totalité inconditionnée dans les simples phénomènes tombent tous deux, les propositions rationnelles, après qu'on a rectifié leur signification, peuvent être *vraies toutes deux;* cela ne peut jamais avoir lieu dans les idées cosmologiques qui concernent simplement l'unité mathématiquement inconditionnée, parce que, dans ces idées, on ne trouve d'autre condition de la série des phénomènes que celle qui est elle-même un phénomène et qui constitue à ce titre un membre de la série.

III. — *Solution des idées cosmologiques qui font dériver de leurs causes la totalité des événements du monde.*

On ne peut concevoir que deux espèces de causalité par rapport à ce qui arrive, la causalité suivant la *nature* ou la causalité par *liberté*. La première est, dans le monde sensible, la liaison d'un état avec l'état précédent auquel il succède suivant une règle, et comme la *causalité* du phénomène repose sur les conditions de temps et que l'état précédent, s'il avait toujours existé, n'aurait cependant pas produit un effet qui paraît pour la première fois dans le temps, la causalité de la cause, qui arrive ou commence, a *commencé* aussi et, d'après le principe de l'entendement, elle a besoin, à son tour, d'une cause.

J'entends, au contraire, par liberté, au sens cosmologique, le pouvoir de commencer par *soi-même* un état dont la causalité ne rentre pas à son tour, suivant la loi de la nature, sous une autre cause qui la détermine dans le temps. La liberté est, dans ce sens, une idée transcendantale pure qui, d'abord, ne renferme rien d'emprunté à l'expérience et dont, ensuite, l'objet ne peut être donné comme déterminé dans aucune expérience, parce que c'est une loi générale, même pour la possibilité de toute l'expérience, que tout ce qui arrive doit avoir une cause et que, par conséquent aussi, la causalité de la cause, qui elle-même arrive ou commence

dition *intelligible*, qui, par conséquent, n'appartiendrait pas à la série des phénomènes, comme membre, sans rompre pour cela le moins du monde la série des conditions empiriques, une telle condition pourrait être admise comme empiriquement inconditionnée, de telle sorte que la régression empirique continue ne serait rompue par là nulle part.

doive aussi, à son tour, avoir une cause ; et l'on transforme ainsi tout le champ de l'expérience, aussi loin qu'il puisse s'étendre, en un tout qui n'est que Nature. Mais comme, dans la relation de causalité, on ne peut arriver à obtenir la totalité absolue des conditions, la raison se crée l'idée d'une spontanéité qui pourrait commencer d'elle-même à agir sans qu'une autre cause ait pu précéder pour la déterminer à son tour à l'action suivant la loi de la liaison causale.

Il est surtout remarquable que sur cette idée *transcendantale de la liberté* se fonde le concept pratique de cette liberté et que c'est cette idée qui constitue, dans cette liberté (46), le point précis des difficultés qui ont environné jusqu'ici la question de sa possibilité. *La liberté dans le sens pratique* est l'indépendance de la volonté par rapport à la *contrainte* des penchants de la sensibilité. Car une volonté est sensible en tant qu'elle est *affectée pathologiquement* (par les mobiles de la sensibilité) ; elle s'appelle *animale (arbitrium brutum)* quand elle peut être *pathologiquement nécessitée.* La volonté humaine est, il est vrai, un *arbitrium sensitivum*, mais non un *arbitrium brutum ;* c'est un *arbitrium liberum*, puisque la sensibilité ne rend pas son action nécessaire, mais qu'il y a dans l'homme un pouvoir de se déterminer de lui-même, indépendamment de la contrainte des penchants sensibles.

On voit aisément que, si toute causalité était simplement Nature, dans le monde sensible, chaque événement serait déterminé par un autre dans le temps suivant des lois nécessaires et que, par suite, comme les phénomènes, en tant qu'ils déterminent la volonté, devraient rendre toute action nécessaire comme leur suite naturelle, la suppression de la liberté transcendantale anéantirait en même temps toute liberté pratique. Car celle-ci suppose que, bien qu'une chose ne soit pas arrivée, elle aurait cependant *dû* arriver, et que, par conséquent, sa cause dans le phénomène n'était pas tellement déterminante qu'il n'y eût pas dans notre volonté une causalité capable de produire, indépendamment de ces causes naturelles, et même malgré leur puissance et leur influence, quelque chose de déterminé dans l'ordre du temps, suivant des lois empiriques, c'est-à-dire de commencer une série d'événements *tout à fait par soi-même.*

Il arrive donc, ici, ce qui se rencontre en général dans le conflit d'une raison qui se risque au delà des limites d'une expérience possible, que le problème n'est pas proprement *physiologique*, mais *transcendantal*. La question de la possibilité de la liberté intéresse donc, il est vrai, la psychologie, mais comme elle repose sur des arguments dialectiques de la simple raison pure, il n'y a que la philosophie transcendantale qui doive s'occuper de la résoudre. Or, pour mettre celle-ci en état de donner à ce sujet une réponse satisfaisante qu'elle ne peut pas refuser, je dois d'abord chercher à déterminer par une remarque la méthode qu'elle doit suivre dans ce problème.

Si les phénomènes étaient des choses en soi et si, par conséquent, l'espace et le temps étaient des formes de l'existence des choses en soi, les conditions et le conditionné appartiendraient toujours, comme membres, à une seule et même série et de là aussi résulterait, dans le cas présent, l'antinomie qui est commune à toutes les idées transcendantales, c'est-à-dire que cette série devrait être inévitablement trop grande ou trop petite pour l'entendement. Mais les concepts dynamiques de la raison, dont nous nous occupons dans ce numéro et dans le suivant, ont ceci de particulier que n'ayant pas affaire à un objet considéré comme grandeur, mais seulement à son *existence,* on peut aussi faire abstraction de la grandeur de la série des conditions et n'y considérer que le rapport dynamique de la condition au conditionné, de telle sorte que, dans la question de la nature et de la liberté, nous rencontrons déjà la difficulté de savoir si seulement la liberté est possible et si, dans le cas où elle serait possible, elle peut s'accorder avec l'universalité de la loi naturelle de la causalité, et, par suite, si c'est une proposition exactement disjonctive que celle-ci : tout effet dans le monde doit résulter *ou* de la nature *ou* de la liberté, ou bien si *toutes deux* peuvent avoir agi en même temps à un point de vue différent dans un seul et même événement. L'exactitude de ce principe qui veut que tous les événements du monde sensible constituent un enchaînement universel suivant des lois universelles de la nature est déjà fermement établie comme un principe de l'analytique transcendantale et ne souffre aucune exception. La question est donc seulement de savoir si, malgré ce principe, dans un effet déjà déterminé selon la nature la liberté peut aussi se rencontrer, ou si elle n'est pas complètement exclue par cette règle inviolable. Et ici, l'hypothèse commune, mais trompeuse de la *réalité absolue* des phénomènes montre aussitôt son influence pernicieuse qui trouble la raison. En effet, si les phénomènes sont des choses en soi, il n'y a plus de place pour la liberté. La nature est alors la cause parfaite et en soi suffisamment déterminante de chaque événement, et la condition de chacun est toujours contenue uniquement dans la série des phénomènes qui sont, en même temps que leurs effets, nécessairement soumis aux lois de la nature. Si, au contraire, les phénomènes ne sont pour nous que ce qu'ils sont en fait, à savoir non des choses en soi mais de simples représentations qui s'enchaînent suivant des lois empiriques, il faut alors qu'ils aient eux-mêmes des causes qui ne sont pas des phénomènes. Mais une telle cause intelligible n'est point déterminée relativement à sa causalité par des phénomènes, bien que ses effets se manifestent et puissent être aussi déterminés par d'autres phénomènes. Elle est donc, ainsi que sa causalité, en dehors de la série ; ses effets au contraire, se trouvent dans la série des conditions empiriques. L'effet peut donc être considéré, par rapport à sa cause intelligible, comme libre et en même temps, par rapport aux phénomènes, comme une conséquence de ces phénomènes, suivant la nécessité de la nature. Cette distinction, représentée en général et d'une manière tout à fait abstraite, doit paraître extrêmement subtile et obscure, mais elle s'éclaircira dans l'application. J'ai voulu faire ici cette remarque : que l'enchaînement universel de tous les phénomènes dans un contexte de la nature étant une loi indispensable, cette loi devrait nécessairement renverser toute liberté, si on voulait s'attacher obstinément à la réalité des phénomènes. Aussi ceux qui suivent ici l'opinion commune ne peuvent-ils jamais réussir à concilier la nature et la liberté.

POSSIBILITÉ DE FAIRE ACCORDER LA CAUSALITÉ PAR LIBERTÉ AVEC LA LOI GÉNÉRALE DE LA NÉCESSITÉ NATURELLE

J'appelle *intelligible*, ce qui dans un objet des sens n'est pas lui-même phénomène. Si donc ce qui doit être considéré comme phénomène dans le monde sensible a aussi en lui-même un pouvoir, qui n'est pas un objet d'intuition sensible, mais par lequel, cependant, il peut être une cause de phénomènes, on peut alors considérer la *causalité* de cet être sous deux points de vue, comme *intelligible* quant à son action, ou comme causalité d'une chose en soi, et comme *sensible* quant aux effets de cette action, ou comme causalité d'un phénomène dans le monde sensible. Nous nous ferions donc à propos du pouvoir d'un pareil sujet un concept empirique et, en même temps, un concept intellectuel de sa causalité, et ces deux concepts se rencontrent tous deux dans un seul et même effet. Cette double manière de concevoir le pouvoir d'un objet des sens ne contredit aucun des concepts que nous avons à nous faire des phénomènes et d'une expérience possible. Car comme ces phénomènes, n'étant pas des choses en soi, doivent avoir pour fondement un objet transcendantal qui les détermine comme simples représentations, rien n'empêche d'attribuer à cet objet transcendantal, outre la propriété qu'il a de nous apparaître, une *causalité* encore qui n'est pas phénomène, bien que son effet se rencontre cependant dans le phénomène. Mais toute cause efficiente doit avoir un CARACTÈRE, c'est-à-dire une loi de sa causalité sans laquelle elle ne serait nullement cause. Et alors, nous aurions dans un sujet du monde sensible, d'abord un *caractère empirique* par lequel ses actes, comme phénomènes, seraient absolument enchaînés avec d'autres phénomènes, suivant les lois constantes de la nature, et pourraient en être dérivés, comme de leurs conditions, et, par conséquent, par leur liaison avec eux, constituer les membres d'une série unique de l'ordre naturel. Il faudrait ensuite lui accorder encore un *caractère intelligible* par lequel, à la vérité, il serait la cause de ses actes, comme phénomènes, mais qui lui-même ne serait pas soumis aux conditions de la sensibilité et ne serait pas même un phénomène. On pourrait aussi nommer le premier : le caractère de cette chose dans le phénomène, et le second : le caractère de la chose en soi.

Ce sujet agissant ne serait donc pas soumis, quant à son caractère intelligible, à des conditions de temps, car le temps n'est que la condition des phénomènes, mais non des choses en soi. En lui ne *naîtrait* ni ne *périrait* aucun *acte* et, par suite, il ne serait pas non plus soumis à la loi de toute détermination de temps, de tout ce qui change, qui est que tout ce qui arrive a sa cause dans les *phénomènes* (de l'état précédent). En un mot, sa causalité, en tant qu'elle est intellectuelle, ne rentrerait nullement dans la série des conditions empiriques qui rendent l'événement nécessaire dans le monde sensible. Ce caractère intelligible ne pourrait jamais, à la vérité, être connu immédiatement, puisque nous ne pouvons percevoir une chose qu'en tant qu'elle apparaît, mais il devrait pourtant être conçu conformément au caractère empirique, de la même manière que nous devons, en général, poser dans la pensée, pour fondement aux phénomènes, un objet transcendantal, bien qu'à la vérité nous ne sachions rien de ce qu'il est en soi.

D'après son caractère empirique, le sujet serait donc, comme phénomène, soumis à toutes les lois de la détermination opérée par la liaison causale, et il ne serait, à ce titre, qu'une partie du monde sensible dont les effets, comme tout autre phénomène, découleraient inévitablement de la nature. De même que les phénomènes extérieurs influent sur lui, de même son caractère empirique, c'est-à-dire la loi de sa causalité, serait connu par l'expérience, toutes ses actions devraient pouvoir être expliquées selon les lois de la nature, et toutes les conditions requises pour leur détermination complète et nécessaire devraient se rencontrer dans une expérience possible.

D'après son caractère intelligible, au contraire (bien qu'à la vérité nous ne puissions en avoir que le concept général), le même sujet devrait néanmoins être affranchi de toute influence de la sensibilité et de toute détermination par des phénomènes; et puisque rien n'arrive en lui, en tant qu'il est *noumène,* et qu'on n'y rencontre aucun changement qui exige une détermination dynamique de temps et, par suite, aucune liaison avec des phénomènes comme causes, cet être actif serait, dans ses actions, indépendant et libre de toute nécessité naturelle comme celle qui se trouve uniquement dans le monde sensible. On dirait de lui très exactement qu'il commence de *lui-même* ses effets dans le monde sensible sans que l'acte commence en *lui-même,* et cela serait vrai sans que les effets dussent pour cela commencer d'eux-mêmes dans le monde sensible, puisqu'ils y sont toujours déterminés auparavant par des conditions empiriques dans le temps passé, mais, cependant, au moyen seulement du caractère empirique (qui est simplement la manifestation de l'intelligible), et qu'ils ne sont possibles qu'en qualité de continuation de la série des causes de la nature. Ainsi liberté et nature, chacun dans son sens parfait, se rencontreraient ensemble, et sans conflit d'aucune espèce, dans les mêmes actions, suivant qu'on les rapprocherait de leur cause intelligible ou de leur cause sensible.

ÉCLAIRCISSEMENT DE L'IDÉE COSMOLOGIQUE D'UNE LIBERTÉ EN UNION AVEC LA NÉCESSITÉ UNIVERSELLE DE LA NATURE

J'ai trouvé bon de tracer d'abord l'esquisse rapide de la solution de notre problème transcendantal, afin qu'on puisse mieux apercevoir ainsi la marche de la raison dans la solution de ce problème. Maintenant nous allons décomposer cette solution en ses divers moments, auxquels nous arrivons proprement, et les examiner chacun en particulier.

Cette loi de la nature : que tout ce qui arrive a une cause, que la causalité de cette cause, c'est-à-dire l'*action*, puisqu'elle est antérieure dans le temps et que, par rapport à l'effet qui a *commencé d'être*, elle ne peut pas elle-même avoir toujours été, mais qu'elle doit être arrivée, a aussi parmi les phénomènes sa cause par quoi elle est déterminée et par quoi, par conséquent, tous les événements sont déterminés empiriquement dans un ordre naturel, cette loi, par laquelle seule les phénomènes peuvent constituer une *nature* et fournir les objets d'une expérience, est une loi de l'entendement dont il n'est permis, sous aucun prétexte, de s'écarter ou de distraire aucun phénomène, parce qu'autrement on placerait ce phénomène en dehors de toute expérience possible, le distinguant par là de tous les objets de l'expérience possible pour en faire un simple être de raison et une chimère.

Mais bien qu'on ne voie là qu'une chaîne de causes qui ne permet aucune *totalité absolue* dans la régression vers ces conditions, cette difficulté ne nous retient cependant pas, car elle a été brisée déjà dans la discussion générale de l'antinomie de la raison lorsqu'elle passe à l'inconditionné dans la série des phénomènes. Si nous voulons céder à l'illusion du réalisme transcendantal, il ne reste ni nature, ni liberté. Mais toute la question est ici de savoir si, en ne reconnaissant dans la série entière de tous les événements qu'une nécessité naturelle, il est pourtant possible d'envisager cette nécessité qui, d'un côté, n'est qu'un simple effet naturel, comme étant, d'un autre côté, un effet de la liberté, ou s'il y a entre les deux espèces de causalité une contradiction absolue.

Parmi les causes dans le phénomène, il ne peut sûrement rien y avoir qui puisse commencer ab-olument et de soi-même une série. Chaque action, comme phénomène, en tant qu'elle produit un événement, est elle-même un événement ou un accident, qui suppose un autre état où l'on trouve sa cause, et ainsi tout ce qui arrive n'est qu'une continuation de la série et nul commencement qui s'effectuerait de lui-même n'y est possible. Toutes les actions des causes naturelles dans la succession temporelle sont donc elles-mêmes, à leur tour, des effets qui supposent également leur cause dans la série du temps. Une action *primitive*, par laquelle arrive quelque chose qui n'était pas auparavant, c'est ce qu'il ne faut pas attendre de la liaison causale des phénomènes.

Mais est-il donc aussi nécessaire que, si les effets sont des phénomènes, la causalité de leur cause, laquelle (la cause) est elle-même aussi un phénomène, doive être uniquement empirique ? Et n'est-il pas, au contraire, possible que, quoique tout effet dans le phénomène exige absolument une liaison avec sa cause, suivant les lois de la causalité empirique, cette causalité empirique elle-même, sans interrompre le moins du monde son enchaînement avec les causes naturelles, puisse être, cependant, un effet d'une causalité non empirique, mais intelligible ? c'est-à-dire de l'action primitive, par rapport aux phénomènes d'une cause qui, à ce titre, n'est donc pas un phénomène, mais qui est intelligible quant à ce pouvoir, bien que, du reste, elle doive être comprise comme un anneau de la chaîne de la nature dans le monde sensible.

Nous avons besoin du principe de causalité réciproque des phénomènes pour pouvoir chercher et fournir aux événements naturels des conditions naturelles, c'est-à-dire des causes dans le phénomène. Si cela est accordé sans être atténué par aucune restriction, alors l'entendement qui, dans son usage empirique, ne voit dans tous les événements que la nature, ce dont il a parfaitement le droit, a tout ce qu'il peut exiger et les explications physiques suivent leur cours sans rencontrer d'obstacle. Or, ce n'est pas lui faire le moindre tort que d'admettre, fût-ce, du reste, par simple fiction, que, parmi les causes naturelles, il y en a qui n'ont qu'un pouvoir intelligible, puisque ce qui le détermine à l'action ne repose jamais sur des conditions empiriques, mais sur de simples principes de l'entendement, de telle sorte, cependant, que l'*action dans le phénomène* de cette cause est conforme à toutes les lois de la causalité empirique. En effet, de cette manière, le sujet agissant, comme *causa phænomenon*, serait enchaîné à la nature par une dépendance indissoluble de tous ses actes, et seul le *phænomenon* de ce sujet (avec toute sa causalité dans le phénomène) renfermerait certaines conditions qui, si l'on voulait remonter de l'objet empirique à l'objet transcendantal, devraient être considérées comme simplement intelligibles. En effet, si ce n'est que dans ce qui peut être cause, parmi les phénomènes, que nous suivons la règle de la nature, nous pouvons ne pas nous préoccuper de ce qui, dans le sujet transcendantal, qui nous est inconnu empiriquement, est conçu comme un principe de ces phénomènes et de leur enchaînement. Ce principe intelligible ne regarde nullement les questions empiriques, mais ne concerne, en quelque sorte, que la pensée dans l'entendement pur, et bien que les effets de cette pensée et de cette action de l'entendement pur se rencontrent dans les phénomènes, ceux-ci n'en doivent pas moins pouvoir être expliqués parfaitement par leurs causes dans le phénomène suivant les lois naturelles, puisqu'on en suit le caractère simplement empirique comme le principe suprême d'explication, et qu'on met entièrement de côté comme inconnu, le caractère intelligible qui est la cause transcendantale du premier, excepté en tant qu'il nous est indiqué par le caractère empirique, comme par son signe sensible. Appliquons cela à l'expérience. L'homme est un des phénomènes du monde sensible et, à ce titre, il est aussi une des causes naturelles dont la causalité doit être soumise à des lois empiriques. Comme tel, il doit donc avoir aussi un caractère empirique, comme toutes les autres choses de la nature. Nous remarquons ce caractère par les forces et les facultés qu'il manifeste dans ses effets. Dans la nature inanimée ou simplement animale, nous ne trouvons aucune raison de concevoir quelque autre pouvoir que ceux qui sont conditionnés d'une manière simplement sensible. Mais l'homme qui ne connaît, d'ailleurs, la nature que par les sens, se connaît lui-même en outre par aperception et, à la vérité, en des actes et des déterminations internes qu'il ne peut pas attribuer à l'impression des sens ; il est assurément pour lui-même, d'un côté, phénomène, mais, de l'autre, au point de vue de certaines facultés, il est un objet simplement intelligible, puisque son action ne peut pas du tout être attribuée à la réceptivité de la sensibilité. Nous appelons ce pouvoir entendement et raison ; la raison surtout se distingue proprement et d'une manière particulière de toutes les autres forces empiriquement conditionnées, puisqu'elle n'examine ses objets que d'après les idées et que, conformément à ces idées, elle détermine l'entendement qui alors fait de ses concepts (même purs) un usage empirique.

Que cette raison ait une causalité, ou que, du moins, nous nous représentions en elle une causalité, cela résulte clairement des *impératifs* que nous imposons comme règles, dans tout l'ordre pratique, aux facultés actives. Le *devoir* exprime une espèce de nécessité et de liaison avec des principes, qui ne se présente pas ailleurs dans toute la nature. L'entendement ne peut en connaître que ce qui *est, a été ou sera*. Il est impossible que quelque chose y doive être autrement qu'il n'est, en effet, dans tels et tels rapports de temps ; qui plus est, le *devoir*, quand on a simplement devant les yeux le cours de la nature, n'a plus du tout de signification. Nous ne pouvons pas plus demander ce qui *doit* arriver dans la nature que demander quelle propriété un cercle *doit* avoir ; mais nous pouvons demander ce qui arrive dans la nature ou quelles sont les propriétés du cercle.

Ce devoir exprime une action possible dont le principe n'est autre qu'un simple concept, tandis que le principe d'une simple action naturelle doit toujours être un phénomène. Or il est de toute nécessité que l'action soit possible sous les conditions naturelles quand le devoir s'y applique : mais ces conditions naturelles ne concernent pas la détermination de la volonté elle-même, mais seulement son effet et sa conséquence dans le phénomène. Quelque nombreuses que soient les raisons naturelles qui me poussent à *vouloir*, quelque nombreux que soient les mobiles sensibles, ils ne peuvent produire le *devoir*, mais seulement un vouloir, qui est loin d'être nécessaire, mais qui est toujours conditionné, tandis que le devoir, que la raison proclame, impose, au contraire, une mesure et un but, et même une défense et une autorité. Il peut bien y avoir un objet de la simple sensibilité (l'agréable) ou aussi de la raison pure (le bien), mais alors la raison ne cède point à un principe qui est donné empiriquement et elle ne suit point l'ordre des choses telles qu'elles se présentent dans le phénomène, mais elle se crée avec une pleine spontanéité un ordre propre suivant des idées auxquelles elle applique les conditions empiriques, et d'après lesquelles elle proclame même nécessaires des actions qui, cependant, *ne sont pas arrivées* et qui, peut-être, n'arriveront pas, mais elle suppose, néanmoins, de toutes qu'en ce qui les regarde, la raison puisse avoir de la causalité, car sans cela elle n'attendrait pas de ces idées des effets dans l'expérience.

Or, tenons-nous-en là et admettons du moins comme possible, que la raison ait réellement de la causalité par rapport aux phénomènes ; il faut alors, toute raison qu'elle soit, qu'elle montre un caractère empirique, parce que toute cause suppose une règle d'après laquelle certains phénomènes suivent, comme effets, et que toute règle exige une uniformité d'effets qui fonde le concept de la cause (comme d'un pouvoir) ; caractère que nous pouvons nommer, en tant qu'il doit sortir de simples phénomènes, son caractère empirique, qui est constant, tandis que les effets, suivant la diversité des conditions concomitantes et en partie limitatives, apparaissent sous des figures changeantes.

Tout homme a donc un caractère empirique de sa volonté qui n'est autre chose qu'une certaine causalité de sa raison, en tant que celle-ci montre, dans ses effets, dans le phénomène, une règle d'après laquelle on peut conclure les motifs rationnels et leurs actions quant à leur mode et quant à leurs degrés, et juger les principes subjectifs de la volonté. Puisque ce caractère empirique doit être lui-même, comme effet, tiré des phénomènes et de leurs règles que nous fournit l'expérience, toutes les actions de l'homme dans le phénomène sont déterminées suivant l'ordre de la nature par son caractère empirique et par les autres causes concomitantes, et, si nous pouvions scruter jusqu'au fond tous les phénomènes de sa volonté, il n'y aurait pas une seule action humaine que nous ne puissions prédire avec certitude et reconnaître comme nécessaire d'après ses conditions antérieures. Au point de vue de ce caractère empirique, il n'y a donc pas de liberté, et ce n'est cependant, qu'à ce point de vue que nous pouvons considérer l'homme quand nous voulons uniquement OBSERVER, et, comme cela se fait dans l'anthropologie, scruter physiologiquement les causes déterminantes de ses actes.

Mais si nous examinons ces mêmes actions au point de vue de la raison, et non pas de la raison spéculative pour lui demander d'en *expliquer* l'origine, mais uniquement dans la mesure où la raison est la cause capable de les *produire*, en un mot, si nous les rapprochons de la raison au point de vue *pratique,* nous trouvons une tout autre règle et un ordre tout différent de ce qui est l'ordre de la nature. Alors peut-être ce qui *est* pourtant *arrivé* suivant le cours de la nature et ce qu'il était inévitable qu'il arrive d'après ses principes empiriques, ne *devait-il* pas *arriver.* Mais parfois nous trouvons, ou du moins nous croyons trouver, que les idées de la raison ont réellement fait preuve de causalité par rapport aux actions de l'homme considérées comme phénomènes et qu'elles sont arrivées parce qu'elles étaient déterminées non par des causes empiriques, mais par les principes de la raison.

Supposé donc que l'on puisse dire que la raison a de la causalité par rapport aux phénomènes, son action pourrait-elle être appelée libre, lorsqu'elle est très exactement déterminée et nécessaire dans son caractère empirique (dans la manière de sentir)? Celui-ci est, à son tour, déterminé dans le caractère intelligible (dans la manière de penser). Or, nous ne connaissons pas cette dernière, mais nous la désignons par des phénomènes qui ne nous font, à proprement parler, connaître immédiatement que la manière de sentir (le caractère empirique)*. L'action, en tant qu'elle doit être attribuée au mode de penser, comme à sa cause, n'en résulte cependant pas suivant des lois empiriques, c'est-à-dire de telle sorte que les conditions de la raison pure soient antérieures ; ce sont seulement ses effets dans le phénomène du sens interne qui *précèdent.* La raison pure, comme pouvoir simplement intelligible, n'est pas soumise à la forme du temps ni, par suite, aux conditions

---

* La moralité propre des actions (le mérite et la faute) — et même celle de notre propre conduite — nous demeure donc tout à fait cachée. Nos imputations ne peuvent se rapporter qu'au caractère empirique. Jusqu'à quel point faut-il en attribuer l'effet pur à la liberté, ou à la nature et aux vices involontaires du tempérament ou à ses heureuses dispositions (mérite, fortune) ? c'est ce que nul ne saurait découvrir ni par conséquent, juger avec une pleine justice.

de la succession dans le temps. La causalité de la raison dans le caractère intelligible ne *naît* pas, ou ne commence pas, dans un certain temps, à produire un effet. Car autrement, elle serait soumise elle-même à la loi naturelle des phénomènes, en tant que cette loi détermine des séries causales dans le temps, et la causalité serait alors nature et non pas liberté. Nous pouvons donc dire : si la raison peut avoir de la causalité par rapport aux phénomènes, c'est qu'elle est un pouvoir par lequel commence tout d'abord la condition sensible d'une série empirique d'effets. En effet, la condition qui réside dans la raison n'est pas sensible et, par conséquent, ne commence pas elle-même. Nous trouvons donc ici ce que nous cherchions en vain dans toutes les séries empiriques, à savoir : la *condition* d'une série successive d'événements qui est elle-même empiriquement inconditionnée. Car la condition est ici *en dehors* de la série des phénomènes (dans l'intelligible) et, par suite, elle n'est soumise à aucune condition sensible et à aucune détermination de temps par une cause antérieure.

Néanmoins, cette même cause appartient aussi, sous un autre rapport, à la série des phénomènes. L'homme est lui-même un phénomène, sa volonté a un caractère empirique qui est la cause (empirique) de toutes ses actions. Il n'y a aucune des conditions qui déterminent l'homme en conformité avec ce caractère, qui ne soit contenue dans la série des effets naturels et n'obéisse à leur loi, d'après laquelle on ne trouve aucune causalité empiriquement inconditionnée de ce qui arrive dans le temps. Par suite, aucune action donnée (puisqu'on ne peut la percevoir que comme phénomène) ne peut absolument commencer d'elle-même. Mais on ne peut pas dire de la raison que l'état où elle détermine la volonté est précédé d'un autre état où cet état lui-même est déterminé. Car la raison n'étant pas elle-même un phénomène et n'étant nullement soumise aux conditions de la sensibilité, on ne trouve en elle-même, relativement à sa causalité, aucune succession dans le temps ; et, par conséquent, la loi dynamique de la nature qui détermine la succession suivant des règles ne peut pas lui être appliquée.

La raison est donc la condition permanente de tous les actes volontaires par lesquels l'homme se manifeste. Chacun de ces actes est déterminé dans le caractère empirique de l'homme avant même d'arriver. Au point de vue du caractère intelligible, dont le premier n'est que le schème sensible, il n'y a ni *avant* ni *après*, et toute action, indépendamment du rapport de temps où elle se trouve avec d'autres phénomènes, est l'effet immédiat du caractère intelligible de la raison pure, qui, par suite, agit librement sans être déterminée dynamiquement dans la chaîne des causes naturelles par des principes externes ou internes, mais qui la précèdent dans le temps ; et cette liberté négative ne doit pas être considérée seulement négativement comme un état d'indépendance vis-à-vis des conditions empiriques (car par là la faculté de la raison cesserait d'être une cause des phénomènes), mais on peut aussi la désigner positivement en disant qu'elle a un pouvoir de commencer d'elle-même une série d'événements, de telle sorte qu'en elle-même rien ne commence, mais que, comme condition inconditionnée de tout acte volontaire, elle ne souffre au-dessus d'elle aucune condition qui la précède dans le temps, bien que, cependant, son effet commence dans la série des phénomènes, mais sans former jamais un commencement absolument premier.

Pour éclaircir le principe régulateur de la raison par un exemple tiré de son usage empirique, non pour le confirmer (car de semblables preuves ne conviennent pas à des affirmations transcendantales), qu'on prenne un acte volontaire, par exemple un mensonge pernicieux, par lequel un homme a introduit un certain désordre dans la société, dont on recherche d'abord les raisons déterminantes, qui lui ont donné naissance, pour juger ensuite comment il peut lui être imputé avec toutes ses conséquences. Sous le premier point de vue, on pénètre le caractère empirique de cet homme jusque dans ses sources que l'on recherche dans la mauvaise éducation, dans les mauvaises fréquentations, en partie aussi dans la méchanceté d'un naturel insensible à la honte, qu'on attribue en partie à la légèreté et à l'inconsidération, sans négliger les circonstances tout à fait occasionnelles qui ont pu influer. Dans tout cela, on procède comme on le fait, en général, dans la recherche de la série des causes déterminantes d'un effet naturel donné. Or, bien que l'on croie que l'action soit déterminée par là, on n'en blâme pas moins l'auteur, et cela, non pas à cause de son mauvais naturel, non pas à cause des circonstances qui ont influé sur lui, et non pas même à cause de sa conduite passée ; car on suppose qu'on peut laisser tout à fait de côté ce qu'a été cette conduite et regarder la série écoulée des conditions comme non avenue, et cette action comme entièrement inconditionnée par rapport à l'état antérieur, comme si l'auteur commençait absolument avec elle une série de conséquences. Ce blâme se fonde sur une loi de la raison où l'on regarde celle-ci comme une cause qui a pu et a dû déterminer autrement la conduite de l'homme, indépendamment de toutes les conditions empiriques nommées. Et on n'envisage pas la causalité de la raison, pour ainsi dire, simplement comme concomitante, mais au contraire, comme complète en soi, quand même les mobiles sensibles ne seraient pas du tout en sa faveur et qu'ils lui seraient tout à fait contraires ; l'action est attribuée au caractère intelligible de l'auteur : il est entièrement coupable à l'instant où il ment ; par conséquent, malgré toutes les conditions empiriques de l'action, la raison était pleinement libre, et cet acte doit être attribué entièrement à sa négligence.

On voit aisément par ce jugement d'imputabilité que, dans ce jugement, on a dans la pensée que la raison n'est nullement affectée par toute cette sensibilité, qu'elle ne se modifie pas (bien que ses phénomènes, je veux dire la manière dont elle se montre dans ses effets, se modifient), qu'il n'y a pas en elle d'état antérieur qui détermine le suivant, que, par suite, elle n'appartient pas du tout à la série des conditions sensibles qui rendent nécessaires les phénomènes suivant des lois naturelles. Elle est, cette raison, présente et identique dans toutes les actions qu'accomplit l'homme dans toutes les circonstances de temps, mais elle n'est pas elle-même dans le temps et elle ne tombe pas, pour ainsi dire, dans un nouvel état dans lequel elle n'était pas auparavant ; elle est *déterminante,* mais non déterminable par rapport à tout état nouveau. Aussi ne peut-on pas demander : pourquoi la raison ne s'est pas déterminée autrement ? mais seulement : pourquoi n'a-t-elle pas déterminé autrement les *phénomènes* par sa causalité ? Or il n'y a pas à cela de réponse possible, car un autre caractère intelligible aurait donné un autre caractère empirique, et quand nous disons que, malgré toute sa conduite antérieure, l'agent aurait pu, cependant, s'abstenir de mensonge, cela signifie seulement qu'il est immédiatement sous la puissance de la raison, que la raison dans sa conduite n'est soumise à aucune condition du phénomène et du cours du temps, que la différence du temps peut, il est vrai, constituer une différence capitale entre les phénomènes respectifs, mais que, puisque ces phénomènes ne sont pas des choses, et par suite ici des causes en soi, elle ne peut constituer aucune différence entre les actions par rapport à la raison.

Nous ne pouvons donc, quand nous jugeons des actions libres, par rapport à leur causalité, que remonter *jusqu'à la cause intelligible*, mais pas *au delà* ; nous pouvons reconnaître que cette cause est libre, c'est-à-dire déterminée indépendamment de la sensibilité et que, de cette manière, elle peut être la condition sensiblement inconditionnée des phénomènes. Mais pourquoi le caractère intelligible donne-t-il précisément ces phénomènes et ce caractère empirique dans des circonstances présentes ? Il est tout à fait au-dessus du pouvoir de notre raison de répondre à cette question, et cela dépasse même tous les droits qu'elle a seulement de poser des questions. C'est comme si l'on demandait d'où vient que l'objet transcendantal de notre intuition sensible extérieure ne donne précisément que l'intuition *dans l'espace* et non pas une autre. Mais le problème que nous avions à résoudre ne nous oblige pas du tout à répondre à cette question ; car il n'était que de savoir si la liberté s'opposait à la nécessité naturelle dans une seule et même action et nous y avons répondu suffisamment en montrant que, puisqu'il peut y avoir dans celle-là une relation à une tout autre espèce de condition que dans celle-ci, la loi de la dernière n'affecte point la première et que, par conséquent, toutes deux peuvent avoir lieu indépendamment l'une de l'autre et sans être troublées l'une par l'autre.

*
* *

Il faut bien remarquer que nous n'avons pas voulu par là démontrer la *réalité* de la liberté comme de l'une des facultés qui contiennent la cause des phénomènes de notre monde sensible. En effet, outre que cela n'aurait pas été une considération transcendantale qui n'eût affaire qu'à des concepts, cela n'aurait pas pu réussir non plus, puisque nous ne pouvons jamais conclure de l'expérience à quelque chose qui ne doit pas être conçu suivant les lois de l'expérience. Bien plus, nous n'avons pas même voulu prouver la *possibilité* de la liberté, car cela n'aurait pas non plus réussi, puisque nous ne pouvons connaître, en général, la possibilité d'aucun principe réel et d'aucune causalité par de simples concepts *a priori*. La liberté n'est ici traitée que comme une idée transcendantale par laquelle la raison pense commencer absolument par l'inconditionné sensible la série des conditions dans le phénomène, ce qui la fait s'embrouiller dans une antinomie avec les propres lois qu'elle prescrit à l'usage empirique de l'entendement. Or, que cette antinomie repose sur une simple apparence et que la nature, du moins, ne contredise pas la causalité par liberté, c'était la seule chose que nous pussions prouver et c'était aussi la seule qui nous importât.

IV. — *Solution de l'idée cosmologique de la totalité de la dépendance des phénomènes quant à leur existence en général.*

Dans le numéro précédent, nous avons considéré les changements du monde sensible dans leur série dynamique, où chacun est soumis à un autre comme à sa cause. A présent cette série d'états ne nous sert que de direction pour arriver à une existence qui puisse être la condition suprême de tout ce qui est changeant, je veux dire à *l'être nécessaire*. Il ne s'agit pas ici de la causalité inconditionnée, mais de l'existence inconditionnée de la substance elle-même. La série que nous avons en vue n'est donc proprement qu'une série de concepts et non une série d'intuitions, en tant que l'une est la condition de l'autre.

On voit aisément que, puisque tout est changeant dans l'ensemble des phénomènes, et par suite conditionné dans l'existence, il ne peut y avoir nulle part, dans la série de l'existence dépendante, un membre inconditionné dont l'existence serait absolument nécessaire et que, par conséquent, si les phénomènes étaient des choses en soi et que par là même leur condition appartînt, avec le conditionné, à une seule et même série d'intuitions, il ne pourrait jamais y avoir un être nécessaire qui fût la condition de l'existence des phénomènes du monde sensible.

Mais la régression dynamique a ceci de particulier et qui la distingue de la régression mathématique, que, tandis que celle-ci, n'ayant proprement affaire qu'à la composition des parties pour constituer un tout, ou à la décomposition du tout en ses parties, les conditions de cette série doivent toujours être considérées comme parties de cette série, et par suite, comme homogènes, par conséquent encore comme phénomènes; la régression dynamique, au contraire, ne s'occupant pas de la possibilité d'un tout inconditionné formé de parties données, ou d'une partie inconditionnée d'un tout donné, mais de la manière dont un état dérive de sa cause, ou l'existence contingente de la substance de son existence nécessaire, la condition ne doit pas nécessairement constituer avec le conditionné une série empirique.

Il nous reste donc une issue ouverte dans l'antinomie apparente qui nous occupe, puisque les deux thèses contradictoires peuvent être vraies en même temps à des points de vue différents, de telle sorte que toutes les choses du monde sensible soient absolument contingentes, et, par conséquent, n'aient par là qu'une existence empiriquement conditionnée, bien qu'il y ait aussi pour toute la série une condition non empirique, c'est-à-dire un être absolument nécessaire. En effet, celui-ci, en tant que condition intelligible n'appartiendrait aucunement à la série comme un membre de cette série (pas même en qualité de premier membre), et il ne rendrait non plus aucun membre de la série empiriquement inconditionné, mais il laisserait à tout le monde sensible son existence empiriquement conditionnée à travers tous ses membres. Cette manière de donner pour fondement aux phénomènes un être inconditionné se distinguera donc de la causalité empiriquement inconditionnée (de la liberté) de l'article précédent, en ce que, dans la liberté, la chose même faisait pourtant partie, en qualité de cause (*substantia phænomenon*), de la série des conditions et que sa *causalité* seule était conçue comme intelligible, tandis que l'être nécessaire doit être conçu tout à fait en dehors de la série du monde sensible (comme *ens extramundanum*) et comme simplement intelligible, ce qui peut l'empêcher d'être soumis lui-même à la loi de la contingence et de la dépendance de tous les phénomènes.

Le *principe régulateur* de la raison est donc, par rapport à notre problème, que tout dans le monde sensible a une existence empiriquement conditionnée et qu'il n'y a nulle part en lui, par rapport à aucune propriété, une nécessité inconditionnée; qu'il n'existe aucun membre de la série des conditions dont on ne doive attendre toujours et rechercher aussi loin qu'on le peut la condition empirique dans une expérience possible, et que rien ne nous autorise à dériver une existence quelconque d'une condition placée en dehors de la série empirique, ou à la tenir, dans la série même, pour absolument indépendante et subsistante par elle-même, sans pour cela nier que toute la série puisse être fondée sur quelque être intelligible (qui par là est libre de toute condition empirique et, qui plus est, renferme le principe de la possibilité de tous les phénomènes).

Mais en cela, notre intention n'est pas de démontrer l'existence inconditionnellement nécessaire d'un être, ni même d'y fonder seulement la possibilité d'une condition simplement intelligible de l'existence des phénomènes du monde sensible, mais seulement, tout en limitant la raison de telle sorte qu'elle n'abandonne pas le fil des conditions empiriques et ne se précipite pas dans des principes d'explication *transcendants* et qui ne sont pas susceptibles de représentations *in concreto*, de restreindre aussi, d'un autre côté, la loi de l'usage simplement empirique de l'entendement, de manière qu'il ne décide pas de la possibilité des choses en général et que par là il *ne* regarde pas *comme impossible* l'intelligible, bien que ce dernier ne puisse pas nous servir pour l'explication des phénomènes. Nous nous sommes donc bornés à montrer par là que la contingence universelle de toutes les choses de la nature et de toutes leurs conditions (empiriques) peut très bien subsister, en même temps que l'hypothèse arbitraire d'une condition nécessaire, bien que simplement intelligible, et que par conséquent il ne peut y avoir de contradiction véritable entre ces assertions, mais qu'elles peuvent être vraies *toutes les deux*. Qu'un pareil être intelligible absolument nécessaire soit impossible en soi, c'est ce qu'on ne peut du moins nullement conclure de la contingence universelle et de la dépendance de tout ce qui appartient au monde sensible, non plus que du principe qui veut qu'on ne s'arrête à aucun membre particulier de ce monde, en tant qu'il est contingent, et qu'on en appelle à une cause en dehors du monde. La raison suit son chemin dans l'usage empirique et son chemin particulier dans l'usage transcendantal.

Le monde sensible ne renferme que des phénomènes et ceux-ci sont des représentations qui, à leur tour, sont toujours conditionnées d'une manière sensible, et comme ici nous n'avons jamais pour objet des choses en soi, il n'est pas étonnant que nous ne soyons jamais autorisés à sauter d'un membre de la série empirique, quel qu'il soit, hors de l'enchaînement de la sensibilité, comme si c'étaient là des choses en soi qui existassent hors de leur fondement transcendantal et que l'on pût les abandonner pour rechercher la cause de leur existence en dehors d'elles ; ce qui devrait finir incontestablement par avoir lieu dans les *choses* contingentes, mais non dans de simples *représentations* des choses, dont la contingence elle-même n'est qu'un phénomène et ne saurait conduire à aucune autre régression qu'à celle qui détermine les phénomènes, c'est-à-dire qui est empirique. Mais concevoir un principe intelligible des phénomènes, c'est-à-dire du monde sensible, et le concevoir affranchi de leur contingence, c'est ce qui n'est contraire ni à la régression empirique illimitée dans la série des phénomènes, ni à leur universelle contingence. Mais c'est aussi la seule chose que nous eussions à faire pour lever l'antinomie apparente, et cela ne pouvait se faire que de cette manière. Car, si chaque condition pour chaque conditionné (quant à l'existence) est sensible et par là même appartient à la série, elle est elle-même, à son tour, conditionnée (comme le prouve l'antithèse de la quatrième antinomie). Il fallait donc : ou bien laisser subsister un conflit avec la raison, qui exige l'inconditionné, ou bien placer celui-ci hors de la série dans l'intelligible, dont la nécessité n'exige ni ne souffre aucune condition empirique, et qui est, par conséquent, inconditionnellement nécessaire par rapport aux phénomènes.

L'usage empirique de la raison (relativement aux conditions de l'existence dans le monde sensible) n'est pas affecté par la concession que l'on fait d'un être simplement intelligible, mais il va, suivant le principe de l'universelle contingence, de conditions empiriques à des conditions plus élevées qui sont toujours tout aussi empiriques. Mais ce principe régulateur n'exclut pas, non plus, davantage l'admission d'une cause intelligible, qui n'est pas dans la série, lorsqu'il s'agit de l'usage pur de la raison (par rapport aux fins). En effet, cette cause ne signifie que le principe simplement transcendantal et inconnu pour nous de la possibilité de la série sensible en général ; et l'existence de ce principe, indépendante de toutes les conditions de cette série et inconditionnellement nécessaire, par rapport à elle, n'est nullement contraire à leur contingence illimitée, ni, par conséquent, pour cette raison, à une régression quelconque finie dans la série des conditions empiriques.

REMARQUE FINALE SUR TOUTE L'ANTINOMIE DE LA RAISON PURE

Tant que mes concepts rationnels n'ont pour objet que la totalité des conditions dans le monde sensible et ce qui peut, par rapport à ce monde, tourner à l'avantage de la raison, nos idées sont à la vérité transcendantales, mais cependant *cosmologiques*. Mais aussitôt que nous plaçons l'inconditionné (dont pourtant il s'agit proprement) dans ce qui est totalement hors du monde sensible, par conséquent en dehors de toute expérience possible, les idées deviennent alors *transcendantes* : elles ne servent pas seulement à l'achèvement de l'usage empirique de la raison (achèvement qui demeure toujours une idée jamais réalisable, et que, pourtant, il faut poursuivre), mais elles s'en emparent entièrement et se changent elles-mêmes en objets dont la matière n'est point tirée de l'expérience et dont la réalité objective ne repose pas, non plus, sur l'achèvement de la série empirique, mais sur des concepts purs *a priori*. De semblables idées transcendantes ont un objet simplement intelligible qu'il nous est sans doute permis d'accorder comme un objet (*Object*) transcendantal, dont nous ne savons d'ailleurs rien, sans que nous ayons, pour le concevoir comme une chose déterminable par ses prédicats distinctifs et essentiels, des principes de sa possibilité (à titre de chose indépendante de tous les concepts de l'expérience), et sans que nous soyons autorisés à l'admettre comme un tel objet ; il n'est, par conséquent, qu'un simple être de raison. Cependant, parmi toutes les idées cosmologiques, celle qui a donné naissance à la quatrième antinomie nous pousse à risquer ce pas. En effet, l'existence des phénomènes, qui n'est pas du tout fondée en elle-même, mais qui est toujours conditionnée, nous invite à rechercher autour de nous quelque chose de distinct de tous les phénomènes, par conséquent, un objet intelligible où cesse cette contingence. Mais comme, une fois que nous avons pris la liberté d'admettre, en dehors du champ de toute la sensibilité, une réalité existant par elle-même, nous ne devons plus regarder les phénomènes que comme des modes contingents de représentation d'objets intelligibles que nous nous faisons d'êtres qui sont eux-mêmes des intelligences, il ne nous reste plus alors que l'analogie suivant laquelle nous faisons usage des concepts de l'expérience pour nous faire quelque concept des choses intelligibles, dont nous n'avons pas en soi la moindre connaissance. Comme nous n'apprenons à connaître le contingent que par le moyen de l'expérience, et tandis qu'il est ici question de choses qui ne peuvent pas du tout être des objets d'expériences, nous devrons en faire dériver la connaissance de ce qui est nécessaire en soi, de concepts purs des choses en général. Le premier pas que nous faisons en dehors du monde sensible nous oblige donc à commencer nos nouvelles connaissances par la recherche de l'être absolument nécessaire et à dériver du concept[1] de cet être les concepts de toutes les choses en tant qu'elles sont simplement intelligibles ; c'est l'essai que nous allons faire dans le chapitre suivant.

CHAPITRE III

L'IDÉAL DE LA RAISON PURE

PREMIÈRE SECTION
De l'Idéal en général.

Nous avons vu plus haut que les *concepts* purs *de l'entendement*, indépendamment de toutes les conditions de la sensibilité, ne peuvent pas du tout nous représenter des objets (*keine Gegenstände*), puisque les conditions de la réalité objective leur manquent et qu'on n'y trouve rien de plus que la simple forme de la pensée. Pourtant, on peut les présenter *in concreto*, quand on les applique à des phénomènes, car ces derniers constituent pour eux proprement la matière exigée

---

[1] 2º éd. des concepts.

pour le concept de l'expérience, lequel n'est autre chose qu'un concept de l'entendement *in concreto*. Mais les *idées* sont encore plus éloignées de la réalité objective que les *catégories*; car on ne peut pas trouver de phénomène où elles puissent être représentées *in concreto*. Elles contiennent une certaine perfection à laquelle n'arrive aucune connaissance empirique possible ; et la raison n'envisage en elles qu'une unité systématique, dont elle cherche à rapprocher l'unité empirique possible, mais sans jamais l'atteindre pleinement.

Ce que j'appelle *idéal* paraît encore plus éloigné de la réalité objective que l'idée, et, par là, j'entends l'idée non pas simplement *in concreto*, mais aussi *in individuo*, c'est-à-dire considérée comme une chose singulière déterminable et tout à fait déterminée par l'idée seule.

L'idée de l'humanité, dans toute sa perfection, contient non seulement toutes les propriétés essentielles appartenant à cette nature, et qui constituent le concept que nous en avons, poussées jusqu'au parfait accord avec leurs fins, — ce qui serait notre idée de l'humanité parfaite —, mais elle contient aussi tout ce qui, outre ce concept, appartient à la détermination complète de l'idée; car, de tous les prédicats opposés, il n'y en a qu'un seul qui puisse convenir à l'idée de l'homme parfait. Ce qui est pour nous un idéal était pour PLATON une *idée de l'entendement divin*, un objet particulier de l'intuition pure de cet entendement, la perfection de chaque espèce d'êtres possibles et le prototype de toutes les copies dans le phénomène.

Mais, sans nous élever si haut, nous devons avouer que la raison humaine ne contient pas seulement des idées, mais aussi des *idéaux* qui n'ont pas, il est vrai, comme ceux de PLATON, la force créatrice, mais qui ont, pourtant, la force *pratique* (comme principes régulateurs) et qui servent de fondement à la possibilité de la perfection de certaines *actions*. Les concepts moraux ne sont pas tout à fait des concepts purs de la raison, puisqu'à leur base se trouve quelque chose d'empirique (plaisir ou douleur). Pourtant, sous le rapport du principe par lequel la raison met des bornes à la liberté qui est elle-même sans lois (par conséquent, si l'on ne fait attention qu'à leur forme), ils peuvent bien servir d'exemple de concepts purs de la raison. La vertu et, avec elle, la sagesse humaine, dans toute leur pureté, sont des idées. Mais le sage (du stoïcien) est un idéal, c'est-à-dire un homme qui n'existe que dans la pensée, mais qui correspond pleinement à l'idée de la sagesse. De même que l'idée donne la *règle*, l'idéal sert, en pareil cas, de *prototype* à la détermination complète de la copie et nous n'avons, pour juger nos actions, d'autre règle que la conduite de cet homme divin que nous portons en nous et auquel nous nous comparons pour nous juger et pour nous corriger ainsi, mais sans jamais pouvoir en atteindre la perfection. Ces idéaux, bien qu'on ne puisse leur attribuer de *réalité* objective (d'existence), ne doivent pas, cependant, être regardés comme des chimères; ils fournissent, au contraire, à la raison une mesure qui lui est indispensable, puisqu'elle a besoin du concept de ce qui est absolument parfait dans son espèce pour apprécier et pour mesurer, en s'y référant, jusqu'à quel point l'imparfait se rapproche et reste éloigné de la perfection (*um darnach den Grad und die Mängel des Unvollständigen zu schätzen und abzumessen*). Quant à vouloir réaliser l'idéal dans un exemple, c'est-à-dire dans le phénomène, comme, en quelque sorte, le sage dans un roman, cela demeure impraticable et cela semble peu sensé et peu édifiant en soi, parce que les bornes naturelles battant continuellement en brèche la perfection existant dans l'idée, rendent impossible toute illusion dans une telle tentative et, par là, nous conduisent même à suspecter le bien qui est dans l'idée et à le regarder comme une simple fiction.

Ainsi l'Idéal de la raison pure doit toujours reposer sur des concepts déterminés et servir de règle et de prototype soit pour l'action, soit pour le jugement. Il en est tout autrement des créations de l'imagination sur lesquelles personne ne peut s'expliquer et dont nul ne saurait donner de concept intelligible : comme des *monogrammes*, composés de traits isolés et que ne détermine aucune règle supposée, elles forment un dessin flottant, pour ainsi dire, au milieu d'expériences diverses, plutôt qu'une image déterminée semblable à celle que les peintres et les physionomistes prétendent avoir dans leur tête, et elles doivent être un fantôme incommunicable de leurs productions ou même de leurs jugements. On peut, quoique improprement, les appeler des idéaux de la sensibilité, parce qu'ils doivent être le modèle inimitable des intuitions empiriques possibles et que, pourtant, ils ne donnent aucune règle susceptible de définition et d'examen.

Ce que la raison se propose avec son idéal, c'est, au contraire, d'opérer la détermination complète suivant des règles *a priori*; aussi conçoit-elle un objet qui doit être complètement déterminable suivant des principes, bien que les conditions suffisantes manquent à cet égard dans l'expérience et que le concept même en soit, par conséquent, transcendant.

DEUXIÈME SECTION

De l'Idéal transcendantal.
(Prototypon transscendentale.)

Tout *concept,* par rapport à ce qui n'est pas contenu en lui, est indéterminé et soumis à ce principe de la *déterminabilité* (*Bestimmbarkeit*)*:* que de deux prédicats contradictoirement opposés un seul peut lui convenir, principe qui repose sur le principe de contradiction, et qui par conséquent est un principe simplement logique faisant abstraction de tout le contenu de la connaissance pour n'en considérer que la forme logique.

Mais toute *chose*, quant à sa possibilité, est soumise encore au principe de la *détermination complète,* suivant lequel, de *tous* les prédicats *possibles des choses,* en tant qu'ils sont comparés à leurs contraires, un seul doit lui convenir. Cela ne repose pas simplement sur le principe de contradiction ; car, outre le rapport de deux prédicats contradictoires, on considère encore chaque chose dans son rapport avec la *possibilité entière* conçue comme l'ensemble de tous les prédicats des choses en général ; et en supposant cette possibilité comme condition *a priori*, on représente chaque chose comme si elle dérivait sa propre possibilité de la part qui lui revient dans cette possibilité totale*. Le principe de la détermination complète concerne donc le contenu et non pas simplement la forme logique. Il est le principe de la synthèse de tous les prédicats qui doivent constituer le concept intégral d'une chose et non pas simplement celui de la représentation ana-

---

* Par ce principe toute chose est donc rapportée à un *corrélatif* commun, je veux dire à la possibilité totale, qui (étant la matière de tous les prédicats possibles), du fait qu'elle se trouverait dans l'idée d'une seule chose, devrait prouver une affinité de tout le possible par l'identité du principe de sa détermination complète. La *déterminabilité* de tout *concept* est soumise à l'universalité (*universalitas*) du principe qui exclut tout milieu entre deux prédicats opposés, mais la *détermination* d'une *chose* est soumise à la totalité (*universitas*) ou à l'ensemble de tous les prédicats possibles.

lytique faite par l'un des deux prédicats opposés ; il est enfin une supposition transcendantale, celle de la matière de toute *possibilité*, laquelle doit contenir *a priori* les *données* nécessaires à la possibilité *particulière* de chaque chose.

Cette proposition : *toute chose existante est complètement déterminée,* signifie que non seulement de chaque couple de prédicats contradictoires *donnés*, mais aussi de tous les prédicats *possibles*, il y en a toujours un qui lui convient. Par cette proposition, ce n'est pas seulement les prédicats que l'on compare entre eux logiquement, mais on compare aussi transcendantalement la chose même et l'ensemble de tous les prédicats possibles. Cela revient à dire que, pour connaître intégralement une chose, il faut connaître tout le possible et la déterminer par lui soit affirmativement, soit négativement. La détermination complète est, par suite, un concept que nous ne pouvons jamais représenter *in concreto*, quant à sa totalité, et, par conséquent elle se fonde sur une idée, qui n'a son siège que dans la raison, laquelle prescrit à l'entendement la règle de son usage intégral.

Or, quoique cette idée de l'*ensemble de toute possibilité*, en tant que cet ensemble fonde la condition de la détermination complète de chaque chose, soit encore indéterminée relativement aux prédicats qui peuvent constituer cet ensemble, et que par là nous ne pensions rien de plus qu'un ensemble de tous les prédicats possibles en général, nous trouvons cependant, en y regardant de plus près, que cette idée, en qualité de concept primitif, exclut une foule de prédicats qui sont déjà donnés par d'autres comme dérivés ou qui ne peuvent subsister ensemble, et qu'elle s'épure jusqu'à former un concept complètement déterminé *a priori*, devenant ainsi par là le concept d'un objet singulier qui est complètement déterminé par la simple idée et qu'il faut appeler, par conséquent, un *idéal* de la raison pure.

Si nous considérons tous les prédicats possibles, non pas au point de vue logique simplement, mais bien au point de vue transcendantal, c'est-à-dire quant au contenu que l'on peut concevoir en eux *a priori*, nous trouvons que les uns représentent un être et d'autres un simple non-être. La négation logique, uniquement marquée par le petit mot : non (*nicht*), ne porte jamais proprement sur un concept, mais seulemént sur le rapport de ce concept à un autre dans le jugement, et, par conséquent, il s'en faut de beaucoup qu'elle suffise à désigner un concept par rapport à son contenu. L'expression non-mortel ne peut nullement donner à connaître qu'une simple non-existence est représentée par là dans l'objet ; elle laisse, au contraire, de côté tout contenu. Une négation transcendantale signifie, à l'inverse, le non-être en soi, auquel est opposée l'affirmation transcendantale, qui est une chose (*ein Etwas*) dont le concept en soi exprime déjà une existence et qui, par conséquent, est appelée une réalité (*Sachheit*), parce que c'est par elle seule et dans l'étendue de sa sphère que les objets sont quelque chose (des choses), tandis que la négation opposée désigne un simple manque, et que, là où elle est seule conçue, on se représente toute chose comme supprimée.

Or, personne ne peut concevoir une négation, d'une manière déterminée, sans avoir posé pour fondement l'affirmation opposée. L'aveugle-né est incapable de se faire la moindre représentation de l'obscurité, parce qu'il n'en a aucune de la lumière ; le sauvage ne peut pas concevoir la pauvreté, parce qu'il ne connaît pas l'opulence* (47). L'ignorant n'a aucune idée de son ignorance, parce qu'il n'en a aucune de la science, etc. Tous les concepts des négations sont donc aussi des concepts dérivés, et les réalités contiennent les données et, pour ainsi dire, la matière ou le contenu transcendantal de la possibilité et de la détermination complète de toutes choses.

Si donc la détermination complète a pour fondement dans notre raison un substratum transcendantal qui contient pour ainsi dire toute la provision de matière d'où peuvent être tirés tous les prédicats possibles des choses, ce substratum n'est pas autre chose que l'idée d'un tout de la réalité (*omnitudo realitatis*). Toutes les négations véritables ne sont alors que des limites, chose que l'on ne pourrait pas dire, si elles n'avaient pas pour fondement l'illimité (le tout).

Mais c'est aussi par cette possession entière de la réalité que le concept d'une *chose en soi* est représenté comme com-

---

* Les observations et les calculs des astronomes nous ont appris beaucoup de choses remarquables, mais le plus important service que nous leur devions c'est de nous avoir découvert l'abîme de l'*ignorance* que la raison humaine, sans ces connaissances, n'aurait jamais pu se représenter aussi profond : la réflexion sur cette ignorance doit produire un grand changement dans la détermination des fins à assigner à l'usage de notre raison.

plètement déterminé, et le concept d'un être souverainement réel (*entis realissimi*) est le concept d'un être particulier, puisque, de tous les prédicats opposés possibles, un seul, celui qui appartient absolument à l'existence, se trouve dans sa détermination. C'est donc un *idéal* transcendantal qui sert de fondement à la détermination complète, qui, nécessairement, se trouve en tout ce qui existe et qui constitue la condition matérielle suprême et parfaite de sa possibilité, condition à laquelle toute pensée des objets en général quant à leur contenu doit être ramenée. Mais c'est aussi le seul idéal propre dont la raison humaine soit capable, puisque c'est uniquement dans ce cas qu'un concept universel en soi d'une chose est déterminé complètement et qu'il est connu comme la représentation d'un individu.

La détermination logique d'un concept par la raison repose sur un syllogisme disjonctif dont la majeure contient une division logique (la division de la sphère d'un concept général), la mineure limite cette sphère à une partie et la conclusion détermine le concept par cette partie. Le concept universel d'une réalité en général ne peut pas être divisé *a priori* parce que sans l'expérience on ne connaît pas d'espèces déterminées de réalités comprises sous ce genre. La majeure transcendantale de la détermination complète de toutes choses n'est donc pas autre chose que la représentation de l'ensemble de toute réalité ; elle n'est pas simplement un concept qui comprenne *sous lui* tous les prédicats d'après leur contenu transcendantal, mais un concept qui les comprend *en lui*, et la détermination complète de chaque chose repose sur la limitation de ce *tout* de la réalité, puisque un peu de cette réalité est attribuée à la chose tandis que le reste en est exclu, ce qui s'accorde avec le *ou* répété (*mit dem Entweder-oder*) de la majeure disjonctive et avec la détermination de l'objet par un des membres de cette division dans la mineure. L'usage, par lequel la raison donne l'idéal transcendantal pour fondement à sa détermination de toutes les choses possibles, est analogue à celui suivant lequel elle procède dans les syllogismes disjonctifs, ce qui est le principe que j'ai donné plus haut pour fondement à la division systématique de toutes les idées transcendantales et suivant lequel ces idées sont produites d'une manière correspondante et parallèle aux trois modes de syllogismes.

Il va de soi que la raison, pour atteindre ce but, c'est-à-dire pour se représenter uniquement la détermination nécessaire et complète des choses, ne présuppose pas l'existence d'un être conforme à l'idéal, mais seulement l'idée d'un être de ce genre afin de dériver, d'une totalité inconditionnée de la détermination complète, la totalité conditionnée, c'est-à-dire celle du limité. L'idéal est donc pour elle le prototype (*prototypon*) de toutes les choses qui toutes ensemble, comme des copies défectueuses (*ectypa*), en tirent la matière de leur possibilité et qui, s'en rapprochant plus ou moins, en restent toujours infiniment éloignées.

Ainsi, toute la possibilité des choses (de la synthèse du divers, quant à leur contenu) est considérée comme dérivée, et celle de ce qui contient en soi toute la réalité est seule regardée comme originaire. En effet, toutes les négations (qui sont cependant les seuls prédicats par lesquels tout le reste se distingue de l'être réel par excellence) sont de simples limitations d'une réalité plus grande et en définitive de la plus haute réalité ; partout elles la supposent et en dérivent simplement quant à leur contenu. Ce qui fait toute la diversité des choses, ce n'est qu'une manière également diverse de limiter le concept de la réalité suprême qui est leur substratum commun ; pareillement, toutes les figures ne sont possibles qu'à titre de manières différentes de limiter l'espace infini. C'est pourquoi l'objet, qui en est l'idéal et qui réside simplement dans la raison, porte aussi le nom d'*être originaire* (*ens originarium*) ; en tant qu'il n'y a aucun être au-dessus de lui, on l'appelle encore l'*être suprême* (*ens summum*), et, en tant que tout lui est soumis comme conditionné, on le nomme l'*être des êtres* (*ens entium*). Or, tout cela ne désigne pas le rapport objectif d'un objet réel à d'autres choses, mais le rapport de l'idée à des concepts, et nous restons ainsi dans une complète ignorance sur l'existence d'un être d'une si éminente supériorité.

Comme on ne peut pas, non plus, dire qu'un être originaire se compose de plusieurs êtres dérivés, puisque chacun de ceux-ci le suppose et que, partant, il ne peut le constituer, il faut donc que l'idéal de l'être originaire soit aussi conçu comme simple.

Dériver de cet être originaire toute autre possibilité, cela ne peut donc pas non plus, à parler exactement, être regardé comme *limiter* sa réalité suprême et, en quelque sorte la *diviser* ; car alors l'être originaire serait regardé comme un simple agrégat d'être dérivés, ce qui, d'après ce qui précède, est impossible, bien que nous ayons au début représenté la chose ainsi, dans une première et grossière esquisse. La réalité suprême servirait de fondement à la possibilité de toutes les choses, plutôt à titre de *principe* que d'*ensemble*, et la diversité des choses ne reposerait pas sur la limitation même de l'être originaire, mais sur son développement parfait, dont notre sensibilité tout entière ferait, par conséquent, aussi partie avec toute la réalité comprise dans le phénomène, sans qu'elle puisse appartenir, en qualité d'ingrédient (*als Ingredienz*), à l'idée de l'être suprême.

Or, si nous poursuivons plus avant cette idée et que nous en fassions une hypostase, nous pourrons déterminer l'être originaire, par le concept de la réalité suprême, comme un être un, simple, suffisant à tout, éternel, etc., en un mot, le déterminer dans sa perfection inconditionnée par tous ses prédicats. Le concept d'un tel être est celui de *Dieu* conçu dans un sens transcendantal, et ainsi l'idéal de la raison pure est l'objet d'une *théologie* transcendantale, comme je l'ai indiqué plus haut.

Cependant, cet usage de l'idée transcendantale dépasserait déjà les limites de sa détermination et de son admissibilité. Car la raison ne l'a posée que comme le *concept* de toute la réalité pour en faire le fondement de la détermination complète des choses en général, sans demander que toute cette réalité soit donnée objectivement et qu'elle constitue elle-même une chose. Cette dernière chose est une simple fiction par laquelle nous réunissons et réalisons dans un idéal, comme dans un être particulier, le divers de notre idée, sans que rien nous y autorise et sans que nous ayons même le droit d'admettre absolument la possibilité d'une telle hypothèse. Il en est de même de toutes les conséquences qui découlent d'un tel idéal; elles ne concernent pas, non plus, la détermination complète des choses en général, l'idée seule étant nécessaire pour cela, et n'ont pas sur elle la moindre influence.

Il ne suffit pas de décrire les procédés de notre raison et sa dialectique, il faut aussi chercher à en découvrir les sources, pour pouvoir expliquer cette apparence même comme un phénomène de l'entendement ; car l'idéal dont nous parlons est fondé sur une idée naturelle et non pas simplement arbitraire. C'est pourquoi je demande : comment la raison arrive-t-elle à regarder toute la possibilité des choses comme dérivée d'une seule possibilité qui en est le fondement, je veux dire de celle de la réalité suprême, et à supposer aussitôt celle-ci comme contenue dans un premier être particulier ?

La réponse ressort par elle-même de ce que nous avons dit dans l'Analytique transcendantale. La possibilité des objets des sens est un rapport de ces objets à notre pensée, où quelque chose (à savoir la forme empirique) peut être conçu *a priori*, mais où doit aussi être donné ce qui constitue la matière, la réalité dans le phénomène (ce qui correspond à la sensation), sans quoi il ne pourrait aucunement être conçu, ni, par suite, sa possibilité être représentée. Or, un objet des sens ne peut être déterminé complètement que lorsqu'il est comparé à tous les prédicats du phénomène et représenté par eux soit affirmativement, soit négativement. Mais comme ce qui constitue la chose même (dans le phénomène), le réel, doit être par là donné, faute de quoi il ne pourrait pas même être conçu, et comme ce en quoi le réel de tous les phénomènes est donné est l'unique expérience qui embrasse tout, la matière de la possibilité de tous les objets des sens doit être supposée comme donnée dans un ensemble, sur la limitation duquel peuvent seulement reposer toute la possibilité des objets empiriques, leur différence réciproque et leur détermination complète. Or, il n'y a, en fait, que les objets des sens qui puissent nous être donnés, et seulement dans le contexte d'une expérience possible ; par conséquent, rien n'est *pour nous* un objet, s'il ne suppose l'ensemble de toute la réalité empirique, comme condition de sa possibilité. Par une illusion naturelle, nous regardons cela comme un principe qui s'applique à toutes les choses en général, alors que ce principe ne peut s'appliquer proprement qu'aux choses données comme objets de nos sens. Par suite, nous faisons du principe empirique de nos concepts de la possibilité des choses comme phénomènes, en retranchant cette limitation, un principe transcendantal de la possibilité des choses en général.

Mais que nous hypostasiions en outre cette idée de l'ensemble de toute réalité, cela vient de ce que nous convertissons dialectiquement l'unité *distributive* de l'usage expérimental de l'entendement en unité *collective* d'un tout de l'expérience et que, dans ce tout du phénomène, nous concevons une chose individuelle qui contient toute la réalité empirique, et qui, au moyen de la subreption transcendantale, dont nous avons déjà parlé, se transforme en concept d'une chose située au sommet de la possibilité de toutes les choses pour la détermination complète desquelles elle fournit des conditions réelles*.

TROISIÈME SECTION

Des preuves fondamentales de la raison spéculative qui servent à conclure l'existence d'un Être suprême.

Nonobstant ce pressant besoin qu'a la raison de supposer quelque chose qui soit capable de servir complètement de principe à l'entendement pour opérer la détermination entière de ses concepts, elle remarque tout de même beaucoup trop aisément ce qu'il y a d'idéal et de simplement fictif dans une pareille supposition pour qu'elle dût être persuadée par cela seul d'admettre immédiatement, comme un être réel, une simple création de sa pensée, si elle n'était pas d'ailleurs poussée par autre chose à chercher quelque part son repos dans la régression du conditionné donné vers l'inconditionné, lequel, en vérité, n'est pas encore, en soi et quant à son simple concept, donné comme réel, mais peut seul achever la série des conditions ramenées à leur principe. Or, telle est la marche naturelle que suit toute raison humaine, même la plus vulgaire, bien que toutes ne s'y tiennent pas toujours. Elle ne commence pas par des concepts, mais par l'expérience commune et, par conséquent, elle prend pour fonde-

---

* Cet idéal de l'être réel au suprême degré est donc, bien qu'il ne soit qu'une simple représentation, d'abord *réalisé*, c'est-à-dire converti en objet, ensuite *hypostasié* et enfin même, par une marche naturelle de la raison vers l'achèvement de l'unité, *personnifié*, comme nous le verrons bientôt ; c'est que l'unité régulative (48) de l'expérience ne repose pas sur les phénomènes mêmes (sur la sensibilité seule), mais sur la liaison de leur diversité opérée par l'*entendement* (dans une aperception) et que, par suite, l'unité de la réalité suprême et la déterminabilité complète (la possibilité) de toutes choses paraît résider dans un entendement suprême, par conséquent, dans une *Intelligence*.

ment quelque chose d'existant. Mais ce fondement s'écroule quand il ne repose pas sur le roc immobile de l'absolument nécessaire. Ce dernier à son tour reste lui-même suspendu sans appui, s'il y a encore, en dehors de lui et sous lui, un espace vide et s'il ne remplit pas tout lui-même, d'où il résulte qu'il ne laisse plus aucune place au *pourquoi*, et qu'il a une réalité infinie.

S'il existe quelque chose, quoi que ce soit, il faut accorder aussi que quelque chose existe *nécessairement*. Car le contingent n'existe que sous la condition d'autre chose, à titre de cause, et le même raisonnement s'applique à celle-ci jusqu'à ce qu'on arrive à une cause qui n'est plus contingente et qui, par cela même, existe nécessairement sans conditions. Tel est l'argument sur lequel la raison fonde sa progression vers l'être originaire.

Or, si la raison cherche le concept d'un être à qui convienne une prérogative d'existence telle que la nécessité inconditionnée, ce n'est pas tant pour conclure alors *a priori* du concept de cet être à son existence (car si elle osait procéder ainsi, elle n'aurait, en général, qu'à chercher parmi de simples concepts, sans avoir besoin de prendre pour fondement une existence donnée); c'est seulement pour trouver, parmi tous les concepts des choses possibles, celui qui n'a rien en soi de contraire à la nécessité absolue. Qu'il doive exister, en effet, quelque chose d'absolument nécessaire, c'est ce qu'elle tient pour déjà établi par le premier raisonnement. Si donc elle peut écarter tout ce qui ne s'accorde pas avec cette nécessité, sauf une chose, cette chose sera l'être absolument nécessaire, que l'on puisse ou non en comprendre la nécessité, c'est-à-dire la dériver de son concept seul.

Or, il semble que ce dont le concept renferme la raison de toutes choses, et une raison qui n'est en défaut dans aucun cas et sous aucun point de vue et qui suffit partout comme condition, soit, par là même, l'être à qui convient la nécessité absolue, puisque, possédant par lui-même toutes les conditions de tout le possible, il n'a besoin lui-même d'aucune condition et qu'il n'en est même pas susceptible, et que, par suite, du moins d'un côté, il satisfait au concept de la nécessité inconditionnée, ce que ne peut faire comme lui tout autre concept qui, étant défectueux et manquant de complément, ne montre jamais en lui-même un pareil caractère d'indépendance à l'égard de toutes les conditions ultérieures. Il est vrai qu'on ne peut pas encore conclure sûrement de cela que ce qui ne renferme pas en soi la condition suprême et parfaite sous tous les rapports doive être, par là même, conditionné quant à son existence ; mais il lui manque cependant le caractère d'existence inconditionnée qui seul rend la raison capable de reconnaître un être comme inconditionné au moyen d'un concept *a priori*.

Le concept d'un être doué de la réalité suprême serait, par conséquent, parmi tous les concepts de choses possibles, celui qui conviendrait le mieux au concept d'un être inconditionnellement nécessaire, et, alors même qu'il n'y satisferait pas pleinement, nous n'avons pas le choix et nous nous voyons forcés, au contraire, de nous y tenir, parce que nous ne pouvons pas jeter au vent l'existence d'un être nécessaire ; mais, en accordant cette existence, nous ne pouvons, cependant, rien trouver, dans tout le champ de la possibilité, qui puisse élever une prétention fondée à une telle prérogative dans l'existence.

Telle est donc la marche naturelle de la raison humaine. Elle se persuade tout d'abord de l'existence de quelque être nécessaire. Elle reconnaît dans cet être une existence inconditionnée. Or, elle cherche le concept de ce qui est indépendant de toute condition et elle le trouve dans ce qui est en soi la condition suffisante de tout le reste, c'est-à-dire dans ce qui contient toute réalité. Mais le tout sans limites est unité absolue et il implique le concept d'un être unique, c'est-à-dire de l'Être suprême ; et la raison conclut ainsi que l'Être suprême, comme principe fondamental de toutes choses, existe d'une manière absolument nécessaire.

On ne saurait refuser à ce concept une certaine solidité quand il s'agit de *décider*, c'est-à-dire quand une fois l'existence de quelque être nécessaire est accordée et que l'on convient d'en embrasser la cause, où que l'on veuille le placer : car alors, on ne peut pas faire un choix plus convenable, ou plutôt on n'a pas le choix, mais on est obligé de donner son suffrage à l'unité absolue de la réalité parfaite, comme à la source originaire de la possibilité. Mais si rien ne nous pousse à nous décider et que nous préférions laisser de côté toute cette affaire, jusqu'à ce que nous soyons contraints à consentir par le seul poids des arguments, c'est-à-dire s'il ne s'agit que de *juger* simplement ce que nous savons de ce problème et ce que nous nous flattons seulement de savoir, alors il s'en faut de beaucoup que le raisonnement précédent se montre dans une posture aussi avantageuse, et il a besoin que la faveur supplée à son manque de titres légitimes.

En effet, admettons comme bien établi tout ce qui nous est ici présenté, à savoir que, premièrement, de quelque existence donnée (ne fût-ce, au moins, que de la mienne propre), on peut conclure légitimement à l'existence d'un être inconditionnellement nécessaire, et que, secondement, on doit regarder comme absolument inconditionné un être qui contient toute réalité et, par suite, aussi toute condition, ce qui nous fait trouver le concept d'une chose à laquelle convient la nécessité absolue ; nous ne pouvons, pourtant, nullement en conclure que le concept d'un être limité, qui n'a pas la réalité suprême, répugne, pour cela même, à la nécessité absolue. Car, bien que je ne rencontre pas dans le concept de cet être l'inconditionné qui implique déjà par lui-même le tout des conditions, on ne peut cependant pas en conclure que son existence doive être par là même conditionnée ; pas plus qu'on ne peut dire dans un raisonnement hypothétique : là où n'est pas une certaine condition (à savoir, ici, la perfection suivant des concepts), là n'est pas non plus le conditionné. Il nous sera plutôt permis de donner tous les autres êtres limités comme tout aussi inconditionnellement nécessaires, quoique nous ne puissions pas conclure leur nécessité du concept général que nous en avons. Mais, de cette manière, cet argument ne nous fournit pas le moindre concept des propriétés d'un être nécessaire et il n'aboutit jamais à rien du tout.

Cet argument conserve toutefois une certaine importance et un certain décorum qui, malgré son insuffisance objective, ne peuvent pourtant pas lui être enlevés tout d'un coup. Car, supposez des obligations tout à fait rigoureuses dans l'idée de la raison, mais qui seraient sans aucune réalité d'application par rapport à nous-mêmes, c'est-à-dire sans mobiles, si nous ne supposions pas un Être suprême capable de donner aux lois pratiques leur effet et leur influence (*Nachdruck*) ; nous aurions aussi dans ce cas l'obligation de suivre les concepts qui, bien que pouvant ne pas être objectivement suffisants, sont cependant décisifs, quant à la mesure de notre raison, et en comparaison desquels nous ne connaissons rien de meilleur ni de plus convaincant. Le devoir de choisir mettrait fin, de la sorte, à l'irrésolution de la spéculation par le moyen d'une addition pratique, et même la raison, en sa qualité de juge très vigilant, ne trouverait en elle-même aucune justification si, sous l'influence de mobiles pressants, malgré l'insuffisance de ses lumières, elle ne suivait pas ces principes de son jugement qui sont, au moins, les meilleurs que nous connaissions.

Bien que cet argument soit, dans le fait, transcendantal, puisqu'il repose sur l'insuffisance intrinsèque du contingent, il est, cependant, si simple et si naturel qu'il est conforme au sens commun le plus vulgaire, dès qu'une fois il lui est présenté. On voit des choses changer, naître et périr; il faut donc que ces choses, ou du moins leur état, aient une cause. Mais toute cause qui peut jamais être donnée dans l'expérience ramène, à son tour, la même question. Or, où placerons-nous plus justement la causalité *suprême*, sinon dans ce qui est aussi la *plus haute* causalité, c'est-à-dire dans l'Être qui renferme originairement en soi la raison suffisante de tout effet possible et dont le concept est aussi déterminé (*zu Stande kommt*) très facilement par l'unique trait d'une perfection infinie. Nous tenons donc cette cause suprême pour absolument nécessaire, parce que nous trouvons qu'il est absolument nécessaire de s'élever jusqu'à elle et que nous n'avons aucune raison de remonter encore au-dessus d'elle. Aussi voyons-nous, chez tous les peuples, briller, à travers le polythéisme le plus aveugle, quelques étincelles du monothéisme auquel ils sont conduits non par la réflexion ou de profondes spéculations, mais seulement par une marche naturelle du sens commun s'éclairant peu à peu.

Il n'y a donc, par la raison spéculative, que trois preuves possibles de l'existence de Dieu.

Ou bien toutes les voies, que l'on a tentées dans ce but, partent de l'expérience déterminée et de la nature particulière de notre monde sensible que l'expérience nous fait connaître, et s'élèvent de là, suivant les lois de la causalité, jusqu'à la cause suprême résidant hors du monde; ou bien elles ne prennent pour point de départ empirique qu'une expérience indéterminée, c'est-à-dire une existence quelconque ; ou bien, enfin, elles font abstraction de toute expérience et concluent, tout à fait *a priori*, de simples concepts à l'existence d'une cause suprême. La première preuve est la preuve *physico-théologique*, la deuxième, la preuve *cosmologique*, et la troisième, la preuve *ontologique*. Il n'y en a pas et il ne peut pas y en avoir d'autres.

Je démontrerai que la raison n'avance pas plus dans une voie (dans la voie empirique) que dans l'autre (dans la voie transcendantale) et que c'est vainement qu'elle déploie ses ailes pour s'élever au-dessus du monde sensible par la simple puissance de la spéculation. Pour ce qui est de l'ordre où ces diverses preuves doivent être examinées, il sera précisément l'inverse de celui que suit la raison, en se développant peu à peu, et dans lequel nous les avons d'abord représentées. On verra, en effet, que, si l'expérience en donne la première occasion, ce n'en est pas moins le simple *concept transcendantal* qui guide la raison dans cet effort et qui fixe à toutes ses recherches de ce genre le but qu'elle s'est proposé. Je commencerai donc par l'examen de la preuve transcendantale et je verrai, après cela, ce que l'addition de l'empirique peut ajouter à sa force démonstrative.

QUATRIÈME SECTION

De l'impossibilité d'une preuve ontologique de l'existence de Dieu.

On voit aisément, d'après ce qui précède, que le concept d'un être absolument nécessaire est un concept pur de la raison, c'est-à-dire une simple idée dont la réalité objective est bien loin d'être encore prouvée par cela seul que la raison en a besoin, qui, d'ailleurs, ne fait que nous indiquer une certaine perfection inaccessible et qui sert proprement à limiter l'entendement plutôt qu'à l'étendre à de nouveaux objets. Or, il y a ici quelque chose d'étrange et de paradoxal : c'est que le raisonnement concluant d'une existence donnée en général à quelque existence absolument nécessaire paraît être pressant et rigoureux, et que nous avons pourtant tout à fait contre nous toutes les conditions nécessaires à l'entendement pour se faire un concept d'une telle nécessité.

On a, de tout temps, parlé de l'être *absolument nécessaire* et l'on ne s'est pas donné autant de peine pour comprendre si et comment on peut seulement concevoir une chose de cette espèce que pour en prouver l'existence. Or, il est vrai qu'il est très aisé de donner une définition nominale de ce concept, en disant que c'est quelque chose dont la non-existence est impossible; mais on n'est pas plus instruit pour cela en ce qui concerne les conditions qui rendent impossible de regarder la non-existence d'une chose comme absolument inconcevable et qui sont proprement ce que l'on veut savoir, je veux dire que l'on ignore si, par ce concept, nous pensons ou non quelque chose en général. En effet, écarter par le mot *inconditionné* toutes les conditions, dont l'entendement a toujours besoin, pour considérer quelque chose comme nécessaire, cela ne suffit pas encore à me faire comprendre si, par ce concept d'un être inconditionnellement nécessaire, je pense encore quelque chose ou si, peut-être, je ne pense plus rien du tout.

Bien plus, on a cru encore expliquer par une foule d'exemples ce concept risqué, d'abord, à tout hasard et, à la fin, devenu tout à fait familier, de telle sorte que toute recherche ultérieure sur son intelligibilité parût tout à fait inutile. Toute proposition de géométrie, par exemple : qu'un triangle a trois angles, est absolument nécessaire; et l'on a parlé ainsi d'un objet qui est entièrement hors de la sphère de notre entendement, comme si l'on avait parfaitement compris ce qu'on en voulait dire par le concept qui l'intéresse.

Tous les exemples qu'on avance ne sont tirés, sans exception, que des *jugements*, et non des *choses* et de leur existence. Mais la nécessité inconditionnée des jugements n'est pas une nécessité absolue des choses. Car la nécessité absolue du jugement n'est qu'une nécessité conditionnée de la chose ou du prédicat dans le jugement. La proposition précédente ne disait pas que trois angles existent d'une manière absolument nécessaire, mais que, si l'on pose la condition qu'un triangle existe (soit donné), il y a aussi en lui trois angles nécessairement. Toutefois, cette nécessité logique a montré une si grande puissance d'illusion qu'après s'être fait d'une chose un concept *a priori* agencé de telle façon que, de l'avis commun, l'existence rentrait dans sa compréhension (*das Dasein mit in seinen Umfang begriff*), on a cru pouvoir en conclure sûrement que, puisque l'existence appartient nécessairement à l'objet de ce concept, c'est-à-dire sous la condition que je pose cette chose comme donnée (comme existante), son existence est aussi posée nécessairement (en vertu de la règle d'identité) et que cet être est, en conséquence, absolument nécessaire lui-même, parce que son existence a été conçue dans un concept arbitraire et sous la condition que j'en pose l'objet.

Si je supprime le prédicat, dans un jugement identique, et que je garde le sujet, il en résulte une contradiction, et c'est pourquoi je dis que ce prédicat convient nécessairement au sujet. Mais si j'enlève le sujet en même temps que le prédicat, il n'y a plus de contradiction, car il ne reste *plus rien* que la contradiction puisse affecter. Poser un triangle en en supprimant les trois angles est contradictoire ; mais faire disparaître à la fois le triangle et les trois angles, il n'y a plus là de contradiction. Il en est exactement de même du concept d'un être absolument nécessaire. Si vous lui ôtez l'existence, vous supprimez la chose même avec tous ses prédicats ; d'où peut alors venir la contradiction ? Il n'y a rien extérieurement avec quoi il puisse y avoir contradiction, car la chose ne doit pas être extérieurement nécessaire ; il n'y a rien non plus intérieurement, car en supprimant la chose elle-même, vous avez supprimé en même temps ce qui est intérieur. Dieu est tout-puissant : c'est là un jugement nécessaire. La toute-puissance ne peut pas être supprimée dès que vous posez une divinité, c'est-à-dire un être infini avec le concept duquel cet attribut est identique. Mais si vous dites : *Dieu n'est pas*, ni la toute-puissance, ni aucun autre de ces prédicats n'est donné, car ils ont été supprimés tous ensemble avec le sujet et il n'y a plus la moindre contradiction dans cette pensée.

Vous avez donc vu que, si je supprime le prédicat d'un jugement en même temps que le sujet, il ne peut jamais en résulter de contradiction interne, quel que soit ce prédicat. Or, il ne vous reste pas d'autre refuge que de dire : il y a des sujets qui ne peuvent pas du tout être supprimés et qui, par conséquent, doivent subsister. Mais cela reviendrait à dire qu'il y a des sujets absolument nécessaires, supposition dont j'ai précisément contesté la légitimité et dont vous vouliez essayer de me montrer la possibilité. Car il m'est impossible de me faire le moindre concept d'une chose qui, même supprimée ainsi que tous ses prédicats, donne encore lieu à la contradiction et, en dehors de la contradiction, je n'ai, par de simples concepts purs *a priori*, aucun critérium de l'impossibilité.

Contre tous ces raisonnements généraux (auxquels personne ne peut se refuser) vous m'objectez un cas que vous présentez comme une preuve de fait, en me disant qu'il y a pourtant un concept, et, à la vérité, celui-là seul, où la non-existence est contradictoire en soi, c'est-à-dire dont on ne saurait sans contradiction supprimer l'objet, et que ce concept est celui de l'être infiniment réel. Il a, dites-vous, toute réalité et vous avez le droit d'admettre un tel être comme possible (ce que j'accorde pour le moment, bien que l'absence de contradiction de ce concept soit encore loin de prouver la possibilité de l'objet)*. Or, l'existence est comprise elle-même dans la *toute réalité* : donc, l'existence est contenue dans le concept d'un possible. Par conséquent, si cette chose est supprimée, la possibilité interne de la chose est supprimée aussi, ce qui est contradictoire.

Je réponds : Vous êtes déjà tombé dans une contradiction quand, dans le concept d'une chose que vous voulez uniquement concevoir au point de vue de sa possibilité, vous avez déjà introduit le concept de son existence, sous quelque nom qu'elle se cache. Si l'on vous accorde ce point, vous avez, en apparence, partie gagnée, mais, dans le fait, vous n'avez rien dit; car vous avez commis une simple tautologie. Je vous demande : cette proposition : *telle chose ou telle autre* (que je vous accorde comme possibles, quelles qu'elles soient) *existe*, cette proposition est-elle, dis-je, une proposition analytique ou une proposition synthétique. Si elle est analytique, par l'existence de la chose vous n'ajoutez rien à votre pensée de la chose, et alors, de deux choses l'une : ou la pensée qui est en vous doit être la chose elle-même, ou bien

---

* Le concept est toujours possible, quand il n'est pas contradictoire. C'est le critérium logique de la possibilité et par là son objet se distingue du *nihil negativum*. Mais il n'en peut pas moins être un concept vide, quand la réalité objective de la synthèse par laquelle le concept est produit n'est pas démontrée en particulier, et cette démonstration, ainsi que nous l'avons montré plus haut, repose toujours sur les principes de l'expérience possible et non sur le principe de l'analyse (le principe de contradiction). Cela nous avertit de ne pas conclure aussitôt de la possibilité (logique) des concepts à la possibilité (réelle) des choses.

vous avez supposé une existence comme faisant partie de la possibilité, et alors l'existence est soi-disant conclue de la possibilité interne, ce qui n'est autre chose qu'une misérable tautologie. Le mot réalité qui, dans le concept de la chose, sonne tout autrement que celui d'existence dans le concept du prédicat, ne résout pas cette question. Car si vous appelez aussi réalité tout ce que vous posez (sans déterminer ce que vous posez), vous avez déjà posé et admis, comme réelle, dans le concept du sujet, la chose même accompagnée de tous ses attributs; dans le prédicat vous ne faites que le répéter. Si vous avouez, au contraire, comme tout homme raisonnable doit raisonnablement le faire, que toute proposition d'existence est synthétique, comment voulez-vous soutenir que le prédicat de l'existence ne peut être supprimé sans contradiction, puisque ce privilège n'appartient proprement qu'aux propositions analytiques, dont le caractère repose précisément là-dessus !

Je pourrais sans doute espérer avoir directement réduit à rien cette vaine argutie par une détermination précise du concept de l'existence, si je n'avais fait l'expérience que l'illusion résultant de la confusion d'un prédicat logique avec un prédicat réel (c'est-à-dire avec la détermination d'une chose) repousse presque tout éclaircissement. Tout peut servir indistinctement de prédicat logique et même le sujet peut se servir à lui-même de prédicat; car la logique fait abstraction de tout contenu. Mais la *détermination* est un prédicat qui s'ajoute au concept du sujet et l'augmente. Elle ne doit donc pas y être déjà contenue.

Être n'est évidemment pas un prédicat réel, c'est-à-dire un concept de quelque chose qui puisse s'ajouter au concept d'une chose. C'est simplement la position d'une chose ou de certaines déterminations en soi. Dans l'usage logique, ce n'est que la copule d'un jugement. Cette proposition : *Dieu est tout-puissant,* renferme deux concepts qui ont leurs objets : Dieu et toute-puissance; le petit mot *est* n'est pas du tout encore par lui-même un prédicat, c'est seulement ce qui met le prédicat *en relation* avec le sujet. Or, si je prends le sujet (Dieu) avec tous ses prédicats (dont la toute-puissance fait aussi partie) et que je dise : *Dieu est,* ou il est un Dieu, je n'ajoute aucun nouveau prédicat au concept de Dieu, mais je ne fais que poser le sujet en lui-même avec tous ses prédicats, et en même temps, il est vrai, l'*objet* qui correspond à mon *concept*. Tous deux doivent exactement renfermer la même chose et, par conséquent, rien de plus ne peut s'ajouter au concept qui exprime simplement la possibilité, par le simple fait que je conçois (par l'expression : il est) l'objet de ce concept comme donné absolument. Et ainsi, le réel ne contient rien de plus que le simple possible. Cent thalers réels ne contiennent rien de plus que cent thalers possibles. Car, comme les thalers possibles expriment le concept et les thalers réels, l'objet et sa position en lui-même, au cas où celui-ci contiendrait plus que celui-là, mon concept n'exprimerait pas l'objet tout entier et, par conséquent, il n'en serait pas, non plus, le concept adéquat. Mais je suis plus riche avec cent thalers réels qu'avec leur simple concept (c'est à-dire qu'avec leur possibilité). Dans la réalité, en effet, l'objet n'est pas simplement contenu analytiquement dans mon concept, mais il s'ajoute synthétiquement à mon concept (qui est une détermination de mon état), sans que, par cette existence en dehors de mon concept, ces cent thalers conçus soient le moins du monde augmentés.

Quand donc je conçois une chose, quels que soient et si nombreux que soient les prédicats par lesquels je la pense (même dans la détermination complète), en ajoutant, de plus, que cette chose *existe,* je n'ajoute absolument rien à cette chose. Car autrement, ce qui existerait ne serait pas exactement ce que j'avais conçu dans mon concept, mais bien quelque chose de plus, et je ne pourrais pas dire que c'est précisément l'objet de mon concept qui existe. Si je conçois aussi dans une chose toute réalité sauf une, du fait que je dis qu'une telle chose défectueuse existe, la réalité qui lui manque ne s'y ajoute pas, mais au contraire cette chose existe avec exactement le même défaut qui l'affectait lorsque je l'ai conçue, car autrement il existerait quelque chose d'autre que ce que j'ai conçu. Or, si je conçois un être à titre de réalité suprême (sans défaut), il reste toujours à savoir, pourtant, si cet être existe ou non. En effet, bien qu'à mon concept il ne manque rien du contenu réel possible d'une chose en général, il manque cependant encore quelque chose au rapport à tout mon état de pensée, à savoir que la connaissance de cet objet soit aussi possible *a posteriori*. Et ici se montre la cause de la difficulté qui règne sur ce point. S'il était question d'un objet des sens, je ne pourrais pas confondre l'existence de la chose avec le simple concept de la chose. Car le concept ne me fait concevoir l'objet que conformément aux conditions universelles d'une connaissance empirique possible en général, tandis que l'existence me le fait concevoir comme enfermé dans le contexte de toute l'expérience ; si donc, par sa liaison avec le contenu de toute l'expérience, le concept de l'objet n'est pas le moins du monde augmenté, notre pensée du moins en reçoit en plus une perception possible. Si, au contraire, nous voulons penser l'existence seulement par la pure catégorie, il n'est pas étonnant que nous ne puissions indiquer aucun criterium pour la distinguer de la simple possibilité.

Quelles que soient donc la nature et l'étendue de notre concept d'un objet, il nous faut cependant sortir de ce concept pour attribuer à l'objet son existence. Pour les objets des sens, cela a lieu au moyen de leur enchaînement avec quelqu'une de mes perceptions suivant des lois empiriques ; mais pour des objets (*Objecte*) de la pensée pure, il n'y a absolument aucun moyen de connaître leur existence, parce qu'elle devrait être connue entièrement *a priori*, alors que notre conscience de toute existence (qu'elle vienne soit immédiatement de la perception, soit de raisonnements qui lient quelque chose à la perception) appartient entièrement et absolument à l'unité de l'expérience, et que si une existence hors de ce champ ne peut pas, à la vérité, être absoument déclarée impossible, elle est pourtant une supposition que nous ne pouvons justifier par rien.

Le concept d'un Être suprême est une idée très utile à beaucoup d'égards ; mais, par le fait même qu'il est simplement une idée, il est incapable d'accroître par lui seul notre connaissance par rapport à ce qui existe. Il ne peut même pas nous instruire relativement à la possibilité d'une pluralité. Le caractère analytique d'une possibilité consistant en ce que de simples positions (des réalités) n'engendrent aucune contradiction, ne peut sans doute lui être contesté ; mais comme la liaison de toutes les propriétés réelles dans une chose est une synthèse dont nous ne pouvons pas juger *a priori* la possibilité, parce que les réalités ne nous sont pas données spécifiquement (49) et que, quand même cela arriverait, il n'en résulterait aucun jugement, le caractère de la possibilité de connaissances synthétiques ne devant jamais être cherché que dans l'expérience à laquelle l'objet d'une idée ne peut pas appartenir, il s'en faut bien que le célèbre Leibniz ait fait ce dont il se flattait, c'est-à-dire qu'il soit parvenu, comme il le voulait, à connaître *a priori* la possibilité d'un être idéal aussi élevé.

Par conséquent, la preuve ontologique (CARTÉSIENNE) si célèbre, qui veut démontrer par concepts l'existence d'un Être suprême fait dépenser en vain toute la peine qu'on se donne et tout le travail que l'on y consacre ; nul homme ne saurait, par de simples idées, devenir plus riche de connaissances, pas plus qu'un marchand ne le deviendrait en argent, si, pour augmenter sa fortune, il ajoutait quelques zéros à l'état de sa caisse.

CINQUIÈME SECTION

De l'impossibilité d'une preuve cosmologique de l'existence de Dieu.

Il était tout à fait contre nature, et ce fut une simple innovation de l'esprit scolastique (*Schulwitzes*), que de vouloir tirer d'une idée esquissée de manière tout arbitraire l'existence de l'objet même correspondant à cette idée. En fait, l'on ne se serait jamais engagé dans cette voie, si l'on n'avait auparavant senti le besoin qu'a notre raison d'admettre, pour l'existence en général, quelque chose de nécessaire (où l'on pût s'arrêter en remontant) et si, comme cette nécessité doit être inconditionnée et certaine *a priori*, la raison n'avait pas été obligée de chercher un concept qui satisfît, dans la mesure du possible, à une pareille exigence et fît, parfaitement *a priori*, connaître une existence. Or, on crut trouver ce concept dans l'idée d'un être souverainement réel, et si l'on se servit de cette idée, ce fut donc seulement pour avoir une connaissance plus déterminée d'une chose dont on avait, par ailleurs, la conviction ou la persuasion qu'elle devait exister : je veux dire, de l'être nécessaire. On déguisa, néanmoins, cette marche naturelle de la raison, et, au lieu de s'arrêter à ce concept, on essaya de commencer par lui pour en dériver la nécessité de l'existence qu'il n'était, cependant, que destiné à compléter. De là sortit cette malheureuse preuve ontologique qui ne contient rien de nature à satisfaire ni l'entendement naturel et sain, ni l'examen scientifique (*schulgerechte*).

La *preuve cosmologique*, que nous allons maintenant examiner, maintient l'union de la nécessité absolue avec la réalité suprême, mais, au lieu de conclure, comme la précédente, de la réalité suprême à la nécessité dans l'existence, elle conclut plutôt de la nécessité inconditionnée, préalablement donnée, de quelque être à sa réalité illimitée, et, de cette façon, du moins, elle remet tout sur la voie d'un raisonnement, dont je ne sais pas s'il est rationnel ou sophistique, mais qui est, au moins, naturel et qui emporte avec lui la plus grande persuasion, non seulement pour le vulgaire entendement, mais pour l'entendement spéculatif. Du reste, c'est visiblement cette pensée qui a tracé, pour tous les arguments de la théologie naturelle, les premiers linéaments qu'on a toujours suivis et qu'on suivra toujours, de quelques ornements qu'on les décore, sous quelques enjolivements qu'on les déguise. C'est cette preuve, que Leibniz appelait aussi *a contingentia mundi*, que nous allons maintenant exposer et soumettre à notre examen.

Elle se formule ainsi : Si quelque chose existe, il faut aussi qu'existe un être absolument nécessaire. Or, j'existe du moins moi-même. Donc, il existe un être absolument nécessaire. La mineure contient une expérience ; la majeure conclut d'une expérience en général à l'existence du nécessaire[*]. La preuve commence donc proprement par l'expérience et, par conséquent, elle n'est pas tout à fait déduite *a priori* ou ontologiquement ; et, comme l'objet de toute expérience possible est le monde, on la nomme pour ce motif, la preuve *cosmologique*. Comme, d'ailleurs, elle fait abstraction de toute propriété particulière des objets de l'expérience par où ce monde se distingue de tout autre possible, elle se distingue déjà, par son titre même, de la preuve physico-théologique qui emploie comme arguments des observations tirées de la constitution particulière de notre monde sensible.

---

[*] Cette argumentation est trop connue pour qu'il soit nécessaire de l'exposer ici plus au long. Elle s'appuie sur cette loi naturelle soi-disant transcendantale de la causalité : que tout *contingent* a sa cause qui, si elle est à son tour contingente, doit de même avoir une cause. jusqu'à ce que la série des causes subordonnées les unes aux autres s'arrête à une cause absolument nécessaire, sans laquelle elle ne serait jamais complète.

Mais la preuve va plus loin et conclut qu'il n'y a qu'une seule manière de déterminer l'être nécessaire, c'est-à-dire qu'un seul de tous les prédicats possibles opposés peut le déterminer et que, par conséquent, il faut qu'il soit *complètement* déterminé par son concept. Or, il ne peut y avoir qu'un seul concept de choses qui détermine complètement cette chose *a priori*, je veux parler du concept de l'*ens realissimum*; donc le concept de l'être souverainement réel est le seul par lequel un être nécessaire puisse être conçu, c'est-à-dire qu'il existe nécessairement un Être suprême.

Dans cette preuve cosmologique, il se présente tant de propositions sophistiques à la fois que la raison spéculative semble y avoir déployé tout son art dialectique afin de produire la plus grande apparence transcendantale possible. Nous laisserons un moment de côté son examen pour nous borner à mettre en évidence l'artifice avec lequel la raison fait passer pour nouveau un vieil argument revêtu d'un autre habit et en appelle à l'accord de deux témoins, je veux dire au témoin qu'est la raison pure et à un autre dont le témoignage est empirique, tandis que c'est le premier seul qui change simplement de costume et de voix pour se faire passer pour le second. Pour se donner un fondement solide, cette preuve s'appuie sur l'expérience et se donne ainsi l'apparence de différer de l'argument ontologique, qui met toute sa confiance en de simples concepts purs *a priori*. Mais la preuve cosmologique ne se sert de cette expérience que pour faire un seul pas, c'est-à-dire pour s'élever à l'existence d'un être nécessaire en général. L'argument empirique ne peut rien apprendre concernant les attributs de cet être ; et alors la raison prend tout à fait congé de lui et cherche, derrière de simples concepts, quels doivent être les attributs d'un être absolument nécessaire en général, c'est-à-dire d'un être qui, parmi toutes les choses possibles, renferme les conditions requises (les *requisita*) pour une nécessité absolue. Or, elle ne croit rencontrer ces conditions uniquement que dans le concept d'un être souverainement réel et elle conclut alors que cet être est l'être absolument nécessaire. Mais il est clair que l'on suppose ici que le concept d'un être de la réalité la plus parfaite satisfait pleinement au concept de la nécessité absolue dans l'existence, c'est-à-dire qu'on peut conclure de la première à la seconde ; c'est là une proposition que soutenait l'argument ontologique. On introduit donc ce dernier dans la preuve cosmologique, à laquelle on le fait servir de fondement, alors qu'on avait voulu cependant l'éviter. La nécessité absolue est, en effet, une existence tirée de simples concepts. Or, si je dis que le concept de l'être souverainement réel (*entis realissimi*) est un concept de cette espèce et qu'il est le seul à être conforme et adéquat à l'existence nécessaire, il me faut accorder aussi que cette dernière en peut être conclue. Ce n'est donc proprement que dans la preuve ontologique par simples concepts que réside toute la force de ce qu'on prétend être une preuve cosmologique, et l'expérience, à laquelle on croit faire appel, est tout à fait inutile, peut-être, pour ne nous mener qu'au concept de la nécessité absolue, — mais, à coup sûr, elle ne l'est pas pour nous montrer cette nécessité dans une chose déterminée. — En effet, dès que nous nous proposons ce but, il nous faut aussitôt abandonner toute expérience et chercher parmi des concepts purs, celui d'entre eux qui peut bien renfermer les conditions de la possibilité d'un être absolument nécessaire. Il suffit, de cette manière, qu'on voie la possibilité d'un être de ce genre pour que son existence soit aussi démontrée ; car cela revient à dire que dans tout le possible il y a un être qui implique la nécessité absolue, c'est-à-dire que cet être existe d'une manière absolument nécessaire.

Il est très facile de faire voir toutes les illusions que contient ce raisonnement, en ramenant ses arguments à la forme syllogistique. Voici comment on peut le faire.

Si cette proposition est juste : tout être absolument nécessaire est en même temps l'être souverainement réel (et c'est là le *nervus probandi* de la preuve cosmologique), cette proposition doit pouvoir, comme tous les jugements affirmatifs, se convertir au moins *per accidens*, et alors, on aura : quelques êtres souverainement réels sont en même temps des êtres absolument nécessaires. Or un *ens realissimum* ne diffère d'un autre sous aucun rapport et, par conséquent, ce qui s'applique à *quelques* êtres contenus dans ce concept s'applique aussi à *tous*. Donc, je pourrai (dans ce cas) convertir aussi la proposition absolument et dire : tout être souverainement réel est un être nécessaire. Or, comme cette proposition est déterminée *a priori* par ses seuls concepts, il faut que le simple concept de l'être le plus réel implique la nécessité absolue de cet être ; c'est exactement ce qu'affirmait la preuve ontologique et ce que la preuve cosmologique ne voulait pas admettre bien qu'elle basât là-dessus ses conclusions, quoique d'une manière cachée.

Ainsi, la seconde voie que suit la raison spéculative pour prouver l'existence de l'Être suprême, non seulement est aussi trompeuse que la première, mais elle a, de plus, le défaut de tomber dans l'*ignoratio elenchi*, puisqu'elle nous promet de nous conduire par un chemin nouveau et qu'après un léger détour elle nous ramène à celui que nous avions quitté pour elle.

J'ai dit un peu plus haut que, dans cet argument cosmologique, se cachait toute une nichée de prétentions dialectiques que la critique transcendantale peut aisément découvrir et détruire. Je vais maintenant me borner à les indiquer et laisser au lecteur déjà exercé le soin de scruter plus à fond et de réfuter les principes illusoires.

On y trouve donc, par exemple : 1° le principe transcendantal qui nous fait conclure du contingent à une cause, principe qui n'a de valeur que dans le monde sensible, mais qui n'a plus même de sens hors de ce monde. Car le concept purement intellectuel du contingent ne peut produire aucune proposition synthétique telle que celle de la causalité et le principe de cette dernière n'a aucune valeur ni aucun critérium de son usage ailleurs que dans le seul monde sensible ; or, ici, il devrait servir précisément à sortir du monde sensible. 2° Le principe qui nous sert à conclure de l'impossibilité d'une série infinie de causes données les unes au-dessus des autres dans le monde sensible à une première cause, principe dont les principes de l'usage rationnel ne nous autorisent pas à nous servir même dans l'expérience et qu'à plus forte raison nous ne pouvons pas étendre au delà de l'expérience (là où cette chaîne ne peut pas être prolongée). 3° Le faux contentement de soi-même qu'éprouve la raison par rapport à l'achèvement de cette série, par cela même qu'on laisse enfin de côté toute condition, sans laquelle, pourtant, ne peut avoir lieu nul concept de nécessité ; comme alors on ne peut plus rien comprendre, on prend ceci pour l'achèvement de son concept. 4° La confusion de la possibilité logique d'un concept de toute la réalité réunie (sans contradiction interne) avec la possibilité transcendantale ; or, cette dernière, pour opérer une synthèse de ce genre, a besoin d'un principe qui, à son tour, ne peut s'appliquer que dans le domaine de l'expérience possible, etc.

L'artifice de la preuve cosmologique a simplement pour but d'éviter la preuve de l'existence d'un être nécessaire *a priori* par de simples concepts, preuve qui devrait être ontologiquement déduite, ce dont nous nous sentons tout à fait incapables, cependant. Dans ce but nous concluons, autant qu'on peut le faire, d'une existence réelle prise pour fondement (d'une expérience en général) à quelque condition absolument nécessaire de cette existence. Nous n'avons pas alors besoin d'en expliquer la possibilité. Car, s'il est prouvé qu'il existe, la question de sa possibilité devient tout à fait inutile. Or, si nous voulons déterminer, d'une manière plus précise, dans son essence cet être nécessaire, nous ne cherchons pas ce qui est suffisant pour comprendre par son concept la nécessité de l'existence ; si nous pouvions faire cela, nous n'aurions, en effet, besoin d'aucune supposition empirique ; non ; nous cherchons seulement la condition négative (*conditio sine qua non*) sans laquelle un être ne serait pas absolument nécessaire. Or, cela irait bien dans tout autre sorte de raisonnement remontant d'une conséquence donnée à son principe ; malheureusement, il se trouve que la condition exigée pour la nécessité absolue ne peut se rencontrer que dans un être unique qui, par conséquent, devrait renfermer dans son concept tout ce qui est requis pour la nécessité absolue et qui, par conséquent, rend possible une conclusion *a priori* de cette nécessité ; c'est-à-dire que je devrais aussi pouvoir conclure, réciproquement, que la chose, à laquelle ce concept (de la réalité suprême) convient, est absolument nécessaire, et, si je ne peux pas conclure ainsi (ce que je dois bien avouer, si je veux éviter l'argument ontologique), je suis aussi désemparé dans cette nouvelle voie et je me retrouve ici, de nouveau, à mon point de départ. Le concept de l'Être suprême satisfait bien *a priori* à toutes les questions qui peuvent être proposées au sujet des déterminations internes d'une chose, et c'est aussi pour ce motif qu'il est un idéal sans pareil, puisque le concept général le désigne en même temps comme un individu parmi toutes les choses possibles. Mais il ne satisfait pas à la question qu'on élève sur sa propre existence, et c'était là pourtant la seule chose qu'on lui demandât ; si quelqu'un admettait donc l'existence d'un être nécessaire et voulait seulement savoir quelle chose entre toutes les autres devrait être regardée comme telle, il serait impossible de lui répondre : voilà l'être nécessaire.

Il peut bien être permis d'*admettre* l'existence d'un être souverainement suffisant, comme cause de tous les effets possibles, pour faciliter à la raison l'unité des principes d'explication qu'elle cherche. Mais oser se permettre de dire même qu'un *tel être existe nécessairement,* ce n'est plus la modeste expression d'une hypothèse permise, c'est, au contraire la prétention orgueilleuse d'une certitude apodictique ; car la connaissance de ce qu'on se vante de connaître comme absolument nécessaire doit aussi comporter une absolue nécessité.

Tout le problème de l'idéal transcendantal revient donc à trouver, soit pour la nécessité absolue un concept, soit pour le concept d'une chose quelconque l'absolue nécessité de cette chose. Si l'on peut l'un, il faut aussi qu'on puisse l'autre ; car la raison ne reconnaît comme absolument nécessaire que ce qui est nécessaire d'après son concept. Mais l'un et l'autre dépassent entièrement tous les efforts que nous pouvons tenter pour *satisfaire* sur ce point notre entendement, ainsi que toutes les tentatives que nous pouvons faire pour le tranquilliser sur son impuissance à cet égard.

La nécessité inconditionnée, qui nous est indispensable, comme dernier support de toutes choses, est le véritable abîme de la raison humaine. L'éternité même, malgré toute l'horreur sublime avec laquelle un HALLER pouvait la dépeindre, est loin de faire sur notre âme la même impression de vertige ; car elle ne fait que *mesurer* la durée des choses, mais elle ne les soutient pas. On ne peut pas se défendre de cette pensée, mais on ne peut pas, non plus, la supporter, qu'un être, que nous nous représentons comme le plus élevé de tous les êtres possibles, se dise, en quelque sorte, à lui-même : Je suis de toute éternité ; en dehors de moi rien n'existe, hormis ce qui n'existe que par ma volonté ; *mais d'où suis-je donc?* Ici, tout s'écroule au-dessous de nous, et la suprême perfection, avec la plus petite, flottent sans soutien devant la raison spéculative à qui il ne coûte rien de faire disparaître l'une et l'autre sans le moindre empêchement.

Bien des forces de la nature manifestent leur existence par

certains effets et demeurent pour nous impénétrables, car nous ne pouvons pas les pourvuivre assez loin au moyen de l'observation. L'objet transcendantal qui sert de fondement aux phénomènes et, avec lui, la raison pour laquelle notre sensibilité est soumise à ces conditions suprêmes, plutôt qu'à d'autres, sont et restent pour nous impénétrables, bien que la chose elle-même soit donnée, mais sans être aperçue. Or, un idéal de la raison pure ne peut pas être dit *impénétrable*, attendu qu'il ne peut offrir d'autre garantie de sa réalité que le besoin qu'a la raison d'achever grâce à lui toute l'unité synthétique. Donc, puisqu'il n'est pas même donné, (50) à titre d'objet concevable, il n'est pas, non plus, à ce titre, impénétrable ; mais il faut, au contraire, qu'en tant que simple idée il puisse avoir son siège et trouver sa solution dans la nature de la raison et, par conséquent, être pénétré ; car la raison consiste précisément à pouvoir rendre compte de tous nos concepts, opinions ou assertions, soit par des principes objectifs, soit, quand il ne s'agit que d'une simple apparence, au moyen de principes subjectifs.

DÉCOUVERTE ET EXPLICATION
DE L'APPARENCE DIALECTIQUE DE TOUTES LES PREUVES TRANSCENDANTALES DE L'EXISTENCE D'UN ÊTRE NÉCESSAIRE

Les deux preuves employées jusqu'ici étaient transcendantales, c'est-à-dire indépendantes de principes empiriques. En effet, bien que la preuve cosmologique se fonde sur une expérience en général, elle n'est pourtant pas tirée de quelque qualité particulière de l'expérience, mais de principes purs de la raison, ayant rapport à une existence donnée par la conscience empirique en général, et elle abandonne même ce point de départ pour s'appuyer sur de simples concepts purs. Quelle est donc, dans ces preuves transcendantales, la cause de l'apparence dialectique, mais naturelle, qui unit les concepts de la nécessité et de la réalité suprême et qui réalise et substantifie ce qui, pourtant, ne saurait être qu'une idée ? Quelle est la cause qui nous oblige d'admettre, parmi les choses existantes, quelque chose de nécessaire en soi, et qui nous fait en même temps reculer frémissants, devant l'existence d'un pareil être, ainsi que devant un abîme ; et comment se fait-il que la raison arrive à se comprendre sur ce point et sorte de l'indécision d'un assentiment craintif et toujours rétracté, pour se reposer en pleine lumière ?

Il y a quelque chose de tout à fait remarquable ; c'est que, si l'on suppose que quelque chose existe, on ne peut pas se refuser à cette conséquence : que quelque chose aussi existe nécessairement. C'est sur cette conclusion naturelle (bien qu'elle ne soit pas plus sûre pour cela) que reposait l'argument cosmologique. D'un autre côté, quel que soit le concept que j'admette d'une chose, je trouve que l'existence de cette chose ne peut jamais être par moi représentée comme absolument nécessaire et que rien ne m'empêche, quelle que soit la chose qui existe, d'en concevoir la non-existence, et par suite, je vois qu'il me faut sans doute admettre quelque chose de nécessaire pour ce qui existe en général, mais que je ne puis concevoir aucune chose comme nécessaire en soi. Cela revient à dire que je ne peux jamais *achever* la régression vers les conditions de l'existence, sans admettre un être nécessaire, mais que je ne saurais jamais *commencer* par lui.

Si je dois concevoir quelque chose de nécessaire pour les choses existantes en général, mais sans avoir le droit de concevoir aucune chose comme nécessaire en soi, il en résulte inévitablement que la nécessité et la contingence ne doivent pas concerner et atteindre les choses elles-mêmes, puisque, autrement, il se présenterait une contradiction ; que, par suite, aucun de ces deux principes n'est objectif, mais qu'ils ne peuvent jamais être que des principes subjectifs de la raison, qui, d'une part, lui font chercher, pour tout ce qui est donné comme existant, quelque chose qui soit nécessaire, c'est-à-dire l'obligent à ne pas s'arrêter ailleurs que dans une explication achevée *a priori*, et qui lui interdisent, d'autre part, d'espérer jamais cet achèvement, c'est-à-dire d'admettre comme inconditionné rien d'empirique et de se dispenser par là d'une explication ultérieure. Dans ce sens, ces deux principes peuvent fort bien subsister l'un à côté de l'autre, comme principes simplement heuristiques et *régulateurs* qui ne concernent que l'intérêt formel de la raison. Car l'un dit : vous devez philosopher sur la nature *comme* s'il y avait pour tout ce qui appartient à l'existence un premier principe nécessaire, mais seulement afin de mettre de l'unité systématique dans votre connaissance, en poursuivant une telle idée, je veux dire un principe suprême imaginaire ; tandis que l'autre nous avertit de n'admettre comme principe suprême de ce genre, c'est-à-dire comme absolument nécessaire, aucune détermination particulière concernant l'existence des choses, mais de nous garder toujours la voie ouverte pour une explication ultérieure, et de ne considérer jamais, par conséquent, aucune détermination particulière que comme conditionnée. Mais s'il nous faut considérer comme conditionnellement nécessaire tout ce qui est perçu dans les choses, aucune chose (qui puisse être donnée empiriquement) ne saurait donc être considérée comme absolument nécessaire.

Or, il résulte de là que nous devons admettre l'absolument nécessaire *hors du monde*, puisqu'il doit seulement servir de principe à la plus grande unité possible des phénomènes, à titre de raison suprême, et que nous ne pouvons jamais arriver dans le monde à cette unité, la seconde règle ordonnant aussi de regarder toujours comme dérivées toutes les causes empiriques de l'unité.

Les philosophes de l'antiquité regardaient toutes les formes de la nature comme contingentes et la matière, au jugement de la raison commune, comme originaire et nécessaire. S'ils avaient considéré la matière, non pas d'une manière relative, comme le substrat des phénomènes, mais en elle-même, quant à son existence, l'idée de la nécessité absolue se serait aussitôt évanouie. Car il n'y a rien qui attache absolument la raison à cette existence et elle peut toujours et sans contestation la supprimer par la pensée ; c'était aussi dans la seule pensée que résidait pour eux la nécessité absolue. Il fallait donc, dans cette persuasion, qu'un certain principe régulateur servît de fondement. Dans le fait, l'étendue et l'impénétrabilité (dont la réunion constitue le concept de matière) sont aussi le principe empirique suprême de l'unité des phénomènes, et ce principe, en tant qu'il est empiriquement inconditionné, possède les propriétés d'un principe régulateur. Néanmoins, comme toute détermination de la matière qui en constitue le réel, par suite aussi, l'impénétrabilité, est un effet (un acte) qui doit avoir sa cause et qui, par conséquent, n'est toujours que dérivé, la matière ne convient pas à l'idée d'un être nécessaire, comme principe de toute unité dérivée ; puisque chacune de ses propriétés réelles n'est, en tant que dérivée, que conditionnellement nécessaire et que, par conséquent, elle peut être supprimée en soi et, avec elle, toute l'existence de la matière, et puisqu'enfin, si cela n'était pas, nous aurions empiriquement atteint le principe suprême de l'unité, ce que nous défend le second principe régulateur. Il s'ensuit donc que la matière et, en général, ce qui appartient au monde, n'est pas applicable à l'idée d'un être premier nécessaire, comme simple principe de la plus grande unité empirique, mais qu'il faut placer cet être hors du monde, pour que nous puissions toujours dériver hardiment les phénomènes du monde et leur existence d'autres phénomènes, comme s'il n'y avait pas d'être nécessaire, et tendre, cependant, sans cesse à l'achèvement de la dérivation, comme si un tel être était présupposé, en qualité de principe suprême.

D'après ces considérations, l'idéal de l'Être suprême n'est autre chose qu'un *principe régulateur* de la raison, principe qui consiste à regarder toute liaison dans le monde comme résultant d'une cause nécessaire et absolument suffisante pour y fonder la règle d'une unité systématique et nécessaire suivant des lois générales dans l'explication de cette liaison; il n'est pas l'affirmation d'une existence nécessaire en soi. Mais, en même temps, on ne peut éviter de se représenter, par une subreption transcendantale, ce principe formel comme un principe constitutif et de concevoir cette unité hypostatiquement. En effet, tout comme l'espace, parce qu'il rend originairement possibles toutes les figures qui n'en sont que des limitations diverses, bien qu'il ne soit qu'un principe de la sensibilité, n'en est pas moins regardé, par là même, comme quelque chose d'absolument nécessaire et d'existant en soi et comme un objet donné en soi *a priori*; ainsi, l'unité systématique de la nature, ne pouvant d'aucune façon être posée comme principe de l'usage empirique de notre raison qu'autant que nous prenons pour fondement l'idée d'un être souverainement réel, comme cause suprême, il arrive tout naturellement aussi que cette idée est représentée par là comme un objet réel, et celui-ci, à son tour, comme nécessaire, parce qu'il est la condition suprême, et que, par conséquent, un principe *régulateur* est transformé en principe *constitutif*; cette substitution se révèle manifestement en ce que, quand je considère comme une chose en soi cet Être suprême qui, par rapport au monde, était absolument (inconditionnellement) nécessaire, cette nécessité n'est susceptible d'aucun concept et que, par conséquent, elle ne doit s'être trouvée dans ma raison qu'en qualité de condition formelle de la pensée et non comme condition matérielle et hypostatique de l'existence.

SIXIÈME SECTION

De l'impossibilité de la preuve physico-théologique.

Si donc ni le concept de choses en général, ni l'expérience de quelque *existence en général* ne peuvent donner ce qui est requis, il ne reste plus qu'un moyen : c'est de chercher si une *expérience déterminée*, par conséquent celle des choses de ce monde, sa nature et son ordonnance ne fournissent pas une preuve qui puisse nous conduire sûrement à la conviction de l'existence d'un Être suprême. Nous appellerions une preuve de ce genre la preuve *physico-théologique*. Si cette preuve était elle-même impossible, il n'y aurait plus absolument aucune preuve suffisante tirée de la raison simplement spéculative en faveur de l'existence d'un être correspondant à notre idée transcendantale.

D'après toutes les remarques précédentes, on apercevra tout de suite que la solution de cette question doit être tout à fait aisée et solide. Comment, en effet, une expérience pourrait-elle jamais être donnée qui soit adéquate à une idée? C'est précisément le propre d'une d'idée qu'une expérience ne puisse jamais lui être adéquate. L'idée transcendantale d'un être premier nécessaire absolument suffisant est si immensément grande et si élevée au-dessus de tout ce qui est empirique et toujours conditionné que, d'une part, on ne saurait jamais trouver dans l'expérience assez de matière pour remplir un tel concept, et que, d'autre part, on tâtonne toujours parmi le conditionné et que l'on recherche toujours en vain l'inconditionné dont aucune loi d'une synthèse empirique ne nous donne un exemple ni le moindre indice.

Si l'Être suprême se trouvait dans cette chaîne des conditions, il serait lui-même un chaînon de cette série et, de même que les membres inférieurs, à la tête desquels il est placé, il exigerait encore une recherche ultérieure d'un principe

IMPOSSIBILITÉ DE LA PREUVE PHYSICO-THÉOLOGIQUE 509

plus élevé d'où il dépende. Veut-on le détacher, au contraire, de cette chaîne et ne pas le comprendre, à titre d'être simplement intelligible, dans la série des causes naturelles, quel pont la raison peut-elle bien alors jeter pour arriver jusqu'à lui? puisque toutes les lois du passage des effets aux causes et même toute la synthèse et toute l'extension de notre connaissance en général ne portent que sur l'expérience possible, c'est-à-dire sur les objets du monde possible, et qu'elles ne peuvent avoir de sens que par rapport à eux.

Le monde actuel nous offre un si vaste théâtre de variété, d'ordre, de finalité et de beauté, qu'on le considère soit dans l'immensité de l'espace, soit dans son infinie division, que, même avec les connaissances que notre faible entendement a pu en acquérir, toute langue est impuissante à traduire son impression devant tant et de si grandes merveilles, tout nombre perd sa force de mesure et nos pensées mêmes regrettent de ne plus avoir de limite, de telle sorte que notre jugement sur le tout finit par se résoudre en un étonnement muet, mais d'autant plus éloquent. Nous voyons partout une chaîne d'effets et de causes, de fins et de moyens, une régularité dans l'apparition et la disparition des choses, et, comme rien, de soi-même, n'est arrivé à l'état où il se trouve, cet état indique toujours plus loin une autre chose, comme sa cause, laquelle, à son tour, rend la même question nécessaire, de telle sorte que le tout finirait par tomber dans l'abîme du néant, si l'on n'admettait quelque chose qui, existant par soi originairement et d'une manière indépendante, en dehors de cet infini contingent, servît de soutien à ce *tout* et qui, en étant l'origine, en garantît à la fois la durée. Cette cause suprême (par rapport à toutes les choses du monde), de quelle grandeur doit-on la concevoir? Nous ne connaissons pas le monde quant à son contenu total, encore moins pouvons-nous en apprécier la grandeur, en le comparant à tout ce qui est possible. Mais, puisque, au point de vue de la causalité, nous avons besoin d'un être dernier et suprême, qui nous empêche, en même temps, de le placer, quant au degré de perfection, au-dessus de tout autre possible? Nous pouvons aisément le faire, bien que nous devions évidemment nous contenter d'en esquisser un concept abstrait, en nous représentant réunie en lui, comme dans une substance unique, toute la perfection possible. Ce concept, favorable aux exigences de notre raison dans l'économie des principes, n'est soumis en lui-même à aucune contradiction, et il est même avantageux, au point de vue de l'extension de l'usage de la raison au milieu de l'expérience, parce qu'une pareille idée nous dirige vers l'ordre et la finalité, sans jamais être ouvertement contraire à une expérience.

Cet argument mérite toujours d'être rappelé avec respect. Il est le plus ancien, le plus clair et le plus conforme à la raison commune. Il vivifie l'étude de la nature en même temps qu'il en tire son existence et en reçoit toujours de nouvelles forces. Il conduit à des fins et à des desseins que notre réflexion n'aurait pas pu découvrir d'elle-même et il étend nos connaissances de la nature par le fil conducteur d'une unité particulière dont le principe est en dehors de la nature. Mais ces connaissances influent à leur tour sur leur cause, c'est-à-dire sur l'idée qui leur a donné lieu, et fortifient notre croyance en un auteur suprême jusqu'à en faire une conviction irrésistible.

Ce serait donc non seulement nous priver d'une consolation, mais encore tenter l'impossible que de vouloir enlever quelque chose à l'autorité de cette preuve. La raison, sans cesse élevée par des arguments si puissants et qui vont toujours se multipliant sous sa main, bien qu'ils ne soient qu'empiriques, ne peut être tellement abaissée par le doute d'une spéculation subtile et abstraite qu'elle ne doive être arrachée, comme à un songe, à toute indécision sophistique, par un regard jeté sur les merveilles de la nature et sur la structure majestueuse du monde, pour s'élancer, de grandeur en grandeur, jusqu'à la grandeur la plus haute de toutes, et, de conditions en conditions, jusqu'à l'auteur suprême et inconditionné.

Bien que nous n'ayons rien à objecter contre ce qu'il y a de raisonnable et d'utile dans ce procédé, mais que nous ayons au contraire plutôt à cœur de le recommander et de l'encourager, nous ne pouvons cependant approuver, pour ce motif, les prétentions qu'élèverait cet argument à une certitude apodictique et à une adhésion qui n'aurait plus besoin ni d'aucune faveur, ni d'aucun appui étranger : on ne saurait nuire à la bonne cause en rappelant le langage dogmatique d'un disputeur tranchant au ton de modération et de modestie convenables à une foi qui est suffisante pour le repos, mais qui ne commande pas, néanmoins, une sommission absolue (*unbedingte*). J'affirme donc que cette preuve physico-théologique ne peut jamais à elle seule démontrer l'existence d'un Être suprême et qu'elle doit toujours laisser à l'argument ontologique (auquel elle sert seulement d'introduction) la tâche de combler cette lacune et que, par conséquent, ce dernier demeure toujours la *seule preuve possible* (si toutefois il peut y avoir une preuve spéculative) qu'aucune raison humaine ne saurait dépasser.

Les principaux moments de cette preuve physico-théologique sont les suivants : 1) Il y a partout dans le monde des signes évidents d'un ordre exécuté sur un dessein déterminé, avec une grande sagesse, et dans un tout d'une variété indescriptible tant par son contenu que par la grandeur illimitée de son étendue. 2) Cet ordre conforme à des fins n'est pas inhérent aux choses du monde et ne leur appartient que d'une façon contingente, c'est-à-dire que la nature des choses diverses n'aurait pas pu, par tant de moyens concordants, s'adapter d'elle-même à des fins déterminées, si ces moyens n'avaient pas été proprement choisis et appropriés à ce but par un principe raisonnable qui ordonnât les choses en prenant certaines idées pour fondement. 3) Il existe donc une (ou plusieurs) cause sublime et sage qui doit être la cause du monde, non pas simplement comme une nature toute-puissante agissant aveuglément par sa *fécondité*, mais comme une *intelligence* agissant par sa *liberté*. 4) L'unité de cette cause se conclut de l'unité du rapport réciproque des parties du monde considérées comme les diverses pièces d'une œuvre d'art, et on la conclut, avec certitude, dans les choses qu'atteint notre observation, et au delà, avec vraisemblance, suivant tous les principes de l'analogie.

Sans chicaner, ici, la raison naturelle sur le raisonnement par lequel, de l'analogie qui existe entre quelques productions naturelles et ce que l'art humain produit quand il fait violence à la nature et qu'il la force à se plier à nos fins au lieu d'agir suivant les siennes (de l'analogie de ces productions avec nos maisons, nos vaisseaux, nos horloges), elle conclut que la nature doit précisément avoir pour principe une causalité du même genre, à savoir une intelligence et une volonté, en faisant dériver encore d'un autre art, mais d'un art surhumain, la possibilité de la nature (laquelle est cependant ce qui rend d'abord tous les arts, et peut-être aussi la raison, possibles), — raisonnement qui ne supporterait peut-être pas une rigoureuse critique transcendantale, — il faut bien avouer, pourtant, que si jamais nous devons nommer une cause, nous ne pouvons pas ici procéder plus sûrement qu'en suivant l'analogie avec des œuvres intentionnelles de ce genre, les seules dont les causes et le mode de production nous soient connus. La raison ne saurait se justifier à ses propres yeux, si elle voulait passer de la causalité, qu'elle connaît, à des principes d'explication obscurs et indémontrables, qu'elle ne connaît pas.

D'après ce raisonnement, la finalité et l'harmonie d'un si grand nombre de dispositions de la nature devraient simplement prouver la contingence de la forme, mais non celle de la matière, c'est-à-dire de la substance du monde ; car il serait requis, pour établir ce dernier point, qu'il pût être prouvé que les choses du monde seraient par elles-mêmes, suivant des lois générales, impropres à un tel ordre et à une telle harmonie, si elles n'étaient pas, même dans leur substance, le produit d'une sagesse suprême : ce qui exigerait encore une tout autre preuve que celle qui se fonde sur l'analogie avec l'art humain. Cette preuve pourrait donc, tout au plus, démontrer un *architecte du monde*, qui serait toujours très limité par la capacité de la matière qu'il mettrait en œuvre, mais non un *créateur du monde*, à l'idée duquel tout serait soumis ; ce qui est loin de suffire au grand but qu'on a en vue et qui est de prouver un Être suprême suffisant à tout. Si nous voulions prouver la contingence de la matière même, il nous faudrait recourir à un argument transcendantal, ce que pourtant nous avons dû précisément éviter ici.

Le raisonnement conclut donc de l'ordre et de la finalité qui s'observent partout dans le monde, comme d'une organisation tout à fait contingente, à l'existence d'une cause qui *leur est proportionnée*. Mais le concept de cette cause doit nous en faire connaître quelque chose d'entièrement *déterminé*, et il ne peut donc être que celui d'un être qui possède toute puissance, toute sagesse, etc., en un mot, toute perfection, à titre d'être suffisant à tout. Car les prédicats de puissance et d'excellence très grandes, admirables, immenses ne donnent nullement un concept déterminé et ne disent pas proprement ce qu'est la chose en elle-même ; ils ne sont, au contraire, que des représentations relatives de la grandeur de l'objet que l'observateur (du monde) compare avec lui-même et avec sa faculté de comprendre et qui gardent la même valeur, soit que l'on grossisse l'objet, soit que l'on rapetisse, par rapport à lui, le sujet qui observe. Dès qu'il est question de la grandeur (de la perfection) d'une chose en général, il n'y a de concept déterminé que celui qui comprend toute la perfection possible et il n'y a que le tout (*omnitudo*) de la réalité qui soit déterminé universellement dans le concept.

Or, je ne veux pas espérer que quelqu'un puisse avoir la prétention d'apercevoir le rapport de la grandeur du monde observée par lui (quant à l'étendue et quant au contenu) à la toute-puissance, de l'ordre du monde à la sagesse suprême, de l'unité du monde à l'unité absolue de son auteur, etc. La théologie physique ne peut donc pas donner de concept déterminé de la cause suprême du monde, ni, par conséquent, être suffisante pour constituer un principe de la théologie qui, à son tour, puisse constituer le fondement de la religion.

Le pas qui nous élève jusqu'à la totalité absolue est entièrement impossible par la voie empirique. Or, on le fait, pourtant, dans l'argument physico-théologique. Quel est donc le moyen qu'on peut bien employer pour franchir un si large abîme?

Après que l'on est arrivé à admirer la grandeur de la sagesse, de la puissance, etc. de l'auteur du monde et que l'on ne peut pas aller plus loin, on quitte tout à coup cet argument, qui se fondait sur des preuves empiriques, et l'on passe à la contingence du monde également conclue, dès l'abord, de son ordre et de sa finalité. De cette contingence seule maintenant on s'élève, uniquement au moyen de concepts transcendantaux, à l'existence d'un être absolument nécessaire et l'on va du concept de la nécessité absolue de la cause première au concept de cet être qui est universellement déterminé ou déterminant, je veux dire au concept d'une réalité qui embrasse tout. La preuve physico-théologique se trouve donc arrêtée dans son entreprise et, pour se tirer de ce mauvais pas, elle saute tout à coup sur la preuve cosmologique; mais cette dernière n'étant qu'une preuve ontologique, l'autre n'atteint ainsi réellement son but qu'au moyen de la raison pure, bien qu'au début elle ait renié toute parenté avec elle et qu'elle ait voulu tout fonder sur des preuves éclatantes tirées de l'expérience.

Les partisans de la théologie physique n'ont donc pas de motif de tant mépriser la preuve transcendantale et de la regarder de haut, avec la présomption des naturalistes clairvoyants, comme une toile d'araignée tissée par des esprits aussi subtils qu'obscurs. En effet, s'ils voulaient seulement s'examiner eux-mêmes, ils trouveraient qu'après avoir parcouru un grand espace sur le sol de la nature et de l'expérience et se voyant encore, tout de même, toujours aussi éloignés de l'objet qui apparaît en face de leur raison, ils quittent tout à coup ce terrain et passent dans les régions des simples possibilités, où ils espèrent, sur les ailes des idées, s'approcher de ce qui s'était soustrait à toutes leurs recherches empiriques. Et quand enfin ils se sont imaginés, grâce à un si grand saut, avoir posé le pied sur un sol ferme, ils étendent sur tout le champ de la création le concept maintenant déterminé (en possession duquel ils sont arrivés sans savoir comment), et ils expliquent, par l'expérience, l'idéal qui n'était qu'un produit de la raison pure, d'une manière, il est vrai, assez pénible et bien indigne de son objet, sans vouloir, pourtant, avouer qu'ils sont arrivés à cette connaissance ou à cette hypothèse par un autre chemin que celui de l'expérience.

Ainsi, la preuve physico-théologique a pour fondement la preuve cosmologique, qui a elle-même pour fondement la preuve ontologique de l'existence d'un seul être premier comme Être suprême ; et, comme en dehors de ces trois voies il n'y en a plus une seule qui soit ouverte à la raison spéculative, la preuve ontologique tirée de simples concepts purs de la raison est la seule preuve possible, si tant est qu'il y ait jamais une preuve possible d'une proposition si extraordinairement élevée au-dessus de tout usage empirique de l'entendement.

SEPTIÈME SECTION

Critique de toute théologie fondée sur des principes spéculatifs de la raison.

Si j'entends par théologie la connaissance de l'Être suprême, cette connaissance procède soit de la simple raison (*theologia rationalis*), soit de la révélation (*revelata*). Or, la première ou bien conçoit simplement son objet par la raison pure, au moyen de purs concepts transcendantaux (*ens originarium, realissimum, ens entium*) et se nomme théologie TRANSCENDANTALE, ou bien elle le conçoit comme la suprême intelligence, au moyen d'un concept qu'elle dérive de la nature (de notre âme) et elle devrait s'appeler théologie NATURELLE. Celui qui n'admet qu'une théologie transcendantale est appelé *déiste* et celui qui accepte aussi une théologie naturelle est appelé *théiste*. Le premier accorde que nous pouvons, en tout cas, connaître par la simple raison l'existence d'un être premier, mais que le concept que nous en avons est simplement transcendantal, c'est-à-dire que nous ne le concevons que comme un être qui a toute réalité, mais sans jamais pouvoir le déterminer de plus près. Le second soutient que la raison est en état de déterminer plus prochainement l'objet par l'analogie avec la nature, c'est-à-dire comme un être contenant en soi, par son entendement et par sa liberté, le principe premier de toutes les autres choses. Le premier, sous le nom de Dieu, se représente simplement une *cause du monde* (sans décider s'il l'est par la nécessité de sa nature ou par sa liberté); le second se représente un *auteur du monde*.

La théologie transcendantale ou bien songe à dériver l'existence d'un Être suprême d'une expérience en général (sans rien déterminer de plus précis du monde auquel elle appartient) et elle s'appelle *cosmothéologie;* ou bien elle s'imagine en connaître l'existence par de simples concepts, sans le secours de la moindre expérience, et elle s'appelle alors *l'ontothéologie*.

La *théologie naturelle* conclut les attributs et l'existence d'un auteur du monde de la constitution, de l'ordre et de l'unité qui se rencontrent dans le monde, où il faut admettre une double espèce de causalité, ainsi que la règle de l'une et de l'autre : la nature et la liberté. Elle s'élève donc de ce monde à l'intelligence suprême, comme au principe de tout ordre ou de toute perfection, soit dans la nature, soit dans le domaine moral. Dans le premier cas, on la nomme *Théologie physique*, dans le second *Théologie morale* *.

---

*Je ne dis pas morale théologique; celle-ci, en effet, contient des lois morales qui supposent l'existence d'un souverain maître du monde, tandis que la théologie morale fonde sur des lois morales sa conviction de l'existence d'un Être suprême.

Mais comme, sous le concept de Dieu, on a coutume de comprendre non pas, en quelque sorte, simplement une nature éternelle agissant aveuglément en qualité de racine des choses, mais un Être suprême qui doit être le créateur des choses par son intelligence et par sa liberté, et comme ce concept nous intéresse seul, on pourrait, à la rigueur, refuser au *déiste* toute croyance en Dieu et ne lui laisser que l'affirmation d'un être premier ou d'une cause suprême. Néanmoins, comme personne ne doit être accusé de vouloir entièrement nier une chose, du fait qu'il n'ose pas l'affirmer, il est plus juste et plus équitable de dire que le *déiste* croit en un *Dieu*, tandis que le *théiste* croit à un *Dieu vivant* (*summam intelligentiam*). Cherchons maintenant les sources possibles de toutes ces tentatives de la raison.

Je me contenterai ici de définir la connaissance théorique : une connaissance par laquelle je connais *ce qui est*, et la connaissance pratique : celle par laquelle je me représente *ce qui doit être*. D'après cela, l'usage théorique de la raison est celui par lequel je connais *a priori* (comme nécessaire) que quelque chose est, tandis que l'usage pratique est celui qui me fait connaître *a priori* ce que je dois faire. Or, s'il est indubitablement certain qu'une chose est, ou qu'elle doit être, mais si cela n'est, cependant, que conditionnel, alors, ou bien une certaine condition déterminée peut être pour cela absolument nécessaire, ou bien elle peut seulement être supposée comme arbitraire et contingente. Dans le premier cas, la condition est postulée (*per thesin*) et, dans le second cas, elle est supposée (*per hypothesin*). Comme il y a des lois pratiques qui sont absolument nécessaires (les lois morales), si elles supposent nécessairement quelque existence comme la condition de la possibilité de leur force *obligatoire*, il faut que cette existence soit postulée, par cela seul que le conditionné, d'où la raison s'élève à cette condition déterminée, est lui-même connu *a priori* comme absolument nécessaire. Nous montrerons plus tard que les lois morales non seulement supposent l'existence d'un Être suprême, mais aussi qu'étant absolument nécessaires (51) sous un autre rapport, elles la postulent à juste titre, mais seulement, à la vérité, d'une manière pratique; pour le moment, nous laisserons encore de côté ce genre de raisonnement.

Puisque, quand il est simplement question de ce qui est

(non de ce qui doit être), le conditionné, qui nous est donné dans l'expérience, est toujours conçu comme contingent, la condition qui lui est propre ne peut donc pas être connue par là comme absolument nécessaire, et elle ne sert, au contraire, que comme une supposition relativement nécessaire ou plutôt comme une hypothèse indispensable pour la connaissance rationnelle du conditionné, mais qui, en soi et *a priori*, est arbitraire. Si donc la nécessité absolue d'une chose doit être connue, dans la connaissance théorique, cela ne pourrait arriver que par des concepts *a priori*, mais jamais comme celle d'une cause, par rapport à une existence donnée par l'expérience.

Une connaissance théorique est *spéculative* quand elle porte sur un objet ou sur des concepts d'un objet tels qu'on ne peut y arriver dans aucune expérience. Elle est opposée à la *connaissance physique* qui ne s'étend pas à d'autres objets ou à d'autres prédicats qu'à ceux qui sont susceptibles d'être donnés dans une expérience possible.

Le principe en vertu duquel on conclut de ce qui arrive (de ce qui est empiriquement contingent), comme d'un effet, à une cause, est un principe de la connaissance physique, mais non de la connaissance spéculative. En effet, si l'on en fait abstraction, comme d'un principe qui renferme la condition de l'expérience possible en général, et que, laissant tout empirique de côté, on veuille l'appliquer au contingent en général, il n'y a plus aucun moyen de justifier une proposition synthétique semblable pour faire voir par là comment je puis passer de quelque chose qui existe à quelque chose de tout différent (appelé cause); bien plus, le concept d'une cause, aussi bien que celui du contingent, perd, dans un tel usage simplement spéculatif, toute signification dont la réalité objective puisse se comprendre *in concreto*.

Or, conclure de l'existence des *choses* dans le monde à leur cause, ce n'est pas un raisonnement qui appartienne à l'usage *naturel* de la raison, mais à son usage spéculatif; puisque le premier ne rapporte pas à quelque cause les choses mêmes (les substances), mais seulement ce qui *arrive* et, par conséquent, leurs *états* considérés comme empiriquement contingents. Dire que la substance même (la matière) est contingente quant à son existence, ce serait là une connaissance simplement spéculative de la raison. Quand même il ne serait question que de la forme du monde, du mode de liaison de ce monde et de ses changements, et si je voulais en conclure une cause tout à fait distincte du monde, ce ne serait là, de nouveau, qu'un jugement de la raison simplement spéculative, puisque l'objet n'est point ici un objet d'expérience possible. Mais alors le principe de causalité, qui n'a de valeur que dans le champ des expériences et qui, hors de ce champ, est sans usage et même sans aucune signification, serait entièrement détourné de sa destination.

Or, je soutiens que tous les essais d'un usage simplement spéculatif de la raison, sous le rapport de la théologie, sont entièrement infructueux et qu'ils sont nuls et sans valeur quant à la nature interne de cette science ; que, d'un autre côté, les principes de son usage naturel ne nous conduisent à aucune théologie et que, par conséquent, si l'on ne prend pour fondement les lois morales ou si l'on ne s'en sert comme d'un fil conducteur, il ne peut y avoir de théologie de la raison. En effet, tous les principes synthétiques de l'entendement sont d'un usage immanent, tandis que la connaissance d'un Être suprême exige, de ces principes, un usage transcendant auquel notre entendement n'est pas du tout préparé. Pour que la loi de la causalité, valable dans l'expérience, pût conduire à l'être premier, il faudrait que cet être fît partie de la chaîne des objets de l'expérience ; mais alors il serait lui-même, à son tour, conditionné, comme tous les phénomènes. En admettant, d'ailleurs, qu'on nous permette de sauter hors des limites de l'expérience au moyen de la loi dynamique du rapport des effets à leurs causes, quel concept un tel procédé pourrait-il nous fournir ? Ce n'est évidemment pas le concept d'un Être suprême, puisque l'expérience ne nous fournit jamais le plus grand de tous les effets possibles (comme devant témoigner de sa cause). Que s'il nous est permis, simplement pour ne pas laisser de lacune dans notre raison, de combler ce manque de complète détermination par une simple idée de la plus haute perfection et de la nécessité originaire, ce n'est qu'une faveur qui nous est accordée, mais ce n'est pas un droit qui puisse être exigé comme s'il découlait d'un argument irréfutable. La preuve physico-théologique pourrait donc bien donner de la force aux autres preuves (s'il y en a), en unissant la spéculation à l'intuition ; mais, par elle-même, elle prépare l'entendement à la connaissance théologique et lui donne plutôt pour cela une direction droite et naturelle qu'elle n'est capable d'achever l'œuvre à elle seule.

On voit donc bien par là que des questions transcendantales ne peuvent recevoir que des réponses transcendantales, c'est-à-dire fondées sur de purs concepts *a priori* sans le moindre mélange empirique. Mais la question ici est manifestement synthétique et veut que nous étendions notre connaissance au delà de toutes les bornes de l'expérience, c'est-à-dire que notre connaissance s'élève jusqu'à *l'existence d'un être* qui doit correspondre à la simple idée que nous en avons et à laquelle aucune expérience ne peut jamais être adéquate. Or, d'après nos preuves précédentes, toute connaissance synthétique *a priori* n'est possible qu'autant qu'elle exprime les conditions formelles d'une expérience possible et tous les principes n'ont qu'une valeur immanente, c'est-à-dire qu'ils se rapportent uniquement à des objets de la connaissance empirique, ou, en d'autres termes, à des phénomènes. Donc, on n'arrive à rien, non plus, au moyen de la méthode transcendantale, par rapport à la théologie d'une raison simplement spéculative.

Mais si l'on aimait mieux révoquer en doute toutes les preuves précédentes de l'Analytique que de se laisser enlever toute confiance dans la valeur des arguments si longtemps employés, on ne pourrait, cependant, refuser de satisfaire à mes réclamations quand je demande qu'on se justifie, du moins, sur les moyens et les lumières dans lesquels on a confiance pour voler au-dessus de toute expérience possible par la puissance de simples idées. Je prierais que l'on me fît grâce de nouvelles preuves ou d'un remaniement des anciennes. Car bien qu'on n'ait pas beaucoup à choisir ici, puisqu'en définitive toutes les preuves simplement spéculatives se ramènent à une seule, c'est-à-dire à la preuve ontologique et que, par conséquent, je n'ai pas à craindre d'être accablé extrêmement par la fécondité des champions dogmatiques de cette raison affranchie des sens; bien que, en outre, sans me croire pour cela très batailleur, je ne veuille pas, non plus, refuser le défi de découvrir dans toute tentative de ce genre le paralogisme caché et d'en rabattre ainsi les prétentions; et comme, cependant, l'espérance d'un meilleur succès n'abandonne jamais pleinement ceux qui sont une fois accoutumés aux persuasions dogmatiques, je m'en tiens donc à cette unique et juste réclamation : qu'on justifie, par des raisons générales et tirées de la nature de l'entendement humain ainsi que de toutes les autres sources de la connaissance, la façon dont on veut s'y prendre pour étendre tout à fait *a priori* sa connaissance et la pousser jusqu'à un point où aucune expérience, ni, par suite, aucun moyen, ne saurait plus suffire à garantir à un concept formé par nous-mêmes sa réalité objective. De quelque façon que l'entendement soit arrivé à ce concept, l'existence de l'objet n'y peut pas être trouvée analytiquement, puisque la connaissance de l'*existence* de l'objet (*des Objects*) consiste précisément en ce que cet objet est placé en soi *hors de la pensée*. Mais il est entièrement impossible de sortir par soi-même d'un concept et d'arriver, sans suivre la liaison empirique (qui ne donne jamais que des phénomènes), à la découverte de nouveaux objets et d'êtres transcendants.

Or, bien que la raison, dans son usage simplement spéculatif, ne soit pas, tant s'en faut, capable d'un si grand dessein, je veux dire : d'atteindre l'existence d'un Être suprême, elle n'aura pas moins une très grande utilité en ce qu'elle *rectifie* la connaissance de cet être, au cas où nous pourrions prendre ailleurs cette connaissance, en ce qu'elle la fait s'accorder avec elle-même et avec toute fin intelligible, la purifie de tout ce qui pourrait être contraire au concept d'un être premier et en exclut tout mélange de limitations empiriques.

La théologie transcendantale reste donc, cependant, malgré toute son insuffisance, d'une importante utilité négative ; elle est une censure continuelle de notre raison, quand celle-ci n'a affaire qu'à des idées pures, qui, précisément pour ce motif, ne permettent pas une autre mesure que la règle transcendantale. En effet, si jamais, à un autre point de vue, peut-être au point de vue pratique, l'hypothèse d'un Être suprême et suffisant à tout, comme suprême intelligence, affirmait sa valeur sans contradiction, il serait alors de la plus grande importance de déterminer exactement ce concept, par son côté transcendantal, comme concept d'un être nécessaire et souverainement réel, d'en écarter ce qui est contraire à la réalité suprême, ce qui appartient au simple phénomène (à l'anthropomorphisme dans le sens le plus étendu), et, en même temps, de se débarrasser de toutes les assertions contraires, qu'elles soient *athées*, *déistes* ou *anthropomorphiques* : ce qui est très aisé dans un traité critique de ce genre, puisque les mêmes preuves, qui démontrent l'impuissance de la raison humaine par rapport à l'*affirmation* de l'existence d'un tel être, suffisent aussi, nécessairement, à démontrer la vanité de toute *affirmation contraire*. En effet, comment veut-on, par la spéculation pure de la raison, voir clairement qu'il n'y a pas d'Être suprême comme principe de tout, ou qu'aucune des propriétés que nous nous représentons, d'après leurs effets, comme analogues aux réalités dynamiques d'un être pensant ne lui convient, et que, au cas où elles lui conviendraient, elles devraient être soumises à toutes les limitations que la sensibilité impose inévitablement aux intelligences que nous connaissons par l'expérience ?

L'Être suprême reste donc pour l'usage simplement spéculatif de la raison un simple idéal, mais cependant un *idéal sans défauts*, un concept qui termine et couronne toute la connaissance humaine ; l'objective réalité de ce concept ne peut sans doute être prouvée par ce moyen, mais elle ne peut pas non plus être réfutée ; et, s'il doit y avoir une théologie morale capable de combler cette lacune, la théologie transcendantale, qui n'était jusque-là que problématique, prouve alors combien elle est indispensable par la détermination de son propre concept et par la censure incessante à laquelle elle soumet une raison assez souvent trompée par la sensibilité et qui n'est pas toujours d'accord avec ses idées propres. La nécessité, l'infinité, l'unité, l'existence en dehors du monde (non comme âme du monde), l'éternité sans conditions du temps, la toute présence sans conditions de l'espace, la toute-puissance, etc., sont des prédicats purement transcendantaux, et, par conséquent, un concept épuré si nécessaire à toute théologie ne peut être tiré que de la théologie transcendantale.

APPENDICE A LA DIALECTIQUE TRANSCENDANTALE

De l'usage régulateur des idées de la Raison pure.

L'issue de toutes les tentatives dialectiques de la raison pure non seulement confirme ce que nous avons déjà prouvé dans l'Analytique transcendantale, à savoir : que tous ceux de nos raisonnements qui veulent nous conduire au delà du champ de l'expérience possible sont trompeurs et sans fondement; mais elle nous apprend, en même temps, cette particularité : que la raison humaine a un penchant naturel à sortir de ces limites, que les idées transcendantales lui sont tout aussi naturelles que le sont les catégories à l'entendement, avec, toutefois, cette différence que, tandis que ces dernières conduisent à la vérité, c'est-à-dire à l'adéquation de nos concepts avec l'objet (*dem Objecte*), les premières ne produisent qu'une simple mais inévitable apparence, dont c'est à peine si l'on peut écarter l'illusion au moyen de la plus pénétrante critique.

Tout ce qui est fondé sur la nature de nos facultés doit être approprié à une fin et conforme à leur usage légitime, pourvu que nous puissions éviter un certain malentendu et découvrir la direction propre de ces facultés. Les idées transcendantales auront donc, suivant toute présomption, leur bon usage et conséquemment leur usage *immanent*, bien que, dans le cas où leur signification est inconnue et où on les prend pour des concepts de choses réelles, elles puissent être transcendantes dans l'application et par cela même trompeuses. Car ce n'est pas l'idée en elle-même, mais simplement l'usage qu'on en fait qui, par rapport à l'ensemble de l'expérience possible, peut être ou *transcendant* ou *immanent*, suivant que l'on applique cette idée ou bien directement à un objet qui paraît lui être correspondant, ou bien seulement à l'usage de l'entendement en général, par rapport aux objets auxquels il a affaire, et tous les vices de la subreption doivent toujours être attribués à un défaut du jugement, mais jamais à l'entendement ou à la raison.

La raison ne se rapporte jamais directement à un objet, mais simplement à l'entendement et, par le moyen de celui-ci, à son propre usage empirique ; elle ne *crée* donc pas de concepts d'objets, mais elle se borne à les ordonner et elle leur fournit l'unité qu'ils peuvent avoir dans leur plus grande extension possible, c'est-à-dire par rapport à la totalité des séries, totalité que n'a jamais en vue l'entendement, qui ne s'occupe que de l'enchaînement *par lequel des séries* de conditions sont partout *constituées* suivant des concepts. La raison n'a donc proprement pour objet que l'entendement et son emploi conforme à une fin ; et, de même que celui-ci relie par des concepts le divers dans l'objet (*im Object*), de même celle-là, de son côté, relie par des idées le divers des concepts, en proposant une certaine unité collective pour but aux actes de l'entendement qui, sans cela, n'aurait à s'occuper que de l'unité distributive.

Je soutiens donc que les idées transcendantales n'ont jamais d'usage constitutif qui fournisse à lui seul des concepts de certains objets, et que, dans le cas où on les entend ainsi, elles sont simplement des concepts sophistiques (dialectiques). Mais, en revanche, elles ont un usage régulateur excellent et indispensablement nécessaire : celui de diriger l'entendement vers un certain but qui fait converger les lignes de direction que suivent toutes ses règles en un point qui, pour n'être, il est vrai, qu'une idée (*focus imaginarius*), c'est-à-dire un point d'où les concepts de l'entendement ne partent pas réellement, — puisqu'il est entièrement placé hors des bornes de l'expérience possible, — sert cependant à leur procurer la plus grande unité avec la plus grande extension. Or, il en résulte pour nous, à la vérité, une illusion telle que toutes ces lignes nous semblent partir d'un objet même situé en dehors du champ de la connaissance empirique possible (de la même façon que l'on aperçoit les objets derrière la surface du miroir) ; mais cette illusion (que l'on peut cependant empêcher de tromper) n'en est pas moins inévitablement nécessaire, si, outre les objets qui sont devant nos yeux, nous voulons voir en même temps ceux qui sont loin derrière nous, c'est-à-dire si nous voulons, dans le cas présent, pousser l'entendement au-dessus de toute expérience donnée (faisant partie de toute l'expérience possible) et le dresser ainsi à prendre l'extension la plus grande possible et la plus excentrique.

Si nous jetons un coup d'œil sur l'ensemble des connaissances de notre entendement, nous trouvons que la part qu'y a proprement la raison ou ce qu'elle cherche à constituer, c'est le *systématique* de la connaissance, c'est-à-dire son enchaînement en vertu d'un principe. Cette unité rationnelle suppose toujours une idée : celle de la forme d'un tout de la connaissance, qui précède la connaissance déterminée des parties et qui contient les conditions nécessaires pour déterminer *a priori* à chaque partie sa place et son rapport avec les autres. Cette idée postule donc une unité parfaite de la connaissance intellectuelle qui ne fasse pas simplement de cette connaissance un agrégat accidentel, mais un système enchaîné suivant des lois nécessaires. On ne peut pas dire, à proprement parler, que cette idée soit le concept d'un objet (*von Objecte*), mais bien celui de la complète unité de ces concepts, en tant que cette unité sert de règle à l'entendement. Des concepts rationnels de ce genre ne sont pas tirés de la nature ; nous interrogeons plutôt la nature d'après ces idées et nous tenons notre connaissance pour défectueuse tant qu'elle ne leur est pas adéquate. On avoue qu'il se trouve difficilement de la *terre pure*, de l'*eau pure*, de l'*air pur*, etc. On a pourtant besoin des concepts de ces choses (lesquels, par conséquent, pour ce qui en regarde la pureté parfaite, ne tirent leur origine que de la raison), afin de déterminer proprement la part que chacune de ces causes naturelles a dans le phénomène ; on réduit ainsi toutes les matières aux terres (en quelque sorte au simple poids), aux sels et aux substances combustibles (comme à la force), enfin à l'eau et à l'air comme à des véhicules (à des machines au moyen desquelles agissent les éléments précédents), afin d'expliquer les actions chimiques des matières entre elles selon l'idée d'un mécanisme. En effet, bien qu'on ne s'exprime pas réellement ainsi, cette influence de la raison sur les divisions des physiciens est cependant très facile à apercevoir.

Si la raison est un pouvoir de dériver le particulier du général, de deux choses l'une : ou bien le général est déjà *certain en soi* et donné, et alors il n'exige que du *jugement* pour opérer la subsomption, et le particulier est nécessairement déterminé par là. Je nommerai cela l'usage apodictique de la raison. Ou bien le général n'est admis que d'une manière *problématique* et il n'est qu'une simple idée ; le particulier est certain, mais la généralité de la règle relative à cette conséquence est encore un problème ; on rapproche alors de la règle plusieurs cas particuliers, qui, tous, sont certains, afin de voir s'ils en découlent ; et, dans ce cas, s'il y a apparence que tous les cas particuliers qu'on peut donner en découlent, on conclut à l'universalité de la règle et ensuite, de celle-ci, à tous les cas qui ne sont pas donnés en soi. Je nommerai cela l'usage hypothétique de la raison.

L'usage hypothétique de la raison, qui se fonde sur des idées admises comme concepts problématiques, n'est pas, à proprement parler, *constitutif*, c'est-à-dire qu'il n'est pas de telle nature qu'à juger selon toute rigueur, on en puisse déduire la vérité de la règle générale prise pour hypothèse. Comment veut-on savoir, en effet, toutes les conséquences possibles qui, dérivant du même principe, en prouvent l'universalité ? Cet usage n'est que régulateur, c'est-à-dire qu'il sert à mettre, autant qu'il est possible, de l'unité dans les connaissances particulières et à *rapprocher* ainsi la règle de l'universalité.

L'usage hypothétique de la raison a donc pour objet l'unité systématique des connaissances de l'entendement, et cette unité est la *pierre de touche de la vérité* des règles. Réciproquement, l'unité systématique (comme simple idée) n'est uniquement qu'une unité *projetée* que l'on doit regarder non pas comme donnée, mais comme problématique et qui sert à trouver un principe au divers et à l'usage particulier de l'entendement et, par là, à diriger ce dernier vers les cas qui ne sont pas donnés et à le faire s'accorder avec lui-même.

Or, ce qu'on voit par là seulement, c'est que l'unité systématique ou rationnelle des diverses connaissances de l'entendement est un principe *logique* qui sert, là où l'entendement ne peut arriver seul à établir des règles, à lui venir en aide au moyen d'idées et à procurer en même temps à la diversité de ses règles une unité fondée sur un principe (une unité systématique) et par là une liaison aussi étendue que possible. Quant à décider si la nature des objets, ou la nature de l'entendement qui les connaît comme tels, est destinée en soi à l'unité systématique et si l'on peut, dans une certaine mesure, la postuler *a priori* et même abstraction faite d'un tel intérêt de la raison et dire, par conséquent, que toutes les connaissances possibles de l'entendement (y compris les connaissances empiriques) ont leur unité rationnelle et sont soumises à des principes communs d'où elles peuvent être dérivées malgré leur diversité : ce serait là un principe *transcendantal* de la raison qui rendrait l'unité systématique nécessaire non pas simplement d'une manière subjective et logique, comme méthode, mais encore objectivement.

Expliquons cela par un cas de l'usage de la raison. Parmi les diverses espèces d'unité qui reposent sur les concepts de l'entendement se trouve aussi cette unité de la causalité d'une substance, qu'on appelle force. Les divers phénomènes d'une même substance montrent, au premier coup d'œil, tant d'hétérogénéité que l'on doit, dès l'abord, admettre presque autant d'espèces de forces qu'il se présente d'effets, comme, dans l'âme humaine, la sensation, la conscience, l'imagination, la mémoire, l'esprit, la faculté de discernement, le plaisir, le désir, etc. Tout d'abord, une maxime logique veut que l'on diminue, autant que possible, cette diversité apparente, en découvrant, par comparaison, l'identité cachée et en cherchant à voir si l'imagination liée à la conscience n'est pas mémoire, esprit, discernement, peut-être même entendement et raison. L'idée d'une *faculté fondamentale,* dont la logique ne démontre pas d'ailleurs l'existence, est au moins le problème d'une représentation systématique de la diversité des facultés. Le principe logique de la raison exige que cette unité soit, autant que possible, réalisée et, plus les phénomènes de telle faculté et de telle autre sont trouvés identiques entre eux, plus il devient vraisemblable qu'ils ne sont rien de plus que des manifestations diverses d'une seule et même faculté, qui peut être appelée (comparativement) leur faculté fondamentale. Il en va de même des autres.

Les forces comparativement premières doivent à leur tour être comparées entre elles, afin qu'en découvrant leur harmonie, on les rapproche d'une force fondamentale unique et radicale, c'est-à-dire absolue. Mais cette unité rationnelle est simplement hypothétique. On n'affirme pas qu'une telle force doive être trouvée en réalité, mais qu'on doit la chercher dans l'intérêt de la raison, c'est-à-dire afin de ramener à certains principes les diverses règles que l'expérience peut nous fournir, et que, partout où c'est possible, il faut, de cette manière, chercher à introduire une unité systématique.

Or, on s'aperçoit, en faisant attention à l'usage transcendantal de l'entendement, que cette idée d'une force fondamentale en général n'est pas simplement déterminée comme un problème pour l'usage hypothétique, mais qu'elle présente une réalité objective qui postule l'unité systématique des diverses forces d'une substance et qui constitue un principe apodictique de la raison. En effet, sans avoir encore cherché l'accord des diverses forces, et même après avoir échoué dans toutes les tentatives qui avaient pour but de le découvrir, nous supposons pourtant qu'il doit y avoir un tel accord ; et ce n'est pas seulement, comme dans le cas précité, à cause de l'unité de substance ; là même où il y a plusieurs substances, mais des substances analogues jusqu'à un certain degré, comme dans la matière en général, la raison suppose l'unité systématique de diverses forces, car les lois physiques particulières sont soumises à des lois générales et l'économie des principes n'est pas seulement un principe d'économie de la raison, mais encore une loi interne de la nature.

Dans le fait, on ne voit pas, non plus, comment un principe logique de l'unité rationnelle des règles pourrait avoir lieu, si l'on ne supposait un principe transcendantal au moyen duquel une unité systématique de ce genre, en tant qu'inhérente aux objets eux-mêmes, est admise *a priori* comme nécessaire. En effet, de quel droit la raison pourrait-elle demander, dans son usage logique, de traiter comme une unité simplement dissimulée la diversité des forces que la nature en fait connaître, et de les dériver, autant qu'il est en elle, de quelque force fondamentale, s'il lui était permis d'accorder qu'il est également possible que toutes les forces soient hétérogènes et que l'unité systématique de leur dérivation ne soit pas conforme à la nature ? Car alors, elle agirait contrairement à sa destination, en se donnant pour but une idée entièrement opposée à la constitution de la nature. On ne peut pas dire, non plus, qu'elle ait tiré d'abord de la constitution contingente de la nature cette unité suivant des principes de la raison. En effet, la loi de la raison qui nous oblige à la chercher est nécessaire, puisque, sans elle, il n'y aurait plus de raison, sans raison, plus d'usage systématique de l'entendement et, sans cet usage, plus de critérium suffisant de la vérité empirique, et que, par conséquent, nous devons absolument, en vue de celle-ci, supposer l'unité systématique de la nature comme objectivement valable et nécessaire.

Cette supposition transcendantale, nous la trouvons cachée aussi, d'une manière étonnante, dans les principes des philosophes, bien qu'ils ne l'y aient pas toujours reconnue ou qu'ils ne se la soient pas avouée à eux-mêmes. Que toutes les diversités des choses individuelles n'excluent pas l'identité de l'*espèce,* que les différentes espèces doivent être seulement traitées comme des déterminations différentes d'un petit nombre de *genres* et ceux-ci comme dérivant de *classes* encore plus élevées, etc., que, par conséquent, il faille chercher une certaine unité systématique de tous les concepts empiriques possibles, en tant qu'ils peuvent être dérivés de concepts plus élevés et plus généraux, c'est là une règle classique ou un principe logique sans lequel il n'y aurait plus d'usage de la raison, puisque nous ne pouvons conclure du général au particulier qu'autant que nous prenons pour fondement les propriétés générales des choses sous lesquelles rentrent les propriétés particulières.

Mais que cette harmonie se trouve aussi dans la nature, c'est ce que supposent les philosophes dans la règle d'école si connue : que l'on ne doit pas multiplier les principes sans nécessité (*entia præter necessitatem non esse multiplicanda*). On voit donc par là que la nature même des choses offre une matière à l'unité rationnelle et que la diversité en apparence infinie ne doit pas nous empêcher de soupçonner derrière elle l'unité des propriétés fondamentales dont la diversité ne peut être dérivée qu'au moyen de diverses déterminations. Bien que cette unité soit une simple idée, on l'a recherchée de tout temps avec tant d'ardeur qu'il a paru plus nécessaire de modérer la tendance qui nous y porte, que de l'encourager. C'est déjà beaucoup pour les chimistes d'avoir pu ramener tous les sels à deux genres principaux, les acides et les alcalins ; ils cherchent, cependant, à ne voir dans cette différence qu'une variété ou une manifestation diverse d'une seule et même matière primitive. On a cherché successivement à ramener à trois et enfin à deux les différentes espèces de terres (la matière des pierres et même des métaux) ; mais non content encore de cela, on ne peut se défaire de l'idée de soupçonner, derrière ces variétés, un genre unique et même absolument un principe commun aux terres et aux sels. On pourrait peut-être croire que c'est là un procédé simplement économique qu'emploie la raison pour s'épargner de la peine, autant que possible, et un essai hypothétique qui, quand il réussit, donne, précisément par cette unité, de la vraisemblance au principe d'explication supposé. Mais il est très facile de distinguer un tel dessein intéressé de l'idée d'après laquelle chacun suppose que cette unité rationnelle est conforme à la nature même et que la raison ne mendie pas ici, mais commande, au contraire, bien qu'elle ne puisse déterminer les limites de cette unité.

S'il y avait, entre les phénomènes qui se présentent à nous, une diversité si grande, — je ne dis pas quant à la forme (car en cela ils peuvent se ressembler), mais quant au contenu, c'est-dire quant à la diversité des êtres existants, — que l'entendement humain le plus pénétrant ne pût trouver, en les comparant les uns autres, la moindre ressemblance entre eux (c'est là un cas qu'on peut bien concevoir), il n'y aurait plus alors place pour la loi logique des espèces, il n'y aurait même plus de concept de genre ou de concept général, par conséquent plus d'entendement, puisque celui-ci n'a affaire qu'à de tels concepts. Le principe logique des genres suppose donc un principe transcendantal pour pouvoir être appliqué à la nature (et ici, par ce mot, j'entends seulement les objets qui nous sont donnés). Suivant ce même principe, dans la diversité d'une expérience possible, on devra nécessairement supposer une homogénéité (bien que nous ne puissions pas en déterminer le degré *a priori*), puisque, sans elle, il n'y aurait plus de concepts empiriques, ni, par conséquent, d'expérience possible.

Au principe logique des genres qui postule l'identité est opposé un autre principe : celui des espèces, qui, malgré l'accord des choses sous un même genre, a besoin de leur diversité et de leur variété, et qui prescrit à l'entendement d'être aussi attentif aux espèces qu'aux genres. Ce principe (de pénétration ou de discernement) tempère beaucoup la légèreté du premier (de l'esprit), et la raison montre ici deux intérêts opposés l'un à l'autre : d'un côté, l'intérêt de *l'extension* (de l'universalité) par rapport aux genres, de l'autre, celui de la *compréhension* (de la détermination) par rapport à la variété des espèces, puisque l'entendement, dans le premier cas, pense beaucoup de choses *sous* ses concepts, tandis que, dans le second, il pense davantage *dans* chacun d'eux. Ceci se manifeste même dans les méthodes très diverses des physiciens ; les uns (qui sont surtout spéculatifs) en quelque sorte ennemis de l'hétérogénéité, recherchent toujours l'unité du genre, les autres (surtout les esprits empiriques) cherchent incessamment à scinder la nature en tant de variétés qu'il faudrait presque abandonner l'espoir d'en juger les phénomènes suivant des principes généraux.

Cette dernière méthode a manifestement pour fondement un principe logique qui a pour but l'intégrité systématique de toutes nos connaissances à laquelle je tends lorsque, commençant par le genre, je descends vers le divers qui peut y être contenu et que, de cette manière, je cherche à donner de l'étendue au système, de même que, dans le premier cas, je cherchais, en remontant au genre, à lui donner de la simplicité. En effet, la sphère du concept qui désigne un genre, tout comme l'espace que peut occuper la matière, ne saurait me faire comprendre jusqu'où en peut aller la division. Tout *genre* exige donc diverses *espèces* qui, à leur tour, exigent diverses *sous-espèces*, et, comme aucune de ces dernières n'a lieu sans avoir, à son tour, une sphère (une extension comme *conceptus communis*), la raison dans toute son étendue demande qu'aucune espèce ne soit considérée en elle-même comme la dernière, puisque, étant toujours un concept qui ne contient que ce qui est commun à diverses choses, ce concept n'est pas universellement déterminé, que, par conséquent il ne peut pas non plus être rapporté directement à un *individuum* et que, par suite, il doit toujours renfermer d'autres concepts, c'est-à-dire des sous-espèces. Cette loi de la spécification pourrait être exprimée ainsi : *entium varietates non temere esse minuendas*.

Mais on voit aisément que cette loi logique n'aurait plus de sens et d'application si elle n'avait pour fondement une *loi* transcendantale de la *spécification ;* cette loi, à la vérité, n'exige pas, des choses qui peuvent devenir des objets pour nous, une *infinité* réelle sous le rapport des diversités ; car le principe logique, en tant qu'il se borne à affirmer l'*indétermination* de la sphère logique par rapport à la division possible, n'y donne pas sujet; mais elle prescrit à l'entendement de chercher, sous chaque espèce qui se présente à nous, des sous-espèces et, pour chaque différence, des différences moindres. S'il n'y avait pas, en effet, de concepts inférieurs, il n'y en aurait pas de supérieurs. Or, l'entendement ne connaît rien que par des concepts ; par conséquent, si loin qu'il aille dans la division, il ne connaît jamais rien par simple intuition, mais il a toujours besoin de concepts inférieurs. La connaissance des phénomènes dans leur détermination universelle (laquelle n'est possible que par l'entendement) exige une spécification infiniment continuée de ses concepts et une progression constante vers des différences qui restent encore et dont on a fait abstraction dans le concept de l'espèce et, plus encore, dans celui du genre.

Cette loi de la spécification ne peut pas, non plus, être tirée de l'expérience ; car celle-ci ne saurait nous donner des perspectives aussi étendues. La spécification empirique s'arrête bientôt dans la distinction du divers quand elle n'est pas conduite par la loi transcendantale de la spécification qui, la précédant à titre de principe de la raison, la pousse à chercher cette diversité et à la soupçonner toujours, quoiqu'elle ne se manifeste pas aux sens. Pour découvrir qu'il y a des terres absorbantes de diverses espèces (les terres calcaires et les terres muriatiques), il a fallu une règle antérieure de la raison qui proposât à l'entendement le problème de chercher la diversité, en supposant la nature assez riche pour qu'on pût l'y soupçonner. En effet, il n'y a d'entendement possible pour nous que si nous supposons des différences dans la nature, de même que l'entendement n'est encore possible que sous la condition que ses objets aient entre eux de l'homogénéité, puisque c'est précisément la diversité de ce qui peut être compris sous un concept qui constitue l'usage de ce concept et l'occupation de l'entendement.

La raison prépare donc à l'entendement son champ : 1° par un principe (*Princip*) de l'*homogénéité* du divers sous des genres plus élevés ; 2° par un principe (*Grundsatz*) de la *variété* de l'homogène sous des espèces inférieures ; et, pour compléter l'unité systématique, elle ajoute encore 3° la loi de l'*affinité* de tous les concepts, c'est-à-dire une loi qui ordonne de passer continuellement de chaque espèce à chaque autre par l'accroissement graduel de la diversité. Nous pouvons appeler ces principes : principes de l'*homogénéité*, de la *spécification* et de la *continuité* des formes. Le dernier résulte de l'union que l'on établit entre les deux premiers lorsque, en s'élevant à des genres plus élevés, tout aussi bien qu'en descendant à des espèces inférieures, on a accompli dans l'idée l'enchaînement systématique ; car alors, toutes les diversités sont apparentées les unes aux autres, parce qu'elles dérivent, toutes ensemble, d'un seul genre suprême, en passant par tous les degrés de la détermination étendue.

L'unité systématique des trois principes logiques peut nous être rendue sensible de la manière suivante. On peut considérer chaque concept comme un point qui, semblable au point où se trouve tout spectateur, a son horizon, c'est-à-dire une multitude de choses, qui de ce point, peuvent être représentées et comme parcourues des yeux. Dans l'intérieur de cet horizon, il faut que puisse être donnée une multitude infinie de points, dont chacun, à son tour, a son horizon plus étroit, c'est-à-dire que toute espèce renferme des sous-espèces, suivant le principe de la spécification, et que l'horizon logique ne se compose que d'horizons plus petits (de sous-espèces), mais non de points sans aucune circonscription (d'individus). Mais à divers horizons, c'est-à-dire à divers genres déterminés par tout autant de concepts, on peut imaginer un horizon commun d'où on les embrasse tous comme d'un point central, et qui est un genre plus élevé jusqu'à ce qu'on arrive enfin au genre le plus élevé, l'horizon général et vrai, qui est déterminé du point de vue du concept le plus élevé et qui renferme en soi toute la variété des genres, espèces et sous-espèces.

C'est à ce point de vue le plus élevé que me conduit la loi de l'homogénéité, tandis que la loi de la spécification me conduit à tous les points de vue inférieurs et à la variété la plus grande. Mais comme, de cette manière, il n'y a pas de vide dans le cercle total de tous les concepts possibles, et comme, en dehors de ce cercle, on ne peut rien trouver, la supposition de cet horizon général et de sa division complète donne lieu à ce principe : *non datur vacuum formarum*, c'est-à-dire qu'il n'y a pas différents genres originaires et premiers qui soient, en quelque sorte, isolés et séparés les uns des autres (par un vide intermédiaire), mais que tous les genres divers ne sont que des divisions d'un seul genre suprême et universel. De ce principe dérive cette conséquence immédiate : *datur continuum formarum*, c'est-à-dire que toutes les différences des espèces se limitent réciproquement et ne permettent pas de faire un saut de l'une à l'autre, mais seulement d'y arriver en passant par tous les degrés inférieurs de la différence qui seuls offrent un passage de l'une à l'autre; en un mot, il n'y a pas d'espèces ou de sous-espèces qui soient (dans le concept de la raison) les plus rapprochées les unes des autres, mais des espèces intermédiaires sont possibles encore qui diffèrent moins les unes des autres que l'une des précédentes ne différait d'une autre.

La première loi empêche donc qu'on ne s'égare dans la variété des différents genres originaires et recommande l'homogénéité ; la deuxième limite, au contraire, ce penchant à l'uniformité et ordonne que l'on distingue des sous-espèces avant de se tourner, avec son concept général, vers les individus. La troisième réunit les deux précédentes en prescrivant l'homogénéité jusque dans la plus grande variété par le passage graduel d'une espèce à l'autre, ce qui indique une sorte de parenté entre différentes branches sortant toutes d'un même tronc.

Mais cette loi logique du *continuum specierum (formarum logicarum)* présuppose une loi transcendantale (*lex continui in natura*), sans laquelle ce précepte ne ferait qu'induire en erreur l'usage de l'entendement, qui prendrait peut-être un chemin tout à fait opposé à la nature. Cette loi doit donc reposer sur des principes purs transcendantaux et non sur des principes empiriques. Car, dans ce dernier cas, elle n'arriverait qu'après les systèmes, tandis qu'au contraire, c'est elle qui, la première, a produit ce qu'il y a de systématique dans la connaissance de la nature. Il n'y a pas, non plus, derrière ces lois, en quelque sorte, des desseins cachés de faire, en les prenant comme simples essais, une sorte d'épreuve, bien qu'à la vérité, quand cet enchaînement se manifeste, il nous fournisse un puissant motif de tenir pour fondée l'unité hypothétiquement conçue et que, par conséquent, ces lois aient aussi, sous ce rapport, leur utilité; mais on voit clairement qu'elles jugent rationnelles en soi et conformes à la nature l'économie des causes premières, la diversité des effets, et, comme conséquence, l'affinité des membres de la nature, et qu'ainsi ces principes se recommandent directement et non pas seulement comme des procédés de la méthode.

Mais il est facile de voir que cette continuité des formes est une simple idée à laquelle on ne saurait jamais indiquer dans l'expérience d'objet correspondant, *non seulement* parce que les espèces sont réellement divisées dans la nature et que, par conséquent, elles doivent former en soi un *quantum discretum* et que, si la progression graduelle dans leur affinité était continue, il y aurait aussi une véritable infinité de membres intermédiaires entre deux espèces données, ce qui est impossible ; *mais encore* parce que nous ne pouvons faire de cette loi aucun usage empirique déterminé, puisqu'elle ne nous indique pas le moindre critérium de l'affinité qui nous serve à chercher la succession graduelle de leur diversité, en nous montrant jusqu'où il est possible d'arriver, et qu'elle se borne, au contraire, à nous donner une indication générale d'avoir à la chercher.

Si, maintenant, nous intervertissions l'ordre de ces principes, pour les disposer conformément à *l'usage de l'expérience*, les principes de *l'unité* systématique pourraient bien se présenter ainsi : *diversité, affinité*, et *unité*, mais chacune d'elles prise comme idée dans le degré le plus élevé de sa perfection. La raison suppose les connaissances de l'entendement qui sont immédiatement appliquées à l'expérience et elle en cherche l'unité suivant des idées et cette unité va beaucoup plus loin que ne peut atteindre l'expérience. L'affinité du divers, malgré sa diversité sous un principe d'unité ne concerne pas seulement les choses, mais beaucoup plus encore les simples qualités et facultés des choses. Aussi, quand, par exemple, le cours des planètes nous est donné comme circulaire dans une expérience (qui n'est pas encore pleinement justifiée) et que nous trouvons des différences, soupçonnons-nous alors ces différences dans ce qui peut changer le cercle en quelqu'un de ces cours divergents, en le faisant passer, en vertu d'une loi constante, par tous les degrés intermédiaires à l'infini, c'est-à-dire que les mouvements non circulaires des planètes s'approchent, en quelque sorte, plus ou moins des propriétés du cercle et tombent dans l'ellipse. Les comètes montrent encore une plus grande différence dans leurs orbites, puisque (autant qu'on peut en juger par l'observation) elles ne se meuvent pas en cercle ; mais nous leur soupçonnons un cours parabolique qui est voisin de l'ellipse et qui ne peut pas en être distingué, dans toutes nos observations, quand le grand axe de l'ellipse est très étendu. C'est ainsi que nous arrivons, suivant ces principes, à l'unité générique de la figure de ces orbites dans leur forme et, par là, à l'unité des causes de toutes les lois de leur mouvement (à la gravitation); que, de là, nous étendons nos enquêtes, en cherchant à expliquer par le même principe toutes les variétés et toutes les apparentes dérogations à ces règles; et qu'enfin nous ajoutons plus que l'expérience ne peut jamais confirmer, puisque nous concevons, d'après les règles de l'affinité, la marche hyperbolique des comètes dans laquelle ces corps abandonnent complètement notre monde solaire, et, en allant de soleil en soleil, unissent dans leur course les parties les plus éloignées d'un système du monde, qui pour nous est sans bornes et qui est lié par une seule et même force motrice.

Ce qu'il y a de remarquable dans ces principes, et ce qui d'ailleurs nous occupe uniquement, c'est qu'ils paraissent être transcendantaux et que, bien qu'ils ne contiennent que de simples idées pour l'accomplissement de l'usage empirique de la raison, — idées que cet usage ne peut suivre que, pour ainsi dire, par asymptote, c'est-à-dire d'une manière purement approximative, sans jamais les atteindre, — ils ont pourtant, comme principes synthétiques *a priori*, une valeur objective, mais indéterminée, et qu'ils servent de règle à l'expérience possible et qu'ils sont même réellement employés, avec succès du reste, comme principes heuristiques, dans le travail de l'expérience, sans qu'on puisse en faire une déduction transcendantale; car cela, comme nous l'avons prouvé plus haut, est toujours impossible par rapport aux idées.

Dans l'Analytique transcendantale, nous avons distingué, parmi les principes de l'entendement, les principes *dynamiques*, en tant que principes purement régulateurs de l'*intuition*, des principes *mathématiques*, qui sont constitutifs par rapport à cette même intuition. Malgré cette distinction, les lois dynamiques exposées plus haut sont absolument constitutives par rapport à *l'expérience*, puisqu'elles rendent possibles *a priori* les concepts sans lesquels aucune expérience n'a lieu. Les principes de la raison pure, au contraire, ne peuvent pas être constitutifs, même par rapport aux concepts empiriques, parce qu'aucun schème correspondant de la sensibilité ne peut leur être donné et qu'ainsi ils ne peuvent avoir aucun objet *in concreto*. Or, si je renonce à me servir empiriquement de ces principes comme de principes constitutifs, comment puis-je vouloir, pourtant, leur assurer un usage régulateur, et, avec cet usage, quelque valeur objective, et quel pourra être le sens de cet usage?.

L'entendement joue, par rapport à la raison, le même rôle que la sensibilité par rapport à l'entendement. L'objet de la raison est de constituer l'unité systématique de tous les actes empiriques possibles de l'entendement, de même que celui de l'entendement est de relier par des concepts le divers des phénomènes et de le soumettre à des lois empiriques. Or, de même que les actes de l'entendement, sans les schèmes de la sensibilité, sont *indéterminés* ; de même *l'unité de la raison*, par rapport aux conditions sous lesquelles l'entendement doit relier systématiquement ses concepts et au degré jusqu'où il doit le faire, est *indéterminée* par elle-même. Mais, bien que, pour l'unité systématique complète de tous les concepts de l'entendement, on ne puisse trouver dans *l'intuition* aucun schème, l'analogue d'un schème de ce genre peut, cependant, et doit être donné, et c'est l'idée du *maximum* de la division et de la liaison de la connaissance de l'entendement dans un seul principe. En effet, le plus grand et l'absolument parfait peuvent se concevoir d'une façon déterminée, puisque toutes les conditions restrictives, qui donnent une diversité indéterminée, sont écartées. Ainsi, l'idée de la raison est l'analogue d'un schème de la sensibilité, mais avec cette différence que l'application des concepts de l'entendement au schème de la raison n'est pas une connaissance de l'objet lui-même (comme l'application des catégories à leurs schèmes sensibles), mais seulement une règle ou un principe de l'unité systématique de tout usage de l'entendement. Or, comme tout principe qui assure *a priori* à l'entendement l'unité totale de son usage s'applique aussi, quoique indirectement, à l'objet de l'expérience, de même les principes de la raison pure ont une réalité objective par rapport à celui-ci, non pas, il est vrai, pour en *déterminer* quelque chose, mais seulement pour indiquer le procédé suivant lequel l'usage expérimental empirique et déterminé de l'entendement peut être entièrement d'accord avec lui-même, par cela seul qu'on le fait s'accorder, *autant que possible*, avec le principe de l'unité universelle et qu'on l'en dérive.

Tous les principes objectifs qui ne sont pas dérivés de la nature de l'objet (*des Objects*), mais de l'intérêt de la raison par rapport à une certaine perfection possible de la connaissance de cet objet (*dieses Objects*), je les nomme *maximes* de la raison. Il y a donc des maximes de la raison spéculative, qui reposent uniquement sur l'intérêt spéculatif de cette raison, bien qu'à la vérité elles paraissent être des principes objectifs.

Si l'on considère les principes simplement régulateurs comme des principes constitutifs, ils peuvent être contradictoires, en tant que principes objectifs ; mais si on les considère simplement comme des maximes, il n'y a plus de contradiction véritable, mais simplement un intérêt divers de la raison, et cet intérêt motive la divergence dans la manière de penser. En effet, la raison n'a qu'un intérêt, et le conflit de ses maximes n'est qu'une différence et une limitation réciproque des méthodes dont le but est de donner satisfaction à cet intérêt.

De cette manière, chez *tel* raisonneur, c'est l'intérêt de la diversité qui l'emporte (suivant le principe de la spécification) et, chez *tel* autre, l'intérêt de l'*unité* (suivant le principe de l'agrégation). Chacun d'eux croit tirer son jugement de la vue de l'objet (*aus der Einsicht des Objects*) et il le fonde uniquement sur son plus ou moins grand attachement à l'un des deux principes, dont aucun ne repose sur des fondements objectifs, mais seulement sur l'intérêt de la raison, et qui, par conséquent, seraient mieux appelés maximes que principes. Quand je vois des esprits de valeur disputer sur la caractéristique des hommes, des animaux ou des plantes et même des corps du règne minéral, les uns admettant, par exemple, des caractères nationaux particuliers et fondés sur l'origine, ou encore des différences décisives et héréditaires de familles, de races, etc., tandis que d'autres se préoccupent plutôt de cette idée que la nature, en agissant ainsi, a procédé partout de la même manière et que toutes les différences ne reposent que sur des accidents extérieurs (*auf äusseren Zufälligkeiten*), je n'ai alors qu'à considérer la nature de l'objet (*die Beschaffenheit des Gegenstandes*) pour comprendre aussitôt qu'elle est beaucoup trop profondément cachée aux uns et aux autres pour qu'ils puissent en parler avec quelque connaissance de la nature de l'objet (*in die Natur des Objects*). Ce n'est pas autre chose que le double intérêt de la raison dont chaque partie prend à cœur ou affecte de prendre à cœur un côté, et, par conséquent, la différence des maximes touchant la diversité ou l'unité de la nature qui peuvent bien s'unir absolument, mais qui, tant qu'on les prend pour des aperçus objectifs, non seulement occasionnent un conflit, mais encore sont des obstacles qui retardent la vérité jusqu'à ce qu'on ait trouvé un moyen de concilier les intérêts opposés et de tranquilliser la raison sur ce point.

On s'y prend de même pour défendre ou pour attaquer cette fameuse loi, que Leibniz a mise en circulation et que Bonnet a si admirablement appuyée de l'*échelle continue* des créatures : elle n'est qu'une conséquence du principe d'affinité basé sur l'intérêt de la raison ; car l'observation et la vue des *dispositions* de la nature ne sauraient la fournir à titre d'affirmation objective. Les degrés de cette échelle, tels que l'expérience peut nous les montrer, sont trop éloignés les uns des autres et nos prétendues petites différences sont ordinairement, dans la nature même, de si vastes abîmes qu'on n'a rien à attendre d'observations de ce genre comme dessein de la nature (surtout dans une grande variété de choses, où il doit toujours être aisé de trouver certaines analogies et certains rapprochements). Au contraire, la méthode qui consiste à chercher l'ordre dans la nature suivant un principe et la maxime qui nous le fait considérer comme fondé dans une nature en général, sans pourtant déterminer où et jusqu'où il s'étend, cette méthode, dis-je, est incontestablement un principe régulateur légitime et excellent de la raison, qui, comme tel, va beaucoup trop loin pour que l'expérience et l'observation puissent lui être adéquates, mais qui, sans rien déterminer, leur trace cependant la voie de l'unité systématique.

DU BUT FINAL DE LA DIALECTIQUE NATURELLE DE LA RAISON HUMAINE

Les idées de la raison pure ne peuvent jamais être en elles-mêmes dialectiques, leur abus seul peut faire qu'il en résulte en nous une apparence trompeuse ; car elles nous sont données par la nature de notre raison et il est impossible que ce tribunal suprême de tous les droits et de toutes les prétentions de notre spéculation renferme des illusions et des prestiges originels. Elles ont donc, apparemment, une destination bonne et utile dans la constitution naturelle de notre raison. Mais la tourbe des sophistes crie, comme c'est son habitude, à l'absurdité et à la contradiction, et elle outrage le gouvernement dont elle ne peut pénétrer les plans secrets, mais à l'influence bienfaisante duquel elle doit, tout de même, son salut et aussi cette culture qui la rend capable de le blâmer et de le condamner.

On ne peut pas se servir avec sécurité d'un concept *a priori* sans en avoir fait la déduction transcendantale. Les idées de la raison pure ne permettent pas, il est vrai, de déduction semblable à celle des catégories, mais si elles doivent avoir au moins quelque valeur objective, ne serait-ce qu'une valeur indéterminée, et pour éviter qu'elles représentent simplement de vains êtres de raison (*entia rationis ratiocinantis*), il faut, de toute façon, qu'une déduction en soit possible, supposé même qu'elle s'écarte de beaucoup de celle qu'on peut faire des catégories. C'est là ce qui complète l'œuvre critique de la raison pure et c'est à cela que nous allons maintenant procéder.

Il y a une grande différence à ce qu'une chose soit donnée à ma raison comme un *objet absolument* ou seulement à titre d'*objet dans l'idée*. Dans le premier cas, mes concepts ont pour but de déterminer l'objet ; dans le second, il n'y a réellement qu'un schème, auquel aucun objet n'est donné directement, ni même hypothétiquement, mais qui ne sert qu'à nous représenter d'autres objets dans leur unité systématique, au moyen du rapport à cette idée, par conséquent d'une manière indirecte. Ainsi, je dis que le concept d'une intelligence suprême est une simple idée, c'est-à-dire que sa réalité objective ne doit pas consister en ce qu'il se rapporte directement à un objet (car, en ce sens, nous ne pourrions pas en justifier la valeur objective), mais qu'il est seulement un schème du concept d'une chose en général ordonné suivant les conditions de la plus grande unité rationnelle et qui ne sert qu'à maintenir la plus grande unité systématique dans l'usage empirique de notre raison, où l'on dérive, en quelque sorte, l'objet de l'expérience de l'objet imaginaire de cette idée, comme de son principe ou de sa cause. C'est dire, par exemple, que les choses du monde doivent être considérées comme si elles tenaient leur existence d'une intelligence suprême. De cette manière, l'idée n'est proprement qu'un concept heuristique et non un concept ostensif ; elle montre non pas comment est constitué un objet, mais comment, sous sa direction, nous devons *chercher* la nature et l'enchaînement des objets de l'expérience en général. Or, si l'on peut montrer que, bien que les trois espèces d'idées transcendantales (*psychologiques, cosmologiques* et *théologiques*) ne se rapportent directement à aucun objet qui leur corresponde ni à sa *détermination*, toutes les règles de l'usage empirique de la raison n'en conduisent pas moins, par la supposition d'un tel *objet dans l'idée*, à l'unité systématique et étendent toujours la connaissance expérimentale sans jamais pouvoir lui être contraires, c'est alors une *maxime* nécessaire de la raison de procéder d'après des idées de ce genre. Et c'est en cela que consiste la déduction transcendantale de toutes les idées de la raison spéculative, non comme principes *constitutifs* de l'extension de notre connaissance à plus d'objets que l'expérience n'en peut donner, mais comme principes *régulateurs* de l'unité systématique du divers de la connaissance empirique en général, laquelle est mieux établie et mieux réglée par là dans ses propres limites que cela ne pourrait se faire, sans de telles idées, par le simple usage des principes de l'entendement.

Je veux rendre cela plus clair. En prenant pour principes ce que nous nommons les idées, *d'abord* (en psychologie), nous relierons au fil conducteur de l'expérience interne tous les phénomènes, tous les actes et toute la réceptivité de notre âme, *comme si* elle était une substance simple, subsistant (au moins dans la vie) avec l'identité personnelle, tandis que ses états, dont ceux du corps ne font partie qu'en qualité de conditions extérieures, changent continuellement. *En second lieu* (en cosmologie), il nous faut poursuivre la recherche des conditions des phénomènes naturels, aussi bien internes qu'externes, en la considérant comme toujours inachevable, *comme si* elle était infinie en soi et n'avait pas de terme premier ou suprême, sans nier pour cela qu'en dehors de tous les phénomènes il n'y ait des causes premières simplement intelligibles, mais aussi sans jamais pouvoir les introduire dans l'ensemble des explications naturelles, parce que nous ne les connaissons pas du tout. *Troisièmement* enfin (au point de vue de la théologie), il nous faut considérer tout ce qui ne peut jamais appartenir qu'à l'ensemble de l'expérience possible *comme si* celle-ci constituait une unité absolue, bien que tout à fait dépendante et toujours conditionnée dans les limites du monde sensible, mais cependant en même temps, *comme si* l'ensemble de tous les phénomènes (le monde sensible lui-même) avait, en dehors de sa sphère, un principe suprême et suffisant à tout, c'est-à-dire une raison subsistant, en quelque sorte, par elle-même, originaire et créatrice, d'après laquelle nous réglons tout l'usage empirique de notre raison dans son extension la plus grande, comme si les objets mêmes étaient sortis de ce prototype de toute raison ; ce qui revient à dire : ce n'est pas d'une substance pensante simple que les phénomènes intérieurs de l'âme dérivent, mais c'est d'après l'idée d'une substance simple qu'ils dérivent les uns des autres ; ce n'est pas d'une intelligence suprême que dérivent l'ordre du monde et son unité systématique, mais c'est de l'idée d'une cause souverainement sage que nous tirons la règle suivant laquelle la raison doit procéder, pour sa plus grande satisfaction, dans la liaison des causes et des effets dans le monde.

Or, rien ne nous empêche d'*admettre* aussi ces idées comme objectives et comme hypostatiques, à l'exception seulement de l'idée cosmologique, où la raison se heurte à une antinomie en voulant la réaliser (l'idée psychologique et l'idée théologique ne renferment aucune antinomie de cette espèce). En effet, il n'y a pas en elles de contradiction ; comment quelqu'un pourrait-il donc nous en contester la réalité objective, puisque, pour les nier, il en sait aussi peu, touchant leur possibilité, que nous n'en savons pour les affirmer. Toutefois il ne suffit pas, pour admettre quelque chose, de n'y trouver aucun obstacle positif, et il ne peut pas nous être permis d'introduire, comme des objets réels et déterminés, des êtres de raison qui surpassent tous nos concepts sans contredire à aucun, et cela, sur le simple crédit de la raison spéculative qui tient à achever son œuvre. Nous ne devons donc pas les admettre en eux-mêmes, mais seulement leur attribuer la réalité d'un schème qui sert de principe régulateur à l'unité systématique de toute connaissance naturelle; par conséquent, nous ne devons les prendre pour fondement que comme des analogues de choses réelles, mais non comme des choses réelles en soi. Nous retranchons de l'objet de l'idée les conditions qui limitent le concept de notre entendement, mais qui seules aussi nous permettent d'avoir un concept déterminé de n'importe quelle chose. Et nous concevons alors un quelque chose dont nous n'avons absolument aucun concept concernant ce qu'il est en soi, mais dont nous concevons pourtant un rapport à l'ensemble des phénomènes, rapport qui est analogue à celui que les phénomènes ont entre eux.

Quand donc nous admettons des êtres idéaux de cette espèce, ce n'est pas proprement ainsi notre connaissance que nous étendons au delà des objets (*Objecte*) de l'expérience, c'est seulement l'unité empirique, dont le schème nous est donné par l'idée, qui, par suite, n'a pas la valeur d'un principe constitutif, mais seulement celle d'un principe régulateur. En effet, de ce que nous posons une chose correspondante à l'idée, — un quelque chose ou un être réel, — cela ne veut pas dire, pour cela, que nous voulions étendre notre connaissance des choses au moyen des concepts transcendants ; car cet être n'est pris pour fondement que dans l'idée et non en soi et seulement, par conséquent, pour exprimer l'unité systématique, qui doit nous servir de règle dans l'usage empirique de la raison, sans cependant rien décider de plus sur le principe de cette unité ou sur la nature intime d'un tel être qui, à titre de cause, en est le fondement.

Ainsi le concept transcendantal, le seul concept déterminé que la raison simplement spéculative nous fournisse de Dieu est, dans le sens strict, *déiste*, c'est-à-dire que la raison ne nous donne jamais la valeur objective d'un tel concept, mais seulement l'idée de quelque chose sur quoi toute la réalité empirique fonde son unité suprême et nécessaire et que nous ne pouvons pas concevoir autrement que par l'analogie à une substance réelle, qui serait, suivant les lois rationnelles, la cause de toutes choses, quand nous entreprenons de le concevoir absolument comme un objet particulier et que nous ne préférons pas, nous contentant de la simple idée du principe régulateur de la raison, laisser de côté, comme surpassant l'entendement humain, l'achèvement de toutes les conditions de la pensée : ce qui, d'ailleurs, ne peut pas s'accorder avec le but d'une parfaite unité systématique dans notre connaissance, unité à laquelle, du moins, la raison ne fixe aucune limite.

Il arrive donc ainsi qu'en admettant un être divin, je n'ai pas le moindre concept de la possibilité interne de sa suprême perfection ni de la nécessité de son existence, mais que, pourtant, je puis alors faire une réponse satisfaisante à toutes les autres questions qui concernent le contingent et procurer ainsi à la raison le plus parfait contentement par rapport à la plus grande unité qu'elle puisse chercher dans son usage empirique, mais non par rapport à cette supposition elle-même ; ce qui prouve que c'est son intérêt spéculatif, et non pas sa pénétration, qui l'autorise à partir d'un point si élevé au-dessus de sa sphère, pour contempler de là ses objets comme formant un tout parfait.

Ici se montre donc une différence de méthode dans une seule et même supposition, différence passablement subtile, mais qui est pourtant de grande importance dans la philosophie transcendantale. Je puis avoir un motif suffisant d'admettre quelque chose relativement (*suppositio relativa*), sans cependant avoir le droit de l'admettre absolument (*suppositio absoluta*). Cette distinction se présente quand on a simplement affaire à un principe régulateur, dont nous connaissons, il est vrai, la nécessité en soi, mais non la source de cette nécessité, et que nous admettons alors une cause suprême (*obersten Grund*) simplement dans le but de concevoir, d'une manière encore plus déterminée, l'universalité du principe, comme, par exemple, quand je conçois comme existant un être qui corresponde à une simple idée, à une idée transcendantale. Car alors, je ne peux jamais admettre en soi l'existence de cette chose, parce qu'aucun des concepts au moyen desquels je puis concevoir un objet n'y suffit et que les conditions de la valeur objective de mes concepts sont exclus par l'idée même. Les concepts de la réalité, de la substance, de la causalité, même ceux de la nécessité dans l'existence, en dehors de l'usage où ils rendent possible la connaissance empirique d'un objet, n'ont absolument aucun sens qui détermine quelque objet (*irgend ein Object*). Ils peuvent donc servir, sans doute, à l'explication de la possibilité des choses dans le monde sensible, mais non à celle de la possibilité d'un *univers même*, parce qu'il faudrait que ce principe d'explication fût en dehors du monde et que, par conséquent, il ne saurait être un objet d'expérience possible. Or, je puis cependant admettre, relativement au monde sensible, un être incompréhensible de cette espèce : l'objet d'une simple idée, mais je ne puis l'admettre en soi. En effet, si une idée (celle de l'unité systématiquement complète, dont je parlerai tout à l'heure d'une manière plus précise) sert de fondement au plus grand usage empirique possible de ma raison et que cette idée ne puisse jamais être en soi représentée adéquatement dans l'expérience, bien que cependant elle soit indispensablement nécessaire pour rapprocher l'unité empirique du plus haut degré possible, alors, non seulement j'aurai le droit, mais encore je serai forcé de réaliser cette idée, c'est-à-dire de lui supposer un objet réel, mais en la seule qualité d'un quelque chose en général que je ne connais pas du tout en soi et auquel c'est uniquement à titre de principe de cette unité systématique, et par rapport à cette unité, que je donne des propriétés analogues aux concepts de l'entendement dans son usage empirique. Je concevrai donc, par analogie aux réalités du monde, aux substances, à la causalité et à la nécessité, un être qui possède tout cela dans la perfection suprême, et, comme cette idée repose simplement sur ma raison, je pourrai concevoir cet être comme une raison indépendante qui, au moyen des idées d'harmonie et d'unité suprêmes, soit cause de l'univers. Je laisse ainsi de côté toutes les conditions qui limitent l'idée, uniquement afin de rendre possible, à l'aide d'un principe originaire de ce genre, l'unité systématique du divers contenu dans l'univers et, par le moyen de cette unité, le plus grand usage empirique possible de la raison, en considérant toutes les liaisons des phénomènes *comme si* elles étaient des dispositions d'une raison suprême dont la nôtre n'est qu'une faible image. Je me représente alors cet être suprême au moyen de purs concepts qui n'ont proprement leur application que dans le monde sensible ; mais comme aussi je n'ai recours à cette supposition transcendantale qu'en vue d'un usage relatif, — c'est-à-dire afin qu'elle me fournisse le substratum de la plus grande unité possible de l'expérience, — je puis bien concevoir un être (que je distingue du monde) au moyen d'attributs qui appartiennent uniquement au monde sensible. En effet, je ne prétends pas et je n'ai pas le droit de prétendre connaître cet objet de mon idée quant à ce qu'il peut être en soi ; car je n'ai point de concepts pour cela, et même les concepts de réalité, de substance, de causalité, ainsi que celui de la nécessité dans l'existence, perdent tout sens et ne sont plus que de vains titres de concepts, sans aucun contenu, quand je me risque à sortir avec eux du domaine des sens (*ausser dem Felde der Sinne*). Je ne conçois la relation d'un être, qui m'est en soi tout à fait inconnu, à la plus grande unité systématique de l'univers que pour faire de cet être un schème du principe régulateur du plus grand usage empirique possible de ma raison.

Si nous jetons maintenant nos regards sur l'objet transcendantal de notre idée, nous voyons que nous ne pouvons pas supposer son existence *en elle-même,* en vertu des concepts de réalité, de substance, de causalité, etc., parce que ces concepts n'ont pas la moindre application à quelque chose d'entièrement distinct du monde des sens. La supposition que la raison fait d'un Être suprême, comme cause première, est donc simplement relative et conçue en faveur de l'unité systématique du monde des sens ; elle est un simple quelque chose en idée dont nous ne savons rien concernant ce qu'il est *en soi.* Par là s'explique aussi pourquoi nous avons besoin, par rapport à ce qui est donné aux sens comme existant, de l'idée d'un être premier nécessaire en soi, mais aussi pourquoi nous ne saurions jamais avoir le moindre concept de cet être et de son absolue *nécessité*.

Nous pouvons à présent mettre clairement devant les yeux le résultat de toute la Dialectique transcendantale et déterminer exactement le but final des idées de la raison pure qui ne deviennent dialectiques qu'en raison d'un malentendu et faute d'attention. La raison pure ne s'occupe en réalité de rien autre chose que d'elle-même et elle ne saurait même avoir d'autre fonction, puisque ce ne sont pas les objets qui lui sont donnés pour l'unité du concept de l'expérience, mais au contraire les connaissances de l'entendement pour l'unité du concept de la raison, c'est-à-dire de l'enchaînement en un seul principe. L'unité rationnelle est l'unité du système et cette unité systématique n'a pas pour la raison une utilité objective : celle d'un principe qui serve à l'étendre sur les objets, mais l'utilité subjective d'une maxime qui l'applique à toute connaissance empirique possible des objets. Toutefois l'enchaînement systématique que la raison peut donner à l'usage empirique de l'entendement n'en favorise pas seulement l'extension, mais il en garantit en même temps la justesse, et le principe d'une telle unité systématique est aussi subjectif, mais d'une manière indéterminée (*principium vagum*), non comme principe constitutif qui servirait à déterminer quelque chose relativement à son objet direct, mais comme principe simplement régulateur et comme maxime propre servant à favoriser et à soutenir à l'infini (d'une manière indéterminée) l'usage empirique de la raison, en lui ouvrant de nouvelles voies que l'entendement ne connaît pas, sans jamais être, pour cela, le moins du monde contraire aux lois de l'usage empirique.

Mais la raison ne saurait concevoir cette unité systématique sans donner en même temps à son idée un objet qui ne peut, cependant, être donné par aucune expérience, car une expérience ne donne jamais un exemple d'unité systématique parfaite. Or, cet être de raison (*ens rationis ratiocinatæ*) n'est, il est vrai, qu'une simple idée et, par conséquent, il n'est pas admis absolument et *en soi* comme quelque chose de réel, mais nous ne le prenons pour fondement que d'une manière problématique (puisque nous ne pouvons l'atteindre par aucun des concepts de l'entendement), afin d'envisager toute liaison des choses du monde sensible comme si ces choses avaient leur fondement dans cet être de raison, mais uniquement dans le but d'y fonder l'unité systématique qui est indispensable à la raison et qui peut être, de toute manière, avantageuse à la connaissance empirique de la raison, sans jamais pouvoir cependant lui être contraire.

On méconnaît le sens de cette idée dès qu'on la tient pour l'affirmation ou même seulement pour la supposition d'une chose réelle à laquelle on voudrait attribuer le principe de la constitution systématique du monde ; au contraire, on laisse tout à fait indécise la question de savoir quelle est en soi la nature de ce principe qui se dérobe à nos concepts et on ne prend qu'une idée comme point de vue d'où l'on peut uniquement et seulement étendre cette unité si essentielle à la raison et si salutaire à l'entendement ; en un mot, cette chose transcendantale est simplement le schème du principe régulateur par lequel la raison, autant qu'il est en elle, étend l unité systématique à toute expérience.

Le premier objet (*Object*) d'une telle idée, c'est moi-même considéré simplement comme nature pensante (comme âme). Si je veux rechercher les propriétés avec lesquelles un être pensant existe en soi, il faut que j'interroge l'expérience et je ne puis même appliquer aucune des catégories à cet objet qu'autant que le schème en est donné dans l'intuition sensible. Mais, par là, je n'arrive jamais à une unité systématique de tous les phénomènes du sens interne. Donc, au lieu du concept expérimental (de ce que l'âme est réellement), qui ne peut pas nous conduire bien loin, la raison prend le concept de l'unité empirique de toute pensée (*alles Denkens*) et en concevant cette unité comme inconditionnée et originaire, elle en fait un concept rationnel (l'idée) d'une substance simple, qui, immuable en soi (personnellement identique), est en relation avec d'autres choses réelles en dehors d'elle, en un mot, d'une intelligence simple subsistant par elle-même. Mais ici, ce qu'elle a en vue, ce n'est pas autre chose que des principes de l'unité systématique devant servir à expliquer les phénomènes de l'âme, et cela, en considérant les déterminations comme existant dans un sujet unique, toutes les facultés, autant que possible, comme dérivées d'une faculté fondamentale unique, tout changement comme faisant partie des états d'un seul et même être permanent, et en représentant les *phénomènes* dans l'espace comme entièrement distincts des actes de la *pensée* (*des Denkens*). Cette simplicité de la substance, etc., ne devrait être que le schème de ce principe régulateur et on ne suppose pas qu'elle soit le principe réel des propriétés de l'âme. Celles-ci, en effet, peuvent reposer aussi sur de tout autres causes que nous ne connaissons pas du tout, de même que nous ne saurions proprement connaître l'âme en elle-même au moyen de ces prédicats que nous supposons, quand même nous voudrions les lui appliquer absolument, puisqu'ils constituent une simple idée qui ne peut nullement être représentée *in concreto*. Or, une telle idée psychologique ne peut offrir que des avantages, si l'on se garde bien de la prendre pour quelque chose de plus qu'une simple idée, c'est-à-dire qu'une idée simplement relative à l'usage systématique de la raison par rapport aux phénomènes de notre âme. Car alors, on ne mêle plus les lois empiriques des phénomènes corporels, qui sont d'une tout autre espèce, aux explications de ce qui n'appartient qu'au *sens interne*, on ne se permet plus aucune de ces vaines hypothèses de génération, de destruction et de palingénésie des âmes, etc. ; la considération de cet objet du sens intime est donc tout à fait pure et sans mélange de propriétés hétérogènes ; en outre, la recherche de la raison tend à ramener, autant qu'il est possible, à un principe unique, dans ce sujet, les principes d'explication : toutes choses que fait excellemment et même seul un schème de ce genre, comme si c'était un être réel. L'idée psychologique ne peut pas, non plus, signifier autre chose que le schème d'un concept régulateur. Car si seulement je voulais demander : l'âme n'est-elle pas en soi de nature spirituelle ? cette question n'aurait pas de sens. En effet, par un tel concept, je n'écarte pas seulement la nature corporelle, mais en général toute nature, c'est-à-dire tous les prédicats de toute expérience possible et, par suite, toutes les conditions nécessaires pour concevoir un objet à un concept de ce genre, ou, en d'autres termes, tout ce qui seul permet de dire de ce concept qu'il a un sens.

La deuxième idée régulatrice de la raison simplement spéculative est le concept du monde en général. En effet, la nature n'est proprement que l'unique objet donné (*das einzige gegebene Object*) par rapport auquel la raison ait besoin de principes régulateurs. Cette nature est de deux sortes : la nature pensante et la nature corporelle. Mais, pour concevoir cette dernière quant à sa possibilité interne, c'est-à-dire pour déterminer l'application des catégories à cette nature, nous n'avons besoin d'aucune idée, c'est-à-dire d'aucune représentation qui dépasse l'expérience ; il n'y en a même pas qui soit possible par rapport à elle, puisque nous sommes simplement guidés à son égard par l'intuition sensible et qu'il n'en va pas ici comme dans le concept fondamental psychologique (le moi), qui comprend *a priori* une certaine forme de la pensée, à savoir l'unité de la pensée. Il ne nous reste donc rien autre chose pour la raison pure que la nature en général et l'intégralité des conditions d'après quelque principe. La totalité absolue des séries de ces conditions dans la dérivation de leurs membres est une idée qui, à la vérité, ne peut jamais être parfaitement réalisée dans l'usage empirique de la raison, mais qui, cependant, nous fournit la règle que nous devons suivre à cet égard, à savoir que, dans l'explication des phénomènes donnés, nous devons procéder (en rétrogradant ou en remontant) comme si la série était en soi infinie, c'est-à-dire *in indefinitum*, mais que là où la raison est considérée elle-même comme cause déterminante (dans la liberté) et, par suite, dans les principes pratiques, nous devons agir *comme si* nous avions devant nous un objet (*Object*) non des sens, mais de l'entendement pur, où les conditions ne peuvent plus être posées dans la série des phénomènes, mais, au contraire, en dehors d'elle et où la série des états peut être considérée comme si elle avait été commencée absolument (par une cause intelligible) : toutes choses qui prouvent que les idées cosmologiques ne sont que des principes régulateurs qui sont très éloignés de poser également d'une manière constitutive une totalité réelle de séries de ce genre. On peut voir le reste à sa place dans l'antinomie de la raison pure.

La troisième idée de la raison pure, qui contient une supposition simplement relative d'un être considéré comme la cause unique et parfaitement suffisante de toutes les séries cosmologiques, est le concept rationnel de Dieu. Nous n'avons pas la moindre raison d'admettre absolument l'objet de cette idée (*de le supposer en soi*) ; qu'est-ce, en effet, qui pourrait nous donner le pouvoir ou seulement le droit de croire ou d'affirmer en soi, en vertu du simple concept que nous nous en faisons, un être de la plus haute perfection et absolument nécessaire, si ce n'était le monde, par rapport auquel seulement cette supposition peut être nécessaire ; et alors, on voit clairement que l'idée de cet être, comme toutes les idées spéculatives ne signifie rien de plus sinon que la raison exige que l'on considère chaque liaison du monde suivant les principes d'une unité systématique, c'est-à-dire *comme si* toutes étaient sorties d'un être unique embrassant tout, comme d'une cause suprême et parfaitement suffisante. Il est clair par là que la raison ne peut avoir ici pour but que sa propre règle formelle dans l'extension de son usage empirique, mais jamais une extension *au delà de toutes les limites de l'usage empirique* et que, par conséquent, sous cette idée ne se cache aucun principe constitutif de son usage approprié à une expérience possible.

L'unité formelle suprême, qui repose exclusivement sur des concepts rationnels, est l'unité *finale* des choses, et l'intérêt spéculatif de la raison nous oblige à considérer tout arrangement dans le monde comme s'il résultait du dessein d'une raison suprême. Un tel principe ouvre, en effet, à notre raison appliquée au champ des expériences, des vues entièrement nouvelles, qui nous font lier les choses du monde suivant des lois téléologiques et nous mènent, par là, à la plus grande unité systématique des choses. L'hypothèse d'une intelligence suprême comme cause absolument unique de l'univers, mais qui n'est à la vérité, que dans l'idée, peut toujours ainsi profiter à la raison, sans cependant jamais lui nuire. Car si, par rapport à la figure de la terre (ronde et, pourtant, quelque peu aplatie *), des montagnes et des mers, etc., nous admettons, d'avance, des vues parfaitement sages d'un auteur suprême, nous pouvons alors faire, dans cette voie, une foule de découvertes. Si nous nous en tenons à cette supposition, comme à un principe simplement *régulateur*, l'erreur même ne peut nous nuire. En effet, il ne peut, en tout cas, s'ensuivre rien de plus sinon que, là où nous attendions un lien téléologique (*nexus finalis*), nous n'en trouvions qu'un simplement mécanique ou physique (*nexus effectivus*), ce qui, dans ce cas, ne nous prive que d'une unité, mais sans nous faire perdre l'unité rationnelle dans son usage empirique. Ce fâcheux contretemps lui-même ne saurait atteindre la loi dans son but général et téléologique. Car, bien qu'il soit vrai qu'un anatomiste puisse être convaincu d'erreur en rapportant quelques organes du corps d'un animal à une fin qui n'en résulte évidemment pas, il est, cependant, tout à fait impossible de *prouver*, en tout cas, qu'une disposition de la nature, quelle qu'elle soit, n'a pas du tout de fin. Aussi la physiologie (des médecins) étend-elle sa connaissance empirique très limitée des fins de la structure d'un corps organique au moyen d'un principe simplement fourni par la raison pure et qui va si loin qu'on y admet, tout à fait hardiment, mais aussi avec le consentement de tous les hommes raisonnables, que tout dans l'animal a son utilité et une bonne fin. Cette supposition ne saurait être constitutive, car elle va beaucoup plus loin que ne peuvent nous le permettre les observations faites jusqu'ici ; par où l'on voit qu'elle n'est pas autre chose qu'un principe régulateur de la raison pour

* L'avantage que procure la forme sphérique de la terre est assez connu ; mais peu nombreux sont ceux qui savent que son aplatissement en forme de sphéroïde est le seul obstacle qui empêche les saillies du continent, ou même de plus petites montagnes qui peuvent être soulevées par un tremblement de terre, de déplacer continuellement l'axe de la terre et même d'une manière grave en peu de temps ; ce qui arriverait si le renflement de la terre sous la ligne n'était pas une montagne assez puissante pour que la secousse de toute autre montagne ne pût jamais modifier notablement sa situation par rapport à l'axe. Et cependant on explique sans hésiter cette sage disposition par l'équilibre de la masse terrestre autrefois fluide.

arriver à l'unité systématique la plus haute, au moyen de l'idée de la causalité finale de la cause suprême du monde, *comme si* cette cause, en tant qu'intelligence suprême, avait tout fait d'après le plan le plus sage.

Mais si nous cessons de restreindre cette idée à l'usage simplement régulateur, la raison s'égare de plusieurs manières puisqu'elle quitte le sol de l'expérience, qui doit pourtant contenir les jalons de son chemin et qu'elle se risque, au delà de ce terrain, jusqu'à l'incompréhensible et à l'insondable, sur des hauteurs où elle est nécessairement saisie de vertiges, en se voyant, de ce point de vue, entièrement privée de tout usage conforme à l'expérience.

Quand on ne fait pas simplement de l'idée d'un Être suprême un usage régulateur, mais aussi (ce qui est contraire à la nature d'une idée) un usage constitutif, le premier inconvénient qui en résulte est la raison paresseuse (*ignava ratio**). On peut appeler ainsi tout principe qui fait que l'on considère son investigation de la nature, en quoi que ce soit, comme absolument achevée et que la raison se livre au repos, comme si elle avait pleinement accompli son œuvre. C'est pourquoi l'idée psychologique même, quand on l'emploie comme un principe constitutif pour expliquer les phénomènes de notre âme et, conséquemment, pour étendre encore notre connaissance de ce sujet au-dessus de toute expérience (pour connaître son état après la mort) est, il est vrai, très commode pour la raison, mais elle corrompt et ruine de fond en comble tout l'usage naturel qu'on en peut faire en suivant la direction de l'expérience. C'est ainsi que le spiritualiste dogmatique explique l'unité permanente de la personne, qui persiste immuablement à travers tous les changements d'états, par l'unité de la substance pensante, qu'il croit percevoir immédiatement dans le moi, ou par l'intérêt que nous prenons aux choses qui ne doivent arriver qu'après notre mort, par la conscience de la nature immatérielle de notre sujet pensant, etc. Il se dispense ainsi de toute recherche naturelle des causes physiques capables d'expliquer ces phénomènes

---

* C'est ainsi que les anciens dialecticiens appelaient le paralogisme suivant : si ton destin le veut, tu guériras de cette maladie, que tu appelles un médecin ou non. Cicéron dit que cette manière de raisonner tire son nom de ce qu'en la suivant on ne fait aucun usage de la raison dans la vie. Tel est le motif pour lequel j'ai donné ce nom à l'argument sophistique de la raison pure.

intérieurs, en laissant de côté, en vertu de la décision souveraine d'une raison transcendantale, les sources immanentes de la connaissance expérimentale, sans doute pour sa plus grande commodité, mais au détriment de ses lumières. Cette conséquence fâcheuse se manifeste encore plus clairement dans le dogmatisme de notre idée d'une intelligence suprême et du système théologique de la nature (dans la physico-théologie) qui s'y fonde faussement. En effet, toutes les fins qui se manifestent dans la nature et qui, souvent, ne sont inventées que par nous-mêmes, servent alors à nous mettre plus à l'aise dans la recherche des causes, je veux dire qu'au lieu de les chercher dans les lois générales du mécanisme de la matière, nous en appelons directement aux décrets insondables de la sagesse suprême et que nous considérons le travail de la raison comme terminé, parce que nous nous dispensons de son usage qui, cependant, ne trouve de fil conducteur que là où l'ordre de la nature et la série des changements nous sont donnés suivant des lois internes et générales. On peut éviter cette erreur en ne considérant pas simplement, du point de vue des fins, quelques parties de la nature, comme, par exemple, la division du continent, sa structure, la nature et la position des montagnes ou même l'organisation dans le règne végétal et dans le règne animal, mais en rendant *tout à fait générale* cette unité systématique de la nature par rapport à l'idée d'une intelligence suprême. Car alors, nous prenons pour fondement une finalité réglée par des lois universelles de la nature, auxquelles nul arrangement particulier ne fait exception, bien qu'elle ne se montre pas toujours aussi clairement à nos yeux, et nous avons un principe régulateur de l'unité systématique d'une liaison téléologique, mais nous ne le déterminons pas à l'avance, et, en attendant, nous devons poursuivre la liaison physico-mécanique suivant des lois générales. C'est ainsi seulement que le principe de l'unité finale peut toujours étendre l'usage rationnel par rapport à l'expérience, sans, en aucun cas, lui faire aucun tort.

Le second vice qui résulte de la fausse interprétation du principe de l'unité systématique est celui de la raison renversée (*perversa ratio*, ὕστερον πρότερον *rationis*). L'idée de l'unité systématique ne devrait servir qu'à titre de principe régulateur pour chercher cette unité dans la liaison des choses suivant des lois générales de la nature et pour croire qu'à mesure qu'on a trouvé quelque chose par la voie empirique on s'est rapproché d'autant de la perfection de son usage, bien qu'en fait on ne puisse jamais l'atteindre. Au lieu d'agir ainsi, on fait tout le contraire : on commence par prendre pour fondement la réalité d'un principe de l'unité finale considérée comme hypostatique et par déterminer, d'une manière anthropomorphique, le concept d'une telle intelligence suprême, parce que ce concept est en soi tout à fait inaccessible, et l'on impose ensuite des fins à la nature, d'une manière violente et dictatoriale, au lieu de les chercher, comme il convient, par la voie de l'investigation physique. De cette manière, non seulement la téléologie, qui devrait simplement servir à compléter l'unité de la nature suivant des lois universelles, tend plutôt à la faire disparaître, mais encore la raison manque de la sorte son but, qui est de prouver par la nature l'existence d'une cause suprême intelligente de ce genre (52). En effet, si l'on ne peut pas supposer *a priori*, c'est-à-dire comme appartenant à son essence, la finalité suprême dans la nature, comment donc veut-on être conduit à la rechercher et à se rapprocher, au moyen de cette échelle, de la suprême perfection d'un créateur, comme d'une perfection absolument nécessaire et, par conséquent, connaissable *a priori?* Le principe régulateur veut qu'on suppose absolument et, par conséquent, comme dérivant de l'essence des choses, l'unité systématique, comme une *unité naturelle* qui n'est pas simplement connue d'une manière empirique mais qui est supposée *a priori*, bien que d'une manière encore indéterminée. Mais si je prends d'abord pour fondement un être ordonnateur suprême, l'unité naturelle est alors supprimée par le fait même. Car elle est entièrement étrangère à la nature des choses et contingente, et elle ne peut plus être connue au moyen des lois générales de la nature. De là résulte un cercle vicieux dans la démonstration, puisqu'on suppose ce qu'on devrait proprement démontrer.

Prendre le principe régulateur de l'unité systématique de la nature pour un principe constitutif et admettre hypostatiquement comme cause ce qui n'est pris qu'en idée pour fondement de l'usage uniforme de la raison, ce n'est qu'égarer la raison. L'investigation de la nature va son chemin en suivant tout simplement la chaîne des causes naturelles qui sont soumises aux lois générales de la nature et, si elle introduit l'idée d'un créateur suprême, ce n'est pas pour en dériver la finalité qu'elle poursuit partout, mais pour en connaître l'existence au moyen de cette finalité qu'elle cherche dans l'essence des choses de la nature et même, autant que possible, dans l'essence de toutes les choses en général, et, par conséquent, pour la connaître comme absolument nécessaire. Que cela réussisse ou non, l'idée reste pourtant toujours exacte et son usage aussi quand il est restreint aux conditions d'un principe simplement régulateur.

L'unité finale parfaite est la perfection (considérée absolument). Si nous ne la trouvons pas dans l'essence des choses qui constituent tout l'objet de l'expérience, c'est-à-dire dans les lois générales et nécessaires de la nature, comment voulons-nous en conclure directement l'idée d'une perfection suprême et absolument nécessaire d'un Être suprême qui soit la source de toute causalité? La plus grande unité systématique, par conséquent aussi l'unité finale, est l'école et même la base de la possibilité du plus grand usage de la raison humaine. Son idée est donc liée inséparablement à l'essence de notre raison. Cette même idée a ainsi pour nous force de loi et il est donc très naturel d'admettre une raison législatrice qui lui corresponde (*intellectus archetypus*) et d'où toute l'unité systématique de la nature soit dérivée, comme de l'objet de notre raison.

Nous avons dit, à l'occasion de l'antinomie de la raison pure, que toutes les questions que la raison pure soulève doivent inévitablement recevoir une solution et que l'excuse qui se tire des bornes de notre connaissance et qui, dans beaucoup de questions physiques, est aussi inévitable que juste, ne peut pas être admise ici, puisqu'il ne s'agit pas ici de la nature des choses, mais seulement de la nature de la raison et uniquement de sa constitution interne. Nous pouvons maintenant confirmer cette affirmation, de prime abord audacieuse, relativement aux deux questions auxquelles la raison pure attache le plus grand intérêt et compléter ainsi totalement nos considérations sur la dialectique de cette raison pure.

Demande-t-on, par conséquent (par rapport à une théologie transcendantale*), *en premier lieu*, s'il y a quelque chose

---

* Ce que j'ai déjà dit plus haut de l'idée psychologique et de sa destination propre, en qualité de principe de l'usage simplement régula-

de distinct du monde qui contienne le fondement de l'ordre du monde et de son enchaînement suivant des lois générales? il faut répondre : *oui, sans doute*. En effet, le monde est une somme de phénomènes ; il doit donc y avoir pour ces phénomènes un principe transcendantal, c'est-à-dire simplement concevable à l'entendement pur. Demande-t-on, *en second lieu,* si cet être est une substance, une substance de la plus haute réalité, une substance nécessaire, etc. ? je réponds que *cette question-là n'a pas de sens*. En effet, toutes les catégories au moyen desquelles je cherche à me faire le concept d'un objet de ce genre n'ont d'autre usage qu'un usage empirique et perdent toute signification quand on ne les applique pas à des objets (*Objecte*) de l'expérience possible, c'est-à-dire au monde sensible. En dehors de ce champ, elles sont simplement des titres de concepts que l'on peut accorder, mais par lesquels, pourtant, on ne peut rien comprendre. Demande-t-on enfin, *en troisième lieu*, si nous ne pouvons pas, du moins, concevoir cet être distinct du monde, par *analogie* avec les objets de l'expérience ? je réponds : *oui, assurément*, mais seulement comme objet dans l'idée et non dans la réalité, c'est-à-dire exclusivement en tant qu'il est un substratum pour nous inconnu de cette unité systématique, de cet ordre et de cette finalité de la constitution du monde, dont la raison doit se faire un principe régulateur dans son investigation de la nature. Bien plus, nous pouvons, dans cette idée, accorder, hardiment et sans crainte de blâme, certains anthropomorphismes qui sont indispensables au principe régulateur dont il s'agit. Car ce n'est toujours qu'une idée qui n'est pas rapportée directement à un être distinct du monde, mais bien au principe régulateur de l'unité systématique du monde, ce qui ne peut avoir lieu qu'au moyen d'un schème de cette unité, je veux dire d'une intelligence suprême qui en soit l'auteur d'après de sages desseins. Quant à ce qu'est en soi ce premier principe de l'unité du monde, on ne saurait le concevoir par là, mais on peut concevoir comment nous devons l'employer ou plutôt nous servir de son idée relativement à l'usage sys-

---

teur de la raison, me dispense d'en dire plus long sur l'illusion transcendantale suivant laquelle cette unité systématique de toute la diversité du sens interne est représentée hypostatiquement. La méthode est ici tout à fait analogue à celle que la Critique a suivie par rapport à l'idéal théologique.

tématique de la raison par rapport aux choses du monde.

Mais, de cette manière, pouvons-nous cependant (continuera-t-on à nous demander) admettre un créateur du monde unique, sage et tout-puissant ? *Sans aucun doute ;* et non seulement nous pouvons, mais nous *devons* le supposer. Mais alors étendons-nous notre connaissance au delà du champ de l'expérience possible ? *Nullement.* Car nous n'avons fait que supposer un quelque chose dont nous n'avons absolument aucun concept concernant ce qu'il est en soi (un objet simplement transcendantal), mais, par rapport à l'ordre systématique et final de la construction du monde, que nous devons supposer quand nous étudions la nature, nous n'avons conçu cet être à nous inconnu que *par analogie* avec une intelligence (qui est un concept empirique), c'est-à-dire que, par rapport aux fins et à la perfection qui se fondent sur un tel être, nous l'avons précisément doué des propriétés qui peuvent contenir, suivant les conditions de notre raison, le fondement d'une unité systématique de ce genre. Cette idée est donc entièrement fondée *relativement à l'usage cosmologique* de notre raison. Mais si nous voulions lui attribuer une valeur absolument objective, nous oublierions que c'est simplement un être en idée que nous concevons et, en commençant alors par un principe qui ne peut pas du tout être déterminé par la contemplation du monde, nous serions par là même mis hors d'état d'appliquer convenablement ce principe à l'usage empirique de la raison.

Mais (demandera-t-on encore), de cette manière, puis-je cependant faire usage du concept et de la supposition d'un Être suprême dans la contemplation rationnelle du monde ? *Oui ;* c'est même pour cela proprement que cette idée a été posée en principe par la raison. Mais puis-je donc considérer comme des fins des ordonnances qui ressemblent à des fins, en les dérivant de la volonté divine, bien que ce soit par l'intermédiaire de dispositions particulières établies à cet effet dans le monde ? Oui, vous le pouvez aussi, mais à la condition qu'il vous soit indifférent d'entendre dire que la sagesse divine a tout ordonné ainsi et pour ses fins suprêmes, ou que l'idée de la sagesse suprême est un régulateur dans l'investigation de la nature et un principe de l'unité systématique et finale de cette nature, suivant des lois physiques générales, même là où nous ne l'apercevons pas, c'est-à-dire qu'il doit vous être absolument indifférent de dire, là où vous remarquez cette unité : Dieu l'a ainsi voulu dans sa sagesse, ou bien : la nature l'a ainsi sagement ordonné. En effet, la plus haute unité systématique et finale, que votre raison désirait donner pour fondement, en qualité de principe régulateur, à toute investigation de la nature, était précisément ce qui nous autorisait à prendre pour fondement l'idée d'une intelligence suprême, en qualité de schème du principe régulateur, et plus vous trouvez maintenant de finalité dans le monde, conformément à ce principe, plus vous voyez se confirmer la légitimité de votre idée. Mais comme ce principe n'avait pour but que de chercher l'unité nécessaire et la plus grande possible dans la nature, nous serons, à la vérité, redevables de tout ce que nous pourrons en atteindre à l'idée d'un Être suprême, mais nous ne pouvons pas, sans tomber en contradiction avec nous-mêmes, négliger les lois générales de la nature, par rapport auxquelles uniquement l'idée a été prise pour fondement, et considérer cette finalité de la nature comme contingente et hyperphysique, quant à son origine, puisque nous n'avions pas le droit d'admettre, au-dessus de la nature, un être doué des attributs dont il s'agit, mais seulement celui de prendre pour fondement l'idée d'un tel être, afin de considérer, par analogie avec une détermination causale, les phénomènes comme systématiquement unis les uns aux autres.

Nous sommes donc ainsi autorisés non seulement à concevoir la cause du monde suivant un anthropomorphisme plus subtil (sans lequel on n'en pourrait rien concevoir), je veux dire, comme un être doué d'entendement, capable de plaisir et de peine, et, conséquemment, de désirs et de volonté, mais encore à lui attribuer une perfection infinie qui dépasse ainsi de beaucoup celle à laquelle nous pouvons être conduits par la connaissance empirique de l'ordre du monde. En effet, le principe régulateur de l'unité systématique veut que nous étudiions la nature comme si, partout, s'y trouvait à l'infini une unité systématique et finale dans la plus grande variété possible. Car, bien que nous ne découvrions ou n'atteignions que peu de chose de cette perfection du monde, il appartient cependant au pouvoir législateur de notre raison de la chercher et de la soupçonner partout, et il doit toujours nous être avantageux, sans que cela puisse jamais nous être nuisible, de diriger suivant ce principe la contemplation de la nature. Mais, dans cette représentation en idée d'un créateur suprême, prise pour fondement, il est clair aussi que ce n'est pas l'existence et la connaissance d'un tel être, mais seulement son idée qui me sert de fondement, et que, par suite, je ne dérive proprement rien de cet être, mais simplement de l'idée de cet être, c'est-à-dire de la nature des choses du monde envisagées suivant une telle idée. Aussi une certaine conscience, bien que confuse, de l'usage légitime de ce concept de notre raison paraît-elle avoir donné naissance au langage modeste et raisonnable des philosophes de tous les temps qui parlent de la sagesse et de la prévoyance de la nature, ou de la sagesse divine, comme si c'étaient là des expressions synonymes, et qui préfèrent même la première expression, tant qu'ils n'ont affaire qu'à la raison simplement spéculative, parce qu'elle modère les prétentions à affirmer plus que nous n'avons le droit de le faire et qu'en même temps elle ramène la raison à son propre champ : la nature.

Ainsi la raison pure qui, au début, semblait ne nous promettre rien de moins que l'extension des connaissances au delà de toutes les limites de l'expérience, ne contient, si nous la comprenons bien, que des principes régulateurs, qui, à la vérité, prescrivent une plus grande unité que celle que peut atteindre l'usage empirique de l'entendement, mais qui, par cela même qu'ils reculent si loin le but dont il cherche à se rapprocher, portent au plus haut degré, grâce à l'unité systématique, l'accord de cet usage avec lui-même. Si, au contraire, on entend mal ces principes et qu'on les prenne pour des principes constitutifs de connaissances transcendantes, ils produisent, par une apparence brillante, mais trompeuse, une persuasion et un savoir imaginaire, qui, à leur tour, créent des contradictions et des disputes éternelles.

*
* *

Ainsi donc, toute connaissance humaine commence par des intuitions, s'élève ensuite à des concepts et finit par des idées. Bien que, pour ces trois éléments, elle ait des sources de connaissance *a priori*, qui, au premier aspect, semblent repousser les limites de toute expérience, une critique complète nous convainc cependant que toute raison, dans l'usage spéculatif, ne peut jamais, avec ces éléments, dépasser le champ de l'expérience possible et que la propre destination de ce pouvoir suprême de connaître est de ne se servir de toutes les méthodes et de tous les principes de ces méthodes qu'afin de poursuivre la nature jusque dans ce qu'elle a de plus intime, suivant tous les principes possibles de l'unité, dont le principal est celui des fins, mais jamais sortir des limites de la nature, hors desquelles il n'y a plus *pour nous* qu'un espace vide. A la vérité, l'examen critique de toutes les propositions qui peuvent étendre notre connaissance au delà de l'expérience réelle, nous a suffisamment convaincus, dans l'Analytique transcendantale, qu'elles ne peuvent jamais nous conduire à rien de plus qu'à une expérience possible ; et, si l'on ne se montrait pas défiant, même à l'endroit des théorèmes abstraits et généraux les plus clairs, si des perspectives attrayantes et spécieuses ne nous portaient pas à en rejeter la force, nous aurions pu, certainement, nous dispenser d'interroger péniblement tous les témoins dialectiques qu'une raison transcendante appelle au secours de ses prétentions ; car nous savions déjà, d'avance, et avec une pleine certitude, que tous ses prétextes, imaginés peut-être en toute loyauté, devaient être tout à fait inutiles puisqu'il s'agit ici d'une connaissance que ne saurait jamais acquérir aucun homme. Mais comme il n'y a pas de fin au discours, tant qu'on n'arrive pas à la cause véritable de l'illusion, qui peut même surprendre les esprits les plus raisonnables, et que la résolution de toute notre connaissance en ses éléments (en tant qu'étude de notre nature intérieure) n'est pas en soi de valeur médiocre, qu'elle est même un devoir pour le philosophe, il n'était pas seulement nécessaire d'examiner en détail, jusque dans ses premières sources, tout ce travail de la raison spéculative, quelque vain qu'il soit ; mais, de plus, comme l'apparence dialectique n'est pas ici seulement illusoire quant au jugement, mais aussi quant à l'intérêt que l'on prend au jugement, qu'elle est par là aussi attrayante que naturelle et qu'elle restera toujours telle dans l'avenir, il était prudent de rédiger, en quelque sorte, dans tous les détails, les actes de ce procès et de les déposer dans les archives de la raison humaine, pour éviter à l'avenir de semblables erreurs.

DEUXIÈME PARTIE

DE

LA CRITIQUE DE LA RAISON PURE

THÉORIE TRANSCENDANTALE DE LA MÉTHODE

THÉORIE TRANSCENDANTALE
DE LA MÉTHODE

Si je considère l'ensemble constitué par toute la connaissance de la raison pure et spéculative comme un édifice dont nous avons en nous au moins l'idée, je puis dire que, dans la théorie transcendantale des éléments, nous avons approximativement évalué nos matériaux et déterminé quel édifice, de quelle hauteur et de quelle solidité, ils suffisent à élever. Sans doute, bien que nous eussions l'intention de construire une tour qui devait s'élever jusqu'au ciel, il s'est trouvé que notre provision de matériaux suffisait à peine à bâtir une maison d'habitation qui fût tout juste assez spacieuse pour convenir aux travaux auxquels nous vaquons sur la plaine de l'expérience et assez haute pour que nous puissions tout voir d'un coup d'œil, et que notre audacieuse entreprise échouait ainsi nécessairement faute de matériaux, sans même que l'on eût besoin de faire entrer en compte la confusion des langues qui devait immanquablement diviser les travailleurs sur le plan à suivre et les faire se disperser par tout le monde, pour y bâtir chacun pour soi et à sa guise. En ce moment, ce n'est pas tant des matériaux, mais bien du plan qu'il s'agit de nous occuper, et, comme, si nous sommes avertis de ne pas nous aventurer sur un projet arbitraire et aveugle, qui pourrait bien dépasser toutes nos ressources, il nous est pourtant impossible de renoncer à nous construire une habitation solide, il nous faut faire le devis d'un édifice qui soit en rapport avec les matériaux dont nous disposons et qui sont appropriés à nos besoins.

J'entends donc par méthodologie transcendantale la détermination des conditions formelles d'un système complet de la raison pure. Dans ce but, nous aurons à nous occuper d'une *discipline*, d'un *canon*, d'une *architectonique*, et enfin d'une *histoire* de la raison pure et nous ferons, à un point de vue transcendantal, ce qu'on tente dans les écoles sous le nom de *logique pratique* par rapport à l'usage de l'entendement, mais ce qu'on exécute mal, parce que la logique générale n'étant restreinte à aucune espèce particulière de la connaissance intellectuelle (par exemple à la connaissance pure), non plus qu'à certains objets, ne peut rien faire de plus, sans emprunter des connaissances à d'autres sciences, que proposer des titres pour des *méthodes possibles* et des expressions techniques dont on se sert par rapport au côté systématique de toutes les sciences et qui font connaître d'avance à l'élève des noms dont il n'apprendra que plus tard à pénétrer la signification et à savoir l'usage.

CHAPITRE PREMIER

DISCIPLINE DE LA RAISON PURE

Les jugements qui sont négatifs, non seulement au point de vue de leur forme logique, mais aussi quant à leur matière, ne jouissent auprès du désir de savoir qu'ont les hommes d'aucune considération particulière ; on les regarde même absolument comme des ennemis jaloux de la tendance qui nous pousse sans cesse à étendre nos connaissances et l'on a presque besoin d'une apologie pour les faire seulement tolérer, à plus forte raison pour leur concilier l'estime et la faveur.

On peut exprimer, il est vrai, *logiquement* sous forme négative, toutes les propositions que l'on veut ; mais, relativement au contenu de notre connaissance en général, quant à la question de savoir si elle est étendue ou restreinte par un jugement, les propositions négatives n'ont pas d'autre fonction que d'empêcher l'erreur. Aussi les propositions négatives, qui doivent prévenir une fausse connaissance, là où il n'y a jamais d'erreur possible, tout en demeurant très vraies, sont-elles pourtant vides ; et n'étant plus appropriées à leur but, elles sont, pour cette raison, souvent ridicules. Telle est la proposition de ce rhéteur qu'Alexandre n'aurait pu faire de conquêtes sans armées.

Mais là où les bornes de notre connaissance possible sont très étroites, l'inclination à juger grande, l'apparence qui s'offre, très trompeuse, et le préjudice causé par l'erreur considérable, une instruction *négative*, qui ne sert qu'à nous préserver des erreurs, a encore plus d'importance que mainte instruction positive par où notre connaissance pourrait acquérir de l'accroissement. La *contrainte*, qui réprime et finit par détruire la tendance constante qui nous pousse à nous écarter de certaines règles, s'appelle *discipline*. Elle se distingue de la *culture* (*Cultur*) qui doit simplement nous donner une *aptitude* (*eine Fertigkeit*) sans en supprimer en retour une autre déjà existante. La discipline contribuera donc à la formation (*zu der Bildung*) d'un talent, qui déjà par lui-même a une propension à se manifester, mais par un appoint négatif*, tandis que la culture et la doctrine y fourniront un appoint positif.

Que le tempérament, ainsi que les dispositions naturelles qui se permettent volontiers un mouvement libre et illimité (comme l'imagination et l'esprit = *Witz*) aient, à beaucoup d'égards besoin d'une discipline, c'est ce que tout le monde accordera facilement. Mais que la raison, qui a pour obligation propre de prescrire une discipline à toutes les autres tendances, ait encore elle-même besoin d'une discipline, c'est ce qui peut paraître assurément étrange, et, dans le fait, elle a échappé jusqu'ici à une pareille humiliation, pour cette raison même qu'en voyant avec quel air solennel et quel maintien imposant elle marche, personne ne pouvait la soupçonner à la légère de substituer, dans un jeu frivole, des images aux concepts et des mots aux choses.

On n'a pas besoin d'une critique de la raison dans l'usage empirique qu'on en fait, parce que ses principes y sont soumis continuellement à l'épreuve de l'expérience qui leur sert de pierre de touche; on n'en a pas besoin, non plus, dans la Mathématique où ses concepts doivent être représentés de suite *in concreto* dans l'intuition pure et où tout ce qui est sans fondement et arbitraire est aussitôt rendu manifeste par là. Mais là où ni l'intuition empirique, ni l'intuition pure ne retiennent la raison dans une voie parfaitement visible, je veux dire dans l'usage transcendantal, où elle procède par simples concepts, elle a tellement besoin d'une discipline qui réprime sa tendance au delà des étroites limites de l'expérience possible et la préserve de tout écart et de toute erreur, que toute la philosophie de la raison pure n'a pas d'autre but que cette utilité négative. On peut remédier aux erreurs particulières par la *censure* (*durch Censur*) et à leurs causes

---

* Je sais bien que dans le langage de l'école on a continué d'employer le mot de *discipline* comme synonyme de celui d'instruction. Mais, à l'encontre, il y a beaucoup d'autres cas où la première expression, au sens de *correction* (*Zucht*), est soigneusement distinguée de la deuxième qui signifie *enseignement* (*Belehrung*), et d'ailleurs la nature des choses exige même qu'on réserve, en faveur de cette distinction, les seules expressions convenables. Je souhaite donc qu'on ne se permette jamais d'employer ce mot-là dans un autre sens que dans le sens négatif.

par la critique. Mais là où, comme dans la raison pure, l'on rencontre tout un système d'illusions et de prestiges bien liés entre eux et réunis sous des principes communs, il semble alors que soit indispensable une législation tout à fait spéciale, mais négative, qui, sous le nom de *discipline*, établisse, en se réglant sur la nature de la raison et des objets de son usage pur, un système de circonspection et d'examen de soi-même, devant lequel nulle apparence fausse et sophistique ne peut subsister, mais doit aussitôt se trahir, de quelques prétextes qu'elle s'affuble.

Mais il faut bien remarquer que, dans cette seconde partie de la Critique transcendantale, je ne fais pas porter la discipline de la raison pure sur le contenu, mais simplement sur la méthode de la connaissance issue de la raison pure. La première tâche a été remplie dans la théorie des éléments. Mais l'usage de la raison, à quelque objet qu'il puisse être appliqué, est tellement semblable à lui-même, et, en même temps, cependant, en tant qu'il doit être transcendantal, il est si essentiellement distinct de tout autre, que, sans les avertissements d'une doctrine négative, qui renferme une discipline spécialement établie à cet effet, on ne saurait éviter les erreurs, qui doivent nécessairement résulter d'une application maladroite de méthodes qui, ailleurs, peuvent bien convenir à la raison, mais qui, ici, ne lui conviennent pas.

PREMIÈRE SECTION

Discipline de la raison pure dans l'usage dogmatique.

La Mathématique fournit l'exemple le plus éclatant d'une raison pure qui réussit à s'étendre d'elle-même et sans le secours de l'expérience. Les exemples sont contagieux, surtout pour ce pouvoir qui se flatte naturellement d'avoir, en d'autres cas, le même bonheur qu'il a eu dans un cas particulier. Aussi la raison pure espère-t-elle pouvoir s'étendre dans son usage transcendantal avec autant de bonheur et de solidité qu'elle a dû le faire dans son usage mathématique, surtout si elle applique au premier cette même méthode qui lui a été d'une si évidente utilité dans le second. Il nous importe donc beaucoup de savoir si la méthode qui conduit à la certitude apodictique, et que l'on appelle *mathématique* dans cette dernière science, est identique à celle qui sert à chercher cette même certitude en philosophie et qui, ici, devrait être appelée *dogmatique*.

La connaissance *philosophique* est la *connaissance rationnelle* par *concepts* et la connaissance mathématique est une connaissance rationnelle par *construction* des concepts. Mais *construire* un concept, c'est représenter (*darstellen*) *a priori* l'intuition qui lui correspond. La construction d'un concept exige donc une intuition *non empirique*, qui, par conséquent, en tant qu'intuition, soit un objet (*Object*) *singulier*, mais qui, néanmoins, comme construction d'un concept (d'une représentation générale) doit exprimer dans la représentation (*Vorstellung*) quelque chose d'universel qui s'applique à toutes les intuitions possibles appartenant à ce concept. Ainsi, je construis un triangle en représentant l'objet correspondant à ce concept, soit par la simple imagination (*Einbildung*), — dans l'intuition pure, — soit, d'après celle-ci sur le papier, — dans l'intuition empirique, — mais, dans les deux cas, pleinement *a priori*, sans en avoir emprunté le modèle à une expérience quelconque. La figure singulière qu'on a dessinée est empirique et cependant elle sert à exprimer le concept malgré sa généralité, parce que dans cette intuition empirique on ne considère jamais que l'acte de la construction du concept, auquel beaucoup de déterminations, comme celles de la grandeur, des côtés et des angles, sont tout à fait indifférentes et qu'on fait, par suite, abstraction de ces différences, qui ne changent pas le concept du triangle.

La connaissance philosophique considère donc le particulier seulement dans le général et la connaissance mathématique, le général dans le particulier et même dans le singulier, mais cependant *a priori* et au moyen de la raison, de telle sorte que, de même que le singulier est déterminé sous certaines conditions générales de la construction, de même l'objet du concept, auquel ce singulier ne correspond que comme schème, doit être conçu comme universellement déterminé.

C'est dans cette forme, par conséquent, que consiste la différence essentielle de ces deux modes de connaissances rationnelles et ce n'est pas sur la différence des matières ou des objets de chacun d'eux qu'elle repose. Ceux qui ont cru distinguer la philosophie de la mathématique en disant que la première n'a pour objet (*zum Objecte*) que la *qualité* et la seconde que la *quantité*, ont tous pris l'effet pour la cause. La forme de la connaissance mathématique est la cause qui fait que cette connaissance peut uniquement se rapporter à des grandeurs (*auf Quanta*). Il n'y a, en effet, que le seul concept de grandeur qui se laisse construire, c'est-à-dire représenter *a priori* dans l'intuition; les qualités ne se laissent, au contraire, représenter que dans l'intuition empirique. Aussi une connaissance rationnelle de ces qualités n'est-elle possible que par concepts. Ainsi personne ne saurait tirer d'ailleurs que de l'expérience une intuition correspondant au concept de la réalité, et on ne peut jamais y arriver *a priori* de soi-même et antérieurement à la conscience empirique de cette intuition. On pourra faire de la forme conique un objet d'intuition sans aucun secours empirique, simplement d'après le concept, mais la couleur de ce cône devra être donnée d'avance dans une expérience ou dans une autre. Je ne puis représenter dans l'intuition le concept d'une cause en général autrement que dans un exemple que l'expérience me met en mains, et ainsi de suite. La philosophie, du reste, traite aussi bien de quantités que la mathématique, par exemple de la totalité, de l'infinité, etc. La mathématique s'occupe aussi de la différence des lignes et des surfaces, en tant qu'espaces de diverse qualité, de la continuité de l'étendue prise comme l'une de ses qualités. Mais quoique, en pareils cas, ces deux sciences aient un objet commun, la manière de le traiter par le moyen de la raison est cependant tout à fait différente dans la méditation philosophique et dans la réflexion mathématique. La première s'en tient simplement à des concepts généraux, la seconde ne peut rien faire avec le simple concept, mais se hâte de recourir à l'intuition où elle considère le concept *in concreto*, non pas cependant empiriquement, mais simplement dans une intuition qu'elle a représentée *a priori*, c'est-à-dire qu'elle a construite et dans laquelle ce qui résulte des conditions générales de la construction doit s'appliquer aussi d'une manière générale à l'objet (*Objecte*) du concept construit.

Que l'on donne à un philosophe le concept d'un triangle et qu'on le charge de trouver à sa manière quel peut être le rapport de ses angles avec l'angle droit. Tout ce qu'il a, c'est le concept d'une figure renfermée entre trois lignes droites et, dans cette figure, le concept d'un égal nombre d'angles. Il aura beau réfléchir, tant qu'il voudra, sur ce concept, il n'en fera sortir rien de nouveau. Il peut analyser et rendre clair le concept de la ligne droite, ou celui d'un angle, ou celui du nombre trois, mais non pas arriver à d'autres propriétés qui ne sont pas du tout contenues dans ces concepts. Mais que le géomètre s'empare de cette question. Il commence aussitôt par construire un triangle. Sachant que deux angles droits pris ensemble valent autant que tous les angles contigus qui peuvent être tracés d'un point pris sur une ligne droite, il prolonge un côté de son triangle et obtient deux angles contigus dont la somme égale deux droits. Il partage ensuite l'angle externe en traçant une ligne parallèle au côté opposé du triangle et voit qu'il en résulte un angle contigu qui est égal à un angle interne, etc. De cette manière, il arrive, par une chaîne de raisonnements, toujours guidé par l'intuition, à la solution parfaitement claire et en même temps générale de la question.

Mais la mathématique ne construit pas simplement des grandeurs (des *quanta*), comme dans la géométrie ; elle construit aussi la simple grandeur (la *quantitas*), comme c'est le cas dans l'algèbre où elle fait entièrement abstraction de la nature de l'objet qui doit être conçu d'après un tel concept de grandeur. Elle choisit alors une certaine notation de toutes les constructions de grandeurs en général (nombres), comme les notations qui marquent l'addition, la soustraction, etc., l'extraction des racines ; et, après avoir désigné le concept général des grandeurs suivant les rapports différents de ces grandeurs, elle représente dans l'intuition, d'après certaines règles générales, toute opération engendrée ou modifiée par la quantité (53). Quand une grandeur doit être divisée par une autre, elle combine les caractères de toutes les deux selon la forme qui désigne la division, etc., et elle arrive ainsi, au moyen d'une construction symbolique, tout aussi bien que la géométrie au moyen d'une construction ostensive ou géométrique (des objets mêmes) (54), là où la connaissance discursive ne pourrait jamais arriver au moyen de simples concepts.

Quelle peut être la cause de ces positions si diverses où se trouvent deux artisans de la raison dont l'un procède (*seinen Weg nimmt*) par des concepts, l'autre par des intuitions qu'il représente conformément aux concepts? D'après les théories transcendantales exposées plus haut, cette cause est claire. Il ne s'agit pas ici de propositions analytiques qui puissent être engendrées par simple analyse des concepts (en quoi le philosophe aurait, sans aucun doute, l'avantage sur son rival), mais de propositions synthétiques et telles, à la vérité, qu'elles doivent être connues *a priori*. En effet, je n'ai pas à considérer ce que je pense réellement dans mon concept du triangle (celui-ci n'est rien de plus que la simple définition), je dois, au contraire, en sortir pour arriver à des propriétés qui ne sont pas dans ce concept, mais qui pourtant lui appartiennent. Or, cela n'est possible que si je détermine mon objet d'après les conditions, soit de l'intuition empirique, soit de l'intuition pure. Le premier procédé (par la mesure des angles du triangle) fournirait seulement une proposition empirique qui ne renfermerait aucune généralité et encore moins aucune nécessité, et il n'est pas question ici de pareilles propositions. Le second procédé est la construction mathématique, et même ici la construction géométrique, au moyen de laquelle j'ajoute dans une intuition pure, aussi bien que dans une intuition empirique, le divers qui appartient au schème d'un triangle en général, par conséquent à son concept, par où incontestablement doivent être produites[1] des propositions synthétiques universelles.

C'est donc en vain que je philosopherais sur le triangle, c'est-à-dire que je le penserais d'une manière discursive, je ne pourrais dépasser, si peu que ce soit, la simple définition par laquelle pourtant j'aurais dû justement commencer. Il y a bien une synthèse transcendantale faite de purs (*lauter*) concepts, qui, à son tour, ne réussit qu'au philosophe; mais elle ne concerne jamais qu'une chose en général à quelques conditions que la perception puisse en être soumise pour appartenir à l'expérience possible. Or, dans les problèmes mathématiques, il n'est pas du tout question de cela, ni, en général, de l'existence; il ne s'agit en eux que des propriétés des objets en eux-mêmes, uniquement en tant qu'elles sont unies au concept de ces objets.

Par l'exemple cité, nous n'avons cherché qu'à rendre évi-

---

1. 2º édition, construites.

dente la grande différence qu'il y a entre l'usage discursif de la raison procédant par concepts et son usage intuitif fondé sur la construction des concepts. Or, on se demande naturellement quelle est la cause qui rend nécessaire cet usage double de la raison et à quelles conditions on peut reconnaître si c'est seulement le premier ou aussi le second qui a lieu.

Toute notre connaissance se rapporte, en définitive, à des intuitions possibles, car c'est par elles seules qu'un objet est donné. Or, ou bien un concept *a priori* (un concept non empirique) contient déjà une intuition pure et, dans ce cas, il peut être construit, ou bien il ne contient que la synthèse d'intuitions possibles qui ne sont pas données *a priori*, et alors on peut bien < sans doute > former par ce concept un jugement synthétique et *a priori*, mais on ne le fera que discursivement, suivant des concepts, et jamais intuitivement, par la construction du concept.

Or, de toutes les intuitions aucune n'est donnée *a priori*, si ce n'est la simple forme des phénomènes : espace et temps ; et l'on peut représenter *a priori* dans l'intuition, c'est-à-dire construire un concept de l'espace et du temps, considérés comme *quanta*, en même temps que leur qualité (leur figure), ou aussi simplement leur quantité (la simple synthèse du divers homogène), par le nombre. Mais la matière des phénomènes, ce par quoi des *choses* nous sont données dans l'espace et dans le temps, ne peut être représentée que dans la perception, partant *a posteriori*. Le seul concept qui représente *a priori* ce contenu empirique des phénomènes est le concept de la *chose* en général, et la connaissance synthétique *a priori* de ce concept ne peut rien fournir de plus que la simple règle de la synthèse de ce que la perception peut donner *a posteriori* et elle ne fournit jamais *a priori* l'intuition de l'objet réel parce que celle-ci doit nécessairement être empirique.

Les propositions synthétiques qui concernent des *choses* en général dont l'intuition ne peut être donnée *a priori* sont transcendantales. C'est pourquoi les propositions transcendantales ne peuvent jamais être données par construction de concepts, mais seulement suivant des concepts *a priori*. Elles contiennent simplement la règle d'après laquelle une certaine unité synthétique de ce qui ne peut être représenté intuitivement *a priori* (des perceptions) doit être cherchée empiriquement. Mais elles ne sauraient, en aucun cas, représenter aucun de leurs concepts *a priori;* elles ne le font, au contraire, qu'*a posteriori*, au moyen de l'expérience qui n'est, en définitive, possible que d'après ces propositions synthétiques.

Pour juger synthétiquement d'un concept, il faut sortir de ce concept et même recourir à l'intuition dans laquelle il est donné. En effet, si l'on s'en tenait à ce qui est contenu dans le concept, le jugement serait simplement analytique, c'est-à-dire qu'il ne serait qu'une explication de la pensée suivant ce qui y est réellement contenu. Mais je puis aller du concept à l'intuition pure ou empirique qui lui correspond afin de l'y examiner *in concreto* et de reconnaître *a priori* ou *a posteriori* ce qui convient à l'objet de ce concept. Dans le premier cas, on a la connaissance rationnelle et mathématique par la construction du concept, dans le second, simplement la connaissance empirique (mécanique) qui ne peut jamais donner des propositions nécessaires et apodictiques. Ainsi je pourrais analyser mon concept empirique de l'or sans gagner par là rien de plus que de pouvoir énumérer tout ce que je pense réellement sous ce mot, d'où résulte sans doute une amélioration logique dans ma connaissance, mais sans que j'acquière par là aucune augmentation ou addition. Or, je prends la matière qui se présente sous ce nom et j'y joins des perceptions qui me fournissent diverses propositions synthétiques, mais empiriques. Je construirais le concept mathématique d'un triangle, c'est-à-dire que je le donnerais *a priori* dans l'intuition et, ce faisant, j'obtiendrais une connaissance synthétique, mais rationnelle. Mais quand le concept transcendantal d'une réalité, d'une substance, d'une force, etc., m'est donné, il ne désigne ni une intuition empirique, ni une intuition pure, mais uniquement la synthèse des intuitions empiriques (intuitions qui ne peuvent donc pas être données *a priori*) et, comme la synthèse ne peut pas s'élever *a priori* à l'intuition qui lui correspond, il ne peut résulter de ce concept aucune proposition synthétique déterminante, mais seulement un principe de la synthèse* d'intuitions empiriques possibles. Une proposition

---

* Au moyen du concept de la cause, je sors réellement du concept empirique d'un événement (où quelque chose arrive), mais sans arri-

transcendantale est donc une connaissance rationnelle synthétique par simples concepts et, partant, une proposition discursive, puisque c'est par là seulement qu'est possible toute l'unité synthétique de la connaissance empirique, mais aucune intuition n'est donnée par là *a priori*.

Il y a donc deux usages de la raison qui, malgré l'universalité de la connaissance et sa génération *a priori*, deux choses qui leur sont communes, sont cependant très différents dans leur marche et cela pour cette raison que dans le phénomène, considéré comme ce par quoi tous les objets nous sont donnés, il y a deux éléments : la forme de l'intuition (espace et temps) qui peut être connue et déterminée pleinement *a priori*, et la matière (élément physique) ou le contenu qui signifie un quelque chose qui se trouve dans l'espace et dans le temps et qui, par conséquent, renferme une existence et correspond à la sensation. Pour ce qui regarde cette dernière, qui ne peut jamais être donnée d'une manière déterminée qu'empiriquement, nous ne pouvons avoir *a priori* que des concepts indéterminés de la synthèse de sensations possibles, en tant qu'elles appartiennent à l'unité de l'aperception (dans une expérience possible). Pour ce qui est de la première, nous pouvons déterminer *a priori* nos concepts dans l'intuition, puisque nous nous créons, par une synthèse uniforme, les objets mêmes dans l'espace et dans le temps, en les considérant simplement comme des *quanta*. Le premier usage de la raison en est l'usage par concepts, et, dans cet usage, nous ne pouvons faire autre chose que ramener sous des concepts, quant à leur contenu réel, des phénomènes qui n'y peuvent être déterminés qu'empiriquement, c'est-à-dire *a posteriori* (mais conformément à ces concepts comme règles d'une synthèse empirique) ; le second est l'usage de la raison par la construction des concepts et dans celui-ci ces concepts, se rapportant déjà à une intuition *a priori*, peuvent aussi, par cela même, être donnés dans l'intuition pure d'une manière déterminée *a priori* et indépendamment de toutes données

---

ver à l'intuition qui représente *in concreto* le concept de la cause ; je vais seulement aux conditions de temps en général qui pourraient être trouvées dans l'expérience conformément au concept de la cause. Je procède donc simplement par concepts et je ne saurais procéder par la construction des concepts, puisque le concept est une règle de la synthèse des perceptions qui ne sont pas des intuitions pures et qui, par conséquent, ne peuvent pas être données *a priori*.

(*data*) empiriques. Examiner tout ce qui est (une chose dans l'espace ou dans le temps) pour savoir si et jusqu'à quel point c'est ou non un quantum, si une existence ou un défaut d'existence doit y être représenté, jusqu'à quel point ce quelque chose (qui remplit l'espace ou le temps) est un premier substratum ou une simple détermination, s'il a un rapport d'existence à quelque autre chose, à titre de cause ou d'effet, et enfin s'il est isolé ou s'il est en dépendance réciproque avec d'autres choses quant à l'existence, examiner, en un mot, la possibilité de cette existence, sa réalité et sa nécessité ou leurs contraires, tout cela appartient à la *connaissance rationnelle* par concepts, qui est appelée *philosophique*. Mais déterminer une intuition *a priori* dans l'espace (la figure), diviser le temps (la durée) ou simplement connaître le résultat général de la synthèse d'une seule et même chose dans le temps et dans l'espace et la grandeur qui en résulte d'une intuition en général (le nombre), c'est là une *opération rationnelle* par construction des concepts, et elle s'appelle *mathématique*.

Le grand succès que la raison obtient par la mathématique nous amène tout naturellement à présumer que la méthode employée par cette science, sinon la science elle-même, réussirait aussi en dehors du champ des grandeurs, puisqu'elle ramène tous ses concepts à des intuitions qu'elle peut donner *a priori* et qu'elle se rend par là, pour ainsi dire, maîtresse de la nature, tandis que la philosophie pure, avec des concepts discursifs *a priori,* divague sur la nature sans pouvoir rendre intuitive *a priori* leur réalité, ce qu'il faudrait pour les rendre croyables. Aussi voit-on que les maîtres en cet art n'ont jamais manqué de confiance en eux-mêmes et que le public a toujours conçu de grandes espérances de leur habileté toutes les fois qu'ils ont voulu se mettre à l'œuvre. En effet, comme ils ont à peine philosophé sur leur mathématique (une entreprise difficile!), la différence spécifique entre l'usage pur de la raison et un autre ne leur vient pas à l'esprit, ils n'en ont même pas l'idée. Des règles vulgaires et empiriquement appliquées, qu'ils tirent de la raison commune, leur tiennent lieu d'axiomes. D'où peuvent leur venir les concepts d'espace et de temps dont ils s'occupent (comme des seules grandeurs primitives)? Cela leur importe fort peu et il leur paraît de même inutile de rechercher l'origine première des concepts purs de l'entendement et, par là même, l'étendue de leur valeur ; ce qu'ils trouvent utile, c'est seulement de s'en servir. En tout cela ils font très bien, pourvu qu'ils ne dépassent pas les limites qui leur sont assignées, je veux dire celles de la *nature*. Autrement ils se risquent, sans s'en apercevoir, hors du champ de la sensibilité, sur le terrain mal assuré des concepts purs et même transcendantaux, où ils ne trouvent ni une terre qui puisse les porter, ni une eau qui leur permette de nager (*instabilis tellus, innabilis unda*) et où l'on ne peut faire que des pas flottants dont le temps ne conserve pas la moindre trace, tandis que dans la mathématique, au contraire, leur marche ouvre une grande route que la postérité la plus reculée peut encore suivre avec confiance.

Puisque nous nous sommes fait un devoir de déterminer exactement et avec certitude les limites de la raison pure dans l'usage trancendantal, mais que cette sorte de tendance a ceci de particulier que, malgré les avertissements les plus pressants et les plus clairs, elle se laisse toujours abuser, avant que l'on renonce entièrement à son dessein, par l'espoir d'arriver par delà les limites de l'expérience dans les attrayantes contrées de l'Intellectuel, il est nécessaire d'enlever, pour ainsi dire, sa dernière ancre à une espérance fantastique et de montrer que l'application de la méthode mathématique dans cette espèce de connaissances ne peut procurer le moindre avantage, si ce n'est peut-être celui de lui découvrir plus clairement ses propres faiblesses ; que la géométrie et la philosophie sont deux choses tout à fait différentes, bien qu'elles se donnent la main dans la science de la nature, et que, par conséquent, les procédés de l'une ne peuvent jamais être imités par l'autre.

La solidité des mathématiques repose sur des définitions, des axiomes et des démonstrations. Je me contenterai donc de montrer qu'aucun de ces éléments, dans le sens où le prend le mathématicien, ne peut être fourni ni imité par la philosophie ; que le géomètre, en suivant sa méthode dans la philosophie, ne construirait que des châteaux de cartes et que le philosophe, en appliquant la sienne sur le terrain de la mathématique, ne peut faire qu'un verbiage. Toutefois la philosophie a un rôle à jouer dans la mathématique : elle en fait connaître les limites, et le mathématicien lui-même, quand son talent n'est pas déjà circonscrit par la nature et restreint à sa sphère, ne peut ni repousser les avertissements de la philosophie, ni s'élever au-dessus d'eux.

1. Des DÉFINITIONS. — *Définir*, comme l'expression même l'indique, ce ne peut être, à proprement parler, qu'exposer originairement le concept explicite d'une chose *in concreto* *. D'après ces conditions, un concept *empirique* ne peut pas du tout être défini, mais simplement *expliqué*. En effet, comme nous n'avons en lui que quelques caractères d'une certaine espèce d'objets des sens, nous ne savons jamais d'une manière sûre si, sous le nom qui désigne le même objet, l'on ne pense pas tantôt plus et tantôt moins de caractères. Ainsi, dans le concept de l'or, outre le poids, la couleur, la ténacité, celui-ci peut penser encore cette propriété qu'a l'or de ne pas se rouiller, tandis que celui-là n'en sait peut-être rien. On ne se sert de certains caractères qu'autant qu'ils suffisent à la distinction ; mais de nouvelles observations en font disparaître quelques-uns et en ajoutent d'autres, de telle sorte que le concept n'est jamais renfermé dans des limites sûres. Et d'ailleurs, à quoi servirait-il de définir un concept de ce genre ? Quand il est question de l'eau, par exemple, et des propriétés de l'eau, on ne s'en tient pas, en effet, à ce que l'on conçoit sous ce mot: eau, mais on a recours à des expériences et, dans ce cas, le mot, avec le peu de caractères qui s'y attachent, ne doit constituer qu'une *désignation* et non un concept de la chose ; par conséquent, alors, la prétendue définition n'est autre chose qu'une explication de mot. En second lieu, on ne peut même, pour parler exactement, définir aucun concept donné *a priori*, comme, par exemple, ceux de substance, de cause, de droit, d'équité, etc. Car je ne peux jamais avoir la certitude que la représentation claire d'un concept (encore confus) donné a été explicitement développée qu'à la condition de savoir qu'elle est adéquate à l'objet. Mais comme le concept de cet objet, tel qu'il est donné, peut renfermer beaucoup de représentations obscures, que nous omettons dans l'analyse, quoique

---

* *Être explicite* signifie posséder la clarté et la suffisance de caractères ; les *limites* désignent la précision de telle sorte qu'il n'y ait pas plus de caractères que n'en contient le concept explicite ; *originairement* exige que cette détermination de limites ne soit pas dérivée d'ailleurs et que. par conséquent, elle n'ait pas besoin d'une autre preuve, ce qui rendrait la prétendue définition incapable de se placer en tête de tous les jugements sur un objet.

nous en fassions toujours usage dans l'application, la question de savoir si l'analyse de mon concept est exacte et complète reste toujours douteuse et ne peut être rendue que *probable* par un grand nombre d'exemples qui s'y rapportent, sans jamais devenir ainsi *apodictiquement* certaine. Au lieu du mot définition, j'aime mieux employer celui *d'exposition* qui est toujours plus modeste et sous lequel le critique peut, jusqu'à un certain degré, accepter la définition, tout en conservant encore des doutes sur son entière exactitude. Donc, puisque ni les concepts empiriques ni les concepts donnés *a priori* ne peuvent être définis, il n'y a plus que ceux qui sont arbitrairement pensés sur lesquels on puisse tenter cette opération. Je peux toujours, en pareil cas, définir mon concept, car je dois bien savoir ce que j'ai voulu y penser, puisque je l'ai formé moi-même de propos délibéré et qu'il ne m'a été donné ni par la nature de l'entendement ni par l'expérience; mais je ne puis pas dire que j'ai défini par là un véritable objet. En effet, si le concept repose sur des conditions empiriques, comme, par exemple, celui d'une montre marine, l'objet et sa possibilité ne sont pas donnés par ce concept arbitraire; je ne sais pas même par là si ce concept a quelque part un objet et ma définition est plutôt une déclaration (de mon projet) que la définition d'un objet. Il ne reste donc pas d'autres concepts susceptibles de définition que ceux qui renferment une synthèse arbitraire, pouvant être construite *a priori*; et, par conséquent, il n'y a que la mathématique qui ait des définitions. En effet, l'objet qu'elles pensent, elles le représentent aussi *a priori* dans l'intuition, et cet objet ne peut à coup sûr contenir ni plus ni moins que le concept, puisque le concept de l'objet a été donné par la définition originairement, c'est-à-dire sans que cette définition fût dérivée d'ailleurs. La langue allemande n'a pour rendre les expressions *exposition, explication, déclaration* et *définition* que le mot : *Erklärung*, et c'est pour cela qu'il nous faut un peu nous départir de la sévérité qui nous fait refuser aux explications (*Erklärungen*) philosophiques le titre de définitions; nous bornerons, par conséquent, toute cette remarque à faire observer : que les définitions philosophiques ne sont que des expositions de concepts donnés, tandis que les définitions mathématiques sont la contruction de concepts originairement formés ; que les premières ne sont produites qu'analytiquement, par le moyen de la décomposition (dont l'intégralité n'est pas apodictiquement certaine), tandis que les secondes sont formées synthétiquement et constituent, par conséquent, le concept même que les premières ne font qu'*expliquer*. D'où il suit :

a) Qu'en philosophie on ne doit pas imiter la mathématique en commençant par les définitions, à moins que ce ne soit à titre de simples essais. En effet, comme ces définitions ne sont que des analyses de concepts donnés, nous avons d'abord ces concepts, bien qu'ils ne soient encore que confus, et l'exposition imparfaite précède l'exposition parfaite de telle sorte que, de quelques caractères, que nous avons tirés d'une analyse encore incomplète, nous pouvons en conclure plusieurs autres, avant d'être arrivés à l'exposition parfaite, c'est-à-dire à la définition. Donc, en un mot, dans la philosophie, la définition, comme clarté appropriée, doit plutôt terminer que commencer l'ouvrage*. Dans la mathématique, au contraire, nous n'avons aucun concept qui précède la définition, puisque c'est par elle que le concept est tout d'abord donné ; elle est donc obligée de commencer par là, et elle le peut toujours d'ailleurs.

b) Les définitions mathématiques ne peuvent jamais être fausses. Car, puisque le concept est d'abord donné par la définition, il ne contient exactement que ce que la définition veut que l'on pense par ce concept. Mais s'il ne peut rien s'y trouver de faux quant au contenu, il peut cependant, quelquefois, bien que fort rarement, y avoir quelque chose de défectueux dans la forme (dont il s'habille) pour ce qui regarde la précision. Ainsi la définition ordinaire de la cir-

---

* La philosophie fourmille de définitions défectueuses, surtout de définitions qui contiennent bien, réellement, certains éléments de la définition sans les contenir tous encore. Or, si l'on ne pouvait absolument rien commencer en partant d'un concept, tant qu'on ne l'a pas défini, il deviendrait très difficile de philosopher. Mais comme on peut toujours en s'en tenant à leur valeur, faire un usage bon et sûr des éléments (de l'analyse), on peut aussi employer très utilement des définitions incomplètes, c'est-à-dire des propositions qui ne sont pas encore proprement des définitions, mais qui sont vraies d'ailleurs et qui, par conséquent, en sont des approximations. Dans la mathématique, la définition a rapport à l'*esse*, dans la philosophie, au *melius esse*. Il est beau, mais souvent très difficile d'y arriver. Les jurisconsultes cherchent encore une définition pour leur concept du droit.

conférence, où l'on dit qu'elle est une ligne *courbe* dont tous les points sont également éloignés d'un seul (le centre), a le défaut d'introduire inutilement la détermination de *courbe*. Car il doit y avoir un théorème particulier qui dérive de la définition et dont la démonstration est facile à faire, à savoir que toute ligne dont tous les points sont également éloignés d'un point unique est courbe (qu'aucune partie n'en est droite). Les définitions analytiques, au contraire, peuvent être fausses de plusieurs manières, soit en comprenant des caractères qui n'étaient réellement pas dans le concept, soit en n'indiquant pas tous ceux qu'il renferme, manquant ainsi de ce qui est l'essentiel d'une définition, parce qu'il est impossible d'être jamais complètement certain de l'intégrité de son analyse. C'est pour cela que la méthode suivie par la mathématique dans les définitions (*im Definiren*) ne peut pas être appliquée à la philosophie.

2. Des AXIOMES. — Les axiomes sont des principes (*Grundsätze*) synthétiques *a priori* qui sont immédiatement certains. Or, un concept ne saurait être uni à un autre d'une manière synthétique et cependant immédiate, parce que, pour que nous puissions sortir d'un concept, une troisième connaissance intermédiaire est requise. Or, comme la philosophie est simplement la connaissance par concepts, il ne s'y trouve aucun principe qui mérite le nom d'axiome. La mathématique, au contraire, est susceptible d'axiomes, parce qu'au moyen de la construction des concepts dans l'intuition de l'objet, elle peut lier *a priori* et immédiatement les prédicats de cet objet, par exemple : qu'il y a trois points dans un plan. Mais un principe synthétique fondé simplement sur des concepts ne peut jamais être certain immédiatement, — par exemple, cette proposition : que tout ce qui arrive a sa cause, — parce qu'il faut que je me reporte à une troisième chose, je veux dire à la condition de la détermination de temps dans une expérience et que je ne saurais connaître un tel principe directement et immédiatemement en ne m'appuyant que sur les concepts. Les principes discursifs sont donc tout autre chose que les principes intuitifs, c'est-à-dire que les axiomes. Les premiers exigent toujours une déduction dont les derniers peuvent entièrement se dispenser et, comme, pour cette même raison, ceux-ci sont évidents et que les principes philosophiques, avec toute leur certitude, ne

peuvent jamais émettre des prétentions égales, il s'en faut infiniment qu'une proposition synthétique quelconque de la raison pure et transcendantale soit aussi manifeste (ainsi qu'on a coutume de le dire faussement) que cette proposition : deux fois deux font quatre. Il est vrai que, dans l'Analytique, à la table des principes de la raison pure, j'ai fait aussi mention de certains axiomes de l'intuition ; mais le principe que j'ai cité là n'était pas lui-même un axiome ; il ne servait qu'à fournir le fondement (*principium*) de la possibilité des axiomes en général et il n'était lui-même qu'un principe tiré de concepts (*ein Grundsatz aus Begriffen*). La philosophie n'a donc pas d'axiomes et elle n'a jamais le droit d'imposer si absolument ses principes *a priori;* elle doit, au contraire, s'appliquer à justifier ses titres à leur égard par une déduction solide.

3. Des DÉMONSTRATIONS. — Seule une preuve apodictique, en tant qu'elle est intuitive, peut s'appeler démonstration. L'expérience nous apprend bien ce qui est, mais non que ce qui est ne puisse pas être autrement. Aussi les arguments empiriques ne peuvent-ils fournir aucune preuve apodictique. Mais la certitude intuitive (*anschauende*), c'est-à-dire l'évidence, ne peut jamais résulter de concepts *a priori* (dans la connaissance discursive, quelque apodictiquement certain que puisse être, d'ailleurs, le jugement. Il n'y a donc que la mathématique qui contienne des démonstrations, parce qu'elle ne dérive pas sa connaissance de concepts, mais de la construction des concepts, c'est-à-dire de l'intuition qui peut être donnée *a priori* comme correspondante aux concepts. La méthode algébrique elle-même avec ses équations d'où elle tire par réduction la vérité en même temps que la preuve, si elle n'est pas sans doute une construction géométrique, est cependant une construction caractéristique où, à l'aide de signes, on représente les concepts dans l'intuition, surtout ceux du rapport des quantités et où, sans même envisager le côté heuristique, tous les raisonnements sont garantis contre l'erreur par cela seul que chacun d'eux est mis devant les yeux. La connaissance philosophique, au contraire, est privée nécessairement de cet avantage, puisqu'elle doit toujours considérer le général *in abstracto* (au moyen de concepts), tandis que la mathématique peut le considérer *in concreto* (dans l'intuition singulière) et, cependant, au moyen d'une

représentation pure *a priori,* par où tout faux pas devient visible. Aussi donnerais-je plus volontiers aux preuves philosophiques le nom de preuves *acroamatiques* (discursives), parce qu'elles ne peuvent être faites que par de simples mots (par l'objet en pensée), plutôt que celui de *démonstrations,* puisque ces dernières, comme déjà l'expression l'indique, pénètrent dans l'intuition de l'objet.

De tout cela il s'ensuit qu'il ne convient pas à la nature de la philosophie, surtout dans le champ de la raison pure, de prendre des airs dogmatiques et de se parer des titres et des insignes de la mathématique, puisqu'elle n'appartient pas à l'ordre de cette science, bien qu'à la vérité elle ait tout lieu d'espérer être avec elle en union fraternelle. Ce sont là de vaines prétentions qui ne peuvent jamais réussir, mais qui doivent plutôt la diriger en sens contraire de son but, qui est de découvrir les illusions d'une raison qui méconnaît ses bornes, et de ramener, au moyen d'une explication suffisante de nos concepts, les présomptions de la spéculation à la connaissance modeste, mais solide, de soi-même. La raison, dans ses recherches transcendantales, ne pourra donc pas regarder devant elle avec une si belle confiance, comme si le chemin qu'elle a suivi menait tout droit au but, et compter avec tant de témérité sur les prémisses qu'elle a prises pour fondement, comme s'il ne lui était pas nécessaire de regarder plus souvent en arrière et de voir si, par hasard, elle ne découvrirait pas, dans la marche de ses raisonnements, des fautes qui lui auraient échappé dans les principes et qui l'obligeraient soit à mieux déterminer ces principes, soit à les changer tout à fait.

Je divise toutes les propositions apodictiques (qu'elles soient démontrables ou immédiatement certaines) en *dogmata* et en *mathemata.* Une proposition directement synthétique par concepts est un *dogma,* tandis qu'une proposition synthétique par la construction des concepts est un *mathema.* Les jugements analytiques ne nous apprennent proprement rien de plus sur l'objet que ce qu'en contient déjà le concept que nous en avons, parce qu'ils n'étendent pas la connaissance au delà du concept du sujet, mais qu'ils ne font qu'éclaircir ce concept. Ils ne peuvent donc pas être proprement appelés dogmes (mot que l'on pourrait peut-être traduire par *sentences*). Mais des deux espèces de propositions synthétiques *a priori,* dont je viens de parler, celles qui appartiennent à la connaissance philosophique sont les seules qui, d'après le langage ordinaire, portent ce nom, et l'on appellerait difficilement dogmes des propositions d'arithmétique ou de géométrie. Cette manière de parler confirme donc l'explication que nous avons donnée en disant qu'il n'y a que les jugements par concepts, et non les jugements par la construction des concepts, qui puissent être appelés dogmatiques.

Or, toute la raison pure, dans son usage simplement spéculatif, ne renferme pas un seul jugement directement synthétique par concepts. En effet, nous l'avons montré, elle n'est capable de porter, au moyen des idées, aucun jugement synthétique ayant une valeur objective ; tandis qu'au moyen des concepts de l'entendement elle établit des principes certains non pas, il est vrai, directement par concepts, mais seulement indirectement par le rapport de ces concepts à quelque chose de tout à fait contingent, c'est-à-dire à *l'expérience possible;* car, quand cette expérience (quelque chose comme objet d'expériences possibles) est supposée, ces principes peuvent être sans doute apodictiquement certains, mais en soi ils ne peuvent pas (directement) être connus *a priori.* Ainsi, cette proposition : tout ce qui arrive a sa cause, personne ne saurait la pénétrer à fond par ces seuls concepts donnés. Aussi n'est-elle pas un dogme, bien qu'à un autre point de vue, je veux dire dans le seul champ de son usage possible, c'est-à-dire de l'expérience, elle puisse fort bien être prouvée apodictiquement. Mais elle est appelée *principe* (Grundsatz), et non *théorème* (Lehrsatz), parce qu'elle a cette propriété particulière de rendre tout d'abord possible sa preuve même, c'est-à-dire l'expérience, et qu'elle doit toujours y être supposée.

Si donc il n'y a pas de dogmes dans l'usage spéculatif de la raison pure, même quant au contenu, aucune méthode *dogmatique,* qu'elle soit empruntée à la mathématique ou qu'elle ait son caractère propre, ne saurait en elle-même lui convenir. En effet, cette espèce de méthode ne fait que cacher les fautes et les erreurs et elle trompe la philosophie dont le but propre est de mettre en pleine évidence toute la démarche de la raison. Cependant la méthode peut toujours être systématique. En effet, notre raison est elle-même (subjectivement) un système, quoique dans son usage pur, qui a lieu au moyen de simples concepts, elle ne soit qu'un système de recherches, suivant des principes, de l'unité dont l'*expérience* seule peut fournir la matière. Mais ce n'est pas ici le lieu de dire quelque chose sur la méthode propre à une philosophie transcendantale, puisque nous n'avons à nous occuper que d'une critique de nos facultés, afin de savoir si nous pouvons bâtir, et à quelle hauteur, avec les matériaux que nous avons (les concepts purs *a priori*), nous pouvons élever notre édifice.

DEUXIÈME SECTION

Discipline de la raison pure par rapport à son usage polémique.

Dans toutes ses entreprises la raison doit se soumettre à la critique et elle ne peut par aucune défense porter atteinte à sa liberté sans se nuire à elle-même et sans s'attirer des soupçons défavorables. Il n'y a rien de si important par rapport à l'utilité, rien de si sacré qui puisse échapper à cet examen approfondi et rigoureux qui ne fait acception de personne. C'est même sur cette liberté que repose l'existence de la raison, qui n'a point d'autorité dictatoriale, mais dont la décision n'est toujours que l'accord de citoyens libres dont chacun doit pouvoir manifester sans obstacles ses doutes et même son *veto*.

Or, bien que la raison ne puisse jamais se *refuser* à la critique, elle n'a cependant pas toujours de motif de la *redouter*. Mais la raison pure, dans son usage dogmatique (et non dans son usage mathématique), n'a pas tellement conscience d'observer très exactement ses lois suprêmes qu'elle ne doive pas comparaître avec timidité, et même entièrement dépouillée de tous les airs prétendus dogmatiques, devant le tribunal d'une raison plus élevée, qui l'examine avec l'œil critique d'un juge.

Il en est tout autrement quand elle n'a pas affaire à la censure du juge, mais aux prétentions de ses concitoyens et qu'elle n'a qu'à se défendre contre eux. En effet, ceux-ci voulant être aussi dogmatiques dans la négation qu'elle l'est dans l'affirmation, il y a lieu alors à une justification κατ'ἄνθρωπον qui la garantisse de tout préjudice et lui assure une possession régulière, qui n'ait rien à redouter des prétentions étrangères, bien qu'elle ne puisse pas être elle-même prouvée d'une manière suffisante κατ'ἀλήθειαν.

J'entends donc par usage polémique de la raison pure la défense de ses propositions contre les négations dogmatiques. Il ne s'agit donc pas ici de savoir si ses assertions ne pourraient pas aussi par hasard être fausses, mais de constater que personne ne peut jamais affirmer le contraire avec une certitude apodictique (ni même avec une plus grande vraisemblance). Car ce n'est pas tout à fait par grâce, cependant, que nous restons dans notre possession, lorsque nous possédons un titre, bien que ce titre soit insuffisant, et quand il est absolument certain que nul jamais ne pourra démontrer l'illégitimité de cette possession.

C'est quelque chose de triste et d'humiliant qu'il puisse y avoir, en général, une antithétique de la raison pure et que cette raison qui, pourtant, représente le tribunal suprême qui juge toutes les disputes, puisse tomber en contradiction avec elle-même. Il est vrai que nous avons vu plus haut devant nous cette antithétique apparente, mais nous avons reconnu qu'elle reposait sur un malentendu, puisqu'en effet, suivant le préjugé vulgaire, on prenait pour des choses en soi des phénomènes et que l'on demandait alors, d'une manière ou d'une autre, mais avec une égale impossibilité dans les deux cas, une absolue perfection de leur synthèse, ce qu'on ne peut pas, cependant, attendre des phénomènes. Il n'y avait donc alors aucune réelle *contradiction* de la raison avec elle-même dans ces propositions : la série des phénomènes *donnés en soi* a un commencement absolument premier; cette série est absolument et *en soi* sans commencement; car les deux propositions subsistent fort bien ensemble, puisque les *phénomènes*, quant à leur existence (en tant que phénomènes), ne sont absolument rien *en soi*, c'est-à-dire qu'à ce point de vue ils sont quelque chose de contradictoire et que, par conséquent, leur supposition doit entraîner naturellement après elle des conséquences contradictoires.

Mais un pareil malentendu ne peut pas être prétexté, et le conflit de la raison ne peut pas être terminé ainsi, quand par hasard on affirme avec les théistes *qu'il y a un Être suprême* et inversement avec les athées *qu'il n'y a pas d'Être suprême*, ou bien quand, en psychologie, on affirme que tout ce qui pense est une unité absolue et permanente et distincte, par conséquent, de toute unité matérielle et périssable, ou qu'à cette assertion on oppose cette autre : l'âme n'est pas une unité immatérielle et ne saurait échapper à la mort. En effet, l'objet de la question est indépendant ici de tout élément étranger qui serait contraire à sa nature et l'entendement n'a affaire qu'aux *choses en soi* et non aux phénomènes. Il se trouverait donc ici une véritable contradiction, si toutefois la raison pure avait à dire quelque chose, du côté de la négation, qui pût prendre le caractère d'une affirmation. Car, en ce qui concerne la critique des arguments du dogmatisme affirmatif, on peut bien la lui accorder, sans renoncer pour cela à ces propositions, qui ont, au moins, pour elles l'intérêt de la raison que ne saurait invoquer l'adversaire.

Je ne partage pas, à la vérité, cette opinion si souvent exprimée par des hommes excellents et profonds (comme Sulzer) qui sentaient la faiblesse des preuves employées jusqu'ici, à savoir : que l'on peut espérer trouver un jour des démonstrations évidentes des deux propositions cardinales de la raison pure : il y a un Dieu, il y a une vie future. Je suis certain, bien plus, que cela n'arrivera jamais. En effet, où la raison prendrait-elle le principe de ces affirmations synthétiques qui ne se rapportent pas à des objets de l'expérience et à leur possibilité interne ? Mais il est aussi apodictiquement certain qu'il ne se trouvera jamais d'homme qui puisse affirmer le *contraire* avec la moindre apparence de raison ni *a fortiori* dogmatiquement. Car, ne pouvant le démontrer qu'au moyen de la raison pure, il devrait entreprendre de prouver qu'un Être suprême ou que le sujet qui pense en nous, en tant qu'intelligences pures, sont *impossibles*. Mais d'où tirerait-il les connaissances qui l'autoriseraient à juger ainsi synthétiquement des choses en dehors de toute expérience possible ? Nous n'avons donc aucunement à craindre que personne puisse jamais nous prouver le contraire, et, par conséquent, nous n'avons pas besoin, pour ce motif, de recourir à des arguments scolastiques, mais nous pouvons toujours admettre ces propositions, qui s'accordent parfaitement avec l'intérêt spéculatif de notre raison dans l'usage empirique, et qui sont en outre les seuls moyens que nous ayons de le concilier avec l'intérêt pratique. Contre l'adversaire (qui ne doit pas être considéré ici simplement comme critique) nous avons en notre disposition notre *non liquet* qui doit immanquablement le confondre, puisque nous ne l'empêchons pas de le rétorquer contre nous, ayant toujours devers nous en réserve la maxime subjective de la raison, qui fait défaut à l'adversaire, nécessairement, et pouvant avec cette garantie, regarder en repos et avec indifférence les coups qu'il frappe en l'air.

De cette manière, il n'y a plus, à proprement parler, d'antithétique de la raison pure. Car son unique arène devrait être cherchée dans le champ de la théologie et de la psychologie pures; mais ce terrain ne souffre aucun champion qui soit tout à fait cuirassé et muni d'armes redoutables. On ne peut y avancer qu'avec des airs de raillerie et de fanfaronnade dont on peut se moquer comme d'un jeu d'enfants. C'est là une remarque consolante qui redonne du courage à la raison. Sur quoi pourrait-elle compter, d'ailleurs, si elle, qui seule est appelée à faire disparaître toutes les erreurs, se trouvait ébranlée en elle-même sans pouvoir espérer ni paix ni possession tranquille ?

Tout ce que la nature établit elle-même est bon à quelque fin. Les poisons eux-mêmes servent à vaincre d'autres poisons qui s'engendrent dans nos propres humeurs et, par conséquent, ils doivent avoir leur place dans une collection complète de remèdes (dans une pharmacie). Les objections à faire contre les entraînements et les prétentions de notre raison simplement spéculative sont données par la nature même de cette raison et, par conséquent, elles doivent avoir une bonne destination et une bonne fin que l'on ne doit pas dédaigner. Pourquoi la providence a-t-elle placé maints objets, qui sont pourtant liés à notre intérêt suprême, à une telle hauteur qu'il ne nous est guère permis que de les entrevoir dans une perception obscure et douteuse pour nous et que notre curiosité est plutôt excitée que satisfaite? Est-il utile de risquer sur ces points de vue de l'esprit des déterminations hardies? C'est ce qui est pour le moins incertain et peut-être même dangereux. Dans tous les cas, et sans aucun doute, il est utile de donner une complète liberté à la raison investigatrice aussi bien qu'à la raison critique, pour qu'elle puisse sans entraves s'occuper de son propre intérêt qui veut qu'elle mette des bornes à ses vues, comme il exige qu'elle les étende, et qui souffre toujours quand des mains étrangères se mêlent de la détourner de sa marche naturelle pour la pousser vers des fins imposées.

Laissez donc votre adversaire parler au nom seul de la

raison et combattez-le simplement avec les armes de la raison. Du reste, soyez sans inquiétude au sujet de la bonne cause (de l'intérêt pratique), car elle n'est jamais en jeu dans un combat uniquement spéculatif. La lutte ne met alors à découvert qu'une certaine antinomie de la raison, qui, reposant sur sa nature, doit être nécessairement prise en considération et examinée. Cette lutte est même profitable à la raison en ce qu'elle l'oblige à considérer son objet sous deux points de vue et rectifie son jugement en le circonscrivant. Ce qui est ici en litige ce n'est pas la *chose*, mais le *ton*. Car vous avez toujours le moyen de parler le langage d'une *foi* solide justifiée par la raison la plus sévère, quand même il vous faudrait abandonner celui de la *science*.

Si l'on eût demandé au grave David Hume, à cet homme si bien constitué pour l'équilibre du jugement, ce qui l'avait poussé à renverser, à force de doutes péniblement accumulés, la persuasion si consolante et si salutaire pour les hommes que les lumières de la raison suffisent pour affirmer l'existence d'un Être suprême et s'en faire un concept déterminé, il aurait répondu : rien que le dessein de faire faire un pas de plus à la raison dans la connaissance d'elle-même, et même une certaine peine à voir la violence qu'on veut faire à la raison, quand on l'exalte outre mesure et qu'en même temps on l'empêche d'avouer loyalement les faiblesses qu'elle découvre en s'examinant elle-même. Si vous interrogiez au contraire Priestley, cet homme seulement accoutumé à se servir des principes de l'usage empirique de la raison et opposé à toute spéculation transcendantale, et lui demandiez quels motifs l'ont poussé à démolir la liberté et l'immortalité de notre âme (l'espérance d'une vie future n'est chez lui que l'attente d'un miracle de résurrection), ces deux grandes colonnes de toute religion, lui qui est lui-même un docteur pieux et zélé de la religion, il vous répondrait seulement que c'est uniquement l'intérêt de la raison, qui souffre toutes les fois qu'on veut soustraire certains objets aux lois de la nature matérielle, les seules que nous puissions exactement connaître et déterminer. Il paraîtrait injuste de décrier Priestley, qui savait allier son assertion paradoxale au but de la religion (55), et de jeter l'anathème à un homme bien pensant, parce qu'il est incapable de trouver son droit chemin, dès qu'il s'est égaré hors du champ de la science de la nature. Mais il ne faut pas traiter avec moins de faveur Hume dont les intentions n'étaient pas moins bonnes et dont le caractère moral était irréprochable, mais qui ne put pas s'arracher à la spéculation abstraite (56) parce qu'il pensait avec raison que l'objet de cette spéculation est tout à fait en dehors des limites de la science de la nature dans le champ des idées pures.

Qu'y a-t-il donc à faire ici, surtout par rapport au danger qui semble menacer ainsi le bien public? Rien n'est plus naturel, rien n'est plus équitable que la résolution que vous avez à prendre à ce sujet. Contentez-vous de laisser faire ces gens-là : s'ils montrent du talent, une investigation profonde et neuve, si, en un mot, ils font seulement preuve de raison, la raison y gagne toujours. Si vous employez d'autres moyens que ceux d'une raison affranchie de toute contrainte, si vous criez à la haute trahison, si vous appelez au secours, comme pour éteindre un incendie, le public, qui ne comprend rien à des travaux si subtils, vous vous rendez ridicules. En effet, il n'est pas du tout question ici de savoir ce qui peut être avantageux ou nuisible au bien commun, mais seulement jusqu'où la raison peut aller dans sa spéculation, indépendamment de tout intérêt, et si l'on peut, en général, compter sur elle pour quelque chose ou si, plutôt, il faut la quitter dans l'ordre pratique. Donc, au lieu de frapper à coups d'épée, contentez-vous plutôt de regarder tranquillement, placé sur le terrain sûr de la critique, ce combat qui doit être pénible pour les champions, mais qui pour vous est un passe-temps agréable dont l'issue, à coup sûr, ne sera pas sanglante, mais fort avantageuses à vos connaissances. Car il est très absurde d'espérer de la raison des lumières et de lui prescrire d'avance le parti qu'elle doit nécessairement embrasser. D'ailleurs, la raison est déjà si fort réprimée et si bien contenue dans ses limites par la raison elle-même que vous n'avez pas besoin d'appeler la garde pour opposer la force publique au parti dont l'influence prépondérante vous paraît dangereuse. Dans cette dialectique il n'y a pas de victoire dont vous ayez sujet de vous alarmer.

La raison a même tout à fait besoin d'un semblable combat et il serait à souhaiter qu'il se fût engagé plus tôt et avec une autorisation publique et sans limites. Car alors, on aurait eu plus tôt cette critique mûre qui, à son apparition, aurait fait tomber d'elles-mêmes toutes les querelles, puisque les combattants auraient appris à reconnaître leur illusion et les préjugés qui les ont divisés.

Il y a dans la nature humaine une certaine fausseté (*Unlauterkeit*) qui doit, en définitive, comme tout ce qui vient de la nature, aboutir à de bonnes fins, je veux parler de notre inclination à cacher nos vrais sentiments et à faire parade de certains autres supposés, que nous tenons pour bons et honorables. Il est très certain que ce penchant, qui porte les hommes à dissimuler et en même temps à prendre une apparence avantageuse, les a non seulement *civilisés*, mais encore *moralisés* peu à peu, dans une certaine mesure, parce que personne ne pouvait pénétrer à travers le fard de la décence, de l'honorabilité et de la moralité. On trouva alors, dans les prétendus bons exemples qu'on voyait autour de soi, une école d'amélioration pour soi-même. Mais cette disposition à se faire passer pour meilleur qu'on ne l'est et à manifester des sentiments que l'on n'a pas, ne sert que *provisoirement*, en quelque sorte, à dépouiller l'homme de sa rudesse et à lui faire prendre au moins tout d'abord l'*apparence* (*die Manier*) du bien qu'il connaît ; car, une fois que les bons principes sont développés et qu'ils sont passés dans la manière de penser, cette fausseté doit alors être peu à peu combattue avec vigueur, car autrement elle corrompt le cœur et étouffe les bons sentiments sous l'ivraie de la belle apparence.

Il m'est pénible de remarquer cette fausseté, cette dissimulation et cette hypocrisie même dans les manifestations de la pensée spéculative où, cependant, les hommes trouvent beaucoup moins d'obstacles à faire l'aveu de leurs pensées ouvertement, de plein gré et sans rien cacher, et où ils n'ont aucun avantage à agir ainsi. En effet, que peut-il y avoir de plus funeste aux connaissances que de se communiquer réciproquement même de simples pensées falsifiées, de cacher les doutes que nous sentons s'élever contre nos affirmations ou de colorer d'évidence des arguments qui ne nous satisfont pas nous-mêmes ? Cependant tant que la simple vanité privée suscite ces artifices secrets (ce qui est ordinairement le cas dans les jugements spéculatifs qui ne sont liés à aucun intérêt particulier et qui ne sont pas aisément susceptibles d'une certitude apodictique), ils se heurtent à la vanité des autres qui vont contre eux avec l'*assentiment public*, et les choses en viennent enfin, au point où les auraient portées, beaucoup plus tôt, une attention loyale et un sentiment sincère. Mais lorsque le public s'imagine que de substils sophistes ne tendent à rien moins qu'à ébranler les fondements du bien général, il ne paraît pas seulement prudent, mais encore permis et parfaitement honorable de se porter au secours de la bonne cause avec des apparences de raison, plutôt que de laisser à ses prétendus adversaires même l'avantage de nous forcer à ramener nos paroles au ton de modération d'une conviction purement pratique et de nous obliger à avouer le manque de certitude spéculative et apodictique. Je serais cependant disposé à penser que rien au monde ne s'accorde plus mal avec le dessein de soutenir une bonne cause que la ruse, la dissimulation et le mensonge. Dans l'appréciation des principes rationnels de la simple spéculation, tout doit être exposé loyalement : c'est bien le moins que l'on puisse exiger. C'est là sans doute peu de chose ; mais, si seulement on pouvait compter avec sûreté là-dessus, la lutte de la raison spéculative au sujet des graves questions de Dieu, de l'immortalité (de l'âme) et de la liberté serait depuis longtemps terminée ou ne tarderait pas à l'être. Ainsi, souvent, la pureté des sentiments est en raison inverse de la bonté de la cause, et cette dernière a peut-être plus d'adversaires que de défenseurs loyaux et sincères.

Je suppose donc des lecteurs qui ne veuillent pas qu'une bonne cause soit défendue avec de mauvaises raisons. Pour ceux-là il est décidé maintenant que, suivant les principes de notre Critique, si l'on ne regarde pas ce qui arrive, mais ce qui devrait équitablement arriver, il ne doit pas y avoir, à proprement parler, de polémique de la raison pure. En effet, comment deux personnes peuvent-elles engager une discussion sur une chose dont aucune des deux ne peut représenter la réalité dans une expérience réelle ou même seulement possible et dont elles sont obligées de couver, en quelque sorte, l'idée pour en faire sortir quelque chose de plus qu'une idée, à savoir : la réalité de l'objet lui-même ? Par quels moyens termineront-elles leur controverse, puisqu'aucune des deux ne peut rendre sa chose immédiatement compréhensible et certaine, mais ne peut qu'attaquer et ruiner la cause de son adversaire ? Tel est le sort de toutes les affirmations de la raison pure que, dépassant les conditions de toute expérience possible, hors desquelles il n'y a nulle part de document de la vérité, et devant se servir quand même des lois de l'entendement, qui sont simplement destinées à l'usage empirique, mais sans lesquelles on ne saurait faire aucun pas dans la preuve synthétique, elles prêtent toujours le flanc à l'adversaire dont elles peuvent, à leur tour, mettre à profit le faible.

On peut regarder la Critique de la raison pure comme le vrai tribunal de toutes les controverses de cette faculté ; car elle n'a pas à s'immiscer dans ces disputes qui portent immédiatement sur des objets (*auf Objecte*), mais elle est établie pour déterminer et juger les droits de la raison en général suivant les principes de son institution première.

Sans cette Critique, la raison demeure, en quelque sorte, à l'état de nature et, pour rendre valables et pour garantir ses affirmations et ses prétentions, elle ne peut recourir qu'à la *guerre*. La Critique, au contraire, tirant toutes ses décisions des règles fondamentales de sa propre institution, et dont l'autorité doit être reconnue par tout le monde, nous procure la tranquillité d'un état légal où il ne nous est pas permis de traiter notre différend autrement que par voie de *procès*. Dans le premier état, ce qui met fin aux désaccords, c'est une *victoire* dont les deux partis se vantent et que suit, ordinairement, une paix mal assurée, établie par l'intervention d'une autorité supérieure ; dans le second, c'est, au contraire, une *sentence* qui, remontant à la source des discussions, doit assurer une paix éternelle. Les disputes interminables d'une raison simplement dogmatique nous obligent elles-mêmes à chercher enfin le repos dans une critique de cette raison même et dans une législation qui s'y fonde. Ainsi que Hobbes l'affirme, l'état de nature est un état d'injustice et de violence, et l'on doit nécessairement le quitter pour se soumettre à une contrainte légale, qui ne limite notre liberté que pour la rendre compatible avec la liberté d'autrui et, par là même, avec le bien public.

A cette liberté se rattache donc aussi celle de soumettre au jugement du public ses pensées et ses doutes quand on ne peut pas les éclaircir soi-même, sans que, pour cela, on soit réputé un citoyen turbulent et dangereux. C'est ce qui résulte déjà du droit primitif de la raison humaine qui ne connaît d'autre juge que la raison commune elle-même où chacun a sa voix ; et, comme c'est de là que doit venir tout perfectionnement dont notre état est susceptible, un tel droit est sacré et ne doit (*darf*) pas être aboli. Aussi est-il fort peu sensé de proclamer dangereuses certaines assertions risquées ou certaines attaques inconsidérées qui portent sur les choses qui ont déjà pour elles l'assentiment de la plus grande et de la meilleure partie du public : c'est leur donner une importance qu'elles ne devraient nullement avoir. Quand j'entends dire qu'un esprit peu commun a ruiné (par ses arguments) la liberté de la volonté humaine, l'espérance d'une vie future et l'existence de Dieu, je suis curieux de lire son livre, car j'espère de son talent qu'il étende plus loin mes connaissances. Je sais parfaitement d'avance et avec certitude qu'il n'aura rien détruit de tout cela ; ce n'est point que je me croie déjà en possession de preuves irréfutables à l'appui de ces propositions fondamentales ; mais la critique transcendantale, qui m'a découvert tous les matériaux de notre raison pure, m'a pleinement persuadé que si la raison est entièrement incapable d'établir, dans ce champ, des assertions affirmatives, elle ne l'est pas moins et elle l'est plus encore d'affirmer sur ces questions quelque chose de négatif. Où, en effet, ce prétendu esprit fort puisera-t-il, par exemple, cette connaissance (57) qu'il n'y a point d'Être suprême ? Cette proposition est en dehors du champ de l'expérience possible et, par là même, hors des limites de toute connaissance humaine. Je ne lirais pas cependant le défenseur dogmatique de la bonne cause contre cet ennemi, parce que je sais d'avance qu'il n'attaquera les raisons spécieuses du premier que pour préparer un chemin aux siennes ; du reste, un spectacle de tous les jours offre moins de matière à des remarques neuves qu'un spectacle extraordinaire et ingénieusement imaginé. Cet adversaire de la religion, dogmatique à sa manière, lui aussi, fournirait, au contraire, à ma critique l'occupation qu'elle désire et l'occasion de rectifier davantage ses principes, sans qu'il y eût pour elle à craindre de sa part la moindre chose.

Mais la jeunesse qui est confiée à l'enseignement académique doit-elle être au moins prévenue contre de pareils écrits et tenue à l'écart de la connaissance prématurée de propositions si dangereuses, jusqu'à ce que son jugement soit mûr ou que plutôt la doctrine qu'on veut lui inculquer soit assez fermement enracinée pour pouvoir résister victorieusement à toute opinion contraire, de quelque part qu'elle vienne ?

S'il fallait s'en tenir au procédé dogmatique dans les choses de la raison pure et si le moyen de réfuter l'adversaire était simplement polémique, c'est-à-dire de telle nature que l'on dût entrer en combat et s'armer d'arguments en faveur d'assertions contraires, il n'y aurait sans doute rien de plus raisonnable *pour le moment*, mais aussi rien de plus vain et de plus stérile *pour l'avenir* que de mettre en tutelle pour un temps la raison des jeunes gens et de les garantir de la séduction au moins pendant ce temps. Mais si, dans la suite, la curiosité ou la mode du jour leur mettent entre les mains des écrits de ce genre, les convictions du jeune âge soutiendront-elles encore le choc? Celui qui n'apporte que des armes dogmatiques pour repousser les attaques de son adversaire et qui ne sait pas découvrir la dialectique cachée qui est aussi bien dans son propre sein qu'en celui de son antagoniste, celui-là voit des raisons spécieuses qui ont l'avantage de la nouveauté s'opposer à d'autres raisons spécieuses qui n'ont plus un tel avantage, mais qui plutôt font naître en lui ce soupçon que l'on a abusé de la crédulité de sa jeunesse. Il ne croit pas avoir de meilleur moyen de montrer qu'il s'est dégagé de la discipline de l'enfance (*dass er der Kinderzucht entwachsen sei*) que d'en rejeter les sages avertissements, et, accoutumé au dogmatisme, il introduit en lui et boit à longs traits le poison qui corrompt dogmatiquement ses principes.

C'est exactement le contraire de ce que l'on conseille ici qui doit avoir lieu dans l'enseignement académique, mais sans doute à la condition qu'on suppose pour fondement une instruction solide sous le rapport de la Critique de la raison pure. En effet, pour que le jeune homme applique, aussitôt que possible, les principes de cette nature et pour qu'il voie qu'ils sont capables de résoudre la plus grande illusion dialectique, il est absolument nécessaire de diriger contre la raison, sans doute encore faible, mais éclairée par la critique, les attaques si redoutables au dogmatisme et de l'exercer à examiner point par point, d'après ces principes, les assertions sans fondement de l'adversaire. Il ne lui sera pas difficile de les réduire en poudre; et ainsi, de bonne heure, il se sentira la force de se garantir pleinement contre des illusions nuisibles de ce genre qui finiront par perdre à ses yeux tout leur prestige. Et, quoique les coups qui ruinent l'édifice de l'ennemi soient également funestes à l'édifice spéculatif qu'il voudrait élever, si jamais il en a formé le projet, il est pourtant fort tranquille à ce sujet, puisqu'il n'a nullement besoin d'une semblable construction pour s'y loger et qu'il aperçoit devant lui le champ pratique où il peut espérer avec raison trouver un sol plus ferme pour y élever son système rationnel et salutaire.

Il n'y a donc, à proprement parler, aucune polémique dans le champ de la raison pure. Les deux partis frappent des coups en l'air et se battent contre leur ombre, car ils sortent des limites de la nature pour aller dans une région où il n'y a rien que leurs serres (*Griffe*) dogmatiques puissent saisir et retenir. Ils ont bien combattu ; les ombres qu'ils pourfendent se rassemblent en un clin d'œil, comme les héros du Wallhalla, et ils peuvent toujours se donner le plaisir de combats aussi peu sanglants.

On ne saurait admettre, non plus, un usage sceptique de la raison pure, usage qu'on pourrait appeler le principe de la *neutralité* dans toutes les controverses. Exciter la raison contre elle-même, lui donner des armes des deux côtés et regarder alors tranquillement et d'un air railleur cette lutte ardente, cela ne fait pas bon effet au point de vue dogmatique, mais semble dénoter un esprit malin et méchant. Si, cependant, on considère l'aveuglement et l'orgueil invincibles des sophistes, qu'aucune critique ne peut tempérer, il n'y a pas réellement d'autre parti à prendre que celui d'opposer à la jactance d'un parti celle du parti opposé, qui se fonde sur les mêmes droits, afin que la raison, étonnée, du moins, par la résistance d'un ennemi, conçoive quelques doutes sur ses prétentions et prête l'oreille à la critique. Mais s'en tenir entièrement à ces doutes et vouloir recommander la conviction et l'aveu de son ignorance, non seulement comme un remède contre la suffisance dogmatique, mais aussi comme un moyen de terminer le conflit de la raison avec elle-même, c'est là un projet parfaitement vain et qui ne peut nullement procurer le repos à la raison, mais qui n'est, au contraire, qu'un moyen excellent de la tirer de son doux rêve dogmatique pour l'exciter à examiner attentivement son état. Toutefois, comme cette manière sceptique de se tirer d'une affaire mauvaise pour la raison semble être, en quelque sorte, le plus court chemin pour arriver à une paix philosophique durable, comme, du moins, elle est la grande route que prennent volontiers ceux qui croient se donner un air philosophique par un mépris moqueur de toutes les recherches de cette espèce, il est donc nécessaire, à mon avis, de mettre dans son véritable jour cette manière de penser.

DE L'IMPOSSIBILITÉ OÙ EST LA RAISON PURE EN DÉSACCORD AVEC ELLE-MÊME DE TROUVER LA PAIX DANS LE SCEPTICISME

La conscience de mon ignorance (si cette ignorance n'est pas en même temps reconnue comme nécessaire), au lieu de mettre fin à mes recherches, est, au contraire, la vraie cause qui les provoque. Toute ignorance est ou celle des choses ou celle de la détermination et des limites de ma connaissance. Or, quand l'ignorance est accidentelle, elle doit me porter, dans le premier cas, à faire des choses (des objets) une recherche *dogmatique*, dans le second à rechercher *d'une façon critique* les limites de ma connaissance possible. Mais que mon ignorance soit absolument nécessaire et, par conséquent, me dispense de toute recherche ultérieure, c'est ce qu'on ne peut pas établir empiriquement par l'*observation*, mais seulement d'une façon critique en *sondant* les sources premières de notre connaissance. La détermination des limites de notre raison ne peut donc être faite que suivant des principes *a priori*, mais nous pouvons connaître *a posteriori* qu'elle est bornée, — car ce n'est là qu'une connaissance indéterminée d'une ignorance à jamais invincible, — par ce qui nous reste encore à savoir dans toute science. La première connaissance de l'ignorance de la raison, qui n'est possible que par la critique de la raison même, est donc une *science*, la seconde n'est qu'une *perception* dont on ne peut pas dire jusqu'où la conclusion s'étend par elle-même. Si je me représente la surface terrestre (selon l'apparence sensible) comme une assiette, je ne peux pas savoir jusqu'où elle s'étend. Mais l'expérience m'apprend que, où que j'aille, je vois toujours autour de moi un espace où je pourrais encore m'avancer; je reconnais, par conséquent, les bornes de ma connaissance toujours réelle de la terre, mais non pas les limites de toute description possible de la terre. Que si je suis arrivé assez loin, cependant, pour savoir que la terre est un globe et que sa surface est une surface sphérique, je puis alors connaître, d'une manière déterminée et suivant des principes *a priori*, même par une petite partie de cette surface, par la grandeur d'un degré, par exemple, le diamètre de la terre et, par ce diamètre, sa complète circonscription, c'est-à-dire sa surface entière ; et, bien que je sois ignorant par rapport aux objets que peut renfermer cette surface, je ne le suis cependant pas au point de vue de la circonscription qui les contient, de sa grandeur et de ses bornes.

L'ensemble de tous les objets possibles de notre connaissance nous fait l'effet d'une surface plane qui a son horizon apparent, je veux parler de ce qui en embrasse toute l'étendue ou de ce que nous avons appelé le concept rationnel de la totalité inconditionnée. Il est impossible d'y arriver empiriquement, et tous les essais que nous avons faits pour le déterminer *a priori* suivant un principe certain sont demeurés vains. Cependant, toutes les questions de notre raison pure se rapportent à ce qui peut être en dehors de cet horizon ou à ce qui se trouve tout au plus sur ses limites.

Le célèbre David Hume a été un de ces géographes de la raison humaine ; il crut avoir suffisamment répondu à l'ensemble de ces questions, en les reléguant au delà de cet horizon de la raison que cependant il ne put pas déterminer. Il s'arrêta surtout au principe de causalité et remarqua fort justement (58) que la vérité de ce principe (ainsi, du reste, que la valeur objective du concept d'une cause efficiente en général) ne repose sur aucune connaissance claire, c'est-à-dire sur aucune connaissance *a priori* et que, par suite, aussi, ce n'est aucunement la nécessité de cette loi, mais simplement son utilité générale dans le cours de l'expérience et la nécessité subjective qui en résulte, nécessité qu'il nommait habitude, qui font toute l'autorité de ce principe. Or, de l'impuissance où est notre raison à faire de ce principe un usage qui dépasse toute expérience, il conclut à la vanité de toutes les prétentions qu'a la raison de s'élever en général au-dessus de l'empirique.

Une méthode de ce genre, qui consiste à soumettre à l'examen et, quand cela se trouve, au blâme, *les faits* de la raison, peut recevoir le nom de *censure* de la raison. Il est incontestable que cette censure conduit inévitablement au *doute* par rapport à tout usage transcendant des principes. Mais ce n'est là que le second pas qui est encore loin de terminer l'œuvre. Le premier pas, dans les choses de la raison pure, qui en marque l'enfance, est *dogmatique*. Le second pas, dont nous avons parlé, est *sceptique* et témoigne de la prudence du jugement affiné par l'expérience. Mais il est encore un troisième pas nécessaire, qui n'appartient qu'au jugement mûr et viril appuyé sur des maximes solides et d'une universalité à toute épreuve : il consiste à soumettre à l'examen non point *les faits* de la raison, mais la raison même en ce qui concerne tout son pouvoir et toute la capacité qu'elle a d'arriver à des connaissances pures *a priori*. Ce n'est plus ici la censure, mais la critique de la raison ; et celle-ci ne se contente pas de conjecturer simplement que notre raison a des *bornes*, mais elle en démontre, par des principes, les *limites* déterminées ; elle n'en montre pas simplement l'ignorance par rapport à tel ou tel point, mais par rapport à toutes les questions possibles d'une certaine espèce. Ainsi, le scepticisme est pour la raison humaine une halte, d'où elle peut songer au chemin dogmatique qu'elle vient de faire et esquisser le plan du pays où elle se trouve, pour être à même de choisir désormais sa route avec plus de sûreté ; ce n'est pas un cantonnement où elle puisse se fixer, car elle ne peut trouver sa résidence que dans une parfaite certitude, soit de la connaissance des objets mêmes, soit de la connaissance des limites dans lesquelles est renfermée toute notre connaissance des objets.

Notre raison n'est pas, en quelque sorte, une plaine d'une étendue indéfinie et dont on ne connaisse les bornes que d'une manière générale ; elle doit plutôt être comparée à une sphère dont le rayon peut être trouvé par la courbe de l'arc à sa surface (par la nature des propositions synthétiques *a priori*) et dont le contenu et les limites peuvent être déterminés par là avec certitude. En dehors de cette sphère (le champ de l'expérience), il n'y a plus d'objet (*Object*) pour elle, et même les questions concernant ces prétendus objets ne se rapportent qu'à des principes subjectifs d'une détermination universelle des rapports qui peuvent se présenter, dans les limites de cette sphère, entre les concepts de l'entendement.

Nous sommes réellement en possession de connaissances synthétiques *a priori*, comme le prouvent les principes de l'entendement qui anticipent l'expérience. Or, si quelqu'un n'en peut comprendre la possibilité, il peut, il est vrai, douter d'abord qu'elles soient réellement en nous *a priori*, mais il ne peut pas pour cela les déclarer impossibles en soi, par les simples forces de l'entendement, et regarder comme nuls tous les pas que fait la raison sous leur direction. Tout ce qu'il peut dire c'est que, si nous en apercevions l'origine et la vérité, nous pourrions déterminer l'étendue et les limites de notre raison ; mais avant que cela n'arrive, toutes les assertions de la raison sont risquées au petit bonheur. Et, de cette manière, ce serait une chose tout à fait bien fondée qu'un doute universel à l'égard de toute philosophie dogmatique qui va son chemin sans faire la critique de la raison même; mais toutefois on ne pourrait pas entièrement refuser pour cela à la raison tout progrès en avant, si cette marche était préparée et assurée du fait qu'on s'appuierait sur de meilleurs principes. Car enfin, tous les concepts, même toutes les questions que nous propose la raison pure, ne sont pas, en quelque sorte, dans l'expérience, mais elles ne sont, à leur tour, que dans la raison, et c'est pourquoi il faut qu'on puisse les résoudre et en comprendre la valeur ou la nullité. Nous n'avons pas, non plus, le droit de repousser ces problèmes, comme si leur solution résidait réellement dans la nature des choses, en prétextant notre impuissance, et de nous refuser à leur investigation ultérieure, car c'est la raison seule qui a engendré ces idées dans son sein et elle est tenue, par conséquent, de rendre compte de leur valeur ou de leur apparence dialectique.

Toute polémique sceptique n'est proprement dirigée que contre le dogmatique qui, sans se méfier de ses premiers principes objectifs, c'est-à-dire sans le secours de la Critique, poursuit gravement son chemin, et cette polémique n'a pour but que de déranger ses plans et de le ramener à la connaissance de lui-même. En soi, elle ne décide rien par rapport à ce que nous savons et à ce que nous ne pouvons pas savoir. Toutes les vaines tentatives dogmatiques de la raison sont des *faits* qu'il est toujours utile de soumettre à la censure. Mais ceci ne peut rien décider touchant l'espoir qu'a la raison d'arriver, dans l'avenir, à un meilleur résultat de ses efforts et d'élever des prétentions à cet égard : la simple censure ne peut donc jamais terminer la querelle qui porte sur les droits de la raison humaine.

Comme HUME est peut-être le plus ingénieux de tous les sceptiques et, sans contredit, le plus remarquable au point de vue de l'influence que peut avoir la méthode sceptique pour provoquer un examen fondamental de la raison, il vaut donc bien la peine d'exposer, autant que cela convient à mon dessein, la marche de ses raisonnements et les erreurs d'un homme si pénétrant et si estimable, erreurs qui, cependant, n'ont pris naissance que sur le chemin de la vérité.

Hume pensait peut-être, bien qu'il ne se soit jamais pleinement expliqué là-dessus, que, dans les jugements d'une certaine espèce, nous dépassons notre concept de l'objet. C'est à ces jugements que j'ai donné le nom de *synthétiques*. Que je puisse sortir, au moyen de l'expérience, du concept que j'ai déjà, il n'y a pas de difficulté à cela. L'expérience est elle-même une synthèse de perceptions qui augmente, par d'autres perceptions qu'elle y ajoute, le concept que j'ai déjà eu au moyen d'une perception. Mais nous croyons aussi pouvoir sortir *a priori* de notre concept et étendre notre connaissance. Nous tentons de le faire, soit au moyen de l'entendement pur, par rapport à ce qui, du moins, peut être un *objet* (*Object*) *de l'expérience*, soit même par la raison pure, par rapport à des propriétés de choses ou même à l'existence d'objets qui ne peuvent jamais se présenter dans l'expérience. Notre sceptique ne distingua pas ces deux sortes de jugements, comme il aurait cependant dû le faire, et il considéra d'emblée comme impossible cette augmentation des concepts par eux-mêmes et, pour ainsi parler, cet enfantement spontané de notre entendement (et de notre raison), sans la fécondation de l'expérience. Il tint donc pour imaginaires les prétendus principes *a priori* de la raison et il crut qu'ils n'étaient qu'une habitude résultant de l'expérience et de ses lois, c'est-à-dire des principes simplement empiriques, des règles contingentes en soi auxquelles nous attribuons à tort la nécessité et l'universalité. Mais pour affirmer cette étrange proposition il se referait au principe universellement admis du rapport de la cause à l'effet. En effet, comme aucun pouvoir de l'entendement ne peut nous conduire du concept d'une chose à l'existence de quelque autre chose qui soit donnée par là universellement et nécessairement, il crut pouvoir en conclure que, sans l'expérience, il n'y a rien qui puisse augmenter notre concept et nous autoriser à un jugement qui s'étende lui-même *a priori*. Que la lumière du soleil fonde la cire en même temps qu'elle l'éclaire, tandis qu'elle durcit l'argile, c'est ce qu'aucun entendement ne pourrait deviner et bien moins encore conclure régulièrement (*gesetzmässig*), au moyen des concepts que nous avions déjà de ces choses ; seule l'expérience peut nous enseigner une telle loi. Au contraire, nous avons vu, dans la Logique transcendantale, que, bien que nous ne puissions jamais *immédiatement* sortir du contenu du concept qui nous est donné, nous pouvons cependant connaître pleinement *a priori* la loi de la liaison d'une chose avec d'autres, mais par rapport à une troisième chose qui est l'expérience possible, et par conséquent *a priori*. Quand donc la cire, auparavant solide, vient à fondre, je puis alors connaître *a priori* que quelque chose a dû précéder (par exemple, la chaleur du soleil), d'où la fusion a été la conséquence suivant une loi constante, bien que, cependant, je ne puisse, *a priori* et sans l'enseignement de l'expérience, connaître, *d'une manière déterminée,* ni la cause par l'effet, ni l'effet par la cause. Hume concluait donc faussement de la contingence de ce que nous déterminons *d'après la loi* à la contingence de la *loi* elle-même et il confondait le fait de passer du concept d'une chose à l'expérience possible (laquelle a lieu *a priori* et constitue la réalité objective de ce concept) avec la synthèse des objets de l'expérience réelle, laquelle, à la vérité, est toujours empirique. Par là, il faisait d'un principe de l'affinité, qui a son siège dans l'entendement et qui exprime une liaison nécessaire, une règle de l'association, qui ne se trouve que dans l'imagination reproductrice et ne peut représenter que des liaisons contingentes et non objectives.

Mais les erreurs sceptiques de cet homme, d'ailleurs si pénétrant, résultaient principalement d'un défaut qui lui est cependant commun avec tous les dogmatiques, savoir qu'il ne considérait pas systématiquement toutes les synthèses *a priori* de l'entendement. Car il aurait trouvé que le *principe de la permanence,* par exemple, — pour ne faire ici mention que de celui-là, — est, ainsi que celui de la causalité, un principe qui anticipe l'expérience. Par là il aurait pu aussi assigner des limites déterminées à l'entendement qui s'étend *a priori* et à la raison pure. Mais lorsqu'il se contente de restreindre (*einschränkt*) notre entendement sans lui assigner de limites (*begrenzen*) et que, donnant lieu à une méfiance générale, il ne fournit pas de connaissance déterminée de notre ignorance à jamais invincible ; lorsqu'il soumet à la censure quelques principes de l'entendement, sans soumettre aussi cet entendement, relativement à tout son pouvoir, à la pierre de touche de la critique, et qu'en lui refusant ce qu'il ne peut réellement donner, il va jusqu'à lui contester tout pouvoir de s'étendre *a priori*, bien qu'il n'eût pas examiné ce pouvoir tout entier : il lui arrive alors ce qui renverse toujours le septicisme, je veux dire que son système est lui-même mis en doute, puisque ses objections ne reposent que sur des faits, et des faits contingents, et non sur des principes capables de nous obliger à renoncer au droit des affirmations dogmatiques.

Comme, du reste, Hume n'établit aucune différence entre les droits fondés de l'entendement et les prétentions dialectiques de la raison, contre lesquelles, cependant, sont principalement dirigées ses attaques, la raison, dont le propre essor n'est pas le moins du monde abattu, mais seulement entravé ici, sent que l'espace n'est pas fermé devant elle et elle ne peut jamais être entièrement empêchée d'essayer de s'y étendre, quoiqu'elle soit gourmandée çà et là. En effet, on s'arme pour se défendre contre de nouvelles attaques et après cela on relève d'autant plus fièrement la tête pour établir ses prétentions. Mais une revue complète de tout son pouvoir et la conviction que nous en tirons de posséder avec certitude une petite propriété, malgré la vanité des prétentions plus élevées, font disparaître tout litige et nous poussent à nous contenter en paix de cette propriété restreinte, mais incontestée.

Pour le dogmatique sans critique, qui n'a pas mesuré la sphère de son entendement ni, par suite, déterminé, suivant des principes, les limites de sa connaissance possible et qui ne sait donc pas d'avance ce qu'il peut, mais pense le trouver par de simples essais, ces attaques sceptiques ne sont pas seulement dangereuses, mais elles lui sont même fatales. Car s'il en vient à une seule affirmation qu'il ne puisse justifier et dont il ne puisse, non plus, expliquer l'apparence par des principes, le soupçon tombe alors sur toutes ses affirmations, quelque persuasives qu'elles puissent être d'ailleurs.

C'est ainsi que le sceptique est le surveillant qui conduit le raisonneur dogmatique à une saine critique de l'entendement et de la raison elle-même. Dès qu'il y est parvenu, il n'a plus à craindre aucune attaque ; car il distingue alors de sa possession ce qui est entièrement en dehors d'elle ; il n'y élève plus de prétentions et ne s'engage plus ainsi en des querelles. Ainsi, la méthode critique en elle-même ne *satisfait* pas, à la vérité, aux questions de la raison, mais elle la *prépare*, cependant, à les résoudre, en excitant sa vigilance et en lui montrant les moyens solides de s'assurer dans sa possession légitime.

TROISIÈME SECTION

Discipline de la raison pure par rapport aux hypothèses.

Puisque nous savons enfin par la Critique de la raison que, dans son usage pur et spéculatif, nous ne pouvons en réalité rien savoir, ne devrait-elle pas alors ouvrir un champ plus vaste aux *hypothèses*, puisqu'il nous est au moins permis de nous créer des imaginations et des opinions, si nous n'avons pas le droit d'affirmer ?

Pour que l'imagination ne *rêve* pas, en quelque sorte, mais puisse *imaginer* sous l'étroite surveillance de la raison, il faut toujours qu'elle s'appuie auparavant sur quelque chose de parfaitement certain et qui ne soit pas imaginaire ou de simple opinion, et ce quelque chose est la *possibilité* de l'objet même. Alors, il est permis de recourir à l'opinion pour ce qui est de la réalité de cet objet, mais cette opinion, pour n'être pas sans fondement, doit être reliée, comme principe d'explication, avec ce qui est réellement donné et, par suite, certain, et alors elle s'appelle une *hypothèse*.

Or, comme nous ne saurions nous faire le moindre concept de la possibilité de la liaison dynamique *a priori* et que la catégorie de l'entendement pur ne sert pas à la trouver, mais seulement à la comprendre quand elle se rencontre dans l'expérience, nous ne saurions imaginer originairement, conformément à ces catégories, un seul objet d'une nature nouvelle et qui ne puisse pas être empiriquement donné, ni donner cette possibilité de l'objet pour fondement à une hypothèse permise ; car ce serait soumettre à la raison de vaines chimères au lieu de concepts des choses. Il n'est donc pas permis d'imaginer de nouvelles facultés originaires, comme un entendement qui aurait le pouvoir d'intuitionner son objet sans le secours des sens, ou une force attractive indépendante du contact, ou une nouvelle espèce de substances, une substance, par exemple, qui soit présente dans l'espace sans être impénétrable, ni, par suite, un commerce de substances distinct de tous ceux que l'expérience nous fournit : aucune présence, sinon dans l'espace ; aucune durée, excepté dans le temps. En un mot, notre raison ne peut que se servir des conditions de l'expérience possible, comme de conditions de la possibilité des choses, mais elle ne peut nullement se créer cette possibilité à elle-même, indépendamment de ces conditions, puisque des concepts de ce genre, sans renfermer pourtant de contradiction, seraient cependant sans objet.

Les concepts rationnels, comme nous l'avons dit, sont de simples idées et n'ont évidemment aucun objet dans une expérience quelconque, mais il ne désignent pas pour cela des objets fictifs qui seraient en même temps regardés comme possibles. Ils ne sont conçus que problématiquement, afin de fonder, à leur point de vue (en qualité de fictions heuristiques), des principes régulateurs de l'usage systématique de l'entendement dans le champ de l'expérience. Si l'on sort de ce champ, ils ne sont que de simples êtres de raison dont la possibilité n'est pas démontrable et qui ne peuvent pas, non plus, par conséquent, être donnés pour fondement par hypothèse à l'explication des phénomènes réels. *Concevoir* l'âme comme simple, cela nous est parfaitement permis, afin de donner, d'après cette *idée*, pour principe à notre appréciation de ses phénomènes internes une unité intégrale et nécessaire de toutes les facultés humaines, bien qu'on ne puisse pas l'apercevoir *in concreto*. Mais *admettre* l'âme comme une substance simple (ce qui est un concept transcendant), ce serait là une proposition non seulement indémontrable (comme le sont la plupart des hypothèses physiques), mais tout à fait arbitraire et aveugle, parce que le simple ne peut se présenter dans aucune expérience et que, si l'on entend ici par substance l'objet permanent de l'intuition sensible, la possibilité d'un *phénomène simple* ne peut absolument pas être aperçue. Nous ne saurions admettre, à titre d'opinion, en nous fondant sur une autorisation solide de la raison, qu'il existe des êtres simplement intelligibles ou qu'il y a des propriétés simplement intelligibles des choses du monde sensible, bien que (privés que nous sommes de tout concept de leur possibilité ou de leur impossibilité) aucune vue meilleure ne permette de les nier dogmatiquement.

Pour expliquer des phénomènes donnés on ne peut employer d'autres principes d'explication que ceux qui se rattachent aux choses ou aux principes donnés, suivant les lois déjà connues des phénomènes. Une *hypothèse transcendantale* dans laquelle on se servirait d'une simple idée de la raison pour expliquer les choses naturelles ne serait donc pas une explication ; car, ce que l'on ne comprend pas suffisamment par les principes empiriques connus, on chercherait à l'expliquer par quelque chose dont on ne comprend rien du tout. Aussi le principe d'une hypothèse de ce genre ne servirait, à proprement parler, qu'à contenter la raison et nullement à faire progresser l'usage de l'entendement par rapport aux objets. L'ordre et la finalité qui se montrent dans la nature doivent être expliqués par des causes naturelles et suivant des lois de la nature (*aus Naturgründen und nach Naturgesetzen*), et ici les hypothèses, même les plus grossières, pourvu qu'elles soient physiques, sont plus supportables qu'une hypothèse hyperphysique, c'est-à-dire que l'appel à un créateur divin que l'on suppose à cet effet. Ce serait, en effet, le principe de la raison paresseuse (*ignava ratio*) que de laisser de côté tout d'un coup toutes les causes dont on peut apprendre à connaître, par une expérience progressive, la réalité objective, du moins quant à la possibilité, pour se reposer dans une simple idée très commode pour la raison. Mais pour ce qui regarde la totalité absolue du principe d'explication dans la série des causes, cela ne peut être un obstacle par rapport aux objets du monde, parce que, ces objets n'étant rien que des phénomènes, on ne peut jamais en attendre quelque chose d'achevé dans la synthèse des séries des conditions.

Il ne peut pas être permis dans l'usage spéculatif de la raison de recourir à des hypothèses transcendantales et de prendre la liberté de se servir de principes hyperphysiques pour suppléer au manque de principes physiques d'explication, d'une part, parce que la raison n'est pas du tout avancée par là, mais qu'elle est, au contraire, arrêtée dans tout le développement de son usage, d'autre part, parce que cette licence la priverait de tous les fruits de la culture de son propre sol, à savoir de l'expérience. En effet, si de temps à autre l'explication naturelle nous devient difficile, nous avons constamment en main un principe transcendant d'explication qui nous dispense de cette recherche et met un terme à notre investigation non pas sans doute par une connaissance claire, mais par l'entière incompréhensibilité d'un principe déjà préconçu de manière à renfermer le concept de l'absolument premier.

La seconde condition requise pour que l'on puisse admettre une hypothèse c'est qu'elle suffise pour déterminer *a priori* les conséquences qui sont données. Si l'on est obligé à cet effet de recourir à d'autres hypothèses, elles encourent le soupçon d'une simple fiction, puisque chacune d'elles en soi a besoin de cette justification qui était nécessaire à la pensée prise pour fondement, et que, par suite, elle ne peut donner aucun témoignage valable. Si, en supposant une cause infiniment parfaite, on ne manque pas de principes pour expliquer la finalité, l'ordre et la grandeur qui se voient dans le monde, celle-ci a pourtant besoin de nouvelles hypothèses encore pour se sauver des objections qui se tirent des anomalies et des maux qui, du moins d'après nos concepts, se montrent dans ces choses. Si l'on oppose à la substantialité simple de l'âme humaine, qui a été donnée pour fondement à ses phénomènes, les difficultés qui naissent des analogies de ses phénomènes avec les changements de la matière (l'accroissement et le décroissement), il faut alors avoir recours à de nouvelles hypothèses qui ne sont pas sans doute sans apparence, mais qui ne méritent pourtant aucune confiance en dehors de celle que leur donne l'opinion qu'on prend pour fondement, bien qu'elles doivent, cependant, parler en sa faveur.

Si les affirmations de la raison prises ici pour exemple (l'unité incorporelle de l'âme et l'existence d'un Être suprême) ne doivent pas avoir la valeur d'hypothèses, mais doivent être regardées comme des dogmes prouvés *a priori*, il ne sera plus alors question d'hypothèses. Mais, dans ce cas, il faut prendre garde à ce que la preuve ait la certitude apodictique d'une démonstration. Car, vouloir ne rendre que *vraisemblable* la réalité de ses idées, c'est une entreprise aussi absurde que si l'on songeait à prouver d'une manière simplement vraisemblable une proposition géométrique. La raison séparée de toute expérience ou bien ne peut plus connaître qu'*a priori* et nécessairement, ou bien elle ne connaît rien du tout ; par suite, son jugement n'est jamais une opinion, mais il est ou une abstention de tout jugement ou une certitude apodictique. Des opinions ou des jugements vraisemblables sur ce qui convient aux choses ne peuvent se présenter que comme des principes d'explication de ce qui est réellement donné ou comme des conséquences dérivant, suivant des lois empiriques, de ce qui sert de fondement à titre de réel, c'est-à-dire uniquement dans la série des objets de l'expérience. En dehors de ce champ, *opiner* c'est autant que jouer avec des pensées, à moins que l'on ne croie qu'en suivant une route incertaine le jugement trouve peut-être la vérité.

Cependant, bien que dans les questions simplement spéculatives de la raison pure il n'y ait pas lieu de faire des hypothèses pour y fonder des propositions, les hypothèses y sont pourtant tout à fait admissibles quand il ne s'agit que de se défendre, c'est-à-dire dans l'usage polémique et non dans l'usage dogmatique. Ce que j'entends par se défendre, ce n'est pas augmenter les preuves de son assertion, mais simplement réduire à néant les raisons apparentes par lesquelles l'adversaire prétend ruiner notre propre assertion. Or, toutes les propositions synthétiques de la raison pure ont ceci de particulier que si celui qui affirme la réalité de certaines idées n'en sait jamais assez pour rendre sa proposition certaine, d'un autre côté, l'adversaire n'en sait pas davantage pour soutenir le contraire. La raison humaine tient la balance égale des deux côtés ; elle ne favorise aucune des deux parties dans la connaissance spéculative ; aussi est-elle un champ où se livrent des combats. Mais on montrera dans la suite que, cependant, par rapport à l'*usage pratique*, la raison a le droit d'admettre quelque chose qu'elle ne serait nullement autorisée à supposer sans des preuves suffisantes dans le champ de la simple spéculation, parce que toutes les suppositions de ce genre font tort à la perfection de la spéculation dont l'intérêt pratique ne se préoccupe point. Sur ce terrain elle a, par conséquent, une possession dont elle n'a pas besoin de prouver la légitimité et dont elle ne pourrait pas, en fait, donner la preuve. C'est l'adversaire qui est donc tenu de prouver. Mais comme celui-ci sait aussi peu de chose de l'objet mis en doute pour en démontrer la non-existence que n'en sait le premier pour en affirmer la réalité, l'avantage est ici du côté de celui qui affirme quelque chose à titre de supposition pratiquement nécessaire (*melior est conditio possidentis*). Il est libre en effet de recourir pour défendre la bonne cause, tout comme s'il était en état de légitime défense, aux mêmes moyens que l'adversaire emploie contre cette même cause, c'est-à-dire à des hypothèses qui ne peuvent nullement servir à fortifier la preuve, mais seulement à faire voir que l'adversaire sait trop peu de l'objet du débat pour pouvoir se flatter de l'emporter sur nous au point de vue de la connaissance spéculative.

Les hypothèses ne sont donc permises dans le champ de la raison pure qu'en qualité d'armes de guerre ; elles ne servent pas à fonder un droit, mais seulement à le défendre. Mais ici nous devons toujours chercher l'adversaire en nous-mêmes. Car la raison spéculative, dans son usage transcendantal, est *en soi* dialectique. Les objections qui pourraient être à craindre sont en nous-mêmes. Nous devons les rechercher comme des prétentions anciennes, mais qui jamais ne se prescrivent, pour fonder une paix éternelle sur leur anéantissement. Un repos extérieur n'est qu'apparent. Le germe des hostilités qui réside dans la nature de la raison humaine doit être extirpé ; mais comment pourrons-nous l'extirper si nous ne lui donnons pas la liberté et même la nourriture qui lui sont nécessaires pour éclater, afin que l'ayant découvert nous puissions le détruire ensuite jusqu'à la racine ? Imaginez donc vous-même des objections auxquelles n'a jamais songé un adversaire et prêtez-lui même des armes ou donnez-lui la place la plus favorable qu'il puisse désirer. Vous n'avez ici rien à craindre, mais tout à espérer, je veux dire que vous vous procurerez ainsi une possession qui ne vous sera jamais plus disputée à l'avenir.

Pour vous armer complètement, il vous faut donc aussi les hypothèses de la raison pure ; bien qu'elles ne soient que des armes de plomb (parce qu'elles ne sont jamais trempées par aucune loi de l'expérience), elles sont cependant toujours aussi puissantes que celles dont n'importe quel adversaire peut se servir contre vous. Si donc, lorsque vous admettez (à quelque autre point de vue non spéculatif) une nature de l'âme immatérielle et non soumise aux changements du corps, on vous oppose cette difficulté que, cependant, l'expérience semble prouver que l'accroissement et la diminution de nos facultés spirituelles ne sont que des modifications diverses de nos organes, vous pouvez affaiblir la force de cette preuve en admettant que notre corps n'est que le phénomène fondamental auquel, dans l'état actuel (dans la vie), se rapporte, comme à sa condition, le pouvoir tout entier de la sensibilité et par là toute pensée. La séparation d'avec le corps est la fin de cet usage sensible de votre faculté de connaissance et le commencement de l'usage intellectuel. Le corps ne serait donc pas la cause de la pensée, mais une condition simplement restrictive de la pensée, et, par conséquent, il faudrait le considérer, sans doute, comme un instrument de la fin sensible et animale, mais, par cela même, comme un obstacle à la vie pure et spirituelle, et la dépendance de la première par rapport à la constitution corporelle ne prouverait rien pour la dépendance de toute la vie par rapport à l'état de nos organes. Mais vous pouvez encore aller plus loin et trouver de nouveaux doutes qui n'ont pas été proposés ou approfondis jusqu'ici.

Ce qu'il y a de contingent dans les générations qui, chez les hommes, comme chez les créatures privées de raison, dépendent de l'occasion et souvent aussi de l'entretien, du mode de vie avec ses caprices et ses fantaisies et même du vice, constitue aussi une grande difficulté contre l'opinion de la durée éternelle d'une créature dont la vie a commencé d'abord en des circonstances si insignifiantes et si entièrement laissées à notre liberté. Pour ce qui est de la durée de toute l'espèce (ici-bas sur la terre) cette difficulté a peu d'importance, parce que l'accident dans l'individu n'en est pas moins soumis à une règle dans le tout; mais, par rapport à chaque individu, il paraît certainement douteux d'attendre un effet si considérable de causes si médiocres. Or, vous pouvez, contre cette difficulté, invoquer cette hypothèse transcendantale : que toute vie n'est proprement qu'intelligible et nullement soumise aux vicissitudes du temps, qu'elle n'a pas commencé avec la naissance et ne se terminera pas avec la mort; que cette vie n'est qu'un simple phénomène, c'est-à-dire qu'une représentation sensible de la vie purement spirituelle et que le monde sensible n'est qu'une simple image qui s'offre à notre mode actuel de connaître et qui, ainsi qu'un songe, n'a pas en soi de réalité objective; que, si nous pouvions intuitionner les choses et nous-mêmes *comme elles sont et comme nous sommes*, nous nous verrions dans un monde de natures spirituelles avec lequel notre seul commerce véritable n'a pas commencé avec la naissance et ne doit pas finir avec la mort (en tant que simples phénomènes), etc.

Quoique nous ne sachions pas la moindre chose de tout ce que nous prétextons ici hypothétiquement pour repousser l'attaque et que nous n'affirmions rien sérieusement, et quoique tout cela ne soit pas même une idée rationnelle, mais simplement un concept *imaginé* pour notre défense, nous procédons ici pourtant d'une manière tout à fait conforme à la raison, puisque à l'adversaire qui pense avoir épuisé toute possibilité, en donnant faussement le manque de conditions empiriques de cette possibilité pour une preuve de l'entière impossibilité de ce que nous croyons, nous montrons seulement qu'il ne peut pas plus embrasser par de simples lois de l'expérience le champ entier des choses possibles en soi que nous ne pouvons acquérir une possession assurée pour notre raison en dehors de l'expérience. Celui qui emploie ces moyens hypothétiques pour combattre les prétentions d'un adversaire hardi dans la négation ne doit pas pour cela être tenu pour un homme qui voudrait se les approprier comme ses véritables opinions. Il les abandonne aussitôt qu'il a repoussé la présomption dogmatique de son adversaire. En effet, si l'on se montre modeste et modéré quand on se borne à repousser et à nier les assertions d'autrui, dès que, cependant, on veut faire valoir ses objections en qualité de preuves du contraire, on émet une prétention tout aussi orgueilleuse et tout aussi imaginaire que si l'on avait embrassé le parti de l'affirmation.

On voit donc par là que, dans l'usage spéculatif de la raison, les hypothèses n'ont aucune valeur comme opinions en soi, mais simplement par rapport à des prétentions transcendantales opposées. En effet, étendre les principes de l'expérience possible à la possibilité des choses en général, n'est pas moins transcendant que d'affirmer la réalité objective de concepts qui ne peuvent trouver leurs objets qu'en dehors des limites de toute expérience possible. Ce que la raison pure juge assertoriquement (comme tout ce que connaît la raison) doit être nécessairement ou ce n'est absolument rien. Elle ne renferme donc en réalité aucune opinion. Mais les hypothèses dont il s'agit ne sont que des jugements problématiques qui, du moins, ne sont réfutés par rien, bien qu'ils ne puissent évidemment être prouvés par rien, et ils sont, par conséquent, de pures (*reine*) opinions privées, quoiqu'elles puissent échapper aisément (même au point de vue de la tranquillité interne) aux scrupules qui les poursuivent. Il faut leur conserver cette qualité et bien prendre garde qu'elles ne se donnent pas comme croyables en elles-mêmes et comme ayant une valeur absolue, et qu'elles n'étouffent la raison sous des fictions et des illusions.

QUATRIÈME SECTION

Discipline de la raison pure par rapport à ses démonstrations.

Les preuves des propositions transcendantales et synthétiques ont ceci de particulier entre toutes les preuves d'une connaissance synthétique *a priori* que la raison, au moyen de ses concepts, ne doit pas s'y appliquer directement à l'objet, mais démontrer auparavant *a priori* la valeur objective des concepts et la possibilité de leur synthèse. Ce n'est pas là simplement une règle de prudence nécessaire ; il y va de la nature et de la possibilité des preuves mêmes. Sortir *a priori* du concept d'un objet, on ne le peut sans un fil conducteur particulier et qu'on trouve hors de ce concept. Dans la mathématique, c'est l'intuition *a priori* qui guide ma synthèse et tous les raisonnements peuvent y être immédiatement ramenés à l'intuition. Dans la connaissance transcendantale, où l'on a simplement affaire à des concepts de l'entendement, cette règle est l'expérience possible. En effet, la preuve ne montre pas que le concept donné (celui, par exemple, de ce qui arrive) conduit directement à un autre concept (celui d'une cause), car un pareil passage serait un saut qu'on ne saurait justifier ; mais elle montre que l'expérience même, et, par suite, l'objet (*Object*) de l'expérience, serait impossible sans une telle liaison. La preuve devrait donc en même temps montrer la possibilité d'arriver synthétiquement et *a priori* à une certaine connaissance des choses qui n'était pas contenue dans leur concept. Sans cette attention, comme des eaux qui rompent violemment leurs digues et se répandent à travers champs, les preuves se précipitent là où les entraîne accidentellement la pente d'une association cachée. L'apparence de la conviction qui repose sur des causes subjectives de l'association et qu'on prend pour la vue d'une affinité naturelle ne saurait faire équilibre au scrupule que doit exciter justement un pas aussi risqué. Aussi, tous les essais qu'on a faits pour prouver le principe de raison suffisante sont-ils restés vains de l'aveu unanime des connaisseurs ; et, avant l'apparition de la critique transcendantale, on préférait, ne pouvant pourtant pas abandonner ce principe fondamental, en appeler hardiment au sens commun (refuge qui prouve toujours que la cause de la raison est douteuse), plutôt que de vouloir tenter de nouvelles preuves dogmatiques.

Mais si la proposition à prouver est une assertion de la raison pure et que je veuille aussi au moyen de simples idées sortir de mes concepts d'expérience, il faut alors, à plus forte raison, que cette proposition contienne encore en soi la légitimation d'un tel pas de la synthèse (en admettant d'ailleurs que cela fût possible) qui est une condition nécessaire de sa force démonstrative. Ainsi, quelque spécieuse que puisse être la prétendue démonstration de la nature simple de notre substance pensante, démonstration tirée de l'unité de l'aperception, elle soulève cependant immanquablement une difficulté : c'est que, comme la simplicité absolue n'est pas un concept qu'on puisse rapporter immédiatement à une perception, mais qui doit être simplement conçu en tant qu'idée, on ne voit pas du tout comment la simple conscience qui est, ou qui, du moins, peut être contenue *dans toute pensée*, bien qu'elle ne soit, à ce titre, que simple représentation, doit me conduire à la conscience et à la connaissance d'une chose *dans laquelle* la pensée seule peut être contenue. En effet, quand je me représente la force de mon corps en mouvement, mon corps est pour moi, en ce sens, une unité absolue et la représentation que j'en ai est simple; aussi puis-je exprimer cette force par le mouvement d'un point, puisque son volume n'a rien à faire ici et que je puis le concevoir, sans diminuer la force, aussi petit que je voudrais et même réduit, en quelque sorte, à un point. Mais je n'en conclurai pourtant pas que, si rien ne m'était donné que la force motrice d'un corps, je pourrais concevoir le corps comme substance simple par cela seul que sa représentation fait abstraction de toute grandeur du contenu spatial et, par conséquent, est simple. Or, par là même que le simple dans l'abstraction est tout à fait distinct du simple dans l'objet et que le moi qui, dans le premier sens, ne contient *en soi* aucune diversité, peut être, dans le second, où il signifie l'âme même, un concept très complexe, c'est-à-dire contenir et désigner beaucoup de choses *sous lui*, je découvre ici un paralogisme. Seulement, pour le soupçonner (car, si l'on ne faisait au préalable aucune conjecture de ce genre, on ne concevrait aucun doute sur la valeur de la preuve), il est absolument nécessaire d'avoir en main un criterium permanent de la possibilité des propositions synthétiques qui doivent prouver plus que l'expérience ne peut donner ; ce criterium consiste à ne pas rapporter directement à la preuve le prédicat désiré, mais à ne l'y rattacher que par l'intermédiaire d'un principe de la possibilité d'étendre *a priori* notre concept donné jusqu'aux idées et de les réaliser. Si l'on usait toujours de cette précaution, si, avant de chercher la preuve, on commençait par examiner sagement en soi-même comment et avec quel motif d'espoir on peut bien attendre de la raison pure une telle extension et d'où, en pareil cas, on veut tirer ces vues qui ne peuvent être ni dérivées de concepts, ni anticipées par rapport à l'expérience possible, on s'épargnerait ainsi beaucoup d'efforts pénibles et cependant stériles, car on n'attribuerait plus à la raison ce qui est manifestement au-dessus de son pouvoir, ou plutôt on soumettrait à la discipline de la tempérance cette faculté qui ne se modère pas volontiers dans les élans où elle est entraînée par son désir d'extension spéculative.

La *première* règle est donc de ne tenter aucune preuve transcendantale sans avoir auparavant réfléchi et sans s'être rendu compte de la source à laquelle on puisera les principes sur lesquels on veut la fonder et du droit qui autorise à en attendre un bon résultat dans ses conclusions. S'il s'agit des principes de l'entendement (de celui, par exemple, de la causalité), il est inutile de vouloir arriver par leur moyen à des idées de la raison pure, car ils ne valent que pour des objets de l'expérience possible. S'il s'agit, au contraire, des principes tirés de la raison pure, toute peine est encore perdue. Car la raison, sans doute, a des principes de ce genre, mais, comme principes objectifs, ils sont tous dialectiques et ne peuvent en aucun cas avoir de valeur comme principes régulateurs de l'usage systématique de l'expérience. Que si ces prétendues preuves sont déjà mises en avant, il vous faut alors opposer à la fausse conviction le *non liquet* de votre mûr jugement, et, quoique vous ne puissiez pas encore en percer l'illusion, vous avez cependant complètement le droit d'exiger qu'on vous fournisse la déduction des principes qui y sont employés, ce que l'on ne fera jamais si ces principes sont tirés simplement de la raison. Et ainsi vous n'avez pas besoin d'entreprendre de développer et de réfuter chaque fausse apparence; vous pouvez, au contraire, renvoyer d'un seul coup et en bloc toute cette dialectique inépuisable en artifices devant le tribunal d'une raison critique qui demande des lois.

Le *second* caractère des démonstrations transcendantales est que pour chaque proposition transcendantale on ne peut trouver qu'*une seule* preuve. Quand je ne dois pas conclure de concepts, mais de l'intuition qui correspond à un concept, — que ce soit une intuition pure, comme dans la mathématique, ou une intuition empirique, comme dans la physique, — alors, l'intuition prise pour fondement me donne une matière diverse de propositions synthétiques que je puis lier de plusieurs manières, et, libre de partir de plus d'un point, je puis, par différents chemins, arriver à la même proposition.

Mais toute proposition transcendantale ne part que d'un seul concept, et elle exprime la condition synthétique de la possibilité de l'objet d'après ce concept. Il ne peut donc y avoir qu'un seul argument, parce que hors de ce concept il n'y a rien de plus par quoi l'objet puisse être déterminé et que, par conséquent, la preuve ne peut renfermer rien de plus que la détermination d'un objet en général d'après ce concept qui est aussi unique. Nous avons, par exemple, dans l'Analytique transcendantale, tiré ce principe : que tout ce qui arrive a une cause, de la condition unique de la possibilité objective d'un concept de ce qui arrive en général; c'est que la détermination d'un événement dans le temps, et, par suite, cet événement comme appartenant à l'expérience, serait impossible s'il n'était soumis à une règle dynamique de ce genre. Or, c'est aussi le seul argument possible; car c'est seulement parce qu'un objet est déterminé pour le concept au moyen de la loi de causalité que l'événement représenté a de la valeur objective, c'est-à-dire de la vérité. Il est vrai que l'on a essayé encore d'autres preuves de ce principe, celles qu'on tire, par exemple, de la contingence ; mais en les considérant de plus près, on ne peut y trouver d'autre critérium de contingence que le *fait d'arriver*, c'est-à-dire l'existence précédée de la non-existence de l'objet; et l'on revient ainsi toujours au même argument. Quand il s'agit de prouver cette proposition : tout ce qui pense est simple, on ne s'arrête pas à ce qu'il y a de divers dans la pensée, mais, on s'attache simplement au concept du moi qui est simple et auquel tout acte de pensée doit être rapporté. Il en est de même de la preuve transcendantale de l'existence de Dieu qui repose uniquement sur la réciprocité des concepts de l'être souverainement réel et nécessaire et qui ne peut pas être essayée autrement.

Cette remarque préventive réduit à très peu de chose la critique des assertions de la raison. Là où la raison fait son œuvre avec de simples concepts une seule preuve est possible, si toutefois il peut y en avoir une qui le soit. Aussi, quand on voit le dogmatique s'avancer avec dix preuves, on peut être bien sûr qu'il n'en a pas du tout. En effet, s'il en avait une qui démontrât apodictiquement (comme ce doit être le cas dans les choses de la raison pure) quel besoin aurait-il des autres ? Son but, comme celui de cet avocat au parlement, est seulement d'avoir un argument pour celui-ci et un autre pour celui-là, c'est-à-dire de tourner à son avantage la faiblesse de ses juges qui, sans approfondir la cause et pour se débarrasser vite de l'affaire, saisissent le premier argument qui leur tombe sous la main et décident en conséquence.

La *troisième* règle particulière de la raison pure, quand elle est soumise à une discipline par rapport aux preuves transcendantales, c'est que ses preuves ne doivent jamais être *apagogiques*, mais toujours *ostensives*. La preuve directe ou ostensive, dans toute espèce de connaissance, est celle qui joint à la conviction de la vérité la vue des sources de cette vérité, tandis que la preuve apagogique peut sans doute produire la certitude, mais non la compréhension de la vérité au point de vue de l'enchaînement des raisons de sa possibilité. C'est pourquoi ces dernières espèces de preuves sont plutôt un secours en cas d'urgence qu'un procédé qui satisfasse à toutes les vues de la raison. Cependant elles ont, sous le rapport de l'évidence, un avantage sur les preuves directes, en ce que la contradiction emporte toujours avec elle plus de clarté dans la représentation que ne saurait le faire la meilleure synthèse et qu'elle s'approche ainsi davantage du caractère intuitif d'une démonstration.

Le vrai motif pour lequel on se sert de preuves apagogiques dans diverses sciences, c'est que, quand les principes d'où l'on doit dériver une certaine connaissance sont trop divers ou trop profondément cachés, on cherche à voir si l'on ne pourrait pas l'atteindre par les conséquences. Or, le *modus ponens* qui conclut la vérité d'une connaissance de la vérité de ses conséquences n'est permis que si toutes les conséquences possibles qui en découlent sont vraies; car alors il ne peut y avoir qu'un seul principe qui est, par conséquent, le vrai. Mais ce procédé est impraticable, parce qu'il est au-dessus de nos forces d'apercevoir toutes les conséquences possibles d'une proposition admise, quelle qu'elle soit; on se sert cependant de cette manière de raisonner, bien qu'avec une certaine complaisance, quand il s'agit de prouver simplement quelque chose à titre d'hypothèse, en admettant ce raisonnement par analogie que, si toutes les autres conséquences qu'on a cherchées concordent bien avec le principe admis, toutes les autres conséquences possibles devront aussi s'accorder avec lui. C'est pour cela qu'une hypothèse ne peut jamais être ainsi transformée en vérité démontrée. Le *modus tollens* des raisonnements qui concluent des conséquences aux principes ne prouve pas seulement rigoureusement, mais encore avec beaucoup de facilité. Car il suffit qu'une seule fausse conséquence puisse être tirée d'un principe pour que ce principe soit faux. Or, si, au lieu de parcourir dans une preuve ostensive toute la série des principes qui peut conduire à la vérité d'une connaissance, grâce à la complète intelligence de sa possibilité, on peut trouver une seule conséquence fausse parmi celles qui découlent du principe contraire, ce contraire est faux aussi et, par suite, la connaissance qu'on avait à prouver est vraie.

Mais la démonstration apagogique ne peut être permise que dans les sciences où il est impossible de *substituer* le subjectif de nos représentations à l'objectif, je veux dire à la connaissance de ce qui est dans l'objet. Là où domine l'objectif, il doit arriver fréquemment ou bien que le contraire d'une certaine proposition contredise simplement aux conditions subjectives de la pensée, mais non à l'objet, ou bien que les deux propositions ne se contredisent l'une l'autre que sous une condition subjective, que l'on prend faussement comme objective, et que, comme la condition est fausse, toutes deux peuvent être fausses, sans que de la fausseté de l'une on puisse conclure la vérité de l'autre.

Dans la mathématique cette subreption est impossible : c'est pourquoi les preuves apagogiques y trouvent leur vraie place. Dans la physique, où tout se fonde sur des intuitions empiriques, cette subreption, il est vrai, peut, la plupart du temps, être prévenue par un grand nombre d'observations comparées ; cependant cette argumentation y est, la plupart du temps, de nulle valeur. Mais les tentatives transcendantales de la raison pure sont toutes faites dans le propre médium de l'apparence dialectique, c'est-à-dire du subjectif, qui s'offre ou même qui s'impose à la raison comme objectif dans ses prémisses. Or, en ce qui concerne les propositions synthétiques, il ne peut pas ici être permis de justifier ses affirmations en en réfutant le contraire. En effet, ou bien cette réfutation n'est autre chose que la simple représentation du conflit de l'opinion opposée avec les conditions subjectives qui permettent à notre raison de comprendre — et cela ne sert à rien pour rejeter la chose même (c'est ainsi, par exemple, que la nécessité inconditionnée dans l'existence d'un être ne peut pas du tout être comprise par nous et s'opposer à bon droit, par conséquent, *d'une manière subjective* à toute preuve spéculative d'un Être suprême nécessaire, mais se refuse à tort à la possibilité d'un tel être *en soi*); ou bien les deux parties, aussi bien celle qui affirme que celle qui nie, trompées par l'apparence transcendantale, prennent pour fondement un concept impossible de l'objet, — et alors s'applique la règle : *non entis nulla sunt prædicata*, c'est-à-dire que ce qu'on affirme et ce que l'on nie de l'objet est, de part et d'autre, inexact, et qu'il est impossible d'arriver apagogiquement, par la réfutation du contraire, à la connaissance de la vérité. Ainsi, par exemple, si l'on suppose que le monde sensible est donné *en soi* quant à sa totalité, il est faux alors qu'il soit *ou bien* infini dans l'espace, *ou bien* fini et limité, parce que les deux choses sont fausses. Car des phénomènes (comme simples représentations) qui seraient cependant données *en soi* (comme objets = *Objecte*) sont quelque chose d'impossible et l'infinité de ce tout imaginaire serait, il est vrai, inconditionnée, mais (puisque tout est conditionné dans les phénomènes) elle serait contradictoire avec la détermination quantitative inconditionnée, qui est cependant supposée dans le concept.

La démonstration apagogique est aussi le vrai prestige auquel se sont laissé prendre ceux qui admirent la solidité de nos raisonneurs dogmatiques; elle est, pour ainsi dire, le champion qui veut prouver l'honneur et le droit inattaquables du parti qu'il a embrassé, en s'engageant à croiser le fer avec tous ceux qui voudraient en douter, bien que cette fanfaronnade ne prouve rien en faveur de la chose, mais qu'elle montre uniquement les forces respectives des adversaires ou seulement celles de l'agresseur. Les spectateurs, voyant que chacun à son tour est tantôt vainqueur et tantôt vaincu, en prennent souvent occasion pour douter sceptiquement de l'objet même du combat. Mais ils n'ont pas raison et c'est assez de leur crier : *Non defensoribus istis tempus eget*. Chacun doit établir sa cause au moyen d'une preuve loyalement conduite par la déduction transcendantale des arguments, c'est-à-dire directement, pour que l'on voie ce que ses prétentions rationnelles peuvent alléguer en leur faveur. En effet, si l'adversaire s'appuie sur des principes subjectifs, il est assurément aisé de le réfuter, mais sans que le dogmatique en puisse tirer aucun avantage, puisqu'il est de même attaché généralement aux principes subjectifs du jugement et qu'il peut être également mis au pied du mur par son adversaire. Mais si les deux parties procèdent directement, ou bien elles remarqueront d'elles-mêmes la difficulté et même l'impossibilité de trouver le titre de leurs affirmations et elles ne pourront en définitive s'en rapporter qu'à la prescription, ou bien la critique découvrira facilement l'apparence dogmatique et forcera la raison pure à abandonner ses prétentions exagérées dans l'usage spéculatif et à se renfermer dans les limites du terrain qui lui est propre, je veux parler des principes pratiques.

CHAPITRE II

CANON DE LA RAISON PURE

Il est humiliant pour la raison humaine de n'aboutir à rien dans son usage pur et d'avoir même encore besoin d'une discipline pour réprimer ses écarts et empêcher les illusions qui en résultent. Mais, d'un autre côté, il y a quelque chose qui l'élève et lui redonne confiance en elle-même, c'est de voir qu'elle peut et doit exercer elle-même cette discipline sans admettre une autre censure. Ajoutez à cela que les bornes qu'elle est contrainte de poser à son usage spéculatif limitent en même temps les prétentions sophistiques de tout adversaire et peuvent donc garantir de toutes les attaques tout ce qui peut rester encore à la raison de ses prétentions jadis excessives. La plus grande et peut-être la seule utilité de la philosophie de la raison pure est donc purement négative, c'est-à-dire qu'elle n'est pas un organe servant à étendre nos connaissances, mais une discipline qui en détermine les limites et qui, au lieu de découvrir la vérité, n'a que le modeste mérite de prévenir l'erreur.

Cependant, il doit bien y avoir une source de connaissances positives qui appartiennent au domaine de la raison pure et qui ne sont peut-être une occasion d'erreurs que par l'effet d'un malentendu, mais qui en réalité constituent le but que poursuit la raison. Car autrement, à quelle cause attribuer le désir indomptable de poser quelque part un pied ferme au delà des limites de l'expérience ? Elle soupçonne des objets qui ont pour elle un grand intérêt. Elle entre dans le chemin de la spéculation pure pour se rapprocher d'eux; mais ils fuient devant elle. Elle peut sans doute espérer plus de bonheur sur l'unique voie qui lui reste encore, celle de l'usage *pratique*.

J'entends par canon l'ensemble des principes *a priori* pour l'usage légitime de certaines facultés de connaître en général. Ainsi la Logique générale, dans sa partie analytique, est un canon pour l'entendement et pour la raison en général, mais seulement quant à la forme, car elle fait abstraction de tout contenu. Ainsi l'Analytique transcendantale a été le canon de l'*entendement* pur ; ce dernier, en effet, est seul capable de véritables connaissances synthétiques *a priori*. Mais là où n'est possible aucun usage légitime d'une faculté de connaître, il n'y a point de canon. Or, toute connaissance synthétique de la *raison* pure dans son usage spéculatif, d'après les preuves qui ont été données jusqu'ici, est absolument impossible. Il n'y a donc pas de canon de l'usage spéculatif de la raison (car cet usage est tout à fait dialectique) et toute logique transcendantale n'est, à ce point de vue, que discipline. Par suite, s'il y a quelque part un usage légitime de la raison pure, il doit aussi y avoir, dans ce cas, un *canon* de cette raison et celui-ci ne devra pas concerner l'usage spéculatif, mais l'*usage pratique de la raison* qu'il s'agit maintenant de rechercher.

PREMIÈRE SECTION

But final de l'usage pur de notre raison.

La raison est poussée par un penchant de sa nature à sortir de l'expérience, pour s'élancer, dans un usage pur et à l'aide de simples idées, jusqu'aux extrêmes limites de toute connaissance, et à ne trouver de repos que dans l'achèvement de son cercle dans un tout systématique subsistant par lui-même. Or, cette tendance est-elle simplement fondée sur son intérêt spéculatif ou ne l'est-elle pas plutôt uniquement sur son intérêt pratique ?

Je laisserai de côté maintenant le succès qu'a la raison pure au point de vue spéculatif pour ne m'occuper que des problèmes dont la solution constitue son but final, — qu'elle puisse ou non l'atteindre, — but par rapport auquel tous les autres n'ont que la valeur de simples moyens. Ces fins suprêmes, d'après la nature de la raison, doivent avoir, à leur tour, leur unité afin de faire avancer en commun cet intérêt de l'humanité qui n'est subordonné à aucun autre plus élevé.

Le but final auquel se rapporte, en définitive, la spéculation de la raison dans l'usage transcendantal concerne trois objets : la liberté de la volonté, l'immortalité de l'âme et l'existence de Dieu. Par rapport à ces trois objets, l'intérêt simplement spéculatif de la raison n'est que très faible, et, en vue de cet intérêt, on entreprendrait difficilement un travail aussi fatigant et environné d'autant d'obstacles que celui de l'investigation transcendantale, parce qu'il est impossible de faire de toutes les découvertes que l'on pourrait réaliser à ce sujet aucun usage qui en prouve l'utilité *in concreto*, c'est-à-dire dans l'étude de la nature. Admettons même que la volonté soit libre ; cela ne concerne que la cause intelligible de notre vouloir. Pour ce qui concerne, en effet, les manifestations phénoménales de la volonté, c'est-à-dire les actes, une maxime inviolable, sans laquelle nous ne pourrions faire aucun usage empirique de la raison, nous fait une loi de ne les expliquer jamais autrement que tous les autres phénomènes de la nature, c'est-à-dire suivant les lois immuables de la nature. Or, admettons, en second lieu, que la nature spirituelle de l'âme puisse être aperçue (et avec elle son immortalité), on n'en saurait cependant tenir compte, comme d'un principe d'explication, ni par rapport aux phénomènes de cette vie, ni par rapport à la nature particulière de la vie future, parce que le concept que nous avons d'une nature incorporelle est simplement négatif et n'étend pas le moins du monde notre connaissance, car il ne contient aucune matière dont nous puissions tirer des conséquences autres que celles qui n'auraient que la valeur de fictions que la philosophie ne saurait se permettre. En troisième lieu, quand même l'existence d'une intelligence suprême serait prouvée, nous pourrions comprendre sans doute par là la finalité dans la disposition et dans l'ordre du monde en général, mais nous ne serions pas du tout autorisés à en dériver un arrangement et un ordre particuliers, ni à les conclure hardiment là où on ne les perçoit pas, parce que c'est une règle nécessaire de l'usage spéculatif de la raison de ne pas laisser de côté les causes naturelles et de ne pas abandonner ce dont nous pouvons nous instruire par l'expérience pour dériver quelque chose, que nous connaissons, de quelque chose qui dépasse entièrement toutes nos connaissances. En un mot, ces trois propositions restent toujours transcendantes pour la raison spéculative et n'ont absolument aucun usage immanent, c'est-à-dire applicable aux objets de l'expérience, ni, par suite, aucun usage utile de quelque manière pour nous ; mais considérées en soi, elles sont des efforts tout à fait inutiles et qui plus est extrêmement pénibles de notre raison.

Si donc ces trois propositions cardinales ne sont pas du tout nécessaires au point de vue du *savoir*, et si, cependant, elles nous sont instamment recommandées par notre raison, leur importance ne devra proprement concerner que l'ordre *pratique*.

Nous appelons pratique tout ce qui est possible par liberté. Or, si les conditions de l'exercice de notre libre arbitre sont empiriques, la raison n'y peut avoir qu'un usage régulateur et elle ne peut servir qu'à effectuer l'unité de lois empiriques. C'est ainsi, par exemple, que, dans la doctrine de la prudence, l'union de toutes les fins qui nous sont données par nos penchants en une seule : le *bonheur*, et l'accord des moyens pour y arriver, constituent toute l'œuvre de la raison qui, à cet effet, ne peut fournir que des lois *pragmatiques* de notre libre conduite propres à nous faire atteindre les fins qui nous sont recommandées par les sens, mais non point des lois pures complètement déterminées *a priori*. Au contraire, des lois pratiques pures, dont le but est donné complètement *a priori* par la raison et qui commandent non pas d'une manière empiriquement conditionnée, mais absolument, seraient des produits de la raison pure. Or, telles sont les lois *morales* qui seules appartiennent donc à l'usage pratique de la raison pure et comportent un canon.

Tout l'appareil de la raison dans le travail qu'on peut appeler philosophie pure n'a donc pour but, en fait, que les trois problèmes énoncés. Mais ceux-ci ont eux-mêmes, à leur tour, une fin plus éloignée, savoir : *ce qu'il faut faire* si la volonté est libre, s'il y a un Dieu et une vie future. Or, comme il s'agit ici de notre conduite par rapport à la fin suprême, le but final des sages dispositions de la nature prévoyante dans la constitution de notre raison n'appartient qu'à la seule morale.

Mais comme nous avons en vue un objet qui est étranger [*]

---

[*] Tous les concepts pratiques se rapportent à des objets de satisfaction ou d'aversion, c'est-à-dire de plaisir ou de peine, par conséquent, au moins indirectement, à des objets de notre sentiment. Mais comme celui-ci n'est pas une faculté de représentation des choses et qu'il réside, au contraire, en dehors de toutes les facultés de connaître, les éléments

à la philosophie transcendantale, il faut beaucoup de circonspection pour ne pas s'égarer en des épisodes et pour ne pas abandonner l'unité du système, et aussi pour ne rien ôter à la clarté ou à la persuasion en disant trop peu sur cette nouvelle matière. J'espère éviter ces écueils en me tenant aussi près que possible du transcendantal et en laissant entièrement de côté ce qu'il pourrait y avoir ici de psychologique, c'est-à-dire d'empirique.

Et d'abord, il est à remarquer que je n'emploierai désormais le concept de la liberté que dans le sens pratique et que je laisse ici de côté, comme réglé plus haut, le sens transcendantal de ce concept qui ne peut pas être empiriquement supposé comme un principe d'explication des phénomènes, mais qui est même ici un problème pour la raison. En effet, une volonté *simplement animale (arbitrium brutum)* est celle qui ne peut être déterminée que par des impulsions sensibles, c'est-à-dire *pathologiquement*. Mais celle qui peut être déterminée indépendamment des impulsions sensibles, par conséquent par des mobiles qui ne sont représentés que par la raison, reçoit le nom de *libre arbitre (arbitrium liberum)*, et tout ce qui s'y rattache, soit comme principe, soit comme conséquence, est appelé *pratique*. La liberté pratique peut être prouvée par l'expérience. Car ce n'est pas simplement ce qui attire, c'est-à-dire ce qui affecte immédiatement les sens qui détermine la volonté humaine ; nous avons, au contraire, le pouvoir de vaincre, au moyen des représentations de ce qui est utile ou nuisible, même d'une manière plus éloignée, les impressions faites sur notre pouvoir sensible d'appétition ; mais ces réflexions sur ce qui est désirable par rapport à tout notre état, c'est-à-dire sur ce qui est bon et utile, reposent sur la raison. C'est pourquoi celle-ci donne aussi des lois qui sont impératives, c'est-à-dire des *lois* objectives de la *liberté* qui expriment *ce qui doit arriver*, bien que cependant cela n'arrive peut-être jamais, se distinguant ainsi des *lois naturelles* qui ne traitent que de *ce qui arrive* et qui, pour ce motif, sont aussi appelées des lois pratiques.

Mais la question de savoir si la raison elle-même, dans les

de nos jugements, en tant qu'ils se rapportent au plaisir ou à la peine, appartiennent donc à la philosophie pratique et non à l'ensemble de la philosophie transcendantale qui ne s'occupe que des connaissances pures *a priori*.

actes par lesquels elle prescrit des lois, n'est pas déterminée, à son tour, par d'autres influences éloignées et si ce qui s'appelle liberté par rapport aux impulsions sensibles ne pourrait pas être, à son tour, nature par rapport à des causes efficientes plus élevées et plus éloignées, cette question ne nous concerne pas au point de vue pratique, puisque nous n'y demandons immédiatement à la raison que la *règle* de la conduite; mais c'est là une question simplement spéculative, que nous pouvons laisser de côté tant qu'il ne s'agit pour nous que du faire ou du ne pas faire. Nous connaissons donc par l'expérience la liberté pratique comme une des causes naturelles, c'est-à-dire comme une causalité de la raison dans la détermination de la volonté, tandis que la liberté transcendantale exige une indépendance de cette même raison (au point de vue de sa causalité à commencer une série de phénomènes) à l'égard de toutes les causes déterminantes du monde sensible et qu'à ce titre elle paraît être contraire à la loi de la nature, et, par suite, à toute expérience possible, et que, par conséquent, elle reste à l'état de problème. Mais ce problème n'appartient pas à la raison dans l'usage pratique et, dans un canon de la raison pure, nous n'avons donc affaire qu'à deux questions qui concernent l'intérêt pratique de la raison pure et par rapport auxquelles un canon de cet usage doit être possible, à savoir : Y a-t-il un Dieu? Y a-t-il une vie future ? La question de la liberté transcendantale concerne simplement le savoir spéculatif et nous pouvons la laisser de côté comme entièrement indifférente, quand il s'agit de l'ordre pratique; du reste, nous avons déjà donné à ce sujet des explications suffisantes dans l'antinomie de la raison pure.

DEUXIÈME SECTION

De l'idéal du souverain bien comme principe qui détermine la fin suprême de la raison.

La raison, dans son usage spéculatif, nous a conduits à travers le champ des expériences et, comme pour elle il n'y avait pas de satisfaction complète à trouver dans ce champ, elle nous a menés aux idées spéculatives, qui, à leur tour, nous ont ramenés à l'expérience et qui ont ainsi rempli son dessein d'une manière utile, à la vérité, mais nullement conforme à notre attente. Or il nous reste encore un essai à faire ; c'est de chercher si la raison pure peut aussi se trouver dans l'usage pratique, si, dans cet usage, elle nous conduit aux idées qui atteignent les fins suprêmes de la raison pure, que nous venons d'indiquer, et si celle-ci, par conséquent, ne pourrait pas, du point de vue de son intérêt pratique, donner ce qu'elle nous refuse entièrement au point de vue de l'usage spéculatif.

Tout intérêt de ma raison (spéculatif aussi bien que pratique) est contenu dans ces trois questions :

1. *Que puis-je savoir ?*
2. *Que dois-je faire ?*
3. *Que m'est-il permis d'espérer ?*

La première question est simplement spéculative. Nous avons (je m'en flatte) épuisé toutes les réponses qu'on peut faire à cette question et trouvé enfin celle dont la raison est obligée de se contenter, et dont elle a d'ailleurs tout motif d'être satisfaite quand elle ne s'occupe pas de l'intérêt pratique ; mais nous sommes restés tout aussi éloignés des deux grandes fins où tend l'effort tout entier de la raison pure que si, par paresse, nous nous étions refusés à ce travail dès le début. Si donc c'est du savoir qu'il s'agit, il est, du moins, sûr et bien établi que, sur ces deux questions, il ne sera jamais notre partage.

La deuxième question est simplement pratique. Si elle peut, à ce titre, appartenir à la raison pure, elle n'est pourtant pas transcendantale, mais morale, et, par suite, elle ne peut pas en elle-même faire partie de notre Critique.

La troisième question : si je fais ce que je dois faire, que m'est-il permis d'espérer ? est à la fois pratique et théorique, de sorte que l'ordre pratique ne conduit que comme un fil conducteur à la solution de la question théorique, et, quand celle-ci s'élève, de la question spéculative. En effet, tout *espoir* tend au bonheur et est à la pratique et à la loi morale ce que le savoir et la loi naturelle sont à la connaissance théorique des choses. L'espoir aboutit, en définitive, à cette conclusion que quelque chose *est* (qui détermine le dernier but possible), *puisque quelque chose doit arriver ;* le savoir, à cette conclusion que quelque chose *est* (qui agit comme cause suprême), *parce que quelque chose arrive.*

Le bonheur est la satisfaction de tous nos penchants (aussi

bien *extensive*, quant à leur variété, qu'*intensive*, quant au degré, et que *protensive*, quant à la durée). J'appelle pragmatique (règle de prudence) la loi pratique qui a pour motif le *bonheur*, et morale (ou loi des mœurs), s'il en existe, la loi qui n'a pour mobile que d'indiquer *comment on peut se rendre digne d'être heureux* (die Würdigkeit, glücklich zu sein). La première conseille ce que nous avons à faire, si nous voulons arriver au bonheur, la seconde commande la manière dont nous devons nous comporter pour nous rendre seulement dignes du bonheur. La première se fonde sur des principes empiriques ; car je ne puis savoir que par l'expérience quels sont les penchants qui veulent être satisfaits et quelles sont les causes naturelles qui peuvent opérer cette satisfaction. La seconde fait abstraction des penchants et des moyens naturels de les satisfaire et ne considère que la liberté d'un être raisonnable, en général, et les conditions nécessaires sans lesquelles il ne pourrait y avoir d'harmonie, suivant des principes, entre cette liberté et la distribution du bonheur ; par conséquent, elle peut au moins reposer sur de simples idées de la raison pure et être connue *a priori*.

J'admets qu'il y a réellement des lois morales pures qui déterminent pleinement *a priori* (sans recourir à des mobiles empiriques, c'est-à-dire au bonheur) le faire et le ne pas faire, c'est-à-dire l'usage de la liberté d'un être raisonnable en général, et que ces lois commandent *d'une manière absolue* (et non pas simplement hypothétiquement, sous la supposition d'autres fins empiriques), et que, par conséquent, elles sont à tous les points de vue nécessaires. Je puis à bon droit supposer cette proposition, en invoquant non seulement les preuves des moralistes les plus célèbres, mais encore le jugement moral de tout homme quand il veut penser clairement une telle loi.

La raison pure contient donc, non pas, à la vérité, dans son usage spéculatif, mais dans un certain usage pratique, c'est-à-dire dans l'usage moral, des principes de la *possibilité de l'expérience*, à savoir d'actions qui, conformément aux principes moraux, pourraient être trouvées dans l'*histoire* de l'homme. En effet, comme elle proclame que ces actes doivent avoir lieu, il faut aussi, par conséquent, qu'ils puissent avoir lieu et il faut donc qu'une espèce particulière d'unité systématique soit possible, je veux parler de l'unité morale, tandis que l'unité systématique naturelle n'a pas pu être démontrée *par des principes spéculatifs* de la raison, parce que, si la raison a de la causalité par rapport à la liberté en général, elle n'en a point par rapport à toute la nature, et que, si des principes moraux de la raison peuvent produire des actes libres, les lois de la nature ne le peuvent pas. Donc les principes de la raison pure, dans son usage pratique et notamment dans son usage moral, ont une réalité objective.

En tant que le monde serait conforme à toutes les lois morales (tel qu'il *peut* être suivant la *liberté* des êtres raisonnables et tel qu'il *doit* être suivant les lois nécessaires de la *moralité*), je l'appelle un MONDE MORAL. Ce monde est, à ce titre, simplement pensé comme un monde intelligible, puisqu'on y fait abstraction de toutes les conditions (ou fins) de la moralité et même de tous les obstacles qu'elle y peut rencontrer (faiblesse ou corruption de la nature humaine). En ce sens, il n'est donc qu'une simple idée, mais une idée pratique qui peut et doit réellement avoir de l'influence sur le monde sensible, afin de le rendre, autant que possible, conforme à cette idée. L'idée d'un monde moral a donc une réalité objective ; ce n'est pas qu'elle se rapporte à un objet d'intuition intelligible (nous n'en pouvons pas concevoir de tels), mais au monde sensible, comme à un objet de la raison pure dans son usage pratique, et au *corpus mysticum* des êtres raisonnables qui l'habitent, en tant que le libre arbitre de chacun d'eux a en soi, grâce aux lois morales, une unité systématique universelle qui lui permet de s'accorder aussi parfaitement avec lui-même qu'avec tous les autres.

Telle est la réponse à la première des deux questions posées par la raison pure et qui concernent l'intérêt pratique : *Fais ce qui peut le rendre digne d'être heureux*. Or, la seconde question est de savoir si, en me conduisant de manière à ne pas être indigne du bonheur, je puis espérer y participer. Pour répondre à cette question, il s'agit de savoir si les principes de la raison pure qui prescrivent la loi *a priori* y rattachent aussi, nécessairement, cette espérance.

Je dis donc que, de même que les principes moraux sont nécessaires, selon la raison, dans son usage *pratique*, il est aussi nécessaire, selon la raison, d'admettre, dans son usage *théorique*, que chacun a sujet d'espérer le bonheur dans la même mesure où il s'en est rendu digne par sa conduite, et que, par conséquent, le système de la moralité est inséparablement lié à celui du bonheur, mais seulement dans l'idée de la raison pure.

Or, dans un monde intelligible, c'est-à-dire dans un monde moral, dans le concept duquel nous faisons abstraction de tous les obstacles opposés à la moralité (des inclinations), un tel système de bonheur proportionnellement lié à la moralité peut se concevoir comme nécessaire, car la liberté, excitée, d'une part, et retenue, de l'autre, par les lois morales, serait elle-même la cause du bonheur universel, et, par conséquent, les êtres raisonnables eux-mêmes seraient, sous la direction de ces principes, les auteurs de leur propre bien-être constant en même temps que de celui des autres. Mais ce système de la moralité qui se récompense elle-même n'est qu'une idée dont la réalisation repose sur la condition que *chacun* fait ce qu'il doit, c'est-à-dire que toutes les actions des êtres raisonnables arrivent comme si elles sortaient d'une volonté suprême qui embrasse en elle ou sous elle toutes les volontés particulières. Or, comme l'obligation qui ressort de la loi morale reste valable pour l'usage particulier de la liberté de chacun, quand même les autres ne se conformeraient pas à cette loi, il en résulte que ni la nature des choses du monde, ni la causalité des actions elles-mêmes et leur rapport à la moralité ne déterminent la manière dont leurs conséquences se rapportent au bonheur, et la raison, si l'on prend simplement la nature pour fondement, ne saurait reconnaître la liaison nécessaire, dont nous avons parlé, qui existe entre l'espoir d'être heureux et l'effort incessant qu'on fait pour se rendre digne du bonheur, mais elle ne peut l'espérer qu'en posant en principe, comme cause de la nature, une *raison suprême* qui commande suivant des lois morales.

L'idée d'une telle intelligence, où la volonté, la plus parfaite moralement, jouissant de la souveraine félicité, est la cause de tout bonheur dans le monde, en tant que ce bonheur est en rapport étroit avec la moralité (c'est-à-dire, avec ce qui rend digne d'être heureux), cette idée, je l'appelle l'*idéal du souverain bien*. La raison pure ne peut donc trouver que dans l'idéal du souverain bien *originaire* le principe de connexité pratiquement nécessaire des deux éléments du souverain bien dérivé, c'est-à-dire d'un monde intelligible ou *moral*. Or, comme nous devons nous représenter nous-mêmes, d'une manière nécessaire, par la raison, comme faisant partie d'un monde de ce genre, bien que les sens ne nous présentent qu'un monde de phénomènes, nous devons admettre ce monde, comme une conséquence de notre conduite dans le monde sensible, et puisque ce dernier ne nous offre pas une telle liaison, comme un monde à venir pour nous. Dieu et une vie future sont donc, suivant les principes de la raison pure, deux suppositions inséparables de l'obligation que nous impose cette même raison.

La moralité en soi constitue un système, mais il n'en va pas de même du bonheur, à moins que la distribution n'en soit exactement proportionnelle à la moralité. Mais cette proportion n'est possible que dans le monde intelligible gouverné par un sage créateur. La raison se voit donc obligée ou d'admettre un tel créateur ainsi que la vie dans un monde que nous devons considérer comme un monde futur, ou de regarder les lois morales comme de vaines chimères, puisque la conséquence nécessaire qu'elle rattache elle-même à ces lois disparaîtrait sans cette supposition. Aussi chacun de nous regarde-t-il les lois morales comme des *commandements*, ce qu'elles ne pourraient être si elles ne liaient pas *a priori* certaines conséquences à leurs règles et si, par conséquent, elles n'impliquaient pas des *promesses* et des *menaces*. Mais c'est aussi ce qu'elles ne pourraient faire, si elles ne résidaient pas dans un être nécessaire, comme dans le souverain bien, qui peut seul rendre possible une telle unité finale.

Leibniz appelait le monde, en tant qu'on n'y considère que les êtres raisonnables et leur accord, suivant des lois morales, sous le gouvernement du souverain bien, *le règne de la grâce*, le distinguant ainsi du *règne de la nature* où les êtres sont, il est vrai, soumis à des lois morales, mais n'attendent aucune autre conséquence de leur conduite que celle qui résulte du cours naturel de notre monde sensible. C'est donc une idée pratiquement nécessaire de la raison que de se regarder comme faisant partie du règne de la grâce, où toute félicité nous attend, à moins que nous ne restreignions nous-mêmes notre part de bonheur, en nous rendant indignes d'être heureux.

Les lois pratiques, en tant qu'elles sont en même temps des raisons subjectives d'action, c'est-à-dire des principes subjectifs, s'appellent *maximes*. L'*appréciation* de la moralité, d'après sa pureté et ses conséquences, se fait suivant des *idées*, mais l'*observance* de ses lois, suivant des *maximes*.

Il est nécessaire que toute notre manière de vivre soit subordonnée à des maximes morales ; mais il est en même temps impossible que cela ait lieu, si la raison ne lie pas à la loi morale, qui n'est qu'une simple idée, une cause efficiente qui détermine, d'après notre conduite par rapport à cette loi, un dénouement correspondant exactement, soit dans cette vie, soit dans une autre, à nos fins les plus élevées. Sans un Dieu et sans un monde qui n'est pas maintenant visible pour nous, mais que nous espérons, les idées sublimes de la morale pourraient bien être des objets d'approbation et d'admiration, mais elles ne seraient jamais des mobiles d'intention et d'exécution, puisqu'elles ne remplissent pas entièrement le but qui est naturel à tout être raisonnable, qui est déterminé *a priori* par cette même raison et qui est enfin nécessaire.

Mais le bonheur seul est loin d'être pour notre raison le souverain bien. Elle ne l'approuve (si ardemment que son inclination le souhaite) que s'il s'accorde avec ce qui rend digne d'être heureux, c'est-à-dire avec la bonne conduite morale. D'un autre côté, la moralité seule et avec elle la simple *qualité d'être digne* d'être heureux (*Würdigkeit glücklich zu sein*), ne sont pas, non plus, tant s'en faut, le souverain bien. Pour que le bien soit parfait, il faut que celui qui ne s'est pas conduit de manière à se rendre indigne du bonheur puisse espérer y participer. La raison elle-même, libre de toute considération personnelle, ne peut pas juger autrement lorsque, sans égard à aucun intérêt particulier, elle se met à la place d'un être qui pourrait distribuer aux autres toute félicité ; car, dans l'idée pratique, les deux éléments sont essentiellement liés, mais de telle sorte que l'intention morale est la condition qui rend tout d'abord possible la participation au bonheur et non pas, réciproquement, la perspective du bonheur, l'intention morale. En effet, dans ce dernier cas, l'intention ne serait pas morale et, par suite, elle ne serait pas digne de tout le bonheur qui (59), pour la raison, ne connaît d'autres limites que celles qui viennent de notre propre immoralité.

Donc le bonheur, exactement proportionné à la moralité des êtres raisonnables, par laquelle ils s'en rendent dignes, constitue seul le souverain bien d'un monde où nous devons, selon les préceptes de la raison pure, mais pratique, entièrement nous placer et qui, évidemment, n'est qu'un monde intelligible, puisque le monde sensible ne nous permet pas d'attendre de la nature des choses une telle unité systématique des fins, et la réalité n'en peut être fondée que sur la supposition d'un bien suprême originaire; une raison subsistant par elle-même et douée de toute la puissance d'une cause suprême y fonde, y entretient et y accomplit, suivant la finalité la plus parfaite, l'ordre universel des choses, bien que cet ordre nous soit profondément caché dans le monde sensible.

Or, cette théologie morale a, sur la théologie spéculative, cet avantage particulier qu'elle nous conduit infailliblement au concept d'un premier être *unique, souverainement parfait et raisonnable*, concept que la théologie spéculative ne nous *indique* même pas par ses principes objectifs, et de l'existence duquel, à plus forte raison, elle est incapable de nous convaincre. En effet, ni dans la théologie transcendantale, ni dans la théologie naturelle, si loin même que la raison puisse nous y conduire, nous ne trouvons aucun motif important qui nous autorise à admettre un être *unique* et nous n'aurions aucune raison suffisante pour le placer au sommet de toutes les causes naturelles et pour en faire dépendre, en même temps, toutes ces causes sous tous les rapports. Au contraire, quand nous considérons, du point de vue de l'unité morale, comme une loi nécessaire du monde, la seule cause qui puisse lui donner tout son effet proportionné, par suite aussi, toute la force obligatoire pour nous, nous sommes obligés d'admettre une volonté unique et suprême qui renferme toutes ces lois. En effet, comment trouver en des volontés différentes une parfaite unité de fins? Cette volonté doit être toute-puissante, afin que toute la nature et son rapport à la moralité dans le monde lui soient soumis; omnisciente, afin de connaître les intentions les plus secrètes et leur mérite moral; présente partout, afin de prêter immédiatement assistance aux besoins que réclame le souverain bien du monde; éternelle, afin que cette harmonie de la nature et de la liberté ne fasse défaut en aucun temps, etc.

Mais cette unité systématique des fins dans ce monde des

intelligences qui, envisagé comme simple nature, ne peut être appelé que monde sensible, mais qui, comme système de la liberté, mérite le nom de monde intelligible, c'est-à-dire moral (*regnum gratiæ*), cette unité conduit infailliblement à une unité finale de toutes les choses qui constituent ce grand tout fondé sur des lois naturelles générales, de même qu'elle-même se fonde sur des lois morales universelles et nécessaires et relie la raison pratique à la raison spéculative. Il faut se représenter le monde comme résultant d'une idée, puisqu'il concorde avec cet usage de la raison, sans lequel nous nous conduirions d'une manière indigne de la raison, à savoir avec l'usage moral qui repose absolument sur l'idée du souverain bien. Toute investigation de la nature reçoit par là une direction suivant la forme d'un système des fins et, dans son plus haut développement, devient une théologie physique. Or, celle-ci, partant de l'ordre moral, comme d'une unité fondée dans l'essence de la liberté et qui n'est pas établie accidentellement par des commandements extérieurs, ramène la finalité de la nature à des principes qui doivent être inséparablement liés *a priori* à la possibilité interne des choses et, par là, à une *théologie transcendantale,* qui prend l'idéal de la perfection ontologique suprême pour un principe de l'unité systématique, principe qui sert à lier toutes choses suivant les lois naturelles, universelles et nécessaires, puisqu'elles ont toutes leur origine dans la nécessité absolue d'un premier être unique.

Quel *usage* pouvons-nous faire de notre entendement, même par rapport à l'expérience, si nous ne nous proposons pas des fins? Or, les fins suprêmes sont celles de la moralité et il n'y a que la raison pure qui puisse nous les faire connaître. Mais à l'aide de ces fins et sous leur direction nous ne pouvons faire de la connaissance de la nature même aucun usage final par rapport à la connaissance où la nature n'a pas elle-même posé l'unité finale; sans cette dernière, en effet, nous n'aurions pas même de raison, puisque nous n'aurions pas d'école pour la raison et que nous serions privés de la culture par les objets qui fournissent une matière à des concepts de ce genre. Or, la première unité finale est nécessaire et fondée dans l'essence même de la volonté et la seconde, qui contient la condition de l'application *in concreto* de cette unité, doit donc l'être aussi, et, de cette manière, l'élévation transcendantale de notre connaissance rationnelle ne serait pas la cause, mais simplement l'effet de la finalité pratique que nous impose la raison pure.

Aussi trouvons-nous, dans l'histoire de la raison humaine, qu'avant que les concepts moraux eussent été suffisamment épurés et déterminés et que l'unité systématique des fins eût été considérée suivant ces concepts et d'après des principes nécessaires, la connaissance de la nature et même la culture de la raison poussée à un degré remarquable dans beaucoup d'autres sciences, d'une part, ne purent produire que des concepts grossiers et vagues de la divinité et, d'autre part, laissèrent les hommes dans une indifférence étonnante sur cette question en général. Une étude plus approfondie des idées morales, nécessairement amenée par la loi morale infiniment pure de notre religion, rendit la raison plus pénétrante sur cet objet par l'intérêt qu'elle l'obligea à y prendre et, sans que des connaissances naturelles plus étendues, ni des vues transcendantales exactes et positives (dont on a manqué de tout temps) y aient contribué, elles produisirent un concept de la nature divine que nous tenons maintenant pour le vrai, non parce que la raison spéculative nous convainc de son exactitude, mais parce qu'il est parfaitement en harmonie avec les principes moraux de la raison. Et ainsi, en définitive, c'est toujours à la raison pure, mais seulement dans son usage pratique, qu'appartient le mérite de lier à notre intérêt suprême une connaissance que la simple spéculation ne peut qu'imaginer, mais non rendre valable, et d'en faire ainsi non pas, sans doute, un dogme démontré, mais cependant une supposition absolument nécessaire pour ses fins essentielles.

Quand la raison pratique a atteint ce point sublime, je veux dire le concept d'un être premier et unique, comme souverain bien, elle n'a nullement le droit de faire comme si elle s'était élevée au-dessus de toutes les conditions empiriques de son application et comme si elle était parvenue à la connaissance immédiate de nouveaux objets, c'est-à-dire de partir de ce concept et d'en dériver les lois morales mêmes. En effet, c'est précisément la nécessité pratique interne de ces lois qui nous a conduits à supposer une cause subsistant par elle-même ou un sage gouverneur du monde, afin de donner à ces lois leur effet, et, par suite, nous ne pouvons plus, d'après cela, les considérer à leur tour comme contingentes et comme dérivés d'une simple volonté, surtout d'une volonté dont nous n'aurions absolument aucun concept si nous ne nous l'étions formé conformément à ces lois. Si loin que la raison pratique ait le droit de nous conduire, nous ne tiendrons pas nos actes pour obligatoires, parce qu'ils sont des commandements de Dieu, mais nous les considèrerons comme des commandements divins, parce que nous y sommes intérieurement obligés. Nous étudierons la liberté sous l'unité finale suivant des principes de la raison, et nous ne nous croirons d'accord avec la volonté divine qu'autant que nous tiendrons pour sainte la loi morale, que nous enseigne la raison par la nature des actions mêmes, et que nous ne croirons obéir à cette loi qu'en travaillant au bien du monde en nous et dans les autres. La théologie morale n'a donc qu'un usage immanent, je veux dire que nous devons nous en servir pour remplir notre destination dans ce monde en nous adaptant au système de toutes les fins et non pas pour nous lancer dans un illuminisme extravagant, ou même tout à fait coupable, en abandonnant le fil conducteur d'une raison qui dicte des lois morales pour la bonne conduite de la vie, afin de rattacher immédiatement cette façon de vivre à l'idée de l'Être suprême ce qui donnerait un usage transcendant, mais un usage qui, comme celui de la simple spéculation, doit pervertir et rendre vaines les dernières fins de la raison.

TROISIÈME SECTION

De l'opinion, de la science et de la foi.

La croyance (*das Fürwahrhalten*) est un fait de notre entendement susceptible de reposer sur des principes objectifs, mais qui exige aussi des causes subjectives dans l'esprit de celui qui juge. Quand elle est valable pour chacun, en tant du moins qu'il a de la raison, son principe est objectivement suffisant et la croyance se nomme *conviction*. Si elle n'a son fondement que dans la nature particulière du sujet, elle se nomme *persuasion*.

La persuasion est une simple apparence, parce que le principe du jugement qui est uniquement dans le sujet est tenu pour objectif. Aussi un jugement de ce genre n'a-t-il qu'une valeur individuelle et la croyance ne peut-elle pas se communiquer. Mais la vérité repose sur l'accord avec l'objet et, par conséquent, par rapport à cet objet, les jugements de tout entendement doivent être d'accord (*consentientia uni tertio, consentiunt inter se*). La pierre de touche grâce à laquelle nous distinguons si la croyance est une conviction ou simplement une persuasion est donc extérieure et consiste dans la possibilité de communiquer sa croyance et de la trouver valable pour la raison de tout homme, car alors il est au moins à présumer que la cause de la concordance de tous les jugements, malgré la diversité des sujets entre eux, reposera sur un principe commun, je veux dire l'objet (*nemlich dem Objecte*) avec lequel, par conséquent, tous les sujets s'accorderont de manière à prouver par là la vérité du jugement.

Donc, la persuasion ne peut pas, à la vérité, être distinguée subjectivement de la conviction, si le sujet ne se représente la croyance que comme un simple phénomène de son propre esprit; mais l'essai que l'on fait sur l'entendement des autres des principes qui sont valables pour nous, afin de voir s'ils produisent exactement sur une raison étrangère le même effet que sur la nôtre, est un moyen qui, tout en étant seulement subjectif, sert non pas à produire la conviction, mais cependant à découvrir la valeur particulière du jugement, c'est-à-dire ce qui n'est en lui que simple persuasion.

Si l'on peut, de plus, expliquer les *causes* subjectives du jugement, causes que nous prenons pour des *raisons* objectives, et, par conséquent, expliquer la croyance trompeuse comme un phénomène de notre esprit, sans avoir besoin pour cela de la nature de l'objet, nous découvrons alors l'apparence, et nous ne serons plus trompés par elle, bien qu'elle puisse toujours nous tenter, dans une certaine mesure, si la cause subjective de cette apparence tient à notre nature.

Je ne puis *affirmer*, c'est-à-dire exprimer comme un jugement nécessairement valable pour chacun, que ce qui produit la conviction. Je peux garder pour moi la persuasion, si je m'en trouve bien, mais je ne puis, ni ne dois la faire valoir hors de moi.

La croyance, ou la valeur subjective du jugement, par rapport à la conviction (qui a en même temps une valeur objective), présente les trois degrés suivants : *l'opinion*, la *foi* et la *science*. *L'opinion* est une croyance qui a conscience d'être insuffisante *aussi bien* subjectivement *qu*'objectivement. Si la croyance n'est que subjectivement suffisante et si elle est en même temps tenue pour objectivement insuffisante, elle s'appelle *foi*. Enfin, la croyance suffisante aussi bien subjectivement qu'objectivement, s'appelle *science*. La suffisance subjective s'appelle *conviction* (pour moi-même) et la suffisance objective, *certitude* (pour tout le monde). Je ne m'arrêterai pas à éclaircir des concepts si clairs.

Je n'ai jamais le droit d'*avoir une opinion* sans avoir au moins quelque *savoir* au moyen duquel le jugement simplement problématique en soi se trouve rattaché à la vérité par un lien qui, sans être complet, est cependant quelque chose de plus qu'une fiction arbitraire. La loi d'une liaison de ce genre doit, en outre, être certaine. En effet, si je n'ai, par rapport à cette loi, qu'une simple opinion, tout n'est alors qu'un jeu de l'imagination sans le moindre rapport à la vérité. Dans les jugements de la raison pure il n'y a nulle place pour l'*opinion*. Car, puisqu'ils ne sont pas appuyés sur des principes d'expérience, mais que, là où tout est nécessaire, tout doit être connu *a priori*, le principe de la liaison exige l'universalité et la nécessité et, par suite, une entière certitude, sans quoi il n'y aurait plus de chemin qui mène à la vérité. Aussi est-il absurde d'émettre des opinions dans la Mathématique pure ; il faut savoir, ou s'y abstenir de tout jugement. Il en est de même dans les principes de la moralité, car on n'a pas le droit de risquer une action sur la simple opinion que quelque chose est *permis*, mais il faut le savoir.

Dans l'usage transcendantal de la raison, l'opinion est, à la vérité, trop peu élevée, mais le savoir, en revanche, l'est beaucoup trop. Sous le rapport purement spéculatif nous ne pouvons donc nullement juger ici, puisque les principes subjectifs de la croyance, comme ceux qui peuvent aussi produire la foi, ne méritent aucun crédit dans les questions spéculatives, attendu qu'ils se tiennent pour exempts de tout secours empirique et qu'ils ne sauraient se communiquer aux autres au même degré.

Ce n'est jamais qu'*au point de vue pratique* que la croyance théoriquement insuffisante peut être appelée foi. Or, ce point de vue pratique est ou celui du *savoir-faire* ou celui de la *moralité;* le premier se rapporte à des fins arbitraires et contingentes et le second à des fins absolument nécessaires.

Lorsqu'une fin est proposée, les conditions pour l'obtenir sont hypothétiquement nécessaires. Cette nécessité est subjective, et elle n'est, cependant, que relativement suffisante, quand je ne connais pas d'autres conditions pour atteindre le but, mais elle est suffisante absolument et pour chacun quand je sais de façon certaine que personne ne peut connaître d'autres conditions qui mènent au but proposé. Dans le premier cas, mon hypothèse, avec ma croyance à certaines conditions, est simplement une foi contingente et, dans le second, une foi nécessaire. Il faut que le médecin fasse quelque chose pour un malade qui est en danger; mais il ne connaît pas la maladie. Il examine les phénomènes et il juge, ne sachant rien de mieux, qu'il a affaire à la phtisie. Sa foi, même suivant son propre jugement, est simplement contingente, un autre pourrait peut-être trouver mieux. Une foi contingente de ce genre, mais une foi qui sert de fondement à l'emploi réel des moyens pour certaines actions, je l'appellerai la *foi pragmatique*.

La pierre de touche ordinaire, grâce à laquelle on reconnaît si ce que quelqu'un affirme est une simple persuasion ou tout au moins une conviction subjective, est le *pari*. Souvent quelqu'un exprime ses propositions avec une audace si confiante et si intraitable qu'il paraît avoir entièrement banni toute crainte d'erreur. Un pari le fait réfléchir. Il se montre quelquefois assez persuadé pour évaluer sa persuasion un ducat, mais non pas dix. En effet, il risquera bien le premier ducat, mais il commence à s'apercevoir de ce qu'il n'avait pas remarqué jusque-là, savoir, qu'il serait bien possible qu'il se fût trompé. Si l'on se représente par la pensée qu'on doit parier là-dessus le bonheur de toute la vie, notre jugement triomphant baisse de ton, nous devenons tout à fait effrayés et nous découvrons tout d'abord que notre foi ne va pas si loin. La foi pragmatique n'a donc qu'un degré, qui peut être grand ou petit, suivant la nature de l'intérêt qui est en jeu.

Mais, bien que par rapport à un objet (*Object*), nous ne puissions rien entreprendre, et que, par conséquent, la croyance soit simplement théorique, comme nous pouvons, cependant, dans beaucoup de cas, embrasser par la pensée et nous imaginer une entreprise pour laquelle nous présumons avoir des raisons suffisantes, au cas où il y aurait un moyen d'établir la certitude de la chose, il y a dans les jugements simplement théoriques quelque chose d'*analogue* avec les jugements *pratiques,* à la croyance desquels convient le mot *foi,* et que nous pouvons appeler la *foi doctrinale.* S'il était possible de l'établir par quelque expérience, je pourrais bien parier toute ma fortune qu'il y a des habitants au moins dans quelqu'une des planètes que nous voyons. Aussi n'est-ce pas une simple opinion, mais une ferme foi (sur la vérité de laquelle je hasarderais beaucoup de biens de ma vie) qui me fait dire qu'il y a aussi des habitants dans d'autres mondes.

Or, nous devons avouer que la doctrine de l'existence de Dieu appartient à la foi doctrinale. En effet, bien que, au point de vue de la connaissance théorique du monde, je n'aie rien à *décider* qui suppose nécessairement cette pensée comme condition de nos explications des phénomènes du monde, mais que je sois plutôt obligé de me servir de ma raison comme si tout n'était que nature, l'unité finale est pourtant une si grande condition de l'application de la raison à la nature que je ne peux nullement la laisser de côté quand d'ailleurs l'expérience m'en offre tant d'exemples. Or, à cette unité, que la raison donne comme fil conducteur dans l'étude de la nature, je ne connais pas d'autre condition que de supposer qu'une intelligence suprême a tout ordonné suivant les fins les plus sages. Par conséquent, supposer un sage créateur du monde est une condition d'un but, à la vérité, contingent, mais toutefois très important : celui d'avoir un fil conducteur dans l'investigation de la nature. Le succès de mes recherches confirme si souvent l'utilité de cette supposition, et il est si vrai qu'on ne peut rien alléguer de décisif contre elle, que je dirais beaucoup trop peu en appelant ma croyance une simple opinion, mais que je puis dire, même sous ce rapport théorique, que je crois fermement en un Dieu ; mais alors, cette foi n'est pourtant pas pratique dans le sens strict, elle doit être appelée une foi doctrinale que doit nécessairement produire partout la *théologie* de la nature (la théologie physique). Au point de vue de cette même sagesse et en considérant les dons brillants de la nature humaine et la brièveté de la vie si peu appropriée avec ces dons, on peut aussi trouver une raison suffisante en faveur d'une foi doctrinale en la vie future de l'âme humaine.

Le mot foi est, en pareil cas, un terme de modestie au point de vue *objectif*, mais cependant il est, en même temps, l'expression d'une ferme confiance au point de vue *subjectif*. Si je voulais donner ici à la croyance simplement théorique le nom d'une hypothèse que j'aurais le droit d'admettre, je ferais entendre par là que j'ai de la nature d'une cause du monde et d'une autre vie un concept plus parfait que celui que je puis réellement montrer. Car, pour admettre quelque chose tout simplement à titre d'hypothèse, il faut au moins que j'en connaisse suffisamment les propriétés pour *n*'avoir *pas* besoin *d'en* imaginer le *concept*, mais uniquement l'*existence*. Mais le mot *foi* ne regarde que la direction qui m'est donnée par une idée et l'influence subjective qu'elle exerce sur le développement des actes de ma raison et qui me fortifie dans cette idée, bien que je ne sois pas, grâce à elle, en état d'en rendre compte au point de vue spéculatif.

Or, la foi simplement doctrinale a en soi quelque chose de chancelant ; on en est souvent éloigné par les difficultés qui se présentent dans la spéculation, quoiqu'on y revienne toujours immanquablement de nouveau.

Il en va tout autrement de la *foi morale*. En effet, il est absolument nécessaire, en ce cas, que quelque chose ait lieu, c'est-à-dire que j'obéisse en tous points à la loi morale. Le but est indispensablement fixé et il n'y a qu'une seule condition possible, à mon point de vue, qui permette à ce but de s'accorder avec toutes les autres fins et qui lui donne ainsi une valeur pratique, à savoir, qu'il y a un Dieu et un monde futur ; je suis très sûr aussi que personne ne connaît d'autres conditions qui conduisent à la même unité des fins sous la loi morale. Mais, comme le précepte moral est en même temps ma maxime (ainsi que la raison ordonne qu'il le soit), je crois infailliblement à l'existence de Dieu et à une vie future et je suis sûr que rien ne peut rendre cette foi chancelante, parce que cela renverserait mes principes moraux eux-mêmes auxquels je ne puis renoncer sans devenir digne de mépris à mes propres yeux.

De cette manière, malgré la ruine de tous les desseins ambitieux d'une raison qui s'égare au delà des limites de toute expérience, il nous reste encore de quoi avoir lieu d'être satisfaits au point de vue pratique. Assurément, personne ne peut se vanter de *savoir* qu'il y a un Dieu et une vie future ; car, s'il le sait, il est précisément l'homme que je cherche depuis longtemps. Tout savoir (quand il concerne un objet de la simple raison) peut se communiquer et je pourrais, par conséquent, instruit par lui, espérer voir étendre merveilleusement ma science. Non, la conviction n'est pas une certitude *logique*, mais une certitude *morale*, et, comme elle repose sur des principes subjectifs (le sentiment moral), je n'ai pas même le droit de dire *qu'il est* moralement certain qu'il y a un Dieu, etc., mais je peux dire : *je suis* moralement certain, etc. Cela revient à dire que la foi en un Dieu et en un monde futur est tellement liée à mon sentiment moral, que je ne cours pas plus le risque de perdre cette foi que je ne crains de me voir jamais arracher ce sentiment.

La seule difficulté qui se présente ici c'est que cette foi rationnelle se fonde sur la supposition de sentiments moraux. Si nous les mettons de côté et que nous prenions un homme qui serait tout à fait indifférent par rapport aux lois morales, la question que propose la raison ne devient alors qu'un problème pour la spéculation, et, dès lors, elle peut bien s'appuyer sur de fortes raisons tirées de l'analogie, mais non sur des raisons auxquelles doive se rendre le doute le plus obstiné[*]. Mais, dans ces questions, il n'y a pas d'homme qui soit exempt de tout intérêt. En effet, quand même, faute de bons sentiments, il serait étranger à l'intérêt moral, il ne pourrait cependant s'empêcher de *craindre* un Être divin et un avenir. Il suffit pour cela de ne pas pouvoir alléguer la *certitude* qu'il n'y a pas de Dieu et pas de vie future ; et, cette certitude, comme ces deux choses devraient être prouvées par la simple raison, par suite apodictiquement, nous obligerait à démontrer l'impossibilité de l'une et de l'autre, ce que certainement nul homme raisonnable ne peut entreprendre. Ce serait là, par conséquent, une foi *négative* qui,

---

[*] L'esprit humain (cela arrive nécessairement, à mon avis, à tout être raisonnable) prend un intérêt naturel à la moralité, quoique cet intérêt ne soit pas sans partage, ni pratiquement prépondérant. Fortifiez et augmentez cet intérêt, et vous trouverez la raison très docile et même plus éclairée pour unir à l'intérêt pratique l'intérêt spéculatif. Si vous ne prenez pas, dès le début, ou au moins à moitié chemin, le soin de rendre les hommes bons, vous n'en ferez jamais, non plus, des hommes sincèrement croyants.

sans doute, ne pourrait pas engendrer la moralité et de bons sentiments, mais qui, cependant, produirait quelque chose d'analogue, c'est-à-dire quelque chose de capable d'empêcher vigoureusement l'éclosion de mauvais sentiments.

Mais est-ce là, dira-t-on, tout ce que fait la raison pure, quand elle s'ouvre des vues par delà les limites de l'expérience ? Rien de plus que deux articles de foi ? Le sens commun aurait bien pu en faire autant, sans avoir besoin de consulter là-dessus les philosophes !

Je ne veux pas vanter ici les services que la philosophie a rendus à la raison humaine par l'effort pénible de sa critique, quand même le résultat n'en dût être que négatif ; car nous aurons encore l'occasion d'en parler un peu dans la section suivante. Mais exigez-vous donc qu'une connaissance qui intéresse tous les hommes soit au-dessus du sens commun et ne vous soit révélée que par les philosophes ? Votre reproche est même la meilleure confirmation de l'exactitude des assertions émises jusqu'ici, puisqu'il découvre ce qu'au début on n'aurait pu prévoir, je veux dire que la nature, dans ce qui intéresse tous les hommes sans distinction, ne peut être accusée de distribuer partialement ses dons, et que, par rapport aux fins essentielles de la nature humaine la plus haute philosophie ne peut pas conduire plus loin que ne le fait la direction qu'elle a confiée au sens commun.

CHAPITRE III

ARCHITECTONIQUE DE LA RAISON PURE

Par *architectonique* j'entends l'art des systèmes. Comme l'unité systématique est ce qui convertit la connaissance vulgaire en science, c'est-à-dire ce qui coordonne en système un simple agrégat de ces connaissances, l'architectonique est donc la théorie de ce qu'il y a de scientifique dans notre connaissance en général et elle appartient ainsi nécessairement à la méthodologie.

Sous le gouvernement de la raison, nos connaissances en général ne sauraient former une rapsodie, mais elles doivent former un système dans lequel seul elles peuvent soutenir et favoriser les fins essentielles de la raison. Or, j'entends par système l'unité de diverses connaissances sous une idée. Cette idée est le concept rationnel de la forme d'un tout, en tant que c'est en lui que sont déterminées *a priori* la sphère des éléments divers et la position respective des parties. Le concept rationnel scientifique contient, par conséquent, la fin et la forme du tout qui concorde avec elle. L'unité du but auquel se rapportent toutes les parties, en même temps qu'elle se rapportent les unes aux autres dans l'idée de ce but, fait qu'aucune partie ne peut faire défaut sans qu'on en remarque l'absence, quand on connaît les autres, et qu'aucune addition accidentelle, ni aucune grandeur indéterminée de la perfection, qui n'ait pas ses limites déterminées *a priori*, ne peuvent trouver place. Le tout est donc un système organique (*articulatio*) et non un ensemble désordonné (*coacervatio*) ; il peut, à la vérité, croître par le dedans (*per intussusceptionem*), mais non par le dehors (*per appositionem*), semblable au corps de l'animal auquel la croissance n'ajoute aucun membre, mais rend, sans rien changer aux proportions, chacun des membres plus fort et plus approprié à ses fins.

Pour être réalisée, l'idée a besoin d'un *schème*, c'est-à-dire d'une diversité et d'une ordonnance des parties qui soient essentielles et déterminées *a priori* d'après le principe de la fin. Le schème qui n'est pas esquissé d'après une idée, c'est-à-dire d'après une fin capitale de la raison, mais empiriquement, suivant des fins qui se présentent accidentellement (dont on ne peut savoir à l'avance le nombre), nous donne une unité *technique*, mais celui qui résulte d'une idée (où la raison fournit *a priori* les fins et ne les attend pas empiriquement) fonde une unité *architectonique*. Ce que nous appelons science ne peut pas se fonder techniquement, en raison de l'analogie des éléments divers ou des applications contingentes de la connaissance *in concreto* à toute sorte de fins extérieures arbitraires, mais architectoniquement, en raison de l'affinité des parties et de leur dérivation d'une unique fin suprême et interne, et son schème doit contenir, conformément à l'idée, c'est-à-dire *a priori*, l'esquisse (*monogramma*) du tout et sa division en parties et le distinguer sûrement, et suivant des principes, de tous les autres.

Personne n'essaie d'établir une science sans avoir une idée pour fondement. Mais, dans l'exécution de cette science, le schème et même la définition, que l'on donne dès le début de ladite science, correspondent très rarement à son idée : car celle-ci réside dans la raison comme un germe où toutes les parties sont encore très enveloppées, très cachées et à peine reconnaissables à l'observation microscopique. C'est pourquoi, toutes les sciences étant conçues du point de vue d'un certain intérêt général, il faut les définir et les déterminer, non pas d'après la description qu'en donne leur auteur, mais suivant l'idée qu'on trouve fondée dans la raison même de l'unité naturelle des parties qu'il a rassemblées. Car on trouve alors que l'auteur et même souvent ses derniers successeurs se trompent sur une idée, qu'ils n'ont pas cherché à se rendre claire à eux-mêmes, et que, par suite, il n'ont pas pu déterminer le contenu propre, l'articulation (l'unité systématique) et les limites de la science.

Il est fâcheux que ce ne soit qu'après avoir passé beaucoup de temps, guidés par une idée cachée en nous, à rassembler rapsodiquement, comme autant de matériaux, beaucoup de connaissances relatives à cette idée, et même après les avoir longtemps disposées techniquement, qu'il nous est enfin possible de voir l'idée dans un jour plus clair et d'esquisser architectoniquement le plan d'ensemble d'après les fins de la raison. Les systèmes, comme les vers, semblent avoir une *generatio æquivoca* et sortir d'un simple assemblage de concepts réunis; d'abord tronqués, ils deviennent complets avec le temps; cependant, ils avaient tous leur schème, comme un germe primitif, dans la raison qui se développe elle-même. Aussi, non seulement chacun d'eux est-il en soi articulé d'après une idée, mais tous sont-ils encore harmonieusement unis les uns aux autres, comme autant de membres d'un même tout, dans un système de la connaissance humaine, et permettent-ils une architectonique de tout le savoir humain, qui, maintenant que tant de matériaux sont déjà réunis ou peuvent être tirés des ruines des anciens édifices écroulés, non seulement serait possible, mais ne présenterait même pas de bien grandes difficultés. Nous nous bornons ici à achever notre œuvre, c'est-à-dire à esquisser simplement l'*architectonique* de toutes les connaissances provenant de la *raison pure* et nous ne partons que du point où la racine commune de notre faculté de connaître se divise et forme deux branches dont l'une est la *raison*. Or, j'entends ici par raison tout le pouvoir supérieur de connaître et j'oppose, par conséquent, le rationnel à l'empirique.

Si je fais abstraction de tout contenu de la connaissance considérée objectivement, toute connaissance est alors, subjectivement, ou historique ou rationnelle. La connaissance historique est *cognitio ex datis* et la connaissance rationnelle *cognitio ex principiis*. Une connaissance donnée originairement, quelle qu'en soit l'origine, est pourtant historique dans celui qui la possède, quand il ne sait rien de plus que ce qui lui a été donné d'autre part, qu'il l'ait appris par l'expérience immédiate, ou par le récit de quelqu'un ou même par le moyen de l'instruction (des connaissances générales). Aussi celui qui a spécialement *appris* un système de philosophie, le système de Wolf, par exemple, eût-il dans la tête tous les principes, toutes les définitions et les démonstrations, ainsi que la division de toute la doctrine, et pourrait-il en compter, en quelque sorte, toutes les parties sur ses doigts, celui-là n'a-t-il cependant qu'une connaissance *historique* complète de la philosophie de Wolf; il ne sait et ne juge que d'après ce qui lui a été donné. Contestez-lui une définition, il ne sait où en prendre une autre. Il s'est formé d'après une raison étrangère, mais le pouvoir d'imitation n'est pas le pouvoir d'invention, c'est-à-dire que la connaissance n'est pas sortie chez lui *de* la raison, et, bien qu'elle soit, sans doute, objectivement une connaissance rationnelle, elle n'est cependant subjectivement qu'une connaissance historique. Il a bien compris et bien retenu, c'est-à-dire bien appris, et il n'est ainsi que le masque (*Gipsabdruck*) d'un homme vivant. Les connaissances rationnelles, qui le sont objectivement (c'est-à-dire qui ne peuvent résulter originairement que de la propre raison de l'homme), ne peuvent donc porter aussi ce nom subjectivement que si elles ont été puisées aux sources générales de la raison d'où peut aussi résulter l'intention de critiquer et même de rejeter ce que l'on a appris, c'est-à-dire que si elles sont tirées de principes.

Or, toute connaissance rationnelle est une connaissance par concepts ou par construction de concepts ; on appelle la première philosophique, et la seconde mathématique. J'ai déjà parlé, dans le premier chapitre, de la différence intrinsèque qu'il y a entre elles. Une connaissance peut donc être objectivement philosophique et cependant subjectivement historique, comme c'est le cas chez la plupart des écoliers et chez tous ceux qui ne voient jamais plus loin que l'école et restent écoliers toute leur vie. Mais il faut pourtant remarquer que la connaissance mathématique, de quelque manière qu'on l'ait apprise, peut valoir aussi subjectivement, en qualité de connaissance rationnelle, et qu'il n'y a pas lieu d'y faire la même distinction que dans la connaissance philosophique. La raison en est que les sources de connaissance où seules le maître peut puiser ne se trouvent que dans les principes essentiels et vrais de la raison et que, par conséquent, elles ne peuvent pas être tirées d'ailleurs par l'élève ni contestées en aucune façon, parce que l'usage de la raison ne se fait ici qu'*in concreto* bien qu'*a priori*, c'est-à-dire dans une intuition pure et par cela même exempte d'erreurs et qu'un pareil usage exclut toute illusion et toute erreur. Il n'y a donc entre toutes les sciences rationnelles (*a priori*) que les mathématiques qui puissent être apprises, mais jamais la philosophie (si ce n'est historiquement) ; quant à ce qui concerne la raison, on ne peut, tout au plus, apprendre qu'à *philosopher*.

Or, le système de toute connaissance philosophique est la

philosophie. On doit l'admettre objectivement, si l'on entend par là le modèle de l'appréciation (60) de toutes les tentatives faites pour philosopher, appréciation qui doit servir à juger toute philosophie subjective dont l'édifice est souvent si divers et si changeant. De cette manière, la philosophie n'est que la simple idée d'une science possible qui n'est donnée nulle part *in concreto,* mais dont on cherche à s'approcher par différentes voies jusqu'à ce qu'on ait découvert l'unique sentier qui y conduit, mais qu'obstruait la sensibilité, et que l'on réussisse, autant qu'il est permis à des hommes, à rendre la copie, jusque-là manquée, semblable au modèle. Jusqu'ici on ne peut apprendre aucune philosophie ; car où est-elle, qui la possède et à quoi peut-on la connaître ? On ne peut qu'apprendre à philosopher, c'est-à-dire à exercer le talent de la raison dans l'application de ses principes généraux à certaines tentatives qui se présentent, mais toujours avec la réserve du droit qu'a la raison de rechercher ces principes eux-mêmes à leurs sources et de les confirmer ou de les rejeter.

Or, jusque-là, le concept de la philosophie n'est qu'un *concept scolastique,* c'est-à-dire le concept d'un système de la connaissance qui n'est cherché que comme science sans avoir pour but autre chose que l'unité systématique de cette science et, par conséquent, la perfection *logique* de la connaissance. Mais il y a encore un *concept cosmique* (*conceptus cosmicus*) qui a toujours servi de fondement à cette dénomination, surtout quand on le personnifiait, pour ainsi dire, et qu'on se le représentait comme un type dans l'idéal du *philosophe*. A ce point de vue, la philosophie est la science du rapport qu'a toute connaissance aux fins essentielles de l'humaine raison (*teleologia rationis humanæ*), et le philosophe n'est pas un artiste de la raison, mais le législateur de la raison humaine. En ce sens, c'est trop orgueilleux que de s'appeler soi-même un philosophe et de prétendre être arrivé à égaler le type qui n'existe qu'en idée.

Le mathématicien, le physicien, le logicien, quelque brillants succès que puissent avoir les premiers en général dans la connaissance rationnelle, et les seconds particulièrement dans la connaissance philosophique, ne sont pourtant que des artistes de la raison. Il y a encore un maître dans l'idéal qui les réunit tous et qui s'en sert comme d'instruments pour favoriser les fins essentielles de la raison humaine. C'est celui-là seul que nous devrions appeler le philosophe ; mais comme il ne se trouve lui-même nulle part, tandis que l'idée de sa législation se rencontre partout dans toute raison d'homme, nous nous attacherons uniquement à la dernière et nous déterminerons de plus près ce que la philosophie prescrit, d'après ce concept cosmique*, du point de vue des fins, pour l'unité systématique.

Les fins essentielles ne sont pas encore pour cela les fins suprêmes : il ne peut y en avoir qu'une seule (dans une suite systématique parfaite de la raison). Elles sont donc ou le but final, ou des fins subalternes qui appartiennent nécessairement au but final comme moyens. Le premier n'est autre que la destination totale de l'homme, et la philosophie de cette destination s'appelle la morale. En raison de cette prééminence que la philosophie morale a sur toutes les autres acquisitions de la raison, on entendait toujours, en même temps et principalement chez les anciens, sous le nom de philosophe, le moraliste, et même aujourd'hui encore l'apparence extérieure de la domination de soi-même par la raison fait que, suivant une certaine analogie, on appelle quelqu'un philosophe, malgré son savoir borné.

La législation (*die Gesetzgebung*) de la raison humaine (la philosophie) a deux objets : la nature et la liberté, et, par conséquent, elle embrasse la loi physique aussi bien que la loi morale, d'abord en deux systèmes particuliers et enfin dans un seul système philosophique. La philosophie de la nature se rapporte à tout ce qui existe et celle des mœurs seulement à ce qui doit être.

Toute philosophie est ou une connaissance par raison pure ou une connaissance rationnelle issue de principes empiriques. La première s'appelle philosophie pure et la seconde philosophie empirique.

La philosophie de la raison pure est ou bien *propédeutique* (ou exercice préliminaire) qui examine le pouvoir de la raison par rapport à toute connaissance pure *a priori*, et elle s'appelle *critique*, ou bien elle est, en second lieu, le système de

---

* On appelle *concept cosmique* celui qui concerne ce qui intéresse chacun ; par suite, je détermine le but d'une science d'après des *concepts scolastiques* quand je ne la considère que comme une des aptitudes pour certaines fins arbitraires.

la raison pure (la science), toute la connaissance philosophique (vraie aussi bien qu'apparente) de la raison pure dans un enchaînement systématique, et elle s'appelle *métaphysique ;* ce nom peut cependant être donné aussi à toute la philosophie pure, y compris la critique, et embrasse ainsi aussi bien la recherche de tout ce qui ne peut jamais être connu *a priori* que l'exposition de ce qui constitue un système des connaissances philosophiques pures de ce genre, mais qui se distingue de tout usage empirique ainsi que de tout usage mathématique de la raison.

La métaphysique se divise en métaphysique de l'usage *spéculatif* et en métaphysique de l'usage *pratique* de la raison pure et elle est, par conséquent, ou une *métaphysique de la nature* ou une *métaphysique des mœurs*. La première contient tous les principes purs de la raison qui, par de simples concepts (et, par suite, à l'exclusion de la mathématique) concerne la connaissance théorique de toutes les choses ; la seconde, les principes qui déterminent *a priori* et rendent nécessaire le *faire et le ne pas faire*. Or la moralité est l'unique conformité des actes à la loi qui puisse être pleinement dérivée *a priori* de principes. Aussi la métaphysique des mœurs est-elle proprement la morale pure où l'on ne prend pour fondement aucune anthropologie (aucune condition empirique). La métaphysique de la raison spéculative est donc ce qu'on a coutume d'appeler métaphysique au *sens strict ;* mais, en tant que la morale pure appartient aussi à la branche particulière de la connaissance humaine, mais philosophique, par raison pure, nous lui conserverons ce titre, bien que nous la mettions ici de côté, comme n'étant pas nécessaire *actuellement* pour notre but.

Il est de la plus haute importance d'*isoler* des connaissances, qui sont distinctes des autres par leur espèce et par leur origine, et de les empêcher soigneusement de se mêler et de se confondre avec d'autres, avec lesquelles elles sont ordinairement liées dans l'usage. Ce que fait le chimiste dans la séparation des matières, le mathématicien dans sa théorie pure des grandeurs, le philosophe est encore plus tenu de le faire afin de pouvoir déterminer sûrement la part qu'un mode particulier de la connaissance a dans l'usage courant de l'entendement, sa valeur et son influence propres. Aussi la raison humaine, depuis qu'elle a commencé de penser, ou plutôt de réfléchir, n'a-t-elle jamais pu se passer d'une métaphysique, bien qu'elle n'ait pas su la dégager suffisamment de tout élément étranger. L'idée d'une telle science est aussi ancienne que la raison spéculative de l'homme ; et quelle est la raison qui ne spécule pas, soit à la manière scolastique, soit à la manière populaire ? Il faut cependant avouer que la distinction des deux éléments de notre connaissance, dont l'un est pleinement *a priori* en notre puissance, tandis que l'autre ne peut être tiré qu'*a posteriori* de l'expérience, est toujours demeurée très obscure même chez les penseurs de profession, et que, par conséquent, la délimitation d'un mode particulier de connaissance, ni, par suite, la juste idée d'une science qui a si longtemps et si fort occupé la raison humaine n'ont jamais pu être réalisées. Quand on disait que la métaphysique est la science des premiers principes de la connaissance humaine, on ne désignait point une espèce tout à fait particulière de principes, mais seulement un degré plus élevé de généralité, et l'on ne pouvait nettement les distinguer de l'empirique ; car, même parmi les principes empiriques, il y en a quelques-uns qui sont plus généraux et, par suite, plus élevés que d'autres, et, dans la série d'une telle hiérarchie (où l'on ne distingue pas ce qui est connu pleinement *a priori* de ce qui n'est connu qu'*a posteriori*), où tracer la ligne qui sépare la *première* partie de la *dernière* et les membres supérieurs des inférieurs ? Que dirait-on si la chronologie ne pouvait désigner les époques du monde qu'en les partageant en premiers siècles et en siècles suivants ? On pourrait demander si le cinquième, si le dixième siècle, etc., font partie des premiers. Je demande de même si l'idée d'étendue appartient à la métaphysique. Oui, répondez-vous. Eh bien, et celle de corps, aussi ? Oui. Et celle de corps fluide ? Vous êtes étonnés, car si cela continue ainsi, tout appartiendra à la métaphysique. On voit par là que le simple degré de subordination (le particulier sous le général) ne saurait fixer de limites à une science, mais qu'il nous faut ici l'hétérogénéité absolue et la différence d'origine. Mais ce qui, d'un autre côté, obscurcissait encore l'idée fondamentale de la métaphysique, c'était la ressemblance qu'elle a, comme connaissance *a priori*, avec la mathématique ; cette ressemblance, il est vrai, pour ce qui en regarde l'origine *a priori*, indique bien une certaine parenté entre les deux sciences ; mais pour ce qui est du mode de connaissance qui, dans la première, a lieu par concepts, tandis que, dans l'autre, il se fait par la construction des concepts *a priori*, et, par conséquent, pour ce qui concerne la différence qu'il y a entre une connaissance philosophique et la connaissance mathématique, on constate une hétérogénéité si absolue qu'on l'a toujours sentie bien qu'on n'ait jamais pu la ramener à des critères évidents. Aussi est-il arrivé que, les philosophes mêmes ayant échoué dans le développement de l'idée de leur science, ne purent pas donner à leurs travaux de but déterminé et de direction sûre et que, avec un plan si arbitrairement tracé, ignorant les choses qu'ils avaient à prendre et toujours en désaccord sur les découvertes que chacun d'eux prétendait avoir faites sur sa route, ils rendirent leur science méprisable aux autres et finirent par la mépriser eux-mêmes.

Toute connaissance pure *a priori*, grâce au pouvoir particulier de connaissance où elle a exclusivement son siège, constitue donc une unité particulière, et la métaphysique est la philosophie qui doit exposer cette connaissance dans cette unité systématique. La partie spéculative de cette science qui s'est particulièrement appropriée ce nom, ou celle que nous appelons la *métaphysique de la nature* et qui examine tout suivant des concepts *a priori*, en tant qu'*il est* (et non ce qui doit être), se divise donc de la manière suivante.

La métaphysique dans le sens strict du mot se compose de la *philosophie transcendantale* et de la *physiologie* de la raison pure. La première ne considère que l'*entendement* et la raison même dans un système de tous les concepts et de tous les principes qui se rapportent à des objets en général, sans admettre des objets (*Objecte*) qui *seraient donnés* (*ontologia*) ; la seconde considère la *nature*, c'est-à-dire l'ensemble des objets *donnés* (soit aux sens, soit, si l'on veut, à une autre espèce d'intuition) : elle est ainsi une *physiologie* (mais seulement *rationalis*). Or, l'usage de la raison dans cette contemplation rationnelle de la nature est ou physique, ou hyperphysique, ou, pour mieux dire, *immanent* ou *transcendant*. Le premier a pour objet la nature, en tant que la connaissance en peut être appliquée dans l'expérience (*in concreto*) ; le second a pour but cette liaison des objets de l'expérience qui dépasse toute expérience. Cette physiologie *transcendante* a, par conséquent, pour objet une liaison *interne* ou *externe,* mais qui, l'une et l'autre, dépassent l'expérience possible ; elle est ainsi ou la physiologie de toute la nature, c'est-à-dire la *cosmologie transcendantale* ou la physiologie de l'union de toute la nature avec un être au-dessus de la nature, c'est-à-dire la *théologie transcendantale.*

La physiologie immanente considère, au contraire, la nature comme l'ensemble de tous les objets des sens, par conséquent telle qu'elle *nous* est donnée, mais seulement selon les conditions *a priori* sous lesquelles elle peut nous être donnée en général.

Or, il n'y a que deux espèces d'objets des sens : 1. Ceux des sens externes et, par suite, l'ensemble de ces objets, la *nature corporelle.* 2. L'objet du sens interne, l'âme, et, suivant les concepts fondamentaux de l'âme en général, la *nature pensante.* La métaphysique de la nature pensante s'appelle *psychologie* et, pour la même raison, il ne s'agit ici que de la *connaissance rationnelle* de l'âme.

Ainsi, tout le système de la métaphysique contient quatre parties principales : 1. L'*ontologie.* 2. La *psychologie rationnelle.* 3. La *cosmologie rationnelle.* 4. La *théologie rationnelle.* La deuxième partie, c'est-à-dire la physiologie de la raison pure, comprend deux divisions : la *physica rationalis* * et la *psychologia rationalis.*

L'idée originaire d'une philosophie de la raison pure prescrit elle-même cette division qui est donc *architectonique* et conforme aux fins essentielles de la raison et non pas seulement *technique,* c'est-à-dire établie suivant des affinités accidentellement perçues et tracée au petit bonheur ; elle est par là même immuable et législatrice. Mais il y a quelques points qui pourraient soulever des doutes et affaiblir la conviction de sa légitimité.

* Qu'on ne pense pas que j'entends par là ce qu'on nomme ordinairement *physica generalis* et qui est plutôt la mathématique que la philosophie de la nature. En effet, la métaphysique de la nature se distingue entièrement de la mathématique et, si elle est loin d'avoir à offrir des vues aussi étendues que celle-ci, elle est cependant très importante au point de vue de la critique de la connaissance intellectuelle pure en général applicable à la nature ; à défaut de cette métaphysique, les mathématiciens eux-mêmes, en s'attachant à certains concepts vulgaires, mais en réalité métaphysiques, ont, sans le remarquer, chargé la physique d'hypothèses qui s'évanouissent devant une critique de ses principes, sans que pourtant on porte ainsi la moindre atteinte à l'usage de la mathématique dans ce champ (lequel usage est tout à fait indispensable).

Comment puis-je, d'abord, attendre une connaissance *a priori*, par suite, une métaphysique, d'objets qui sont donnés à nos sens et, par conséquent, *a posteriori ?* Et comment est-il possible, suivant des principes *a priori*, de connaître la nature des choses et d'arriver à une physiologie *rationnelle ?* La réponse est que nous ne prenons de l'expérience rien de plus que ce qui nous est nécessaire pour nous donner un objet, soit du sens externe, soit du sens interne, le premier au moyen du simple concept de matière (étendue impénétrable et sans vie), le second au moyen du concept d'un être pensant (dans la représentation empirique interne : je pense). Au reste, dans toute la métaphysique de ces objets, nous devrions entièrement nous abstenir de tous les principes empiriques qui pourraient ajouter encore au concept quelque expérience servant à porter un jugement sur ces objets.

En second lieu, où se place donc la *psychologie empirique* qui a toujours réclamé sa place dans la métaphysique et dont même de nos jours, on a espéré de si grandes choses pour l'éclaircissement de cette science, après avoir perdu l'espoir d'établir rien de bon *a priori ?* Je réponds qu'elle vient là où doit se placer la physique proprement dite (la physique empirique), à savoir du côté de la philosophie *appliquée* dont la philosophie pure contient les principes *a priori* et avec laquelle, par conséquent, elle doit être unie, mais non pas confondue. Il faut donc que la psychologie empirique soit entièrement bannie de la métaphysique, et déjà elle en est entièrement exclue par l'idée de cette science. Toutefois, on devrait toujours lui laisser encore, d'après l'usage des écoles (mais seulement à titre d'épisode), une petite place à cet endroit, et cela, pour des motifs économiques, parce qu'elle n'est pas encore assez riche pour constituer une étude à elle seule et qu'elle est cependant trop importante pour qu'on puisse la repousser entièrement, ou la rattacher à une autre partie avec laquelle elle aurait encore moins d'affinité qu'avec la métaphysique. Elle n'est donc qu'une étrangère admise depuis très longtemps à laquelle on accorde un séjour temporaire jusqu'à ce qu'il lui soit possible d'établir son domicile propre dans une anthropologie détaillée (qui serait le pendant de la physique empirique).

Telle est donc l'idée générale de la métaphysique, de cette science qui est tombée dans le discrédit général, parce qu'on en attendait d'abord plus qu'on ne pouvait équitablement lui demander, et par laquelle, après s'être longtemps bercé des plus belles espérances, on s'est trouvé déçu dans son espoir. On se sera suffisamment convaincu dans tout le cours de notre Critique que, si la métaphysique ne peut pas être le fondement de la religion, elle doit cependant en rester toujours comme le rempart, et que la raison humaine, déjà dialectique par la tendance de sa nature, ne peut jamais se passer d'une telle science qui lui met un frein et qui, par une connaissance scientifique et pleinement lumineuse de soi-même, empêche les dévastations qu'une raison spéculative affranchie de toute contrainte ne manquerait pas sans cela de produire dans la morale aussi bien que dans la religion. On peut donc être sûr que, si dédaigneux et si méprisants que puissent être ceux qui jugent une science, non d'après sa nature, mais seulement d'après ses effets accidentels, on reviendra toujours à la métaphysique, comme à une amante avec laquelle on s'était brouillé, parce que, comme il s'agit ici de fins essentielles, la raison doit travailler sans repos soit à l'acquisition de vues solides, soit au renversement de bonnes vues acquises antérieurement.

La métaphysique, celle de la nature aussi bien que celle des mœurs, surtout la critique de la raison qui se hasarde à voler de ses propres ailes, critique qui précède, à titre d'*exercice préliminaire* (comme propédeutique), constituent donc proprement, à elles seules, ce que nous pouvons nommer philosophie dans le vrai sens du mot. Celle-ci rapporte tout à la sagesse, mais par la voie de la science, la seule qui étant frayée ne se referme pas et ne permette aucune erreur. La mathématique, la physique et même la connaissance empirique de l'homme ont une grande valeur, comme moyens d'atteindre surtout aux fins accidentelles de l'humanité, et, si elles finissent par nous conduire à ses fins nécessaires et essentielles, c'est seulement au moyen d'une connaissance rationnelle par simples concepts. Or, cette connaissance, de quelque nom qu'on la désigne, n'est proprement que la métaphysique.

La métaphysique est ainsi le complément de toute *culture* de la raison humaine, et ce complément est indispensable, même en laissant de côté son influence, comme science, sur certaines fins déterminées. En effet, elle considère la raison d'après ses éléments et ses maximes suprêmes qui doivent servir de fondement à la *possibilité* de quelques sciences et à l'*usage* de toutes. Si, en tant que simple spéculation, elle sert plutôt à prévenir les erreurs qu'à étendre la connaissance, cela ne nuit en rien à sa valeur, mais cela lui donne plutôt de la dignité et de la considération, en en faisant un censeur qui maintient l'ordre public, la concorde générale et même le bon état de la république scientifique et qui empêche ses travaux hardis et féconds de se détourner de la fin principale, le bonheur universel.

CHAPITRE IV

HISTOIRE DE LA RAISON PURE

Ce titre n'est placé ici que pour désigner une lacune qui reste dans le système et qui doit être remplie plus tard. Je me contenterai de jeter un rapide coup d'œil, d'un point de vue simplement transcendantal, à savoir du point de vue de la nature de la raison pure, sur l'ensemble des travaux qu'elle a accomplis jusqu'ici, ce qui, sans doute, me représente des édifices, mais des édifices en ruines.

Il est assez remarquable, bien que cela ne pût pas naturellement arriver d'une autre manière, que, dans l'enfance de la philosophie, les hommes aient commencé par où nous aimerions mieux finir maintenant, je veux dire par étudier la connaissance de Dieu et l'espérance, ou même la nature d'un autre monde. Quelque grossières que fussent les idées religieuses introduites par les anciens usages qui subsistaient encore de l'état barbare des peuples, cela n'empêcha pas la partie la plus éclairée de se consacrer à de libres recherches sur ce sujet, et l'on comprit aisément qu'il ne peut pas y avoir de manière plus solide et plus certaine de plaire à la puissance invisible qui gouverne le monde, et d'être ainsi heureux, au moins dans un autre monde, que la bonne conduite. La théologie et la morale étaient donc les deux mobiles, ou, pour mieux dire, les deux points d'aboutissement de toutes les spéculations rationnelles auxquelles on ne cessa de se livrer par la suite. La première fut cependant proprement ce qui engagea peu à peu la raison simplement spéculative à une occupation qui, dans la suite, devint si célèbre sous le nom de métaphysique.

Je ne veux pas spécifier ici les temps où s'opéra telle ou telle révolution dans la métaphysique, mais seulement présenter, dans une rapide esquisse, l'idée qui occasionna les principales révolutions. Et là je trouve un triple but en vue duquel eurent lieu les changements les plus remarquables sur ce champ de bataille.

1° *Par rapport à l'objet* de toutes nos connaissances rationnelles, quelques *philosophes* furent simplement *sensualistes* et d'autres simplement *intellectualistes*. Épicure peut être appelé le plus célèbre philosophe de la sensibilité, Platon, de l'intellectuel. Mais cette distinction des écoles, pour subtile qu'elle soit, avait déjà commencé dans les temps les plus reculés et elle s'est longtemps maintenue sans interruption. Les premiers de ces philosophes affirmaient qu'il n'y a de réalité que dans les seuls objets des sens et que tout le reste est imagination ; les seconds, au contraire, disaient que dans les sens il n'y a qu'apparence et que l'entendement seul connaît le vrai. Les premiers ne contestaient pas cependant la réalité aux concepts de l'entendement, mais cette réalité n'était que *logique* pour eux, tandis qu'elle était *mystique* pour les autres. Ceux-là accordaient des *concepts intellectuels*, mais ils n'admettaient que des *objets sensibles*. Ceux-ci voulaient que les vrais objets fussent simplement *intelligibles* et admettaient une intuition de l'entendement se produisant sans le secours d'aucun sens, mais seulement de manière confuse suivant eux.

2° *Par rapport à l'origine* des connaissances rationnelles pures, la question était de savoir si elles sont dérivées de l'expérience ou si elles ont leur source dans la raison indépendante de l'expérience. Aristote peut être considéré comme le chef des *empiristes* et Platon comme celui des *noologistes*. Locke qui, dans les temps modernes, a marché sur les traces du premier, et Leibniz qui a suivi celles du second (tout en s'éloignant assez de son système mystique) n'ont pu, dans ce débat, arriver à rien décider. Épicure fut au moins beaucoup plus conséquent dans son système sensualiste (car il ne dépasse jamais, dans ses raisonnements, les limites de l'expérience) qu'Aristote et que Locke (surtout que ce dernier), qui, après avoir dérivé tous les concepts et tous les principes de l'expérience, en étend l'usage si loin qu'il affirme qu'on peut démontrer l'existence de Dieu et l'immortalité de l'âme (bien que ces deux objets soient entièrement en dehors des limites de l'expérience possible) aussi évidemment que n'importe quel théorème mathématique.

3° *Par rapport à la méthode.* — Pour qu'on ait le droit de donner le nom de méthode à quelque chose, il faut que cette chose soit un procédé *suivant des principes*. Or, on peut diviser la méthode qui règne maintenant dans cette branche de recherches, en méthode *naturelle* et en méthode *scientifique*. Le naturaliste de la raison pure prend pour principe que, par la raison commune (qu'il nomme la saine raison), et sans science, on peut réussir beaucoup mieux, dans ces questions capitales, qui constituent le problème de la métaphysique, que par la spéculation. Il soutient donc qu'on peut plus sûrement déterminer la grandeur et l'éloignement de la lune par la simple mesure de l'œil que par le détour de la mathématique. Ce n'est là qu'une simple misologie mise en principe et, ce qui est le plus absurde, l'abandon de tous les moyens techniques recommandés comme la véritable *méthode* pour étendre ses connaissances. Car pour ceux qui se montrent naturalistes *faute de* plus grandes lumières, on ne peut rien leur imputer avec justice. Ils suivent la raison commune, sans se vanter de leur ignorance comme d'une méthode qui doive renfermer le secret de tirer la vérité du puits profond de Démocrite. Le

> ... Quod sapio, satis est mihi ; non ego curo
> esse quod Arcesilas œrumnosique Solones (Pers.)

est leur devise ; ils peuvent avec cela vivre contents et dignes d'approbation sans se préoccuper de la science et sans en troubler les œuvres.

Quant à ceux qui observent une méthode scientifique, ils ont ici le choix entre la méthode *dogmatique* et la méthode *sceptique*, mais, dans les deux cas, ils ont toujours l'obligation de procéder *systématiquement*. En nommant ici le célèbre Wolf pour les premiers, et David Hume pour les seconds, je puis me dispenser, quant à mon but présent, d'en nommer d'autres. La route critique est la seule qui soit encore ouverte. Si le lecteur a eu la complaisance et la patience de la parcourir en ma compagnie, il est en ce moment à même de juger, si, dans le cas où il lui plairait de contribuer lui aussi pour sa part à faire de ce sentier une route royale, ce que tant de siècles n'ont pu exécuter ne pourrait pas être accompli avant la fin de celui-ci, c'est-à-dire si l'on ne pourrait pas satisfaire entièrement la raison humaine dans une matière qui a toujours, mais inutilement jusqu'ici, occupé sa curiosité.

Kant. — Raison pure. 42

INDEX DES NOMS PROPRES

Aristote. Philosophe grec, né à Stagyre, l'an 384 av. J.-C., mort à Chalcis en Eubée en 322. Fondateur de l'École péripatéticienne.

Bacon de Vérulam (François). Chancelier d'Angleterre. Célèbre philosophe, né le 22 janvier 1561, mort le 9 avril 1626. Ses ouvrages portèrent le premier coup à la philosophie scolastique, en remplaçant la méthode syllogistique par la logique de l'expérience et de l'induction. Il s'est montré le précurseur de la philosophie moderne, et l'on peut même dire le fondateur de la philosophie expérimentale.

Baumgarten (Alexandre-Gottlieb). Philosophe allemand, né à Berlin en 1714, mort en 1762 à Francfort-sur-l'Oder, où il était professeur de philosophie depuis 1740. Disciple de Leibniz et de Wolf. Son principal titre est d'avoir le premier séparé, sous le nom d'Esthétique, la science du Beau des autres parties de la philosophie. Il publia l'*Æsthetica* en 1750.

Berkeley (George), né à Kilkrin (Irlande) en 1684, mort à Oxford en 1753, est un des métaphysiciens les plus remarquables des temps modernes. Ses principaux ouvrages sont : *L'arithmétique démontrée sans le secours de l'algèbre et de la géométrie* (1704). *Théorie de la vision* (1708). *Traité sur les principes de la connaissance humaine* (1710). *Trois dialogues entre Hylas et Philonoüs* (1712). *Siris ou Recherches sur les vertus de l'eau de goudron*.

Bonnet (Charles), né à Genève en 1720, mort en 1793. Philosophe et naturaliste. Il publia un *Essai de Psychologie* en 1754, un *Essai analytique sur les facultés de l'âme*, des *Considérations sur les corps organisés* en 1762 et la *Contemplation de la nature* en 1764, où il soutient les théories de Malebranche et de Leibniz.

Brucker (Jean-Jacques) (1696-1779). Érudit et philosophe allemand. Il commença par être pasteur de l'Église réformée avant de se livrer aux études historiques sur la philosophie. On le considère à bon droit comme le père de l'Histoire de la philosophie. Son ouvrage le plus connu est l'*Historia critica philosophiæ a mundi incunabulis ad nostram usque ætatem deducta* (1742-1744).

Cicéron (Marcus Tullius), né à Arpinum en 106 av. J.-C., mort à Formies en 43. Orateur, homme politique et écrivain latin. Il se donna pour mission de faire connaître à Rome la philosophie des Grecs. Ses principaux traités philosophiques sont : *De Legibus, de Finibus malorum et bonorum, de Officiis,* — *les Tusculanes,* — *de Divinatione, de Natura Deorum,* etc.

COPERNIC (Nicolas). Astronome polonais, né à Thorn en 1473, mort à Frauenberg en 1543. Auteur de l'immortel traité *De Revolutionibus orbium cælestium, libri sex* (Nuremberg, 1543).

DÉMOCRITE (d'Abdère, 460 av. J.-C. — Mort très vieux). Philosophe grec dont les écrits très célèbres dans l'Antiquité sont aujourd'hui perdus. Il a développé l'explication mécanique du monde.

DESCARTES (René). Philosophe français né à La Haye (Touraine) en 1596, mort à Stockolm en 1650. Il est le vrai fondateur de la philosophie moderne.

DIOGÈNE LAERCE. Philosophe et historien grec, né à Laerte en Cilicie, au IIIe siècle av. J.-C. Auteur des *Vies, doctrines et sentences des philosophes illustres.*

ÉPICURE. Philosophe grec, né probablement à Samos en 341, av. J.-C., mort l'an 270 av. J.-C.

GALILÉE. Mathématicien, philosophe, astronome, né à Pise en 1564, mort à Arcetri en 1642. On peut le regarder comme le fondateur de la physique moderne.

HALLER (Albert de). Physiologiste suisse, né et mort à Berne, (1708-1777). Il se consacra à la médecine, professa l'anatomie à Berne. Appelé à Gœttingue en 1736, il y professa toutes les sciences naturelles, pendant dix-sept années. Ses découvertes en physiologie sont remarquables. Ennemi de Linné en botanique, — adversaire des Encyclopédistes, à cause de ses opinions fermement religieuses — philosophe, poète, romancier, il a composé des *Satires*, l'*Origine du mal*, et trois romans politiques : *Uson* (1771), *Alfred* (1773), *Fabius Catus* (1774).

HOBBES (Thomas). Philosophe anglais, né à Malesbury en 1588, mort à Hardwick en 1679. Il fit ses études à l'Université d'Oxford, se consacra au préceptorat — se lia d'amitié avec le P. Mersenne, écrivit tout d'abord des ouvrages de philosophie politique : *Eléments de la loi naturelle et politique* (1640); *de Cive* (1642); *le Léviathan* (1654); puis le *De Corpore* (1655), *De Homine* (1656). Sur la fin de sa vie, il composa *Behemoth*, qui est une histoire des causes de la guerre civile en Angleterre — une *Histoire ecclésiastique*, et son *Autobiographie* en vers latins. Hobbes est un disciple de Bacon.

HUME (DAVID). Philosophe et historien anglais, né et mort à Édimbourg en Écosse (1711-1776).

LAMBERT (Jean-Henri). Savant français né à Mulhouse en 1728 et mort à Berlin en 1777. Il appartenait à une famille protestante, réfugiée à Mulhouse. En 1759, il se rendit à Munich, où il fut chargé par l'Electeur Maximilien-Joseph II de rédiger les statuts d'une Académie des Sciences ; il habita successivement Augsbourg, Coire, Berlin (1764), où Frédéric II le nomma académicien pensionnaire. On lui doit, surtout au point de vue philosophique : Les *Lettres Cosmologiques* (1761), tableau physique de l'univers ; le *Nouvel Organon* (1763) ; l'*Architectonique*, analyse des facultés humaines et des connaissances morales, au point de vue de la philosophie de Condillac ; *Dissertations logiques et philosophiques*, etc.

LEIBNIZ (Gottfried-Wilhelm). Philosophe allemand né à Leipzig en 1646, mort à Hanoure en 1716.

LOCKE (John). Philosophe anglais, né à Wrigton en 1632, mort à Oates en 1704. Auteur de l'*Essai sur l'entendement humain*, qui parut en anglais en 1690, et fut traduit en français par Corte en 1700.

MAIRAN (Jean-Jacques Dortouse de), né à Béziers en 1678, mort à Paris en 1771. Philosophe et mathématicien, membre de l'Académie des Sciences dont il devint le secrétaire perpétuel, à la mort de Fontenelle — membre de l'Académie française. Il a beaucoup écrit sur des questions de géométrie, d'astronomie, de physique, d'histoire naturelle. Voltaire l'a placé dans son « Temple du goût ».

MENDELSSHON (Moses). Philosophe allemand, né à Dessau en 1729, mort à Berlin en 1786. Ses principaux ouvrages sont : Les *Entretiens philosophiques* (1755). *Lettres sur les Sensations* (1755). *Phédon ou l'immortalité de l'âme* (1767).

NEWTON (Isaac). Mathématicien, physicien, astronome et philosophe anglais, né à Woolsthorpe en 1642, mort à Londres en 1727. Il fut le créateur de la mécanique céleste. Les *Principes mathématiques de philosophie naturelle* (1687) sont, après les *Révolutions célestes* de Copernic, le monument le plus considérable de la science moderne. Sa théorie de la gravitation universelle a exercé une influence incalculable.

PLATON. Philosophe grec né à Egine, près d'Athènes vers 427 av. J.-C. mort à Athènes en 347 av. J.-C.

PRIESTLEY. Savant chimiste et physicien anglais, né dans le comité d'York en 1733, mort à Philadelphie en 1804. Il découvrit l'oxygène. Comme philosophe il a donné les *Théories d'Hartley sur l'entendement humain*, et les *Principes de l'Association des idées* (Londres, 1775) ; *Disquisitions relating to matter and spirit* (Londres, 1777) ; *The doctrine of philosophical necessity* (Londres 1777) ; *Free discussions of the doctrine of materialism* (Londres, 1778).

SEGNER (Jean-André de), né à Presbourg, le 9 octobre 1704. Reçu docteur en médecine (1730), il fut nommé professeur de mathématiques à l'Université d'Iéna (1731), professeur extraordinaire de philosophie à la même Université (1733), puis professeur de sciences naturelles et de mathématiques à l'Université de Gœttingue (1735), et enfin professeur de physique et de mathématiques à l'Université de Halle (1755) où il mourut le 5 octobre 1777.

Principaux ouvrages publiés à Halle : *Elementa analyseos infinitorum* (1758), et *Leçons astronomiques* (1755-1756). Kant, d'après Vorländer, fait allusion à un autre ouvrage, un Traité élémentaire de mathématiques, publié en latin à Halle, et traduit en allemand sous le titre de *Anfangsgründe der Mathematik* (2 Aufl. 1773).

Socrate. Philosophe grec, né près d'Athènes vers 468 av. J.-C. et mort en 399 av. J.-C. Il est célèbre par sa méthode et sa théorie de la volonté. Il fut condamné à mort par ses concitoyens, mais ses idées, recueillies par Platon, lui ont survécu et ont eu une grande influence sur la philosophie.

Stahl (Georges-Ernest). Médecin et chimiste allemand, né à Anspach en 1660 ; médecin du duc de Saxe-Weimar, puis professeur à l'Université de Halle, et enfin médecin du roi de Prusse, il est mort à Berlin en 1734. Auteur du système de l'*animisme*, et inventeur de la théorie chimique du *phlogistique*.

Sulzer (Jean-Georges) né à Winterthur en 1720. Le vingt-cinquième enfant de sa famille, il fit de la philosophie et de l'histoire naturelle ses études favorites. Il écrivit à partir de 1741 dans un ouvrage périodique qui s'imprimait à Zurich ; ses articles ont été recueillis et publiés à Berlin sous le titre d'*Essais de physique appliquée à la morale*. En 1744, il est précepteur dans la maison d'un riche négociant ; en 1747, il obtient la chaire de mathématiques au collège de Joachim à Berlin, et en 1750, il est reçu à l'Académie des Sciences. Son principal ouvrage est sa *Théorie universelle des Beaux-Arts* (1772). Il mourut à Berlin, le 27 février 1779.

Terrasson (l'abbé). Littérateur français né à Lyon en 1670 et mort à Paris en 1750. Il fut professeur de philosophie au Collège de France, membre de l'Académie des Sciences et de l'Académie française. Ouvrages principaux : *Séthos*, roman philosophique (1731). *La philosophie applicable à tous les objets de l'esprit et de la raison* (1754). Le passage auquel Kant fait allusion se trouve, d'après Vorländer, à la page 117 de cet ouvrage, traduit en allemand par Mme Gottsched (1762) sous le titre : *Philosophie nach ihrem allgemeinen Einflusse auf alle Gegenstände des Geistes und der Sitten*. (V. Vaihinger. Commentar. I, p. 142).

Thales. Chef de l'École de Milet (640-548 av. J.-C.). L'antiquité nous le représente comme le premier géomètre, le premier astronome et le premier physicien parmi les Grecs.

Torricelli (Evangelista). Physicien et géomètre italien, né à Faenza en 1608, mort à Florence en 1647. Il fut en relation avec Galilée et le P. Mersenne, trouva l'aire de la cycloïde c'est-à-dire de la courbe engendrée par un point situé sur une circonférence qui roule sans glisser sur une droite, découvrit la fameuse loi des liquides, et inventa le baromètre. Ses manuscrits sont à Florence. En 1644, il publia tous ses ouvrages sous ce titre : *De motu gravium naturaliter accelerato*.

Wolf (Jean-Chrétien). Philosophe et mathématicien allemand, né à Breslau en 1679, se lia d'amitié avec Leibniz qui le fit nommer professeur de mathématiques à l'Université de Halle ; il se tourna vers la philosophie qu'il professa à Marburg, puis à Halle où il mourut en 1754. Ouvrages principaux : *Philosophia rationalis* (1728); *Psychologia empirica* (1780) ; *Cosmologia generalis* (1734) ; *Psychologia rationalis* (1734) ; *Theologia naturalis* (1736); *Philosophia moralis* (1739); *Jus naturæ, jus gentium* (1752).

Zedlitz (baron de). Ministre des Cultes sous Frédéric le Grand, resta en fonctions sous son successeur jusqu'en 1788. Il fut le protecteur de Kant.

Zénon. Philosophe grec, né à Elée en 490 av. J.-C. disciple de Parménide, auteur d'arguments célèbres contre la pluralité et le mouvement, père de la dialectique et de l'éristique.

NOTES CRITIQUES

(1). p. 41. — Voici le texte allemand de cette phrase : « *Weil es aber im Gebrauche derselben bisweilen leichter ist, die empirische Beschränktheit derselben, als die Zufälligkeit in der Urtheilen, oder es auch mannigmal einleuchtender ist, die unbeschränkte Allgemeinheit, die wir einem Urtheilen beilegen, als die Nothwendigkeit desselben zu zeigen, so ist es rathsam, sich gedachte beider Criterien, deren jedes für sich unfehlbar ist, abgesondert zu bedienen.* » Nous avons pensé qu'il était plus logique de rapporter au mot *Kennzeichnen* de la phrase précédente le *derselben* qui vient après *Gebrauch* et que Tissot avait fait rapporter à la connaissance. Vaihinger veut que *derselben* soit mis pour jugements. (*Commentar zu Kants K. d. r. V*, 1 Band, p. 210). B. Erdmann fait une paraphrase expliquée du texte de Kant et donne à *derselben* le sens de « connaissances ». (*K. d. r. V.*, 5 Aufl. Anhang, p. 22.)

(2). p. 42. — Kant affirme ici que l'expérience n'est possible et n'a de valeur et de certitude qu'autant qu'elle s'appuie sur des principes *a priori*. A moins d'admettre que nous ne connaissons rien, qu'il n'existe aucune science et que le scepticisme est le maître absolu, aussi bien en mathématiques que dans n'importe quelle branche de la connaissance, nous devons affirmer que nous sommes réellement en possession de principes *a priori*. Leibniz, à qui ce passage semble emprunté, se servait du même argument pour réfuter l'empirisme de Locke. Plusieurs passages des *Nouveaux Essais* le prouvent ; nous pouvons nous borner à citer ce dernier : « J'ai déjà remarqué... que la vérité des choses sensibles se justifie par leur liaison qui dépend des vérités intellectuelles fondées en raison. » (*Ed. Gerhardt*, V, p. 426.)

(3). p. 45. — Dans ce passage embarrassé, où Kant paraphrase une image de Platon, l'idée n'est pas très claire. Nous avons respecté le texte ; mais voici le sens que paraît offrir ce passage : L'entendement y est comparé à une colombe qui va toujours droit devant elle ; il court le risque de se lancer dans le vide et de dépenser ses efforts en pure perte. Pour que le travail de l'entendement soit utile, il faut le soumettre au contrôle des faits. L'expérience offre à cet entendement des points d'appui grâce auxquels il peut contrôler sa marche et ses progrès. Ainsi la colombe a besoin de se poser de temps en temps pour s'orienter et changer, s'il le faut, de route.

(4). p. 46. — Kant précise sa pensée dans la *Logique* (§ 36) : « A tout x auquel convient le concept de corps $a + b$, convient aussi l'étendue (b), c'est un exemple de jugement analytique. A tout x auquel convient le concept de corps $a + b$, convient aussi l'attraction (c), c'est un exemple de jugement synthétique. » (Voir *Revue de Métaphysique et de Morale*, mai 1904, L. Couturat : La philosophie des mathématiques de Kant).

(5). p. 47. — Il semble que l'on trouve ici un changement de sens entre les deux éditions. La première édition dit que dans un jugement synthétique des parties nouvelles sont ajoutées au concept de l'objet, comme appartenant à ce qu'on en connaît déjà (*als zu dem ersteren gehörig*) ; du reste, nous lisons quelques lignes plus bas : « *Obzwar in jenem nicht enthalten, dennoch als dazu... gehörig zu erkennen.* » Le texte de la seconde édition, suivant l'explication donnée par Vaihinger (*Commentar*, etc..., I, p. 280), porte que ces nouvelles parties sont autres que n'étaient « celles qui appartenaient au concept de l'objet » *als zu dem ersteren gehöreten*. Ne pourrait-on pas encore traduire : « comme si elles appartenaient au concept de l'objet ? » On se rapprocherait ainsi du sens exprimé par le premier texte. Tout le monde d'ailleurs s'accorde à remarquer, depuis Mellin jusqu'à B. Erdmann, sans en excepter Vaihinger, que le texte de la seconde édition n'est pas heureux : il paraît s'écarter de la pensée kantienne. Nous avons donné les deux textes. Tissot (p. 42) et Barni (p. 36) ainsi que Born (trad. lat. p. 14) s'étaient contentés de ne pas traduire.

(6). p. 51. — Nous avons fait dans cet alinéa une interversion nécessaire pour le sens, ainsi que l'a cru Adickes, après Vaihinger (*Commentar*... p. 303). Les trois dernières phrases viennent, dans la Critique, avant celles que nous avons mises au début et terminent l'alinéa précédent.

(7). p. 113. — Vaihinger propose de lire *Gegenwirkung* (réaction) au lieu de *Gegenwart* (présence). (*Kantstudien*, 4. Band, p. 453,7).

(8). p. 114. — Comme Vaihinger, nous croyons qu'il faut lire *systematisch*, au lieu de *matematisch* : « Cette table est... indispensable pour esquisser intégralement le *plan d'ensemble d'une science...*, et pour la diviser systématiquement *suivant des principes déterminés.* » (*Kantstudien*, 4. Band, p. 454,8).

(9). p. 115. — Nous traduisons comme s'il y avait dans le texte de Kant : *in einem Ganzen von Dingen* au lieu de, *in einem Ganzen der Dinge*, estimant avec Vaihinger qu'il ne peut pas être question ici de l'ensemble des choses ou, en d'autres termes, de l'univers (*Kantstudien*, 4. B., p. 454,9).

(10). p. 118. — Au lieu de *eingebildete* (imaginaire) Vaihinger suppose qu'il faudrait lire *eine giltige...* : « un (sens) valable », trouvant qu'il y aurait une contradiction manifeste à attribuer aux concepts dont il est question un sens et une signification imaginaires (*Kst.* 4. B., p. 454, 12.)

(11). p. 123. — Vaihinger trouve étrange cette expression : représentation synthétique. Il remarque d'ailleurs qu'il ne croit pas qu'on la retrouve une autre fois sous la plume de Kant ; aussi propose-t-il de supprimer simplement le mot synthétique que le philosophe aurait laissé là par inadvertance (*Kst.* 4. B., p. 455, 14).

(12). p. 135. — Vaihinger dit que ce qui précède et le *je ne* de la phrase suivante doivent nous porter à intervertir l'ordre de cette proposition et à traduire : « La synthèse de la reproduction est donc inséparablement liée à la synthèse de l'appréhension ». (*Kst.* 4. B., p. 456, 19). B. Erdmann, par contre, tire argument du *je ne* pour ne rien changer au texte de Kant (*Anhang*, p. 42, 2).

(13). p. 135. — Riehl propose de remplacer *reproductive* par *productive*, car cette synthèse est la *seule* qui se rapporte aux actes transcendentaux du *Gemüth* (*Kst.*, 5. B., p. 268).

(14). p. 141. — Vaihinger fait remarquer que, le § 15 ne parlant pas de l'identification des catégories avec les formes du jugement, il doit y avoir ici une inadvertance et qu'il faut lire : (§ 10). (*Kst.*, 4. B., p. 457, 29).

(15). p. 154. — B. Erdmann dans sa troisième et quatrième éditions intercalait *das ist* entre *Categorien* et *vor* : « c'est-à-dire antérieurement... »; mais il le supprime dans la cinquième édition (Berlin, G. Reimer, 1900) comme contraire au sens. Kant, d'après lui, ne fait jamais rapporter l'unité synthétique de l'aperception à des choses en général, tandis que le rapport des catégories à des choses en général est une supposition de la déduction transcendantale (*Anhang*, p. 49).

(16). p. 157. — Vaihinger propose de remplacer *immöglich* par *möglich* : « de telle sorte qu'il fût possible ». On ne voit pas bien pour quelle raison (*Kantst.* 4. B., p. 456, 22).

(17). p. 162. — Cette phrase est peu claire. Riehl propose d'ajouter *mit der Zeit...* et *und*, et de lire par conséquent : « Au moyen de ce pouvoir, nous relions le divers de l'intuition avec le temps, d'une part, et, d'autre part, avec la condition de l'unité nécessaire de l'aperception pure. » Il se réfère pour cela, abstraction faite de ce que la phrase, suivant la manière habituelle de lire, est mal construite, à ce que Kant dit un peu plus haut : « Toute conscience appartient tout aussi bien à une aperception pure qui embrasse tout, que toute intuition sensible, en tant que représentation, à une intuition pure intérieure, c'est-à-dire au temps » (*Kantst.*, 5. B., p. 268).

(18). p. 165. — Comme Vaihinger, nous croyons que *diese* renvoie à nature et non à sensibilité. Aussi le disons-nous explicitement dans le texte, en traduisant *diese* par « la nature » (*Kantst.*, 4. B., p. 456, 25).

(19). p. 178. — Vaihinger propose de lire : imagination *reproductrice*, au lieu de *productrice* (*Kantst.* 4. B., p. 468, 36).

(20). p. 179. — Dans cette phrase : « Comme le temps n'est que la forme de l'intuition, par conséquent des objets comme phénomènes, ce qui en eux correspond à la sensation est la matière, etc... » Wille propose : « n'est pas la matière ». Manifestement, d'après lui, Kant voulait écrire le contraire de ce que porte le texte (*Kantst.* 4. B., p. 448, 1). — Dans cette même phrase B. Erdmann fait remarquer qu'on doit conserver ses deux sens au mot *Gegenstand* et qu'à *diesen* (en eux) correspondent les objets comme choses en soi (*Anhang*, p. 53).

(21). p. 182. — Voici le texte de cette phrase : *Denn obgleich dieser nicht weiter objectiv geführt verden könnte, sondern vielmehr alle Erkenntniss seines Objects zum Grunde liegt, so hindert dies doch nicht, dass nicht ein Beweis aus den subjectiven Quellen der Möglichkeit einer Erkenntniss des Gegenstandes überhaupt zu schaffen möglich, ja auch nöthig wäre, weil der Satz sonst gleichwohl den grössten Verdacht einer bloss erschlichenen Behauptung auf sich haben würde.* Wille suppose qu'avant *sondern* il doit manquer une ligne qu'il rétablit ainsi : *indem ein dergleichen Satz nicht auf objectiven Erwägungen beruhet, sondern,* etc. (Kantst. 4. B., p. 448. 2). — Ce passage, du reste, est très controversé. Chaque éditeur propose sa version. Nous avons suivi pour traduire le texte donné par B. Erdmann, qui explique qu'à son avis cette phrase doit contenir deux fautes d'impression et propose de remplacer *geführt* par *bewiesen* et de lire *aller* pour *alle* (*Anhang,* p. 54).

(22). p. 190. — Vaihinger fait remarquer qu'il n'y a pas d'opposition entre la phrase : « Mais on verra bientôt, etc. » et ce qui précède. Il croit donc qu'il faut lire *eben* au lieu de *aber,* et par suite traduire : « On verra bientôt également » (*Kantst.,* 4. B., p. 458, 39).

(23). p. 191. — Une addition est ici proposée par Vaihinger : « Or, la conscience *de l'unité synthétique* du divers. » Le prote, d'après lui, aurait commis cette omission (*loc. cit.* 40).

(24). p. 196. — Dans cette phrase : « Le réel dans le phénomène a toujours une quantité qui pourtant ne se trouve pas dans l'appréhension », Wille propose de lire *nur* au lieu de *nicht;* dans ce cas *indem* prendrait le sens de *insofern als.* Il faudrait donc traduire : « ... ne se trouve que dans l'appréhension, en tant que... » (*Kantst.* 4. B., p. 448, 3).

(25). p. 198. — Dans cette phrase : « Quand la synthèse, etc. » nous avons suivi le texte donné par B. Erdmann. Mais on trouve quelque difficulté à faire rapporter *welches* à *Aggregat,* ce qui cependant est indispensable avec la parenthèse. Aussi Vorländer, dans son édition de la *Critique* (Halle a. d. S. Otto Hendel, 1899) a-t-il supprimé la parenthèse. Wille propose la même modification du texte, et dans ce cas, *welches* se rapporterait à *quantum* (*Kantst.* 4. B., p. 449, 5).

(26). p. 198. — Pour l'intelligence de ce passage il est bon d'indiquer qu'un marc d'argent fin est ici une mesure de poids : c'est un poids égal à 8 onces, ou à 240 grammes ; et 240 grammes représentent le poids d'argent fin de 13 thalers, le poids du lingot qu'on peut monnayer en 13 pièces d'un thaler chacune.

(27). p. 199. — Wille propose de lire *Grenze* = limite, au lieu de *Grad* = degré, et de remplacer le *und gleichwol* de la proposition suivante par *obgleich wohl,* ce qui donne une proposition subordonnée (*Kantst.* 4. B., p. 449, 7).

(28). p. 200. — Le texte de B. Erdmann est le suivant : *ehe sie in das Leere übergeht* et nous avons traduit *sie* par « qualité ». Paulsen (*in* Vorländer) propose de lire : *ehe es in...* etc.; le sens serait alors : « avant que le réel disparaisse, etc. ».

(29). p. 205. — Vaihinger propose de lire : « Ils ne sont que des phénomènes dont la connaissance parfaite est uniquement l'expérience possible à laquelle doivent toujours, etc. » (*Kantst.* 4. B., p. 459, 46).

(30). p. 215. — Au lieu de : *Bedingung zu einer Regel liegen, nach welcher* etc., Wille (*in* Vorländer) propose de lire : *Bedingung... liegen, unter welcher.*

(31). p. 217. — Wille propose de changer cette phrase : « de ce que l'on voudrait dire (*nennen*) de l'objet », en celle-ci : « que l'on voudrait nommer object. » (*Kantst.* 4. B., p. 449, 10).

(32). p. 220. — Dans cette phrase : *Der Grundsatz... gilt daher auch vor allen Gegenständen* etc., Adickes, Vorländer et Vaihinger proposent de remplacer *vor* par *von*. Dans ce cas il faudrait traduire : « Le principe... serait donc aussi valable de tous les objets. » (B. Erdmann, *Anhang*, p. 62. — *Kantst.* 4. B., p. 459, 50).

(33). p. 222. — Il nous a paru indispensable d'introduire dans cette phrase le mot sujet. Nous nous trouvons d'accord là-dessus avec Wille qui veut qu'on ajoute au texte après *Substantialität* : *eines Subjectes* (*Kantst.* 4. B., p. 449, 12).

(34). p. 225. — Voici le texte de ce membre de phrase : *d. i. die Theile desselben sind nur in der Zeit und durch die Synthesis derselben, sie aber nicht vor ihr gegeben.* Nous avons traduit les derniers mots comme s'il y avait eu : *sind aber*, etc. Du reste Vaihinger propose cette correction (*Kantst.* 4. B., p. 460, 54). Dans ce même passage Wille remplace *ihr* par *ihnen*, et alors il faudrait traduire : « ... par la synthèse du temps, tandis que ce dernier n'est pas donné avant elle » (*Kantst.* 4. B., p. 449, 13).

(35). p. 226. — Wille propose de remplacer *Existirenden* par *Vorhergehenden*, c'est-à-dire : « la progression continuelle de *ce qui précède* à ce qui suit » *Kantst.* 4. B., p. 449, 14).

(36). p. 227. — Dans cette phrase : « En effet, si cette synthèse, etc. », nous avons traduit conformément au texte de Kant *sie* par synthèse. Wille, contrairement à l'opinion de B. Erdmann, veut qu'on traduise par « choses » en mettant le verbe au pluriel (*Kantst.* 4. B., p. 450, 16).

(37). p. 238. — Vaihinger propose d'ajouter ici : « Or la conscience *de mon existence* dans le temps, » etc., car, dit-il, Kant a parlé ainsi plus haut et la nécessité du raisonnement oblige à faire cette addition (*Kantst.* 4. B., p. 461, 59). — Wille, de son côté, propose de remplacer toute la phrase par la suivante : « Or, la conscience *de cette détermination* dans le temps est nécessairement liée à la conscience *de la condition* de la possibilité, etc. ». Cette modification, d'après lui, rend seule compréhensible la conclusion suivante : « Elle est donc liée nécessairement, etc. », dans laquelle il propose aussi d'ajouter *dem* entre *mit* et *der*, ce qu'on devrait traduire : « ... liée nécessairement à la conscience de l'existence des choses hors de moi » (*Kantst.* 5. B., p. 122, 1). — B. Erdmann fait remarquer qu'en retouchant les passages correspondants de l'Introduction, dans sa deuxième édition de la *Critique*, Kant n'aurait pas manqué de voir la nécessité de ces changements proposés. Aussi lui paraissent-ils inadmissibles (*Anhang*, p. 64, 2).

(38). p. 266. — Se basant sur le sens habituel des mots *théorique* et *contemplative*, Wille propose de changer ces adjectifs de place et de lire d'abord : « L'astronomie contemplative », puis : « l'astronomie théorique. La première, en effet, n'est faite que d'observations, tandis que la seconde implique le raisonnement scientifique. Dans cette même phrase, il propose aussi de modifier la parenthèse et de lire : ... « l'astronomie *théorique* (qui explique le ciel, etc. », au lieu de : « expliquée... suivant le système, etc. » (*Kantst*. 4. B., p. 311, 1).

(39). p. 267. — Vaihinger signale ici une erreur d'impression ; au lieu de *ausserordentliche* = extraordinaire, c'est *aussersinnliche* = extrasensible qu'il faudrait lire (*Kantst*. 4. B., p. 461, 63).

(40). p. 273. — D'après Wille il faudrait modifier ainsi cette proposition : « et dont elle est la forme originaire », car il s'agit de l'intuition pure qui est la forme originaire de toutes les perceptions (*Kantst*. 4 B., p. 311, 2).

(41). p. 281. — Nous croyons avec Medicus, cité par Vaihinger, que pour rendre la phrase intelligible il faut lire *nicht-empirisch* au lieu de *empirisch* ; nous avons alors « des restrictions... qui en interdisent tout usage non empirique » (*Kantst*. 4. B., p. 462, 68).

(42). p. 288. — La phrase de Kant n'est pas claire. Wille propose de lire *und ist so* au lieu de *und so ist*, ce qui mènerait à traduire : « du concept de tout... est opposé celui... d'*aucun*, or l'aucun est l'objet d'un concept auquel ne correspond... aucune intuition qu'on puisse indiquer ; il est = à rien, c'est-à-dire qu'il est un concept sans objet, comme les noumènes, etc. (un *ens rationis*). Ainsi, toujours d'après Wille, se trouverait expliqué l'*ens rationis* entre parenthèses qui termine la phrase et qu'il est difficile de faire rapporter à noumènes, au pluriel : ce serait une qualification de l'aucun (*Kantst*. 4 B., p. 450, 18).

(43). p. 387. — Au lieu de philosophie expérimentale Wille propose « physique expérimentale » (*Kantst*. 4. B., p. 311, 5).

(44). p. 406. — Wille veut qu'on transpose les deux adverbes : *objectivement* et *subjectivement*, parce qu'il ne peut ici être question ni d'un temps en soi, ni de changements en soi et que, par suite, nous devons entendre que la représentation de temps précède comme condition formelle de la perception des changements cette perception elle-même objectivement. Au contraire, la nécessité de percevoir temporellement, résidant déjà, avant toute perception, dans le sujet, est plutôt un antécédent subjectif, et c'est pourquoi la condition formelle peut être aussi qualifiée de subjective ; être donné dans la réalité de la conscience, ce n'est pas l'être subjectivement, mais objectivement (quoique ce ne soit pas être donné en soi (*Kantst*. 4. B., p. 450, 20).

(45). p. 419. — Wille remarque qu'on ne peut pas dire de l'empirisme qu'il soit l'œuvre d'une raison transcendantalement idéalisante ; c'est plutôt dans le dogmatisme, dans la doctrine de Platon, qu'on peut trouver ce procédé transcendantal. Aussi propose-t-il de lire, soit, en intercalant *von* entre *Empirismus* et *der* : « L'empirisme est dépourvu de toute la popularité de la raison transcendantalement idéalisante », soit, en remplaçant *Empirismus* par *empiristische* et en conservant toujours le *von* : « La raison empirique est dépourvue, etc. ». Wille fait encore observer que plus loin Kant fait comparaître les deux parties devant un tribunal plus élevé chargé de régler leur litige et que ce tribunal est appelé l'idéalisme transcendantal. Or, l'idéalisme transcendantal et la raison transcendantalement idéalisante paraissent bien être la même chose ; et comme dans la même cause on ne saurait jamais être juge et partie, Wille propose de lire ici *transcendent idealisierend* au lieu de *transcendental-idealisierend*. Dans le dogmatisme, en effet, la raison fait un usage transcendant d'idées transcendantales et son idéalisme est transcendant (*Kantst.* 4. B., p. 311, 12, 6). Benno Erdmann admet aussi que l'expression « *transcendental-idealisierend* doit être prise dans un sens plus large que la raison idéalisante dont il est question à la page 416 (*Anhang*, 90, 1).

(46). p. 453. — Wille propose de changer *dieser* en *diesem* dans ce membre de phrase : *und jene in dieser das eigentliche Moment*, ce qui mènerait à traduire : « Dans ce concept (pratique) » et non : « Dans cette liberté » (*Kantst.* 4 B., p. 451, 22).

(47). p. 480. — D'après Wille, il faudrait reporter l'astérisque à la fin de la phrase suivante, car la note porte sur l'ignorance (*Kantst.* 4 B., p. 312, 8).

(48). p. 480, note. — D'après Wille encore, on doit lire ici *relative* au lieu de *régulative* puisqu'il s'agit de l'unité de l'expérience opposée à l'unité de la réalité suprême que Kant appelle plus loin absolue (*Kantst.* 4. B., p. 312, 9).

(49). p. 496. — Wille propose de lire *speculativ* au lieu de *spezifisch* qu'il qualifie de non-sens. Kant doit avoir écrit : « Parce que les réalités ne nous sont pas données spéculativement », c'est-à-dire par la pensée spéculative, par celle qui atteint *a priori* les objets ou leurs prédicats qu'on ne peut rencontrer dans aucune expérience (*Kantst.* 4. B., p. 312, 10). Benno Erdmann fait remarquer que, dans ce sens, *speculativ* n'est pas kantien. Kant doit vouloir parler, d'après lui, des qualités spécifiques des propriétés réelles (*Anhang*, p. 99).

(50). p. 504. — Dans cette phrase Wille pense à bon droit qu'il faut supprimer *nicht* devant *einmal* et lire : » Une fois qu'il est donné, etc. ». En effet, l'idéal de la raison nous est donné, non pas comme un objet *réel*, mais comme un objet *concevable* (*Kantst.* 4. B., p. 312, 11).

(51). p. 516. — Dans ce membre de phrase : *da sie in anderweitiger Betrachtung schlechterdings nothwendig sind*, Wille demande qu'on remplace *sie* par *es* et qu'on lise à la fin *ist* au lieu de *sind*. La traduction deviendrait alors celle-ci : « mais aussi que, cette existence étant absolument nécessaire, etc. » Kant, en effet, n'avait pas besoin d'affirmer que les lois morales sont nécessaires sous un autre rapport, car cette nécessité est pour tout le monde évidente ; il est raisonnable de croire qu'il voulait insister sur la nécessité de l'existence d'un être suprême, nécessité que prouvent d'autres considérations. Il en reparlera d'ailleurs plus loin et presque dans les mêmes termes (*Kantst.* 4. B., p. 313, 13).

(52). p. 553. — Dans cette phrase, nous avons omis de traduire *nach diesem* ne voyant aucun mot auquel ceux-ci pussent se rapporter. Nous estimons que Wille, ayant remarqué la même difficulté, la fait heureusement disparaître en proposant de remplacer *nach diesem* par *nach diesen* qui renverrait aux lois universelles dont il est question plus haut. Il faudrait donc traduire : « ... qui est de prouver, d'après ces lois, par la nature, etc. » (*Kantst.* 4. B., p. 451, 24).

(53). p. 570. — Notre texte est la traduction de celui de Benno Erdmann : *alle Behandlung, die durch die Grösse erzeugt und verändert wird*. Wille (*Kantst.* 4. B., p. 313, 15) veut qu'on écrive : *durch die die Grösse* etc. : « toute opération qui engendre ou modifie la quantité. » Vorländer a introduit le même changement dans le texte, suivant les indications de B. Klein, professeur de mathématiques à Marburg. Il est évidemment question ici « des nombres » ou des « opérations sur les nombres. »

(54). p. 570. — Wille suppose qu'au lieu de : *nach einer ostensiven oder geometrischen (der Gegenstände selbst)*, Kant doit avoir écrit : *nach einer ostensiven (der geometrischen Gegenstände selbst)*, c'est-à-dire : « au moyen d'une construction ostensive (des objets géométriques mêmes) » (*Kantst.* 4. B., p. 313, 16).

(55). p. 588. — Au lieu de *Religionsabsicht*, Wille suppose qu'il faut lire *Religionsansicht* = au point de vue de la religion (*Kantst.* 4. B., p. 314, 19).

(56). p. 589. — Le texte de Kant donne ici *verlassen* que nous avons traduit par « s'arracher ». Wille (*loc. cit.*) propose de remplacer ce mot par *zulassen* = permettre ou admettre ; la traduction serait : « Hume... ne put pas admettre une spéculation abstraite, etc. »

(57). p. 593. — Wille veut qu'on transporte l'adjectif *angebliche* devant *Kenntniss*, auquel cas il faudrait traduire : « Où cet esprit fort puisera-t-il cette prétendue connaissance, etc. » Il fait, à juste titre remarquer qu'une connaissance de cette espèce n'est pas possible, qu'elle n'est donc que prétendue. On pourrait voir pourtant dans cette manière de parler : *der angebliche Freigeist* une expression ironique de Kant (*Kantst.* 4. B., p. 451, 28).

(58). p. 597. — Il est impossible, remarque Wille, que Kant donne ici son approbation aux réflexions de Hume qu'il réfute plus haut et contre lesquelles on peut dire que toute sa *Critique* est dirigée. Aussi propose-t-il de lire au lieu de *ganz richtig* soit *ganz unrichtig*, soit *gar nicht richtig* = bien à tort. (*Kantst.* 4. B., p, 314, 20.)

(59). p. 630. — Au lieu de : *die für die Vernunft* (texte de B. E.), ou de : *die vor der Vernunft* (texte de la 1re édit. et de Vorländer), Wille propose : *für die die Vernunft*, c'est-à-dire : « pour qui la raison, etc. » (*Kantst.* 4. B., p. 315, 22.)

(60) p. 646. — Wille propose de supprimer *der Beurtheilung* et de lire : *das Urbild aller Versuche zu philosophiren*, c'est-à-dire : « si l'on entend par là le modèle de toutes les tentatives faites pour philosopher. » (*Kantst.* 4. B., p. 315, 28.)

TABLE DES MATIÈRES

Préface . . . . ɪ
Avant-propos xv
Dédicace 3
Préface de la première édition 5
Table de la première édition 15
Préface de la deuxième édition 17

INTRODUCTION 39
    I. De la différence de la connaissance pure et de la connaissance empirique 39
    II. Nous possédons certaines connaissances *a priori* et même le sens commun n'est jamais sans en avoir de telles 41
    III. La philosophie a besoin d'une science qui détermine la possibilité, les principes et l'étendue de toutes les connaissances *a priori* 43
    IV. De la différence des jugements analytiques et des jugements synthétiques 46
    V. Dans toutes les sciences théoriques de la raison sont contenus comme principes des jugements synthétiques *a priori* 49
    VI. Problème général de la raison pure 52
    VII. Idée et division d'une science particulière sous le nom de critique de la raison pure 56

I. THÉORIE TRANSCENDANTALE DES ÉLÉMENTS

Première partie. **Esthétique transcendantale** 63
    Introduction § 1 63
    Première section. *De l'espace*, § 2, 3 65
    Deuxième section. *Du temps*, § 4..., 7 72
    Remarque générale sur l'esthétique transcendantale, § 8 . 80

Deuxième partie. **Logique transcendantale** 90
    Introduction. *Idée d'une logique transcendantale* . . . 90
    I. De la logique en général 90
    II. De la logique transcendantale 93
    III. De la division de la logique générale en analytique et dialectique 95
    IV. De la division de la logique transcendantale en analytique et dialectique transcendantales 98

PREMIÈRE DIVISION. *Analytique transcendantale*. 101
    LIVRE I. ANALYTIQUE DES CONCEPTS 102
        Chapitre premier. Du fil conducteur qui sert à découvrir tous les concepts purs de l'entendement 102

PREMIÈRE SECTION. *De l'usage logique de l'entendement en général*. 103
DEUXIÈME SECTION. *De la fonction logique de l'entendement dans les jugements*, § 9 104
TROISIÈME SECTION. *Des concepts purs de l'entendement ou des catégories*, § 10..., 12 109

CHAPITRE II. **De la déduction des concepts purs de l'entendement**. 118
PREMIÈRE SECTION. *Des principes d'une déduction transcendantale en général*, § 13 118
Passage à la déduction transcendantale des catégories, § 14 123
DEUXIÈME SECTION. *Déduction transcendantale des concepts purs de l'entendement*, § 15..., 17. 126

LIVRE II. **ANALYTIQUE DES PRINCIPES (DOCTRINE TRANSCENDANTALE DU JUGEMENT)**. 171

INTRODUCTION. **Du jugement transcendantal en général** . . 172

CHAPITRE PREMIER. **Du schématisme des concepts purs de l'entendement** 175

CHAPITRE II. **Système de tous les principes de l'entendement pur** 182
PREMIÈRE SECTION. *Du principe suprême de tous les jugements analytiques*. 183
DEUXIÈME SECTION. *Du principe suprême de tous les jugements synthétiques* 185
TROISIÈME SECTION. *Représentation systématique de tous les principes de l'entendement pur* 188
1. Axiomes de l'intuition 191
2. Anticipations de la perception 194
3. Analogie de l'expérience. 202
   Première analogie. Principe de la permanence de la substance. 206
   Deuxième analogie. Principe de la succession dans le temps suivant la loi de la causalité 211
   Troisième analogie. Principe de la simultanéité suivant les lois de l'action réciproque ou de la communauté. 226
4. Les postulats de la pensée empirique en général. 232
Remarque générale sur le système des principes. . . 246

CHAPITRE III. **Du principe de la distinction de tous les objets en général en phénomènes et noumènes** 250

APPENDICE. **De l'amphibologie des concepts de la réflexion**. 269

DEUXIÈME DIVISION. ***Dialectique transcendantale*** . 291

INTRODUCTION 291
I. De l'apparence transcendantale 291
II. De la raison pure comme siège de l'apparence transcendantale 294
A. *De la raison en général* 294
B. *De l'usage logique de la raison*. 297
C. *De l'usage pur de la raison*. 299

TABLE DES MATIÈRES

LIVRE I. DES CONCEPTS DE LA RAISON PURE 302

Première section. Des idées en général 303
Deuxième section. Des idées transcendantales 308
Troisième section. Système des idées transcendantales ... 316

LIVRE II. DES RAISONNEMENTS DIALECTIQUES DE LA RAISON PURE. 320

CHAPITRE PREMIER. **Des paralogismes de la raison pure** ... 321
    1. Paralogisme de la substantialité 326
    2. Paralogisme de la simplicité 329
    3. Paralogisme de la personnalité 338
    4. Paralogisme de l'idéalité 342
    Remarque générale concernant le passage de la psychologie rationnelle à la cosmologie 367

CHAPITRE II. **L'antinomie de la raison pure** 376
    Première section. Système des idées cosmologiques 377
    Deuxième section. Antithétique de la raison pure 385
        Première antinomie 388
        Deuxième antinomie 394
        Troisième antinomie 400
        Quatrième antinomie 406
    Troisième section. De l'intérêt de la raison dans ce conflit avec elle-même 412
    Quatrième section. Des problèmes trancendantaux de la raison pure, en tant qu'ils doivent absolument pouvoir être résolus 420
    Cinquième section. Représentation sceptique des questions cosmologiques par les quatre idées transcendantales 425
    Sixième section. De l'idéalisme transcendantal comme clef de la solution de la dialectique cosmologique 429
    Septième section. Décision critique du conflit cosmologique de la raison avec elle-même 433
    Huitième section. Principe régulateur de la raison pure par rapport aux idées cosmologiques 439
    Neuvième section. De l'usage empirique du principe régulateur de la raison par rapport à toutes les idées cosmologiques 444
    I. Solution de l'idée cosmologique qui donne la totalité des phénomènes comme réunis dans un univers 445
    II. Solution de l'idée cosmologique de la totalité de la division d'un tout donné dans l'intuition 449
    Remarque finale et remarque préliminaire 454
    III. Solution des idées cosmologiques qui font dériver de leur cause la totalité des événements du monde 454
        Possibilité de faire accorder la causalité par liberté avec la loi générale de la nécessité naturelle 457
        Éclaircissement de l'idée cosmologique d'une liberté en union avec la nécessité universelle de la nature 460
    IV. — Solution de l'idée cosmologique de la totalité de la dépendance des phénomènes quant à leur existence en général 470
    Remarque finale sur toute l'antinomie de la raison pure. 474

CHAPITRE III. L'idéal de la raison pure 475
  Première section. De l'idéal en général 475
  Deuxième section. De l'idéal transcendantal 478
  Troisième section. Des preuves fondamentales de la raison spéculative qui servent à conclure l'existence d'un Être suprême 485
  Quatrième section. De l'impossibilité d'une preuve ontologique de l'existence de Dieu 490
  Cinquième section. De l'impossibilité d'une preuve cosmologique de l'existence de Dieu 497
    Découverte et explication de l'apparence dialectique de toutes les preuves trancendantales de l'existence d'un être nécessaire 504
  Sixième section. De l'impossibilité de la preuve physico-théologique 508
  Septième section. Critique de toute théologie fondée sur des principes spéculatifs de la raison 514
    Appendice à la dialectique transcendantale 522
    De l'usage régulateur des idées de la raison pure 522
    Du but final de la dialectique naturelle de la raison humaine 538

II. THÉORIE TRANSCENDANTALE DE LA MÉTHODE

CHAPITRE PREMIER. Discipline de la raison pure 565
  Première section. Discipline de la raison pure dans l'usage dogmatique 567
  Deuxième section. Discipline de la raison pure par rapport à son usage polémique 584
    De l'impossibilité où est la raison pure en désaccord avec elle-même de trouver la paix dans le scepticisme . . . 596
  Troisième section. Discipline de la raison pure par rapport aux hypothèses 603
  Quatrième section. Discipline de la raison pure par rapport à ses démonstrations 611

CHAPITRE II. Canon de la raison pure 619
  Première section. But final de l'usage pur de notre raison . 620
  Deuxième section. De l'idéal du souverain bien comme principe qui détermine la fin suprême de la raison 624
  Troisième section. De l'opinion, de la science et de la foi . . 634

CHAPITRE III. Architectonique de la raison pure 642

CHAPITRE IV. Histoire de la raison pure 655

INDEX DES NOMS PROPRES 659
NOTES CRITIQUES 665

ÉVREUX, IMPRIMERIE DE CHARLES HÉRISSEY

www.ingramcontent.com/pod-product-compliance
Lightning Source LLC
Chambersburg PA
CBHW050320020526
44117CB00031B/1306